# 형법상 법률의 착오론

안 성 조

景仁文化社

## 책머리에

　본서는 필자의 박사학위논문에 약간의 수정과 가필(加筆)을 하여 단행본 형태로 엮은 책이다. 따라서 내용과 형식면에 있어서 학위논문과 큰 차이는 없다고 생각된다. 다만 본서의 뒷부분에 올 봄에 필자가 어느 학술회의에서 발표하였던 후속논문 한 편을 역시 다소 수정 및 보완하여 추록(追錄)함으로써 박사학위논문과 차별성을 두고자 하였다.

　본서에서 다루고 있는 주제는 '법률의 착오(금지착오 : Verbotsirrtum)'이다. 형법상 법률의 착오 문제는 '과실범'의 역사만큼이나 유구한 세월 동안 논쟁거리를 제공해 왔다고 볼 수 있다. 흔히 형법사(刑法史)의 발전을 논할 때, '고의'와 '과실'의 구분여하는 형사법체계의 '선진성'을 가늠하는 한 척도로 인식되곤 한다. 결과책임주의가 지배적이었던 고대(古代)의 법체계하에서는 대체로 고의와 과실이 구분되지 않았기 때문에, 고의와 과실을 구분하여 '과실범'에게는 형의 일정한 감면 혜택을 허여하는 형사법제(刑事法制)는 보다 진일보한 법제로 여겨져 왔던 것이다. 유사한 맥락에서 '위법성의 인식'이 고려되었는지 여부, 다시 말해 '법률의 착오'에 빠진 행위자에게 일정한 경우 범죄불성립 또는 형의 감면 효과를 부여할 수 있는지의 여부도 흔히 형사법의 발전수준을 보여주는 지표로 제시되곤 하였다. 이러한 입장에서 보면, 법률의 착오를 인정하지 않는 형사법제는 '후진적' 결과책임주의의 고태(古態)를 답습하고 있으며, 형사법의 발전이 '더딘'것으로 평가된다.

　그러나 법률의 착오를 형사법제하에서 고려할 것이냐 말 것이냐의 문제는 그렇게 '단선적인 관점'에서 '일도양단'적으로 판단될 수 있는 성질의 것이 아니라는 것이 본서, 특히 '추록'부분의 입장이다. 한 마디로 법률의 착오를 적극적으로 고려하는 형사시스템만이 진보적이고 우수한 것이라고 평가할 수는 없다는 것이다. 그것은 이 문제가, 규범적 사고방식의 발달수준을 논할 때, 과실범을 어떻게 취급할 것이냐와는 동일한 관점에서 평가될 수 없는, 보다 '델리킷(delicate)'한 측면을 지니고 있기 때문이라는 점을 추록에서 다루고 있다.

일반적으로 '착오'와 '부지'는 구분되지 않는 것으로 본다. '착오'는 대체로 '부지'에서 기인하기 때문이다. 그런데 우리 대법원은 형법 제16조의 '법률의 착오'에서 '단순한 법률의 부지'를 제외시켜 후자의 경우 '정당한 이유' 유무의 심사도 없이 처벌된다는 입장을 견지하고 있다. 전 세계적으로도 유례를 찾아볼 수 없는 이와 같은 착오법리는 그동안 우리 학계의 지속적인 비난의 표적이 되어왔다. 도대체 '착오'와 '부지'가 어떻게 구분될 수 있다는 말인가? 또한 설령 개념상 구분이 가능하다고 할지라도 양자를 법적으로 달리 취급할 근거는 어디에 있다는 것인가? 이러한 문제제기에 대해 우리 대법원은 침묵하고 있다. 본서는 바로 이와 같은 의문점들에 답하기 위해 고대 그리스와 로마법의 착오이론 및 법리부터 현대의 세계 각국의 법률의 착오조문 및 판례경향을 비교·역사적 관점에서 폭넓게 다루고 있다. 아울러 대법원의 그와 같은 착오법리가 형성될 수밖에 없었던 시대적 배경에 판례연혁적으로 접근해 봄으로써 관련 판례의 리딩케이스(leading case)를 비판적 시각에서 분석한다. 또한 본서의 '추록'도 결과적으로는 대법원의 착오법리가 현재의 모습을 갖추게 된 배경을 비교 사상사(思想史)적 관점에서 새롭게 구명해 내고 있다고 볼 수 있을 것이다.

끝으로 본서에서는 그동안 새롭게 발굴된 우리 형법 제정관련 사료(史料)가 적지 않게 축적된 데 힘입어 '형법 제16조(법률의 착오)'의 입법취지를 재구성하는 작업에도 많은 지면을 할애하였다. 형법 제16조에 대한 연혁적 고찰은 단순히 '조문 입법사(立法史)의 정리'라는 차원을 넘어서 법률의 착오에 관한 학설사(學說史)는 물론 조선고등법원과 우리 판례, 나아가 일본과 독일의 조문 및 판례를 유기적이고 종합적으로 이해함에 있어 '예리한 통찰'의 계기를 제공해 주고 있음을 많은 독자들이 확인하게 될 것으로 믿는다.

본서를 완성하는데 있어 많은 분들의 도움을 받았다. 무엇보다도 아버님과 어머님께 필자의 첫 저서인 이 책을 바치고 싶다. 부모님께서는 언제나 변함없는 사랑과 엄한 교육으로 필자를 이끌어 주셨고, 특히 학위논문 집필 과정에서 필자에게 부족했던 일본문헌 독해능력을 친히 가르쳐 보완해 주셨다. 뒤늦게나마 책 서두에 이렇게 감사의 마음을 표하고자 한다.

다음으로 필자의 지도교수이신 신동운 교수님께 감사의 뜻을 전하고 싶다. 2년 반이라는 비교적 짧은 기간 동안에 박사학위논문을 완성할 수 있도록 여러모로 배려와 지도를 아끼지 않으신 학은에 대해 항상 정진하는 모습으로써 보답고자 한다. 한인섭 교수님께서는 학위논문 심사기간 내내 필자에게 논문이 갖추어야 할 내용과 형식에 대해 혹독하리만치 엄격한 기준을 요구하셨고, 논문이 공허한 이론의 나열에 그치지 않고 구체적인 사회현실에 의미를 가질 수 있도록 이끌어 주셨다. 심사에 직접 관여하시지는 않았지만 조국 교수님께서는 멀리 하버드에서도 필자의 학위논문에 대해 긴요한 조언을 해 주셔서 몇 차례의 난관을 극복하고 논문의 현 골격이 형성될 수 있도록 필자를 이끌어 주었다. 개념 및 체계상의 문제점을 꼼꼼하게 지적해 주신 김재봉 교수님과 조준현 교수님, 그리고 민법상 착오론의 주요 논점과 역사에 대해 많은 시간을 할애하여 상세하게 설명해 주신 최봉경 교수님께도 깊이 감사를 드린다. 끝으로 심사기간동안 심사위원장으로 계심에도 불구하고 필자와의 격의 없는 토론 통해 논지를 가다듬을 수 있도록 도와 주셨고, 추록부분의 '고대 동양에서의 법률의 착오론'이란 어렵고 방대한 주제로 논문을 쓰는 데에도 용기를 잃지 않도록 격려와 조언을 아끼지 않으신 이용식 교수님께도 마음속 깊이 감사의 뜻을 전하고 싶다.

　본서의 내용에 대해 "단장취의(斷章取義)함이 없다"는 평가를 받을 수 있다면 더 바랄 것이 없겠다.

2006년 12월

**저 자**

# 〈차   례〉

# 제1장 서 론

## I. 연구 계기 및 범위

일반적으로 널리 인용되는 "Error juris nocet, error facti ncn nocet"[1]라는 라틴 법언(法諺)은 로마법대전의 학설휘찬(學說彙纂 ; Digesta)에서 유래한 것이다.[2] 주지하다시피 동 법언은 형법적으로 "법률의 부지는 용서받을 수 없지만, 사실의 부지는 용서받을 수 있다"는 뜻으로 새겨지고 있으며, 이처럼 법률의 부지와 사실의 부지를 다르게 취급한 로마법상 착오법리의 배후에는 "법률은 명확할 수 있고 또 명확해야 하지만 사실에 대한 이해는 심지어 주의 깊은 자에게 있어서도 대부분 어긋나기 때문이다"[3]라는 로마법률가들의 사고방식과, 넓게는 로마인들의 지혜와 관습이 자리 잡고 있었다.[4]

---

1) 법률의 착오는 해가 되지만 사실의 착오는 해가 되지 않는다는 뜻이다.
2) PAULUS, Digesta 22.6.9 로마법대전의 라틴어 번역은 Theodor Mommsen & Paul Krueger & Alan Watson, The Digest of Justinian, Vol.( I ~ IV), 1985의 영역본과 Samuel P.Scott, Corpus Juris Civilis, Vol.( I ~ VII), 1973의 영역본 그리고 Carl Eduard Otto & Bruno Schilling & Carl Friedrich Ferdinand Sintenis, Corpus Juris Civilis, Bd.( I ~ VII), 1833의 독역본을 참조했음을 밝혀둔다.
3) NERATIUS, Digesta 22.6.2
4) 로마법상의 부지와 착오는 구분되지 않았던 것으로 보인다. 대표적 근거로서 전술한 Digesta 22.6.2에서 'ignorantia'와 'error'를 혼용하고 있음에 주의하라. 이러한 추론을 지지해 주는 견해로서 Edwin R. Keedy는, Digesta 22.6.9에서 'error'와 'ignorantia'가 혼용되고 있음을 지적한다. 이에 대해서는 Edwin R.Keedy, Ignorance and Mistake in the Criminal Law, Harvard Law Review, December,

이와 같은 로마법상의 전통적 법원칙은 카논법(Canon Law)에도 영향을 주었으며 독일의 보통법 및 영미법계의 커먼로(Common Law)상의 착오이론에도 전승되어[5] 독일 제국법원이 "형법상 법률의 착오는 고려되지 않는다"는 태도를, 그리고 영미법계의 판례가 비교적 최근까지에도 "Ignorantia juris, quod quisque tenetur scire, neminem excusat"라는 원칙[6]을 고수할 수 있는 계기를 마련해 주었다.[7]

"법률의 부지는 용서받지 못한다"라는 전통적 법원칙은 19세기 말엽 독일민법전 제정기에 이르러 사법(私法)의 영역에서부터 흔들리기 시작하다가 형법의 영역에서는 1952년 독일연방대법원(Bundesgerichtshof)이 전원합의체판결에 의해 기존에 독일제국법원(Reichsgericht)이 취하고 있었던 전통적 법원칙을 수정하여 "극복할 수 없는(unüberwindlich) 금지착오(Verbotsirrtum)는 면책될 수 있다"는 새로운 법리를 구축하였고,[8] 이는

---

1908, 76면 참조. 또한 W. Engelmann 역시 로마법상의 착오론을 다루면서 'ignorantia(error)'라는 표현을 사용함으로써 양자를 동일시하고 있음을 알 수 있다. 이에 대해서는 Woldemer Engelmann, Irrtum und Schuld nach der italienischen Lehre und Praxis des Mittelalters, 1922, 42면 참조. 한편 본고에서 로마법 및 커먼로상의 문헌을 인용할 때에는 법률의 부지는 법률의 착오와 동일한 개념으로 사용하고 있음을 미리 밝혀둔다.

5) Common Law상의 동 원칙이 Roman Law에서 기원함에 대해서는 Edwin R. Keedy, 앞의 논문, 77면 참조.

6) 동 법원칙은 "법률은 만인이 알고 있는 것으로 인정되므로 이에 대한 착오는 누구에게도 항변이 되지 못한다"는 뜻이다. 동 원칙이 로마법상의 원칙임과 동시에 Common Law상의 전통적 법리라는 설명으로는 William Blackstone, Commentaries of Laws of England, Vol.4, 1769, 27면 참조.

7) 우리 형법의 제정과정에 주도적 역할을 담당했던 효당 엄상섭 선생 역시 이러한 전통적 법원칙이 형법상으로도 받아들여졌음을 긍인하고 있었던 것으로 보인다. 효당 선생은 '우리 형법전에 나타난 형법 민주화의 조항'이라는 논문에서 "법을 모른다고 하여 처벌을 면할 수 없다는 것이 형법상의 원칙이거니와 이 원칙의 절대적인 적용만으로는 심히 가혹하여 행위자로서는 억울키 한량없는 경우가 있는 것이다"라고 전하고 있다. 동 논문의 소개로는 신동운·허일태, 효당 엄상섭 형법논집(이하 형법논집으로 표기), 75면 참조.

1969년에 이르러 독일 신형법총칙에 조문화되었다.

그러나 독일보다 앞서 1853년 스위스연방형법 제11조가 법률의 착오를 면책사유로 인정한바 있고, 이후 1926년 구소련러시아공화국형법 제10조 및 1932년 폴란드형법 제20조 역시 그러한 입법례를 채택하였던바 대륙법계에서는 이미 19세기 중엽부터 전통적 법원칙으로부터 이탈하는 경향을 보이기도 했던 것이다.9)

한편 커먼로 계통에서도 영국의 경우 19세기 초반인 1837년 Regina v. James, 8C.&P.131,173 E.R. 429(1837) 사건에서 이러한 전통적 법원칙에 대한 예외가 인정된 바 있고, 1933년 United States v. Murdock 사건에서 미연방대법원이 전통적 법원칙을 거부하고 조세범에 있어서 피고인에게 법률의 착오로 인한 항변을 인정하게 됨으로써10) 20세기에 이르러서는 법계(法系)를 막론하고 "법률의 부지는 용서받지 못한다"는 로마법에서 기원한 전통적 법원칙은 수정되어가는 추세에 있으며, 이러한 경향은 극단적으로는 남아프리카공화국 최고법원(Appellate Division in South Africa)이 1977년의 S v. De Blom 1977(3) SA513(AD) 사건에서 법률의 진정한(genuine) 부지는 심지어 회피가능했을 지라도 면책사유가 된다고 판시함으로써, 로마법에서 기원한 커먼로(Common Law)상의 전통적 법원칙, 즉 "법률의 부지는 용서받지 못한다"라는 격률(Maxim)을 정면으로 거부하는 입장까지 초래하기에 이른다.11)

---

8) BGHSt, 2, 194, 209면 참조.

9) 이러한 입법례의 소개로는 Paul K. Ryu & Hellen Silving, Error Juris : A Comparative Study, Chicago Law Review, Spring 1957, 439~442면 참조.

10) 이에 대해서는 Michael L. Travers, Mistake of law in mala prohibta crimes, Chicago Law Review, Summer, 1995, 1303~1304면 참조 ; 동 판례의 스개와 상세한 분석으로는 John Strauss, Nonpayment of Taxes: When Ignorance of the Law is an Excuse, Akron Law Review, Winter/Spring, 1992, 614~617면 참조.

11) 동 판례의 소개로는 Kumaralingam Amirthalingam, Ignorance of Law, Criminal Culpability and Moral Innocence: Striking a Balance between Blame and Excuse, Singapore Journal of Legal Studies, 2002, 302~303면 ; C.G. van der Merwe & Jacques E. du Plessis & Reinhard Zimmermann, Introduction to the Law of South

"법률을 알지 못하였다고 하더라도 그것으로써 고의가 없었다고 할수 없다"는 일본형법 제38조 3항에 대해 일본최고재판소 판례는 현재까지도 일관되게 "고의의 성립에는 법률의 인식이 필요 없다"는 취지로 해석하고 있으며, 이러한 입장은 동 조문을 그대로 차용하였던 일제강점기 우리나라의 의용형법(依用刑法) 하에서도 - 비록 예외가 있기는 했었지만[12] - 조선고등법원 판례의 확고한 입장이기도 하였다. 조선고등법원의 태도는 분명 로마법상의 전통적 법원칙과 동일한 선상에서 법률의 착오를 취급했던 것이다.

이처럼 우리나라의 경우는 타율적으로 계수된 형법전과 일본인 법관에 의해서 "법률의 부지는 용서받지 못한다"는 법리가 구축될 수밖에 없었는데 이러한 원칙은, 그것이 비록 합리적 법리의 보고(寶庫)라고 일컬어지는 로마법에서 기원한 것이기는 하지만, 그 당시의 일제로 하여금 식민지 치하 우리 국민을 효율적으로 통치할 수 있는 법리적 빌미를 제공하였고, 이후 6·25동란기에는 혼란한 시대상황 속에서 부역자 처벌이란 명목으로 무고한 양민을 손쉽게 단죄할 수 있는 이른바 '사법살인(司法殺人)'의 동인이 되었다는 점에서[13] 역사적 맥락에 따라서 권력자의 자의에 봉사할 수 있는 법리적 한계점을 스스로 노정하고 있었다.

우리나라의 이러한 사회·역사적 현실을 배경으로 1953년에 제정·공포된 우리형법 제16조는 법률의 착오란 표제하에 "자기의 행위가 법령에 의하여 죄가 되지 아니하는 것으로 오인한 행위는 그 오인에 정당한 이유가 있는 때에 한하여 벌하지 아니한다"라고 규정하고 있다. 법률의 착

---

Africa, 2004, 464면 ; GK Goldswain, Special or unusual defenses or "extenuating circumstances" that may be pleaded for the purpose of remission of penalties in income tax matters, Meditari Accountancy Research Vol.11, 2003, 50면.

12) 朝高判 41, 12, 26 형집 제28권, 289면 ; 동 판례에서는 착오에 과실이 없을 때는 고의를 조각한다고 판시했다.

13) 우리 형법 제16조의 제정 배경과 관련해 이와 같은 시대적 상황을 제시하는 견해로는 신동운, 효당 엄상섭 형법논집 해제, 형법논집, 353면 ; 한인섭, 한국전쟁과 형사법, 서울대법학, 제41권 2호, 2000, 139면 이하 참조.

오, 이른바 금지착오(Verbotsirrtum)에 대한 우리 형법조문은 비교법적으로 볼 때, 동서고금(東西古今)을 막론하고 유사 입법례를 찾기 힘들 만큼 독특한 법문형태를 취하고 있다.[14] 예컨대, '정당한 이유가 있는 때에 한하여', 그리고 '벌하지 아니한다' 등이 바로 그러한 증좌(證左)이다.[15] 그렇다면 동 조문에 대한 해석론은 우리 형법 제16조가 탄생된 고유한 토대에 대한 명확한 이해를 바탕으로 전개되어야 함이 마땅할 것이다. 그러한 작업이 선행되지 않고서는 우리 조문의 규범적 특질을 충분하게 헤아리지 못한, 절름발이 해석론이 양산될 수밖에 없기 때문이다.

그럼에도 불구하고 현재까지도 우리 학계에서는 우리 조문의 규범적 독창성에 대한 연구가 충분히 수행되어 있지 못하다고 판단된다. 그리고 바로 여기에 본고의 연구 계기가 있다. 따라서 본고는 우리 조문에는 외국의 입법례와 상이한 규범적 특질이 깃들여 있을 것이란 기본가정 하에 이를 해석론적으로 구명해 내는 데 논의의 초점을 맞추고자 한다.

이를 위해 우리나라 고유의 정치경제적, 사회역사적 토양 속에서 우리 입법자는 금지규범의 위반에 대한 어떠한 법적 취급을 하기로 입법

---

14) 금지착오에 대한 각국 입법례 및 판례태도의 소개로는, Hans-Heinrich Jescheck & Thomas Weigend, Lehrbuch des Strafrechts Allgemeiner Teil, 1996, 467∼468면 참조. 동 문헌에 의하면 오스트리아, 스위스, 스페인, 포르투갈, 그리고 네덜란드의 금지착오 조문은 회피불가능한 금지착오에 빠진 경우는 책임을 조각한다는 점에 있어서 독일형법 제17조와 실질적으로 유사하다. 그런 반면, 프랑스는 독일과 유사한 명시적 조문이 있음에도 불구하고 최근까지도 판례가 'error juris nocet'이라는 전통적 법원칙을 고수하여 기껏해야 비형벌법규의 착오만을 형벌감경사유로 인정하는 태도를 취하고 있고, 이탈리아는 명문상으로는 금지착오가 고려되지 않는 것으로 규정하였으나 헌법재판소의 판결에 의해 회피불가능한 금지착오는 책임을 조각하는 것으로 보게 되었다. 나아가 영미법계의 사법실무(anglo-amerikanische Judikatur)는 일반적으로 금지착오를 그다지 고려하지 않는 태도를 보이고 있다는 점에서 독일과 차이점이 있다고 한다.

15) 우리 형법 제16조의 독창성에 대해 당시에 있어서는 '혁명적이고 획기적'인 입법례였으며 '자유주의적 사상을 골자로 하는 입법의 전형'이었다는 평가로는 신동운, 효당 엄상섭 형법논집 해제, 형법논집, 351∼353면 참조.

적 결단을 내렸는가를 되짚어 보는 작업을 수행할 것이다. 아울러 우리 형법 제16조의 입법취지를 구명하기에 앞서 법률의 착오에 대한 이론 및 법리가 '형법사'에 있어서 어떻게 형성, 전개되어 왔는가를 사상사적·비교법적으로 개관해 볼 것이다. 그래야만 동 조문에 담겨 있는 시대성과 규범적 위상이 정립될 수 있기 때문이다.

이러한 작업을 수행한 후에는 우리 형법이 제정된 이후 동 조문에 대한 우리나라의 해석론과 판례가 어떠한 방향으로 변모되어 왔는가를 비판적 시각에서 검토해 보고 우리 학설이 과연 동 조문의 입법취지를 얼마나 정확히 새기고 있는지와 함께 우리 판례가 고수하고 있는 "단순한 법률의 부지는 용서받지 못한다"는 착오법리가 과연 어떠한 시대적 배경과 이론적 근거에서 비롯된 것인지, 또한 어떠한 입법례를 전거로 삼고 있는지를 구명해 볼 것이다.

나아가 본 논문에서는 현재 우리나라에서 진행되고 있는, '국민의 사법참여'를 필두로 한 사법개혁의 움직임에 수응하여, 현재의 조문구조 및 사법시스템하의 해석론적 논의를 넘어 배심 혹은 참심제도가 우리 형법 제16조에 대한 판례의 해석태도에 가져올 수 있는 가능한 변화를 조심스럽게 전망해 보고자 한다.

참고로 본고에서는 법률의 착오와 관련된 문제 중에 규범적 구성요건요소에 관한 착오나 반전된 착오, 그리고 특수한 착오유형으로서 전체평가적 표지에 관한 착오나 이중 착오에 대한 논의는 제외하였음을 미리 밝혀둔다.

## II. 연구 목적 및 방법

일상 언어적으로 착오란 말보다는 착각이나 오해라는 표현이 더 자주 사용된다. 어떠한 표현이든 그 뜻은 실제의 사실을 잘못 알고 있었다는 것이다. 좀 철학적으로 말하자면 표상과 실재의 불일치가 일어났다는 정도쯤으로 이해될 수 있을 것이다. 이러한 착각이나 오해는 우리의 일상생활에서 매우 친숙한 경험이기 때문에 때로는 매우 사소한 일로 치부될 수도 있지만 경우에 따라서는 착오로 인해 발생한 결과가 한 개인의 삶의 터전을 송두리째 앗아 버리는 경우도 있다고 본다. 오해에서 비롯된 행동이 타인과의 관계에서 치유할 수 없는 불신감을 가져오기도 하고 착각으로 써내려간 답안지가 기나긴 인고의 시간을 다시 필요로 하게 만들기도 한다.

그래도 이 정도의 오해나 착각은 행위자 스스로가 감수하면 해결될 수 있다는 점에서 경미한 수준의 착오라고 볼 수도 있을 것이다. 이에 반해 착오가 타인과의 법률적 문제를 야기 시키거나 공동체가 부과하는 금지법규의 위반에 관한 것이라면 이 경우에는 착오자를 어떻게 취급해야 하는가? 이 때에도 착오자가 자신의 착오에 대한 책임을 전적으로 본인이 부담해야 하는가? 예컨대 계약상의 착오로 인해 착오자에게 중대한 손실이 발생한 경우에 이러한 착오를 어떻게 처리해야 하는가? 또한 각종 법령이 규제하는 내용을 알지 못하여 금지법령을 위반하게 된 경우에는 착오자를 어떻게 처리해야 하는가? 특히 후자의 경우에는 법률의 착오의 형법적 취급이라는 문제가 발생한다.

형법상 법률의 착오와 관련하여 우리나라를 비롯하여 각국의 실정법규가 취하고 있는 태도는 대동소이하다. 즉, 착오자에게 용서해 줄 만한 사유가 있으면 그를 벌하지 아니하고, 반대로 그러한 사유가 없으면 처벌하되 정상에 따라 형을 감경할 수 있도록 하자는 것이다. 언뜻 보기에 더할 나위 없이 균형감 있어 보이는 이러한 착오법리는, 그러나 전 세계적으로 보편적으로 받아들여지기 시작한 지 불과 한 세기도 채 되지 못한다.

더구나 여전히 영미법계의 실무에서 법률의 착오는 사실의 착오와 달리 용서받지 못한다는 법리가 강하게 자리 잡고 있고 심지어 프랑스 등의 일부 국가에서는 실정법에 위와 같은 법률의 착오 조문을 두면서도 실무적으로는 거의 이용되지 못하거나 의도적으로 무시되는 경우까지도 있다고 한다. 우리나라도 예외는 아니어서 대표적으로 우리 대법원은 '단순한 법률의 부지'는 항상 처벌된다는 입장을 취하고 있다. 적어도 형법상으로 법률의 착오(부지)는 행위자의 책임으로 돌아간다는, 어찌 보면 대단히 국가본위적 입장이 각국의 판례와 실무에서 살아 숨쉬고 있는 것이다.

본고의 문제의식은 바로 여기에 있다. 도대체 어떠한 근거와 전통적 법원칙에서 법률의 착오가 전적으로 착오자의 잘못으로 귀책되며 용서받지 못한다는 법리가 그토록 뿌리 깊게 자리잡고 있는 것인가? 경우에 따라서는 분명 착오자에게 자신의 착오에 대해 나름대로 정당한 사유가 인정되는 경우가 있음에도 불구하고 이처럼 법률의 착오에 대해 단호한 입장을 견지하게 만드는 전통적 법원칙의 형성계기는 무엇인가?

본고에서는 이러한 문제의식 하에 형법상 착오법리의 배후에 살아 숨쉬고 있는 원류(原流)를 탐구하려는데 연구의 목적이 있다. 전통적 법원칙이 어떠한 근거에서 형성되었고 어떻게 전승되어 왔으며 현재 어떻게 수정되었고 또 어떻게 평가받고 있는지를 구명해 보고자 한다. 이를 위해 일단 우리 형법 및 각국의 현행 형법상 착오조문의 입법모델의 모태가 되고 있는 입법례나 판례를 찾아볼 것이다. 그리고 그러한 입법례나 판례의 원류가 되고 있는 전통적 법원칙, 즉 'Error juris nocet'이라는 라틴 법언이 어디에서 발원하여 어떻게 전승되어 왔는가를 개관해 보고자 한다.

일반적으로 "법률의 부지는 용서받지 못한다"는 전통적 법원칙은 로마법에 기원을 두고 있는 것으로 평가받고 있다. 따라서 본고에서는 로마법상의 전거를 밝혀 제시해 보려는 작업을 수행해야만 했다. 이를 위해 부득이 로마법과 관련된 내용을 비교적 상세히 전해주고 있는 문헌들을 찾다보니 1900년대 전후에 출간된 문헌들에 집중될 수밖에 없었다. 우선 기본적으로 1899년에 출간된 Theodor Mommsen의 'Römisches Strafrecht'를 참조해야 했고, 로마법이 중세 독일형법과 독일제국법원의 착오법리에 어떻게 전승되어 갔는지는 1900년에 출간된 Otto Kahn의 'Der außerstrafrechtliche Rechtsirrtum'를 참고하여 이해할 수 있었다.

한편 "법률의 부지는 용서받지 못한다"는 전통적 법리가 로마형법에서 기원하고 있지 않다는 유력한 반론이 1900년 전후에 대륙법계와 영미법계의 학자인 Karl Binding과 Edwin Keedy에게서 제기되었는데 그 견해의 타당성을 검증하기 위해서 1918년에 출간된 Karl Binding의 'Normen und ihre Übertretung(Band Ⅲ)'과 함께 1908년에 Harvard Law Review에 실린 Edwin R.Keedy의 논문 'Ignorance and Mistake in the Criminal Law'를 확인해 볼 필요가 있었다. 전통적 법원칙이 로마형법에서 기원했다는 지배적 견해와 이에 대한 반론을 균형감 있게 검토하는데 있어서는 전술한 Otto Kahn의 책과 더불어 1984년에 발간된 Laurens C. Winkel의 'Error juris nocet: Rechtsirrtum als der Problem der Rechtsordnung', Bd.I 'Rechtsirrtum in der griechischen Philosophie und im römischen Recht bis Justinian'에 힘입은 바 컸다.

특히 Laurens C. Winkel의 위 저서와 더불어 'Vorbemerkung zum Thema Rechtsirrtum in der mittelalterlichen Jurisprudenz, zugleich ein Thema aus der Geschichte der Rechtsideologie, IUS COMMUME, XⅢ, 1985'는 고대 그리이스의 착오이론, 특히 니코마코스 윤리학에 담긴 착오론이 키케로를 거쳐 로마 법학자 파울루스에 의해 로마법에 전승되었다는 Kaufmann의 논문 'Die Parallelwertung in der Laiensphäre: Ein sprachphilosophischer Beitrag zur allgemeinen Verbrechenslehre, 1982'을 비판적으로 이해하는데 많은 도움을 주었다.

한편 Otto Kahn은 형벌법규와 비형벌법규를 구분하는 독일제국법원의 착오법리가 로마법은 물론 카논법에서도 찾아볼 수 없는 법리라고 주장하였지만, 이와 달리 Arthrur Kaufmann은 독일제국법원의 착오법리는 카논법에서 유래한다고 밝히고 있는바, 이에 대한 검토가 필요하였다. 지금까지 학계에 널리 알려져 있지 않지만 법률의 착오와 관련 카논법은 그 어떤 입법례보다 상세하게 법률의 착오를 다양한 각도에서 설명해 주고 있다. 카논법 조문의 구체적 내용 및 Kahn과 Kaufmann의 견해대립 을 객관적으로 검토함에 있어서는 Amleto Giovanni Cicognani 대주교의 'Canon Law, 1934'와 함께 Stanislaus Woywod의 'A practical Commentary on the Code of Cannon Law, 1952', 그리고 정진석 주교16)의 '교회법 해설'로 부터 많은 도움을 받았다.

로마형법과 카논법에 대한 고찰을 마무리 지은 후엔 로마법이 커먼로 상에 어떻게 전승되어 갔는지를 살펴보아야만 했다. 왜냐하면 "법률의 부지는 항변이 되지 못한다"는 커먼로상의 전통적 법원칙은 로마법상의 법원칙과 동일했기 때문이다. 이를 위해서 1957년 U.Chicago Law Review 에서 풍부한 비교법적 사료를 역사적 고찰을 통해 제시해 주고 있는 유기 천 교수와 Hellen Silving 교수의 공동집필 논문 'Error Juris : A Comparative Study'와 함께 법률의 착오에 관해 커먼로상의 비교법적 연구 성과를 보 여주고 있는 논문들 특히 2002년 Singapore Journal of Legal Studies에 실린 Kumaralingam Amirthalingam의 논문 'Ignorance of Law, Criminal Culpability and Moral Innocence: Striking a Balance between Blame and Excuse'를 많이 참 고하였다.

우리나라는 물론 일본 법학에 지대한 영향을 끼친 독일 형법상의 법 률의 착오론이 어떻게 전개되어 왔는가를 개관하는데 있어서는 무엇보 다 1984년 Werner Georg Tischler의 논문 'Verbotsirrtum und Irrtum über normative Tatbestandsmerkmale'과 조준현 교수의 '금지착오에 관한 독일형 법이론사 소고'를 통해 정리할 수 있었고, 조문변천사에 대해서는 김종 원 교수의 '금지착오에 관한 연구'를 통해서 이해할 수 있었다. 그리고 1975년 독일신형법 시행직후 이듬해인 1976년 Washington에서 개최되었던 독일신형법에 대한 Symposium에서 발표된 Gunther Arzt의 논문 'Ignorance

---

16) 정진석 주교는 2006년 3월 24일 추기경에 공식 서임되었다.

or Mistake of Law'도 독일형법 제17조에 대한 이론사적 제정배경을 정리하는데 큰 힘이 되었다.

다음으로 우리 형법 제16조가 어떠한 제정경위를 거쳐서 현재와 같은 착오법리에 이르게 되었는가를 구명함에 있어서는 동 조군에 대한 연혁적 고찰이 필요했는데 이를 위해서는 현재까지 발굴된 우리 형법 제16조에 대한 관련 사료의 정리가 무엇보다 절실하였다. 우선 우리 형법의 제정경위 전반에 대해서는 신동운 교수의 논문 '제정형법의 성립경위'를 주로 참고하였고, 다음으로 보다 구체적으로 형법 제16조의 연혁과 직접적으로 관련된 문헌으로는 우리 형법에 대한 입법사료를 집대성한 신동운 교수와 허일태 교수의 공동 편저작인 '효당 엄상섭 형법논집'에 실린 효당 엄상섭 선생의 여러 글, 특히 '우리 형법전에 나타난 형법민주화의 조항'과 '형법이론과 재판의 타당성' 등을 주로 참조하였으며 이를 통해 동 조문에 대한 객관적인 사료를 확보하여 본격적인 논의의 토대를 마련할 수 있었다.

나아가 우리 입법자의 의도를 재구성하는데 있어서는 효당 엄상섭 선생의 논문에 대한 신동운 교수의 해설서라고 볼 수 있는 '효당 엄상섭 형법논집 해제'에 힘입은 바 크다. 아울러 김종원 교수의 '금지착오에 관한 연구'도 형법 제16조에 대한 해석론을 정리하는데 큰 도움이 되었다.

끝으로 오늘날 법률의 착오에 관한 가장 진보적인 판례중 하나로 평가받고 있는 남아프리카공화국 최고법원판례인 S v. De Blom 1977(3) SA513(AD)에 대한 판례 분석 및 이론적 함의에 대해서는 커먼로 계통 국가에서 쓰여진 논문들 특히 R.C. Whiting의 'Changing the Face of Mens Rea, The South African Law Journal, Vol.95, March 1978'과 Kumaralingam Amirthalingam의 'Mens Rea and Mistake of Law in Criminal Casws: A Lesson from South Africa, University of New South Wales Law Journal, Vol.18, 1995'를 주로 참고했음을 미리 밝혀두는 바이다.

# 제2장 법률의 착오이론 및 법리의 역사적 전개

## 제1절 법률의 착오(Error Juris)이론 및 법리의 역사적 형성과정

### Ⅰ. 고대 그리이스에서의 착오이론의 전개

#### 1. 고대 그리이스에서의 법률의 착오

법률의 착오와 관련된 고전기 귀책론(Die klassische Imputationslehre)의 역사를 살펴보면, 법률의 인식(Rechtskenntnis) 및 법률의 착오(Rechtsirrtum)에 대한 언급은 이른바 '신화시대'로 분류되는 기원전 800년경의 Homeros의 대서사시 '오디세이아(Odysseia)'에서 이미 찾아볼 수 있으며, 법률의 불인식(Rechtsunkenntnis)에 대한 최초의 문제의식은 소크라테스 이전의 자연철학자인 Herakleitos(536~470B.C.)에까지 거슬러 올라간다고 한다.[1]

한편 소크라테스(Socrates, 469~399B.C.)는 앎(Wissen)과 덕(Tugend)을 동

---

[1] 이에 대한 상세한 논의로는 Laurens C. Winkel, Error juris nocet: Rechtsirrtum als der Problem der Rechtsordnung, Bd.I 'Rechtsirrtum in der griechischen Philosophie und im römischen Recht bis Justinian', 1984, 7면, 11~16면 참조.

일시하였으며 "인간은 누구나 자발적으로 그릇된 행위를 선택하지 않으며 그릇된 행위를 선택하는 것은 무지의 결과이다"라는 주장[2]을 개진하였던바, 이는 법률의 착오와 관련된 귀책론의 형성에 있어서, 비이성적 충동으로 인해 그릇된 행동을 하지 않기 위해서는 정신적 긴장(geistige Anstrengung)을 통해 부지에서 벗어나야 한다는 이론구성에 논의의 토대를 제공해 준 것으로 평가할 수 있는 여지가 있다고 한다.[3]

또한 플라톤(Plato, 427~347B.C.)의 대화편 중 하나인 '법률(Nomoi)'[4]을 보면 Kleinias와 아테네인(Athener)의 대화에서 입법자가 '부지'를 어떻게 취급하는 것이 바람직한 것인지에 대한 언급이 나온다. 아테네인의 주장에 따르면 부지(ἄγνοια ; Unwissenheit)는 단순한 부지(eine einfache ; simple ignorance)와 배가적(倍加的)인 부지(eine zweifache ; double ignorance)로 구분할 수 있다고 한다. 단순한 부지는 경미한 범죄로 취급되어야 하는 반면 배가적 부지는 단지 무지뿐만 아니라 자신의 지혜에 대한 과신(過信, δόξη ; Einbildung ; conceit)[5]으로 인해 발생하는 부지, 다시 말해 자신이 전혀 알지 못하고 있는 것에 대해 정확히 다 알고 있는 것처럼 믿는데서 발생하는 부지이기 때문에 만일 이러한 배가적인 부지가 권력이나 강력한 힘과 결부되면 중한 범죄의 원인으로 다루어져야 하고, 박약한 힘과 결부될 경우에는 어린이나 노인이 실수하는 정도의 범죄로 취급되어야 한다고 주장한다.

---

2) 이에 대해서는 Plato, Protagoras, 357c~358e 참조. Protagoras의 영역본으로는 Plato Complete Works, Hackett Publishing Company, 1997(Jone M.Cooper 편집), 786~787면.

3) Laurens C. Winkel, 앞의 책, 19면.

4) Plato, Nomoi 863a~863d 참조. Nomoi의 영역본으로는 Plato in Twelve Volumes, XI Laws, Harvard Univ. Press, 1996(R.G. Bury 역, 1928년 초판 발행), 233면과 Plato Complete Works, 앞의 책, 1521면.

5) 원문에는 'δόξη σοφίας'으로 되어 있으며, 'δόξη'는 '믿다, 생각하다, 상상하다'라는 뜻의 'δοκέω'의 명사형이고, 'σοφία(소피아)'는 '지혜'를 뜻한다. 'δόξη'는 문맥상 '과신(過信)'으로 번역하였다.

아테네인은 계속해서 입법자는 이러한 부지를 범죄로서 법률에 규정해야 하지만, 이에 대한 법률은 관용과 배려를 베풀 수 있도록 규정되어야 한다고 주장하며 이상의 아테네인의 주장에 Kleinias 역시 옳은 견해로서 찬성한다는 내용이 본 대화편에 수록되어 있다. Plato의 'Nomoi'에 있는 이상의 내용은, 법률의 착오와 관련, 후대에 이르러 단순한 부지(Unwissenheit)와 적극적인 착오(Irrtum)를 구분하여 달리 취급할 수 있는 착오이론을 발전시키는데 있어서 중요한 단초를 제공해 주었다고 한다.[6]

## 2. 아리스토텔레스의 착오이론

그러나 무엇보다도 후대에 있어서 법률의 착오이론 및 법리의 형성에 결정적인 기여를 한 그리이스 철학자는 아리스토텔레스(Aristoteles, 384~322B.C.)였던 것으로 보인다.[7] 아리스토텔레스의 착오이론에서 가장 주목받는 업적은 법률의 착오와 사실의 착오를 구분한 것으로 평가되고 있다.[8] 그에 따르면 행위자가 개별적인 행위정황을 인식하지 못한 경우에는 그의 행위는 자의(自意)에 반하는(involuntary) 것이 되고,[9] 모든 사람이 알고 있어야 하고 또 쉽게 알 수 있는 실정법규에 대한 부지는 처벌되어야 한다고 주장하였다.[10] 그리고 행위자의 부주의에서 비롯된 부지는 처벌된다고 한다. 왜냐하면 행위자는 스스로 주의를 기울여 부지를

---

6) Laurens C. Winkel, 앞의 책, 20~21면 참조.
7) 아리스토텔레스의 착오이론과 로마법상의 착오법리의 유사성에 주목하여 그 상관성에 천착한 견해 및 학자들의 소개로는 Arthur Kaufmann, Die Parallelwertung in der Laiensphäre: Ein sprachphilosophischer Beitrag zur allgemeinen Verbrechenslehre, 1982, 4면 ; Laurens C. Winkel, 앞의 책, 22~34면 참조.
8) 이러한 평가로는 Hans Welzel, Naturrecht und materiale Gerechtigkeit, 4.Aufl. 1962, 36면 ; Laurens C. Winkel, 앞의 책, 35면 참조.
9) Aristotle, Nicomachean Ethics, 1987(William David Ross 역, 1925년 초판발행), 51면, 1111a 참조.
10) Aristotle, 앞의 책, 60면, 1113b 참조.

회피할 능력(the power not to be ignorant)을 지니고 있기 때문이다.[11)]

또한 아리스토텔레스에 의하면 부지로 인한 행위는 모두 '자발적이지 않은(not voluntary)' 것이 되고, 그것이 고통과 후회를 초래하는 경우에는 '자의에 반하는(involuntary)' 행위가 된다고 한다. 예컨대 만일 부지자가 자신의 행위에 대해 후회하는 경우에는 부지가 개입하지 않았다면 그러한 행위를 하지 않았을 것이기 때문에 그의 행위는 '자의에 반하는(involuntary)' 것이 되지만 부지자가 자신의 행위에 대해 후회하지 않는 경우에는 그의 행위는 단지 '자발적이지 않은(not voluntary)' 것이 된다고 한다. 그리고 아리스토텔레스는 이처럼 '자의에 반하는' 행위와 '자발적이지 않은' 행위는 구분되어야 한다고 주장하였다.[12)] 요컨대 부지가 없었다면 그렇게 행동하지 않았을 경우에만 부지는 '자의에 반하는' 것이 되는바, 즉 부지와 행위의 결과 간에 '인과관계'가 인정될 때에만 '비자발성'이 인정된다는 것이다.

한편 부지로 인한 행위(acting by reason of ignorance)와 부지의 상태로 한 행위(acting in ignorance)는 다르다고 한다. 예컨대 음주나 격노로 인한 행위는 비록 인식 없이 부지의 상태로 한 행위이기는 하지만 부지의 결과로 행위하고 있는 것이 아니라 음주나 격노의 결과로 행위하고 있는 것이기 때문이다.[13)]

아리스토텔레스에 따르면 '자의에 반하는(involuntary)' 행위는 용서받을 수도 있고 그렇지 않을 수도 있다고 한다. 예컨대 행위자가 단지 부지의 상태(in ignorance)일 뿐만 아니라 부지로 인하여(from ignorance) 행위한 것이라면 그러한 부지는 용서되어야 하지만, 그의 행위가 부지가 아닌 격정(passion)으로 인해 초래되어 부지의 상태에서 수행된 것이라면 그러한 착오는 용서될 수 없다고 한다.[14)]

---

11) Aristotle, 앞의 책, 60면, 1114a 참조.
12) Aristotle, 앞의 책, 51면, 1110b 참조.
13) Aristotle, 앞의 책, 51면, 1110b 참조.
14) Aristotle, 앞의 책, 128면, 1136a 참조.

이상 소개한 아리스토텔레스의 착오이론을 정리하자면, 부지로 인한 행위가 자의에 반하는(involuntary) 것이 되기 위해서는 다음과 같은 요건이 갖추어져야 한다. 첫째로 부지의 대상이 인식이 가능하고 용이한 법률에 대한 것이 아니라 개별적 행위정황에 관한 것이어야 한다. 둘째로 부지의 결과 후회를 수반해야 한다. 셋째로 부지가 행위자의 부주의, 예를 들어 음주나 격노 또는 정념으로 인해 발생한 것이어서는 안 된다. 왜냐하면 이러한 경우에 행위자에게 부지를 회피할 수 있는 능력이 있었고 따라서 부지가 행위의 원인이 되는 것이 아니라 오히려 음주나 격노 등의 부주의가 행위의 원인이 되기 때문이다. 즉 이러한 경우에는 부지의 원인이 행위자 자신에게 있기 때문에 그 행위는 자의에 반하는 것이 되지 못한다는 것이다.

한편 아리스토텔레스는 직접적으로 회피가능성(avoidableness , vermeidbarkeit)이란 표현을 사용하고 있지는 않지만 그의 착오이론은 이미 착오(부지)의 회피가능성 여부에 따라 그러한 부지를 달리 취급해야 한다는 생각을 담고 있다고 평가할 수 있을 것이다.[15] 특히 J. A. Stewart는 아리스토텔레스의 착오이론을 정리하여 행위의 원인이 되는 부지, 즉 음주나 격노 등의 부주의가 개입되지 않은 부지, 그리고 개별적 행위정황에 대한 부지는 그러한 부지의 결과에 대해 후회하는 행위자에 의해 소송에서 면책의 항변이 될 수 있다고 주장하였다. 요컨대 부지가 부주의(과실)로 인해 발생한 것이 아니고 후회를 수반하며 사실에 대한 것일 경우에는 회피불가능한(unavoidable) 부지가 된다는 것이다.[16]

전술한 니코마코스 윤리학의 관련 개소들로부터 개별적 행위정황에 대한 부지는 그것이 회피불가능했던 경우에는 자의에 반하는 것으로 취

---

15) Aristotle, 앞의 책, 60면, 1114a 참조 ; Winkel도 니코마코스 윤리학을 논급함에 있어 회피가능한(vermeidbar) 착오라는 표현을 사용하고 있다. 이에 대해서는 Laurens C. Winkel, 앞의 책, 29면 참조.

16) 이에 대해서는 J.A. Stewart, Notes on the Nicomachean Ethics of Aristotle, Vol.1, 1999(1892년 초판 발행), 234~235면 참조.

급된다는 결론을 도출할 수 있다.[17] 그러나 법률의 착오 역시 부주의로 발생한 것이 아니면 면책될(자의에 반하는 것이 될) 수 있는지는 명확히 도출되지 않는데, J. A. Stewart 역시 이에 대해서는 논급하지 않고 있는 바, 동 의문점에 대해서는 이하에서 검토해 보기로 한다.[18]

## 3. 니코마코스 윤리학에 있어서 법률의 착오의 취급

### 1) 아리스토텔레스와 법률의 착오

아리스토텔레스의 저작들 중에서 특히 법률의 착오와 직접적으로 관련된 문헌 및 개소로는 '니코마코스 윤리학(Ethica Nicomacheia)'의 '1110b'가 공통적으로 널리 인용되고 있다.[19] 전후 문맥까지 고려하기 위해 관련 개소(Ethica Nicomacheia 1110b 30~1111a 2)를 모두 소개하면 다음과 같다.

"τὸ δ' ἀκούσιν βούλεται λέγεσθαι οὐκ εἴ τις ἀγνοεῖ τὰ συμφέροντα · ο ὐ γὰρ ἡ ἐν τῇ πραιρὲσει ἄγνοια αἰτία τοῦ ἀκουσίου ἀλλὰ τῆς μοχθηρίας, οὐδ' ἡ καθόλου (Ψέγουται γὰρ διά γε ταύτην) ἀλλ' ἡ καθ' ἕκαστα, ἐν οἷς καὶ συγγνώμη · ὁ γὰρ τούτων τι ἀγνοῶν ἀκουσίως πράττει[자신에게 유익한 것이 무엇인가에 대한 부지는 행위를 자의(自意)에 반하게 만드는 원인이 아니다. 선택상의 부지(πραιρὲσει ἄγνοια)[20]는 행위를 자의에 반하는 것으로 만들지 못하고 사악하게 만들 뿐이고, 마찬가지로 보편적 원리(καθ όλου)[21]에 대한 부지 역시 행위를 자의에 반하게 만들지 못하며(이러한 행위는 비난을 받게 된다) 다만 개별적인 것(καθ' ἕκαστα), 즉 행위 정황 및

---

17) Laurens C. Winkel, 앞의 책, 30면.
18) 이러한 문제의식으로는 Laurens C. Winkel, 앞의 책, 29면 참조.
19) Laurens C. Winkel, 앞의 책, 30면 이하 ; Hans Welzel, 앞의 책, 36면 ; Arthur Kaufmann, 앞의 글, 5면 참조.
20) 'πραιρὲσει'는 '선호하다, 의도하다'는 뜻의 'προαιρὲσμαι'에서 파생한 것이며, 'ἄγνοια'는 무지를 뜻한다.
21) 'καθόλου'는 '일반적으로(in general), 전적으로(at all)'의 뜻이다.

행위와 관련된 대상에 대한 부지는 행위를 자의에 반하게 만드는 원인이
된다. 이러한 정황에 대한 부지자는 자의에 반하여 행위하는 것이기 때문
에 이러한 부지는 연민과 용서를 받게 되는 것이다]"[22]

이와 관련 Laurens C. Winkel은 동 개소를 다음과 같이 독역하여 소개
하고 있다.

"Der Begriff "unfreiwillig" sollte nicht benutzt werden, wenn jemand seine
Interessen nicht kennt, denn Unwissenheit bei der Entscheidung ist nicht Ursache
der Unfreiwilligkeit, sondern der Schlechtigkeit, und auch nicht Unwissenheit in
allgemeinen, denn für diese wird man getadelt, sondern Unwissenheit über
besondere Umstände, unter denen das Handeln geschieht und auf die es sich
bezieht. In diesen Umständen gibt es nämlich Mitleid und Verzeihung, denn wer
über sie, nämlich die konkreten Umstände, nicht Bescheid weiß, handelt
unfreiwillig[무엇이 자신에게 이익이 되는가에 대한 부지는 행위를 자의(自
意)에 반하게 만드는 원인이 아니다. 결단에 있어서의 부지는 행위를 자의
에 반하는 것으로 만들지 못하고 사악하게 만들 뿐이고, 마찬가지로 보편
적 원리에 대한 부지 역시 행위를 자의에 반하게 만들지 못하는데, 왜냐하
면 이러한 행위는 비난을 받기 때문이다. 반면 행위가 기초하고 있는 개별
적 정황에 대한 부지는 행위를 자의에 반하게 만드는 원인이 된다. 이러한
경우 구체적 정황에 대해 알지 못하는 자는 자의에 반하여 행위한 것이기
때문에 동정과 용서를 불러오게 되는 것이다]"

위 언급한 개소의 내용에 따르자면 선택 및 결단에 있어서의 부지와
보편적인 원리에 대한 부지는 행위를 자의에 반하는 것으로 만드는 원
인이 되지 못한다고 기술하고 있다. 즉, 아리스토텔레스는 그러한 부지
는 개별적 행위정황에 대한 부지와는 달리 취급되어야 한다고 보고 있
는 것이다.

동 개소의 해석에 있어서 개별적 행위정황에 대한 부지란 형법적 의

---

22) 그리스어 원문의 번역은 주로 옥스퍼드 대학의 도덕철학 교수인 David Ross
(1877~1971)의 번역을 참조하였다. 이에 대해서는 Aristotle, Nicomachean Ethics,
앞의 책, 51면 참조.

미에서 보면 사실의 착오에 해당됨을 쉽게 이해할 수 있는[23] 반면 선택
및 결단에 있어서의 부지와 보편적 원리에 대한 부지(ἄγνοια καθόλου)[24]
가 보다 구체적으로 무엇을 의미하는지는 그다지 분명치 않다고 본다.
따라서 동 개소(Ethica Nicomacheia 1110b 30~1111a 2)에 대한 이해를 명
확히 하기 위해 니코마코스 윤리학에 대한 아퀴나스(Thomas Aquinas, 1225
~1274)의 주석서를 살펴보자면 다음과 같다. 우선 동 주석서의 번역자
인 Litzinger는 위 개소를 다음과 같이 영역하고 있다.

> "When we speak of an action as involuntary we do not mean that a man is
> ignorant of what he ought to do. The ignorance that accompanies choice is not the
> cause of an involuntary but of sin. The same may be said of ignorance that is of
> a general nature because a person is blamed for such ignorance. But a person who
> is ignorant of particular conditions about which and on which human activity is
> exercised deserves mercy and pardon because he who is ignorant of any of these
> circumstances acts involuntarily(어떠한 행위가 자의에 반하는 것이라고 말할
> 때 우리는 어떤 행위를 해야 하는가에 대한 부지를 뜻하는 것은 아니다.
> 선택이 수반되는 부지는 자의에 반하는 행위의 원인이 아니라 죄악의 원
> 인이다. 마찬가지로 보편적 성질에 대한 부지는 이에 해당되지 않는데, 왜
> 냐하면 그러한 종류의 부지는 비난을 받게 되기 때문이다. 그러나 일정한
> 행위와 관련되어 있거나 그러한 행위가 기초하고 있는 특수한 조건들에
> 대한 무지는 자비와 용서를 받을 만하다. 왜냐하면 그러한 상황에 대한 부
> 지자는 자의에 반하여 행동하고 있기 때문이다)"[25]

Litzinger는 위 개소의 첫머리에서 Ross[26]가 'ignorant of what is to his
advantage(자신에게 유익한 것이 무엇인가에 대해 모르는)'로, 그리고
Winkel이 'jemand seine Interessen nicht kennt(자신의 이익이 무엇인지 모르

---

23) 이러한 이해방식을 보여주는 대표자로서 Hans Welzel, Naturrecht und materiale
    Gerechtigkeit, 4.Aufl. 1962, 36면 참조.
24) Ross 교수는 이를 'ignorance of the universal'로 번역하고 있다.
25) St. Thomas Aquinas, Commentary on Aristotle's Nicomachean Ethics, C.I. Litzinger,
    O.P. 역, 1993, 135면.
26) Aristotle, Nicomachean Ethics, 앞의 책, 51면 참조.

는 자)'라고 표현한 부분을 'ignorant of what he ought to do(자신이 어떠한 행위를 해야 하는지를 모르는)'로 번역하고 있음을 확인할 수 있다. 그리고 그러한 사항에 대한 부지는 선택이 수반되는 부지와 보편적 성질에 대한 부지의 두 가지 양태로 나눌 수 있음을 설명하고 있다. 또한 Ross와 Winkel이 '보편적 원리'에 대한 부지라고 번역한 부분을 '보편적 성질(general nature)'에 대한 부지로 표현하고 있다. Litzinger와 Ross, 그리고 Winkel에 있어서 동 개소에 대한 번역상의 상위(相違)는 그다지 크지 않은 것으로 보이며 대체로 일치하고 있는 것으로 판단된다.

그리고 아퀴나스는 동 개소에 대해 다음과 같은 주석을 달고 있다.

"Aristoteles는 부지를 대상(object of a person's ignorance)에 따라 두 종류로 구분하고 있다. 어떤 행위를 해야 하고 어떤 행위를 하지 말아야 하는가를 모르는(ignorant of what he ought to do or avoid) 자는 자의에 반하여 행위한 것이 아니다. 왜냐하면 이러한 종류의 부지는 이성적으로 행동하는 사람(a man with the use of reason)에게서는 발생하지 않으며 부주의(negligence)로 인해서 초래되기 때문이다. 그 이유는 사람은 누구나 자신이 어떤 행위를 해야 하고 어떤 행위를 하지 말아야 하는가에 대하여 알기 위해 노력해야 할 의무가 있기 때문이다. 그러므로 행위자가 그러한 사항(어떤 행위를 해야 하고 어떤 행위를 피해야 하는지)에 대해 부지한 경우에는 그의 행위는 자의에 반하는 것이 아니라 자발적인(voluntary) 것으로 평가받는다. 다시 말해 자신이 어떻게 행동하는 것이 합당한 것인가에 대해 모르고 있는 자는 그 성격상(by nature) 자의에 반하는 어떤 것을 희망하고 있지는 않다는 말이다. 이러한 부지는 두 가지 방식으로 발생한다. 하나는 구체적인 선택(particular choice)과 관련된 것이다. 예를 들어 감각적 욕구(sensual desire)로 인해 간통죄를 범해야겠다고 결심하는 경우이다. 다른 하나는 일반적인(in general) 것으로서 예컨대 간통은 언제나 합법적이라고 믿는 경우이다. 이와 같은 두 종류의 무지는 모두 행하여진 것(what is done) 자체에 관련되며 따라서 자의에 반하는 것이 되지 못한다. 요컨대 선택이 수반되는(accompanying choice) 무지는(그러한 선택 시에 행위자는 그 순간 악행을 침한다는 점을 인식하고 있다) 행위를 자의에 반하게 만드는 원인이 되지 못하며 오히려 악덕과 죄악의 원인이 된다. 마찬가지로 보편적 본성(general nature)에 대한 부지도 역시 행위를 자의에 반하는 원인이 되지 못한다. 왜냐하면 이러한 종류의 무지는 비난을 받기 때문이다. … 이러한 종류의 무지와 다른 것으로서 인간의 행위가 기초하고 있는 조건에 대한 부지가 있다. 이러한 조건들 중 하나라도 모르고 있는 자는 자의에 반하여 행동하고 있는 것이며 따라서 개별적 행위정황(particular circumstances)에 대한 부지는 행위를 자의에 반하게 만드는 원인이 된다"[27]

아퀴나스는 동 개소(Ethica Nicomacheia 1110b 30~1111a 2)에 대한 주석을 통해 '선택 및 결단에 있어서의 부지'와 '보편적 원리 및 본성에 대한 부지'라고 번역된 문구가 무엇을 의미하는가를 보다 구체적으로 명확히 보여주고 있다. 특히 그는 '보편적 원리 및 본성에 대한 부지'란 곧 '법률의 부지'를 뜻하는 표현임을 적시해 주고 있다. 이에 덧붙여 아퀴나스는 '법률의 부지'가 '선택 및 결단에 있어서의 부지'와 마찬가지로 이성적으로 행동하는 사람에게서는 발생하지 않으며 단지 부주의에서 비롯된 것이기 때문에 행위를 의도에 반하는 것으로 만드는 원인이 되지 못하며 비난받아 마땅하다는 주해(註解)를 제시해 주고 있다. 즉, 아퀴나스의 이해방식에 따르자면 법률의 착오에는 이미 '부주의'가 추정되고 있기 때문에 비난받아 마땅하다는 것이다.

## 2) 'ἄγνοια καθόλου'의 해석과
## 회피불가능한 법률의 착오의 취급

이상 살펴본 바와 같이 위 개소(Ethica Nicomacheia 1110b 30~1111a 2)에 언급되는 '보편적 원리에 대한 부지(ἄγνοια καθόλου)'는 Aquinas의 주석에 따르면 '법률의 부지'를 뜻하는 것으로 새겨진다. 이와 관련 Hans Welzel 역시 동 개소를 전거로 삼으면서 자연법의 가장 보편적인 판단원리(die allgemeinsten Beurteilungsprinzipien des Naturrechts)에 대한 착오는 면책되지 않는다고 주장하였고[28] Arthur Kaufmann은 Welzel의 동 견해를 인용하면서 자연법의 최고 원리(die obersten Prinzipien des Naturrechts)에

---

27) St. Thomas Aquinas, 앞의 책, 136~137면 참조.
28) Hans Welzel, Naturrecht und materiale Gerechtigkeit, 4.Aufl. 1962, 36면.

대한 착오는 행위자를 면책시키지 못한다고 이를 재해석한 바 있다.[29]

이처럼 다소간의 견해 차이가 있기는 하지만 'ἄγνοια καθόλου'를 '법률의 착오'로 해석하는 입장은 널리 받아들여지고 있는 견해로 보인다.[30] Winkel이 소개한 문헌에 따르면 Kenny[31]와 Loening[32] 등이 이러한 견해를 취하고 있다고 한다.[33]

그런데 보다 중요한 문제는 'ἄγνοια καθόλου'에 대한 해석상의 견해차이보다는 과연 니코마코스 윤리학에 의하면 법률의 착오, 특히 회피불가능한 법률의 착오가 어떻게 취급되어야 하는가에 놓여 있다.[34]

아리스토텔레스에 따르면 전술한 개소(Ethica Nicomachea 1110b 30~1111a 2)에서 살펴본 바와 같이 법률의 착오는 행위를 자의에 반하는 것으로 만들지 못하며 따라서 비난받아 마땅한 착오이다. 그 이유는 아퀴나스의 주석에 의하면 법률의 착오는 부주의에서 비롯된 것이기 때문이다. 따라서 법률의 착오는 일반적으로 용서받지 못하는 것으로 취급되어야 한다고 해석할 수 있다.

그러나 Welzel[35]과 Kaufmann[36]이 적절히 지적한 바 있듯이 법률의 착오는 용서받지 못한다는 원칙에도 예외가 인정되도록 해석할 여지가 있다. '니코마코스 윤리학 1113b'에 의하면 "모든 사람이 알고 있어야 하고 또 쉽게 알 수 있는 실정법규에 대한 부지는 처벌되어야 한다"[37] 그렇다

---

29) 이에 대해서는 Arthur Kaufmann, 앞의 글, 5면 참조.
30) Laurens C. Winkel, 앞의 책, 30면.
31) A. Kenny, Phronesis XI, 1966, 173면.
32) R. Loening, Die Zurechnungslehre des Aristoteles (Geschichte der strafrechtlichen Zurechnungslehre Ⅰ), Jena 1903 / Hildesheim 1967, 214면 이하.
33) Laurens C. Winkel, 앞의 책, 30면 주38), 31면 주43).
34) 아리스토텔레스에게서 '부지'와 '착오'의 개념구분은 찾아볼 수 없다. 따라서 니코마코스 윤리학에 있어 양자는 혼용 가능한 개념으로 보는 것이 옳다고 본다.
35) Hans Welzel, 앞의 책, 36면.
36) Arthur Kaufmann, 앞의 책, 4~5면.
37) Aristotle, 앞의 책, 60면, 1113b 참조.

면 보다 세부적이어서 알기 어려운 실정법규에 대한 부지는 달리 취급될 수 있다고 해석할 수도 있다고 본다.[38]

아리스토텔레스에 의하면 행위자의 부주의에서 비롯된 부지는 처벌된다고 한다. 왜냐하면 행위자는 스스로 주의를 기울여 부지를 회피할 능력(the power not to be ignorant)을 지니고 있기 때문이다.[39] 그런데 이 경우 부주의로 인해 처벌될 수 있는 부지의 대상범위가 과연 개별적 행위정황에 관한 부지(사실의 착오)만인지 보편적 원리에 대한 부지(법률의 착오)만인지, 아니면 법률의 착오와 사실의 착오 모두 포함되는지가 해석상 문제된다. Stewart의 이해방식대로라면[40] 부지가 부주의에서 비롯된 것이 아닐 경우 회피불가능한 부지가 될 수 있고 따라서 법률의 착오 역시 회피불가능한 경우, 즉 부주의에서 비롯된 것이 아닌 경우 면책될 수 있다고 해석할 여지가 생겨난다. 반면 만일 사실의 착오 역시 부주의에서 비롯된 것이라면 처벌을 받는 것으로 해석될 여지도 충분히 있다고 본다.[41]

이상의 해석과 관련하여 중점적으로 언급되는 개소를 소개하면 다음과 같다.

> **Text 1** : 선택에 있어서의 부지는 행위를 자의에 반하게 만드는 원인이 되지 못하고 죄악의 원인이 될 뿐이고, 마찬가지로 보편적 원리에 대한 부지 역시 행위를 자의에 반하게 만드는 원인이 되지 못하는데, 왜냐하면 이러한 행위는 비난을 받기 때문이다. 반면 행위가 기초하고 있는 개별적 정황에 대한 부지는 행위를 자의에 반하게 만드는 원인이 된다. 이러한 경우 구체적 정황에 대해 알지 못하는 자는 자

---

38) Hans Welzel, 앞의 책, 36면 ; 같은 견해로는 J. Walter Jones, The Law and Legal Theory of the Greeks, 1956, 272면 참조.
39) Aristotle, 앞의 책, 60면, 1114a 참조.
40) J.A. Stewart, Notes on the Nicomachean Ethics of Aristotle, Vol.1, 1999(1892년 초판 발행), 234~235면 참조.
41) 이러한 해석의 가능성을 제기하는 견해로는 Laurens C. Winkel, 앞의 책, 32면 참조.

의에 반하여 행위한 것이기 때문에 동정과 용서를 받게 된다(1110b
～1111a).

Text 2 : 모든 사람이 알고 있어야 하고 또한 쉽게 알 수 있는 실정법규에 대
한 부지는 처벌되어야 한다. 그리고 기타 행위자의 부주의에서 비
롯된 부지는 처벌된다. 왜냐하면 행위자는 스스로 주의를 기울여
부지를 회피할 능력(the power not to be ignorant)을 지니고 있기 때문
이다(1113b～1114a).

　Winkel이 적절히 지적하였듯 위의 두 개소 Text 1과 Text 2를 통해서
과연 아리스토텔레스가 보편적 원리에 대한 부지(법률의 착오)는 항상
부주의에서 비롯된 것으로 보고 있는지(아퀴나스의 주석은 이러한 입장
을 취하고 있다)와 개별적 행위정황에 대한 부지(사실의 착오)는 항상 자
의에 반하는 것으로서 면책될 수 있는 부지로 보고 있는지는 불분명하
다고 판단된다.[42]

　Winkel에 따르면 Kirchmann[43]은 위 개소의 해석과 관련 도덕규칙
(sittliche Regel)에 대한 부지는 부주의에서 비롯된 부지로, 그리고 사실적
정황(tatsächliche Umstände)에 대한 부지는 언제나 용서받을 수 있는 부지
로 이해함으로써 귀책가능성 내지 회피가능성이란 오로지 법률의 착오
내지는 도덕규칙의 착오에만 국한되는 것으로 오인될 여지를 남기고 있
고, Glück[44]은 아리스토텔레스에 의하면 법규는 인식하기 쉽고 따라서
법률의 착오는 항상 용서받을 수 없다고 주장하였지만, 이러한 해석론은
위 개소에 충실한 해석이라기보다는 오히려 후대의 로마법상의 법원칙,
즉 "법률의 착오는 해가 되지만 사실의 착오는 해가 되지 않는다(error
juris nocet, error facti non nocet)"는 착오법리에 비추어 아리스토텔레스를
이해한 것이며[45] 따라서 전승(傳承)의 시간적 선후관계가 전도된 시대착
오적 해석이라고 비판한다.[46]

---

42) Laurens C. Winkel, 앞의 책, 30면.
43) J.H. Kirchmann, Erläuterungen zur Nikomachischen Ethik, 1876, 46～49면.
44) C.F. von Glück, Erläuterungen der Pandekten, 22-Ⅱ, 1821, 282면 이하.
45) Laurens C. Winkel, 앞의 책, 32면, 동면 주50).

이상 살펴본 바와 같이 아리스토텔레스는 법률의 착오와 사실의 착오를 구분한 점에 있어서는 후대의 착오론 전개과정에 있어서 중요한 업적을 남겼으나 회피불가능한 법률의 착오와 회피가능한 사실의 착오를 어떻게 취급할 것인가에 대해서는 확정적인 답을 제시해 주고 있지 않은 듯 보인다. 그리고 Winkel 등은 니코마코스 윤리학의 이러한 해석상의 불확실성은 다분히 의도적인 것이며 아리스토텔레스는 일부러 다양한 해석가능성을 남겨 둔 것으로 추측하고 있다.[47)

요컨대 아리스토텔레스의 착오이론은 로마법에서처럼 법률의 착오와 사실의 착오를 엄격히 구분하여 전자는 언제나 용서받을 수 없는 착오로, 그리고 후자는 항상 용서받을 수 있는[48) 착오로 취급된다는 점을 확정적으로 제시해 주고 있지 않다고 판단된다.[49)

## 4. 아리스토텔레스의 착오론과 로마법

일찍이 Arthur Kaufmann은 아리스토텔레스의 착오론이 키케로(Marcus Tullius Cicero, 106~43B.C.)를 통해 로마법에 전승되어 로마 법학자 Paulus에 의해서 "법률의 착오는 해가 되지만 사실의 착오는 해가 되지 않는다"는 로마법상의 전통적 법원칙이 형성된 것이라고 설명한 바 있다.[50) 다만 Kaufmann은 아리스토텔레스의 착오이론이나 그 전승과정에 대한 납득할 만한 상세한 설명이나 논증을 하고 있지 않다.

그러나 앞서 살펴본 바와 같이 "법률의 착오는 해가 되지만 사실의 착

---

46) Laurens C. Winkel, 앞의 책, 33면.
47) Laurens C. Winkel, 앞의 책, 30면, 34면 참조.
48) 그러나 로마법상 "법률의 부지는 해가 되지만 사실의 부지는 해가 되지 않는다"는 원칙에 예외가 없었던 것은 아니다. 사실의 부지라도 그것이 중과실에 의해 발생한 경우에는 행위자에게 유리하게 취급되지는 않는다는 예외가 인정되었다. 이에 대해서는 Digesta 22.6.9.2 참조.
49) Laurens C. Winkel, 앞의 책, 35면, 99면 참조.
50) Arthur Kaufmann, 앞의 책, 5면 참조.

오는 해가 되지 않는다"는 사고방식은 아리스토텔레스에게 있어서 그다
지 확정적인 형태로 제시되지 않았다. 오히려 법률의 착오도 회피불가능
한 경우에는 고려될 수 있고, 사실의 착오도 회피가능한 경우에는 처벌
되는 것으로 해석될 여지가 충분히 있었던 것이다. 그러므로 이 부분에
대한 Kaufmann의 주장은 재고의 여지가 있다고 본다.

다음으로 Kaufmann은 키케로가 "자연법은 모든 사람의 가슴에 새겨진
생래적 이념이기 때문에 자연법을 모른다는 것은 부당하다"는 견해[51]를
취함으로써 결과적으로 "모든 사람이 알고 있어야 하고 또 쉽게 알 수 있
는 실정법규에 대한 착오는 처벌되어야 한다"는 아리스토텔레스의 착오
론을 로마법에 전승하여 로마 법학자 Paulus(A.D.3세기경)어 의해 "사실의
부지는 해가 되지 않지만 법률의 부지는 해가 된다"는 법원칙을 형성하
게 되었다고 주장하였던바[52] 이도 역시 재고의 여지가 있다고 보인다. 왜
냐하면 우선 Kaufmann의 주장은 법률의 착오에 관한 키케로 입장에 대한
또 다른 해석과 일치하지 않는다. Winkel에 따르면 키케로는 여러 저서를
통해 법률의 착오를 고려해 주는 듯한 태도를 취하기도 하고 그 반대의
입장을 표명하기도 하는바 따라서 그가 법률의 착오일반을 면책사유로
고려해 주고 있었는지 여부는 학자들 간에도 견해대립이 있으며 이에 대
해 일반적인 결론을 도출하는 어렵다고 한다.[53] 오히려 그보다 Winkel은
키케로가 음주나 격정 또는 분노로 인한 행위자가 착오를 원용할 수는
없고 행위에 대한 책임을 져야 한다고 주장한 점에 있어서 아리스토텔레
스 착오론을 부분적으로[54] 전승하고 있음에 주목할 뿐이다.[55]

다만 "만민법에 대한 착오는 용서받을 수 없다"는 착오법리가 만민법

---

51) 이에 대해서는 Cicero / Niall Rudd 역, The Republic and The Law, 1998, 111면
    참조.
52) Arthur Kaufmann, 앞의 책, 5~6면 참조 ; Paulus의 견해에 대해서는 Digesta
    22.6.9 참조.
53) Laurens C. Winkel, 앞의 책, 37~38면 참조.
54) Aristotle, 앞의 책, 51면, 1110b 참조.
55) Laurens C. Winkel, 앞의 책, 39면 참조.

에 의해 로마제국을 통합시키는 역할을 하였다는 Kaufmann의 분석은[56] 로마법이 왜 그토록 법률의 착오를 엄격하게 취급하려고 했는가를 이해하는데 있어서 하나의 중요한 관점을 제시해 주고 있다는 점에서는 분명 주목할 만한 가치가 있다고 본다.

이상 살펴본 바와 같이 아리스토텔레스의 착오론이 로마법에 전승되어 "법률의 착오는 해가 되지만 사실의 착오는 해가 되지 않는다"는 법원칙을 형성하게 되었다는 설명은 그다지 설득력이 없다고 본다. 니코마코스 윤리학에 나타난 아리스토텔레스의 착오이론은 Kaufmann이 중점을 둔 측면보다는 오히려 다음과 같은 면에서 Labeo(Marcus Antistius Labeo, B.C.50년경~A.D.18년경)에 의해 로마법에 전승되었다고 분석하는 것이 보다 정확할 것이다.

"모든 사람이 알고 있어야 하고 또 쉽게 알 수 있는 실정법규에 대한 착오는 처벌되어야 한다.[57] 그리고 기타 사례에서도 행위자의 부주의에서 비롯된 착오는 처벌된다. 왜냐하면 행위자는 스스로 부주의를 회피할 능력을 지니고 있기 때문이다[58]"라는 아리스토텔레스의 착오론은 Digesta 22.6.9.3에서 로마 법학자 Labeo에 의해 다음과 같이 표현되고 있다.[59]

> Digesta 22.6.9.3. Sed juris ignorantiam non prodesse Labeo ita accipiendum existimat, si juris consulti copiam haberet vel sua prudentia instructus sit, ut, cui facile sit scire, ei detrimento sit juris ignorantia: quod raro accipiendum est(그러나 Labeo는 법률의 부지는 해가 된다는 원칙은 다음과 같이 이해되어야 한다고 판단했다. 법률의 부지는 법률가의 자문을 얻을 수 있거나 또는 자신의 분별력으로 쉽게 알 수 있는 자에게만 해가 된다. 그러나 이러한 Labeo의 견해는 드물게만 인정되어야 한다).

---

56) Arthur Kaufmann, 앞의 책, 5면 참조.
57) Aristotle, 앞의 책, 60면, 1113b 참조.
58) Aristotle, 앞의 책, 60면, 1114a 참조.
59) Aristoteles의 니코마코스 윤리학이 로마법(Digesta 22.6.9.3)에 미친 영향에 대한 상세한 논증으로는 Laurencs C. Winkel, 앞의 책, 68~76면 참조.

동 개소에 따르면 Labeo는 아리스토텔레스와 마찬가지도 스스로 주의를 기울여 법률의 부지를 회피할 수 있는 자가 그러한 주의를 다하지 못한 경우에만 처벌된다고 보고 있다. 그러나 Digesta 22.6.9.3은 이러한 Labeo의 견해는 드물게만 인정되어야 한다고 명시함으로써 착오에 빠진 자의 부주의 여부와 관계없이 로마법은 착오자를 엄격하게 취급하는 태도를 취하고 있음을 확인하게 된다.

Labeo가 아리스토텔레스의 영향을 받았을 것이라는 추측은 여러 문헌에서 지지되고 있는 것으로 보인다. 우선 Winkel은 '인과관계(Kausalität)'에 관한 이해방식에 있어서 Labeo가 아리스토텔레스의 영향을 받았음을 보여주는 Nörr의 선행연구[60]를 소개한 바 있다. 그러나 Winkel은 Nörr의 선행연구는 니코마코스 윤리학의 영향과는 무관한 내용임을 지적하면서 자신의 견해로는 아리스토텔레스와 Labeo가 사용한 자구(字句)적 유사성에 비추어 볼 때 강요(Zwang)로 인한 행위의 효력을 논급하는 Digesta 4.2에서 '더욱 큰 해악에 대한 두려움(timor majoris mlitatis)'이라는 Labeo의 표현(Digesta 4.2.5)은 니코마코스 윤리학 1110a(Ethica Nicomachzia Ⅲ 1, 1110a 4~5)의 영향을 받았을 것이라고 추측하고 있다.

그리고 Bretone이나[61] Tondo의[62] 등의 최근 연구 성과도 법률의 착오에 대한 Labeo의 이론은 아리스토텔레스의 영향을 받았을 것이라는 Winkel 자신의 추측을 지지해 주고 있다고 소개하고 있다.[63] 그러나 Winkel은 로마 법률가에 대한 아리스토텔레스의 영향을 다루면서도 Kaufmann의 주장처럼 "법률의 부지는 해가 되지만 사실의 부지는 해가 되지 않는다"는 로

---

60) 이에 대해서 Winkel은 D.Nörr의 'Kausalitätsprobleme im klassischen römischen Recht: ein theoretischer Versuch Labeos, Festschrift für Wieacker. 1978'의 115~144면을 인용하고 있다.
61) 이에 대해서 Winkel은 M.Bretone의 'Technische e ideologie dei giuristi romani, 1982'의 173면 이하를 인용하고 있다.
62) 이에 대해서 Winkel은 S.Tondo의 'Note esegetiche sulla giurisprudenza romana, IVRA 30(1979)'의 34~77면을 인용하고 있다.
63) Laurencs C. Winkel, 앞의 책, 76면.

마법상의 착오법리가 아리스토텔레스의 착오이론에서 기원하여 Paulus에
의해 전승된 것이라는 내용은 논급하고 있지 않다.[64]

## 5. 고대 그리이스 착오론의 로마법에의 영향과 한계

앞서 살펴본 바대로 고대 그리이스의 착오론, 특히 아리스토텔레스의
착오이론은 로마법에 어느 정도 영향을 미친 것으로 보인다.[65] 단편적
예이기는 하지만 키케로나 Labeo에게서 바로 그러한 증좌를 찾아볼 수
있었다.

그러나 로마법에 대한 고대 그리이스의 착오이론, 특히 아리스토텔레
스의 니코마코스 윤리학의 영향은 과대평가되어서는 안 된다고 본다. 대
표적으로 Kaufmann은 "법률의 부지는 해가 되지만 사실의 부지는 해가
되지 않는다"는 로마 법학자 Paulus의 견해가 니코마코스 윤리학의 영향
을 받은 것으로 보고 있지만 전술한 바대로 그러한 관점은 지나치게 단
선적인 접근이라고 본다. 관련 개소에 대한 다양한 해석론적 견해를 충
분히 고려하고 있지 못하기 때문이다.[66]

로마법이 법률의 착오와 사실의 착오를 구분하고 전자는 항상 용서받
을 수 없는 착오로(물론 약간의 예외[67]가 있기는 했지만), 후자는 언제나

---

64) Laurencs C. Winkel, 앞의 책, 65~76면의 Kapitel Ⅲ. 'Bemerkungen zum Einfluss
   philosophischer Ideen auf die römischen Juristen und zur Überlieferungsgeschichte
   der Nikomachischen Ethik von Aristoteles' 참조.
65) 로마법에 대한 고대 그리이스 철학의 영향에 대한 보다 상세한 설명으로는,
   J. Walter Jones, The Law and Legal Theory of the Greeks, 1956, 313~315면 참조.
66) Winkel의 위 문헌은 고대 그리이스에서의 착오이론 및 로마법 개소에 대한
   다양한 해석론을 역사적으로 풍부한 전거를 인용해 가며 다루고 있는 자료
   로서 국내에서는 입수할 수 없는 것이다. Winkel의 위 참고문헌을 구하는데
   있어서는 서울대학교 법과대학의 최병조 교수로부터 큰 도움을 받았다. 이
   자리를 빌어 깊이 감사를 드린다.
67) 예컨대 로마법상 부녀자, 군인, 미성년자 등의 착오는 일반인의 착오에 비

용서되는 착오로 달리 취급하려는 법리는 아리스토텔레스의 착오이론보다는 다소 엄격한, 로마의 독자적인 착오법리로 보인다. 그리고 로마법상 법률의 착오가 이처럼 엄격히 취급된 것은 Kaufmann 스스로도 논급한 바 있듯 (만민)법에 의한 로마제국의 통합이라는 보다 실천적인 측면과 결부시켜 이해하는 것이 타당할 것이라고 본다. Winkel이 또 다른 문헌에서 지적한 바 있듯이 법률의 착오를 어떻게 취급할 것이냐의 문제는 이데올로기와 강력히 맞물려 있고, 그와 동시에 입법정책(Gesetzgebungspolitik) 및 국가권력과 국민 상호 간의 관계와도 밀접하게 결부되어 있기 때문이다.[68]

## II. 구약성서와 탈무드에 있어서의 법률의 착오

한편 유기천 교수와 Hellen Silving 교수는 법률의 착오가 구약성서와 탈무드에서 어떻게 취급되었는가를 연구하여 소개한 바 있다.

두 교수의 설명에 따르면, 성경에는 법률의 부지나 착오에 대한 내용이 거의 언급되고 있지는 않지만 구약성서의 신명기(Deuteronomy, B.C.600년경)에는 인식이 없으면 고의가 없다는 내용이 발견되고, 러 위기(Leviticus, B.C.500년경)에서는 속죄(atonement for sins)와 관련하여 착오나 부지로 인한 죄와 횡포한(high-handed) 죄를 구분하는바, 횡포한 방식으로 행동한 자는 신의 말씀(the word of the Lord)을 무시한 자로 간주된다. 바로 이러한 점으로부터 신의 말씀(the word)을 몰랐던 자는 고의적인 죄를 범한 것이 아니라는 함의가 도출된다고 볼 수 있다고 한다.[69] 그러므로 유기

---

해 관대하게 취급되었다.

68) Laurens C. Winkel, Vorbemerkung zum Thema Rechtsirrtum in der mittelalterlichen Jurisprudenz, zugleich ein Thema aus der Geschichte der Rechtsideologie, IUS COMMUME, XIII, 1985, 69면.

69) 교회법 실무(kirchliche Praxis)는 분명 법률의 착오를 충분히 고려하는 원칙을 확립하고 있었다고 한다. 이에 대해서는 Otto Kahn, Der außerstrafrechtliche

천 교수와 Silving 교수는 성서에 있어서 착오나 부지로 인한 죄는 벌하지 않았던 것으로 본다.[70]

　　Babylonian Thalmud(A.D.500년경)에서도 범행에 대한 법적 효과에 관한 사전 경고는 처벌의 필요조건이 된다고 기술하고 있다. 예를 들어 "만일 (행위자가) 그 범행을 목격한 두 사람에 의해 경고받지 않았더라면" 또는 "만일 경고자가 행위자로 하여금 사형선고를 받을 수 있다는 사실을 알리지 않았더라면" 등의 문구가 그것이다. 이와 같은 사전 경고의 요건은 벌금형에만 한정된 것은 아니었으며, 태형(flagellation)이나 구금형에도 적용되었다. 유기천 교수와 Silving에 따르면 이처럼 사전경고의 요건은 위법성의 인식 없이는 범죄도 없다(no crime exist without consciousness of illegality)는 일반원칙의 하나였기 때문에 학식있는 자에게는 그와 같은 사전경고가 요구되지 않았다고 한다.[71]

## Ⅲ. 로마법(B.C.510〜A.D.565, 공화정기부터 전제군주정기까지)

　　일반적으로 로마법이란 로마의 법원(法源)－로마법 문헌과 로마 황제들이 입법한 법령의 여러 단편들－의 집성(集成)을 말하며, 동로마황제 유스티니아누스에 의해 528년부터 534년에 걸쳐서 편찬되어 법률로서 효력을 부여받고, 중세에 이르러 로마법대전(Corpus Juris Civilis)라고 명명된 것을 말한다.[72] 로마법은 일반적으로 사법체계로 널리 알려져 있으나

---

Rechtsirrtum, 1900, 13면 참조.

70) 성경에 나오는 법률의 부지(착오)에 대해서는 Paul K. Ryu & Hellen Silving, Error Juris : A Comparative Study, Chicago Law Review, Spring 1957, 424면 참조.

71) Paul K. Ryu & Hellen Silving, 앞의 논문, 424〜425면 참조.

72) 이에 대해서는 Helmut Coing / 정종휴 역, 유럽에 있어서 로마법과 카논법의 계수, 법사학연구 제6집, 1981, 334면 참조.

부분적으로 형사법적인 내용도 다루어지고 있는바 예컨대 "무고한 사람을 처벌하는 것보다는 범죄자를 놓아주는 것이 낫다"는 법언도 바로 로마법에 기원을 둔 것으로[73] 잘 알려져 있다. 로마법대전은 크게 네 가지의 법령집 및 법률문헌으로 구성되어 있다.[74]

- 칙법휘찬(勅法彙纂 ; Codex, A.D.534년 11월 16일 간행) : Hadrian 황제부터 유스티니아누스 황제까지 공포된 법령모음집(12권)
- 학설휘찬(學說彙纂 ; Digesten, A.D.533년 12월 16일 간행) 기원전 1세기부터 기원후 3세기까지의 법률가들의 법률문서 모음집(50권)
- 법학제요(法學提要 ; Insituionen, A.D.533년 11월 21일 간행) : Gaius가 만든 법학입문서(4권)
- 신칙법집(新勅法集 ; Novellae, A.D.535～565년 사이에 간행) : 유스티니아누스 황제의 칙법 모음집[75]

"법률의 부지는 해가 되지만 사실의 부지는 해가 되지 않는다"는 법명제, 즉 "Error juris nocet, error facti non nocet"라는 라틴 법언(法諺)은 로마법대전의 학설휘찬(Digesta) 22.6.9 "Regula est iuris quidem ignorantiam cuique nocere, facti vero ignorantiam non nocere(일반적인 원칙에 따르면 법률의 착오는 해가 되지만 사실의 착오는 해가 되지 않는다)"에서 유래한 것으로 평가받고 있으며, 로마법상의 이러한 법리가 형법의 적용에 있어서도 원칙적으로 존중되었다는 점은 이탈리아 후기주석학파(Postglossatoren) 이래로 학자들 사이의 공통된 견해(communis opinio)였다고 한다.[76]

이처럼 "법률의 착오는 행위자에게 해가 되지만, 사실의 착오는 해가 되지 않는다"는 법리의 근거는 "법률은 명확할 수 있고 또 명확해야 하

---

73) ULPIANUS, Digesta 48.19.5.
74) 이에 대해서는 Amleto Giovanni Cicognani, Canon Law, 1934, 38～39면 ; 최병조, 로마법·민법논고, 1999, 6면 ; 박상기, 독일형법사, 1993, 15～36면 참조.
75) 칙법(勅法)이란 황제가 내린 법령을 말한다. 이에 대해서는 최병조, 앞의 책, 5면.
76) 이에 대해서는 Otto Kahn, Der außerstrafrechtliche Rechtsirrtum, 1900, 9면 참조.

지만 사실에 대한 이해는 심지어 주의 깊은 자에게 있어서도 대부분 어긋나기 때문"이며[77] 동시에 "법률은 누구나 생득적(生得的)으로 알고 있거나 자신보다 현명한 자에게 문의함으로써 알 수 있는 것이기 때문이다"[78]라는 데 있었다. 그런데 로마법상 형성, 적용되어 왔던 이러한 전통적 법리가 로마 사법에만 적용되었던 원칙일 뿐 로마 형법에는 적용되지 않았기 때문에 동 원칙을 형법에 적용하는 것은 확대해석일 뿐 로마법적 기원을 두고 있지 않으며, 이러한 확대 해석은 법률의 착오에 대한 로마법 개소를 오해하여 계수한데서 비롯된 것이라는 반론이 1900년 전후에 대륙법계와 커먼로계 국가에서 각각 제기되었던바 이에 대한 면밀한 검토가 필요하다고 본다.

## 1. 지배적 견해

"법률의 부지는 해가된다"는 로마법상의 법원칙 "Error Juris nocet"이 로마법상 널리 인정된 법리였다는 근거는 일반적으로 "De Juris et Facti Ignorantia(법률의 착오와 사실의 착오에 관하여)"라는 제목을 달고 있는 Digesta 22.6의 여러 개소들에 대한 종합적 해석을 통해서 도출된 것이다. 대표적인 개소를 소개하면 다음과 같다.

> Digesta 22.6.1. Ignorantia vel facti vel juris est(부지에는 사실의 부지와 법률의 부지가 있다).
>
> Digesta 22.6.1.2. Si quis nesciat se cognatum esse, iterdum in jure, interdum in facto errat, nam si et liberum se esse et ex quibus natus sit sciat, jura autem cognationis habere se nesciat, in jure errat: at si quis (forte expositus) quorum parentium esset ignoret, fortasse et serviat alicui putans se servum esse, in facto magis quam in jure errat(어떤 사람이 혈족 관계임을 모르는 경우, 경우에 따라 법률의 착오를 혹은 사실의 착오를 범하고

---

77) NERATIUS, Digesta 22.6.2.
78) PAULUS. Digesta 37.1.10 참조.

있는 것이다. 예컨대 자신이 자유인이고 자신의 부모가 누구인지 알고 있음에도 그러한 혈족관계에서 발생하는 자신의 권리를 몰랐다면 이는 법률의 착오이다. 그러나 – 가령 유기되어 – 누가 부모인지 모르고, 자신이 노예라고 생각하고 타인 아래에서 일했다면 이것은 법률의 착오라기보다는 사실의 착오를 범한 것이다).

Digesta 22.6.1.4. Idem dicemus, si ex asse heres institutus non putet se bonorum possessionem petere posse ante apertas tabulas: quod si nesciat esse tabulas, in facto errat[어떤 사람이 전(前) 재산의 상속인으로 지정되었는데, 유서가 공개되기 전에 유산점유를 청구할 권리가 자신에게 없다고 생각한 경우에도 이는 마찬가지로 법률의 착오라고 말할 것이다. 그러나 유서가 있다는 것 자체를 모른 것은 사실의 착오를 범한 것이다].

Digesta 22.6.2. In omni parte error in iure non eodem loco quo facti ignorantia haberi debebit, cum ius finitum et possit esse et debeat, facti interpretatio plerumque etiam prudentissimos fallat(법률의 착오는 어떤 경우든 사실의 착오와 동일시되어서는 안 된다. 왜냐하면 법률은 명확할 수 있고 또 명확해야 하지만 사실에 대한 이해는 심지어 주의 깊은 자에게 있어서도 대부분 어긋나기 때문이다).

Digesta 22.6.3 Plurimum interest, utrum quis de alterius causa et facto non sciret an de iure suo ignorat(어떤 사람이 타인의 법적, 사실적 지위를 모르는 것과 자신의 권리를 모르는 것은 큰 차이가 있다).

Digesta 22.6.7. Juris ignorantia non prodest adquirere volentibus, suum vero petentibus non nocet(법률의 부지는 재산을 취득하고자 하는 사람에게는 이익이 되지 않으나, 자신의 권리를 요구하는 사람에게 손해가 되지도 않는다).

Digesta 22.6.8. Error facti ne maribus quidem in damnis vel compendiis obest, iuris autem error nec feminis in compendiis prodest: ceterum omnibus iuris error in damnis amittendae rei suae non nocet(사실의 착오는 심지어 남자에게 있어서 이익을 얻고자 한 경우 혹은 손해를 피하고자 한 경우에 있어서 해가 되지 않지만, 법률의 착오는 심지어 여자에게 있어서 이익을 얻고자 한 경우 득이 되지 않는다. 그러나 법률의 착오는 자신의 재산의 상실을 피하고자 한 경우에는 모든 사람에게 해가 되지는 않는다).

Digesta 22.6.9. Regula est iuris quidem ignorantiam cuique nocere, facti vero ignorantiam non nocere(일반적인 원칙에 따르면 법률의 착오는 해가 되지만 사실의 착오는 해가 되지 않는다).

> Digesta 22.6.9.3. Sed juris ignorantiam non prodesse Labeo ita accipiendum existimat, si juris consulti copiam haberet vel sua prudentia instructus sit, ut, cui facile sit scire, ei detrimento sit juris ignorantia: quod raro accipiendum est(그러나 Labeo는 법률의 부지는 해가 된다는 원칙은 다음과 같이 이해되어야 한다고 판단했다. 법률의 부지는 법률가의 자문을 얻을 수 있거나 또는 자신의 분별력으로 쉽게 알 수 있는 자에게만 해가 된다. 그러나 이러한 Labeo의 견해는 드물게만 인정되어야 한다).

로마법상 법률의 착오론은 일반적으로 위의 개소들을 중심으로 전개되어 왔던 것으로 보인다. 다만 위에 소개한 Digesta 이외의 로마법 대전, 예컨대 Codex 등에서도 법률의 착오에 관한 내용들이 산견되기는 하지만 Digesta 22.6 만큼 체계적으로 상세하게 법률의 착오를 다루고 있는 개소군은 없는 것으로 판단된다.

전술한 개소들을 종합하면 법률의 착오에 관해 다음과 같이 일반화된 결론을 도출할 수 있다. 즉 법률의 착오는 착오자에게 해가 되지만 사실의 착오는 해가 되지 않는다.[79] 왜냐하면 법률은 명확할 수 있고 또 명확해야 하지만 사실에 대한 이해는 심지어 가장 현명한 자에게 있어서도 대부분 어긋나기 때문이다. 그리고 이와 같이 일반화된 법률의 착오론, 즉 "법률의 착오는 해가된다"는 법원칙은 비단 로마사법 분야에서뿐만 아니라 형법의 영역에서도 적용되었다는-형법적으로는 "법률의 부지는 용서받지 못한다"는 뜻으로 널리 새겨진다-견해가 전술한 바 있지만, 이탈리아 후기주석학파(Postglossatoren) 이래 학자들 간의 공통된 견해(communis opinio)였다고 한다.[80]

---

79) 그러나 로마법상 "법률의 부지는 해가 되지만 사실의 부지는 해가 되지 않는다"는 원칙에도 예외가 있었다. 사실의 부지가 중과실에 의해 발생한 경우에는 행위자가 유리하게 취급되지 않는다. 이에 대해서는 Digesta 22.6.9.2 참조.

80) 이에 대해서는 Gessler, Rechtsirrtum, Gerichtssaal, 1859 참조.

후기주석학파란 12세기 볼로냐 대학에서 '시민법대전(Corpus Juris Civilis)'에 대한 주석, 특히 법률의 완결성을 믿지 않고 비교적 자유로운 해석을 통하여 법을 연구했던 Irnerius(1055~1130)나 Accursius(1182~1260) 등으로 대표되는 전기주석학파에 대하여 14세기에 이르러 로마법의 실용화를 위해 법학의 체계화를 추진했던 학파로서 주해학파(Komentatoren)라고도 불리며, 그들은 지역적 효력범위의 한계를 벗어나 공통의 효력이 인정되고 영원한 정당성을 갖는 법에 대한 필요성에서 로마법과 교회법 등의 법의 통일화를 달성하기 위해 노력하였다.

후기주석학파들은 전기주석학파에 비해 이론보다는 법률자문의 경험을 토대로 하였고, 유스티니아누스 법전을 전 유럽의 공동의 법전(ius commune, 곧 보통법)으로 삼았으며 로마법이 아닌 유럽의 전통적인 관습을 자신들의 법학적 사고의 틀로 변형하였다. 시민법대전 그 자체보다는 주석서, 특히 Accursius의 '표준주석(Glossa ordinaria)'를 연구대상으로 삼았고, 15세기 이르러서는 법전의 완결성 및 정당성을 맹목적으로 신봉하는 경향으로 인해 다소의 경직성을 띠게 되었는데, 대표적인 학자로는 Bartolus de Saxoferrato(1314~1357)와 Baldus de Ubaldis(1327~1400 또는 1406) 등이 있다.[81]

## 1) Friedrich Carl von Savigny의 견해

Savigny는 "법률의 부지는 착오자에게 해가된다"는 법원칙은 단지 제한적으로만 옳은 원칙이라고 주장한다. 즉 논쟁이 되고 있는 법규이거나 특별 법규의 경우에는 그러한 법규에 대한 부지는 해가 되지 않는다고 한다. 왜냐하면 논쟁이 되고 있는 법규의 경우, 전문 법률가에게 의뢰하더라도 그 법률가 또한 대립하는 어느 학파에 속하고 있기 때문이고, 아울러 특별 법규의 인식은 종종 일반 법규보다 널리 알려져 있지 않고,

---

81) 이에 대해서는 박상기, 독일형법사, 1993, 67~68면 ; 오세혁 법철학사, 2004, 88~89면 참조.

가까이 하기도 어렵기 때문이라고 한다.[82] 그러므로 "법률의 부지는 착
오자에게 해가 된다"는 로마법상의 법원칙은 모든 개별적 사례에서 일
반적으로 적용될 수 있는 원칙이 아니고 일반 법규 등 잘 알려진 법규에
대한 착오만이 착오자에게 해가 된다고 해석해야 한다고 Savigny는 자신
의 착오론을 전개한다.

사비니는 자신의 저서 현대로마법체계에서 자신에 세운 착오이론을
범죄(Delikt)에 적용함에 있어서 다음과 같이 독특한 방식을 취하고 있음
을 밝히고 있다. 우선 사비니는 각주에서 다음과 같은 용어정의를 하며
설명을 시작한다.

> "나는 여기서 Delikt란 표현에 대해 다음과 같이 이해하고 있음을 약술코
> 자 한다. Delikt란 표현은 공범죄(öffentlich Verbrechen; Crimen)는 물론 사범죄
> (Privatdelikt)를 의미한다. 사범죄란 권리침해(Rechtsverletzung)이라고도 불리
> 우며, 권리침해는 민사법상 actio quae poenae causa datur라는 독특한 효과를
> 가져온다. 사범죄는 actio quae poenae causa datur를 통해서 절도의 경우(furti
> actio) 벌금이, 그리고 doli actio의 경우는 순전히 손해배상만이, 그리고 강도
> (bonorum raptorum)의 경우에는 벌금의 부과와 손해배상의 청구가 모두 가
> 능하다. 공범죄와 사범죄에 있어서 착오의 취급은 전적으로 동일하기 때문
> 에 양자를 함께 범죄(Delikt)란 용어 하나로 표현할 필요가 있다"[83]

> Savigny에 따르면 "범죄 개념에는 첫째로 단지 외부적 사건의 발생
> (Erscheinung enies äußeren Ereignisses)만으로 성립하는 것이 있으며, 따라서
> 이러한 범죄에 있어서는 행위자의 자유가 요구되기는 하지만 어디까지나
> 그 자유는 종속적인(untergeordnet) 것으로 여겨진다. 이러한 범죄에 있어서
> 는 고의(Dolus)와 과실(Culpa)은 가벌적이다. 그러므로 고의살인(Totsclag)[84]
> 에 있어서는 (고의와 과실에) 차등을 두어 처벌할 수 있지만, (고의와 과실
> 의) 차이에 관계없이 동일한 수준의 처벌을 받는 재산침해소송(actio legis
> Aquiliae)에 있어서도 고의와 과실이 처벌된다는 점은 같다. 그렇지만 이러
> 한 유형의 범죄와는 달리, 그 개념과 구성요건의 성립에 위법한 의지

---

82) Friedrich Carl von Savigny, System des Heutigen Römischen Rechts, 1840, 32~33면.
83) Friedrich Carl von Savigny, System des Heutigen Römischen Rechts, 1840, 388면 각
　　주 (a) 참조.
84) 원문에는 Todschlag으로 표기되어 있다.

(Rechtswidrige Wille) 이외에 권리침해(Rechtsverletzung)의 인식이 요구되는 범죄가 있으며, 따라서 이러한 범죄에 있어서는 그러한 권리침허의 인식이 결여되면 범죄는 전혀 성립될 수 없다. 이러한 범죄에 있어서는 고의를 조각하는 착오가 정황에 따라서(durch Umstände) 정당화 되는가의 여부나 그 착오가 사실의 착오인지 법률의 착오인지 여부는 전혀 의미가 없다. 왜냐하면 고의(Dolus)란 어떠한 형태든 착오가 개입하면 존립할 수 없는 사실(Tatsache)[85]이기 때문이다"[86]

    "그럼에도 불구하고 다음의 차이점에 주목해야 한다. 헝위자가 형법법규를 알고는 있었지만 법률의 착오로 인하여 자기 행위의 가벌적 성질(strafbare Beschaffenheit)에 관하여 오인했을 경우에는 전술한 원칙이 일반적으로 타당하다. 이와는 반대로 형법법규의 인식이 문제될 경우에는 형법법규의 인식은 모든 사람에게 요구되고 또 전제되는 것이기 때문에, 형법법규의 인식이 결여될 경우, 그러한 불인식이 고의와 가벌성을 조각하지 못한다. 이러한 엄격함으로부터 일정한 계층의 사람들은 데외가 인정되어 법규를 인식하지 못하더라도 대체로 관대하게 취급되었다 이러한 계층의 사람들에는 미성년자, 부녀자, 시골사람, 그리고 군인이 포함되었다. 그러나 이러한 계층의 사람들도 단지 보다 실정적인 성격(mehr positive Natur)을 지닌 형법법규(시민법 ; juris civilis)에 대한 착오에 있어서 예외가 인정되었을 뿐, 자연적인 법감정으로 이해될 수 있는 형법법규(만민법 ; juris gentium)에 대한 착오에 있어서는 인정되지 않았다. 법률의 착오는 그 자체로서 행위의 가벌성(strafbar Natur)에 대한 착오뿐만 아니라 형법법규에 대한 착오와도 관련될 수 있기 때문에 법률의 착오라는 표현은 두 가지 의미를 지닌다. 첫 번째 의미는 모든 고의적인 범죄(doloses Delikt)를 불성립시키는 착오이고, 이에 반하여 두 번째 의미는 단지 전술한 예외적 경우에간 고의적인 범죄를 불성립시키는 착오이다. 법률의 착오라는 표현기 갖고 있는 이러한 이중적 의미로 인해 우리의 로마법 개소에 있어서 외견상 같은 모순이 발생되는 것이다"[87]

    "이러한 원칙들은, 동 원칙들이 정립된 우리의 로마법 개소들 어디에서도 일반적으로는 도출되지 않는다. 다만 동 원칙들은 다믐의 개별적 적용에 있어서 일부는 매우 확정적이고 명백하게 전제되기 ■문에 정확하게 확정되지 못한 규정을 갖고 적용해야 하는 사례들에 있어서도 우리는 이러한 확정적 규정들을 적용할 수 있는 권한을 갖게 된다"[88]

---

85) 원문에는 Thatsache로 표기되어 있다.
86) Friedrich Carl von Savigny, 앞의 책, 388면.
87) Friedrich Carl von Savigny, 앞의 책, 389면.

이상 소개한 Savigny의 착오론을 정리하자면, 그 성립에 권리침해의 인식이 요구되는 범죄에 있어서는 그것이 공범죄든 사범죄든 형법 법규에 대한 착오는 용서될 수 없지만, (형법 법규 외적 법규에 대한 부지에서 비롯된) 행위의 가벌성에 대한 착오는 언제나 고의를 조각시킴으로써 착오자를 면책시키게 된다는 것이다. 예컨대 Savigny에 따르면 절도의 개념에는 위법의 의사 이외에 특히 영득의 의사가 포함되는바, 만일 행위자가 법률의 착오(형법 외적 법규의 착오)로 인하여 타인의 물건을 자기 소유물로 생각하게 되었다면, 자기의 소유로 오인하여 타인의 물건을 훔치는 것은 절도죄를 범하는 것도, 또한 그 물건을 장물로 만드는 것도 아니라고 한다. 예를 들어 여자 노예에 대한 사용권한이 있는 자가 그 여자 노예의 자식에 대한 소유권도 갖고 있다고 오인한 경우가 그러하다. 이에 반해 절도에 대한 형법 법규의 불인식은 만일 행위자가 전술한 계층의 사람에 속하더라도 절도는 이미 만민법에 의해 금지되는 범죄이기 때문에 용서받을 수 없다고 한다.[89] 마찬가지로 어떠한 물건을 자신의 것으로 오인하여 자력구제의 금지를 모르는 채(형법 외적 법규의 착오로 인해) 이를 강제로 빼앗은 자는 강도소송(actio vi bonorum raptorum)으로부터 자유롭다. 왜냐하면 여기에는 소유권 침해의 인식이 요구되기 때문이다.[90]

어쨌든 Savigny는 민사법적 요소가 강한 사범죄와 순수한 형사법적 요소가 강한 공범죄에 있어서 각 범죄에 대한 법률의 착오를 동일하게 취급한 점에서 로마 사법상의 법률의 착오에 대한 법리를 형법상의 법원칙으로 수용하는데 별다른 거부감이 없었다고 볼 수 있으며, 특히 형법 법규에 대한 부지는 만민법에 대한 부지로 보아 용서받을 수 없다고 본 점에 있어서는 분명 로마 사법상의 전통적 법원칙 즉 "법률의 부지는 해가 된다"는 법리가 형법상으로도 적용되었다는 입장에 서 있으며, 따라서 공통의 지배적 견해를 충실히 따르고 있는 학자로 분류할 수 있을 것이다.

---

88) Friedrich Carl von Savigny, 앞의 책, 390면.
89) Friedrich Carl von Savigny, 앞의 책, 390~391면 참조.
90) Friedrich Carl von Savigny, 앞의 책, 391면 참조.

한편 Savigny가 형법 법규가 아닌 행위의 가벌성에 대한 착오가 로마
법상 고려된 자신의 입론을 뒷받침하기 위해 Digesta의 몇몇 개소(個所)
를 전거로 제시하고 있는데, 동 개소들의 내용상 특징은 모두 행위의 가
벌성에 대한 착오는 고의가 조각되어 착오자를 면책시키고, 비형법법규
의 착오는 착오자에게 해가 되지 않는다는 내용을 담고 있는바, 동 개소
의 라틴어 원문과 이해의 편의상 영역본91)을 소개하자면 다음과 같다.92)

Digesta 5.3.25.6 Scire ad se non pertinere, utrum is tantummodo v detur, qui factum
scit, an et is, qui in iure erravit? Putavit enim recte factum testamentum,
cum inutile erat, vel cum eum alius paecederet agntus, sibi potius deferri.
Et non puto hunc esse praedonem, qui dolo caret, quamvis in iure erret.

Digest 5.3.25.6 With regard to the clause, "Who knows that the property does not
belong to them"; shall this be considered to apply to one who is aware of
the facts, or to one who made a mistake with reference to the law? For he
may have thought that a will was properly executed, when it was void; or
that he was entitled to the estate rather than some other agnate who had
preceded him. I do not think that anyone should be classed as a plunderer
who lacks fraudulent intent, even though he may be mistaken with
reference to the law.93)

Digesta 2.6.5 Item si is, ad quem ancillae ususfructus pertinet, partum suum esse
credns vendiderit, aut donaverit, furtum non committit; furtum enim sine
affectu furandi non committitur

Digest 2.6.5 Again, if he to whom the usufruct of a female slave belongs, believing
her offspring to be his own, sells, or gives it away, he does not commit
theft, for a theft is not committed without the intention of stealing.94)

91) 이상의 개소들의 영역본으로는 S.P.Scott, A.M., Corpus Juris Civilis, 1922, Vol.
(Ⅰ, Ⅱ)를 참조, 전재하였음.
92) 이에 대해서는 Friedrich Carl von Savigny, 앞의 책, 388면 이하 참조.
93) 유언이 무효임에도 불구하고 당해 유언이 효력이 있다고 오신한 자, 혹은
자신보다 선순위의 유산 상속자가 있음에도 불구하고 자신이 유산을 상속할
권한이 있다고 오신한 자는 그러한 법률의 착오에도 불구하고 도둑(plunder)
으로 취급되어서는 안 된다는 내용.

Digesta 4.2.1 Quia tamen ita competit haec actio, si dolo malo quisque rapuerit: qui aliquo errore inductus suam rem esse et imprudens iuris eo animo rapuit, quasi domino liceat rm suam etiam per vim auferre possessoribus, absolvi debet. Cui scilicet conveniens est, nec furti teneri eum, qui eodem hoc animo rapuit. Sed ne, cum talia excogitentur, inveniatur via, per quam raptores impune suam exerceant avaitiam, melius divalibus contitutionibus pro hac parte prospectus est, ut nemini liceat rem mobilem vel se moventem vi rapere, licet suam eandem rem existimet

Digest 4.2.1 However, as this action does not lie except against some one who has forcibly taken something with evil intent, but where a party through error, believing the property to be his, and ignorant of the law, carries it away by violence, being of the opinion that an owner is permitted to remove what is his own by force from those who have possession of the same, he should be acquitted; and; for the same reason, it is proper that he should not be liable for theft who took the property away by force while holding this belief.95)

위의 사례들은 모두 Savigny가 제시한 구분방식대로, 행위의 가벌성에 대한 착오 및 형법 외적 법규, 여기서는 특히 민사법규에 대한 착오는 모두 행위자의 고의를 조각시킴으로써 범죄를 성립시키지 않는 것들이다. Savigny의 이와 같은 구분방식은 훗날 독일제국법원의 판례에 중요한 관점을 제시하였는데, 그것은 바로 형법상 법률의 착오를 형법 법규의 착오(strafrechtliche Irrtum)와 형법 외적 법규의 착오(nichtstrafrechtliche Irrtum)로 나누어 형법 법규의 착오는 Savigny의 구분방식에 따라서 고려되지 않는, 즉 용서할 수 없는 착오로 취급하는 법리를 낳게 된 것으로 평가받고 있다.96)

---

94) 여자 노예의 소유주가 그 노예의 자손까지도 자신의 소유라고 오신하여 그 자손을 처분한 경우에 그 소유주에게는 절취의 의사가 없기 때문에 그는 절도범으로 취급되어서는 안 된다는 내용.

95) 법률의 착오로 인하여 타인 점유의 물건에 대해 소유자는 이를 강제로 빼앗을 수 있다고 오신한 자와 또는 그러한 착오로 인해 타인의 물건을 훔친 자는 모두 책임이 없다는 내용.

## 2) Theodor Mommsen의 견해

다음으로 Theodor Mommsen은 자신의 저서 로마형법(Römisches Strafrecht, 1899)에서 형법의 윤리적 근본성격(ethischen Grundcharakter)은 형법을 인식하고 있는 자에게만 형법을 적용할 수 있다는 전제로부터 도출된다는 명제를 부정하면서 범죄란 도덕률(Sittengesetz)에 대한 위반이나 무시(Ignorierung)이고 형법은 바로 도덕률을 토대로 하고 있다고 전제한 뒤 로마형법은 실정 형법법규에 대해 바로 이러한 윤리적 토대를 중요시했다고 주장한다.[97] 즉 Mommsen에 의하면 로마형법은 형법의 적용에 있어서 형법전에 대한 수범자의 인식여부가 아니라 도덕률어 대한 인식을 중요시했다는 것이다. 그러한 로마법 개소로서 Codex 2.2.2와 Codex 5.6.1을 제시한다.

> Codex 2.2.2 The law is perfectly clear on the point that where the benefit of the Edict is not invoked, a patron or a patroness, their parents, their children, and also their heirs, even if they are strangers, cannot be summoned to court by their freedman, or the children of the latter; nor in a case of this kind can ignorance be alleged as an excuse, since in accordance with natural reason, honor is due to persons of this description. Therefore, when you acknowledge that you have summoned the son of your patron to court without previously obtaining the permission of the Governor, you will, in vain, ask to be exempted from the penalty prescribed by Perpetual Edict by virtue of a rescript which has been given you.[98]

---

96) 이에 대해서는 Otto Kahn, 앞의 책, 6~7면 참조 ; 물론 여기서 Savigny가 말한 형법의 착오(Irrtum über ein Strafgesetz)와 독일제국법원이 말하는 형벌법규의 착오(strafrechtliche Irrtum)는 약간의 차이가 있을 것이지만 Otto Kahn은 그러한 차이점은 논의에 있어 중요치 않다고 한다.

97) Theodor Mommsen, Römisches Strafrecht, 1899, 92면 참조.

98) 피해방자(被解放者 ; freedman)는 자신의 보호자나 그 보호자의 직계 존비속 등을 법정에 소환할 수 없음에도 불구하고 만일 보호자의 아들을 정무관(Governor)의 허가 없이 법정에 소환한 경우에는 법률의 부지는 항변사유가

Codex 5.6.1 The authority of the Decree of the Senate, by which marriage between a female ward and the son of her guardian is very properly forbidden, must not be evaded under the pretext of ignorance and want of experience.99)

따라서 행위자가 구체적인 형법법규에 대한 착오로써 항변하여도 도덕률에 대한 위반이 입증되는 한, 그 행위자는 면책될 수 없었다는 것이다. 요컨대 Mommsen은 로마형법상 법률의 부지는 용서받지 못했다고 주장하며, 이러한 법리는 로마사법상의 전통적 법원칙 즉 "Error Juris nocet(법률의 부지는 해가된다)"이 형법에 적용되었기 때문이라고 분석해 낸다.100) 결과적으로 Mommsen 역시 Savigny처럼 법률의 착오는 용서받지 못한다는 형법상의 전통적 格率(Maxim)이 로마법에 기원을 두고 있다고 보고 있는 것이다.

## 3) O.F. Robinson의 견해

끝으로 영미권 학자의 견해로서 O.F. Robinson은 로마법상 모든 시민은 법률을 알고 있어야 할 의무가 있었기 때문에 사실의 부지는 용서되었지만 법률의 부지는 용서되지 않았다고 주장하면서 Digesta 39.4.16.5를 소개하고 있으며,101) 대표적인 사례로서 근친상간(incest)에 있어서 법률의 부지로써 항변을 할 수 있었던 예외적 계층으로 분류되었던 부녀에게 있어서 시민법(ius civile)상 규정된 친족의 범위를 몰랐을 경우에는 법률의 부지항변이 인정되었던 반면에 만민법(ius genium)상 금지된 근친상간의 경우에는 면책될 수 없었다는 사례를 소개하고 있다.102)

---

되지 못한다는 내용. 왜냐하면 그러한 금지법규는 보호인 등의 명예(honor)와 관련된 도덕률이기 때문이다.
99) 여성 피후견인과 후견인 아들의 결혼은 금지된다는 원로원 의결(Decree of the Senate)에 대해 경험의 부족이나 법률의 부지를 구실로 항변할 수 없다는 내용.
100) Theodor Mommsen, 앞의 책, 93면 참조.
101) 이에 대해서는 O.F.Robinson, The Criminal Law of Ancient Rome, 1995, 16면.
102) O.F.Robinson, 앞의 책, 56면.

Digesta 39.4.16.5 The Divine Hadrian decided that, although a person may allege ignorance, he will, nevertheless, be liable to the penalty of confiscation.[103]

## 2. "Error juris nocet"은 사법의 영역에만 적용되었다는 견해

### 1) Karl Binding의 견해

우선 K. Binding은 그의 저서 Normen und ihre Übertretung 제3권(1918)에서 이 문제에 대해 로마법관련 사료를 풍부하게 인용해 가며 깊이 있고 설득력 있는 논증을 전개하였다.

그는 첫째, 법률의 착오와 사실의 착오의 구분에 대해 상론하기 위해 로마 법률가들이 애호하였던 사례는 주로 상속(bonorum possessio)과 관련된 사례들이었던바, 여기에서 논의된 내용은 주로 상속에 관한 권리의 발생과 소멸에 대한 것들이었으므로 K. Binding은 이에 대한 착오는 법규나 사실에 대한 착오가 아니라 특정한 자신의 권리(bestimmten subjectiven Rechts)에 대한 착오였다고 주장한다.[104]

요컨대 이러한 경우의 착오는 자신의 권리에 대한 착오(error juris sui)였다는 것이다. 따서 자신의 권리에 대한 착오가 발생한 경우에는 착오의 효과가 발생하지 않고, 행위자에게 착오의 부담을 지우게 된다고 한다.[105]

또한 로마법상 법률의 착오(error juris)가 다루어진 사례에서 법률이란 일반 법규(Landrechts in Allgemeinen)가 아니라 법적으로 행위자에게 주관적 권리를 부여하는 구체적 법규(konkreten Rechtssatzes)인 것이며, 전술한 상속의 사례에서 그러한 구체적 법규는 곧 상속권한이 관한 내용을

---

103) 법률의 착오를 주장하더라도 몰수형의 책임을 면할 수 없다는 내용.
104) Karl Binding, Normen und ihre Übertretung, Band Ⅲ, 1918, 33~34면.
105) 왜냐하면 자신에게 이익을 주는 권리를 인식하지 못한 자는 그 권리를 행사할 수 없기 때문이다. 이에 대해서는 Karl Binding, Normen und ihre Übertretung, Band Ⅲ, 1908, 38면 참조.

규정하는 집정관의 칙령상의 규정(Bestimmungen des prätorischen Ediktes)
이라고 한다.106) 요컨대 K. Binding은 로마법상 법률의 착오란 곧 자신의
권리에 대한 착오였다고 주장한다.

다음으로 K. Binding은 로마법상 법률의 착오와 사실의 착오를 차별적
으로 취급하여, 법률의 착오에 면책적 효과가 부여되지 않은 근거는 단
하나의 목적, 즉 법규의 효력을 유지하기 위해서였다고 논증한 뒤107) 이
때의 법규는 전적으로 사법법규(Privatrechtssätze)였다고 분석해 낸다.

다시 말해 로마법이 법률의 착오(error juris)의 법리로써 법규의 효력을
보호하려고 했던 법규는 어디까지나 사법(私法)에 한정되었다는 것이
다.108) 왜냐하면 우선 로마법상 법률의 착오가 다루어졌던 사례군이 대
부분 유산의 상속 등과 관련된 사법의 영역에 국한되어 있었고 로마법
상 민사법적 개념들을 곧바로 형사법적 개념에 대응시킬 수는 없기 때
문이라고 한다.

K. Binding에 의하면 로마사법상의 법률의 착오 개념, 즉 자신의 권리
에 대한 착오(Irrtum über das jus suum)에 상응하는 형법상의 개념을 찾아
볼 수 없다고 한다. 혹자는 자신의 권리 대신에 형법의 영역에서는 범죄
(Delikt)를 저지르지 않을 자신의 법의무(subjektive Rechtspflicht, das Delikt
zu unterlassen)란 개념을 도입하여 이에 대한 착오를 법률의 착오로 볼 수
도 있지 않느냐는 생각을 가질 수 있겠지만 그것은 순전히 추상적으로
생각된 도그마틱적 발상(ganz abstrakt denkenden Dogmatik)에 불과하다고
지적한다.

로마법의 법률용어(Rechtssprache)에서는 형법의 영역에서는 자신의 권
리(jus suum)에 조응할 만한 상대적 용어(Gegensatz)가 존재하지 않았다고
한다. 그 이유는 로마법에서는 범죄(Delikt)란 오직 고의범죄(doloses Delikt)
만을 뜻하였던바 이는 곧 법적대성(rechtsfeindlichen gemeinen Gesinnung)의

---

106) Karl Binding, 앞의 책, 34~35면.
107) Karl Binding, 앞의 책, 38~52면.
108) Karl Binding, 앞의 책, 53면.

실현이기 때문에 'animus occidendi, furti facien(살인의사 및 절취의사)' 등에 의한 범죄처럼 고의에 의한 법규의 침해가 문제되었던 것이지 그러한 범죄를 저지르지 않을 자신의 법의무의 침해가 문제되었던 것은 아니라는 것이다.109)

한 마디로 로마형법에 있어서는 이와 같은 자신의 법의무를 표현할 이유도, 용어도 없었기 때문에 로마법상의 자신의 권리(jus suum)라는 개념에 범죄를 저지르지 않을 자신의 법의무란 개념은 대응될 수 없었고, 따라서 자신의 권리에 대한 착오를 의미하는 법률의 착오는 로마사법상으로만 존립가능한 개념이었다고 일축한다.110) 그러므로 로마사법상의 전통적 법원칙(Maxim)인 "Erro juris nocet"은 로마형법에는 적용되지 않았던 법리라고 말한다.

일반적으로 Delikt는 사법상의 불법행위로 번역된다. 그러나 로마법에서는 민중소송(indicium publicum ; 형사소송)을 통해 형벌로 제재되는 공법죄(Crimen)와－예컨대 살인죄 등－ 국민소송(actio popularis ; 민사소송)을 통해 벌금 또는 손해배상으로 제재되는 사법상의 불법행위, －예컨대 사기죄 등－ 즉 사범죄(Delictum)가 엄격히 구분되지 않고 사용되어 오다가 후기에 이르러 Delictum은 사법상의 불법행위 개념으로 정착되었던바, 로마법적 의미의 Delikt는 범죄의 의미로도 불법행위의 의미로도 혼용되었던 개념이었다.111) 이는 특히 로마법이 사법을 중심으로 법발전이 이루어져 현대적 의미에서는 범죄에 해당하는 절도, 강도, 폭행과 상해 등 타인의 재산과 인격침해가 사법상의 불법행위(Delikt)로 구성되어서 가해자가 형벌이 아닌 벌금으로 제재되었던 점을 보면 쉽게 이해할 수 있다.112) 다만 절도의 경우 피해자는 범인을 형사고소할 수도 있었고 민사상의 불법행위소송을 제기할 수도 있었는데 따라서 K. Binding이 이 부분에서 살인의사와 절취의사 등과 관련된 Delikt란 표현을 사용함에 있어서는 동 용어로써 사법상

109) 로마법시대에는 왕정기와 공화정기에도 과실범이 인정되지 않아 살인죄에 있어서도 고의범만이 형사처벌을 받고, 과실치사의 경우는 피살자의 친족에게 민사상의 손해배상만이 인정되었을 뿐이다.
110) Karl Binding, 앞의 책, 53~54면 참조.
111) 이에 대해서는 조규창, 로마형법, 1998, 12~19면 참조.
112) 현승종, 로마법, 1996, 818~873면.

의 불법행위가 아닌 범죄를 뜻하고 있었다고 봄이 옳다. 이는 특히 K. Binding이 스스로 Delikt란 용어를 reinen Delikt와 strafbaren Delikt로 구분하여 개념 정의하고 있다는 점113)에서 그 타당성이 입론될 수 있다.

끝으로 K. Binding은 로마법에 있어서 고의(dolus malus)나 중과실(culpa lata)은 법규위반성(Gesetzwidrigkeit) 내지 위법성(Rechtswidrigkeit)을 의미했기 때문에 위법성의 인식은 곧 고의의 성립요소였고, 따라서 그와 같은 위법성의 인식이 결여된 경우에는 범죄의 성립과 공형벌의 부과가 배제되었다고 주장한다. 요컨대 Binding에 의하면 형법의 영역에서는 "error juris nocet"라는 격률(Maxim)과 달리 법률의 착오(Error juris)는 항변이 되었다는 것이다.114)

## 2) Edwin Keedy의 견해

한편 K. Binding이 그의 저서 Normen und ihre Übertretung 제3권(1918)에서 위와 같은 주장했을 무렵과 비슷한 시기에 Edwin Keedy는 1908년 Harvard Law Review에서 K. Binding과 거의 동일한 주장을 전개한다.

우선 그는 영미법계에서 전통적 법언(Maxim)이 무비판적으로 엄격히 적용되어 왔던 점을 반성하면서 법언이 기초하고 있는 근거를 면밀히 탐구해 보고 그 적용의 한계를 새롭게 인식해야 할 필요성을 역설하면서 커먼로상의 오랜 법원칙이기도 한 "Ignorantia juris non excusat, ignorantia facti excusat"이 로마법에서 유래했다고 주장하는 Blackstone이나 Greenleaf의 지배적 견해에 근본적 의문을 제기한다.

왜냐하면 Digesta 22.6.9를 예로 들면서 그도 역시 K. Binding처럼 동 개소는 전체 맥락에서 보거나 동 개소에 예시된 예를 보더라도 로마법상 "Error juris nocet"라는 법리는 어디까지나 사법의 영역에서만 적용되었다는 것이다.115)

---

113) Karl Binding, 앞의 책, 112면 참조.
114) Karl Binding, 앞의 책, 57면 참조.

K. Binding과 E. Keedy가 각 문헌에서 서로의 견해를 인용하고 있지는 않지만 비슷한 시기에 로마법에 대한 동일한 해석을 전개했다는 점에서는 대단히 주목할 만하다. 이러한 맥락에서의 비판은 이후에도 계속되었는데, L. Hall과 S. Seligman은 1941년에 Chicago Law Review에 기고한 논문에서 Blackstone이 "법률의 부지는 용서받지 못한다"는 전통적 법원칙이 로마법에 기원을 두고 있다고 본 것은 오류였다고 지적하기드 하였다.116)

## 3) 유기천 교수와 Hellen Silving 교수의 견해

이러한 비판의 연장선상에서 Paul K. Ryu & Hellen Silving 교수는 1957년 역시 Chicago Law Review에 기고한 "Error Juris" 논문에서 지배적 견해에 대한 Karl Binding의 반박논거를 적극적으로 지지하면서 "Error juris nocet, error facti non nocet"이라는 법언(法諺)에 대한 언어적 고찰(linguistic consideration)을 통해 동 법언이 로마형법에도 적용되었다는 주장에 대한 반박을 시도한다.

첫째로 'nocet'이라는 용어는 손해를 입힌다(damage or pre udice)는 뜻을 지니는바, 만일 이를 형사피고인에 적용하여 직역하면 "형사피고인은 해를 입는다"는 어색한 표현이 될 뿐만 아니라 로마법상 동 용어가 형사피고인과 관련된 사안에서는 사용된 적이 없었다고 주장한다.

다음으로 'jus'란 용어는 법과 권리의 뜻을 모두 지니는 모호한 용어이기 때문에 로마인들이 법률의 착오를 나타내기 위해 법을 뜻하는 보다 명확한 용어인 'lex'를 놔두고 'jus'를 사용했을 리가 없다고 주장한다.117)

그러나 무엇보다 Paul K. Ryu & Hellen Silving 교수는 법률의 부지는 행위자에게 해가 된다는 내용을 담고 있는 Digesta 22.6에 열거된 모든 사

---

115) Edwin R. Keedy, Ignorance and Mistake in the Criminal Law, Harvard Law Review, December, 1908, 75~78면 참조.
116) L. Hall & S. Seligman, Mistake of Law, Chicago Law Review, 1941, 646면.
117) Paul K. Ryu & Hellen Silving, 앞의 논문, 425면 참조.

레들은 Digesta 22.6.2에 의해 제한적으로만 해석되어야 한다고 주장한다. 동 개소를 살펴보면 다음과 같다.

> Digest 22.6.2 Error in law should not, in every instance, be considered to correspond with ignorance of the fact; since the law can, and should be definitely settled, but the interpretation of the fact very frequently deceives even the wisest men.[118]

즉, Paul K. Ryu & Hellen Silving 교수는 동 개소의 후단을 해석함에 있어서 그 취지가 "법률의 착오가 사실의 착오와 다르게 해석되어야 하는 이유"를 제시하고 있는 것이 아니라, 법률의 착오는 동 개소의 후단의 내용처럼 "법률이 확정적일 수 있고, 확정적어야 하는 한에서만 심지어 대단히 사려깊은 현인조차도 판단에 실수를 할 수 있는 사실의 착오와는 다르게 취급되어야 한다"는 취지로 새겨야 한다는 것이다. 요컨대 법률의 착오는 법률이 수범자에 의해 쉽게 확인될 수 있는 한에서만 용서될 수 없다고 해석해야 한다고 주장한다.[119]

## 3. 지배적 견해와 이에 대한 반대 견해의 검토

이상 살펴본 바와 같이 로마법에 대한 해석이 달라질 수밖에 없는 이유는 우선 시민법 대전(Corpus Juris Civilis) 자체가 수세기에 걸친 여러 문헌들과 법령의 집성이기 때문에 내용적으로 상호 모순되는 개소들이 발생할 수 있기 때문일 것이라고 본다. 바로 이러한 이유에서 학자들마다 주목하는 개소에 따라서 주장하는 바가 조금씩 차이가 나기도 하는데, 이러한 견해를 간단히 소개하자면 다음과 같다.

---

118) 법률의 착오는 어떠한 경우에도 사실의 착오와 동일시될 수 없다. 왜냐하면 법률은 확정적일 수 있고 또한 확정적이어야 하지만, 사실에 대한 해석은 심지어 현명한 사람에게도 자주 어긋나기 때문이다.
119) Paul K. Ryu & Hellen Silving, 앞의 논문, 426면 참조.

예컨대 Voltera는 고전기 로마법(klassischen römischen Recht)에서는 법률의 착오는 언제나 용서받지 못했지만, 유스티니아누스 시대에는 만민법에 관련된 착오는 용서될 수 없었지만, 시민법에 관련된 착오는 용서받을 수 있었다고 주장하였고, De Martino는 반대로 고전기 법에 있어서는 법률의 착오가 인정되었지만 후대에(in späterer Zeit)에 이르러서는 법률의 착오를 점차 엄격하게 다루게 되었다고 주장하였다.

Vocci 역시 만민법에 대한 착오와 시민법에 대한 착오를 구분한 점에 있어서는 Voltera와 견해를 같이 하면서도 그러한 구분법이 비단 유스티니아누스 시대뿐만 아니라 고전기 로마법에도 유효했다고 주장한 점에서는 차이를 보이고 있다.

또한 Plazzo는 형법적 법규에 대한 착오는 용서받을 수 없었지만 형법외적 법규에 대한 착오는 용서받을 수 있었다고 주장하였다. 반면 Guarino는 로마법의 전 시기에 걸쳐서 법률의 착오는 엄격히 다루어졌다고 주장했다고 한다.120)

특히 형법적 문제들에 대한 로마법상의 일관된 관점을 정립한다는 것은 대단히 어렵다고도 볼 수 있는데 왜냐하면 로마법대전은 주로 사법상 문제를 다룬 개소로 구성되어 있는 관계로 형법적 문제들에 대한 개소들은 비체계적이고 미완성된 형태로 산견(散見)되기 때문이다.121)

따라서 로마형법의 연구는 전적으로 로마사법과 관련된 개소들을 통해서 이루어질 수밖에 없었으며 그렇기 때문에 로마형법은 로마사법과의 관련하에 발전해 왔고 많은 개념이 원래는 민법적 의미에서 형법에 적용되어 온 것이기는 하지만 이로부터 모든 민법원칙이 형법에 적용가능하다고 섣불리 판단할 수는 없을 것이다.122)

로마법을 해석함에 있어서는 Otto Kahn이 적절히 지적하였듯이 몇몇 개소들로부터 일반적 법리를 도출하려는 오류를 경계할 필요가 있다고

---

120) 이상의 견해의 소개로는, Laurencs C. Winkel, 앞의 책, 119~120면 참조.
121) Otto Kahn, 앞의 책, 8면 참조.
122) Otto Kahn, 앞의 책, 8~9면 참조.

본다. 이러한 성급한 일반화의 위험은 Savigny와 Binding 모두에게서 찾아볼 수 있는데, 예컨대 Savigny가 형법외적 법률의 착오는 용서될 수 있었다는 자신의 주장을 입론하기 위해 내세운 Digesta 5.3.25.6과 반대로 Binding이 로마법상 "법률의 착오는 해가된다(Error juris nocet)"된다는 법리는 오로지 민사법의 영역에서만 적용되었다는 점을 입증하기 위해 내세운 개소 Digesta 22.6.7 ; 22.6.8을 비교해 보면 양 개소의 내용은 상호 모순을 일으키고 있음을 쉽게 확인할 수 있다.

> Digest 5.3.25.6 With regard to the clause, "Who knows that the property does not belong to them"; shall this be considered to apply to one who is aware of the facts, or to one who made a mistake with reference to the law? For he may have thought that a will was properly executed, when it was void; or that he was entitled to the estate rather than some other agnate who had preceded him. I do not think that anyone should be classed as a plunderer who lacks fraudulent intent, even though he may be mistaken with reference to the law.[123]

> Digest 22.6.7 Ignorance of the law is not advantageous to those who desire to acquire it, but it does not injure those who demand their rights.[124]

> Digest 22.6.8 An error of fact does not, indeed, prejudice the rights of men where they seek to obtain property, or to avoid losing it; and ignorance of the law is no advantage, even to women, when they attempt to acquire it. A mistake in law, however, does not injure any person in an attempt to avoid the loss of property.[125]

Savigny가 제시한 개소에서는 형법외적 법규(동 개소에서는 민사법규)

---

123) 유언이 무효임에도 불구하고 당해 유언이 효력이 있다고 오신한 자, 혹은 자신보다 선순위의 유산 상속자가 있음에도 불구하고 자신이 유산을 상속할 권한이 있다고 오신한 자는 그러한 법률의 착오에도 불구하고 도둑(plunder)으로 취급되어서는 안 된다는 내용.
124) 법률의 착오는 권리를 획득하려는 자에게는 해가 된다는 내용.
125) 법률의 착오는, 심지어 여성의 경우에도, 재산을 획득하려고 하는 자에게는 해가 된다는 내용.

에 대한 착오가 용서받을 수 있는 반면에 Binding이 내세운 개소에서는 권리의 획득과 상실에 관한 민사법규에 대한 착오가 용서되지 않아, 착오자에게 불리한 것으로 취급되고 있기 때문이다.

Otto Kahn 역시 Digesta 5.3.25.6과 Digesta 22.6.7이 이와 같은 맥락에서 모순될 수 있음을 지적하면서 Savigny가 형법외적 법률의 착오는 로마법상 용서될 수 있었다는 점을 입론하기 위해 제시하였던 Digesta 5.3.25.6은 제한적으로만 해석되어야 한다고 주장한다.[126]

이처럼 로마법상 착오법리에 대한 해석의 어려움도 불구하고 몇 가지 결론이 도출될 수 있다고 본다. 우선 첫째로 K. Binding은 "법률의 부지는 용서받지 못한다"는 전통적 법원칙이 로마사법에만 적용되어왔다고 주장했지만, T. Mommsen이 제시한 개소들은 분명 형법적인 사례에서 동 법원칙이 적용되고 있음을 보여준다.

> Codex 2.2.2 The law is perfectly clear on the point that where the benefit of the Edict is not invoked, a patron or a patroness, their parents, their children, and also their heirs, even if they are strangers, cannot be summoned to court by their freedom, or the children of the latter; nor in a case of this kind can ignorance be alleged as an excuse, since in accordance with natural reason, honor is due to persons of this description. Therefore, when you acknowledge that you have summoned the son of your patron to court without previously obtaining the permission of the Governor, you will, in vain, ask to be exempted from the penalty prescribed by Perpetual Edict by virtue of a rescript which has been given you.[127]
>
> Codex 5.6.1 The authority of the Decree of the Senate, by which marriage between a female ward and the son of her guardian is very properly forbidden, must not be evaded under the pretext of ignorance and want of experience.[128]

---

126) Otto Kahn, 앞의 책, 10면 참조.

127) 피해방자(被解放者 ; freedman)는 자신의 보호자나 그 보호자의 직계 존비속 등을 법정에 소환할 수 없음에도 불구하고 만일 보호자의 아들을 정무관 (Governor)의 허가 없이 법정에 소환한 경우에는 법률의 부지는 항변사유가 되지 못한다는 내용. 왜냐하면 그러한 금지법규는 보호인 등의 명예(honor)와 관련된 도덕률이기 때문이다.

따라서 K. Binding의 견해는 분명 설득력이 있기는 하지만 역시 재고
될 필요성이 있다고 보며 이러한 평가는 E. Keedy를 비롯해 이후 비슷한
주장을 전개했던 모든 견해에 대해서 공통적이다.129)

다음으로 Paul K. Ryu & Hellen Silving의 견해를 살펴보건대, 두 교수는
언어적 고찰을 통해 "Error juris nocet"이란 표현이 로마법상 형사사례에
는 사용된 전례가 없다고 주장한다. 그러나 동 표현이 형사사례에서는
사용되지 않았다는 사실로부터 동 표현이 담고 있는 법리가 형사사례에
사용되지 않았다는 결론을 도출하는 것은 부당하다고 보지 않을 수 없
다.130) 또한 Digesta 22.6.2를 법률의 착오가 용서받을 수 없는 경우를 제
한하는 개소로 해석하는 것은, 동 개소가 일반적으로는 법률의 착오가
용서받을 수 없는 근거를 제시하는 것으로 새겨지고 있다는 점에서131)
상당히 자의적인 해석이라는 비판을 면치 못할 것으로 보인다.

"Error juris nocet"이란 격률(格率 ; Maxim)이 비단 로마사법에만이 아니

---

128) 여성 피후견인과 후견인 아들의 결혼은 금지된다는 원로원 의결(Decree of
the Senate)에 대해 경험의 부족이나 법률의 부지를 구실로 항변할 수 없다
는 내용.

129) 이처럼 로마법상 "Error juris nocet"이란 Maxim이 형법에도 적용되었다는 지
배적 견해에 대한 K. Bindng의 논박은 T. Mommsen 이나 Pernice 등의 견해
와는 대립되는 주장이었다. 이에 대해서는 Otto Kahn, 앞의 책, 9면 참조.
뿐만 아니라 T. Mommen의 Römisches Strafrecht에 대한 비평서로 출간된 James
Leich Strachan Davidson의 "Problems of the Roman Criminal Law"에서도 이 부
분에 대한 T. Mommsen의 견해에 대해서는 반박하고 있지 않는 것으로 미
루어 간접적이지만 Davidson 역시 지배적 견해에 찬동하고 있었던 것으로
보인다. 이에 대해서 James Leich Strachan Davidson, Problems of the Roman
Criminal Law, 1912 Vol.(Ⅰ, Ⅱ)참조.

130) 예컨대 T. Mommsen이 제시한 Codex 2.2.2와 Codex 5.6.1은 분명 형법적 사례
에서도 "법률의 부지(착오)는 용서받지 못한다"는 전통적 법원칙이 적용되
었음을 보여준다.

131) 대표적으로 최병조, 로마법 강의, 1999, 367면 참조 ; William Blackstone,
Commentaries on The Laws of England, Vol.4. 1769, 27면 ; John Austin, Lectures
on Jurisprudence - The Student Edition -, 1880, 238면.

라 로마형법 상으로도 인정되는 법리였다는 것이 이탈리아 후기주석학파(Postglossatoren) 이래 공통된 견해(communis opinio)였다고 한다.[132] 공통된 견해(communis opinio)란 유럽대륙의 로마법의 계수기에 있어서 의심스러운 문제가 있을 때 법원이 따르도록 되어 있는 학자들의 공통견해, 이른바 학자들 간의 통설 및 다수설을 의미한다.[133] 그렇기 때문에 로마법상의 전통적 법원칙은 분명 학자들뿐만 아니라 실무에 있어서도 영향력을 행사해 왔음이 분명하다고 본다.

이처럼 지배적 견해(herrschende Meinung)에 대한 K. Binding 등의 반박논거는 충분히 설득력 있는 논거를 제시해 주지는 못했다는 평가로서 전통적 법원칙의 로마법적 기원(Roman Origin) 문제에 대한 소결론에 갈음코자 한다.

"법률의 부지는 용서받지 못한다"는 전통적 법원칙이 과연 로마법에 기원을 두고 있느냐의 문제는 순수한 학술적 의미 이상의 가치를 지니고 있다. 왜냐하면 법관 또는 법학자가 법률을 해석하거나 논증함에 있어서 로마법적 전거를 원용함으로써 자신의 판단에 확신을 가질 수 있기 때문이다.[134]

그렇기 때문에 Karl Binding과 Edwin Keedy는 동 법원칙이 로마법적 기원을 갖는다는 법학계의 통념을 무너뜨리기 위해 비슷한 시기에 비슷한 논거를 통해 반론을 제기하게 되었던 것으로 보인다.

한편 우리나라의 경우 형법전의 제정이 자생적이라기보다는 계수(繼受)의 과정을 거치는 속에서 로마법의 영향을 받은 독일 및 프랑스 등 유럽대륙의 형법전을 계수한[135] 일본 형법전의 영향을 직·간접적으로

---

132) Otto Kahn, 앞의 책, 9면.
133) 이에 대해서는 Helmut Coing / 정종휴 역, 앞의 논문, 343면.
134) 이러한 사례의 소개로는 William Bennett Munro, The Genesis of Roman Law in America, Harvard Law Review, June, 1909, 579면 ; 법적 논증에 로마법적 전거를 활용하는 대표적 예로는 D.P. Van Der Merwe, The Cumulative Effect of Partial Excuse and Error Juris-Ntuli and De Blom Revisited, The South African Law Journal, 1982, 431면 참조.

받은 형법전이라는 점에서136) 결과적으로 우리 형법전도 로마법적 영향
하에 있기 때문에 로마법에의 호소는 법관으로 하여금 불명확한 법규를
적용하는데 있어서 해석기준을 제공하는 기능을 수행해 왔다고 볼 수도
있을 것이다. 그러므로 이 문제에 대한 본고의 입장을 지배적 견해가 여
전히 타당하다는 것으로 정리하며 논의를 계속해 나가기로 한다.


# IV. 카논법(Canon Law)

## 1. 카논법에 있어서의 법률의 착오

　　Laurens Winkel에 의하면 Athanasios와 Gregor von Nazianz 그리고 Johannes
Chrysostomos와 같은 카논법학자들은 "법률의 부지는 용서받지 못한다"
는 로마법상의 전통적 법원칙이 원칙적으로 카논법에도 적용된다는 견
해를 취했다고 한다.137) 즉, 카논법상으로도 "법률의 부지는 용서받지
못한다"는 전통적 법원칙이 규범력을 지니고 있었던 것이다.

　　이에 대해 Cicognani 대주교(Archbishop)는 카논법은 로마법(특히 Digesta
22.6)과는 달리 특정 법률, 예컨대 무효법 또는 무효화법에 대한 부지를
제외한 기타 법률에 대한 부지는 그것이 만일 비난가능성이 없다면 그
러한 법률의 효력으로부터 배제시켜 준다고 주장한다. 즉, 카논법은 로
마법에 비해 법률의 착오에 대해 상대적으로 관대한 입장을 취하고 있
었다는 것이다.138)

---

135) 프랑스 역시 로마법의 영향을 받았다. 이에 대해서는 William Bennett Munro,
　　앞의 논문, 579면 참조.
136) 근대 일본법도 로마법의 영향하에 있다는 평가로는 Helmut Coing / 정종휴
　　역, 앞의 논문, 350면 참조.
137) Laurens C. Winkel, Vorbemerkung zum Thema Rechtsirrtum in der mittelalterlichen
　　Jurisprudenz, zugleich ein Thema aus der Geschichte der Rechtsideologie, IUS
　　COMMUME, XⅢ, 1985, 72면 참조.

한편 "법률의 부지는 용서받지 못한다"는 전통적 법원칙은 카논법에 대한 해석과 관련 새로운 양상의 견해대립을 낳게 된다. Arthur Kaufmann 에 따르자면 독일연방대법원의 설립 이전 독일제국법원이 취해왔던 법리, 즉 "형벌법규의 부지는 용서받지 못하지만 비형벌법규의 부지는 사실의 부지와 동일시되어 고의를 조각한다"는 착오법리는 카논법에 기원을 두고 있다고 한다.[139] 그러나 Otto Kahn은 이와 같은 독일제국법원의 착오법리는 로마법은 물론 카논법에서도 찾아볼 수 없는 법리라고 입론한 바 있다.[140]

논의의 초점을 다소 축소시켜 이해하여 보자면 이러한 견해대립은 "형벌법규의 부지는 용서받지 못한다"는 착오법리가 카논법에 근거하고 있는가의 문제로 귀착된다고 볼 수 있을 것이다. 이하 본고에서는 이러한 문제의식하에 과연 로마법상의 착오법리와 카논법상의 착오법리는 어떻게 다르며 또 "형벌법규의 착오는 용서받지 못한다"는 착오법리가 카논법적 기원을 갖고 있는가에 대해서 검토해 보기로 한다.


## 2. 카논법의 의의

일반적으로 카논법(jus canonicum)으로 널리 지칭되는 교회법(law of the church)은 로마 교황(the Supreme Pontiff) 등 교회 당국의 입법 담당자에 의해 만들어진 법의 총체를 말한다. 카논법은 협의로는 로마 교황에 의해 제정된 모든 법을 의미하지만, 광의로는 주교(Bishops)나 기타 하위 입법 담당자에 의해 성안된 법까지도 지칭하는 개념이다.[141]

---

138) Amleto Giovanni Cicognani, Canon Law, 1934, 597면 ; Otto Kahn도 이러한 견해를 취한다. Otto Kahn, 앞의 책, 15면 참조.

139) 이에 대해 Arthur Kaufmann, Die Parallelwertung in der Laiensphäre: Ein sprachphilosophischer Beitrag zur allgemeinen Verbrechenslehre, 1982, 6면 참조.

140) 이에 대해서는 Otto Kahn, Otto Kahn, Der außerstrafrechtliche Rechtsirrtum, 1900, 13~14면.

카논법은 세속적인 시민법 및 로마황제의 법과 구분된다는 뜻에서 종교법(religious law), 신성법(jus sacrum), 신법(jus divinum), 교황법(jus pontificium) 그리고 교회법(jus ecclesiasticum)등으로 명명(命名)되기도 한다.[142] 특히 카논법(canon law)이란 명칭은 동법이 카논(canon)들을 집대성한 법전이기 때문에 붙여진 것이다. 라틴어인 카논(canon)은 규칙 혹은 법규를 뜻하는 그리스어 'κανων'에서 유래한 단어로서[143] 원래는 '곧은 막대기(straight rod)'를 뜻하였다.[144] 카논이 규칙 혹은 법규로 불리는 이유는 카논은 행위자를 올바르게 인도하여 타락에 빠지지 않게 만들어 주고 아울러 올바른 삶을 위한 규칙 및 법규를 제시해 주기 때문이라고 한다.[145] 카논법이 세속법과 구분되어 사용되기 시작한 것은 유스티니아누스 황제에 의해서였으며, 교회법(ecclesiastical law)을 카논법으로 명명하기 시작한 학자는 1140년경 볼로냐 대학의 수도승이었던 Gratian이었다고 전해진다.[146]

카논법은 초기에는 수도원 생활을 하는 수도자들의 생활규칙으로서의 수도원법(lex monastica)에서 발전하여 성서의 규범, 교부들의 규범 및 교회의 법령 등으로 형성된 법체계로서 시민법(jus civile)으로 통칭되던 세속법이 처음에는 관습법으로 훗날 국가에 의해 제정되었듯이, 교회법 역시 초기에는 교회내의 관습법이었으나 점차 공의회(公議會)의 결정과 같이 교회에 의하여 성문의 형태로 제정되었다. 카논법은 비록 신앙생활에 관한 교회내의 법이지만 세속생활과 관련된 영역, 특히 혼인 및 친족제도와 유언 및 소송 등에 있어서 근대법의 발전에도 영향을 미친 것으로 평가되고 있다.[147]

---

141) 이에 대해서는 Amleto Giovanni Cicognani, Canon Law, 1934, 43면.
142) Amleto Giovanni Cicognani, 앞의 책, 40~42면 참조.
143) 이에 대해서는 Gratian, The Treatise on Laws with the Ordinary Gloss translated by Augustine Thompson, O.P. & James Gordley, 1993, 10면 참조.
144) Amleto Giovanni Cicognani, 앞의 책, 42면
145) Gratian, 앞의 책, 10면.
146) Amleto Giovanni Cicognani, 앞의 책, 42면.
147) 이러한 설명으로는 오세혁, 법철학사, 2004, 87~88면 ; 박상기, 독일 형법

카논법은 중세에 수차례의 편찬을 통해 체계화되었는데 우선 1140년에 Gratian은 기원후부터 그때까지 제정된 모든 교회 법규와 법령집을 과학적으로 집대성하여 3985조에 이르는 방대한 양의 그라시아노 법령집(Decretum Gratiani)을 편찬하였다. 이후 그레고리오 13세는 그레고리오 9세의 칙령집과 요한 22세의 법령집 등을 모두 집대성하여 1580년에 카논법대전(Corpus Iuris Canonici)을 편찬하였다.

현대적 의미의 체계적인 카논법전은 교황 비오 10세에서 시작되어 교황 베네딕토 15세 때에 완성되었는데 동 법전은 그라시아노 법령집, 카논법 대전 그리고 트리엔트 공의회의 법령들 및 그 후의 교회법령을 총정리한 것으로서 1917년 반포되어 1918년부터 발효되었다. 동 법전은 교황 요한 23세에 의해 개정작업이 진행되어 교황 요한 바오로 2세 때인 1983년에 반포되어 현재에 이르고 있다. 현행 카논법전은 총 7권 1752개 조로 되어있다.148)

중세유럽의 법은 카논법과 로마법으로 구성되어 있었으며 양자는 상호 보완적인 기능을 담당하여 교회 재판소는 로마법을 보충적으로 적용하였고, 반면에 일반 재판소에서도 카논법을 적용하였다. 특히 독일에서는 14, 15세기경에 로마법과 카논법, 그리고 게르만법적 내용들로 이루어진 보통법(gemeines Rechts ; jus commune)이 등장하여 이 법은 각 지방에서 적용되던 지역법에 보충적으로 적용되었다.149)

---

사, 1993, 130∼131면 참조.

148) 이상의 카논법전의 역사에 대해서는 정진석 주교, 교회법 총칙, 교회법 해설 제1권, 1997, 22∼24면 참조.

149) 박상기, 앞의 책, 131면; 박상기 교수는 jus commune에 대하여 우리나라에서는 이를 '보통법'이라고 부르고 있으나 지역을 초월하여 적용되는 법이라는 의미에서 '일반법'이 보다 적절한 번역어라고 한다

## 3. 카논법과 로마법의 관계

로마법은 그 보편적 특성으로 인해 전인류 공통의 법(common law of mankind)으로 받아들여졌었기 때문에 카논법 역시 제한적이기는 하지만 로마법으로부터 큰 영향을 받을 수밖에 없었다. 즉 카논법은 교회의 초창기 무렵부터 신법(divine law)과 모순되지 않는 범위 내에서 로마법의 원리들을 수용하면서도 종교와 관련된 로마 황제의 칙령이나 법령 등은 받아들이지 않았는데, 왜냐하면 교회는 로마 황제를 고위 성직자로 인정하지 않았기 때문이었다.[150] 요컨대 교회법은 일반적으로 로마법을 계승 발전시킨 것으로 로마법의 기초 위에 구축된 법으로 이해되고 있다.[151]

특히 A.D.6~11세기경에는 교회와 여러 교회법 문헌 및 이론은 로마법적 전통을 전승시키는데 있어서 중요한 역할을 하였는데, 이는 로마법상 법률의 착오 법리의 경우에도 마찬가지였다고 한다.[152] 이처럼 법률의 착오에 대한 로마법상의 전통적 법원칙은 카논법을 통해 후대에 전승되어 갔던 것이다.[153]

그렇지만 로마법과 다르게 카논법에서는 법률의 착오를 충분히 고려하는 입장을 취하였다고 한다. 카논법은 구법에서부터 만일 행위자가 소홀이나 태만 없이 착오에 빠져 행위 했다면 그를 교정벌(censure)에 처할 수 없다고 규정하고 있었다.[154] 그리고 카논법 이론(Canonist Doctrine)은 누구도 비난가능성(guilty)이 없다면 처벌받지 않는다는 근거 하에 위 규정을

150) 이에 대해서는 Amleto Giovanni Cicognani, 앞의 책, 47~48면 참조.
151) 이에 대해서는 Helmut Coing / 정종휴 역, 앞의 글, 339면 참조.
152) Laurens C. Winkel, 앞의 책(주68), 72면 참조.
153) 카논법이 용어나 법리 측면에서 교부철학 및 스콜라철학(Christian philosophy) 과 결부된 로마법의 영향을 받았다는 견해로는 Paul K. Ryu & Hellen Silving, 앞의 논문, 428면 주38).
154) Paul K. Ryu & Hellen Silving, 앞의 논문, 427면; 여기서 '구법'이란 1917년 이전의 카논법을 지칭한다.

모든 형사법규에 확대시켰다고 한다.[155] 다만 카논법에서 법률의 착오가 고려된 것은 주로 명문의 법규를 통해서라기보다는 형성된 관습법과 교회 실무상(Kirchliche Praxis)의 지배적 원칙이 그러했기 때문이다.[156]

범죄와 관련해서 카논법은 Thomas Aquinas의 가르침을 따르고 있다고 한다. 즉 만약 명령이 행위자에게 도달하지 않았다면 그 명령(precept)은 행위자에게 의무를 부과할 수 없으며 이는 곧 그 누구도 만일 명령의 내용에 대한 인식이 없다면 그에 구속받을 수 없다는 것이다. 이처럼 카논법 하에서는 법규에 대한 인식은 고의(dolus)의 요소로 간주되었다. 따라서 법률의 부지나 착오는, 만일 그것이 비난가능하지 않다면, 범행을 자의에 반하는(involuntary) 것으로 만든다.[157]

## 4. 카논법이 보통법(jus commune)에 미친 영향

보통법(jus commune)이란 12세기부터 15세기에 이르기까지 이탈리아의 볼로냐 대학을 중심으로 로마법학자들과 카논법학자들이 우스티니아누스의 로마법대전과 그라시안의 교회법령집(Decreta Gratiani)에 대한 주석을 통해 법을 연구하는 과정에서 발간된 전 · 후기 주석학파들의 저작들을 기초로 하여 형성된 전 유럽 공동의 법을 말한다.

이처럼 로마 시민법과 카논법으로 이루어진 보통법은 당시에 일반적으로 유럽에서 적용되는 법이었다. 그리고 보통법에 대한 연구는 로마법에서 발달되지 않았거나 적용될 수 없는 것으로 생각되던 형사법 등의 분야에 대한 개념을 형성하는데 도움이 되었다.

로마법은 형사법의 영역에서는 상대적으로 발달이 미디했기 때문에 보통법상의 형사법에 관한 내용은 주로 카논법의 영향을 받은 것으로 평가되고 있다. 카논법은 비단 형사법뿐만 아니라 가족법과 상속법, 그

---

155) Paul K. Ryu & Hellen Silving, 앞의 논문, 427면.
156) Otto Kahn, 앞의 책, 13면.
157) Paul K. Ryu & Hellen Silving, 앞의 논문, 427~428면 참조.

리고 절차법의 영역에서 주로 보통법에 영향을 주었다고 한다.[158]

따라서 카논법에 대한 연구는 중세 이후 유럽의 보통법 시대에 있어서의 형법의 발달과정을 구명하는데 큰 의의가 있을 것으로 판단된다. 이는 특히 법률의 착오와 관련해서도 Gunther Arzt가 지적한 바 있듯이 현행 독일형법 제17조의 회피가능성(vermeidbarkeit)이란 개념은 직접적으로 카논법에서 유래한 개념이라는 점을 고려하면[159] 단편적이기는 하지만 지지될 수 있는 입론이라 하겠다.

## 5. 카논법과 아퀴나스(Thomas Aquinas, 1225~1274)

### 1) 아퀴나스의 착오이론

유기천 교수와 Hellen Silving 교수에 의하면 카논법은 범죄와 관련 아퀴나스의 가르침을 수용하고 있다고 한다.[160] 그렇다면 아퀴나스의 착오론은 어떠한 내용인지 확인해 볼 필요가 있다. 일반적으로 아퀴나스는 아리스토텔레스로부터 많은 영향을 받은 학자로 평가되고 있다.[161] 따라서 아퀴나스와 아리스토텔레스의 착오이론을 비교해 가면서 검토해 보는 것은 큰 의미가 있다고 본다. 이하에서는 아퀴나스의 대표적 저작인 신학대전(Summa Theologica, 1266~1273)에 나타난 문답을 중심으로 그의 착오이론을 살펴보기로 한다.

아퀴나스에 의하면 부지는 죄악의 원인이 될 수 있다. 왜냐하면 죄악을 금지하여 인간을 올바른 방향으로 인도하는 이성(reason)은 지식(knowledge)

---

158) 이상의 내용은, John Henry Merryman, The Civil Law Tradition: An Introduction to the legal Systems of western Europe and Latin America, 2nd. Ed., 1985, 6~13면 참조.

159) Gunther Arzt, Ignorance or Mistake of Law, The American Journal of Comparative Law, Vol.24, 1976(가을호), 646면 참조.

160) Paul K. Ryu & Hellen Silving, 앞의 논문, 427면.

161) 이에 대해서는 Hans Welzel, 앞의 책, 57면 이하 참조.

에 의해 완전해 지는데 부지는 바로 이성을 완성시키는 지식의 고갈 (privation of knowledge)을 뜻하기 때문이다. 그리고 부지(ignorance)는 무지 (nescience)와는 다르다. 부지란 우리가 알아야 할 의무가 있는 사물에 대한 인식의 결여를 뜻하는 반면 무지는 우리가 알아야 할 의무가 없는 낯선 사물에 대한 지식의 결여를 뜻하기 때문이다. 그렇기 때문에 부주의 (negligence)로 인해 자신이 알아야 할 의무가 있는 것을 모르는 자는 죄악을 범하는 것이다. 반면에 자신의 능력으로 알 수 없는 것을 모르는 자는 죄책을 지지 않는다. 그리고 그러한 부지를 회피할 수 없는 (invincible) 부지라고 부른다. 왜냐하면 이때에는 열심히 알려고 노력하여도 부지는 극복될 수 없기 때문이다.162)

요컨대 회피불가능한 부지는 우리의 힘으로 부지를 극복할 수 없기 때문에 자의에 반하는 부지가 된다. 따라서 회피불가능한 부지는 죄악이 아니다. 이와 다르게 우리가 알아야 할 의무가 있는 사물에 대한 회피가능한 부지는 죄악이 되고 반면에 우리가 알아야 할 의무가 없는 사물에 대한 회피가능한 무지는 죄악이 안 된다.163) 아퀴나스는 행위를 자발적이지 않은(not voluntary) 것으로 만드는 원인이 되는 부지와 자의에 반하는 (involuntary) 것으로 만드는 원인이 되는 부지의 구분방식에 있어서 기본적으로 아리스토텔레스의 착오이론을 충실히 따르고 있는 것으로 보인다.164) 그러나 그의 착오이론에서는 법률의 착오와 개별적 행위정황에 대한 착오를 다르게 취급하려는 의도는 찾아볼 수 없으며165) 오로지 부지

---

162) 이상의 내용에 대해서는 Thomas Aquinas, Summa Theologica, Ⅱ-1, Qu.76, Art.2, 1990(Laurence Shapcote 역, 1952년 초판발행), Encyclopaedia Britannica, 142면 참조.

163) Thomas Aquinas, Summa Theologica, Ⅱ-1, Qu.76, Art.2, 앞의 책, 142면.

164) Thomas Aquinas, Summa Theologica, Ⅱ-1, Qu.76, Art.3, 앞의 책, 143면.

165) Thomas Aquinas, Summa Theologica, Ⅱ-1, Qu.76, Art.1, 앞의 책, 141면 ; 반면 Aquinas에게서도 Aristoteles처럼 법률의 착오와 개별적 행위정황의 착오라는 구분방식이 있었다고 보는 견해로는 Thomas Aquinas, Summa Theologica -A concise Translation, 1989(Timothy McDermott 편역), 197면 참조.

의 회피가능성 여부에 따라서 처벌여부를 판단하고 있는 것으로 보인다.

끝으로 아퀴나스의 착오이론에서 특기할만한 사항으로는 고의적 부지(purposely ignorance)라는 개념을 도입하고 있다는 점이다. 그에 따르면 보다 자유롭게 죄악을 범하기 위해 의도적으로 무지에 빠지는 사람, 예를 들어 열심히 알려고 노력하지 않음으로써 무지에 빠지거나, 음주 등을 통해 고의적으로 만취하거나 사물변별능력을 상실하려는 사람이 바로 이러한 경우에 해당한다. 그리고 고의적 부지는 행위의 자발성을 감소시키기 때문에 죄를 경감시키게 된다고 한다.166)

## 2) '회피가능성(Vermeidbarkeit)' 개념의 유래

Arthur Kaufmann은 현행 독일형법 제17조의 '회피가능성'이란 개념은 아퀴나스의 착오이론에서 유래한 것이라고 밝힌 바 있다.167) 그리고 Gunter Arzt 역시 독일 신형법 제17조가 채택하고 있는 '회피가능성(vermeidbarkeit)' 개념은 극복가능성(vinciblity ; conquerability) 개념과 동일한 개념이며 이는 카논법(canon law)에서 유래한 것이라고 소개한 바 있다.168) 이는 또한 현행 프랑스 형법 제122-3조169)에서도 채택되고 있는 법문이다.

이하 법률의 착오에 관한 카논법 조문의 검토 부분에서 살펴보겠지만 회피가능성이란 개념은 카논법 조문에는 명시적으로는 채택되고 있지는 않다. 다만 카논법에 대한 여러 주석서에서 회피가능한 착오 내지는 회피불가능한 착오라는 구분방식을 사용하고 있을 뿐이다. 그러므로 회피가능성이란 법문은 카논법 보다는 아퀴나스의 착오이론에서 유래한 개

---

166) Thomas Aquinas, Summa Theologica, Ⅱ-1, Qu.76, Art.4, 앞의 책, 144면.
167) 이에 대해서는 Arthur Kaufmann, Die Parallelwertung in der Laiensphäre: Ein sprachphilosophischer Beitrag zur allgemeinen Verbrechenslehre, 1982, 7면 참조.
168) Gunther Arzt, Ignorance or Mistake of Law, The American Journal of Comparative Law, Vol.24, 1976, 646면 참조.
169) 프랑스 형법 제122-3조[법률의 착오] : 불가피한 법률의 착오에 의해 적법하게 행위할 수 있는 것으로 믿었음을 증명하는 자는 형사책임을 지지 아니한다.

넘으로 보는 것이 옳다고 본다.

다만 고대 그리이스 철학에서의 착오이론의 전개과정에서 언급한 바 있지만 동 개념은 비록 직접적이지는 않지만 이미 아리스토텔레스의 착오이론에서 도출해 낼 수 있는 개념이다. 아리스토텔레스는 니코마코스 윤리학에서 "스스로 주의를 기울여 무지를 회피할 능력(the power not to be ignorant)"이란 표현을 사용하고 있기 때문이다.[170]

요컨대 착오의 '회피가능성' 내지는 '회피불가능성'이란 개념은 멀리는 고대 희랍철학의 전통, 특히 아리스토텔레스의 니코마코스 윤리학에서 유래하였고, 보다 직접적으로는 St. Thomas Aquinas의 착오이론에서 도입되어 카논법에 뿌리내렸던 'vincible error'란 개념에 기원을 드고 있다고 볼 수 있을 것이다. 이러한 맥락에서 동 개념은 고대 희랍철학과 기독교 및 카논법이라는 지극히 서구적인 전통하에서 형성되어 온 개념이라고 규정지을 수 있다고 생각된다.

## 6. 법률의 착오에 관한 카논법 조문의 검토 (1917년 카논법을 기준으로)

### 1) Canon 16(Ignorance of the law)

1. No ignorance of invalidating or disqualifying laws excuses from their observance, unless the law expressly declares otherwise(무효법 또는 무자격법에 대한 부지는 그러한 법률의 효력을 저지하지 못하며 다만 다른 명문 규정이 있으면 그러하지 아니하다).

2. Ignorance or error, as a rule, is not presumed when it concerns the law or its penalty, or one's own act, or when it concerns the generally known acts of third persons; concerning the acts of third persons which are not generally known, ignorance is presumed until the contrary is proved(일반적으로 부지나 착오는 법률이나 형벌, 또는 본인에 관한 행위나 타인에 관한 공연한 행위에 관

---

170) Aristotle, 앞의 책, 60면, 1114a 참조.

해서는 추정되지 않지만, 타인의 은밀한 행위에 관해서는 반증이 있을 때
까지 추정된다).171)

무효법(invalidiating law ; lex irritans)이란 특정한 행위에 대하여 법률상
그 행위를 무효로 하는 법률을 말한다. 그리고 무자격법(incapacitating law
; lex inhabitans)이란 자연적으로는 유효하게 행위를 할 수 있는 사람이지
만 법률행위를 할 자격을 인정하지 않음으로써 그 사람이 행한 행위를
무효로 하는 법률을 일컫는다.172)

카논법 제11조는 법문에 명시적으로 행위의 무효와 사람의 무자격을 규정
한 경우에만 그러한 효력이 발생한다고 규정하고 있는데 이는 무효나 무자
격은 그 효과에 있어서 중대한 결과를 가져오기 때문이다. 즉, 무효나 무자
격은 추정되지 아니하며 법률에 명시된 경우에만 효력을 갖는다고 한다.173)

카논법 제16조 1항은 법률의 착오 일반에 관한 조문이 아니다. 동 조
항은 오직 무효법 또는 무자격법에 대한 부지에 한해서는 그러한 법률
의 효과를 저지하지는 못한다는 점을 명문화하고 있는 조항이다. 이와
같은 특별조항을 두고 있는 이유는 동 조항이 공공의 이익(public good),
다시 말해 행위자의 의사와 무관하게 특정한 행위의 유효성을 보장하는
데 그 입안의 취지가 있기 때문이라고 한다.174)

따라서 예컨대 결혼에 관한 절대적 무효법(diriment impediments of
matrimony) 대한 부지는 설령 그러한 부지가 비난가능하지 않은 경우일
지라도 도덕적으로는 면책될 수 있지만, 공공의 이익을 위해 무효의 효
과를 저지할 수는 없으며, 이는 무효법 및 무자격법의 효과는 행위자의
의사가 아니라 전적으로 입법자의 의사에 좌우되기 때문이라고 한다.175)

---

171) Canon 16의 영역은 전술한 Cicognani의 번역이 명료하기 때문에 Cicognani의
   문헌을 인용하기로 한다. Amleto Giovanni Cicognani, 앞의 책, 592면 참조.
172) 이상의 개념 정의에 대해서는 정진석 주교, 교회법 총칙, 교회법 해설 제1
   권, 1997, 87면 참조.
173) 이러한 주석으로는 Stanislaus Woywod, A practical Commentary on the Code of
   Cannon Law, 1952, 8면 참조.
174) Amleto Giovanni Cicognani, 앞의 책, 593면 참조.

카논법 제16조 2항은 법률 및 형벌, 그리고 본인의 사실 및 타인의 공연한 사실에 대한 부지 또는 착오는 추정되지 않는다는 점을 명시하고 있다. 부지 또는 착오가 추정되지 않는 이유에 대하여 Woywod는 누구나 법률을 알고 있는 것으로 추정되기 때문이라고 설명하며[176] Cicognani는 누구나 불명료한 상황에 있어서도 어떤 사태가 발생할 가능성이 가장 높은가에 대해서 대체로 인식하고 있기 때문이라고 한다.[177]

Cicognani에 따르면 카논법은 로마법(특히 Digesta 22.6)과는 달리 카논법 제16조 1항에 규정된 무효법 또는 무효화법에 대한 부지를 제외한 기타 법률에 대한 부지는 만일 비난가능성이 없다면 그러한 법률의 효력으로부터 배제시켜 준다고 한다. 이러한 맥락에서 카논법 제16조 2항으로부터 도출되는 법률의 인식에 대한 추정은 로마법에서처럼 절대적인 추정이 아니라 단순한 추정(mere presumption of law)에 불과하다고 한다.[178]

대부분의 시민법(Civil Law) 법전에서는 공리주의적 필요성(Social necessity)에서 법률의 부지는 면책되지 못한다고 규정하고 있으며 로마의 Cassation 최고법원(the Supreme Court of Cassation in Rome)은 1882년 10월 7일 법률의 인식에 대한 추정은 절대적 추정(absolute presumption)이라고 판시한 바 있다고 한다.[179]

Cicognani의 주석에 따르면 동 조항의 형벌(penalty)이란 형벌의 존재여부 자체를 몰랐을 경우에는 형벌 법규에 대한 부지가 되고, 만일 형벌이 관련 법규에 결부되어 있음을 몰랐을 경우에는 바로 그러한 사실에 대한 부지가 된다고 한다.[180] 그의 주석에 비추어 보건대 카논법에 규정된 penalty는 형벌 법규의 의미로도 법률과 형벌의 결부사실이란 의미로도 사용되고 있는 것으로 판단된다.

---

175) Amleto Giovanni Cicognani, 앞의 책, 594면.
176) Stanislaus Woywod, 앞의 책, 11면.
177) Amleto Giovanni Cicognani, 앞의 책, 596면.
178) Amleto Giovanni Cicognani, 앞의 책, 597면.
179) Amleto Giovanni Cicognani, 앞의 책, 597면.
180) Amleto Giovanni Cicognani, 앞의 책, 595면 참조.

또한 Cicognani 대주교(Archbishop)에 의하면 부지(ignorance)란 극복할 수 있는(vincible) 부지와 극복할 수 없는(invincible) 부지로 나뉘며, 극복할 수 있는 부지란 그러한 부지가 소홀(crass)이나 태만(supine)에서 초래된 경우를 말한다고 설명한다. 요컨대 부지는 행위자가 그것을 제거하기 위한 노력을 기울였지만 그러한 노력이 불충분했던 경우에 극복할 수 있는 부지가 된다는 것이다.[181] 그리고 착오(Error)는 부지(ignorance)에서 초래되기 때문에 착오와 부지는 동일하게 취급된다고 한다.[182]

동 조문은 현행 카논법(1983년 개정 카논법)에서는 내용상의 변화없이 제15조에 다음과 같이 편입되었다.

**Canon 15**

1. Unkentnis oder Irrtum hinsichtlich irritierender oder inhabilitierender Gesetze behindern nicht deren Wirkung, wenn nicht etwas anderes ausdrücklich festgesetzt ist(무효법 또는 무자격법에 대한 부지는 그러한 법률의 효력을 저지하지 못하며 다만 다른 명문 규정이 있으면 그러하지 아니하다).

2. Unkentnis oder Irrtum hinsichtlich eines Gesetzes, einer Strafe, einer eigenen Tat oder einer offenkundigen fremden Tat werden nicht vermutt; hinsichtlich einer nicht offenkundigen fremden Tat werden sie vermutet, bis das Gegenteil bewiesen wird(법률이나 형벌, 또는 본인에 관한 행위나 타인에 관한 공연한 행위에 관한 부지나 착오는 추정되지 않지만, 타인의 은밀한 행위에 관해서는 반증이 있을 때까지 추정된다).[183]

## 2) Canon 988

Ignorance of irregularities which arise either from crime or from defect, and ignorance of impediments does not prevent one from incurring them(범죄 혹은 결함에서 비롯된 무자격에 관한 부지와 장애에 관한 부지는 면책되지 아니한다).[184]

---

181) Amleto Giovanni Cicognani, 앞의 책, 592~593면 참조.
182) Amleto Giovanni Cicognani, 앞의 책, 595면.
183) 동 조문의 독역본은 IOANNES PAULUS PP. Ⅱ / Winfried Aymans외 10인 역, Codex des Kanonischen Rechts, 1983, 7면 참조.
184) 동 조문의 영역본은 Stanislaus Woywod, 앞의 책614면 참조.

무자격(irregularity)이란 신품성사(神品聖事)를 받는 것이 금지되는 영구적 장애를 말하고 단순 장애(impediment)란 신품성사를 받는 것이 금지되는 일시적 장애를 뜻한다.[185]

구카논법(1917년 이전의 카논법)에 대한 주석자들은 결함(defect)에서 비롯된 무자격에 대한 부지는 면책되지 않는다는데 견해가 일치되어 있었던 반면에 범죄에서 비롯된 무자격에 대한 부지의 면책 여부에 관해서는 학자들 간에 견해가 대립되어 있었다고 한다.[186] 그러나 1917년 카논법 제988조는 범죄에서 비롯된 무자격에 대한 부지를 면책사유로 인정하지 않는 태도를 취하고 있다.

동 조문은 현행 카논법에서는 제1045조에 다음과 같이 규정되어 있다.

**Canon 1045**

Unkentnis von Irreularitäten und Hindernissen befreit nicht von ihner(무자격과 장애에 대한 부지는 이를 면제하지 아니한다).[187]

## 3) Canon 2199

The imputability of an offense depends on the evil will(dolus) of the delinquent, or on the extent to which his ignorance of the violated law or his omission of proper diligence was culpable. Wherefore, all causes which increase, diminish or destroy the evil will or culpability, automatically increase, diminish or destroy the imputability of the offense(범죄의 유책성은 범법자의 악의유무와 당해 법규에 대한 부지와 부주의의 비난가능성 정도에 좌우된다. 따라서 악의 또는 비난가능성을 증대시키거나 감소 또는 조각시키는 모든 사유는 자연히 당해 범죄의 유책성을 증대시키거나 감소 또는 조각시킨다).[188]

---

185) 정진석 주교, 교회의 성사법, 교회법 해설 제7권, 1997, 516면.
186) 이러한 주석으로는 Stanislaus Woywod, 앞의 책, 614면 참조.
187) 동 조문의 독역본은 IOANNES PAULUS PP. II / Winfried Aymans외 10인 역, 앞의 책, 465면.
188) 동 조문의 영역본은 Stanislaus Woywod, 앞의 책, 450면 참조.

카논법상 행위(act)와 위법성의 인식(knowledge of law) 그리고 자유의지
는 범죄의 주요 구성요소이다. 따라서 만일 행위자에게 위법성의 인식이
없거나 행위자가 법률을 알지 못한데 대하여 비난할 수 없거나, 또는 행위
자에게 범법행위를 하는데 대한 자유의지가 없다면 악의(evil will or malice)
는 존재하지 않게 된다.[189]

동 조문과 카논법 제2202조는 현행 카논법 제1323조 2항과 1324조 1항
의 9에 규정되어 있다. 현행 카논법 제1323조 2항과 1324조 1항의 9는 아
래에서 소개하기로 한다.

## 4) Canon 2202(Ignorance of the Law)

> The vilolation of a law of which one was ignorant is entirely non-imputable, if
> the ignorance was inculpable; if it was culpable, the liability varies in proportion
> to the culpability of the ignorance. Ignorance of the penalty only does not destroy
> liability, but it mitigates it somewhat. What is said of ignorance, applies also to
> inadvertence and error(만일 부지가 비난가능하지 않다면, 법률의 부지는 완
> 전히 면책된다. 만일 부지가 비난가능하다면, 책임은 부지의 비난가능성
> 정도에 따라서 상이하게 결정된다. 형벌의 부지는 책임을 조각하지 못한
> 다. 그러나 형벌의 부지는 책임을 다소 감경시킨다. 부지에 관한 규정은
> 착오나 부주의에도 적용된다).[190]

카논법 제2202조는 동법 제16조 및 제2229조와 비교해 볼 때 법률의
부지에 관한 일반규정으로서[191] 비난가능성이 없는 법률의 부지에 관해
서는 완전한 면책을, 또한 비난가능한 법률의 부지에 관해서는 비난가능
성의 정도에 따라서 신축적으로 책임을 결정할 수 있다고 규정하고 있
다. 아울러 형벌에 관한 부지는 완전한 면책에는 이르지 못하지만 책임
이 감경될 수는 있다고 규정하고 있다.

---

189) Stanislaus Woywod, 앞의 책, 450면.
190) 동 조문의 영역본은 Stanislaus Woywod, 앞의 책, 451면 참조.
191) Stanislaus Woywod, 앞의 책, 451~452면.

Cicognani는 전술한 바와 같이 penalty란 형벌 법규 그 자치 혹은 형벌과 법규가 결부되어 있다는 사실을 모두 지칭하는 것이라고 설명한다.[192] 이에 비추어 볼 때 카논법 제2202조는 형벌 법규에 대한 부지는 기타 법률의 부지에 비해 보다 엄격하게 취급되고 있음을 확인할 수 있다. 따라서 카논법 제2202조는 형벌 법규를 엄격하게 취급하는 독일제국 법원 등의 착오법리에 법리적 단초를 제공해 주고 있다고 평가할 수 있을 것이다.

동 조문은 현행 카논법 제1323조 2항과 1324조 1항의 9에 다음과 같이 규정되어 있다.

### Canon 1323

Straffrei bleibt, wer bei Übertretung eines Gesetzes oder eines Verwaltungsbefehls (법률이나 명령을 위반하였을 때 형벌을 완전히 면제받게 되는 자는 다음과 같다).

2. schuldlos nicht gewußt hat, ein Gesetz oder Verwaltungsbefehl zu übertretung; der Unkenntnis werden Unachtsamkeit und Irrtum gleichgestellt 자기가 법률이나 명령을 위반한다는 점을 자기의 책임없이 몰랐던 자. 투주의와 착오는 부지와 동일시된다).[193]

### Canon 1324

1. Der Straftäter bleibt nicht straffrei, aber die im Gesetz oder Verwaltungsbefehl festgesetzte Strafe muß gemildert werden oder an ihre Stelle muß eine Buße treten, wenn die Straftat begangen worden ist(범죄가 실현된 경우에 행위자가 형벌을 면제받지는 아니하나 법률이나 명령에 규정된 형벌이 감경되거나 참회고행이 적용되어야 할 자는 다음과 같다).

   ⑨ von jemandem, der ohne Schuld nicht gewußt hat, daß dem Gesetz oder dem Verwaltungsbefehl eine Strafandrohung beigefügt ist(법률이나 명령에 형벌이 결부되어 있음을 자기의 책임없이 몰랐던 자).[194]

---

192) Amleto Giovanni Cicognani, 앞의 책, 595면 참조
193) 동 조문의 독역본은 IOANNES PAULUS PP. Ⅱ / Winfried Aymans외 10인 역, 앞의 책, 579면.

## 5) Canon 2229(Ignorance and other mental Conditions as Excuse from Penalties)

1. Affected (pretended) ignorance of either the law or of its penalty only does not excuse from any penalties latae sententiae, even though the law contains the terms mentioned in the following paragraph(법률 또는 형벌에 관한 고의적 부지는 법률이 다음과 같은 용어를 포함하고 있는 경우에도 자동 처벌의 형벌로부터 면제되지 아니한다).

2. If the law has the words, praesumpserit, ausus fuerit, scienter, studiose, temerarie, consulto egerit, or other similar terms which demand full knowledge and deliberation, any diminution of liability, either on the part of the intellect or on the part of the will, exempts from the penalties latae sententiae(만일 법률이 praesumpserit, ausus fuerit, scienter, studiose, temerarie, consulto egerit 또는 기타 이와 유사하게 완전한 인식과 숙고를 요구하는 용어를 포함하는 경우에는, 지적 측면이든 의적 측면이든 책임의 감경은 자동 처벌의 형벌을 면제받게 된다).

3. If the law does not have these terms(만일 법률이 이러한 용어를 포함하지 않는다면) :

   (1) crass or supine ignorance of the law or of the penalty only does not exempt from any penalty latae sententiae; ignorance which is not crass or supine excuses from the medicinal, but not from the vindicative penalties latae sententiae(소홀이나 태만으로 인한 법률 또는 형벌에 대한 부지는 자동 처벌의 형벌을 면제받지 아니한다. 소홀하거나 태만하지 아니한 부지는 자동 처벌의 교정벌로부터는 면책되지만 자동 처벌의 속죄벌로부터는 면책되지 아니한다).

   (2) drunkeness, omission of due care, mental weakness, and heat of passion do not excuse from penalties latae sententiae, if notwithstanding the diminution of the liability the action was gravely sinful(음주, 부주의, 정신박약, 그리고 격정 등은 책임이 감경됨에도 불구하고 그 행위가 도덕적으로 중대한 비난 가능성이 있는 경우에는 자동 처벌의 형벌로부터 면책되지 않는다);

---

194) 동 조문의 독역본은 IOANNES PAULUS PP. Ⅱ / Winfried Aymans외 10인 역, 앞의 책, 580면.

(3) grave fear does not exempt from penalties latae sententiae, if the offense entails contempt of the faith or of ecclesiastical authority, or public injury of souls(심한 공포는 만일 범행이 신념 또는 종교적 권위에 대한 경시나 영혼에 대한 해악을 수반하는 경우에는 자동 처벌의 형벌을 면제받지 아니한다).
(4) Though the offender is excused from the censures latae sententiae when his ignorance is not crass or supine, he may nevertheless be punished, if the case calls for it, with some other appropriate penalty or penance(만일 행위자의 부지가 소홀하거나 태만한 것이 아니라면 그의 범행은 자동 처벌의 교정벌로부터 면책됨에도 불구하고, 만일 당해 사안이 기타 적절한 형벌이나 참회를 요구할 경우에는 처벌을 받는다).195)

Cigognani에 따르면 고의적 부지(affected ignorance)란 의도적으로 노력한(sought on purpose) 부지로서 결과적으로 일종의 기만(fraud)이기 때문에 형사처벌을 면할 수 없다고 한다.196)

자동 처벌(poena latae senteniae)이란 재판관의 선고에 의하 부과되는 선고 처벌(poena ferendae sententiae)에 대해 형법이나 형벌 명령에 특정한 범죄에 대하여 확정된 형벌이 명문으로 규정되어 있는 처벌을 말한다.197)

치료벌(medicinal penalty)은 교정벌(censure)이라고도 불리며 범죄인의 교정과 더불어 손상된 사회질서의 회복을 위해 부과되는 형벌이다.198) 교정벌은 범죄인의 고집 및 항명이 계속되는 동안 부과되며 따라서 범죄인이 고집을 버리고 순명과 속죄에 복귀하게 되면 사면받게 된다. 교정벌에는 파문처벌(excommunication)과 금지처벌(interdict) 그리고 정직처벌(suspension)이 있다.199)

속죄벌은 1917년 카논법에서는 vindicative penalty로, 1983년 개정 카논법에서는 expiatory penalty로 표기되며,200) 범죄인이 사회에 끼친 피해를

195) 동 조문의 영역본은 Stanislaus Woywod, 앞의 책, 466～467면 참조.
196) Amleto Giovanni Cicognani, 앞의 책, 593면.
197) 정진석 주교, 교회의 형법, 교회법 해설 제11권, 1996, 34～35면.
198) 정진석 주교, 앞의 책, 22면, 139면 참조.
199) 정진석 주교, 앞의 책, 22면.
200) 정진석 주교, 앞의 책, 22면.

보상하기 위해서 부과되는 형벌이다. 따라서 범죄인이 개심(改心)하여 고집을 꺾고 뉘우치더라도 속죄벌의 사면과는 상관이 없다. 그러므로 속 죄벌은 종신으로나 유기한 또는 무기한으로 부과된다.[201]

'supine'은 로마법대전의 Digesta 18.1.15와 Digesta 22.6.6에서 유래한 용 어로서 '어리석고(stupid) 무분별한(reckless)'이라는 뜻으로도[202] '매우 부 주의한(excessively negligent; extremely careless)'이라는 뜻으로도[203] 새겨진 다. 'crass'란 용어도 역시 로마법대전의 Digesta 22.6.6에서 유래한 용어로 서 '극도의 무관심 내지 소홀(great unconcern)'으로 해석된다.[204]

동 조문은 현행 카논법에서는 다음과 같이 간소화된 형태로만 그 흔 적을 찾아볼 수 있다.

### Canon 1325

Grobe Unkenntnis, sei sie grob fahrlässig oder absichtlich kann bei der Anwendung der Vorschriften der cann. 1323 und 1324 niemals in Betracht gezogen werden; ebenso nicht Trunkenheit oder andere Geistestrübungen, wenn diese mit Absicht herbeigeführt wurden, um eine Straftat zu begehen oder zu entschuldigen, so wi e nicht Leidenschaft, die willentlich herbeigeführt oder genähtrt wurde(소홀 한 부지나 태만한 부지나 고의적 부지는 제1323조와 제1324조의 규정을 적용하는데 있어서 결코 고려될 수 없다. 또한 범죄를 실현하거나 변명하 기 위해서 고의로 자초한 경우의 주정이나 기타 정신적 혼란, 그리고 고의 적으로 발작시키거나 격화시킨 격정도 마찬가지이다).[205]

---

201) 정진석 주교, 앞의 책, 157면.
202) Amleto Giovanni Cicognani, 앞의 책, 593면 참조
203) S.P. Scott, A.M., Corpus Juris Civilis, Vol. Ⅲ, 1973, 7면, 238면 참조.
204) S.P. Scott, A.M., 앞의 책, 238면 참조.
205) 동 조문의 독역본은 IOANNES PAULUS PP. Ⅱ / Winfried Aymans외 10인 역, 581면.

## 7. 카논법상 형벌법규의 취급에 대한 Kahn과 Kaufmann의 견해대립

### 1) Kahn과 Kaufmann의 견해

Otto Kahn은 1900년에 발표한 자신의 논문 "Der ausserstrafrechtliche Rechtsirrtum"에서 당시 독일제국법원의 입장, 즉 "형벌법규의 착오는 고려되지 않지만 비형벌법규에 대한 착오는 사실의 착오와 동일하게 취급되어 고의를 조각시킨다"는 착오법리를 비판하는 과정에서 형벌법규와 비형벌법규를 구분하여 달리 취급하는 독일제국법원 착오법리는 로마법적 권위도 카논법적 권위도 갖지 못한다고 주장한바 있다.206) 동 논문에서 Otto Kahn은 주로 'Hinschius의 Kirchenrecht(1893)'을 전거로 삼아 다음과 같이 주장한다.207)

> "범죄의 주관적 요소로서의 책임개념이 본격적으로 형성될 것은 카논법에서였다. 따라서 법률의 착오 역시 점차 폭넓게 고려되기 시작하였는데 이는 명문의 법규정을 통해서라기보다는 주로 교회내의 관습과 실무를 통해서였다. 그리하여 형벌법규에 대한 부지는 그러한 부지가 소홀(crassa)이나 태만(supina)에서 비롯된 것이 아니라면 책임을 조각하며 형벌을 배제시킨다는 이론이 형성되었다. 예컨대 속죄벌(poena vindicativa)로 처벌되는 범죄에 있어서는 당해 행위의 금지성(Verbotensein)에 대한 인식만으로도 처벌하는데 충분하였고 명문의 형벌조문에 대한 인식은 요구되지 않았다. 반면에 교정벌(Censuren)로 처벌되는 행위에 있어서는 그 형벌조문에 대한 인식이 처벌을 위해 요구되었다. 이러한 착오이론에 따라 (독일제국법원에서) 형벌법규에 대한 착오로 지칭되는 착오는 지속적으로 고려되었으며 그렇기 때문에 카논법에서는 형벌법규와 비형벌법규를 구분하는 것은 무의미하다. 카논법에서는 위법성의 착오는 고의를 조각시킨다. 그리고 비형벌법규의 착오뿐만 아니라 형벌법규의 착오도 위법성의 착오를 초래함은 자명

---

206) Otto Kahn, Der außerstrafrechtliche Rechtsirrtum, 1900, 6~16면 참조.
207) Hinschius의 Kirchen Recht(1983)은 국내에서는 찾아볼 수 없다.

하다. (Hinschius에 의하면) 법적으로 고려되는 법률의 착오의 예로서 교정법
규(Züchtigungsrechts)에 대한 착오가 있다. 교정법규에 대한 착오는 독일제
국법원의 판례에 의하면 형벌법규에 대한 착오로 지칭되는 것이다. 이상의
논의에 비추어 독일제국법원의 판례는 카논법적 권위를 갖지 못한다"[208]

요컨대 Otto Kahn에 따르면 카논법상 교정벌로 처벌되는 행위가 처벌
되기 위해서는 교정법규의 명문의 형벌조문에 대한 인식이 요구되며 따
라서 그러한 형벌법규에 대한 착오는 고의(책임)를 조각시킨다는 것이
다. 그러므로 독일제국법원의 착오법리는 카논법상으로는 근거가 없는
법리라고 주장하는 것이다.

그러나 Otto Kahn의 주장과는 달리 Arthur Kaufmann은 1982년 자신의
논문 'Die Parallelwertung in der Laiensphäre'에서 법률의 착오와 관련 고전
기 귀책론(Die klassische Imputationslehre)의 역사적 전개과정을 소개하면서
주로 Kuttner의 'Kanonistische Schuldlehre von Gratian bis auf die Dekretalien
Gregors Ⅸ(1935)'를 전거로 삼으며 중세 카논법에서는 법률의 착오를 어
떻게 다루었는지 설명해 주고 있다.[209]

Kaufmann에 따르면 중세 카논법에서는 부분적으로는 법률의 착오에
대해 면책적 효과를 부여하였던바, 이러한 면책적 효과는 원칙적으로 사
법에 대한 착오에만 국한시켰는데 왜냐하면 형법에 대한 착오는 극히
예외적인 경우를 제외하고는 곧 자연법에 대한 착오와 동일시되었기 때
문이라고 한다. 그리고 이처럼 형법에 대한 착오와 사법에 대한 착오를
구분하여 전자는 고려되지 않는 착오로 후자는 고려되는 착오로 취급하
는 법리는 수세기 후 독일제국법원의 착오법리로 전승되었다고 한다.[210]
그러나 Kaufmann은 이러한 설명을 함에 있어서 관련 조문이나 카논법의
내용을 소개하지는 않고 있다.

---

208) 이상의 내용은 Otto Kahn의 앞의 책 13~14면의 내용을 직역을 위주로 요
　　약 및 재구성한 것임.
209) Kuttner의 위 문헌은 국내에서는 찾아볼 수 없다.
210) 이에 대해서는 Arthur Kaufmann, 앞의 책, 6면 참조.

## 2) 견해의 검토

우선 법률의 착오가 카논법에서 어떻게 취급되었는가에 대한 Otto Kahn의 견해를 보다 명확히 이해하기 위해서 1917년 카논법 제2229조 3항의 (1)을 살펴보자면 다음과 같다.

> (1) crass or supine ignorance of the law or of the penalty only does not exempt from any penalty latae sententiae; ignorance which is not crass or supine excuses from the medicinal, but not from the vindicative penalties latae sententiae(소홀이나 태만으로 인한 법률 또는 형벌에 대한 부지는 자동 처벌의 형벌을 면제받지 아니한다. 소홀하거나 태만하지 아니한 부지는 자동 처벌의 교정벌로부터는 면책되지만 자동 처벌의 속죄벌로부터는 면책되지 아니한다).

앞서 Otto Kahn은 "속죄벌(poena vindicativa)로 처벌되는 범죄에 있어서는 당해 행위의 금지성(Verbotensein)에 대한 인식만으로도 처벌하는데 충분하였고 명문의 형벌조문에 대한 인식은 요구되지 않았다 반면에 교정벌(Censuren)로 처벌되는 행위에 있어서는 그 형벌조문에 대한 인식이 처벌을 위해 요구되었다"라고 주장하였다. 즉 Kahn은 카논법에서 교정벌에 대한 착오는 면책될 수 있다는 점에 주목하여 카논법상 형벌법규에 대한 착오는 고려되었다고 주장하는 것이다. Kahn의 이러한 주장은 Hinschius의 1893년 문헌(Kirchen Recht)을 인용한 것이기 때문에 1917년 카논법이 제정되기 전의 구카논법전에 대한 해석을 토대로 하고 있는 것이겠지만 전술한 1917년 카논법 2229조 3항의 (1)을 보면 Kahn이 기술한 내용과 거의 일치하고 있는 것으로 미루어 볼 때 교정벌 및 속죄벌에 대한 카논법 규정은 골간에 있어서 구카논법전과 1917년 카논법전이 동일하다는 점을 추정할 수 있다. 이해의 편의를 위해 Canon 2229 3항의 (1)과 Kahn의 주장을 나란히 비교해 보면 다음과 같다.

> **Canon 2229 3.(1)** 소홀이나 태만으로 인한 법률 또는 형벌에 대한 부지는 자
> 동 처벌의 형벌을 면제받지 아니한다. 소홀하거나 태만하지 아니한
> 부지는 자동 처벌의 교정벌로부터는 면책되지만 자동 처벌의 속죄
> 벌로부터는 면책되지 아니한다.
>
> **Kahn의 견해** : 속죄벌(poena vindicativa)로 처벌되는 범죄에 있어서는 당해
> 행위의 금지성(Verbotensein)에 대한 인식만으로도 처벌하는데 충분
> 하였고 명문의 형벌조문에 대한 인식은 요구되지 않았다. 반면에
> 교정벌(Censuren)로 처벌되는 행위에 있어서는 그 형벌조문에 대한
> 인식이 처벌을 위해 요구되었다.

1917년 카논법 2229조 3항의 (1)에 따르면 법률의 부지는 소홀이나 태
만으로부터 기인한 것이 아니라면 교정벌로부터는 면책되지만 속죄벌로
부터는 면책되지 않는다고 규정한다. 요컨대 법률의 부지는 교정벌로부
터는 면책될 수 있다는 것인데 이는 다시 말하면 Kahn의 설명처럼 교정
벌로 처벌되는 행위에 있어서는 처벌을 위해서 교정벌에 대한 인식이
요구되었기 때문에 교정벌에 대한 부지는 면책될 수 있었다고 해석할
수 있다. 다음으로 동 규정은 소홀하거나 태만하지 않은 법률의 부지는
속죄벌로부터는 면책되지 않는다고 규정하고 있는바, 법률의 부지는 어
떠한 경우에도 속죄벌로부터는 면책되지 않는다는 것인데, 이는 Kahn의
설명대로 이해하자면 속죄벌로 처벌되는 행위에 있어서는 속죄벌에 대
한 인식은 요구되지 않았기 때문에 속죄벌에 대한 부지는 어떠한 경우
에도 면책될 수 없었다고 이해할 수 있다.

그러므로 카논법에 대한 Kahn의 설명은 1917년 Canon 2229 3항의 (1)
을 토대로 이해하여도 무리가 없음을 알 수 있다.

Kaufmann은 Kahn과는 달리 중세 카논법에서는 형벌법규의 착오는 원
칙적으로는 면책되지 않았다고 주장한다. Kaufmann이 전거로 삼은 Kuttner
의 문헌은 제목에서 알 수 있다시피 Gratian부터 Gregors 9세까지(12세기
부터 카논법대전 이전까지)의 카논법을 대상으로 논의 대상으로 삼고 있
다. 그렇기 때문에 Kaufmann의 주장과 Otto Kahn의 주장을 동일한 시점에

서 평면적으로 비교할 수는 없다고 본다. 그러나 분명한 점은 Kaufmann은 형벌법규는 고려되지 않는다는 법원칙이 카논법에 존재했었고 후대에 독일제국법원에 전승되었다고 보고 있는데 반해 Kahn은 카논법에는 독일제국법원의 착오법리를 뒷받침할 만한 근거가 존재하지 않았다고 입론하고 있는바, 문제는 독일제국법원의 착오법리가 카논법적 근거를 지닐 수 있느냐의 여부이므로 결국 시대를 막론하고(단, 독일제국법원 이전까지) 카논법상으로 형벌법규의 부지를 용서하지 않는 규정이 존재했었는가의 입증문제로 귀착된다고 볼 수 있다.

Kahn은 카논법에 따르면 교정벌에 대한 착오는 용서받을 수 있기 때문에 카논법에는 형벌법규에 대한 착오도 용서받을 수 있었고 따라서 독일제국법원의 착오법리는 카논법적 근거가 없다고 논증한다. 그러나 Kahn 스스로도 말하고 있듯이 속죄벌에 대한 착오는 분명 카논법에서 용서받을 수 없었다. 이는 1917년 카논법 제2229조를 보더라도 분명하다. 그럼에도 불구하고 Kahn은 이 점에 대해서는 언급하려 들지 않고 있다. 속죄벌 역시 형벌법규이므로 카논법은 달리 해석하면 형벌법규에 대한 착오를 용서하지 않고 있었음에도 불구하고 Kahn은 이 점을 간과하고 있는 것이다.

카논법이 형벌법규에 대한 착오를 특별하게, 즉 보다 엄격하게 취하고 있었음을 보여주는 또 다른 전거로는 1917년 카논법 제2202조와 현행 카논법(1983년 카논법) 제1324조 1항의 9를 들 수 있다. 동 규정들을 살펴보면 다음과 같다.

**Canon 2202**

The vilolation of a law of which one was ignorant is entirely non-imputable, if the ignorance was inculpable; if it was culpable, the liability varies in proportion to the culpability of the ignorance. Ignorance of the penalty only does not destroy liability, but it mitigates it somewhat. What is said of ignorance, applies also to inadvertence and error(만일 부지가 비난가능하지 않다면, 법률의 부지는 완전히 면책된다. 만일 부지가 비난가능하다면, 책임은 부지의 비난가능성

정도에 따라서 상이하게 결정된다. 형벌의 부지는 책임을 조각하지 못한
다. 그러나 형벌의 부지는 책임을 다소 감경시킨다. 부지에 관한 규정은
착오나 부주의에도 적용된다).[211]

### Canon 1324

1. Der Straftäter bleibt nicht straffrei, aber die im Gesetz oder Verwaltungsbefehl
festgesetzte Strafe muß gemildert werden oder an ihre Stelle muß eine Buße
treten, wenn die Straftat begangen worden ist(범죄가 실현된 경우에 행위자가
형벌을 면제받지는 아니하나 법률이나 명령에 규정된 형벌이 감경되거나
참회고행이 적용되어야 할 자는 다음과 같다).
   ⑨ von jemandem, der ohne Schuld nicht gewußt hat, daß dem Gesetz oder dem
   Verwaltungsbefehl eine Strafandrohung beigefügt ist(법률이나 명령에 형벌
   이 결부되어 있음을 자기의 책임없이 몰랐던 자).[212]

소개한 두 조문을 살펴보면, 형벌법규에 대한 부지는 일반적인 기타
법규에 대한 부지에 비해 엄격하게 취급되고 있음을 확인하게 된다. 즉
법률의 부지는 비난가능성이 없다면 완전히 면책되지만, 형벌법규에 대
한 부지는 단지 형을 감경받을 수 있을 뿐인 것이다. 이러한 법규는 비
록 독일제국법원의 착오법리처럼 형벌법규에 대해서는 전혀 고려하지
않는 태도와는 분명 차이가 있지만 달리 해석하면 일반적 법률의 부지
에 비해 형벌법규의 부지는 특별하게, 즉 보다 엄격하게 취급되고 있다
는 점에서는 독일제국법원의 착오법리와 유사한 측면이 있다고 볼 수
있을 것이다.

다만 독일제국법원의 설치 이전에도 카논법에 1917년 카논법 제2202
조와 유사한 내용의 규정이 있었는가의 문제가 남게 되지만, 형벌법규의
부지를 엄격하게 취급하는 규정은 현행 카논법에까지 여전히 전승되고
있는 점, 그리고 Kuttner를 인용한 Kaufmann의 설명이 옳다면 중세 카논
법도 역시 원칙적으로는 형벌법규에 대한 부지를 용서하지 않고 있었다

---

211) 동 조문의 영역본은 Stanislaus Woywod, 앞의 책, 451면 참조.
212) 동 조문의 독역본은 IOANNES PAULUS PP. II / Winfried Aymans와 10인 역,
앞의 책, 580면.

는 점으로 미루어 1917년 카논법 이전에도 형벌법규의 부지를 엄격하게 다루는 규정이 카논법에 존재하고 있었다고 추정하는 것이 타당하다고 본다. 물론 이 점에 대해서는 새로운 전거에 의한 반증의 여지는 남겨두기로 한다.

요컨대 카논법에는 독일제국법원 설립 이전부터 형벌법구의 착오를 일반적 법률의 착오에 비해 엄격하게 취급하는 규정이 존재했으며 따라서 독일제국법원의 착오법리는 일정 부분 카논법의 영향을 받았다고 볼 수 있다.

## V. 자연법 시대(A.D.17세기경 ~ A.D.19세기경)

독일의 경우 15세기 말에서 16세기에 걸친 로마법의 계수 이후 17세기에 이르러 자연법 이론을 통해 로마법의 권위로부터 탈피하여 독자적인 독일법을 재생시키려는 소위 계수법학에 대한 반대 경향이 일어났으며 이러한 반대 움직임은 19세기에 Savigny에 의해 다시 로마법에 근거한 이론이 대두되기 까지 지속되었다고 한다.[213] 그리하여 1794년의 프로이센일반란트법은 로마법을 완전히 부정하였고 1804년의 나폴레옹법과 1811년의 오스트리아일반민법은 로마법을 제한적으로만 수용하였다고 한다.[214]

유기천 교수와 Hellen Silving 교수는 자연법 시대에 법률의 착오가 어떻게 취급되었는가에 대해 다음과 같이 설명하고 있다.

자연법적 믿음에 따르면 법의 기능은 행위자의 마음속에서 인과적이고,

---

213) 이에 대해서는 Eberhard Schmidt, Einfuhrung in die Geschichte der deutschen Strafrechtspflege, 3. Aufl. 1983, 157~166면 ; 박상기, 독일형법사, 1993, 105면 ; 김형석, 독일 착오론의 역사적 전개-사비니의 착오론을 중심으로-, 저스티스 통권 제72호, 320~324면 참조.
214) 박상기, 앞의 책, 105면 참조.

동기유발적이며 억제적인 요소로 기능하는 것인데, 이는 Thomas Hobbes
(1588~1679)의 일련의 저작들 Philosophical Elements of a True Citizen과
Leviathan에서 발전된 생각이며, Samuel Puffendorf(1632~1684)에 의해 수용
되어 마침내 Paul Johann Anselm von Feuerbach(1775~1833)의 심리강제설로
완성되었다고 한다.

심리강제설에 따르면, 행위자는 완벽하게 이성적인 존재로 전제되고,
범죄로 인해 부과될 형벌의 고통과 범죄로 인한 쾌락을 비교형량하는
심리과정에서 잠재적 범죄를 효과적으로 억제하기 위해서는 행위자에게
법의 내용이 알려져 있어야 한다. 행위자의 그러한 인식은 형법의 특정
조문에 의해 부과되는 형벌의 정도에 대한 인식을 뜻한다.

그러나 Feuerbach는 심리강제설의 비현실적인 목표를 달성하기 위해서
처음에는 고의 추정(presumption of intent)을, 나중에는 귀책가능성의 법률
상 추정(legal presumption of imputability)라는 개념을 도입해 보았으나 이
론적 난점을 극복할 수는 없었다. 그리하여 그는 용서할 수 있는 착오의
범위를 재정의하게 되었는데, 그에 의하면 형법이 없이는 형벌도 없듯이
(nulla poena sine lege), 형법에 대한 의식적인 위반, 특히 책임(guilt)에 대한
의식이 없이는 범죄도 없다는 생각에 이르게 되었다고 한다.[215]

---

215) 이상의 내용에 대해서는 Paul K. Ryu & Hellen Silving, 앞의 논문, 429~430
   면 참조.

# 제2절 커먼로 법계에서
# 전통적 법원칙의 형성과 전개과정

## Ⅰ. 커먼로 법계에서 전통적 법원칙의 형성과 로마법의 계수

### 1. "법률의 부지는 용서받지 못한다" 는 커먼로 전통의 기원

일반적으로 커먼로 법계의 기원은 노르만족이 Hastings 전투에서 원주민을 물리치고 영국을 정복한 시점인 1066년으로 알려져 있다.[1] 영국을 정복한 노르만족은 중앙집권화를 시도하는 과정에서 국왕의 지휘하에 통일된 왕실법원과 사법제도를 설치함으로써 과거의 봉건법원과 법규를 대체하려고 하였다. 이러한 일련의 과정 속에서 왕실법원의 법관들은 새로운 절차와 구제제도, 그리고 모든 영국인들에게 공통적으로 적용될 수 있는 실체법을 발전시켰는데 이것이 바로 커먼로(common law)라고 불리게 되었던 것이다.[2] 이러한 기원을 갖는 커먼로 법계는 로마 시민법에 토대를 둔 대륙법계 및 러시아의 10월혁명을 계기로 발생한 사회주의법계와 더불어 오늘날 지구상에 가장 큰 영향력을 미치는 법전통의 하나로 자리매김되고 있다.[3]

이처럼 커먼로 법계는 대륙법계 및 사회주의법계와는 독립된, 그리고

---

1) John Henry Merryman, The Civil Law Tradition: An Introduction to the legal Systems of western Europe and Latin America, 2nd. Ed., 1985, 17면 참조.
2) John Henry Merryman, 앞의 책, 50면 이하 참조.
3) John Henry Merryman, 앞의 책, 13~16면 참조.

로마법적 전통과는 무관하게 발달한 법계로 평가되고 있기는 하지만[4] 커먼로 법계는 영국이 로마의 장군이자 Britain의 총독을 지낸 Agricola에 의해 점령당한 A.D.43년경 이후 300~400년 동안 로마의 지배하에 있던 시기에 이미 사실상 로마의 영향권 하에 있었다. 특히 A.D.597년경 St. Augustine에 의해서 영국에 본격적으로 기독교가 전파된 이후 커먼로 법계는 로마법의 영향을 받아온 것으로 평가되고 있다.[5] 이후 Glanvill과 Bracton, 그리고 Blackstone[6] 등의 저작을 통해 간접적이기는 하지만 로마법은 커먼로에 계수되어 왔다고 한다.[7]

이러한 역사적 사실과 무관하지 않게 "법률의 부지는 용서받지 못한다"는 커먼로 상의 법원칙은 대다수의 학자들에 의해 로마법에 기원을 두는 것으로 받아들여지고 있으며[8] 로마법상의 동 법원칙이 커먼로에 계수되는데 있어서 결정적인 계기가 된 문헌으로 1769년에 발간된 Blackstone의 저서인 'Commentaries on the Laws of England'가 널리 지목되고 있기도 하다.[9]

그러나 동 법원칙의 형성과 관련하여 이미 Matthew Hale은 1680년에 발간된 그의 저서 Pleas of the Crown에서 중세 카논법이 커먼로에 미친 영향을 보여주면서 누구든지 법을 알고 있는 것으로 추정되기 때문에 법률의 부지는 용서받지 못하는 반면, 사실의 부지는 행위자가 도덕적

---

4) John Henry Merryman, 앞의 책, 27면 참조.
5) Theodore F.T. Plucknett, A Concise History of the Common Law, 5th Ed. 1956, 8, 297면 참조.
6) W. Blackstone의 Commentaries on the laws of England 역시 로마법의 영향을 받았다는 논증으로는 Alan Watson, Roman Law & Comparative Law, 1991, 166면 이하 참조.
7) Theodore F.T. Plucknett, 앞의 책, 297~300면.
8) 이러한 평가로서 대표적 문헌으로는 Mark D. Yochum, The Death of a Maxim: Ignorance of Law is no Excuse, St. John's Journal of Legal Commentary, Vol.13, Spring, 1999, 644면, 주55) 참조.
9) 이러한 평가로는 Kumaralingam Amirthalingam, Mens Rea, and Mistake of Law in Criminal Cases : A Lesson from South Africa, University of New South Wales Law Journal, Vol.18, 1995, 429면 참조.

측면에서 비자발적으로(morally involuntary) 범하는 경우가 많기 때문에 용서할 수 있다고 밝힌바 있다. 또한 그보다 앞서 John Seldon은 "법률의 부지는 항변사유가 되지 못한다. 그 이유는 모든 사람이 법을 알고 있다고 전제되기 때문은 아니고, 만일 그러한 항변이 인정되면 누구나 그러한 항변을 할 것이고, 반면에 그 누구도 그러한 항변을 반박할 방법을 알 수 없기 때문이다"라고 말한 바 있기도 하다.[10]

더욱이 커먼로상에 동 법원칙이 적용된 사례는 이러한 문헌들이 출간되기 훨씬 이전인 1231년에 영국의 판례에서 찾아볼 수 있는바,[11] 영국에서는 이미 13세기경부터 동 법원칙이 실무에도 적용되어 왔던 것으로 판단된다. 특히 12세기경 볼로냐대학의 수도승(Monk of Bologna)이었던 Gratian은 당시 커먼로(Common Law)가 로마법은 물론 성서와 교회법(Cannon Law) 및 교황령(敎皇令, decretals)[12] 등으로부터 모두 영향을 받았다고 주장하였던바[13] 이상의 논의를 종합하여 볼 때 "법률의 부지는 용서받지 못한다"는 커먼로상의 전통적 법원칙은 아마도 영국에 로마법의 계수가 시작된 12세기 이전부터 지속적으로 뿌리내려 오다가 13세기경에 판례로 나타가기 시작했다고 볼 수 있을 것이다.

요컨대 커먼로 법계는 로마법의 영향을 받은 시민법 전통의 대륙법계(Civil Law)와는 독립적으로 발달한, 따라서 로마법의 영향으로부터 비교적 자유로웠던 법계로 알려져 있지만 커먼로 전통의 역사적 형성과정에

---

10) 이에 대한 언급으로는 Mark D. Yochum, 앞의 논문, 635면 참조.

11) E. Keedy에 의하면 동 판례가 지금까지 발견된 것 중에서 전통적 법원칙이 적용된 최초의 판례였다고 한다. Edwin R. Keedy, Ignorance and Mistake in the Criminal Law, Harvard Law Review, December, 1908, 78면 참조.

12) 1234년부터 1317년 사이에 공포된, 개개의 사안에 대해 교황이 내린 재결(裁決)을 말한다. 이에 대해서는 Helmut Coing / 정종휴 역, 앞의 논문, 334면 참조.

13) 이에 대한 상세한 논의로는 Frederich Pollock & Frederic William Maitland, The History of English Law, 2nd Ed. Vol.1, 1898, 112~113면 참조. Common Law와 로마법 및 Cannon Law와 상관관계에 대한 풍부한 논의로는 같은 책, Chapter V. Roman and Cannon Law 참조.

비추어 볼 때, 사실상 로마법의 영향을 받을 수밖에 없었고 그렇기 때문에 간접적이기는 하지만 로마법의 계수가 부분적으로나마 진행되어 왔다고 평가할 수 있을 것이다. 그리고 커먼로상 법률의 착오에 대한 전통적 법원칙은 로마법의 영향을 받은 대표적인 법역(法域)이라고 볼 수 있을 것이다.

## 2. 전통적 법원칙의 근거

커먼로 전통이 "법률의 부지는 용서받지 못한다"는 법원칙을 고수해 왔던 근거에 대해 다음과 같은 논변들이 제시되어 있다.

우선 대표적으로 18세기의 학자인 블랙스톤(Blackstone)은 "사려깊은 자는 누구나 법률을 알 수 있을 뿐만 아니라 알고 있어야 하는 것으로 추정되기 때문에 법률의 부지(착오)는 형사사례에 있어서 항변이 될 수 없다. 이것은 로마법상의 법원칙이자 우리 법(커먼로)의 법원칙이기도 하다"라고 주장하였다.14)

그러나 오스틴(J. Austine)은 전통적 법원칙의 근거에 대한 블랙스톤의 논변이나 로마법상의 설명방식(Digesta 22.6.2)은 일종의 순환논증(circular argumentation)에 유사하기 때문에 충분한 근거로서는 지지되기 어렵다고 비판한다. 왜냐하면 오스틴에 의하면 "법률은 명확해야 하기 때문에(따라서 모든 사람은 법률을 알고 있어야 하기 때문에) 법률의 부지는 용서받지 못한다"는 로마법이나 블랙스톤의 논변은 모든 법률이 명확하다는 추정 자체가 실제에 부합되지 않고 따라서 모든 사람이 법률을 알고 있어야 한다는 추정 역시 부자연스럽다. 따라서 결국 "법률의 부지는 용서받지 못한다. 왜냐하면 법률은 누구나 알고 있어야 하기 때문이다(따라서 법률의 부지는 용서받지 못한다)"는 근거제시는 순환논법적 구조를 띠고 있다는 것이다.15)

---

14) William Blackstone, Commentaries on The Laws of England, Vol.4. 1769, 27면 참조.

그렇기 때문에 오스틴은 블랙스톤이나 로마법적 근거에는 만족할 수 없으며, 그보다는 오히려 법률의 착오를 면책사유로 인정하게 되면 법원이 입증곤란의 문제에 직면하여 사법의 기능의 마비가 초래될 것이라는 사법정책상의 논거를 주장하였다. 다시 말해 법률의 착오가 면책사유로 인정되면 피고인은 거의 모든 사안에서 법률의 착오를 원용하게 될 것이고, 그렇게 될 경우 첫째 피고인이 행위당시 진정으로 법률을 모르고 있었는지, 둘째 피고인의 법률의 착오가 회피불가능한(inev.table) 것이었는지에 대한 입증의 문제가 발생하는데 그러한 입증은 거의 불가능하다고 오스틴은 주장한다.[16]

한편 홈즈(Holmes) 판사는 오스틴처럼 입증의 곤란성으로 법률의 착오에 면책적 효력을 부여하는데 반대하는 것은 타당한 이유가 되지 않는다고 주장하였는데 왜냐하면 설령 법률의 착오의 진정성 및 회피불가능성에 대한 입증이 가능하다고 하더라도 법률의 착오를 면책사유로 인정되는 것에 대해서는 누구도 찬성하지 않을 것이기 때문이라고 한다. 따라서 전통적 법원칙의 참다운 근거는 "행위자가 범행 시 관련 법률을 알 수 없었다고 하더라도 이를 면책사유로 인정해 주게 되면 결국 법에 대한 무지를 더욱 고무시키게 될 것이고 그러므로 입법자가 설정한 법규의 효력을 유지하기 위해서, 즉 공공의 이익을 위해 개인을 희생시킬 수밖에 없다"는 논변을 제시하였다.[17]

LaFave & Scott 교수가 전술한 논변들과 유사한 근거를 제시한 바 있는데, 그에 따르자면 법률의 부지를 항변사유로 받아들여서는 안 되는 이유는 첫째, 모든 사람은 법규를 알고 있는 것으로 전제되어 있고, 둘째, 법률의 부지를 항변사유로 인정해 주면 형사소송절차에서 입증곤란의 어려움이 발생하며 셋째로 법률의 부지로 행위한 자를 처벌하는 것이 사회 일반인의 법규에 대한 교육의 효과를 발생시키게 되며 끝으로 피

---

15) John Austin, Lectures on Jurisprudence - The Student Edition -, 1880, 238면 참조.
16) John Austin, 앞의 책, 238~239면 참조.
17) Oliver Wendell Holmes, The Common Law, 2003(1881년 초판발행), 26~27면 참조.

고인은 객관적인 법의 기준에 의해 판단되는 것이지 피고인이 주관적으로 믿었던 법에 의해 판단되는 것이 아니기 때문이라고 한다.[18]

　한편 유기천 교수와 Hellen Silving 교수는 오늘날의 모든 법계(法系)에서 전통적 법원칙을 고수하는 가장 큰 이유는 바로 소송법상의 이유인데, 그것은 비단 전술하였듯 LaFave & Scott가 제시한 법규에 대한 인식의 입증곤란의 문제 때문이라기보다는 입증 범위를 축소시킴으로써 입증 부담을 경감시키려는 일반적 목적의 결과(the result of a general aim of facilitating the burden of proof by limiting its scope)라고 주장한다. 이는 대륙법계의 직권주의적 소송구조하에서도 마찬가지이고 영미법계의 '합리적 의심이 없는 증명(proof beyond a reasonable doubt)'에 대해서도 적용된다고 한다.[19]

# II. 커먼로(Common Law) 법계에서
## 전통적 법원칙의 전개

### 1. 영국 및 오스트레일리아

　영국은 1231년 Hilary Term case 이래로 "법률의 부지는 용서받지 못한다"는 전통적 법원칙을 지속적으로 관철시켜 왔던 것으로 보인다. 1505년의 Vernon's case와 1586년의 Brett v. Rigden case, 1584년의 Mildmay's case와 Manser's case, 그리고 1613년의 King v. Lord Vaux case, 1638년의 Levett's case 등의 일련의 판례 속에서 "ignorantia juris non excusat(법률의 부지는 용서받지 못한다)"는 커먼로상의 격률(Maxim)을 적용해 왔던 것이다.[20]

---

18) 이러한 논변의 제시로는 LaFave & Scott, Criminal Law, 2nd. Ed, 1986, 413～414면, 651면 참조.
19) Paul K. Ryu & Hellen Silving, Error Juris: A Comparative Study, Chicago Law Review, Spring 1957, 431면 참조.

특히 영국의 사법실무는 전통적으로 공적 조언에 대한 신뢰에서 비롯
된 착오를 면책사유로 인정하는데 있어서 인색한 경향을 보이고 있다.[21]
19세기 중엽인 1862년의 Cooper v. Simmsons 사건에서 도제(Apprentice)였던
피고인이 장인(Master)이 사망한 이후에는 더 이상 도제관계(Apprenticeship)
에 구속될 필요가 없다는 법적 조언을 받고 도제로서의 의무를 더 이상
이행하지 않은 것에 대해 유죄판결이 내려진 이래로 공적 조언은 합리
적 이유가 있더라도(reasonable reliance on official advice) 면책사유가 되지
못한다는 판례가 거의 예외 없이 축적되어 왔다.[22]

20세기 후반인 1974년에 R v. Arrowsmith Case에서도 당해 사건 전단지
의 배포가 위법하지 않다는 검사장(the Director of Public Prosecution)의 조
언을 신뢰하고 영국 군인들이 북아일랜드에서 복무하지 말 것을 촉구하
는 전단지를 배포한 피고인이 반정부선동죄(Incitement to Disaffection Act
1934)로 기소되어 유죄판결이 내려진 바 있다.[23]

Cooper v. Simmsons Case의 경우는 장인의 사망과 도제관계의 소멸이라
는 사법상의 법규에 관한 착오였음에도 불구하고 유죄판결이 내려진 점
은 비슷한 시기의 독일제국법원이 형법 외적 법규의 착오에 대해서는
사실의 착오와 동일시하여 고의를 조각하는 착오법리를 구축했던 것과
는 대비되는바, 이는 커먼로 계통의 사법실무, 특히 영국 법원이 법률의
착오에 대해서 상대적으로 엄격한 태도를 취하고 있었다는 사실을 단적
으로 증명해 주는 사례로 볼 수 있을 것이다.

한편 오스트레일리아 역시 영국처럼 법률의 착오 및 부지는 용서하지
않는다는 단호한 입장을 취하고 있는 것으로 보인다. 1962년의 Olsen v.

20) 이상의 판례들의 소개와 설명으로는 Edwin R. Keedy, Ignorance and Mistake in
    the Criminal Law, Harvard Law Review, December, 1908, 78~79면 참조.
21) 이에 대해서는 Kumaralingam Amirthalingam, Ignorance of Law, Criminal Culpability
    and Moral Innocence: Striking a Balance between Blame and Excuse, Singapore
    Journal of Legal Studies, 2002, 319면.
22) Kumaralingam Amirthalingam, 앞의 논문, 319면.
23) Kumaralingam Amirthalingam, 앞의 논문, 320면.

Grain Sorghum Marketing Board case, 1976년의 Power v. Huffa case 등의 일련의 판례에서 전자의 경우 법적 조언 및 판례, 후자의 경우 오스트레일리아 원주민부(原住民部) 장관(federal minister for Aboriginal Affairs)의 조언을 신뢰한 것에 대해 Queensland 대법원과 South Australia 대법원은 각각 피고인의 착오는 법률의 착오이기 때문에 항변(defence)이 될 수 없다고 판시하였다.[24]

그리고 비교적 최근의 판례라고 할 수 있는 1980년 Wormald v. Gioia case와 1992년 Pollard v. Commonwealth DPP case에서도 지방 의회(Council)의 공적 조언과 변호인(Solicitor)의 조언을 신뢰한 피고인에게 South Australia 대법원과 New South Wales 대법원은 각각 피고인에게 법률의 착오는 금반언(禁反言) 원칙(estoppel) 및 변호인에 대한 신뢰와 관계없이 면책되지 못한다고 판시하며 유죄를 선고하였다.[25]

1976년의 Power v. Huffa case는 피고인이 Queensland 대법원 판례를 신뢰하고 행동하였으나 범행 이후 오스트레일리아 연방최고법원(the High Court)에 의해 동 판례가 파기되었던 사례였던바, 행위 시에는 판례에 의하면 적법한 행위였으나 이후 판례변경으로 인해 재판 시에는 위법한 행위로 판단되는 경우였음에도 불구하고 Queensland 대법원은 판례변경의 효력과 관련해 소급효의 적용(retrospective application)을 인정하는 태도를 취하였던 사안이다.

이는 우리 대법원이 소급입법금지의 원칙과 관련, 형사처벌의 근거가 되는 것은 법률이지 판례가 아니라고 판시한 것[26]과 결론에 있어서는 동일하다는 점에서 주목할 필요가 있다고 본다.

---

24) Kumaralingam Amirthalingam, 앞의 논문, 321~322면 참조.
25) Kumaralingam Amirthalingam, 앞의 논문, 322~324면.
26) 1997.7.15, 95도 2870. 동 판례의 소개와, 법적 안정성과 신뢰보호를 위해 판례변경의 소급효를 부정해야 한다는 견해로는 신동운, 형법총론, 2003, 30~34면 참조.

## 2. 캐나다

오스트레일리아와 마찬가지로 같은 커먼로 계통의 국가로서 영연방 국가이기도 한 캐나다는 영국이나 오스트레일리아에 비해서 상대적으로 법률의 착오를 고려하는 태도를 취하고 있는 것으로 보인다. 캐나다는 1970년대에 형법상 두 가지 착오항변을 인정하게 되었다. 그 하나는 1974년 R v. Maclean case에서 노바스코티아(Nova Scotia)주법원은 공적 조언에 따른 착오(officially induced error)를 항변사유(defence)로 인정하였고, 1978년 R v. City of Sault Ste Marie case에서 캐나다 연방최고법원은 상당한 주의 항변(due diligence defence)을 인정하였다.

'상당한 주의' 항변은 오스트레일리아에서 형성된 진정하고 합리적인 사실의 착오항변(honest and reasonable mistake of fact defence)을 발전시킨 법리로서 1980년 Molis v. R case에서 캐나다 연방최고법원은 법률의 착오는 상당한 주의항변에서 배제된다고 판시하였으며, 이후 1982년 R v. Macdougall case에서 역시 캐나다 연방최고법원은 공적 조언에 따른 착오는 상당한 주의와는 독립된 항변사유라고 판시하였다.[27] 정리하자면 캐나다에서 공적 조언에 따른 착오항변과 상당한 주의항변은 별개의 독립적인 항변사유이며 이 중에서 법률의 착오로 인한 항변은 공적 조언에 따른 착오항변에 포함된다고 보는 것이다.

그러나 1982년 R v. Macdougall case에서 캐나다 연방최고법원에 의해서 확립된 착오법리, 즉 법률의 착오는 공적 조언에 따른 착오로서 항변사유가 된다는 법리는 이후 다른 판례에 의해서도 줄곧 채택되어 적용되어 오다가 1995년에 R v. Jorgenson case에 이르러 캐나다 연방최고법원은 법률의 착오는 항변사유(defence)가 될 수 없다는 정반대의 유권적 판단에 직면하게 되었다고 한다. 특히 동 판결에서 소수의견을 낸 Lamer CJC

---

27) 이에 대해서는 Kumaralingam Amirthalingam, 앞의 논문, 324면 참조.

판사조차도 공적 조언에 따른 법률의 착오는 그 자체로는 비난가능한 것이기 때문에 면책을 위한 항변사유가 될 수 없으며 단지 절차법적 측면에서 재판의 정지 효과(judicial stay of proceedings)만을 가져올 수 있을 뿐이라고 설시하였던바, 기존에 법률의 착오항변을 인정하여 왔던 경향에서 벗어난 태도를 명확히 하였던 것이다.[28]

한편 캐나다의 경우 1973년 R v. Campbell case를 보자면, 스트립쇼의 공연으로 기소된 피고인은 스트립쇼의 공연이 합법적이라는 알버타(Alberta)주 최고법원의 판례를 신뢰하였다고 주장하였고, 당해 재판 전 알버타(Alberta)주 최고법원의 항소법원(Appellate Division)이 스트립쇼의 공연히 합법적이라는 기존 판례를 파기하여 유죄판결을 받게 되었던바 이는 판례 변경으로 인한 소급효 금지의 원칙을 부정하고 가벌성을 확장하는 소급효를 인정했다는 점에서는 오스트레일리아의 1976년의 Power v. Huffa case와 동일한 입장을 취하고 있다고 평가할 수 있다고 본다.

그러나 캐나다의 R v. Campbell case의 경우에는 피고인의 유죄확정 후 스트립쇼의 공연이 위법이라는 알버타 주최고법원의 항소법원의 판결이 다시 캐나다 연방최고법원에 의해 파기되자 유죄판결을 받은 피고인은 이후 완전한 형집행 면제(absolute discharge)를 받았던바,[29] 이는 행위자에게 유리한 판례 변경으로 인한 형집행의 면제의 효과를 부여한 사례라는 점에서, 재판 확정 후 법률의 변경에 의하여 형의 집행을 면제하는 우리 형법 제1조 3항과 비교하여 볼 때 비단 법률의 변경뿐만 아닌 판례의 변경에 따른 형집행 면제의 효과를 인정했다는 점에서 주목할 만하다고 본다.

---

28) Kumaralingam Amirthalingam, 앞의 논문, 324~326면.
29) Kumaralingam Amirthalingam, 앞의 논문, 323면.

## 3. 미 국

"법률의 착오는 용서받지 못한다"는 전통적 법원칙은 전술한 카먼로 계통의 국가들과 마찬가지로 미국에서도 뿌리 깊게 자리 잡고 있는 것으로 보인다.[30] 미연방대법원도 1991년 Cheek v. United States case에서 "법률의 부지나 법률의 착오는 형사소추에 대한 항변이 되지 못한다(no defence to criminal prosecution)는 일반원칙은 미국의 법제도하에서 깊게 뿌리내리고 있다"고 천명한 바 있다.[31]

동 법원칙은 1810년 United States v. Barney case와 1820년의 United States v. Sminth case, 그리고 United States v. Barlow case 및 1845년의 United States v. Harvey case 그리고 1879년의 United States v. Reynolds case 등에서 적용된 바 있고[32] 이후 1895년의 Atkins v. State, 95 Tenn.32 S.W.391 case 그리고 1911년의 Hickman v. State, 64 Tex.Crim.55, 153 S.W.155 case 등을 통해서 지속적으로 확인되어 오다가 1971년의 United States v. International Minerals & Chem. Corp.,402 U.S.558 case와 1974년의 Hamling v. United States, 418 U.S.87 case 등에서는 미연방대법원에 의해 받아들여진 바 있다.[33]

그러나 한편으로 예외적이기는 하지만 법률의 착오가 면책사유로 받아들여진 판례도 병존해 왔는데 대표적으로 1817년의 United States v. Hart case[34]를 비롯해 1869년의 Dotson v. State case, 1873년의 Cutter v. State case, 1874년의 Squire v. State case[35] 그리고 1898년의 State v. Godwin case[36]

---

30) 이에 대해서는 Jon Strauss, Nonpayment of Taxes: When Ignorance of the Law is an Excuse, Akron Law Review, Winter/Spring, 1992, 611면.

31) 498 U.S. 192, 199 참조.

32) 이러한 일련의 case의 소개와 설명으로는, 498 U.S.192, 199; Mark D. Yochum, 앞의 논문, 644~645면 참조.

33) 이에 대해서는 Jon Strauss, 앞의 논문, 611면, 각주 4, 5번 참조.

34) 이에 대해서는 Mark D. Yochum, 앞의 논문, 645면.

35) 이에 대해서는 Edwin R. Keedy, Ignorance and Mistake in the Criminal Law, Harvard

등의 일련의 판례에서는 법률의 착오가 면책사유로 인정된 예가 있다.

한편 미국에서 공적 조언에 대한 합리적 신뢰가 법률의 착오에 대한 면책사유로 처음인정된 것은 1949년의 Long v. State case에서였다고 하며 1965년 Cox v. Louisiana case에서는 공적 조언에 대한 합리적 신뢰가(reasonable reliance on official advice)가 미연방대법원에 의해 항변(defence)으로 받아들여진 바 있다.[37] 이후 1988년 United States v. Clegg case에서도 공적 조언을 신뢰했던 피고인은 법률의 착오를 주장할 수 있다고 판시한 예가 있다.[38]

## 1) United States v. Murdock (1933)

미국에서 연방세입법(Internal Revenue Code) 등 세법의 복잡성을 이유로 "법률의 부지는 용서받지 못한다"는 전통적 법원칙에 대한 본격적인 수정이 가해진 것은 1933년의 United States v. Murdock case에서 그 시초를 찾아볼 수 있다. 동 사안은 피고인 Murdock이 공제된 일정 세액(稅額)의 수취인이 누구인지 여부 등을 묻는 연방 세입국 직원(federal revenue agent)의 질문에 수정헌법 제5조상의 자기부죄(self-incrimination) 금지의 특권을 행사하여 답변을 거부했던바, 이에 대해 고의적으로(willfully) 일정액의 세금을 납부하지 않거나, 또는 세금신고서(return)를 내지 않는 행위, 혹은 일정한 정보를 제공하지 않는 행위자에게 경범죄(misdemeanor)를 인정하는 세입법(Revenue Act of 1926) 위반으로 Murdock이 기소된 사안이다.[39]

동 사안에서 Murdock은 수정헌법 제5조의 자기부죄금지의 특권을 원용했으나 이 원용은 분명 잘못된 것이었다. 왜냐하면 최고법조항(Supremacy Clause)을 규정한 미연방헌법 제6조 2항은 주법(state law)에 대한 연방법

---

Law Review, December, 1908, 93~94면 참조.
36) 동 판례의 소개와 설명으로는 조국, 법률의 부지 및 착오이론에 대한 재검토, 형사정책연구, 2001(여름호), 109면 참조.
37) Kumaralingam Amirthalingam, 앞의 논문, 316면, 321면 참조.
38) 동 판례에 대해서는 조국, 앞의 논문, 109~110면 참조.
39) 290 U.S. 389, 389~390 참조.

(federal law)의 우위를 인정하는바, 연방차원의 세무조사, 즉 Murdock에 대한 연방 세입국 직원의 조사는 주(state)차원의 세입법 위반을 근거로 기소될 것을 우려하여 자기부죄금지 특권을 행사할 수 있는 대상이 아니었기 때문이다.[40]

이에 대해 Murdock은 당해 세무조사가 비록 자기부죄 금지의 특권을 행사할 수 없는 대상이었다고 할지라도 자신은 분명 자기부죄 금지의 특권을 행사할 수 있다고 믿고 있었기 때문에 자신은 세입법 1926이 금지하는 고의로(willfully) 일정한 정보를 제공하지 않은 것이 아니라고 항변하였다. 동 사안에 대해 제1심은 유죄를 선고하였지만 항소심인 연방 고등법원(The Seventh Circuit Court of Appeals)에 이어 연방대법원은 피고인의 법률의 부지는 선의(bona fide)였을 뿐만 아니라 합리적이었기(reasonable) 때문에 악의가 없어(absence of evil motive) 무죄임을 확정하였다.[41]

동 판결 이후 세법의 영역에서 '고의적으로(willfully)'라는 법문의 해석을 둘러싼 일련의 후속판례가 나오기는 했지만 1991년의 Cheek v. United States case까지 법률의 부지(착오)와 관련된 세법상의 착오사례는 나온 예가 없다고 한다.[42]

## 2) Lambert v. California case(1957)

United States v. Murdock case 이외에 법률의 착오와 관련된 미국 내의 선도적 판례로는 1957년의 Lambert v. California case가 있다.[43] 피고인 Viginia Lambert는 1955년 체포당시 7년 반 동안 Los Angeles에 거주해 왔던 여성

---

40) 이에 대해서는 Jon Strauss, 앞의 논문, 614면, 주27) 참조.
41) 290 U.S. 389, 391~397 참조.
42) Jon Strauss, 앞의 논문, 617~619면 참조.
43) 동 판례에 주목하여 그 의의를 소개하고 있는 선행연구로는 Paul K.Ryu & Hellen Silving, Comment on Error Juris, The American Journal of Comparative Law, Fall 1976, 693면 ; 조국, 법률의 부지 및 착오이론에 대한 재검토, 형사정책 연구, 2001(여름호), 98~99면 참조.

으로서 1951년 두 차례의 위조범행(forgery)으로 인해 중범(felon) 전과 기록을 갖고 있던 자였다. Los Angeles 시법령은 California주에서 중범(felon)의 유죄판결을 받았거나, 다른 주에서 유죄판결을 받았더라도 California주에서 발생했다면 중범의 처벌을 받았을 범행을 저지른 전과자가 경찰당국에 등록하지 않은 채 Los Angeles시에 5일 이상 체류하거나 30일 간 5회 이상 동 시를 방문하는 것을 불법으로 규정하고 있었던바, 피고인 Lambert가 등록의무 위반으로 기소된 사안이다.[44]

    제1심에서 Lambert는 자신의 전과가 중범죄에 해당하는지 몰랐으며 Los Angeles 시법령에 그러한 등록의무가 규정되어 있다는 사실을 몰랐다고 항변하였다. 이에 대해 1심법원은 배심원에게 만일 피고인이 등록을 하지 않고 있을 당시에 자신이 중범죄를 저질렀다는 사실을 알고 있었다면 피고인은 유죄가 되고, 문서위조(forgery)는 중범죄이며, 등록을 요구하는 법률의 부지는 면책사유가 되지 못한다고 설시(instruct)하였고,[45] 배심원은 피고인에게 유죄평결을 내렸다. 한편 항소심에서 피고인은 Los Angeles 시법령의 위헌성을 심판해 줄 것을 청구하였으나 항소법원은 청구의 이익이 없다(there was no merit to the claim)고 판단하여 이를 기각하였다.[46]

    그러나 이에 대해서 미연방대법원은 등록의무를 규정한 법령은 오로지 전과자의 관리를 수월하게 하기 위한 행정 편의적인 목적에서 법기술적으로 입안된 법령인바, 그러한 법령의 위반으로 유죄판결을 내리기 위해서는 피고인이 그러한 의무를 현실적으로 알고 있었거나 그러한 인식의 가능성이 있었음에도 불구하고 등록을 하지 않았다는 점이 입증되어야 하기 때문에 행위자가 등록의무를 인식할 수 있도록 미리 통지해 줄 만한  상황이 조성되어 있지 않았다면 행위자에게는 비난가능성이 없다고 볼 수 있을 것이고 따라서 동 사안의 피고인은 자신의 등록의무

---

44) 355 U.S. 226, 226~227 참조.
45) 이에 대해서는 Jon Strauss, 앞의 논문, 857면 참조.
46) 355 U.S. 226, 227 참조.

를 처음으로 알게 되었을 당시에 그러한 법의무를 준수할 수 있는 기회가 전혀 없었던바(왜냐하면 피고인은 동 법령 위반으로 기소될 당시 이미 다른 혐의로 체포된 상태였기 때문이다) '사전통지(Notice)' 없이 피고인에게 중한 형벌을 부과하는 것은 "사전통지(Notice)와 밀접히 관련된 적정 절차 조항(the Due Process Clause)" 위반이라고 판시하였다.[47]

동 판례는 미국에서 1900년 전후에 등장한 엄격 책임(absolute liability) 범죄를 관철하는 입장에서[48] 제기된 Frankfurter법관의 반대의견도 있었고, 현재까지 동 판례를 지지하는 후속판례를 거의 찾아볼 수 없다는 점에서 일정한 한계가 있기는 하겠지만[49] 법률의 착오 문제를 헌법적 차원의 논의로 끌어올렸고 엄격책임범죄의 인정에 대한 헌법적 제한을 가했다는 점에서 그 가치를 새겨볼 수 있다고 본다.[50]

## 3) Cheek v. United States(1991)

전술한 United States v. Murdock case(1933)를 통해 세법의 영역에서 세법 법규의 복잡성을 이유로 법률의 착오항변이 인정된 것을 계기로 1991년 Cheek v. United States case에서는 또 한 번의 주목할 만한 기념비적 판례가 나오게 되었다.

피고인 John L. Cheek은 American 항공사의 기장(pilot)으로서 탈세혐의와 1980년과 1981년 그리고 1983~1986년 사이에 세금신고서(tax return)를 제출하지 않은 혐의로 기소되었다. 연방세입법 7201조 및 7203조에 따르면 고의적으로(willfully) 세금을 탈루(脫漏 ; evade or defeat)한 자에게는 중범죄(felony)의 책임을 부과하고, 또한 고의적으로 세금신고서를 제

---

47) 이에 대해서는 355 U.S.225(1957), 226~230 참조.
48) 동 개념의 기원과 형성에 대한 설명으로는 Alan C. Michaels, Constitutional Innocence, Harvard Law Review, 1999년 2월호, 829~841면 참조.
49) 이러한 설명으로는 Alan C. Michaels, 앞의 논문, 858~859면 참조.
50) 비슷한 견해로는 Paul K. Ryu & Hellen Silving, Comment on Error Juris, The American Journal of Comparative Law, Fall 1976, 693면 참조.

출하지 않는 자에게는 경범죄(misdemeanor)의 책임을 지운다고 규정되어 있다.

제1심에서 피고인은 세금신고서를 당해 기간에 제출하지 않은 점을 인정하였으나, 자신은 연방세입법(Internal Revenue Code)의 조세대상은 일반적 소득(income)과 이윤(profit)에 국한된 것이지 고용계약에 따른 임금(wage)은 여기에 포함되지 않는다고 믿고 있었고, 또한 연방세입법은 위헌적 법률로서 무효라고 믿고 있었다고 항변하였다. 피고인의 그러한 믿음은 연방세입법이 무효라는 취지의 세미나를 개최하였던 변호인들[51]의 조언에 기초한 것이었다.[52]

이에 대해 제1심은 객관적으로 합리적인(objectively reasonable) 착오만이 동 법규가 규정하고 있는 고의성(willfulness)을 부정한다(negate)고 배심원에게 설시하였고 진정하더라도(honest) 불합리한(unreasonable) 착오는 고의성을 부정하지 못한다고 설시하였던바, 배심원은 피고인의 탈세혐의와 세금신고서 미제출 혐의를 모두 인정하여 유죄 평결을 내렸다.

다만 유죄평결에 이르기 전에 몇몇 배심원은 피고인이 진정하게(honestly) 합리적으로(reasonably) 세법 위반에 대한 인식이 없었다는 점이 인정된다고 하였지만 피고인의 착오 항변은 불합리하다(unreasonable)는 지속적인 법관의 설시에 따라서 유죄를 인정하게 되었다.[53] 항소법원 역시 법률의 착오가 항변(defence)이 되기 위해서는 그러한 착오가 객관적으로 합리적이어야 한다고 판시함으로써 유죄판결을 유지하였다.

이에 대해 미연방대법원은 원심의 유죄판결을 파기하면서 객관적으

---

51) 동 판례의 판결요지(Syllabus)와 주문에는 "연방세입시스템이 위헌이라고 믿는 집단에 의한 세뇌와 스스로의 연구에 의해(based on his indoctrination by a group believing that the federal tax system is unconstitutional and his own study)" 라고 기술되어 있다. 이에 대해서는 498 U.S.192, 196 참조.

52) 동 사안의 사실관계에 대한 상세한 설명으로는 498 U.S. 192. 196; Jon Strauss, Nonpayment of Taxes: When Ignorance of the Law is an Excuse, Akron Law Review, Winter/Spring, 1992, 619~620면 참조.

53) 498 U.S. 192, 197~198 참조.

로 비합리적이라고 할지라도 연방세입법 제7201조 및 7203조의 '고의성
(willfulness)'은 부정된다고 하면서 따라서 피고인이 연방세입법을 잘못
해석하여 임금은 조세대상에 포함되지 않는다고 오인한 점에 대해서는
착오 항변이 인정된다고 판시하였으나 다만 피고인이 미연방헌법을 잘
못 해석하여 연방세입법이 위헌이라고 오인한 점은 착오로 인한 항변이
인정되지 않는다고 설시하였다.[54]

　요컨대 세법에 대한 착오는 면책사유가 되지만 헌법에 대한 착오는
면책사유가 되지 못한다는 것이다.[55] 미연방대법원의 동 판결에 있어서
White 판사를 포함한 5명의 법관이 위와 같은 다수의견을 냈고, Scalia 판
사는 다수의견에 찬성하면서도 다만 피고인이 당해 세법이 위헌이라고
믿은 점도 항변이 된다고 주장하였다. 반면에 Blackmun 등 2명의 판사는
피고인의 두가지 착오는 모두 항변이 되지 못한다는 반대의견을 냈다.

　우선 White 판사는 "법률은 확정적이고(definite) 알 수 있기 때문에
(knowable) 모든 사람은 법률을 알고 있는 것으로 추정된다"는 O. Holmes
의 견해를 인용하며 커먼로상의 전통적 법원칙을 지지하면서도,[56] 그러
나 세법에 있어서는 그 복잡성(complexity) 때문에 일반 시민에게 세법상
의 모든 의무를 숙지하고 있을 것을 기대할 수는 없다고 보았고. 그러한
까닭에 법률의 부지는 용서받지 못한다는 전통적 법원칙을 완화시킬 필
요성에서 미국의 입법자(Congress)는 동 연방세입법에 고의성(willfulness)
이란 법문을 두게 되었다고 설시하였다.[57]

　White 판사에 따르면 '고의적으로(willfully)'란 '알려진 법적 의무(a known
legal duty)에 대한 자발적이고(voluntary), 의도적인(intentional) 위반(violation)'
을 뜻하는바, 이러한 정의에 따르면 행위자가 자신이 모르고 있는 법적

54) 498 U.S. 192 참조.
55) Jon Strauss, 앞의 논문, 622면 참조.
56) White 판사가 인용한 O. Holms의 견해는 로마법대전 Digesta 22.6.2의 "법률은
　　확정적일 수 있고 확정적이어야 하지만"이라는 내용과 매우 유사하다.
57) 498 U.S. 192 참조.

의무에 대해 위반한 경우에는 고의성(willfulness)이 부정되는데 이러한 결론은 행위자의 착오가 비합리적인 경우에도 마찬가지다. 따라서 Cheek v. United States case 동 사안에 있어서도 피고인이 진정으로(truly) 임금은 연방세입법이 규정하는 조세대상이 아니라고 믿었다면 그러한 착오가 비합리적일지라도 항변이 된다는 것이다.

이는 하급심에서 적용하였던 객관적 합리성(objective reasonableness) 기준을 주관적 합리성(subjecive reasonableness) 기준으로 대체한 것이며, 다만 White 판사는 착오가 비합리적일 수록 배심원은 그 착오를 법규에 대한 단순한 거부(simple disagreement)로 판단하게 되는 경향이 있다는 점을 직시하면서 세법 법규에 대한 단순한 거부는 항변이 되지 못한다고 함으로써 주관적 기준이 자의적으로 해석될 수 있다는 비판에 대한 해결책을 제시하였다.

한편 White 판사는 피고인 Cheek이 연방세입법이 위헌이라고 믿은 점에 대해서는 면책(excuse)이 되지 못한다고 설시하였는데, 왜냐하면 납세자는 설령 관련 세법이 위헌이라고 믿고 있었다고 하더라도 일단 납세를 하고 환급(refund)을 청구할 수 있으며 만일 환급이 거절될 경우에는 법원에 심판을 청구할 수 있을 뿐만 아니라, 다른 한편으로 납세자는 납세를 거부하면서 조세법원(tax court)에 심판을 청구할 수 있는 등 법제도적 절차가 마련되어 있음에도 불구하고 단지 연방세입법이 위헌이라고 믿고 납세를 하지 않은 행위는 고의성(willfulness)을 부정하지 못하기 때문이라고 하였다.58)

한편 별개의견을 낸 Scalia 판사는 미국에서 최초로 위헌심사권을 인정한 1803년의 Marbury v. Madison case를 인용하면서 만일 White 판사의 주관적 합리성 기준을 일관되게 적용한다면 피고인이 연방세입법을 위헌이라고 믿은 점에 대해서도 항변을 인정하는 것이 논리적으로 옳다고 주장하면서, 아울러 조세범에 대한 방지책은 민사적 제재만으로도 충분

---

58) 498 U.S. 192, 200~206 참조.

하다는 논지를 개진하였다.[59]

　반대의견을 낸 Blackmun 판사는 연방세입법의 복잡성을 이유로 피고인에게 착오 항변을 인정해 준 다수의견에 대해 일반적 소득(income)과 고용계약에 따른 임금(wage)의 구분은 상식적으로 세법의 복잡성과는 무관한 사안이라고 주장하였다. 다시 말해 이 정도의 구분은, 미국에서 연방 세법 시스템이 갖추어진 지가 이미 70여 년이 지나 거의 모든 사람이 쉽게 알 수 있는 내용이므로, 비록 '고의적으로(willfully)'라는 법문이 "널리 알려진 법적 의무에 대한 자발적이고 의도적인 침해"라고 해석된다 하더라도 '소득과 임금의 구분'은 충분히 잘 알려진 법적 의무에 해당되기 때문에 '고의성'을 부정하지 못한다는 것이다.[60]

　결론적으로 1991년의 Cheek v. United States case에 대한 기연방대법원 판결에 따르면 세법에 대한 착오는 그것이 객관적으로 비합리적이라도 면책(excuse)이 되며 다만 그러한 착오는 세법 법규에 대한 단순한 거부(disagreement)가 아닌 진정한 (sincere) 착오일 것이 요구된다 아울러 세법의 위헌성에 대한 착오는 Scalia 판사의 견해와 달리 Marbury v. Madison case는 위헌심사권(constitutional review)의 주체를 법원으로 인정한 사례이기 때문에 동 사안처럼 피고인 개인이 위헌성에 대해서 착오에 빠진 경우에는 면책사유로 인정될 수 없다.[61]

---

59) 498 U.S. 192, 207~209 참조.
60) 498 U.S. 192, 209~210 참조.
61) 동 판결에 대한 이러한 평가로는 Jon Strauss, 앞의 논문, 63○면, 632면 참조.

# 제3절 독일의 판례 및 학설의 역사적 전개과정

## Ⅰ. 독일제국법원 이전의 착오법리

### 1. 로마법의 계수 이전 고대 및 중세 독일의 착오법리

독일의 경우 고대법(primitive Recht)에서는 물론 기원 후 약 500년까지 게르만 시대(Germanische Zeit)에는 형사처벌에 있어서 행위자의 주관적 심리상태를 고려하지 않는 결과책임주의가 지배적이었다. 따라서 우연한 사정이나 법률의 불인식은 전혀 고려되지 않고 있었다.[1]

Eberhard Schmidt에 의하면 독일에 있어서 로마법의 계수기는 15세기 말엽에서 16세기 사이를 말한다.[2] 그리고 Klee 등에 의하면 로마법의 계수가 이루어지기 전까지 중세 독일법에 있어서는 법률의 착오는 대체로 고려되지 않고 있었다고 한다.[3]

그러나 Otto Kahn에 따르면 이미 고대 게르만법은 이미 고의적인 행위(gewollte That)와 비고의적인 행위를 구분하여 우연한 사정 및 과실은 고의적인 행위에 비해 경미하게 취급되었고, 이와 같은 사고방식은 프랑크 왕국 시대(Frankische Zeit ; A.D.465~911)에 이르러서[4] 더욱 정교하게 발전하여 고의범도 그 악의성(Böswilligkeit)의 정도에 따라서 도덕적으로

---

1) Otto Kahn, 앞의 책, 10면. 같은 견해로 Arthur Kaufmann, Unrechtsbewusstsein in der Schuldlehre des Strafrechts, 1949, 22면 참조.
2) Eberhard Schmidt, Einfuhrung in die Geschichte der deutschen Strafrechtspflege, 3. Aufl. 1983, 107면 참조.
3) Klee, zur Lehre vom strafrechtlichen Vorsatz, 1897, 67면 참조. Otto Kahn에 의하면 Heinemann과 Hammerer도 같은 견해라고 한다. 이에 대해서는 Otto Kahn, 앞의 책, 11면 참조.
4) 이러한 시대구분으로는 박상기, 독일형법사, 1993, 35~36면.

비난가능성 있는 경우는 더욱 가혹한 처벌을 받도록 세분화되었다.[5] Otto Kahn은 이러한 사실로부터 프랑크 왕국 시대에 있어서 이미 위법성의 인식이 있는 고의와 위법성의 인식이 없는 고의를 구분하고 있었을 것으로 추정한다.[6] 그리고 다음과 같은 입법례들은 이러한 추정을 지지해 준다고 한다.

우선 북부독일(Norddeutschland)의 'Billwärder Recht' 제23조는 무기를 소지하고 민회(Thing ; 民會)[7]에 참석할 수 없다는 규정을 도르고 참석한 이방인(Ausländer)이 자신의 착오를 맹서(盟誓)한 후에는 곤대하게 취급된다(nachgesehen)고 규정하고 있었고,[8] 13세기에 이르러 1259년 Jüt주(州 ; Jütland)의 Ripen시(市 ; Stadt Ripen)의 시법령(Stadtrecht)에서는 무기를 소지한 채 도시에 들어온 이방인은 역시 자신에게 착오가 있었음을 맹세한 후에는 처벌을 받지 않는다고 규정하고 있었다고 한다.[9]

이처럼 법률의 착오를 고려하는 입법례는 1263년 구 독일제국 직속의 자유시인 Speier시(freie Reichsstadt Speier)의 법령이나 1347년의 Nürnberg의 법령 등에서도 찾아볼 수 있으며[10] 1462년 스위스 그라우뷘덴(Graubünden)에서는 법률의 착오로 인해 면책을 인정해 준 판례까지도 찾아볼 수 있다.[11]

Otto Kahn에 따르면 이처럼 단편적인 입법례와 판례는 로마법 계수 이후의 독일법이 법률의 착오를 전혀 고려하지 않는 극단적인 입장을 취하고 있지는 않았음을 입증하는 것이며 특히 고려되는 착오와 고려되지 않는 착오의 한계를 암시해 주고 있다고 한다.[12] 다시 말해 일반적으

---

5) 이에 대해서는 Amira, Grundriß des germanischen Rechts, 2.Aufl., 1897, 141~143면 참조.
6) Otto Kahn, 앞의 책, 11면.
7) 군사집회와 재판집회를 겸한 고대 게르만 민족의 인민 집회를 뜻함.
8) Richard John, Das Strafrecht in Norddeutschland, 1870, 127면 이하 참조.
9) Otto Kahn, 앞의 책, 11~12면.
10) 이에 대한 소개로는 Karl Binding, 앞의 책, 24면 각주 27번 참조.
11) Wagner, Die Rechtsquellen des Kantons Graubunden, Zeitschrift für schweizerisches Recht, Bd.25, 398면 ; 이에 대한 소개로는 Otto Kahn, 앞의 책, 12면과 Karl Binding, 앞의 책, 24면 참조.

로 그 존재여부가 명확하지 않은 법률에 대한 위반에 있어서는 법률의
부지가 입증되면 형벌을 조각했던 것으로 보이며 범죄의 여러 양상에
따라서 때로는 법률의 착오가 고려되기도 하였고, 고려되지 않기도 하였
다는 것이다.13) 그러나 고대 및 중세 독일형법에 있어서 그 어디에도 형
벌법규와 비형벌법규의 착오라는 구분은 나타나지 않고 있었다.14)

## 2. 카논법 및 계몽주의 시대의 착오법리

Otto Kahn은 카논법에서 독일제국법원이 취하고 있었던 형벌법규와
비형벌법규의 착오라는 구분법은 존재하지 않았고 오히려 비형벌법규의
착오뿐만 아니라 형벌법규의 착오도 고의를 조각하는 것으로 취급되었
다고 주장한다.15) 그러나 카논법은 앞서 살펴본 바와 같이 일반 법규에
비해 형벌법규에 대한 착오를 엄격하게 취급하는 태도를 취하고 있었다.
따라서 중세 이후의 카논법은 독일제국법원의 착오법리에 일정한 영향
을 미쳤다고 볼 수 있을 것이다. 즉 카논법은 독일 형법의 발달사에 있
어서 독일제국법원의 착오법리에 영향을 주었던 것으로 평가할 수 있다
고 본다.

한편 중세 독일법은 자연법에 대한 착오는 용서되지 않는 것으로 취
급했지만, 실정화된 지역법(örtlich, positive Recht)에 대한 착오는 용서되는
것으로 다루었다. 이는 분명 형벌법규의 착오를 고려하는 입장으로서 여
기에는 그 어디에도 독일제국법원의 법리처럼 비형벌법규, 특히 민사법
과 공법의 착오를 사실의 착오처럼 다루어 고의를 조각하는 근거는 찾
아볼 수 없다.16)

---

12) Otto Kahn, 앞의 책, 12〜13면.
13) Otto Kahn, 앞의 책, 13면.
14) Otto Kahn, 앞의 책, 12면.
15) Otto Kahn, 앞의 책, 13〜14면.
16) Otto Kahn, 앞의 책, 14〜15면.

또한 계몽주의 시대의 착오론에서도 형법 법규의 착오는 가능한 충분히 고려되었기 때문에 독일법의 역사에서 형법 법규의 착으와 형법 외적 법규의 착오를 구분하여 전자는 고려되지 않는 착오로 다루었던 법리는 어디에서도 찾아볼 수 없다.[17] 마찬가지로 17세기까지 독일 형법학에 지배적 영향력을 행사해온 것으로 평가받는[18] 이탈리아 형법학에서도 독일제국법원과 같은 착오법리는 찾아볼 수 없다.[19]

다만 카논법에서만 형벌법규의 착오를 엄격하게 취급하는 규정을 발견할 수 있다.

## 3. 로마법의 계수와 형법상의 착오법리

12세기에서 13세기에 걸쳐 이탈리아에서 Bologna대학을 중심으로 로마법의 부흥이 일어나 주석학파 및 후기주석학파에 의해 로마법이 정비되어갔고 13, 14세기에 이르러 독일 학자들이 이탈리아의 Bologna, Padua대학에 유학을 하면서 독일법에 로마법의 계수가 이루어지기 시작하여 15세기 말부터 16세에 걸쳐 독일은 본격적인 로마법의 계수 – 실질적 계수(實質的 繼受 ; praktische Rezeption)[20] – 를 겪게 되었다고 한다.[21]

로마법은 주로 북부이탈리아 출신의 법학자들에 의해 독일에 전해졌는데 이들의 법학적 능력은 당대의 독일법학자들보다 우수하였기 때문에 궁정의 법률자문관이나 재판관으로 활동하기도 하였다고 한다. 독일법에 비로소 로마법의 내용이 나타나기 시작한 것은 15세기 이후이며, 1495년

---

17) Otto Kahn, 앞의 책, 14~15면.
18) 박상기, 앞의 책, 131면.
19) 이에 대해서는 Woldemer Engelmann, Irrtum und Schuld nach der italienischen Lehre und Praxis des Mittelalters, 1922를 참조할 것.
20) 실질적 계수란 15세기 말부터 16세기에 걸친 본격적인 로다법의 계수를 말한다. 박상기, 앞의 책, 102면.
21) 이러한 계수과정에 대해서는 박상기, 앞의 책, 67면, 102~105면 참조.

의 제국재판소령과 1532년의 카롤리나형법전이 대표적이라고 한다.[22]

　독일에 이탈리아 법학이 유입되기 시작하자 후기주석학파의 학설이 권위를 갖게 되었다. 후기주석학파에 따르면 고의란 '인식된 위법한 의지(bewußt rechtswidrige Wille)'로서 행위의 위법성에 대한 착오는, 그것이 법률의 착오에서 비롯된 경우에는 고의를 조각한다고 한다. 단만 착오의 진정성이 의심스러울 때에는 고의와 법률의 인식은 추정된다고 한다.[23]

## 4. Friedrich Carl von Savigny(1779~1861)의 착오론

　이미 앞서 살펴본 바 있지만 독일의 경우 로마법의 계수 이후 17세기에 이르러 자연법 이론을 통해 로마법의 권위로부터 탈피하여 독자적인 독일법을 재생시키려는 소위 계수법학에 대한 반대 경향이 일어났으며 이러한 반대 움직임은 19세기에 Savigny에 의해 다시 로마법에 근거한 이론이 대두되기 까지 지속되었다고 한다.[24]

　Savigny의 착오론을 다시 정리하자면 다음과 같다. Savigny에 따르면 범죄(Delikt)에는 공범죄(öffentlich Verbrechen ; Crimen)와 사범죄(Privatdelikt)로 구분되고, 사범죄란 권리침해(Rechtsverletzung)이라고도 불리며, 법규위반은 민사소송에 의해서 벌금의 부과와 손해배상의 청구가 모두 가능하다. 또한 공범죄와 사범죄에 있어서 법률의 착오의 취급은 전적으로 동일하게 본다.[25]

---

22) 박상기, 앞의 책, 104면. 그리고 카롤리나 형법전의 로마법적 요소에 대해서는 박상기, 같은 책, 109면.
23) Otto Kahn, 앞의 책, 14면.
24) 이에 대해서는 Eberhard Schmidt, Einfuhrung in die Geschichte der deutschen Strafrechtspflege, 3. Aufl. 1983, 157~166면 ; 박상기, 독일형법사, 1993, 105면 ; 김형석, 독일 착오론의 역사적 전개-사비니의 착오론을 중심으로-, 저스티스 통권 제72호, 320~324면 참조.
25) Friedrich Carl von Savigny, System des heutigen Römischen Rechts, 1840, 388면 각주 (a) 참조.

한편 그 성립에 법규위반의 인식이 요구되는 범죄에 있어서는 그것이 공범죄이든 사범죄이든 만민법적 성격을 지니는 형법 법규에 대한 착오는 용서될 수 없지만, (형법 법규 외적 법규에 대한 부지에서 비롯된) 행위의 가벌성에 대한 착오는 항상 고의를 조각시킴으로써 착오자를 면책시키게 된다고 한다. 예컨대 절도의 개념에는 위법의 의사 이외에 특히 영득의 의사가 포함되는바, 만일 행위자가 법률의 착오(형법 외적 법규의 착오)로 인하여 타인의 물건을 자기 소유물로 생각하게 되었다면, 자기의 소유로 오인하여 타인의 물건을 훔치는 것은 절도죄를 범하는 것도, 또한 그 물건을 장물로 만드는 것도 아니라고 한다. 여자 노예에 대한 사용권한이 있는 자가 그 여자 노예의 자식에 대한 소유권도 갖고 있다고 오인한 경우에 그러하다. 이에 반해 절도에 대한 형법 법규의 불인식은 만일 행위자가 전술한 계층의 사람에 속하더라도 절도는 이미 만민법에 의해 금지되는 범죄이기 때문에 용서받을 수 없다고 한다.26) 마찬가지로 어떠한 물건을 자신의 것으로 오인하여 자력구제의 금지를 모르는 채(형법 외적 법규의 착오로 인해) 이를 강제로 빼앗은 자는 강도소송(actio vi bonorum raptorum)으로부터 자유롭다. 왜냐하면 여기에는 소유권 침해의 인식이 요구되기 때문이다.27)

이상 Savigny가 확립한 착오론에 따르면 형법상 법률의 착오는 형법 법규에 관한 착오와 행위의 가벌성에 관한 착오로 구분되며 전자의 경우는 미성년자나, 부녀자, 군인 등의 사회적으로 취약한 계층의 사람들에게 있어서 제한적으로만 고려되는데 반해 후자의 경우는 일반적으로 고려되어 그 법적 효과로서 고의를 조각시켜 형벌을 면하게 만든다고 한다.

요컨대 Savigny의 착오론을 일반화 하자면 형법 법규에 대한 착오는 용서받을 수 없지만, 형법 외적 법규에 대한 부지에서 비롯된 행위의 가벌성에 대한 착오는 언제나 고의를 조각하여 형벌을 면하게 만든다는 것이다. 이러한 Savigny 착오론은 이후 독일형법상 착오이론에 직접적인 영향

---

26) Friedrich Carl von Savigny, 앞의 책, 390~391면 참조.
27) Friedrich Carl von Savigny, 앞의 책, 391면 참조.

을 미쳤는데, 그것은 바로 Savigny의 구분방식대로 형법 법규의 착오는 고려되지 않는 착오로서, 반면에 그 이외의 법규에 대한 착오는 고의를 조각하는 착오로서 취급되는 법리로 독일제국법원에 전승된 것이다.[28]

## 5. Savigny 착오론의 독일제국법원에서의 수용

전술한 바와 같이 독일제국법원이 형법 법규의 착오(strafrechtliche Irrtum)와 형법 외적 법규의 착오(nichtstrafrechtliche Irrtum ; außerstrafrechtliche Irrtum)를 구분하여 전자의 경우는 고려되지 않는 것으로, 그리고 후자의 경우는 사실의 착오와 동일하게 취급하여 고의를 조각하는 것으로 법리구성한 것은 중세 이전의 독일형법에서는 물론, 중세의 카논법과 계몽주의시대의 법리에서도 전거를 찾아볼 수 없다. 오히려 독일제국법원이 취하고 있는 착오법리의 원형은 로마법을 근거로 한 Savigny의 착오론을 수용한 것이다.[29] 요컨대 독일제국법원은 형법 법규와 형법 외적 법규를 구분하는 착오법리의 전개에서 있어서 로마법적 권위에 기대고 있었던 것이다.

## 6. Savigny 착오론에 대한 Otto Kahn의 비판

Savigny가 제시한 착오법리는 로마법을 근거로 하고 있다. 그러나 법률의 착오에 대한 Savigny의 로마법 해석은 타당하지 않다는 비판이 제기된바 있다. 적어도 형법상 법률의 착오에 대한 Savigny 착오론은 성급한 일반화의 오류에서 비롯된 것으로서 잘못된 이론이라는 것이다. Otto Kahn은 Savigny 착오론의 문제점을 다음과 같이 지적한다.

첫째, 로마법상 형법상의 일반적 개념, 예컨대 고의(Vorsatz)와 같은 개념을 논하기 어려운 이유는 대부분의 로마법 내용이 사법에 관한 것이

---

28) Otto Kahn, 앞의 책, 15면.
29) Otto Kahn, 앞의 책, 15면 참조.

었기 때문에 형법상의 개념도 전적으로 사법상의 원칙을 추론케 해주는 로마법 개소들을 통해서 탐구할 수밖에 없기 때문인데, 그럼에도 불구한 Savigny는 로마법상 형법과 사법을 주의깊게 구분하지 않고 형법적인 문제에 대해서 사법적 관점에서 답하려는 오류를 범했다는 것이다.[30]

형법 외적 법률의 착오는 로마법상 언제나 고려되는 착오였다고 주장하면서 제시하고 있는 개소들은 순전히 상속과 관련된 민사상의 문제를 다루고 있는 사안들이기 때문에 이를 형사법상의 일반원칙으로 일반화하는 것은 무리가 있고[31] 뿐만 아니라 민법상의 착오가 그려되었다고 하더라도 모든 형법 외적 법률의 착오, 예컨대 공법상의 착오도 고려되었다고 일반화 할 수는 없다는 것이다.[32]

둘째, 로마법상 법률의 부지는 용서받지 못한다는 법원칙이 형법상 일반적으로 승인된 공통의 견해(communis opinio)라고는 하지만 이러한 전통적 법원칙으로부터 형법 외적 법률의 착오는 용서되었다는 반대해석이 입증되는 것은 아니라고 한다.[33]

끝으로 Savigny가 제시한 개소들은 민법상 법률의 착오가 고려되는 사안들이지만 로마법에는 이와 반대로 민법상 법률의 착오는 고려되지 않는다는 유명한 개소들－대표적으로 Digesta 22.6.1.7 － 은 Savigny의 입론과는 모순된다는 것이다.[34]

물론 Savigny가 '형법에서의 법률의 착오'란 주제를 다룬 논문에서 반복적으로 언급하고 있듯이 그 스스로 계수법학자(Rezeptionsjuristen)의 한계를 벗어나 로마법상의 법률의 착오론을 새로운 방향으로 설명하려고 노력하였다고는 하지만 그러한 입론을 위한 상세한 전거가 부족했다는 것이다.[35]

---

30) Otto Kahn, 앞의 책, 8～9면.
31) Otto Kahn, 앞의 책, 8면.
32) Otto Kahn, 앞의 책, 9～10면.
33) Otto Kahn, 앞의 책, 9면.
34) 관련 개소들의 확인과 검토는 본장의 제1절 Ⅲ의 로마법 관련부분을 참조 바람.
35) Otto Kahn, 앞의 책, 15면.

결론적으로 Otto Kahn은 Savigny가 로마법을 전거로 정립한 형법상의 법률의 착오론은 타당하지 않으며 따라서 독일제국법원이 취하고 있는 형법 법규의 착오와 형법 외적 법규의 착오구분은 로마법적 권위를 갖지 못한다고 말한다.36)

# II. 독일제국법원의 입장(1871 ~ 1949)

1950년대까지의 독일형법학계의 착오이론은 대체로 제국법원의 판례를 배경으로 한다.37) 주지하다시피 독일제국법원은 형법적 법규(strafrechtlichen Rechtssätze)에 대한 착오는 고려되지 않지만(nicht berüksichtigt) 형법 외적 법규(Sätz anderer Rechtsgebiete)에 대한 착오는 고의를 조각시킨다(schliesst den Dolus aus)는 확고한 입장을 취하고 있었다.38)

고의책임이 성립하기 위해서는 구성요건에 해당되는 행위사정만을 인식하고 있으면 충분했기 때문에 법률의 착오(Rechtsirrtum)는 행위자의 고의나 책임을 인정하는데 있어서 무의미한 요소였다. 그러나 제국법원은 형법 이외의 다른 법에 의해 규정된 개념요소가 형법상의 구성요건을 해석하는데 있어서 필요한 경우를 인정하였으며 ─ 예컨대 재물의 타인성을 인정하기 위해서는 민법상의 소유권의 의미를 알고 있어야 한다 ─, 바로 이러한 비형벌 법규의 착오는 사실의 착오로 보아 고의를 조각하는

---

36) Otto Kahn, 앞의 책, 10면 참조.
37) 조준현, 금지착오에 관한 독일형법이론사 소고, 손해목 교수 화갑기념논문집, 1993, 198면.
38) 이에 대해서는 Edward Kohlrausch, Die Lehre vom Rechtsirrtum in Theorie und Praxis des heutigen Strafrechts, 출판년도 미상, 119면 참조 ; 동 문헌에는 출판년도가 나와 있지 않다. 우리나라와 일본의 도서관 소장정보에도 출판년도는 나오지 않는다. Kohlrausch는 동 논문에서 주로 1800년대 후반의 문헌부터 1901년의 문헌까지 인용하고 있는 것으로 미루어 1900년대 초에 출판된 논문으로 추정된다.

입장을 고수하였다. 반면 형벌법규의 착오는 고의나 책임과 무관한 착오로 보았다.[39)]

## III. 독일제국법원 입장의 지지학설

### 1. Schütze(1874), Berner(1891), Stenglein(1892), Delius(1901)의 견해

Theodor Schütze는 독일제국법원의 입장처럼 형법적 법률의 착오와 형법외적 법률의 착오를 구분하면서 형법 또는 행위의 위법성에 대한 착오를 본래적 착오(eigentlichen Rechtsirrtum)로, 그리고 형법외적 법규정에 대한 착오를 비본래적 착오(uneigentlichen Rechtsirrtum)로 보아 후자는 사실(Tatsachen)에 대한 착오처럼 취급하였다. 마찬가지로 Albert Friedrich Berner 역시 민사법규에 대한 착오는 고의를 조각하는 것으로 보았고, M. Stenglein과 Hans Delius 역시 형사법규에 해당하지 않는 법규에 대한 착오는 면책 가능한 것으로 보았다.[40)]

### 2. Kohler(1912)와 Wachenfeld(1914)의 견해

Josef Kohler 역시 형법적 법률의 착오와 형법외적 법률의 착오를 구분하였으나 이러한 구분을 비단 법률의 착오에 국한시키지 않고 착오 일반(Irrtum general)에 대하여 적용하였으며, 그에 의하면 형법적 법률의 착오(strafrechtliche Irrtum)란 형법이 범죄에 대해 대처하는 방식(Art und Weise)

---

39) 제국법원의 입장에 대한 설명으로는 조준현, 앞의 논문, 198~199면 참조.
40) Werner Georg Tischler, Verbotsirrtum und Irrtum über normative Tatbestandsmerkmale, 1984, 45~46면 참조.

에 대한 착오로서 무의미한 것(bedeutungslos)으로 취급되었다. Friedrich Wachenfeld는 행위의 착오(Tatirrtum)와 법률의 착오를 구분하였는데 - 이는 제국법원의 입장과는 다른 것이다 - 행위의 착오란 사실적 법률관계(tatsächliche Rechtsverhäliniss)에 대한 착오를, 법률의 착오란 행위의 위법성 내지 적법성에 대한 착오를 뜻하는 것으로서 오늘날의 의미로는 전자는 구성요건착오를 후자는 금지착오에 상응하는 개념이었다.

Wachenfeld는 위법성의 인식은 고의의 요소도 아니고 책임과도 무관한 것으로서 고려되지 않는 반면에 행위의 착오는 고의를 조각한다고 주장하였다.[41)]

## IV. 독일제국법원태도에 대한 Kohlrausch의 비판(1903)

형벌법규의 착오와 비형벌법규의 착오를 구분하는 제국법원의 이분법에 대해 많은 학자들이 비판을 가하였는데 특히 Kohlrausch는 여러 판례에서 제국법원의 이분법이 관철되기 힘들다는 점을 지적하였다. 예를 들어 공무원이 범행을 하면서 공무원으로서의 신분이나 권리를 형벌법규의 착오로 본 판례도 있었고(RGSt 53, 131), 행정법에 관련된 법착오로서 이를 비형벌법규의 착오로 보아 고의를 조각한 판례도 있었다(RGSt 23, 374). 규범적 구성요건요소를 둘러싸고 제국법원이 형벌법규의 착오와 비형벌법규의 착오로 구분하려는 시도는 그 자체로 일관성이 없을 뿐만 아니라 법질서의 통일성의 관점에서도 받아들여지기 어려운 법리라는 비판이었다.[42)]

---

41) Werner Georg Tischler, 앞의 책, 46~47면 참조.
42) Kohlrausch, Irrtum und Schuldbegriff, 1903, 118면 이하 ; 조준현, 앞의 논문, 199면.

## V. 독일제국법원의 착오법리를
## 극복하기 위한 제학설

### 1. 고의설의 등장 : Liepmann(1900), Finger(1904),
### Binding(1907 / 1913)

Liepmann은 의무위반성(Pflichtwidrigkeit)의 인식으로서의 위법성 인식이 고의의 본질적 표지에 속한다고 주장하였다. 한편 Finger는 법률의 착오와 사실의 착오의 구분이 불가능하다고 논증한 뒤, 두 개의 개념은 고의와의 관련속에서 동일한 의미가 부여되어야 한다고 주장했다.[43]

고의설은 K. Binding에 의하여 지속적으로 발전되었는데 그에 따르면 고의개념은 로마법상의 dolus malus(악의)개념, 즉 위법적인 고의(rechtswidriger Vorsatz)와 일치하고, 바로 이 고의개념에는 본질상(wesentlich) 위법성의 인식이 포함된다고 주장하였다. 왜냐하면 고의개념은 그 무엇보다도 권리 내지 의무에 대한 의식적 또는 무의식적 반항(Auflehnung)이라는 관점 속에서 깊이 있게 포착될 수 있기 때문이다.[44]

### 2. 책임설의 등장 : v. Wächter(1881), v. Hippel(1908)

v. Wächter는 구성요건에 대한 착오(Irrtum in einem Moment des Tatbestand)와 행위의 금지성에 대한 착오(Irrtum über das Verbotensein der Tat)를 구분하고 회피가능성여부와는 관계없이(unabhängig von seiner Vermeidbarkeit) 전자는 고의를 조각하고 후자는 단지 부분적으로나 책임을 조각하거나 (entschuldigenden) 형벌을 감경하는(strafmilderenden) 성격을 지니게 된다고

---

43) 이에 대해서는 Werner Georg Tischler, 앞의 책, 52~54면 참조.
44) Karl Binding, Grundriß, 116~118면 참조.

주장하였다.[45]

그리고 v. Hippel 역시 행위의 일반적 금지성에 대한 착오는 면책가능
성(Entschuldbarkeit)과 관련된다고 보면서 행위자에게 위법성과 의무위반
성이 없을 때에는 형벌을 부과할 수 없다고 했다.[46]

# VI. v. Bar의 학설(1907)

Ludwig v. Bar는 새로운 관점에서 용서할 수 있는(고의를 조각하는) 법
률의 착오와 용서할 수 없는(고의와 무관한) 법률의 착오를 구분하였다.
그는 독일제국법원이 형법적 법규에 대한 착오와 형법외적 법규에 대한
착오를 구분한 것은 잘못이지만, 그러한 관련 판결들은 결과에 있어서는
대체로 옳았다는 점을 강조하였다.

v. Bar는 독일제국법원과는 다른 근거에서 그러한 구분법을 정립하였
다. 구체적으로 확정된 법률이나 법률관계 또는 개인의 법적인 자격
(rechtlichen Eigenschaft einer Person) 또는 사실의 존재 및 부존재에 관한 착
오는 고의를 조각하는 반면, 현행법 및 법률관계 또는 개인의 법적 자격에
서 도출되는, 일반적인 모든 사람에게 귀속되는 권능이나 의무(Befugnisse
und Pflichten)에 관한 착오는 중요하지 않은(unerheblich)것으로 보았다.

요컨대 구체적 법률(konkretes Recht)에 대한 착오는 용서되는 반면 바
로 이러한 구체적 법률로부터 도출되는 권능(Befugnis)에 대한 착오는, 인
간 행위의 보편적인 법규에 대한 오인(die Verkennung der "allgemeinen
Regeln des menschlichen Handelns")처럼 고려되지 않는다는 것이다. v. Bar에
따르면 바로 이러한 권능의 착오(Befugnisirrtum)는 착오의 본래적 의미에
서 독일제국법원이 형법적 법률의 착오라고 표현했던 착오라고 한다.[47]

---

45) Werner Georg Tischler, 앞의 책, 54면 참조.
46) Werner Georg Tischler, 앞의 책, 57면 참조.
47) v. Bar, Gesetz und Schuld, Bd. Ⅱ, 1907, 401~430 참조.

## VII. 고의설의 전개

### 1. Beling(1930), Mezger(1943 / 1944)

Ernst Beling은 위법성의 인식은 고의의 구성요소이기 때문에 비단 구성요건착오뿐만 아니라 금지착오도 고의를 조각한다고 하였다. Edmund Mezger는 처음에는 엄격고의설을, 나중에는 제한고의설을 취함으로써 (구성요건과 금지의) 착오구분의 중요성을 부정하였다. 그는 자신의 저서인 '개요(Grundriß)'에서 고의의 성립에는 사실의 인식뿐만 아니라 의미의 인식도 요구된다고 주장하였다.[48]

Mezger에 있어서 의미의 인식(Bedeutungskenntnis)이란 다음의 두 가지 표지와 관련된다. 하나는 '개별적 행위상황(die einzelnen Tatumstände)', 다른 하나는 '행위 그 자체(die Tat als solche)'이다. 여기서 '행위 그 자체'란 전체 행위의 반가치(Unwert der ganzen Tat), 다시 말해 행위자 자신의 행위의 불법 또는 위법성(das Unrecht oder das Gesetzwidrige seiner Tat)을 뜻한다. Mezger는 자신의 교과서 제3판(1949)에서 고의에는 사실 인식과 의미의 인식(Bedeutungskenntnis)이 포함된다고 주장하였다. 그에 의하면 의미 인식은 두 가지 요소로 구성되는데, 하나는 규범적 구성요건표지의 의미에 대한 인식이고 다른 하나는 행위의 위법성의 의미에 대한 인식이라고 한다.[49]

### 2. 고의설에 입각한 판례 : Kiel 고등법원(1946)

Kiel 주고등법원은 1946년 4월 13일 기존의 제국법원 판례를 시대에

---

48) Beling, Grundzuge des Strafrechts, 1930, 31~52면 참조.
49) Mezger, Grundriß, 1943, 102~110면 참조.

뒤떨어진 것(überholt)이며 위법성의 인식은 고의에 포함된다고 판시하였다. 이 때부터 고의설이 판례에서 나타나기 시작하는데 이 때의 고의설은 Kiel 주고등법원이 판시한 바대로 위법성의 인식은 전적으로 언제나 (schlechthin immer) 고의에 포함되는 것으로 보기 때문에 엄격고의설을 의미하였다.[50]

### 3. Schröder의 엄격고의설(1949)

Horst Schröder는 규범위반의 인식은 고의의 구성요소가 아니라 반대로 고의가 위법성‘인식의 구성요소라고 주장하였다. 왜냐하면 고의가 없이는 위법성의 인식이 존립할 수 없기 때문이다. 그는 고의가 아니라 위법성의 인식이 바로 본래적으로 구성적인(eigentlich konstitutive) 고의책임의 표지라고 하였는데, 왜냐하면 행위자가 금지성의 표상(Vorstellung des Verbotenseins)을 통해서 범행을 중단해야 할 동기를 부여받지 못한 점이 비난되기 때문이다. 2차적이고, 위법성의 인식에 기여하는 역할은 위법성인식의 요소로서의 고의에 귀속된다.[51]

## VIII. 책임설의 전개

### 1. Radbruch(1947), Welzel(1947 / 1948)

Radbruch는 고의를 의도적인 불복종으로 이해하였다. 따라서 라드브루호에 의하면 강제적인 법해석은 명령이나 금지 속에서 법의 원형을 인

---

50) Werner Georg Tischler, 앞의 책, 104면 참조.
51) Schröder, Aufbau und Grenzen des Vorsatzbegriffs, F.S. für Sauer, 1949, 207면 이하.

식하게 된다. 그러므로 그는 위법성의 인식은 당연히 고의의 일부가 된
다는 고의설의 입장에 반대하였다. 그에 따르면 불법은 금지되기 때문에
불법인 것이 아니라, 불법이기 때문에 그것은 금지된다고 보았다. 그러
므로 그는 (2차적인) 결정규범이 아니라, 행위방식을 부당하다거나 반사
회적인 것으로 설명하는 평가규범을 법의 원형으로 간주하였고, 따라서
책임설에 의하면 위법성의 인식을 굳이 고의에 포함시켜야 할 필요가
없다고 한다.[52]

Hans Welzel은 1947년과 1948년에 두 편의 논문에서 고의설을 비난하
면서 심정윤리(Gesinnungsethik)를 책임윤리(Verantwortungsethik)로 확장하
려는 노력속에서 인간은 자신의 심정의 순수성(Reinheit ihrer Gesinnung)
에 대해서만 책임을 지는 것이 아니라 자신의 행동의 객관적 정당성
(sachliche Richtigkeit ihrer Tat)에 대해서도 책임을 지게 된다고 하였다. 그
에 의하면 책임설에 따라서 구성요건착오와 금지착오를 달리 취급하는
것은 실정법속에 선재된(positiven Recht vorgegebenen) 책임과 고의의 본질
로부터 도출된다고 보았다.[53]

Welzel은 1948년 그의 논문 '행위의 위법성'에서 고의설과 책임설이라
는 개념을 만들어 냈으며 책임설을 적극 지지하였다. 특히 그는 구성요
건착오와 금지착오의 구분과 관련하여 Aristoteles를 원용하면서 구성요건
착오란 개별적 행위정황에 대한 착오를, 금지착오란 행위의 일반적 법규
(allgemeinen Regeln des Handeln)에 관한 착오를 의미한다고 주장하였다.[54]

## 2. 책임설에 입각한 판례 : Oldenburg 주고등법원(1950)

Oldenburg 주고등법원은 1950년 6월 20일, 행위상황에 대한 인식만으
로는 범행을 저지할 만한 심리적 압박(von der Tat abhaltenden Hemmungen)

52) Werner Georg Tischler, 앞의 책, 110면.
53) Werner Georg Tischler, 앞의 책, 111~112면.
54) Welzel, Der Irrtum über die Rechtsmäßigkeit, 1948, 250~255면.

을 야기할 필요가 없고 잠재적 불법인식이 책임요소로서 인정되어야 한다고 판시하였다. 그리고 위법성의 인식은 고의의 요소가 아니라고 하였다. 아울러 과실범을 구성요건에 규정하지 않은 범죄에 대해서도 처벌을 가능하게 하였다는 점에서 책임설을 따랐다고 평가할 수 있다.[55]

### 3. Eb. Schmidt(1950)

Eb. Schmidt는 전술한 Oldenburg 주고등법원판례에 찬성하면서, 행위자가 구성요건표지를 완전히 알고 있으면서도 그것이 금지된다는 점을 몰랐다는 점에 책임이 인정되는 경우에는 고의범으로서의 형벌을 부과하는 것이 형사정책적으로 불가피하다고 주장하였다.[56]

Hellmuth v. Weber 역시 Oldenburg 주고등법원판례에 찬성하면서 회피가능한 금지착오는 책임감경사유가 된다고 주장하였다.[57]

## IX. 책임설의 채택 :
## 1952년 독일연방대법원판결(BGHSt 2, 194)

주지하다시피 1952년 3월 18일의 독일연방대법원 판결(BGHSt 2, 194)은 기존의 독일제국법원이 취하고 있던 착오법리에 근본적인 수정을 가져온 판례로 널리 알려져 있는 관계로[58] 이에 대한 설명은 간략히 하기로 한다. 동 사안에서 문제의 변호인은 피고인인 의뢰인에게 일정한 보

---

55) Werner Georg Tischler, 앞의 책, 112면 참조.
56) Werner Georg Tischler, 앞의 책, 113면.
57) Werner Georg Tischler, 앞의 책, 113면.
58) 특히 판례 전문의 요약 및 번역에 대해서는 김종원, 금지착오에 관한 연구 －형법 제16조와 관련하여－, 1975, 33~42면 참조.

수를 지급하지 않으면 변호를 중단하겠다고 협박하여 의뢰인으로부터 돈을 요구한 혐의로 독일형법 제240조의 '강요죄'로 기소되었다.

이에 동 변호인은 자신은 그러한 요구를 하는 것이 적법하다고 믿었기 때문에 강요죄의 구성요건 중 '위법하게'라는 요건이 충족되지 않기 때문에 고의가 조각되어 고의범으로는 처벌될 수 없고, 독일형법상 강요죄의 과실범은 처벌되지 않기 때문에 결국 무죄라고 항변하였다.

변호인의 이러한 항변에 대해 독일연방대법원은 우선 형벌법규의 착오와 비형벌법규의 착오를 구분하여 전자는 언제나 고려되지 않는 것으로, 즉 면책되지 않는 것으로 본 반면에 후자는 사실의 착오와 동일하게 다루어 고의를 조각하는 것으로 취급하는 태도는, 자의적일 뿐만 아니라 논리적으로 관철될 수 없다고 비판한 후[59] 다음으로는 동 사안처럼 사실에 대한 고의는 가지고 있으나 금지착오에 빠진 행위를 다루기 위해 제안된 고의설과 책임설을 차례로 검토하여 고의설이 지닌 여러 형사정책적 결점을 열거하면서 결국 책임설에 의한 해결방안이 고의설에 비해 낫다고 결론지었다.

동 판례의 의의는 크게 두 가지이다. 그 하나는 "법률의 부지는 용서받지 못한다"라는 전통적 법원칙을 크게 수정하여 극복할 수 없거나 회피불가능한 금지착오는 면책되어야 한다고 본 것이고, 다른 하나는 책임설을 채택함으로써 위법성의 인식을 책임의 요소로 보아 책임의 정도에 따라 형벌을 부과할 수 있도록 한 것이다.[60]

---

59) 동 판결의 주문에 따르면 이러한 구분은 논리적으로 불가능하다는(logischen Unmöglichkeit der Unterscheidung zwischen strafrechtliche und außer strafrechtlichem Rechtsirrtum) 학계의 지적을 인용하면서 형벌법규와 비형벌법규의 구분은 논리적으로 관철될 수 없다고(Dazu kommt, daß die Unterscheidung sich logisch nicht durchführen läßt)판단하고 있다. BGHSt, 2, 194, 200~202면 참조.

60) 이러한 평가로는 신동운, 형법총론, 2003, 376면 참조.

## X. 제한책임설의 채택과 책임설 채택의
## 이론적 근거 : BGHSt 3, 105(1952)

독일연방대법원이 BGHSt 2, 194에서 책임설을 채택한다고 천명했을 때 이 때의 책임설이 과연 엄격책임설인지 제한책임설인지에 대해 의문의 여지가 남게 되었는데, 동 판결 나온 지 3개월 후 BGHSt 3, 105(1952)는 허용구성요건적 착오를 사실의 착오처럼 취급하여 고의를 조각하는 것으로 봄으로써 독일연방대법원이 채택한 책임설이 제한책임설임을 분명히 하였다.[61]

한편 독일연방대법원의 선도적 판결 BGHSt 2, 194는 형벌법규의 착오와 비형벌법규의 착오를 구분하는 태도를 명시적으로 포기하였지만 책임설을 채택함으로써 결과적으로 사실의 착오와 법률의 착오를 다르게 취급하는 입장을 취하게 되었는데 – 반면 고의설은 사실의 착오와 법률의 착오를 동일하게 취급하게 됨은 주지의 사실이다 – 1952년 독일연방대법원의 후속판례 BGHSt 3, 105는 사실의 착오와 법률의 착오를 다르게 취급하는데 대한 정당화 근거를 제시하였다.

동 판결주문에 따르면 사실의 착오에 빠진 행위자는 그 자체로는(an sich) 원칙상 법을 준수하고 있는 자이다. 왜냐하면 그는 어디까지나 법을 준수하려고 노력하였으나 사실적 상황에 대한 착오로 인해 법을 준수하지 못하게 된 것이기 때문이다. 그리고 법률의 착오는 사실의 착오에 있어서보다는 법률의 착오에 있어서 법규위반에 대한 인식이 일반적으로 수월하다. 물론 양 착오가 모두 회피가능하거나 비난가능하다는 점에 있어서는 공통점을 갖기는 하지만, 사실의 착오는 법률의 착오보다

---

61) 이에 대해서는 조준현, 금지착오에 관한 독일형법이론사 소고, 손해목 교수 화갑기념논문집, 1993, 204면 ; Paul K. Ryu & Hellen Silving, 앞의 논문, 453~455면.

일반적으로 더 강력하고 직접적인 행위계기를 제공한다는 점에서 비난가능성이 적다.

요컨대 사실의 착오는 법률의 착오에 비해 누구에게나 쉽게 발생할 수 있고 또한 어디까지나 법을 준수하려고 노력하는 과정 속에서 발생하기 때문에 비난가능성이 적다는 것이다. 그러므로 법률의 착오가 사실의 착오에 비해서 보다 중한 착오가 되며 따라서 양자를 달리 취급하는 것은 정당화된다는 것이다.[62]

## XI. 책임설의 입법화 : 1975년의 득일 신형법 제17조 제정까지의 이론사적 맥락 개관

### 1. 독일제국법원의 착오법리 : 형벌법규와 비형벌법규의 구분

'법률의 착오(Error Juris)'를 다루고 있는 독일형법 제17조는 수십 년간의 독일 내에서의 서로 다른 학설 간의 격렬한 논쟁을 독일 법원이 점진적으로 수용하면서 입법화되는 과정을 거쳤다.[63] 주지하다시피 독일형법 제17조는 형벌법규와 비형벌법규를 구분하여 전자에 대한 착오는 전혀 고려하지 않고 후자에 대한 착오만을 벌하지 않는 태도를 취하였던 독일제국형법의 착오법리를 명시적으로 거부하고 나타난 조문이다. 독일형법학은 영미법계의 착오법리와는 달리 사실의 착오는 그것이 합리적인 것이든 비합리적인 것이든 고의를 조각시키기 때문에 피고인으로

---

62) BGHSt 3, 105 ; 동 판례 내용에 대한 위와 같은 해설로는 Paul K. Ryu & Hellen Silving, Error Juris : A Comparative Study, Chicago Law Review, Spring 1957, 452 ~453면 참조.

63) Gunther Arzt, Ignorance or Mistake of Law, The American Journal of Comparative Law, Vol.24, 1976, 647면.

서는 사실의 착오와 법률의 착오의 경계가 불명확한 사안에 있어서는
사실의 착오를 주장하는 것이 유리하기 때문에 이러한 문제를 둘러싸고
법관과의 견해가 심하게 대립되곤 하였다.

　이러한 점을 극복하기 위해 독일제국법원은 비형벌법규의 착오를 사
실의 착오와 동일하게 다루어 고의를 조각하는 방식을 취함으로써 법률
의 착오에 대한 면책의 범위를 넓혀보려는 태도를 취하였지만 이에 대
해 독일연방대법원은 형벌법규와 비형벌법규의 구분 역시 불가능하며
자의적인 것이기 때문에 제국법원의 입장은 단지 법관의 정의감정에 따
른 판단을 법리적으로 은폐하기 위한 구실에 불과하다는 결론에 도달하
였던 것이다.[64]

## 2. 제1차 세계대전과 독일제국법원 착오법리의 수정 : 자연범과 법정범의 구분

　독일제국법원의 착오법리에 대한 이러한 비판이 꾸준히 대두되어 온
가운데, 제1차 세계대전은 마침내 독일의 착오법리는 영미법계의 착오
이론과 근본적으로 다른 방향으로 선회하는 계기를 마련하게 되었다. 전
쟁은 독일 내에서 형사제재를 급증시켰다. 왜냐하면 전시에 정부가 희
소한 자원을 효율적으로 분배하기 위해서는 경제정책을 수립하고 이를
형사제재에 의해 강제하여야 할 필요성이 절실했기 때문이다.

　이처럼 새로운 형사제재를 부과하는 새로운 형법규정이 폭증하자 더
이상 모든 시민이 법률을 알고 있기 때문에 형법적 법률의 부지는 용서
받지 못한다는 독일제국법원의 법리를 유지될 수 없었다. 따라서 독일제
국법원은 형벌법규와 비형벌법규를 구분하던 기존의 입장을 바꾸어서
형벌법규도 전통적 형벌법규와 (주로 재화의 분배와 가격정책을 조정하
던) 부수형법을 구분하여 후자에 대한 착오의 경우는 면책사유로 인정하

---

64) Gunther Arzt, 앞의 논문, 649～650면 참조.

게 되었던 것이다.

소위 부수형법(Nebenstrafrecht)으로 불리는 각종 행정형법들은 결국 자연범(mala in se)과 법정범(mala prohibita)을 구분하여 "법률의 부지는 용서받지 못한다"는 법원칙을 누구나 알 수 있고 도덕적 비난을 수반하는 자연범에만 국한시켜 적용 법리를 낳게 되었던 것이다.

그러나 형벌법규와 비형벌법규를 구분하는 것이 모호했던 만큼이나 자연범과 법정범을 구분하는 것은 용이하지 않다고 볼 수 있는데, 왜냐하면 이 당시의 행정법규에 의해 금지되었던, 공공의 목적으로 이용될 희소한 재화를 착취하는 행위와 자연범인 절도행위는 그 본질에 있어서는 도덕적 비난을 받을 만하다는 점에서 동일하기 때문에 양자를 구분하여 취급한다는 것은 부당하다는 것이다.

특히 법정범에게 면책의 기회를 넓혀주는 것은 오히려 화이트칼라 범죄를 부추길 우려가 있어 법감정에 반하는 결과를 가져오는 폐단도 있다는 비판이 제기되었다.[65)]

## 3. 제1차 세계대전 후 미국 내 착오법리의 변화와 독일의 상황과의 비교

한편 제1차 세계대전은 미국의 경우 독일과는 정반대의 방향으로 전회하는 계기를 제공하였다. 미국도 독일과 마찬가지로 전정을 겪으며 법률의 착오가 더욱 빈번하게 발생하였고, 이러한 경향은 법률의 착오가 항변이 될 가능성을 더욱 높이게 되었다. 그러자 미국의 사법실무는 독일과는 반대로 "법률의 부지는 용서받지 못한다"는 법리를 더욱 철저하게 관철시키는 방향으로 나아가게 되었다. 예컨대 무과실로도 범죄가 성립하는, 즉 '범의(mens rea)'가 충족되지 않아도 범죄가 성립하는 엄격책임(absolute liability)[66)] 개념이 대두되어 법률의 착오를 면책사유로 받아들

---

65) 이에 대해서는 Gunther Arzt, 앞의 논문, 650~651면.

이지 않은 것이 바로 그러한 증좌이다.[67]

미국에서의 착오이론이 독일과 달리 착오항변을 더욱 엄격하게만 인정하게 된 이유에 대해서 Gunther Arzt는 전후 미국의 법이론 발달에 지대한 영향을 끼쳤던 법현실주의(Legal Realism)에서 비롯된 것이라고 분석한다.

법현실주의의 한 갈래인 규칙회의주의(Rule-Skepticism)에 따르면 전통법학이 법의 확실성을 신봉해 왔던 것은 허구에 지나지 않으며 실제로 법은 법전에 규정된 대로의 것이 아니라 법관이 감정 및 직관 등의 비이성적인 동기로 인해 실제로 적용한 판례에 지나지 않는다는 공통된 인식을 토대로 하였던바, 이러한 취지의 규칙회의주의는 법률의 착오에 빠진 자에게 이론적으로 정당화할 수 있는 근거를 제공하여 착오자에게 유리하게 기능함으로써 법원이 권위를 손상시킬 위험이 초래될 수 있었기 때문에 사법실무는 착오를 더욱 엄격하게 다루게 되었다는 것이다.[68]

규칙회의주의란 20세기 초에 미국에서 대두한 사조로서 전통적인 법사고, 특히 형식주의(Formalism)에 대한 비판에서 비롯된 이른바 법현실주의의 한 갈래로서 이는 전통 법학이 신봉해 온 법적 확실성이 환상이고 허구에 지나지 않는다는 점에 초점을 맞추어 법원의 판결이 대단히 불확실하고 예측불가능할 수밖에 없는 것은 판결은 법규가 아니라 감정, 직관, 편견 및 기타 비이성적 요소들에 의해 결정되기 때문이라고 주장한 프랑크(Jerome Frank, 1889~1957)나 르웰린(Karl Llewellyn, 1893~1962) 등에 의해 대표되는 견해로서, 요컨대 법은 법전에 규정된 규칙(rule)이 아니라 판사의 해석과정을 통해 만들어진 판결(decision)이라는 입장을 취한다.[69]

Arzt에 따르면 이처럼 미국은 법률의 착오를 면책사유로 인정하는데

---

66) absolute liability는 일반적으로 strict liability란 용어로 쓰이며 양자는 동일한 개념이다. 이에 대해서는 D.C. Van Hoop & D. Verbruggen & C.H. Stoll, Elsevier's Legal Dictionary, 2001, 921면의 13396번 참조.

67) Gunther Arzt, 앞의 논문, 651면.

68) Gunther Arzt, 앞의 논문, 653~654면.

69) 이에 대해서는 오세혁, 법철학사, 2004, 340~345면 참조.

있어서도 독일보다 뒤처지게 되었을 뿐만 아니라 정신이상(insanity)이나 중독상태(intoxication)로 인해 피고인을 면책시키는데 있어서도 독일보다 더딘 발전을 하고 있다. 특히 독일의 경우 이미 강압(coercion)이나 정신이상은 면책사유로 충분히 고려하게 되었고, 중독상태 역시 거의 완전히 고려하도록 발전하였지만, 여전히 법률의 착오만큼은 그러한 발전이 지체되고 있다고 한다.[70]

## 4. 인과적 행위론과 고의설 : 독일제국법원 착오법리의 배경

전후 약 30여 년간 독일은 "법률의 부지는 용서받지 못한다"는 법원칙을 전통적인 형법범의 영역에만 적용하고 그 외의 행정범에 대해서는 법률의 착오를 면책사유로 인정해 왔다. 그리고 주지하다시피 독일제국법원은 비형벌법규의 착오는 사실의 착오 동일시하여 고의를 조각시킨다는 법리를 관철해 오고 있었다.

따라서 비형벌법규의 착오와 사실의 착오는 고의를 조각시킨다는 점에서 동일하게 다루어지고, 심지어는 과실에 의해 그러한 착오가 발생한 경우에는 양자 모두 과실범으로 취급된다는 점에서 역시 동일한 법적 효과를 부여받는다. 다시 말해 비형벌법규와 관련해서 법률의 착오와 사실의 착오는 모두 고의의 성립요소로 다루어지는 결과에 수렴해가고 있는 것이다. 그리고 이러한 입장은 이른바 고의설의 견해와 다르지 않다.

인과적 행위론에 따르면 행위와 결과사이의 인과관계가 구성요건의 핵심이며, 반면에 고의나 과실은 책임의 주된 요소로 간주된다. 따라서 고의의 성립요소인 위법성의 인식이나 사실의 인식에 대한 착오는 모두 고의책임을 조각하게 되어 동일하게 취급된다.

이와 달리 목적적 행위론에 따르면 행위의 본질은 목적을 설정하고

---

70) Gunther Arzt, 앞의 논문, 652~653면 참조.

그 목적을 성취하기 위해서 그러한 과정에 이르는 원인과 결과를 제시하고 있는 법규를 인식하고 활용할 수 있는 능력이다. 따라서 목적적 행위론에서 중요한 것은 인간의 행위방향을 결정하는 '고의'이지 결코 '법규의 존재' 그 자체가 아니다. 이러한 의미에서 법규의 존재 그 자체는 인간의 행위를 결정짓는 '인과적 요소(causal factor)'가 되지 못한다. 오직 인간의 선택적 의지, 즉 고의만이 행위방향을 결정짓는 주요한 요소이기 때문이다. 그렇기 때문에 법률의 인식, 즉 위법성의 인식은 고의와는 독립된 별개의 요소로 자리매김 되는 것이다. 결국 고의(또는 과실)는 구성요건요소로 위법성의 인식은 책임의 요소로 분화되어 나가고 따라서 법률의 착오는 목적적 행위론에 의하면 고의가 아닌 책임의 요소가 된다.

목적적 행위론의 이러한 결과는 위법성의 인식을 별도의 책임요소로 체계지우는 책임설의 토대가 되며, 이로부터 법률의 착오와 구성요건착오가 다르게 취급될 수 있는 근거가 제공되는 것이다. 그러나 이처럼 인과적 행위론과 고의설이, 그리고 목적적 행위론과 책임설이 밀접히 관련됨에도 불구하고 다양한 형태의 이론조합, 즉 인과적 행위론을 토대로 책임설을 주장하는 견해도 존재함에 유의할 필요가 있다.[71]

## 5. 책임설의 근거 : 입증부담의 문제

법률의 착오와 사실의 착오를 다르게 취급하는 근거에 대해서 전술한 바와 같이 형법이론적 배경이 제시되기도 하지만, 보다 근본적으로는 실천적 차원에서 이에 대한 해답이 구해질 있다.

만일 법률의 착오와 사실의 착오를 동일하게 취급하는 고의설을 채택하게 되면 위법성의 인식은 고의의 성립요소가 되고, 따라서 이에 대한 입증의 부담을 국가가 지게 되는데 이는 특히 전통적인 형법범의 경우 대부분 과실법에 대한 처벌규정이 없는 관계로─만일 과실범 처벌규정

---

71) 이상의 설명에 대해서는 Gunther Arzt, 앞의 논문, 654~655면 참조.

이 있다면 위법성의 인식이 없더라도 이를 과실로 처벌할 여지가 남지만— 이러한 형법범을 처벌하기 위해서는 행위자에게 위법성의 인식이 온전히 구비되어 있었음을 증명해야 하는데 합리적 의심의 여지없이 행위자에게 위법성의 인식이 있었음을 증명하는 것은 대단히 어렵기 때문에 법률의 착오는 사실의 착오와 달리 보다 엄격하게 취급할 필요가 생겨난다는 것이다.

혹자는 형법범의 경우에는 법률의 착오가 문제될 여지가 없는데 입증의 문제가 크게 부각될 이유가 없다고 생각할 수도 있다. 그러나 독일의 역사적 맥락에서 보자면 제2차 세계대전 중에 나치의 명령에 의해 유태인을 살해한 자가 살인죄에 대한 법률의 착오를 주장하는 경우가 빈번했기 때문에 이러한 설명은 충분히 설득력이 있는 것이다.72)

한편 법률의 착오와 사실의 착오를 다르게 취급하는 근거에 대한 책임설 지지자의 이러한 '입증곤란' 논변에 대해서 고의설의 추종자들은 다음과 같은 반론을 제기한다. 오직 매우 특수한 경우에만 법률의 착오 항변은 받아들여질 수 있기 때문에 입증곤란의 문제는 사실상 발생할 가능성이 크지 않다는 것이다. 또한 다른 방식의 반박논거도 제시되었는데 입법론적으로 과실범의 인정범위를 확대시키거나 아니면 위법성의 인식에 과실이 있을 때 (법과실의 경우) 이를 일정한 형으로 처벌하는 특별한 규정을 새로이 신설하면 해결된다는 것이다. Rümelin이나 von Hippel, 그리고 Schröder 등이 법과실(Rechtsfahrlässigkeit)을 별도로 처벌하는 규정을 두자는 주장을 하였고 실제로 제2차 세계대전 전에 독일의 정부초안은 이러한 내용을 담고 있기도 했다.73)

---

72) Gunther Arzt, 앞의 논문, 655면.
73) Gunther Arzt, 앞의 논문, 656~657면.

## 6. 회피가능성의 도입계기

전술한 바와 같이 고의설의 단점은 무엇보다 입증곤란의 문제에서 기인한 것이며 이를 극복하기 위해 법률의 착오를 사실의 착오와 다르게 취급하는 책임설이 우세한 지위를 차지하게 되었던 것이다. 책임설에 따르면 법률의 착오는 구성요건착오 그 자체보다 엄격한 요건하에서만(회피불가능한 경우에만) 제한적으로 인정되는데 그 이론적 근거는 다음과 같다.

고의는 행위자에게 그  행위가 위법하다는 사실을 일깨워 주는 기능(이른바 구성요건 고의의 경고기능 ; Warnfunktion des Tatbestandsvorsatzes)을 한다. 그리고 책임설하에서는 사실의 착오는 고의가 조각되지만, 법률의 착오에 빠진 자에게는 여전히 구성요건 고의는 존재하기 때문에 자신의 행위가 위법한 것인지에 대해 숙고할 계기가 분명 존재한다. 그렇기 때문에 그러한 경고기능이 존재함에도 불구하고 행위의 위법성을 인식하지 못했다는 점에서 분명 법률의 착오는 사실의 착오에 비해 비난의 여지가 크다.

그런데 이러한 논리를 일관하면 다음과 같은 문제가 발생한다. 예컨대 법률의 착오로 인해 사소한 장난을 친 자식을 처벌할 권한이 있다고 믿고 행위한 자와(법률의 착오) 실제로는 존재하지 않는 생명의 위협이 닥쳤다고 오신하여 타인을 상해한 자는(오상방위) 양자 모두 타인을 상해하려 했다는 점에 있어서는 고의가 인정되고 따라서 위 논리를 철저히 밀고 나가자면 각 행위자 모두 구성요건 고의의 경고기능이 작용하여 자신의 행위가 타인의 법익을 침해하는 위법한 행위라는 점을 숙고할 계기를 지니고 있었기 때문에 양자는 동일하게 취급될 수 있을 것이다.

그러나 이러한 결과는 분명 부당하다고 하지 않을 수 없다. 왜냐하면 전자의 경우는 어디까지나 법률의 착오에 빠진 자임에 분명하지만 후자의 경우는 사실적 상황에 대한 착오에 빠진 자이기 때문이다. 독일적 전

통에서 보면 오상방위는 사실의 착오이지 법률의 착오가 아니다.74)

그럼에도 불구하고 전술한 논리(엄격책임설의 논리)에 따라서 양자가 동일하게 취급되는 것은 타당하지 않다. 이러한 이유로 인하 법률의 착오를 오상방위와 구분하기 위해서는 법률의 착오를 항변사유로 인정하기 위한 기준은 오상방위 등 사실적 상황에 대한 착오를 항변사유로 인정하기 위한 기준보다 엄격할 필요가 있다. 그리하여 법률의 착오항변을 제한하기 위한 엄격한 기준으로서 회피가능성이란 척도가 도입된 것이라고 한다.

그리고 바로 이와 같은 맥락에서 만일 과실에 의해 법률의 착오와 오상방위가 발생하는 경우에도 법률의 착오로 인한 항변은 보다 엄격히 제한할 필요가 있기 때문에 회피가능성의 판단기준은 구성요건 과실의 판단기준보다 높게 설정될 수밖에 없다는 것이다. 법과실의 주의의무 수준은 구성요건 과실의 그것보다 높으며 그렇기 때문에 구성요건 과실에 요구되는 수준보다 경미한 주의의무 위반이 있더라도, 즉 구성요건과실은 인정되지 않더라도 법과실은 인정되어 회피가능한 금지착오로 취급될 가능성이 크다.75) 이러한 맥락에서 독일연방대법원은 듣지착오의 회피가능성 판단에 요구되는 주의의무 수준은 과실 판단에 요구되는 수준보다 높다고 판시한 바 있다.76)

## 7. 1962년 초안(Entwurf von 1962)과의 비교

**1962년 초안 제21조** : 행위를 행함에 있어서 아무런 불법도 행하지 않는 것으로 오인한 자는, 그에게 그 착오가 비난될 수 없는 때에는, 책임 없이 행위한 것이다. 그에게 그 착오가 비난될 수 있는 때에는, 그 형은 제64조 제1항에 의하여 감경될 수 있다.

---

74) 독일법은 전통적으로 오상방위를 사실의 착오로 다루었다. 이에 대해서는 Gunther Arzt, 앞의 논문, 660면.
75) 이에 대해서는 Gunther Arzt, 앞의 논문, 657~658면.
76) BGHSt 4. 236.

**1969 신형법총칙 제17조** : 행위를 행함에 있어 행위자가 불법을 행한다는 통찰이 결하는 경우에, 그가 이 착오를 피할 수 없었을 때에는, 그는 책임 없이 행위한 것이다. 행위자가 그 착오를 피할 수 있었을 때에는, 그 형은 제49조 제1항에 의하여 감경될 수 있다.

1962년 초안에서는 '아무런 불법도 행하지 않는 것으로 오인한 자는' 이라고 규정되어 있었는데, 신형법 총칙에서는 '행위자에게 불법을 행한다는 통찰이 결하는 경우에 그가'로 변경되었다. 이는 1962년 초안이 행위자가 자기의 행위를 위법하지 않은 것으로 적극적으로 착오한 경우에 관한 것이기 때문에, 행위자가 자기의 행위가 위법한 줄 모르는 소극적인 착오의 경우도 포함시키기 위한 것이고, 통찰(Einsicht)이란 표현을 쓴 것은 책임능력에 관한 독일형법 제20조의 규정과 보조를 맞추기 위한 것이라고 한다.[77]

그리고 1962년 초안에서는 '그 착오가 비난될 수 없는 때'라고 규정되어 있다가 신형법 총칙에 와서는 '그 착오를 회피할 수 없는 때'로 변경되었는데, 신형법 총칙의 규정방식의 장점은, 첫째, 행위자에게 그 착오가 비난될 수 없는 이유를 나타내는 것이고, 둘째, 1962년 초안의 '비난가능성'이란 표현보다 법관에 의한 도덕화의 위험이 없다는 것이라고 한다.[78]

## 8. 독일형법 제17조에 대한 회고와 전망 : 판례경향 분석

이상의 논의를 정리하자면 책임설이 고의설에 비해 선호될 수 있는 근거는 이론적 차원이 아니라 실천적 차원에서 설명될 수 있다. 그것은 바로 입증부담의 문제이다. 고의설에 따르면 위법성의 인식은 고의의 성립요소인 관계로 행위자를 고의범으로 처벌하기 위해서는 위법성의 인

---

77) 김종원, 1969년의 새로운 독일형법총칙을 중심으로, 경희법학 제8권 제1호, 1970, 116면.
78) 이에 대해서는 김종원, 앞의 논문, 116면 참조.

식에 대한 입증의 부담이 고스란히 국가에게 부과된다. 그에 반해 책임
설을 취하면 행위자에게 위법성의 인식에 대한 (법)과실만 인정되면 행
위자를 회피가능한 금지착오에 빠진 자로서 고의범 처벌을 할 수 있기
때문에 국가는 행위자를 고의범으로 처벌하기 위해서 '위법성의 인식'
그 자체가 아니라 과실만을 입증하면 족한 실천적인 장점을 지니고 있
는 것이다.[79] 이는 특히 전술한 바와 같이 법과실의 판단척도는 구성요
건 과실의 그것보다 높게 설정되어 있기 때문에 법과실의 입증은 상대
적으로 훨씬 수월하기 때문에 더욱 그러하다.

양차 세계대전을 거치면서 새로운 형벌법규(부수형법)가 급증하여 법
률의 착오가 발생하는 빈도가 높아지고 독일신형법의 제정으로 "법률의
부지는 용서받지 못한다"는 전통적 법원칙에 큰 수정을 보게 되었음에
도 불구하고 독일에서 법률의 착오항변이 받아들여지는 경우는 여전히
드물다. 이러한 현상을 두고 영미권의 학자인 Jerome Hall은 독일 신형법
의 제정은 그저 '말뿐인 변화(verbal change)'에 불과한 것이 아닌가라는
의구심을 제기하기도 한다.[80]

Gunther Arzt는 독일 내의 착오항변이 여전히 인색한 경향의 원인에
대해 다음과 같이 분석해 낸다. 대부분의 법률의 착오항변은 새롭게 규
정된 부수형법의 영역에서 주로 발생하는데 그것은 주로 과실범으로 기
소된 사안이었다. 그런데 전술한 바와 같이 금지착오의 회피불가능성의
척도는 구성요건 과실의 그것보다 높기 때문에, 일단 구성요건 과실이
인정되면 당연히 법과실도 인정될 가능성이 크고, 설령 구성요건 과실에
요구되는 수준의 주의의무 위반이 부정되더라도 법과실은 인정될 수 있
기 때문에 과실로 기소된 사안에 있어서는 구성요건 과실의 인정여부와
는 관계없이 이러한 경우의 금지착오는 회피가능한 금지 착오로 취급되
어 착오항변이 받아들여지기 어렵게 되는 것이다.

---

79) Gunther Arzt, 앞의 논문, 666면.
80) 이에 대해서는 Jerome Hall, Comment on Error Juris, The American Journal of
    Comparative Law, Vol.24, 1976(가을호), 680면.

이는 특히 독일 형법상의 구성요건 과실은 미국의 모범형법전이 규정하고 있는 과실보다 요구되는 주의의무 수준이 높기 때문에 그보다 더 높은 수준의 주의의무를 요구하는 법과실 개념으로 인해서 금지착오는 매우 경미한 수준의 과실만 있더라도 착오항변이 받아들여지기 어렵게 된다고 한다.[81]

## XII. 독일형법 제17조에 대한 1975년 독일연방 헌법재판소판결(BVerfGE 41, 121)

전술하였듯 독일연방대법원 판결(BGHSt 3, 105)은 BGHSt 2, 194에 의해 책임설을 채택함으로써 구성요건 착오와 금지착오에 대한 법적 효과를 달리하게 된데 대해 정당화 근거를 제시하여 주고 있다. 그러나 1940년대에 스위스에서는 이미 사실의 착오와 법률의 착오가 구분가능하다고 하더라도 양자를 달리 취급할 근거는 없다는 주장이 제기된 바 있었듯이[82] 전술한 판결(BGHSt 3, 105)의 입장에 대한 반론이 독일연방헌법재판소에 의해 제시된바 있다.

1975년 신형법의 제정 및 공포 직후 제기되었던 독일형법 제17조 2문에 대한 위헌심판에서 독일연방헌법재판소판례(BVerfGE 41, 121)는 동조문이 제2문에서 회피가능한 금지착오에 빠진 자에게 단지 형의 임의적 감경만을 허용한 것이 독일기본법 제3조 1항에 위배되지 않는다고 판시하면서, 다음과 같이 판시하였다.

"구성요건 착오와 금지착오라는 두 형태의 무지는 단지 그 형성과 심리적 상태에 있어서만 구분되는 것이지 법률효과에 관련된 방식에 있어서 구분되는 것은 아니다. 회피가능한 구성요건착오의 경우는 제15조에

---

81) 이러한 분석으로는 Gunther Arzt, 앞의 논문, 668면 참조.
82) Paul K. Ryu & Hellen Silving, 앞의 논문, 434면.

의해 가벌성이 특별히 인정될 때에만 단지 과실범으로 처벌할 수 있고, 이와 반대로 회피가능한 금지착오의 경우는 단지 고의범행을 명확히 한 정하고 있는 형벌규범이 적용된다. 구성요건착오에 빠진 행위자뿐만 아 니라 금지착오에 빠진 행위자도 고의범행의 유형과는 명백히 차이가 있 다. 왜냐하면 두 가지 착오 모두 스스로 인식하지 못한 채 법질서의 요 구에 반항한 것이고, 고의로 행위한 것이 아니라 기껏해야 과실로 행위 한 것이기 때문이다. 금지착오가 구성요건착오보다 더 쉽게 회피할 수 있는 것은 아니다. 오히려 약간의 주의력만 기울여도 구성요건 착오는 회피하거나 제거할 수 있는 반면 금지착오는 스스로의 힘으로가 아니라 법률전문가의 규칙적인 가르침을 통해서 제거될 수 있기 때문이다. 금지 착오에 빠져 행위하는 자가 구성요건착오에 빠져 행위하는 자보다 사회 적으로 더 위험한 것은 아니다"

　이러한 판결을 통해 사실의 착오와 법률의 착오는 이론적으로는 다르 게 취급되어야 할 근거가 없으며 다만 책임설을 취함으로써 양자를 달리 취급할 것이냐, 아니면 고의설을 취함으로써 양자를 동일하게 취급하느냐 의 문제는 입법자의 결단에 달려 있다고 판단하였던바,[83] 이로써 구성요 건 착오와 금지착오에 대한 법적 효과를 달리하게 된데 대해 정당화 근거 를 제시하여 주었던 BGHSt 3, 105의 입장은 새로운 유권해석, 즉 독일연 방헌법재판소의 판결(BVerfGE 41, 121)에 의해서 재검토되기에 이른다.

---

83) BVerfGE 41, 121

# 제4절 소결론

1. 로마법상 법률의 착오와 부지는 구분되어 취급되지 않았다.

2. "Error juris nocet, error facti non nocet(법률의 부지는 해가 되지만, 사실의 부지는 해가 되지 않는다)"는 로마법상의 전통적 법원칙은 비단 로마 사법에만 적용된 원칙이 아니라 로마 형법상으로도 적용된 원칙이다.

3. "법률의 부지(착오)는 용서받지 못한다"는 로마법상의 전통적 법원칙은 커먼로에도 전승되었고, 비록 단편적이며 간헐적인 예외적 사례나 입법례가 있기는 했지만 중세에 있어서 영미권 국가는 물론 독일에서도 동 법원칙은 뿌리내리고 있었던 것으로 보인다.

4. 비록 세속적인 법령집은 아니었지만 성경이나 탈무드, 그리고 카논법에서 법률의 착오는 행위자에게 귀책시킬 만한 경우가 아니면 용서할 수 있다는 사고가 발견되기도 한다.

5. 형벌법규와 비형벌법규를 구분하여 형벌법규의 착오는 고려되지 않는 것으로, 비형벌법규의 착오는 사실의 착오와 동일하게 취급하여 고의를 조각하는 것으로 보는 독일제국법원의 착오법리는 로마법적 기원을 갖지 않으며 중세 이탈리아법에서도 찾아볼 수 없는 법리이다. 다만 독일제국법원의 착오법리는 카논법의 영향을 일부 받은 것으로 보이며 보다 정확히는 로마법을 독자적으로 해석한 사비니의 착오론을 전승한 것이다.

6. 독일은 19세기 후반부터 법률의 착오를 형법적으로 고려하기 위한 다양한 학설이 제기되었으며, 독일연방대법원은 1952년 이 학설 중에서 책임설을 명시적으로 채택하였고, 이는 1975년의 독일신형법에 반영되었다. 그러나 독일연방헌법재판소가 밝혀주었듯이 책임설의 채택은

순전히 이론적 우월성에 근거한 것이라기보다는 법정책적 측면을 고려한 독일 입법자의 입법적 결단의 소산으로 봄이 타당하다.

7. 제1차 세계대전을 후 독일은 전통적 법원칙을 완화하는 방향으로 전회한 반면에, 미국은 오히려 전통적 법원칙을 강화하는 방향으로 입장을 바꾸었으며, 캐나다의 경우 기존에 법률의 착오를 고려하던 입장에서 최근 이탈하는 경향을 보이고 있는바, 법률의 착오 법리의 역사적 전개과정은 시대와 문화권에 따라서 법률의 착오를 어느 정도 인정해 줄 것인가의 여부가 가변적이고 쌍방향적인 경향을 브일 수 있음을 실증적으로 보여 준다.

# 제3장 형법 제16조의 제정경위에 대한 연혁적 고찰

## 제1절 형법 제16조의 입법취지 및 제정 경위

### Ⅰ. 형법 제16조에 대한 법제편찬위원회 형법요강

해방 이후 미군정하 법제편찬위원회의 형법기초위원으로, 건국 후 법전편찬위원회에서는 역시 형법기초위원으로서, 그리고 제2대 국회에서는 법제사법위원장 및 위원으로서 우리 형법의 기초 및 제정에 있어서 핵심적 역할을 지속적으로 담당해 왔던 효당 엄상섭 선생은(자주 인용되는 관계로 이하 경칭 또는 아호의 사용을 생략하고 '엄상섭'으로 표기하기로 한다),[1] 1947년 7월호 '법정(法政)'지에 법제편찬위원회의 형법요강이 발표된 이후, 동년 9월 '법정'지에 형법요강해설(1)을 게재하면서 법률의 착오에 대한 다음과 같은 촌평을 하고 있다.[2]

> "『귀책조건』에서는 고의, 과실, 부작위, 책임능력 등에 관하여 규정할 것인바 … "자기의 행위가 법률상 허용된 것이라고 믿음이 대하여 상당한

---

1) 선생의 이러한 활약상에 대한 상세한 소개로는, 신동운, 제정형법의 성립경위, 형사법연구 제20호, 2003, 9면 이하 참조.
2) 엄상섭, 형법요강해설(1), 법정, 제3권 제9호, 1948, 19면 참조.

이유가 있는 때에는 그 형을 면제한다"는 규정을 두어서 해석론상으로 문제 많았던 것을 입법적으로 해결할 예정이며 …".

법제편찬위원회의 형법요강에는 총칙편은 각 항목의 표제어만 나열되어 있을 뿐, 각 조문의 구체적 형태를 드러나 있지 않다.[3] 그럼에도 불구하고 엄상섭이 위와 같이 비교적 완성된 형태의 구체적 조문을 적시하고 있는 것으로 보건대, 비록 형법요강에는 실리지 않았지만, 이미 법제편찬위원회에서는 내부적으로 일정한 정도로 조문형태에 대해 합의를 이루고 있었음을 미루어 볼 수 있다.

법률의 착오 규정에 대한 엄상섭의 위 촌평은 형법 제16조의 제정경위를 재구성하는데 있어서 몇 가지 눈여겨 볼만한 단초들을 보여주고 있다.

첫째, 구형법(의용형법) 제38조 제3항[4]과 비교해 볼 때, 형면제의 효과를 부여하고 있다.[5]

둘째, 현행 형법 제16조의 '정당한 이유'가 아닌 '상당한 이유'라는 법문이 채택되고 있다.

셋째, 위 규정은 당시의 해석론상의 논란을 입법론적으로 해결하기 위해 입안한 것임을 분명히 하고 있다.

마지막으로 고의, 과실, 책임능력, 등이 모두 '귀책조건'편에 나란히 배열되고 있는 것으로 보아 당시의 엄상섭을 비롯한 우리 입법자는 인과적 행위론에 입각해 고의 및 과실을 책임의 요소로 파악하고 있었던 것으로 추정할 수 있다.

이하 본고에서는 형법요강해설(1)에서 찾아낸 단초들을 토대로 하여 형법 제16조와 관련해 엄상섭이 발표한 수편의 논문을 검토해 봄으로써 동 조문의 형법이론적 배경이 무엇이었는지 구명해 보기로 한다.

---

3) 신동운, 앞의 글, 15면.
4) 제38조(고의) 제3항 : 법률을 알지 못하였다 하더라도 그것으로써 고의가 없었다고 할 수 없다. 단, 정상에 따라 그 형을 경감할 수 있다.
5) 이러한 분석으로는 신동운, 앞의 글, 16면 참조.

# II. 신형법 제16조의 제정 이전 구형법 제38조 3항에 대한 학설개관

우선 형법요강해설(1)을 보면 법률의 착오 규정은 당대의 해석론상의 학설대립을 입법론적으로 해결하려는 취지에서 입안한 것이라고 하는데, 이 때의 그 학설대립이 무엇이었는지 확인하고 넘어갈 필요가 있다고 본다. 그런데 당대의 학설대립은 분명 현행 형법 제16조가 제정되기 이전의 조문에 대한 학설대립, 즉 구형법(의용형법) 제33조 3항에 대한 학설대립이었음에 유의할 필요가 있다. 그리고 구형법 제38조 3항은 일본형법 제33조 3항과 동일하기 때문에 당대의 학설대립은 그 실질에 있어서는 일본형법 제33조 3항에 대한 일본 내의 학설대립 양상과 동일하였을 것이 분명하다고 판단된다.

1950년 법전편찬위원회 형법초안이 나온 직후 발간된 조승두 판사의 '형법요강(刑法要綱)'은 바로 이러한 학설대립의 양상을 조실히 전달해 주고 있다.

**제38조(고의) 제3항** : 법을 알지 못하였다 하더라도 그것으르써 고의가 없었다고 할 수 없다. 단, 정상에 따라 그 형을 경감할 수 있다.

동 문헌에 따르면 구형법 38조 3항에 대한 학설대립은 다음과 같다.

제1설에 의하면 형벌법규의 착오는 범의의 성립을 조각하지 않으며 이 점에 있어서 자연범(自然犯)과 법정범(法定犯)을 구별할 필요가 없다고 한다(통설, 판례).

제2설은 법률의 착오는 비형벌법규에 관한 경우에 있어서도 범의를 조각하지 않는다고 한다(勝本).

제3설은 법률의 착오로 인하여 자기의 행위를 조리에 반하지 않는다고 믿고 있었던 경우에는 범의의 성립이 없다고 한다. 따라서 제38조 3

항의 취지는 다만 개별 형벌[규정]은 이를 알 필요가 없다는 것을 의미하는데 불과하다고 한다(瀧川 · 小野 · Mayer · Liszt · Schmidt).

제4설은 위법의 인식이 없는 경우에는 이론상 범의의 성립은 없는 것이나 이것을 인식하지 못한 점에 있어서 과실이 있는 경우에는 이것을 범의 있는 경우와 동일시한다(宮本 · Hippel).

제5설은 자기의 행위를 법률상 허용되어 있는 것이라고 오신한 경우에 있어서도 범죄사실을 인식한 이상 범의가 없다고 할 수 없으며, 이 원칙은 자연범에만 타당한 것이므로 법정범에 있어서는 사물의 성질상 법규위반의 인식이 있는 경우에 한하여 범의가 있다고 보아야 한다고 주장한다(牧野, 本村).[6]

이상의 학설대립을 김종원 교수의 분류법에 따라 정리해 보면, 제1설과 제2설은 고의의 성립에 위법성의 인식을 필요로 하지 않는다는 위법성인식불요설의 범주에 해당될 것이며(일본에 있어서 옛 통설이라고 한다)[7] 제3설은 "자기의 행위를 조리에 반하지 않는다고 믿은 경우"라고 하여 동 문구가 정확히 위법성의 현실적인 불인식을 지칭하는 것인지, 아니면 위법성의 인식가능성의 결여상태를 지칭하는 것인지가 불명료한 점은 있으나, 엄격고의설을 주장한 瀧川 · 小野 및 Liszt를 인용한 것으로 볼 때 동 학설은 고의의 성립에 위법성의 인식이 필요하다는 위법성인식필요설에 해당한다고도 볼 수 있고,[8] '반조리성'의 불인식을 언급하면서 위법성인식가능성설을 주장한 M.E. Mayer 등을 인용한 점으로 미루어 보건대, 고의의 성립에는 위법성의 인식은 반드시 필요치 않고 그 가능성만 있으면 된다는 위법성인식가능성설에 해당된다고도 볼 수도 있을 것이다.[9]

---

6) 이상의 내용은, 장승두, 형법요강, 1950, 117~118면 참조.

7) 이에 대해서는 김종원, 금지착오에 관한 연구, 1975, 23면.

8) 김종원 교수에 따르면 Binding, Nagler, Allfeld, Finger, Olshausen, Beling, Haelschner, Baumann, Liszt, Schröder, Lang-Hinrichen, 瀧川 · 小野, 植松 등이 주장했다고 한다. 김종원, 앞의 논문, 24면 참조.

요약하면 장승두 판사가 소개한 제3설은 위법성인식필요설(엄격고의설)과 위법성인식가능성설을 모두 지칭하고 있는 것으로 보인다. 아울러 木村 및 福田 교수는 자신들의 저서에서[10] 위법성인식가능성설을 제한고의설로 분류하고 있는 것으로 보면 학설의 분류방식에 다라서 제3설은 제한고의설도 지칭하고 있는 것으로 해석할 수 있을 것이다. 이처럼 가능성설을 제한고의설로 분류하는 입장은 백남억 교수에게서도 찾아볼 수 있다.[11]

한편 제4설은 고의의 성립에 위법성의 인식을 필요로 하지만 위법성의 인식이 없는 데에 과실이 있는 경우(법의 과실)에는 고의와 동일하게 처벌하자는 이른바 법과실준고의설(法過失準故意說)로,[12] 그리고 제5설은 자연범에 있어서는 고의의 성립에 위법성의 인식이 필요없으나 법정범에 있어서는 필요하다는 자연범·법정범 이분설(二分說)로 분류할 수 있을 것이다.[13]

이러한 학설대립 양상은 団藤重光이 편역한 '주석형법(註釋刑法)'[14]의 일본형법 제38조 3항에 대한 학설소개나 아니면 비교적 최신 문헌인 前田雅英의 '형법총론강의'[15]의 학설을 보더라도 대동소이하기 때문에 엄상섭이 말한 구형법 제38조 3항에 대한 해석론상의 논란이란 장승두 판사가 소개한 제1설에서 제5설까지의 학설대립으로 보아도 큰 무리는 없다고 판단된다.

다만 장승두 판사가 소개한 학설 중에는 団藤重光 및 前田雅英, 그리

---

9) 김종원, 앞의 논문, 25면 ; 반조리성의 불인식과 위법성인식 가능성설을 결합시키고 있는 견해로는 백남억, 형법총론, 1958, 231면 참조.
10) 木村龜二, 형법총론, 1959, 309면 ; 福田 平, 형법총론, 1965, 156면 : 동 견해의 소개로는 김종원, 앞의 논문, 27면 주60) 참조.
11) 백남억, 형법총론, 1962, 237면 참조.
12) 김종원 교수에 의하면 宮本, 草野, 佐伯 등이 주장했다고 한다. 김종원, 앞의 논문, 25면 참조.
13) 김종원, 앞의 논문, 24면 참조.
14) 団藤重光, 주석형법(2)-Ⅱ 총칙(3), 1969, 366면 이하 참조.
15) 前田雅英의 형법총론강의[제3판], 1998, 291면 이하 참조.

고 김종원 교수와는 달리 위법성의 인식은 고의와는 독립된 책임의 요소라고 보는 책임설에 대한 소개가 없다는 점이 이채롭다. 그러나 책임설은 본래 고의를 책임으로부터 분리시키는 목적적 행위론과 깊이 결부되어 있다는 사실을 고려하면16) 인과적 행위론이 지배적이었던 1940년대나 1950년대 초반에 있어서는 구형법 제38조 3항과 관련해 책임설이 소개되지 않은 이유가 충분히 해명될 수 있다고 본다.

이러한 추론은 1959년 황산덕 교수가 서울대 법학지에 기고한 글에서 목적적 행위론에 입각해 책임설을 취할 때에만 형법 제16조의 정당한 이유를 올바르게 해석할 수 있다고 주장하면서 "신형법 제정 당시까지 우리나라에 도입된 외국의 저명한 형법 학설 중에 그것을 해석해 낼만한 이론이 없었다"고 지적한 점으로부터 지지받는다.17) 물론 당대의 통설적 범죄론체계, 즉 인과적행위론하에서도 위법성의 인식을 고의와 병존하는 독립된 책임요소로 파악함으로써 책임설을 주장하는 견해도 있기는 했지만(平野 · Bockelmann · Eb.Schmidt 등)18) 이러한 견해가 우리 형법 제정 이전 당대의 구형법 및 일본형법 제38조 3항의 해석론과 관련하여 소개된 문헌은 찾아볼 수 없다. 단, 이 점에 대해 새로운 사료의 발굴에 의한 반론의 가능성은 열어 놓기로 한다.19)

---

16) 김종원, 앞의 논문, 28면.

17) 황산덕, 형법 제16조에 있어서의 정당한 이유, 서울대 법학, 제1권 제1호, 1959, 99면 참조.

18) 김종원, 앞의 논문, 28면 참조.

19) 1951년 출간된 牧野英一의 형법총론과 1952년에 출간된 이건호 교수의 형법총론에도 책임설에 대한 언급은 보이지 않는다. 牧野英一, 형법총론, 1951, 321면 이하 ; 이건호, 형법총론, 1952, 179면 이하 참조.

## III. 형법 제16조의 이론적 토대 :
## 규범적 책임론 및 위법성인식필요설

### 1. 규범적 책임론과 위법성인식필요설(엄격고의설)의 관련성

이상 살펴본 바와 같이 엄상섭이 언급한 '해석론상의 논란'이란 바로 신형법 제정 이전에 적용되어 왔던 구형법(의용형법) 제38조 제3항의 해석을 둘러싼 학설대립을 말하는 것으로 짐작된다. 그러한 학설대립 속에서 우리의 입법자는 과연 어떠한 입장을 채택하여 동 조문을 입안하였는지는 바로 오늘날 형법 제16조를 해석하는데 있어 매우 중요하다고 본다. 이에 대하여 엄상섭은 1957년 '법정(法政)' 8월호에서 다음과 같이 밝혀주고 있다.

"이 조문은 형법이론으로서는 규범적 책임론에서 도출되는 것이라고 필자는 단정하고 있거니와, 즉 규범적 책임론에서는 고의의 내용으로서 '인과관계를 포함한 구성요건 해당의 사실'에 대한 인식 이외에 '위법성'의 인식까지를 요한다는 것이다. 그러나 이에 대하여서는 규범적 책임론 자체에 대한 논란 및 주저(躊躇)와 동일할 정도로의 신중을 기하는 학자, 특히 실무가들이 많다는 것이 사실이다. 그러므로 우리 형법에서도 이에 대하여는 대단히 신중한 태도로 임하여 "자기의 행위가 법령에 죄가 되지 아니하는 것으로 오인한 행위는 그 오인에 정당한 이유가 있는 때에 한하여 벌하지 아니한다"라고 규정하였다. 즉, 고의는 위법성의 인식까지를 포함한다는 형법이론을 일관한다면 '위법성에 대한 착오가 있어서 이 착오 때문에 그 행위 이외의 반대동기를 설정할 길이 막혔다'면 결국 고의범이 성립될 수 없다고 해야 할 것이다"[20]

---

20) 엄상섭, 형법이론과 재판의 타당성, 법정, 제12권 제8호, 1957, 5~6면 ; 형법논집, 152~153면 참조.

이를 통해 엄상섭은 형법 제16조의 형법이론적 배경을 분명히 적시해 주고 있다. 바로 규범적 책임론에 입각해 성안된 조문이라는 것이다. 규범적 책임론이란 Hippel 및 Mayer, 그리고 Frank 등에 의해 주창된 이론으로서 책임의 본질을 의무위반성 내지 위법성의 인식과 부수사정의 정상성 등의 비난가능성에서 찾는 이론이다.[21] 규범적 책임론은 책임의 본질을 결과에 대한 행위자의 심리적 관계인 고의와 과실에 있다고 보는 심리적 책임론이 지닌 문제점을 극복하기 위해 등장한 책임이론이다. 심리적 책임론이 고의개념을 순수한 심리적 사실로서 결과에 대한 인식과 의사로서 규정지었던데 반해 규범적 책임론은 고의에 범죄사실의 인식 이외에 위법성의 인식까지도 요구된다고 본다.[22]

그리고 규범적 책임론에 대한 이러한 이해는 Welzel에 의해 목적적 행위론이 주창되어 고의를 책임에서 분리시켜 구성요건 요소로 체계화한 이후에는 위법성의 인식은 고의와는 별개의 책임요소로 새롭게 자리매김되었다. 전술한 바 있지만 우리 형법 제정 전후의 형법이론은 인과적 행위론이 지배적이었기 때문에 당대의 규범적 책임론에 의하면 고의에는 위법성의 인식이 포함되는 것으로 이해되고 있었을 것으로 보인다.[23] 이에 엄상섭은 우리의 입법자가 규범적 책임론에 입각해 위법성인식필요설을 수용했다는 점을 밝히고 있는 것이다.

## 2. 위법성인식필요설(엄격고의설)의 단점

그런데 위법성인식필요설(엄격고의설)에 대해서는 다음과 같은 비판이 제기되어 왔다. 상습범, 확신범, 격정범 등 법적 감수성이 둔감한 자들에게는 범행 시에 위법성의 인식이 결여되어 있기 마련인데 이들이

---

21) 이재상, 형법총론, 293면, 339면 참조.
22) 이재상, 앞의 책, 292~292면 참조.
23) 김종원 교수는 1970년대 중반까지도 인과적 행위론이 통설적 범죄론 체계였다고 설명하고 있다. 이에 대해서는 김종원, 앞의 논문, 28면 참조.

위법성의 인식이 없었다고 주장하게 되면 대부분의 범죄에 있어서 고의
범 처벌을 면하게 될 것이고, 만일 당해 범죄에 대한 과실범 처벌규정도
미비되어 있다면 행위자는 완전한 면책에 이르게 되어 이는 결국 형사
처벌의 부당한 축소를 가져올 위험이 있다는 것이다.[24] 바로 이와 같은
문제점 때문에 엄상섭은 위법성인식필요설에 대해 신중을 기하는 학자,
특히 실무가들이 많다고 언급하고 있는 것이다.

이러한 사실로 미루어 볼 때, 우리의 입법자는 "고의는 위법성의 인식
까지를 포함한다는 형법이론을 일관한다면 '위법성에 대한 착오가 있어
서 이 착오 때문에 그 행위 이외의 반대동기를 설정할 길이 막혔다'면
결국 고의범이 성립될 수 없다고 해야 할 것이다"라는 위법성인식필요
설의 난점을 엄상섭의 위 설명 내용처럼 명확하게 인식하고 있었을 것
으로 사료된다.

## 3. 형법 제16조 제정의 이론사적 맥락

엄상섭에 따르면, 바로 이와 같은 이론구성의 어려움 즉, 규범적 책임
론을 취해야 하면서도 규범적 책임론의 이론적 귀결인 위법성인식필요
설이 지닌 내부적 문제점, 즉 형사처벌의 부당한 축소라는 난점을 극복
하기 위해 형법 제16조를 통해 입법론적으로 이러한 문제를 해결하였다
고 밝히고 있는 것이다. 엄상섭의 말을 풀이하자면, 규범적 책임론에 입
각하여 위법성인식필요설을 철저하게 밀고 나가면 행위자가 착오를 이
유로 위법성에 대한 인식이 없었다고 주장하면 그 행위자를 고의범으로
처벌할 수 없게 되는 난점이 생기게 되지만, 형법 제16조를 두어 그 오
인(착오)에 '정당한 이유가' 있는 경우에만 행위자를 처벌하지 않도록 하

---

24) 이에 대해서는 김종원, 앞의 책, 24면 ; 황산덕, 형법 제16조에 있어서의 정
    당한 이유, 서울대 법학, 제1권 제1호, 1959, 86~87면 ; 前田雅英, 앞의 책,
    293~294면 ; BGHSt, 2, 194 참조.

여 형사처벌의 부당한 축소를 회피할 수 있게 되었다는 것이다.

이와 같은 설명을 형법이론적으로 조탁(彫琢)하면, 우리 입법자는 규범적 책임론을 긍인하면서도 여전히 당대의 지배적 형법학설이었던 인과적 행위론에 따라 고의를 책임의 요소로 바라보았던 관계로 위법성인식필요설이 가져오게 되는 논리필연적인 귀결인, 형사처벌의 부당한 축소라는 문제점을 이론적으로 벗어날 수 없었기 때문에 형법 제16조를 두어 입법론적 해결을 보게 되었다는 것이다. 부언하자면 우리의 입법자는 여전히 인과적 행위론에 입각한 범죄체계론을 고수하면서도 규범적 책임론의 장점을 수용할 수 있는 입법론적 묘책을 형법 제16조를 통해 구현했던 것이다.

형법 제16조의 형법이론적 배경에 대하여 신동운 교수는, "엄상섭은 우리 형법 제16조가 형법이론적으로 규범적 책임론에서 도출되는 것이라고 단정하고 있으며, 규범적 책임론에 의하면 고의의 내용으로서 '위법성의 인식'까지 요하는 엄격고의설을 취하게 된다. 엄상섭은 바로 이와 같은 자신의 범죄론체계에 대해 고의의 엄격해석을 통하여 범죄불성립의 범위를 넓히려는 시도에 대하여 우려를 표하는 실무가나 형법학자들이 존재하고 있다는 현실을 부인하지 않았고, 그렇기 때문에 형법 제16조를 통해 입법적 타협을 보게 되었던 것이다"고 설명해 주고 있다.[25]

> 여기서 한 가지 과연 당대의 입법자들이 인과적 행위론에 입각한 범죄체계론 즉, 고의를 책임의 요소로 보는 입장을 채택하고 있었는가라는 반론이 제기될 수 있다고 본다. 이에 대해서는 우선 첫째로, 황산덕 교수에 의해 우리나라에 목적적 행위론이 소개된 때는 1957년[26]이었기 때문에 시기적으로 볼 때 우리 입법자들이 신형법을 기초 및 심사, 그리고 제정할 당시에는 인과적 행위론이 대세였을 것으로 미루어 짐작할 수 있으며, 둘째로 앞서 법제편찬위원회의 형법요강을 보더라도 고의, 과실 및 책임능력 등을 일괄하여 '귀책사유'로 편별을 두고 있다는 것은 바로 인과적 행위론의 영향을 받은 초안을 기초하고 있다고 보아도 큰 무리가 아니라고

---

25) 신동운, 효당 엄상섭 형법논집 해제, 형법논집, 353∼355면 참조.
26) 이에 대해서는 황산덕, 형법총론, 1982, 5면 참조.

보며, 끝으로 효당 선생이 1954년 10월에 '법조협회잡지' 제3권 제3호에 기고한 '책임조건의 정형화─규범적 책임론의 방론'이란 논문을 보더라도 고의와 과실을 '책임조건'이라는 동위개념(同位槪念)에 속하는 것이라고 설명하고 있기 때문에 우리 입법자가 인과적 행위론에 입각한 형법이론을 수용하고 있었다는 판단은 그 개연성이 높다고 생각한다.

요컨대 형법 제16조의 형법이론적 배경은 엄상섭의 견해에 비추어 볼 때 규범적 책임론과 위법성인식필요설(엄격고의설)이며, 바로 이와 같은 이론이 지닐 수 있는 단점을 극복하기 위해 입법적 타협으로서 형법 제16조를 두게 되었다고 정리할 수 있다.

그런데 엄상섭과 마찬가지로 법전편찬위원의 일원이었던 김용진 판사는 엄상섭과 다른 견해를 가지고 있었던 것으로 보인다. 김용진 판사는 형법 제정 직후 발간된 그의 저서 '신형법 해의(解義) 총론·각론'에서 "형법 제16조의 취지는 법령의 오인은 원칙적으로 고의가 성립되나 예외적으로 그 오인이 정당한 이유가 있는 때에 한하여 고의가 없는 것으로 하는 것이다. 이것은 1927년 독일형법초안을 모방한 것이다. 이 독일 초안은 고의의 요소로서 위법의 의식 그 자체는 필요치 않으나 행위의 위법성을 의식함이 가능하였다는 것, 즉 위법을 의식하지 않는 것이 행위자의 과실이었다는 것을 필요로 한다는 M.E. Mayer, Hippel 등의 학설적 견해를 채용한 것이다"라고 주장하였다.[27]

김용진 판사에 의하면 형법 제16조는 한 마디로 M.E. Mayer 등의 가능성설을 입법화 한 것이라는 것이다. 그리고 그 모델이 되었던 입법례는 1927년 독일형법초안 제20조라고 한다. 동 초안은 다음과 같다.

> **1927년 초안 제20조** : 행위자가 고의로 행위하지만 용서할 수 있는 법률의 착오에 의하여 자기 행위의 불법성을 인식하지 못한 때에는 벌하지 아니하고, 그 착오가 용서할 수 있는 것이 아닌 때에는 형을 감경할 수 있다.

---

27) 이에 대해서는 김용진, 신형법 해의(解義) 총론·각론, 1953, 91면 참조.

김용진 판사는 계속해서 다음과 같이 말한다. "일본의 학설과 판례도 가능성설을 따른 것이 많았다. 이것은 일종의 절충적 견해로서 위법의 의식이 없는 경우를 즉시 무책임으로 하지 않고 과실이 있으면 고의범으로 처벌할 것이라는 점에서 보안(保安)의 요구에 적합한 것이었다 할 것이다. 그러나 고의범과 과실범의 본질적 분기점(分岐點)은 마치 위법의 의식을 가졌는가, 아닌가에 있는 것이고 위법성에 관한 과실을 고의로 하고 또는 고의와 동일하게 취급하여야 된다 하는 것은 사물의 본질에 반하는 것이라 할 수 있는 것이다"

형법 제16조의 형법이론적 토대에 대한 김용진 판사의 해의(解義)는 엄상섭 의원의 설경과도 많은 부분 일치하고 있다. 예를 들어 '절충적 견해'라든지 '과실이 고의로 된다는 문제점' 등이 바로 그것이다. 이는 엄상섭 의원이 '입법적 해결', '과실이 고의로 비약하는 이론적 결함' 등을 언급한 것[28]과 거의 동일한 맥락의 표현들이다.

그리고 김용진 판사처럼 형법 제16조의 유래와 이론적 배경을 가능성설에서 찾는 견해는 다른 곳에서도 보인다.

박정규 검사는 Mayer나 Hippel 등의 가능성설을 조문화한 입법례로서는 독일의 1919년 초안 제12조와 1927년 초안 제20조, 1930년 초안 제20조 및 1937년 스위스 형법 제20조, 그리고 일본 개정형법가안 제11조 등을 들 수 있다고 하면서, 우리 형법 제16조도 1937년 스위스 형법 제20조 및 일본 개정형법가안 제11조에 유래된 것으로 보고 있다.[29] 김용호 검사와 김남일 교수도 이와 거의 동일한 주장을 한 바 있다.[30]

그렇다면 형법 제16조의 이론적 배경으로서 '가능성설'도 입론될 수 있다고 본다. 가능성설에 의해서도 엄상섭 의원이 짚어낸 형법 제16조의 이론사적 맥락을 구성해 낼 수 있기 때문이다. 다만 엄상섭은 규범적 책

---

28) 엄상섭, 형법이론과 재판의 타당성, 앞의 글, 6면 참조.
29) 박정규, 법률의 착오, 검찰(통권 제55호), 1970, 92면, 103면 참조.
30) 김용호, 법률의 착오와 현행형법, 검찰(통권 제44호), 1971, 204, 217면 ; 김남일, 법률의 착오에 관한 연구(1), 법조, 1974, 62~63면 참조.

임론에 수반하는 위법성인식필요설(엄격고의설)을 염두에 두고 있었던 반면, 김용진은 엄격고의설과는 명백히 구분되는 가능성설을 내세우고 있었다는 점에서 차이가 있을 뿐인 것이다.

그러나 형법 제16조가 '가능성설'을 입법화 한 것이라는 김용진 판사의 견해는 재고될 필요가 있다고 본다. 왜냐하면 김종원 교수가 적절히 지적하였듯이 만일 형법 제16조가 가능성설을 입법화 한 것이라면 "(착오자는) 정당한 이유가 없는 때(위법성인식가능성이 있는 때에도) 고의가 성립해야 한다"라고 규정해야 할 것이지만, 형법 제16조는 "(착오자가) 오인에 정당한 이유가 있는 때"에 관하여 규정하고 있기 때문이다.[31]

또한 사견으로는 만일 형법 제16조가 '가능성설'을 입법화 한 것이라면 "정당한 이유가 있는 때에 한하여"가 아니라 "정당한 이유가 있는 때에는(위법성인식가능성이 없는 때에는)" 벌하지 않는다고 규정해야 한다고 본다. 가능성설에 입각해 보자면 위법성인식가능성이 없는 때에는 고의가 성립하지 않는 반면, 위법성인식가능성이 있는 때에는 당연히 고의가 성립되기 때문에 굳이 '한하여'라는 제한적 법문을 채택할 필요가 없기 때문이다.

따라서 형법 제16조의 형법이론적 토대로는 규범적 책임론과 위법성인식필요설을 입론하는 엄상섭의 견해가 옳다고 보며, 다만 형법 제16조의 법적 효과에 있어서는 가능성설이 동 조문을 무리없이 해석할 수 있는 대표적 학설이라는 점은 후술하기로 한다. 요컨대 형법 제16조의 이론적 토대와, 동 조문의 법적 효과를 무리없이 해석해 낼 수 있는 학설과는 구분되어야 할 것이며, 바로 이 점에서 김용진 판사는 오류를 범하고 있다고 판단된다.

---

31) 김종원, 앞의 논문, 52면 각주 117번 참조.

## IV. 형법 제16조와 가능성설 · 법과실준고의설 (法過失準故意說) · 책임설

### 1. 정당한 이유가 없는 경우의 법적 효과

일단 이상의 논의를 형법이론적으로 종합하자면, 형법 제16조는 규범적 책임론과 인과적 행위론의 모순갈등을 지양하여 형사처벌의 적정성을 기하고자 하는 취지에서 입안되었다고 규정할 수 있을 것이다.[32] 그렇다면 과연 우리 입법자는 형법 제16조의 법문에 따라 '오인에 정당한 이유'가 없는 경우에는 어떠한 법적 효과를 부여하고자 하는 것인가? 위법성인식필요설(엄격고의설)의 입장을 일관되게 밀고 나아가면 행위자에게 '오인에 정당한 이유'가 없더라도 위법성의 인식이 없는 이상 고의범으로 처벌하는 것은 불가능하게 되고, 다만 해당 조문에 대한 과실범처벌규정이 있다면 과실범처벌만이 가능하게 됨이 이론적으로 타당하다. 그러나 이와 같은 논리구조와 달리 엄상섭은 앞서 언급한 법조협회 잡지의 논문[33]에서 다음과 같이 말하고 있다.

> "형법 제16조는 규범적 책임론에서 보면 당연한 규정이기는 하나 '정당한 이유 있음'이라는 것은 '위법성을 오인함에 있어서 과실도 없음'을 말하는 것이고, 과실이라도 있었다면 '정당한 이유가 없다'고 하여 결국 고의범이 성립된다는 것인즉, '구성요건해당의 사실에 대하여는 고의, 위법성에 대하여는 과실'이라는 이질적인 요소의 혼합이 고의범으로 비약한다는 이론적 결함을 청산치 못하고 있는 것으로 봐야 할 것이다. 그러나 어쨌든 형법 제16조의 명문이 있는 이상 이론의 혼잡성에도 불구하고 이에 따라서 재판할 수밖에 없을 것이다"

---

32) 우리 형법 제16조의 취지에 대하여 필자와 동일한 형법이론적 해석을 부여하는 견해로, 김용식, 신형법, 1957, 111면 참조.
33) 엄상섭, 형법이론과 재판의 타당성, 앞의 글, 6면.

엄상섭의 설명에 의하면 우리 입법자는 규범적 책임론에 입각해 위법
성인식필요설을 취하면서도 그 법적 효과에 있어서는 법률의 착오에 정
당한 이유가 없는 경우에 고의범으로 처벌한다는 뜻을 분경히 하고 있
음을 확인할 수 있다. "구성요건해당의 사실에 대하여는 고의, 위법성에
대하여는 과실이라는 이질적인 요소의 혼합이 고의범으로 비약"하게 되
는 이론적 난점을 노정하고 있다고 자인하고 있는 것으로 볼 때 엄상섭
은 규범적 책임론과 형법 제16조의 법적 효과가 모순됨을 분명하게 인
식하고 있었던 것으로 보인다.

그러나 이러한 모순은 형법 제16조의 이론사적 맥락을 이해한다면 자
연히 해소될 수 있다. 왜냐하면 우리 입법자는 인과적 행위론 하에 규범
적 책임론과 위법성인식필요설을 취하면서도 이러한 이론적 배경이 초
래하는 형사처벌의 흠결을 극복하기 위해 형법 제16조를 둔 것이기 때
문이다. 즉 학설상의 해석론적 단점을 입법론적으로 극복한 것이기 때문
에 그 과정에서 이론상 이와 같은 모순이 발생할 수 있었던 것이다.

요컨대 형법 제16조의 이론적 배경이 되는 학설과 동 조문의 법적 효
과 간의 모순은 우리 입법자가 명확히 인식하고 있었고, 도한 이 정도의
이론적 결함은 충분히 감내할 수 있는 것으로 보고 있다고 판단된다.[34]
이 점은 엄상섭이 "형법 제16조의 명문이 있는 이상 이론의 혼잡성에도
불구하고 이에 따라서 재판할 수밖에 없을 것이다"라고 강부하고 있는
점에서 분명히 드러난다.

---

34) 실제로 엄상섭은 형법이론이 완결적일 수 없음을 잘 알고 있었다. 예컨대
그는 "형사책임연령이 만14세를 한계선으로 하여 1일의 차이로서 중대한
결과의 차이를 용인하는 것과 같은 이론적 불만은 참을 수밖에 없는 것이
다"라고 자인한 바 있다. 이에 대해서는 엄상섭, 책임조건의 정형화—규범
적 책임론의 방론— 형법논집, 136~137면 참조.

## 2. 형법 제16조의 법적 효과와 위법성인식가능성설 · 법과실준고의설 · 책임설

### 1) 법과실준고의설과 형법 제16조의 해석

이상 검토해 본 바와 같이 엄상섭은 규범적 책임론과 형법 제16조의 법적 효과 간의 모순은 입법론적 해결 과정에서 '청산치 못한' 이론적 결함으로 보고 있었다. 동 조문의 법적 효과는 위법성인식필요설(엄격고의설)로는 적실히 해석해 낼 수 없다는 것이다. 그렇다면 여기서 형법 제16조의 법적 효과를 올바르게 해석해 낼 수 있는 해석론은 어떤 것인지 확인하고 넘어갈 필요가 있다.

인용문에서 엄상섭은 "구성요건해당의 사실에 대하여는 고의, 위법성에 대하여는 과실이라는 이질적인 요소의 혼합이 고의범으로 비약한다"고 말하고 있다. 그렇다면 형법 제16조의 법적 효과를 해석론적으로 지지해 주는 학설은 (법)과실이 있는 경우에 이를 고의와 동일하게 취급하자는 이론인 '법과실준고의설(法過失準故意說)'이다. 법과실준고의설은 법의 과실이 고의와 동일하게 취급되는지(엄상섭의 표현대로라면 '비약하는지') 그 이론적 근거가 불명확하다는 비판을 받는 학설이다.[35]

이러한 비판에 대해 동 학설의 지지자는 구성요건적 사실의 인식에 대한 과실이 있어서 그로 인하여 행위를 한 경우보다는 구성요건적 사실의 인식은 갖고 있으면서 다만 위법성인식에 대한 과실만 있는 경우가 행위자에게 적법행위의 기대가능성이 더 크기 때문에 법과실은 고의와 동일하게 취급하여도 무방하다고 주장한다.[36] 법과실준고의설은 형법 제16조의 법적 효과를 무리없이 해석할 수 있는 학설의 하나로 평가받을 수 있다고 본다.[37]

---

35) 김종원, 앞의 논문, 25면 참조.
36) 이러한 논변의 소개로는 김용식, 신형법, 1957, 116~117면 참조.

## 2) 위법성인식가능성설과 형법 제16조의 해석

한편 유기천 교수는 1957년 Journal of Criminal Law, Criminalogy and Police Science에 게재한 논문과[38] 1960년 발간된 자신의 저서, 형법학 초판, 그리고 1976년 미국비교법잡지에 게재한 논문[39] 등의 일련의 문헌에서 형법 제16조는 M.E. Mayer의 가능성설(Möglichkeitstheorie)을 조문화한 것이라고 주장한 바 있다. 유기천 교수는 특히 형법학 초판에서 다음과 같이 설명해 주고 있다.

> "형법 제16조의 규정은 일본형법가안 제11조 2항에 약간 수정을 가한 것이다. 일본형법가안 제11조 2항은 1927년 스위스 군형법 제17조와 1938년 동형법 제20조의 영향을 받아 "법률을 알지 못하는 경우에 자기의 행위가 법률상 허용되는 것이라고 믿은데 대하여 상당한 이유가 있을 때에는 그 형을 면제한다"고 규정하였었다. 이에 대하여 일본의 학자들은 이를 "벌하지 아니한다"라고 개정할 것을 주장하였고, 현행법이 이를 받아들인 것이다. 학설상으로는 소위 M.E. Mayer의 가능성설에서 오는 결론이다. 이 학설에 의하면, 마치 위법성의 개념이 문화에 대한 국가의 관계에서 오는 바와 같이, 책임은 의무위반이란 위법한 행위와 범인과의 관계에서부터 오는 개념이다. 따라서 책임의 가장 낮은 한계는 '의무위반의 인식의 가능성'에 있다고 본다. 그러므로 이러한 위법성의 인식의 가능성이 없으면 고의범으로 벌할 수 없으나, 위법성의 인식의 가능성이 있는 때에는, 행위자에게 과실이 있는 경우에도 고의범으로 처벌받아야 한다 형법 제16조가 바로 이 가능성설을 입법화하였던 것이다".[40]

위법성인식가능성설은 유기천 교수의 설명대로 행위자에게 과실이 있는 경우에도 고의범으로 처벌받아야 한다. 왜냐하면 위법성 인식의 가

---

37) 같은 견해로, 김종원, 앞의 논문, 48면 참조.
38) Paul Kichyun Ryu, New Korean Criminal Code, Journal of Criminal Law, Criminalogy and Police Science, Vol.48, 1957, 281면 참조.
39) Ryu & Silving, Error Juris, The American Journal of Comparative Law, 1976, 692면 참조.
40) 유기천, 형법학, 1960, 245~246면 참조.

능성은 남아 있기 때문이다. 이러한 이론구성은 앞서 엄상섭 선생이 지적한 우리 형법 제16조의 이론적 결함, 즉 과실이 고의로 비약하는 모순과 내용상 일치한다. 그러므로 동 조문이 가능성설에 입각해 입안된 것이라는 유기천 교수의 주장은 우리 형법 제16조의 법적 효과를 해석하는데 있어서는 매우 적확한 견해라고 볼 수 있을 것이다. 요컨대 형법 제16조의 법적 효과는 가능성설에 의해서도 타당한 해석이 가능하다.

그런데 유기천 교수는 가능성설이 형법 제16조의 법적 효과를 해석하는데 있어서 적합한 학설이라고 보는데 그치지 않고 보다 적극적으로 동 조문은 M.E. Mayer의 가능성설을 조문화한 것이라고 주장하고 있다. 즉, 형법 제16조의 형법이론적 토대 역시 가능성설이라는 것이다. 전술한 관련 문헌을 검토해 보건대 이는 유기천 교수의 독자적인 견해로 판단된다. 그러나 유기천 교수가 제시한 논거 즉, "가능성설은 책임의 가장 낮은 한계는 '의무위반의 인식의 가능성'에 있다고 보아 이러한 위법성의 인식의 가능성이 없으면 고의범으로 벌할 수 없으나, 위법성의 인식의 가능성이 있는 때에는, 행위자에게 과실이 있는 경우에도 고의범으로 처벌받아야 하므로 형법 제16조가 바로 이 가능성설을 입법화하였던 것이다"라는 논증은 동 조문이 전적으로 가능성설에 기초해서 입안된 것이라는 전거로서는 부족하다고 생각한다. 왜냐하면 위법성인식가능성이 있는 경우에 고의의 책임이 인정된다고 보는 점에서는 책임설도 동일한 이론구성이 가능하기 때문이다.[41]

그러나 신동운 교수가 면밀하게 분석해 주었듯 우리 형법 제16조의 대표적 입안자인 엄상섭이 일본의 다키카와 유키토키(瀧川幸辰)의 영향을 많이 받았고, 다키카와는 M.E. Mayer의 영향을 받았음을 염두에 둘 때,[42] 우리 형법 제16조가 M.E. Mayer의 가능성설을 조문화한 것이라는

---

41) 가능성설은 木村, 福田의 견해와 달리 책임설과 유사하다는 논증으로는 김종원, 앞의 논문, 43~44면 참조.
42) 이러한 분석으로는, 신동운, 효당 엄상섭 형법논집 해제, 형법논집, 330~331면.

유기천 교수의 견해는 분명 재음미해 볼 필요가 있다고 본다. 특히 법전 편찬위원이었던 김용진 판사 역시 유기천 교수와 동일한 견해를 취하고 있었음에 비추어 더욱 그렇다. 하지만 신동운 교수가 지적하였듯이 엄상섭이 다키카와의 추종자에 머물지 않았음을 고려하면[43] 유기천 교수의 주장은 재고될 필요가 본다.

### 3) 책임설과 형법 제16조의 해석

주지하다시피, 책임설에 따르면 위법성의 인식은 고의와는 독립된 별개의 책임요소이기 때문에 행위자가 과실로 인해 위법성의 인식을 결하게 된 경우에도 고의의 성립에는 영향을 미치지 않고 다만 비난가능성이 감경되어 형벌을 감경할 여지가 남게 될 뿐이다.[44] 특히 우리 형법 제16조의 경우는 형법 제53조에 의한 작량감경의 여지만 있다고 해석된다.[45] 따라서 책임설 역시 정당한 이유가 없는 경우의 형법 제16조의 법적 효과를 입법자의 의사에 합치되게 해석하는데 있어서 적절한 해석론이라고 볼 수 있을 것이다. 다만 책임설은 전술한 바와 같이 우리 형법 제정당시의 주류적 해석론에는 포함되지 않았을 것으로 추정되므로 동 조문의 형법이론적 토대로 판단하기는 어렵다고 본다.

---

43) 신동운, 앞의 글, 331면 참조.
44) 황산덕, 앞의 논문, 102~103면 참조.
45) 황산덕, 앞의 논문, 102면 ; 김종원, 앞의 논문, 53면 참조.

# V. '정당한 이유가 있는 때에 한하여'의 입법 경위와 의미내용

## 1. 어의적(語義的) 고찰

이번에는 '정당한 이유가 있는 때에 한하여'란 법문의 입법경위와 의미내용에 대해 검토해 보기로 한다. 이에 대해서는 전거로 삼을 만한 입법사료가 현재까지 전무한 실정이고, 효당 엄상섭 선생 역시 이 점에 대해서는 아무런 언급이 없다. 그러므로 이에 대한 구명을 위해서는 일단은 동 법문에 대한 문리적, 체계적 해석을 통해 그 의미를 좁혀 나가는 방법과 더불어 당대의 다른 입법례 및 초안들과 비교연구할 필요가 있다고 본다. 시기적으로 보면 1950년 4월에 법전편찬위원회가 공개한 형법초안에 처음으로 등장하는 법문이다.46) 초안과 현행 조문을 일별하자면 다음과 같다.

**1947년 법제편찬위원회 형법요강(엄상섭 안)** : 자기의 행위가 법률상 허용된 것이라고 믿음에 대하여 상당한 이유가 있는 때에는 그 형을 면제한다.47)

**1950년 법전편찬위원회 형법초안** : 자기의 행위가 법령에 의하여 죄되지 아니하는 것으로 오인한 행위는 그 오인이 정당한 이유가 있는 때에 한하여 형을 감경 또는 면제할 수 있다.

**1953년 형법 제16조** : 자기의 행위가 법령에 의하여 죄가 되지 아니하는 것으로 오인한 행위는 그 오인에 정당한 이유가 있는 때에 한하여 벌하지 아니한다.

---

46) 법전편찬위원회 형법초안(1), 법정, 제5권 제4호, 통권 제42호(1950년 4월), 36면 참조.

47) 그러나 실제로 법제편찬위원회 형법요강에는 구체적인 조문은 제시되어 있지 않다.

이건호 교수는 1940년 일본개정형법가안 제11조의 '상당한 이유'와 우리 형법 제16조의 '정당한 이유'는 구분할 수 없다고 주장한바 있고[48] 백남억 교수도 형법 제16조의 '정당한 이유'는 일본개정형법가안의 '상당한 이유'를 대치(代置)한 법문이라고 설명하였다.[49] 유기천 교수 역시 형법 제16조의 정당한 이유와 1972년 일본부회초안(部會草案) 제21조의 상당한 이유를 미국에 소개한 문헌에서 '상당한 이유'와 '정당한 이유'를 모두 'reasonable ground'로 번역하고 있는 것으로 미루어 볼 때 양자의 차이를 인식하고 있지 않은 것으로 보인다.[50] 양 초안을 소개하면 다음과 같다.[51]

> **1940년 개정형법가안 제11조** : ① 법률을 알지 못한다고 하여 고의가 없다고 할 수 없다. 단, 정상에 의하여 그 형을 감경 또는 면제할 수 있다. ② 법률을 알지 못하는 경우에 있어서 자기의 행위가 법률상 허용되는 것으로 믿은 데에 대하여 상당한 이유가 있는 때에는 그 형을 면제한다.

> **1972년 부회초안 제21조** : ① 법률을 알지 못했다고 해도, 그것에 의해서 고의가 없었다고는 할 수 없다. 단, 정상에 의하여 그 형을 감경할 수 있다. ② 자기의 행위가 법률상 허용되지 않는다는 것을 모르고서 범한 자는, 이에 대해서 상당한 이유가 있는 때에는 이를 벌하지 아니한다.

그러나 어의적 측면에서 볼 때, '정당한 이유'란 '상당한 이유'보다는 좀더 규범적으로 타당한 이유라는 의미로 해석된다. 즉, '정당한 이유'는 모두 다 '상당한 이유'에 포함되지만 그 역은 성립하지 않는다. 좀 다른 맥락이기는 하지만 염정철 교수도 형법 제16조의 정당한 이유는 형법 제21조[정당방위]의 상당한 이유와는 다른 개념으로서 객관적으로 정당한 근거가 있어야 하는 보다 제한적인 개념이라고 설명한바 있다.[52] '정

---

48) 이건호, 앞의 책, 174면.
49) 백남억, 형법총론, 1962, 236면 참조.
50) Ryu & Silving, Error Juris, The American Journal of Comparative Law, Vol.24, 1976, 692면 참조.
51) 이에 대해서는 김종원, 앞의 논문, 20~21면 참조.

당한 이유'는 규범적 차원에서 '옳다'는 어감을 담고 있기 때문에 '상당한 이유'보다 그 의미폭이 보다 제한적이며 좁다고 본다.

그러나 이러한 문리해석적인 결론은 어디까지나 유보적인 결론일 뿐이다. 왜냐하면 '정당한 이유'와 '상당한 이유'는 양 법문이 채택된 각 조문 내에서의 전체적 맥락을 통해 체계적으로 해석되어야 하기 때문이다.

## 2. 1937년 스위스형법 제20조와의 비교

### 1) 유기천 교수의 견해

유기천 교수는 우리 형법 제16조의 '정당한 이유'와 일본부회초안의 '상당한 이유'를 동일하게 이해하고 있었음은 전술한 바와 같다. 유기천 교수의 이와 같은 견해는 우리 형법 제16조가 1937년 스위스 형법 제20조를 참고한 일본개정형법가안을 모델로 삼았다는 주장에서도 논리적으로 도출해 낼 수 있다. 유기천 교수는 그의 용어법으로 추측하여 볼 때 우선 스위스 형법 제20조의 충분한 이유(adequate grounds)가 우리 형법 제16조의 정당한 이유(reasonable grounds)와 혼용 가능한 개념으로 보고 있다.[53] 그리고 일본개정형법가안은 1937년 스위스 형법 제20조의 영향을 받은 것이라고 설명한다. 따라서 동 개정가안의 '상당한 이유'란 법문은 스위스 형법 제20조의 '충분한 이유'와 동일한 뜻이며, 결국 우리 형법 제16조의 '정당한 이유'와도 동일한 의미라는 어의적 귀결에 도달한다. 1931년 일본개정형법가안의 '상당한 이유'는 1972년의 부회초안에도 그대로 채택되었기 때문에 결과적으로 형법 제16조의 정당한 이유와 부회초안의 상당한 이유는 동일한 의미가 된다.

요컨대 유기천 교수는 우리 형법 제16조의 정당한 이유와 일본 개정

---

52) 염정철, 형법총론대의, 1958, 300면 참조.
53) 이에 대해서는 Ryu & Silving, 689면과 Paul Kichyun Ryu, 앞의 논문, 281면 참조.

형법초안 및 부회초안의 등의 여러 초안상의 상당한 이유, 그리고 스위
스 형법의 충분한 이유를 모두 동일한 개념으로 파악하고 있는 것이다.

　1950년 법전편찬위원회 형법초안(刑法草案)이 나온 직후 같은 해 발간
된 장승두 판사의 저서인 '형법요강(刑法要綱)'을 보면, 동 초안 제16조
에 "자기의 행위가 법령에 죄 되지 아니하는 것으로 오인한 행위는 그
오인이 정당한 이유가 있을 때에 한하여 형을 감경 또는 면제할 수 있
다"라고 규정된 것에 대해서 동 초안의 '정당한 이유'는 스위스 군형법
제17조 '충분한 이유(aus zureichenden Gründen)'와 동양(同樣)의 용어라고
설명해 주고 있는바, 이는 유기천 교수의 주장을 지지해 주는 견해라고
볼 수 있다.

　일본개정형법가안의 유래, 나아가 형법 제16조의 유래에 대한 유기천
교수의 설명은 일본개정형법가안과 관련된 내용을 다루면서 牧野英一
의 저서를 인용하고 있는 것으로 볼 때 분명 牧野英一의 영향을 받은 것
으로 보인다. 실제로 牧野英一도 동 개정가안이 스위스형법의 영향을 받
았음을 인정하고 있다.[54] 다만 牧野英一 교수는 일본개정형법가안 제11
조를 입안하는데 있어 스위스 신형법을 별도로 참고한 것은 사실이지만,
아울러 독일의 초안의 변화 추이를 고려하여 일본의 독특한 입장에 있
어서 고안한 것이라고 밝히고 있다.[55] 1938에 공포, 시행된 스위스형법
제20조와 1940년에 발표된 일본개정형법가안을 나란히 비교해 보면 다
음과 같다.

　　**스위스 형법 제20조** : 범인이 충분한 이유로 자기는 당해의 범행을 행하는
　　　　권리를 가질 것이라고 사유한 경우에는 재판관은 자유재량에 따라
　　　　서 형을 감경하며(제66조) 또는 처벌을 하지 아니할 수 있다(Hat der
　　　　Täter aus zureichenden Gründen angenommen, er sei zur Tat berechtigt,
　　　　so kann der Richter die Strafe nach freiem Ermessen mildern(Art.66) oder
　　　　von einer Bestrafung Umgang nehmen).[56]

54) 牧野英一, 법률의 착오(형법연구 제12권), 1951, 106면 참조.
55) 牧野英一, 앞의 책, 106~107면 참조.

**일본개정형법가안 제11조 [법률의 착오] :**
　① 법률을 알지 못하였다 하더라도 그것으로써 고의가 없었다고 할
　수 없다. 단, 정상에 따라 그 형을 경감할 수 있다.
　② 자기의 행위가 법률상 허용되지 아니하는 것임을 알지 못하고 범
　한 자는 그 점에 대하여 상당한 이유가 있는 때에는 그 형을 면제
　한다.57)

　양 조문은 형태적으로 볼 대 분명 유사한 측면이 없지 아니하나, 당시
의 여러 입법례, 특히 독일의 여러 초안 중에서도 이와 비슷한 법문형식
을 채택하고 있는 것이 있다. 牧野英一이 말한 독일 초안의 변화 추이58)
란 다음과 같은 초안들로 추정된다.

**1922년 라드브루흐초안 제13조 :**
　① 행위자가 착오로 자기 행위가 허용되지 않는다는 것을 알지 못한
　때에는, 고의범으로 처벌하지 아니한다.
　② 그 착오가 과실에 기한 때에는 과실범에 관한 규정을 적용한다.59)

**1927년 초안 제20조 :** 행위자가 고의로 행위하지만 용서할 수 있는 법률의
　착오에 의하여 자기 행위의 위법성을 인식하지 못한 때에는 벌하지
　아니하고, 그 착오가 용서할 수 있는 것이 아닌 때에는 형을 감경할
　수 있다.60)

**1930년 초안 제20조 제2항 :** 행위자가 고의로 행위하지만 용서할 수 있는
　법률의 착오에 의하여 자기 행위의 불법성을 인식하지 못한 때에는
　벌하지 아니하고, 그 착오가 용서할 수 있는 것이 아닌 때에는 행위
　자를 처벌하되 그 형을 감경한다.61)

---

56) 법무부조사국, 법무자료, 제9집, 1948, 6면 참조.
57) 법무부조사국, 법무자료, 제5집, 1948, 3면 참조.
58) 牧野英一, 앞의 책, 107면 참조.
59) 김종원, 앞의 논문, 14면.
60) 김종원, 앞의 논문, 15면.
61) 김종원, 앞의 논문, 15면.

## 2) 牧野英一 교수의 견해

牧野英一은 스위스 내에서의 초안 및 조문의 변화 추이에 대해 다음과 같이 평가하고 있다.

　　"이것(스위스 신형법)은 우리 개정가안의 입안에 대해서 내가 별도로 참조한 것이지만 또한 동시에 (스위스 신형법과) 다르게 두지 않으면 안 되는 것이다. 스위스의 1918년 안 제18조에는 단지 "행위자가 그 행위를 할 수 있는 권리가 있는 것으로 믿고 범죄행위를 한 때에는 그 형을 감경할 수 있다"라고 되어 있지만 1938년 신형법에 제20조에 있어서는 전력 새롭게 되어버린 것이다. 즉 "행위자가 그 행위를 할 수 있는 권리가 있다고 충분한 이유 아래에 믿은 때에는 재판소[62]의 자유재량에 의해 형을 감경하거나 이를 벌하지 않을 수 있다"는 것이다. 신형법에서는 '충분한 이유'라는 규정이 특색이다. 동 규정은 1927년 스위스 군형법에서도 채택된 것이기는 하지만 동 군형법 제17조와는 전혀 취지를 달리 하고 있다. 스위스 신형법의 규정에서는 그와 같이 충분한 이유가 있는 법률의 착오만이 문제로 되기 때문이다. 그리고 그 처분은 경감 또는 벌하지 않는 것임에 불과한 것인바, 역시 다분히 전통적인 사고방식을 승인하고 있기 때문이다."

스위스 형법에 대한 牧野英一 교수의 평을 정리하자면, 스위스 신형법 제20조는 1918년 초안에 비해서는 '형의 임의적 감경'에서 '형의 임의적 감면'으로 전회했다는 점에서 새로운 변화를 보였고, 신형법과 마찬가지로 '충분한 이유'라는 법문을 채택하고 있는 1927년 스위스 군형법에 비해서는 '충분한 이유'가 있는 법률의 착오만을 고려하고 있다는 점에서 차별화된다는 것이다. 그리고 스위스 신형법의 이러한 태도는 '충분한 이유'가 있는 법률의 착오만 고려한다는 점에서 "법률의 부지는 용서받지 못한다"는 로마법상에서 유래한 전통적 법원칙을 다분히 수용하고 있다는 것이다. 牧野英一이 언급한 1918년 초안은 1908년 예비초안(Vorentwurf)과 동일한 규정으로 보인다.[63] 이하 스위스 내에서의 초안 및

---

62) 牧野英一은 Richter를 재판소로 번역하고 있다.

조문의 변천사를 개관하면 다음과 같다.

**1908년 예비초안 제21조(Irrum über Rechtswidrigkeit)** : 행위자가 자신의 행위를 할 수 있는 권리가 있는 것으로 믿고 범죄행위를 한 때에는 그 형을 감경할 수 있다(Wer ein Verbrechen in dem Glauben begeht, er sei zu der Tat berechtigt, kann milder bestraft werden).

**1918년 초안 제18조** : 행위자가 자신의 행위를 할 수 있는 권리가 있는 것으로 믿고 범죄행위를 한 때에는 그 형을 감경할 수 있다

**1938년 신형법 제20조** : 범인이 충분한 이유로 자기는 당해의 범행을 행하는 권리를 가질 것이라고 사유한 경우에는 재판관은 자유재량에 따라서 형을 감경하며(제66조) 또는 처벌을 하지 아니할 수 있다(Hat der Täter aus zureichenden Gründen angenommen, er sei zur Tat berechtigt, so kann der Richter die Strafe nach freiem Ermessen mildern(Art.66) oder von einer Bestrafung Umgang nehmen).

牧野英一은 이어서 다음과 같이 말한다.

"우리 개정가안의 제11조는 스위스 신형법의 규정을 참작하면서 역시 독일의 초안에 있어서의 추이를 고려하고 우리의 독특한 입장에 있어서 고안된 것이다. … 나의 생각을 말하면 (개정가안) 제2항의 형을 면제한다라고 하는 것에 동의할 수 없다. 이것은 그 상당한 이유로 인해서 범의의 성립이 조각되는 경우이기 때문에 이것을 '벌할 수 없다'라고 하지 않을 수 없는 것이다. … 나의 생각으로는 자연범과 법정범을 구분해서 사건을 논하고 자연범에 대해서는 법률의 착오는 범죄의 성립을 조각하지 않지만 법정범에 대해서는 그것은 범죄의 성립을 조각한다라고 하는 것이다. … 나는 자연범의 법정범화라고 하는 것을 생각하고 있다. 예를 들어 살인 및 상해를 저지른 경우는 그 자체로는 자연범으로 생각되게 되지만 그것이 특수한 사정을 수반하게 되면서 당연히 공서양속에 반하는 것이라고 생각하지 않을 수 있는 경우를 생각하는 것이다. … 나는 스위스 군형법이 충분한 이유라고 하는 말은 … 확실히 우리들이 생각하고 있는 바를 의미하는 것이라고 생각한다. 스위스 신형법이 그 용어(충분한 이유)를 채택한

---

63) 1908년 예비초안은 Brenner, Vorentwurf zu einem Schweizerischen Strafgesetzbuch, 1909, 12면 참조.

후 그 주석서가 … 그것은 법률의 착오에 대하여 과실없는 경우를 말하고
있다. … 법률의 착오에 과실이 있었다고 하는 것은 반드시 인식의 내용을
반사회적인 것으로 범의가 있다고 하는 이유는 될 수 없다다고 하는 실체
적인 사고를 특히 고려해 보고 싶다. 불행히도 스위스 군형법 및 스위스
신형법의 규정에 관해서는 그 입안자의 생각을 알 수 없는 것이기는 하지
만 내가 실체적으로 합리적이라고 믿은 것을 기초로 해서 (스위스 형법)
규정에 있어서의 (충분한 이유)라는 용어에 흥미를 느끼고 우리 초안의 입
안상 약간 안배를 가해서 가안처럼 규정을 작성한 것이다'[64]

이상 牧野英一의 주장을 풀이하자면 다음과 같다. 우선 1940년 일본
개정형법가안 제11조는 1938년의 스위스 신형법 제20조를 특별히 참조
하기는 하였지만, 동법 제20조의 취지를 그대로 전승한 것은 아니라는
점을 분명히 하고 있다. 그 대표적인 예가 바로 스위스 형법은 '형의 임
의적 감면'에 그쳤던데 비해 동 가안은 '형의 필요적 면제'를 규정하고
있기 때문이다. 이는 牧野英一의 말에 비추어 볼 때 독일 초안의 추이를
고려한 것으로 보인다.

다음으로 동 가안에 상당한 이유란 법문을 채택한 경위를 牧野英一
박사는 설명해 주고 있다. 우선 牧野英一은 자연범과 법정범은 달리 취
급되어야 하지만, 자연범도 특수한 사정(예컨대 친권자 징계권 행사에
의한 상해죄의 성립여부)[65]이 수반되는 경우에는 반드시 공서양속에 반
한다고 볼 수 없는 경우도 있다고 한다. 그렇기 때문에 법률의 착오에
과실이 있다고 하더라도 그것이 반드시 반사회적인 것으로서 범의가 있
다고 할 수 있는 이유가 되지는 못한다는 실체적인 사고가 필요하다고
본다. 다시 말해 상당한 이유란 과실 없음과는 의미 폭이 다른, 예컨대
친권자의 징계권 행사와 같이 일본 내의 특수한 공서양속을 고려한 보
다 넓은 개념이라는 것이다.

牧野英一의 이러한 견해는 다른 문헌에서도 찾아볼 수 있는데, 그는

---

64) 牧野英一, 앞의 책, 107〜108면 참조.
65) 이에 대해서는 牧野英一, 앞의 책, 108면 참조.

동 개정가안의 "자기의 행위가 법률상 허용된 것으로 믿은데 대해서 상당한 이유가 있는 때에는 그 형을 면제한다"라고 규정한 것에 대해 "일정한 범죄사실의 인식은 있었으나 행위자가 그 사실은 법률이 금지하는 바 아니라"고 오신한 것이 사회윤리적·상식적으로 무리가 아니라고 인정되는 경우를 말하는 것으로 해석하였다. 즉 '상당한 이유'란 '과실은 있지만, 그 과실이 사회윤리적·상식적으로 무리가 아닌 경우'로서 '과실 없음'과는 상이한 개념이라는 것이다.66) 요컨대 牧野英一은 법률의 착오를 고려함에 있어서 과실 이외에도 사회윤리 및 상식, 즉 공서양속까지 포함시키고 있는 것으로 보인다.

牧野英一은 법률의 착오를 인정하기 위한 기준으로서 이처럼 과실 및 공서양속도 고려해야 한다는 '실체적 사고'를 중시했기 때문에 바로 스위스 형법 제20조의 '충분한 이유'란 법문에 흥미를 갖고 이를 동 개정가안에 '상당한 이유'란 법문으로 도입하게 되었다는 것이다. 다만 牧野英一은 스위스 형법의 '충분한 이유'가 그의 실체적 사고와 같은 내용을 반영한 것인지에 대해서는 스위스 내의 해석론에 비추어 유보적 입장을 취하고 있다.

요컨대 牧野英一의 주장에 따르자면, 일본개정형법가안 제11조는 분명 스위스형법 제20조의 영향을 받은 조문이며, 다만 일본 내의 특수한 입장을 고려해 입안되었다고 볼 수 있다. 특히 동 가안의 '상당한 이유'는 과실이 있더라도 그 과실이 공서양속에 비추어 무리가 아닌 경우를 지칭하도록 동 가안의 입안자가 의도한 것이며, 스위스 형법 제20조의 입법자의 의도 역시 이러한 '실체적 사고'에 부합되는 한 양 법문은 동일한 개념으로 볼 수 있다. 다만 동 가안의 '상당한 이유'가 스위스 형법 제20조의 입안자의 의도까지 정확하게 반영한 것은 아니라는 점에 유의할 필요가 있다.

---

66) 法學志林, 제34권 4호, 425면 이하 ; 동 문헌의 내용은 백남억, 형법총론, 1962, 236면에서 재인용.

이상 살펴본 유기천 교수와 牧野英一 교수의 견해를 종합해 보면, 1940년의 일본개정형법가안 제11조는 1938년의 스위스 형법 제20조를 특별히 고려하여 입안한 것이라는 점은 분명한 사실로 보인다. 다만 스위스 형법의 '충분한 이유'와 개정가안의 '상당한 이유'가 동일한 개념인가에 좀 더 구명이 필요하다고 본다. 왜냐하면 스위스 형법 입안자의 의도가 명확히 확인되지 않았고, 牧野英一이 말해주듯 오히려 스위스 내에서 주석서상의 해석론은 양 개념이 다를 수 있음을 보여 주기 때문이다. 따라서 '충분한 이유' 이유와 '상당한 이유'가 동일하다는 유기천 교수의 주장은 어디까지나 유보적 결론으로 놔두고자 한다.

## 3. 1940년 일본개정형법가안 제11조와의 비교

다음으로 우리 형법 제16의 '정당한 이유'와 일본 개정형법가안의 '상당한 이유'는 어떠한 관계인지 구명해 볼 차례이다. '정당한 이유'라는 법문형태는 각국의 유사 입법례를 통틀어서도 '중화민국형법 제16조'를 제외하고는 극히 드문 희유(稀有)의 사례로서, 우리 형법 제16조의 독자성을 징표하는 대표적 입법형식이라고 규정할 수 있을 것이다. 시기적으로 보면 1950년 4월에 법전편찬위원회가 공개한 형법초안에 처음 등장하는 법문이다.

> **1935년 중화민국형법 제16조** : 법률을 알지 못했다고 하여 형사책임이 면제될 수 없다. 단, 그 정상에 따라서 그 형을 감경할 수 있다. 만약 그 행위가 법률에 의해서 허가되는 것으로 믿은 데에 정당한 이유가 있는 경우에는 그 형을 면제할 수 있다(不得因不知法律而免除刑事責任但按其情節得減輕其刑如自信其行爲爲法律所許可而有正當理由者得免除其刑).[67]

---

67) 동 조문의 해석으로는 김종원, 1969년의 새로운 독일형법총칙을 중심으로, 경희법학 제8권 1호, 1970, 119~120면 ; 법무부조사국, 법무자료, 제5집, 1948, 4면 참조.

**1940년 일본개정형법가안 제11조 [법률의 착오] :**
　① 법률을 알지 못하였다 하더라도 그것으로써 고의가 없었다고 할
　　수 없다. 단, 정상에 따라 그 형을 경감할 수 있다.
　② 자기의 행위가 법률상 허용되지 아니하는 것임을 알지 못하고 범
　　한 자는 그 점에 대하여 상당한 이유가 있는 때에는 그 형을 면제
　　한다.[68]

**1950년 법전편찬위원회 형법초안 :** 자기의 행위가 법령에 의하여 죄되지
　　아니하는 것으로 오인한 행위는 그 오인이 정당한 이유가 있는 때
　　에 한하여 형을 감경 또는 면제할 수 있다.

**1953년 형법 제16조 :** 자기의 행위가 법령에 의하여 죄가 되지 아니하는 것
　　으로 오인한 행위는 그 오인에 정당한 이유가 있는 때에 한하여 벌
　　하지 아니한다.

앞서 일본개정형법가안의 입안자는 '상당한 이유'에 대하여 '과실은
있지만, 그 과실이 사회윤리적·상식적으로 무리가 아닌 경우'로 보고
있음을 확인한 바 있다. 즉 과실 이외에도 사회윤리 및 상식, 즉 공서양
속까지 포함시켜 상당한 이유를 해석하고 있는 것이다. 그렇다면 우리
형법 제16조의 '정당한 이유'는 어떤 내용으로 보다 구체화 될 수 있을
것인가? 이에 대해 우리 형법의 대표적 입안자였던 효당 선생과 김용진
판사는 다음과 같이 명시적으로 밝혀주고 있다.

　　"자기의 행위가 죄가 안 되는 것으로 오인함에 있어서 그 오인을 책할 만
　한 아무런 이유도 없을 때에는 벌하지 말자는 이 조문을 설치한 것이다"[69]

　　"정당한 이유가 있음이라 함은 만연히 죄가 안 되는 것으로 오인한 것
　이 아니고 적어도 법률전문가나 당로자에게 문의하여 죄가 안 된다는 요
　지의 확답을 얻었다든지 이에 준할 만한 노력을 한 연후에 죄가 되지 아니
　한다는 인식을 하게 되었음을 의미하는 것으로 본다"[70]

---

68) 법무부조사국, 법무자료, 제5집, 1948, 3면 참조.
69) 엄상섭, 우리 형법전에 나타난 형법 민주화의 조항, 법정, 제10권 제11호, 통
　　권 제79호, 1955, 4면 참조.
70) 엄상섭, 앞의 글, 같은 면.

"'정당한 이유 있음'이라는 것은 '위음'을 말하는 것이[다]"[71]

"(형법 제16조는) 위법의 인식이 없는 경우를 즉시 무책임으로 하지 않고 과실이 있으면 고의범으로 처벌할 것이라는 점에서"[72]

우리 입법자는 형법 제16조의 정당한 이유란 과실이 없는 경우로 해석하고 있다. 그렇다면 형법 제16조의 '정당한 이유'는 일본개정형법가안 제11조의 '상당한 이유'와는 상이한 개념으로 볼 수 있다. '상당한 이유' 경우 비단 과실이 없는 경우뿐만 아니라[73] '과실은 있지만, 그 과실이 사회윤리적·상식적으로 무리가 아닌 경우'까지 포함하는 '정당한 이유'보다 넓은 개념으로 볼 수 있기 때문이다.

그러나 엄상섭은 '형법이론과 재판의 타당성'이란 글에서 이식제한령(利息制限令) 위반으로 기소된 피고인에게 "거래에 있어서도 낡고 비현실적인 이식제한령에 의한 이식으로 거래하는 자는 그 누구를 물론하고 존재하지도 아니하고 또는 기대하는 자도 없고 기대할 수도 없으며 동 제한령의 범위를 초과한 행위로 사금융(私金融)의 거래를 하였다 하여 그 누가 사회적 비난을 가할 자도 없을 것"이라는 요지로 기대가능성을[74] 원용하여 무죄를 선고한 서울지방법원 판결에 대하여 "초법규적

---

71) 엄상섭, 형법이론과 재판의 타당성, 앞의 책, 6면 참조.
72) 김용진, 앞의 책, 91면 참조.
73) 과실이 없는 경우도 일본개정형법가안 제11조의 상당한 이유가 있는 경우에 해당됨은 당연한 해석이다.
74) '기대가능성'을 원용하여 피고인에게 무죄를 선고한 서울지방법원 1957.5.9. (형사판례, 124면). '기대가능성'을 원용한 동 판례의 입장을 긍정하는 견해로는 유기천, 형법학[총론강의], 1996, 249면 참조. 이에 대해 '기대가능성'의 초법규성을 문제삼아 동 판례를 비판한 글로는 문인구, 기대가능성과 실정법의 한계, 법정(法政), 제12권 제7호, 1957년 7월, 22~26면. 한편 문인구 검사의 글을 재비판하면서 동 판례의 무죄판결을 결론에 있어서는 지지하면서도 형법 제16조에 의한 실정법 내에서 해결방법을 제시하는 글로는 엄상섭, 형법이론과 재판의 타당성, 법정(法政), 제12권 제8호, 1957년 8월, 4~6면 참조. 동 판례를 둘러싼 문인구 검사와 엄상섭 선생의 견해대립에 대한 법리적·형법이론적 분석과 우리 형법 제16조에 대한 비교법적·역사적 조

책임조각사유로서의 기대불가능성을 원용하게 되면 형법의 기능을 마비시키는 것"이라는 요지로 이를 비판한 문인구 검사의 판례비평을 보고 동 사안의 피고인에게 형법 제16조를 적용하여 '과실이 없으므로' '정당한 이유'를 인정할 수 있다고 주장하였던바, '정당한 이유'의 판단에 있어서 실질적으로는 '사회 현실의 변화와 관행'까지 고려하는 태도를 취하고 있음에 유의할 필요가 있다고 본다.

다시 말하면 엄상섭은 정당한 이유가 있음은 과실이 없음이라고 간단히 설명하고 있지만 그 실질에 있어서는 행위자를 면책시킬 만한 사회 현실의 변화와 관행까지도 과실판단에 고려하고 있었던 것이다. 이러한 관점에서 보면 형법 제16조의 정당한 이유도 일본 개정형법가안의 상당한 이유처럼 '사회윤리 및 상식'까지 고려하여 판단해야 하는 것으로 해석할 여지가 있다고 본다. 요컨대 牧野英一은 '과실은 있지만, 그 과실이 사회윤리적·상식적으로 무리가 아닌 경우'라는 표현을 사용하고 있지만 엄상섭은 이미 그러한 경우라면 과실이 없는 경우라고 보고 있는 것이다. 엄상섭은 법과실이 없는 경우를 牧野英一보다 넓게 파악하고 있는 것이다.

이와 같은 추론은 백남억 교수가 '상당한 이유'에 대한 牧野英一 교수의 해석론을 비판하면서 '과실은 있지만, 그 과실이 사회윤리적·상식적으로 무리가 아닌 경우'와 '과실이 없는 경우'를 구분하는 것은 실제에 있어서는 불가능하다고 지적한 점에서도 지지받을 수 있다고 본다.[75] 백남억 교수는 일본 개정형법가안의 '상당한 이유'와 형법 제16조의 '정당한 이유'를 동일한 용어로 이해하면서 양자는 모두 '과실이 없는 경우'로 보고 있다.[76]

한편 1950년 법전편찬위원회 형법초안이 나온 직후 발간된 장승두 판사[77]의 저서인 '형법요강(刑法要綱)'을 보면, 동 초안 제16조에 "자기의

---

망으로는 신동운, 효당 엄상섭 형법논집 해제, 신동운·허일태, 효당 엄상섭 형법논집, 346~459면 참조.
75) 이에 대해서는 백남억, 형법총론, 1962, 236면 참조.
76) 백남억, 앞의 책, 같은 면.

행위가 법령에 죄되지 아니하는 것으로 오인한 행위는 그 오인이 정당
한 이유가 있을 때에 한하여 형을 감경 또는 면제할 수 있다"라고 규정
된 것에 대해서 동 초안의 '정당한 이유'는 스위스 군형법 제17조의 '충
분한 이유(aus zureichenden Gründen)'와 동양(同樣)의 용어로서 이는 "사회
윤리적·상식적으로 무리한 것이 아니라고 하는 경우를 의미하는 것이
고, 이것은 단지 위법성의 착오에 범의과실(犯意過失)이 없는 경우라고
하기보다는 무과실 외에 이를 보충할 적정한 사정도 포함되어 있는 것
으로서, … 동 법문은 소위 '기대가능성이 없는 경우'를 책임조각사유로
규정한 것으로 보는 것이 타당하다"고 설명을 하고 있는바[78] 장승두 판
사는 '정당한 이유'의 판단에 있어서 상당한 이유에 대한 牧野英一의 해
석과 동일한 생각을 갖고 있었던 것으로 보이며 다만 그 표현에 있어서
'무과실 외에 이를 보충할 적정한 사정도'고 고려해야 한다면서 '기대가
능성'이 없는 경우라는 표현을 사용하고 있다.

   요컨대, 牧野英一 박사와 엄상섭 선생, 그리고 장승두 판사는 '상당한
이유' 내지 '정당한 이유'란 그 실질에 있어서 '무과실 이외에도 이를 보
충할 적정한 사정'까지 포함시켜 해석하는 태도를 취하고 있었다고 보
이며, 다만 그 표현에 있어서 엄상섭 선생은 '과실이 없는 경우'로, 牧野
英一은 '무과실이거나 과실이 있어도 사회윤리적·상식적으로 무리한
것이 아니라고 하는 경우', 그리고 장승두 판사는 '무과실 이외에 기대가
능성이 없는 경우'로 달리 하고 있다고 정리할 수 있다.

## 4. 정당한 이유가 있는 경우에 '한하여'의 취지

   다음으로는 우리 조문이 '정당한 이유가 있는 경우에 <한하여>'란
법문을 취하고 있는 이유에 대하여 검토해 보기로 한다. '정당한 이유'란

---

77) 당시 서울대학교 법과대학 강사.
78) 이에 대해서는 장승두, 형법요강, 1950, 119면 참조.

법문은 1935년의 중화민국형법 제16조에서도 채택된 바 있지만 '정당한 이유가 있는 경우에 한하여'란 법문은 세계적으로도 유례없는 희유의 사례이기 때문이다. 우리 조문의 입안 당시의 여러 입법례를 보아도 이와 같은 법문형식은 찾아볼 수 없다. 예를 들면 다음과 같다.

> **1930년 독일형법 초안 제20조 제2항** : 행위자가 고의로 행위하지만 용서할 수 있는 법률의 착오에 의하여 자기 행위의 불법성을 인식하지 못한 때에는 벌하지 아니하고, 그 착오가 용서할 수 있는 것이 아닌 때에는 행위자를 처벌하되 그 형을 감경한다.[79]

> **1938년 스위스 신형법 제20조** : 범인이 충분한 이유로 자기는 당해의 범행을 행하는 권리를 가질 것이라고 사유한 경우에는 재판관은 자유재량에 따라서 형을 감경하며(제66조) 또는 처벌을 하지 아니할 수 있다(Hat der Täter aus zureichenden Gründen angenommen, er sei zur Tat berechtigt, so kann der Richter die Strafe nach freiem Ermessen mildern (Art.66) oder von einer Bestrafung Umgang nehmen).

> **1935년 중화민국형법 제16조** : 법률을 알지 못했다고 하여 형사책임이 면제될 수 없다. 단, 그 정상에 따라서 그 형을 감경할 수 있다. 만약 그 행위가 법률에 의해서 허가되는 것으로 믿은 데에 정당한 이유가 있는 경우에는 그 형을 면제할 수 있다(不得因不知法律而免除刑事責任但按其情節得減輕其刑如自信其行爲爲法律所許可而有正當理由者得免除其刑).[80]

> **1940년 일본개정형법가안 제11조 [법률의 착오]** :
> ① 법률을 알지 못하였다 하더라도 그것으로써 고의가 없었다고 할 수 없다. 단, 정상에 따라 그 형을 경감할 수 있다.
> ② 자기의 행위가 법률상 허용되지 아니하는 것임을 알지 못하고 범한 자는 그 점에 대하여 상당한 이유가 있는 때에는 그 형을 면제한다.[81]

---

79) 김종원, 앞의 논문, 15면.
80) 동 조문의 해석으로는 김종원, 1969년의 새로운 독일형법총칙을 중심으로, 경희법학 제8권 1호, 1970, 119~120면; 법무부조사국, 법무자료, 제5집, 1948, 4면 참조.
81) 법무부조사국, 법무자료, 제5집, 1948, 3면 참조.

소개한 초안 및 입법례들은 모두 "정당한(상당한, 충분한, 용서할 수
있는) 이유가 있는 <경우에는(때에는)>"이라는 법문을 채택하고 있음을
쉽게 확인할 수 있다. 즉 우리 형법 제16조처럼 '한하여'라는 극히 제한
적인 법문을 취하고 있는 초안 및 조문은 찾아볼 수 없다. 문리적 해석
을 하자면, '정당한 이유가 있는 경우에 한하여'라는 법문은 '정당한 이유
가 있는 경우에만' 법률의 착오를 고려하여 벌하지 않는 것으로 법적 효
과를 부여하며, 반면에 정당한 이유가 없는 경우에는 원칙적으로 처벌하
겠다는 취지로 새겨진다. 그러나 '정당한 이유가 있는 경우에는(때에는)'
이라는 법문형식은 법률의 착오에 정당한 이유가 있는 경우에는 벌하지
않는 법적 효과를 부여하되 정당한 이유가 없는 경우에는 형을 감경하는
법적 효과를 부여하겠다는 취지로 해석될 여지가 남게 된다. 위에 소개한
1930년 독일형법 초안 제20조 2항이 바로 그러한 조문형태이다.

요컨대 '한하여'라는 법문형식은 '처벌' 또는 '불처벌'의 양자택일 방
식의 조문구조를 갖게 되는데 비해, '경우에(때에는)'라는 법문형식은
'처벌' 내지 '감경'이라는 보다 신축적인 조문구조를 지니게 된다고 볼
수 있다. 이하에서는 일본 개정형법가안 및 동 가안과 거의 유사한 조문
구조를 갖고 있는 1961년 개정형법준비초안 및 1974년 개정형법초안과
우리나라의 법전편찬위원회 형법초안 및 형법 제16조를 비교해 봄으로
써 '정당한 이유가 있는 경우에 한하여'의 의미를 구명해 보기로 한다.

## 1) 1940년 일본개정형법가안 제11조와의 비교

**1940년 일본개정형법가안 제11조 [법률의 착오]** :
① 법률을 알지 못하였다 하더라도 그것으로써 고의가 없었다고 할
수 없다. 단, 정상에 따라 그 형을 경감할 수 있다.
② 자기의 행위가 법률상 허용되지 아니하는 것임을 알지 못하고 범
한 자는 그 점에 대하여 상당한 이유가 있는 때에는 그 형을 면제
한다.[82]

---

82) 법무부조사국, 법무자료, 제5집, 1948, 3면 참조.

**1950년 법전편찬위원회 형법초안** : 자기의 행위가 법령에 의하여 죄 되지 아니하는 것으로 오인한 행위는 그 오인이 정당한 이유가 있는 때에 한하여 형을 감경 또는 면제할 수 있다.

**1953년 형법 제16조** : 자기의 행위가 법령에 의하여 죄가 되지 아니하는 것으로 오인한 행위는 그 오인에 정당한 이유가 있는 때에 한하여 벌하지 아니한다.

앞서 살펴본 바대로, 우리의 입법자가 형법 제16조를 기초하는데 있어서 일본의 개정형법가안을 주된 모델로 삼았다고 판단된다.[83] 그렇다면 법전편찬위원회 형법초안 역시 동 가안을 토대로 성안되었다고 보아도 큰 무리는 없을 것이다. 위의 두 가지 안을 비교해 보면, 눈에 띄는 차이점을 쉽게 발견할 수 있다. 일본개정형법가안의 제11조 제2항이 법전편찬위원회의 형법초안과 유사함은 누누이 지적된 사실이지만, 분명히 우리 입법자는 개정형법가안 제11조 제1항의 규정은 우리 조문에 도입하지 않았다. 여기서 두 가지의 의문점이 떠오른다.

첫째, 일본의 경우 개정형법가안을 기초함에 있어서 어째서 일본의 현행형법 제38조 제3항의 규정을 가안 제11조 제1항에 그대로 존치시킨 것일까?

둘째, 우리 입법자는 일본개정형법가안을 참조했음에도 불구하고 어째서 일본과는 다른 입법형식을 취한 것인가?[84] 이에 대해 검토해 보기로 한다.

牧野英一에 따르면 스위스 신형법 제20조는 '충분한 이유'가 있는 법률의 착오만을 형법적으로 고려하고 있으며, 그러한 점에서 동 조문은 다분히 전통적인 사고방식, 즉 "법률의 부지는 용서받지 못한다"는 로마

---

83) 이러한 견해의 소개로는 신동운, 제정형법의 성립경위, 형사법연구, 2003, 18면, 20면 참조.
84) 그러나 형법 제16조에 관한 한 이러한 차이점에 주목한 연구는 아직까지 보이지 않는다. 오영근 교수의 "일본개정형법가안이 제정형법에 미친 영향과 현행 형법해석론의 문제점"(형사법연구 제20호, 109면 이하 참조)에도 이러한 문제의식은 보이지 않는다.

법상의 법원칙을 따르고 있다고 한다. 그리고 스위스 형법 제20조의 이러한 취지를 개정형법가안은 (법적 효과에 있어서는 차이가 있지만) 그대로 전승하고 있다고 한다. 그렇기 때문에 동 가안의 제1항은 "법률을 알지 못하였다 하더라도 그것으로써 고의가 없었다고 할 수 없다. 단, 정상에 따라 그 형을 경감할 수 있다"는 현행 조문을 존치시킴으로써 전통적인 법원칙을 승인하면서도, 제2항에 "자기의 행위가 법률상 허용되지 아니하는 것임을 알지 못하고 범한 자는 그 점에 대하여 상당한 이유가 있는 때에는 이를 벌하지 아니한다"는 조문을 둠으로써 '상당한 이유'가 있는 법률의 착오만을 고려하는 태도를 취하게 되었다는 것이다.[85]

요컨대 일본개정형법가안 제11조 1항은 법률의 부지는 용서받지 못한다는 전통적 법원칙을 승인하는 규정이고, 2항은 상당한 이유가 있는 법률의 착오에 한하여 이를 형법적으로 고려하겠다는 규정인 것이다.[86]

그렇다면 우리 입법자도 역시 형법 제16조를 입안함에 있어서 일본개정형법가안 제11조의 이와 같은 취지를 고려해 동 가안 제11조와 유사한 규정형식을 취하는 것이 전통적인 법원칙과의 조화 측면에서 바람직하다고 판단했을 것임은 쉽게 추측해 볼 수 있다. 이에 대해서 엄상섭은 다음과 같이 말하고 있다.

> "제16조에 "자기의 행위가 법령에 의하여 죄가 되지 아니하는 것으로 오인한 행위는 그 오인에 정당한 이유가 있는 때에 한하여 벌하지 아니한다"라고 되어 있거니와 이 조문도 형벌조문을 완화한 것이다. "법을 모른다고 하여 처벌을 면할 수 없다"는 것이 형법상의 원칙이거니와 이 원칙의 절대적인 적용만으로는 심히 가혹하여 해위자로서는 억울키 한량없는 경우가 있는 것이다. … 그러므로 우리 형법제정에서는 "자기의 행위에 죄

---

85) 牧野英一, 법률의 착오(형법연구 제12권), 1951, 106~109면 참조.
86) 일본개정형법가안의 이유서도 이와 거의 동일한 취지로 설명하고 있다. 즉 본조 제1항은 전통적 법원칙을 도저히 변경할 수 없다는 점을 승인하는 것이고 다만 제2항은 제1항의 엄격성을 완화하기 위해 상당한 이유가 있는 경우에는 그 형을 '면제'까지도 할 수 있도록 입안된 것이라고 한다. 이에 대해서 刑法改正案理由書, 小野幹事提出, 7~8면 참조.

가 안 되는 것으로 오인함에 있어서 그 오인을 책(責)할만한 아무런 이유
도 없을 때"에는 벌하지 말자는 이 조문을 설치한 것이다. 이 조문에서의
'정당한 이유가 있음'이라 함은 "만연히 죄가 안 되는 것으로 오인한 것이
아니고 적어도 법률전문가나 당로자에게 문의를 하여 죄가 안 된다는 요
지의 확답을 얻었다든가 이에 준할 만한 노력을 한 연후에 죄가 되지 아니
한다는 인식을 하게 되었음"을 의미하는 것으로 본다".87)

　엄상섭의 말을 풀이하자면 형법 제16조는 "법을 모른다고 하여 처벌
을 면할 수 없다"는 형법상의 전통적 법원칙의 엄격함을 완화하기 위해
입안된 것이기는 하지만 '정당한 이유'란 '만연히 죄가 안 되는 것으로
오인한 것'은 분명 아니라는 것이며 동 조문은 전통적 법원칙과의 긴장
을 해소하여 입법적 조화를 도모하고 있는 규정이라는 것이다. 엄상섭을
통해 알 수 있듯이 우리 형법 제16조의 입안자 역시 스위스 형법 제20조
나 일본개정형법가안 제11조처럼 형사처벌의 엄격함을 완화시키는 노력
을 기울이면서도 다분히 전통적 법원칙을 존중하여 양자의 조화를 모색
하고 있다는 점에서 스위스 형법 제20조나 개정형법가안 제11조의 취지
를 전승하고 있다고 봐야 할 것이다.

　그렇다면 형법 제16조 역시 일본개정형법가안 제11조처럼 두 개의 항
을 두는 방식을 채택하는 것이 바람직하였을 것이라고 본다. 그럼에도
불구하고 우리 입법자는 과감히 단일 조문형태로 현행 형법 제16조와
같은 규정형식을 취했다. 과연 어떠한 이유에서 이와 같은 조문형식을
택했는지가 의문시된다. 생각건대, 바로 이 의문점을 해결하는 실마리가
형법 제16조의 '정당한 이유가 있는 경우에 한하여'란 법문에 있다고 본
다. 우리 입법자는 일본과 다르게 단일 조문형태로 법률의 착오를 규정
하면서 '정당한 이유가 있는 경우에 한하여'란 법문을 들여오고 있다. 여
기에는 분명히 당시 입안자의 의도가 담겨 있으리라고 판단된다.

　우리 형법 제16조도 분명 일본개정형법가안 제11조처럼 형사처벌에

---

87) 엄상섭, 우리 형법전에 나타난 형법민주화의 조항, 법정, 제10권 제11호, 통
　　권 제79호, 1955, 3~4면 참조.

엄격성을 완화하면서도 전통적인 법원칙을 존중하는 노력 속에 입안된 것임은 분명하다고 본다. 그런데도 우리 조문의 입안자가 현재의 조문형태를 취한 것은 '정당한 이유가 있는 경우에 한하여'라는 첩문이 바로 일본개정형법가안 제11조 제1항 및 제2항의 기능을 대신해 줄 수 있다고 보았기 때문이라고 판단하는 것이 자연스럽다. '정당한 이유가 있는 경우에 한하여'란 법문은 분명 제한적인 수식어구이다. 유기천 교수는 동 조문을 영어로 소개한 문헌에서[88] "only when his mistake is based on reasonable grounds"라고 번역한 바 있다.

다시 말해 동 법문은 우리 형법 제16조 역시 스위스 형법 제20조나 일본개정형법 제11조처럼 '정당한 이유'가 있는 경우의 법률의 착오만을 고려한다는 태도를 분명히 하고 있는 것이다. 즉 형법 제16즈 하에서도 법률의 착오는 정당한 이유가 있는 경우에만 고려되고, 그 외의 경우에는 처벌된다는 것이 원칙인 것이다. 김종원 교수도 형법 제16조에 '한하여'라는 표현이 있기 때문에 동조를 '오인에 정당한 이유가 없는 때에는 벌한다'는 취지로 보는 것이 타당하다고 주장한 바 있다.[89]

다만, 일본개정형법가안이 한 조문에 두 개의 항을 둠으로써 이러한 취지를 명확히 하였음에 비해서 우리 조문은 오히려 스위스 형법 제20조와 유사하게 단일 조문방식을 채택하면서도 '한하여'란 제한적 법문을 통해서 그와 같은 취지를 두드러지게 표현하고 있는 것이다. 이러한 결론은 형법 제16조와 같이 '정당한 이유'란 법문을 채택하면서도 규정형식에 있어서는 일본개정형법가안 제11조와 유사한 조문구조를 가진 1935년 중화민국형법 제16조에서 '정당한 이유가 있는 경우에는'이란 법문형식을 취하고 있는 점에서도 지지된다고 생각한다.

**1935년 중화민국형법 제16조** : 법률을 알지 못했다고 하여 형사책임이 면제될 수 없다. 단, 그 정상에 따라서 그 형을 감경할 수 있다. 간약

---

88) Ryu & Silving, 앞의 논문, 692면 참조.
89) 김종원, 앞의 논문, 55면 참조.

그 행위가 법률에 의해서 허가되는 것으로 믿은 데에 정당한 이유
가 있는 경우에는 그 형을 면제할 수 있다(不得因不知法律而免除刑
事責任但按其情節得減輕其刑如自信其行爲爲法律所許可而有正當
理由者得免除其刑).[90]

## 2) 1961년 일본개정형법준비초안과의 비교

다음으로 법률의 착오 규정에 있어 1940년의 개정형법가안을 거의 그
대로 수용한 1961년의 개정형법준비초안과 비교해 보기로 한다. 동 초안
에 대한 이유서(理由書)를 검토해 보면, 아래의 제1항을 존치시킨 이유
에 대하여 다음과 같이 설명하고 있다.

**1961년 일본개정형법준비초안 제21조 [법률의 부지ㆍ착오] :**
　① 법률을 알지 못하였다 하더라도 그것으로써 고의가 없었다고 할
　　 수 없다. 단, 정상에 따라 그 형을 경감할 수 있다.
　② 자기의 행위가 법률상 허용되지 아니하는 것임을 알지 못하고 범
　　 한 자는 그 점에 대하여 상당한 이유가 있는 때에는 이를 벌하지
　　 아니한다.[91]

　"제1항은 실질상 현행 형법 제38조 3항과 같다. 제2항은 소위 위법성에
관한 착오를 새롭게 규정한 것이다. 따라서 사실의 인식이 있는 것을 전제
로 한다. 그 착오에 대해서 상당한 이유가 있는 때는 과실의 책임은 잘 모
르겠지만 고의의 책임을 지지는 않는다는 것을 규정하고 있다. 이것을 뒤
집어 보면 그 착오를 발생시킨 데 대해서 자가의 부주의, 기타 비난받을
만한 이유가 있는 때에는 착오에 대해서 소위 상당한 이유가 없는 게 되기
때문에 고의 책임을 면할 수 없게 된다. 이것은 학계 다수의 견해를 존중
해서 법문화 한 것이다. 상당한 이유가 있는 때라는 것은 과실이 없는 때
하고 같은 의미는 아니다. 위법성을 모르는데 대해서 엄밀히 말하여 과실
은 있더라도 그 모르는 바를 비난하는 게 지나치게 가혹하다고 인정될 수
있는 경우 등도 역시 상당한 이유가 있는 때라고 말할 수 있을 것이다"[92]

---

90) 동 조문의 해석으로는 김종원, 1969년의 새로운 독일형법총칙을 중심으로,
　　경희법학 제8권 1호, 1970, 119~120면; 법무부조사국, 법무자료, 제5집,
　　1948, 4면 참조.
91) 법무부조사국, 법무자료, 제5집, 1948, 3면 참조.

개정형법준비초안의 이유서에는 제21조에 어째서 두 개의 항을 두게 되었는가에 대한 설명은 없다. 다만 제1항은 실질상 현행 형법 제38조 3항과 같다는 것으로 볼 때 현행 형법 38조 3항의 입법취지를 계승하고 있다는 것으로 보인다. 그리고 제2항에 위법성에 관한 착오를 새롭게 규정했다고만 되어 있다. 왜 두 개의 조문을 두게 되었는가에 대한 적극적인 해명은 드러나 있지 않다.

다만 특이한 점은 상당한 이유가 있는 경우에 "과실의 책임은 잘 모르겠지만 고의의 책임을 지지는 않는다"라는 설명부분인데, 이는 동 초안이 1960년 미정고(未定稿)로 발표되었을 때 "상당한 이유가 있는 때에는 고의로 한 것이라고는 할 수 없다"라고 규정되었다가, 이를 '벌하지 아니한다'로 고치는 것이 대립되는 두 개의 학설, 즉 고의설과 책임설 어느 쪽으로부터도 해석이 가능하게 되어서 민주적 입법기술로서 타당한 것이 된다는 학계의 비판을 수용하여 현재의 조문형태로 바꾼 점을 고려하면 이해될 수 있다.[93]

한편 동 초안은 상당한 이유란 과실이 없는 경우와 동일한 것이 아니고 과실은 있더라도 그 모르는 바를 비난하는 게 지나치게 가혹하다고 인정될 수 있는 경우 등도 포함된다고 보아 牧野英一의 견해를 충실히 따르고 있는 것으로 보인다. 이를 통해 동 초안 역시 일본 개정형법가안에 대한 牧野英一의 입안 취지를 수용하고 있음을 추측해 볼 수 있을 뿐이다.

### 3) 1974년 일본개정형법초안 제21조와의 비교

다음으로는 1961년 일본개정형법준비초안과 동일한 조문구조를 취하고 있는 1974년 일본개정형법초안에 대한 이유서를 검토해 보기로 한다.

---

92) 형법개정준비회(刑法改正準備會), 개정형법준비초안 동이유서, 1961(昭和 36), 107면 참조
93) 이에 대해서는 김종원, 앞의 논문, 20면 각주 35번 참조.

이유서는 다음과 같이 설명해 주고 있다.

> **1974년 일본개정형법초안 제21조 [법률의 착오]** :
>
> ① 법률을 알지 못하였다 하더라도 그것으로써 고의가 없었다고 할 수 없다. 단, 정상에 따라 그 형을 경감할 수 있다.
> ② 자기의 행위가 법률상 허용되지 아니하는 것임을 알지 못하고 범한 자는 그 점에 대하여 상당한 이유가 있는 때에는 이를 벌하지 아니한다.[94]
>
> "본조는 법률의 무지 내지 착오에 관한 규정이고 현행법 제38조 3항과 같이 법률을 알지 못했다고 해도 이것에 의하여 고의는 조각되지 않아 정상에 의한 형의 경감을 인정하는 것을 원칙으로 하고 있지만 자기의 행위가 위법인 것을 몰랐던 것에 대해서 상당한 이유가 있는 때에는 벌할 수 없다는 규정이 신설되어 있다. 제1항은 법률의 착오에 관한 원칙적인 규정이고 현행법 제38조 3항과 동일한 취지이다. 법률을 몰랐다고 하는 것은 형벌 법규의 존재를 의식하지 않았던 경우만이 아니고 그 해석을 잘못한 경우도 포함된다. 제2항에는 자기의 행위가 법률상 허용되지 않는 것을 모른다고 하는 표현을 사용한 것과의 관계에서 제1항에서도 같은 모양의 규정 방법을 취하는 것의 적합성 여부가 검토 되었지만, 법률의 무지 또는 해석에 따라서 위법성 의식이 결여되어 이루어진 경우에만 제1항을 한정한다면 착오에도 관계되지 않아 위법성 의식은 있었던 경우에 대한 규정이 빠질 수 있는 것이 되고 이 경우에도 형의 경감을 인정할 필요가 전혀 없다고는 말할 수 없기 때문에 제1항에서는 넓은 의미로 둘 수 있는 법률의 착오에 대해서 규정하는 것으로 하였다"[95]

동 이유서의 설명에 따르면 우선 제1항은 법률의 착오가 있다고 하여 고의가 조각되지 않는다는 현행법 제38조 3항의 전통적 법원칙을 규정한 원칙규정이라고 한다. 그리고 상당한 이유가 있는 위법성의 착오에 한해서는 이를 벌하지 아니하기로 하는 제2항을 신설하였다는 것이다.

한편 위법성인식의 결여를 뜻하는 1항과 2항의 표현, 즉 제1항의 '법률을 알지 못하였다 하더라도'와 제2항의 '자기의 행위가 법률상 허용되

---

94) 법무부조사국, 법무자료, 제5집, 1948, 3면 참조.
95) 법무부, 법제심의회 개정형법초안 동 이유서, 형법개정자료(6), 1974(昭和 49), 116~117면 참조.

지 아니하는 것임을 알지 못하고'라는 두 표현을 일치시키자는 견해도 있었으나, 제1항과 제2항 법문을 통해 규제하고자 하는 착오의 범주가 다르기 때문에 결국 제1항을 존치시키기로 결정하였다고 설명해 주고 있다. 즉, 제2항의 '법률상 허용되지 않은 것을 알지 못한'이란 법문은 자기의 행위가 법률상 허용되지 아니하는 것임을 알지 못하여 위법성의 의식을 결한 경우를 규정하고 있음에 반해 제1항의 '법률의 알지 못하였다고'라는 법문의 취지는, '착오에도 관계되지 않아 위법성의 의식이 있었지만 형의 경감을 인정할 필요가 인정되는 경우'까지 포함하는 보다 넓은 의미의 법률의 착오에 대해서 규정하는 데 있다는 것이다.

요컨대 이유서에 따르면 동 초안에 2개의 항을 둔 이유는 제1항을 통해서는 현행 형법 제38조 3항의 취지를 계승하고 있음을 명시하고, 제2항을 신설하여 위법성의 인식이 없음에 상당한 이유가 있는 경우는 벌하지 않기 위해서라는 것이다. 이러한 설명은 대체로 1940년 일본개정형법가안의 취지에 대한 牧野英一의 해설과 일치하는 것이다.

참고로 우리나라 현행 법률에 '정당한 이유(사유)'란 법문이 들어간 조문은 다음과 같은 것들이 있다. 공통점은 어느 조문도 형법 제16조처럼 '한하여'란 조문형식을 취하고 있지는 않다는 점이다.

> 우리나라 현행 법규에 '정당한 이유(사유)'가 명문화 된 조문으로는 다음과 같은 것이 있다.
>
> ▫ **형법 제122조[직무유기]** 공무원이 정당한 이유없이 그 직무수행을 거부하거나 그 직무를 유기한 때에는 1년 이하의 징역이나 금고 또는 3년 이하의 자격정지에 처한다.
> ▫ **형법 제145조 2항[도주, 집합명령 위반]** 전항의 구금된 자가 천재, 사변 기타 법령에 의하여 잠시 해금된 경우에 정당한 이유없이 그 집합명령에 위반한 때에도 전항의 형과 같다.
> ▫ **군형법 제24조[직무유기]** 지휘관이 정당한 사유없이 직무수행을 거부하거나 또는 그 직무를 유기한 때에는 다음의 규별에 의하여 처벌된다.
> ▫ **경찰관직무집행법 제7조[위험방지를 위한 출입]** 제2항 흥행장여관음식

접역 기타 다수인이 출입하는 장소의 관리자 또는 이에 준하는 관계인은 그 영업 또는 공개시간 내에 경찰관이 범죄의 방지 또는 인명신체와 재산에 대한 위험예방을 목적으로 그 장소에 출입할 것을 요구한 때에는 정당한 이유 없이 이를 거절할 수 없다.

▫ **의료법 제16조[진료의거부금지 등]** 제1항 의료인은 진료 또는 조사의 요구를 받은 때에는 정당한 이유 없이 이를 거부하지 못한다.

## VI. '벌하지 아니한다'의 입법경위

다음으로 엄상섭이 형법요강해설에서 사용한 '그 형을 면제한다'라는 조문형태가 현행 형법에 이르러서는 '벌하지 아니한다'라는 법문으로 변화된 점에 대한 규명이 필요하다고 생각된다. 이를 위해 무엇보다 엄상섭이 형법요강해설에서 구체적으로 적시한 조문형태 즉 "자기의 행위가 법률상 허용된 것이라고 믿음에 대하여 상당한 이유가 있는 때는 그 형을 면제한다"는 조문형태가 어디에서 유래했는지를 살펴볼 필요가 있다.

왜냐하면 당시 법제편찬위원회가 법전편찬사업에 착수한 초창기에 있어 그 진척이 지지부진하자 엄상섭은 진척이 늦어지는 이유 중 하나로 '법전편찬의 대방침'이 확립되지 못하였기 때문이라고 갈파한 바 있는데, 바로 그 '법전편찬의 대방침'이란 특정한 입법례를 일응의 기준으로 삼아서 이를 수정·보완하는 식으로 편찬작업을 진행하는 것이었던 까닭에[96] 엄상섭이 제시한 조문형태 역시 특정한 입법례 중 하나였을 가능성이 매우 높기 때문이다.

당시 참고가 되었을 만한 입법례를 찾아보면, 엄상섭이 제시한 조문규정은 일본개정형법가안 제11조 제2항의 "자기의 행위가 법률상 허용된 것이라고 믿음에 대하여 상당한 이유가 있는 때는 그 형을 면제한다"와 정확히 일치한다. 즉 엄상섭은 형법 제16조의 기초에 있어서 일단 일

---

96) 이에 대해서는, 신동운, 앞의 글, 13~14면 참조.

본개정형법가안의 입법례를 모델로 삼고자 했던 것이다. 이는 백남억 교수가 자신의 교과서에서 "현행형법은 '상당한 이유'를 '정당한 이유'로 대치하였으며, '그 형을 면제한다' 대신에 '벌하지 아니한다'로 하였[다]"고 말하면서 일본개정형법가안 제11조 제2항을 소개하고 있는 점으로 보아도 분명한 사실이라고 판단된다. 그렇다면 앞서 유기천 교수가 우리 형법 제16조의 근거규정을 일본개정형법가안에서 찾았던 것은 적확한 통찰이었다고 생각한다.

그러면 '그 형을 면제한다'가 '벌하지 아니한다'로 바뀐 경위를 입법사적으로 추적해 보기로 한다. 효당 선생이 법제편찬위원을 역임할 당시에 염두에 두었던 위 조문형태는 법전편찬위원회가 1950년 4월에 공개한 법전편찬위원회 형법초안을 보면 "자기의 행위가 법령에 의하여 죄되지 아니하는 것으로 오인한 행위는 그 오인이 정당한 이유가 있는 때에 한하여 형을 감경 또는 면제할 수 있다"고 되어있다. 간단히 말해 법제편찬위원회의 안은 법전편찬위원회에 와서는 '형을 면제한다'에서 '형을 감경 또는 면제할 수 있다'는 형태로 1차적으로 변경되었다.

'형을 면제한다'는 법문은 효당 선생의 형법 요강해설이 발표된 지 2개월 후 장승두 당시 서울지방법원판사가 그에 대한 비평문을 '법정'지 제4권 1호에 게재한 글에서, "형을 면제하려고 한 데 불과한 점은 물론 전통적인 입장에 있어서의 큰 양보가 아닐 수 없으나 그것은 소박한 국가절대주의적 사상을 내포한 것으로 형법의 민주화라는 견지에서 재고하여야 될 것이다"라고 비판한 뒤, 이어서 "이 경우에 있어서는, '범의조각'을 인정하여 죄로 [안]된다고 규정하여야 할 것이다"라고 주장한 바, 이는 '형의 면제'란 이미 유죄의 인정을 전제로 하는 것이기 때문에 착오에 상당한 이유가 있음에도 불구하고 유죄를 인정하는 것은 부당하며 따라서 '범의 조각'의 효과를 부여하는 것이 '형법의 민주화'라는 차원에서 바람직하다는 것이다.

그렇다면 장승두 판사의 견해에 따르면 법전편찬위원회 안은 오히려 형법민주화의 측면에서 볼 때는 개악된 조문이라고 평가할 수 있는데,[97] 어떠한 이유에서 이와 같은 조문형태를 취하게 되었는지는 법전편찬위원회의 입법과정에 대한 사료가 아직 발굴되지 않은 관계로 확인할 길이 없다.

추측컨대 전술한 바와 같이 규범적 책임론에 입각하여 위법성인식필요설을 취할 때 발생하는 형사처벌의 부당한 축소라는 당시의 학계 및 실무가들의 우려에 중점을 두어 위법성의 인식에 대한 착오의 법적 효과를 무겁게 함으로써 형사처벌의 적정성을 확보해 보려는 노력에서 이와 같이 입안되었을 것으로 사료된다. 어쨌든 그 후 동 조문은 동 형태 그대로 정부초안으로 채택되어 1951년 4월 13일 제2대 국회에 제출되었고, 국회 심의과정에서 동 조문은 "자기의 행위가 법령에 의하여 죄가 되지 아니하는 것으로 오인한 행위는 그 오인에 정당한 이유가 있는 때에 한하여 벌하지 아니한다"라고 변경되었다.

조문 형태가 '벌하지 아니한다'로 바뀐 이유에 대해서는 여러 입법사료를 찾아볼 수 있다. 효당 선생은 '법정'지 제10권 제11호에서 '우리 형법전에 나타난 형법민주화의 조항'이라는 글을 통해 동 조문이 '벌하지 아니한다'라고 규정한 취지는 민주화에 철저를 기하기 위함이라고 말하고 있으며,[98] 제16회 임시국회 본회의 속기록을 보면 효당 선생은 형법의 명확성을 기하는 차원에서 이와 같이 바꾸게 되었다고 심의위원들에게 설명하고 있다.[99]

요컨대 형법 제16조의 법문이 최종적으로 '벌하지 아니한다'로 변경된 것은 바로 형법의 민주화와 명확성을 기하기 위함이라는 것이다. 추측컨대 동 조문 형태가 '그 형을 면제한다'에서 '형을 감경 또는 면제할 수 있다'로, 그리고 여기서 다시 '벌하지 아니한다'로 변모된 이유는 우

---

97) 이에 대해서는 장승두, 형법요강을 논함(1), 법정 제3권 제9호(1949년 1월), 39면 이하 참조.
98) 엄상섭, 우리 형법전에 나타난 형법민주화의 조항, 앞의 글, 4면 참조.
99) 형사정책연구원, 형법제정자료집, 1990, 205면 참조.

리의 입법자들이 처음에는 형사처벌의 적정성을 담보하기 위한 취지에서 동 조문을 1차적으로 '형을 감경 또는 면제할 수 있다'로 바꾸었지만, 이후 이승만 독재정권을 경험하면서 민주화에 대한 열망이 싹트게 되어 이를 형법적 차원에서도 실현해 내고자 하는 노력이 바로 현재의 조문 형태인 '벌하지 아니한다'로 결실을 맺은 것이라고 사료된다.

바로 이 점에 있어서 유기천 교수가 우리 형법 제16조가 '벌하지 아니한다'라고 규정한 것이 일본 내의 논의상황을 그대로 반영한 것이라고 본 입장은 분명 재고되어야 한다. 우리 형법 제16조는 일본에서 1961년 12월에 공표된 소위 개정형법준비초안 제20조 제2항이 "자기의 행위가 법률상 허용되지 않는다는 것을 모르고 범한 자는, 그 점에 대하여 상당한 이유가 있는 경우에는 이를 벌하지 아니한다"라고 규정한 취지와는 분명히 그 입법사적 맥락을 달리 하고 있기 때문이다.

일본개정형법준비초안은 원래 "상당한 이유가 있는 때에는, 고의로 한 것이라고는 할 수 없다"였는데, 이에 대해 만일 이렇게 규정하게 되면, 고의설을 공인하게 될 우려가 있고, 이를 '벌하지 아니한다'로 규정하는 것이 대립하는 두 개의 학설(고의설 및 책임설이었을 것으로 판단됨) 중 어느 쪽의 입장에서도 해석이 가능하게 되는 장점이 있다는 다수의 비판에 직면에 이와 같이 바뀐 것이다.[100] 즉 일본의 경우는 주로 동조의 해석을 둘러싼 학설대립을 해결하려는 순수한 이론사적 맥락에서 '벌하지 아니한다'로 규정한 반면 우리나라의 경우는 '형법의 민주화'에 철저를 기하려는 보다 실천적인 사회역사적 맥락에서 위와 같은 조문변화를 가져왔다는 점에 있어서 커다란 차이가 있다고 본다.

---

100) 이에 대해서는, 형사법개정특별심의위원회, 일본형법개정작업 경과와 내용, 1989, 105면 ; 김종원, 앞의 논문, 20면의 주35) 참조.

# 제2절 소결론

1. 우리 형법 제16조의 형법이론적 토대는 인과적 행위론과 규범적 책임론, 그리고 위법성인식필요설(엄격고의설)이라고 볼 수 있다.

2. 가능성설과 법과실준고의설, 그리고 책임설은 형법 제16조의 법적 효과를 무리 없이 해석하는데 적합한 학설이다.

3. 형법 제16조의 '정당한 이유가 있는 때'란 논자에 따라서 '과실이 없는 때' 또는 '무과실 및 적정사정', 또는 '무과실 및 기대불가능성' 등으로 표현되지만, 그 실질에 있어서는 1940년 일본개정형법가안의 '상당한 이유', 즉 '과실이 없거나, 과실이 있더라도 사회윤리적·상식적으로 무리가 아니라고 생각되는 경우'를 뜻하는 것으로 해석된다.

4. '정당한 이유'란 법문은 1935년 중화민국형법 제16조에 동일한 표현이 사용되고 있다.

5. 그러나 형법 제16조의 '정당한 이유가 있는 때에 한하여'란 조문구조는 세계적으로 유례가 없는 희유의 사례이다. '한하여'란 법문은 일본개정형법가안의 조문취지, 즉 전통적 법원칙을 존중하면서 특수한 사정이 있는 착오자에게만 형법적인 배려를 베풀겠다는 생각을 참고하면서도, 일본과는 달리 단일조문 형태로서 이러한 취지를 명확히 드러내 주는, 우리 조문의 독창성을 징표하는 대표적인 법문이라고 본다.

6. 따라서 우리 조문은 정당한 이유가 있는 경우에는 벌하지 않지만, 정당한 이유가 없는 경우에는 처벌을 원칙으로 하는, 즉 처벌과 불처벌 양자택일적인 규범내용을 갖고 있으며, 이 점에서 책임설을 채택하여 책임의 정도에 따라서 행위자에게 형벌의 정도를 신축적으로 조정할 수 있게 하는 독일 형법 제17조와는 차별화 된다.

7. 양자택일적 규범내용을 갖는 우리 조문은 '완전한 면책'을 인정하기
   때문에 한편으로는 법관에게 부담을 지우는 기능을 하기도 하지만,
   완전한 면책보다는 유죄를 인정하되 단지 형을 감경하는 경향으로 기
   울게 되기 쉬운 독일 형법 제17조보다는 피고인의 배려 차원에서 보
   다 민주적인 조문으로 평가할 수 있을 것이다. 네 명 중 한 명꼴로 정
   당한 이유를 인정해 온 우리 대법원 판례는 바로 이를 증명해 준다.

# 제4장 형법 제16조에 대한 해석론의 전개과정

## 제1절 신형법 제정 전후 1975년까지의 해석론 변천사

### Ⅰ. 위법성인식필요설(엄격고의설)을 채택한 해석론

#### 1. 김용식 판사(1953)

우선 신형법 공포 직후인 1953년 10월경 출간된 교과서 신형법에서 김용식 당시 대구고등법원장은 우리 형법 제16조는 기본적으로 고의의 성립에는 위법성에 대한 인식까지도 포함한다는 소위 '위법성인식필요설'의 입장에서 기초된 것임을 밝히며 법률의 착오가 '(법)과실'에 의해 발생하는 경우에는 이를 구성요건적 과실의 취급과 동일시하는 것이 우리 형법 제16조의 입법취지라고 주장한다.

장승두 판사는 '포섭의 착오(추론의 착오)'는 고의의 성립에 영향이 없다고 한다. 즉 포섭의 착오는 법률의 착오에 포함되지 않는다고 한다. 왜냐하면 형법상 법률 효과로서의 형벌이 고의의 인식대상이 아니듯이, 형법상 법률요건인 구성요건해당의 인식도 고의의 성립에 불필요하다는 것이다.[1] 포섭의 착오가 법률의 착오에 포함되지 않는다는 주장은, 우리 판례가 '단순한 법률의 부지'와 포섭의 착오를 동일시하는 태도를 해명해 줄 수 있는 주요한 논거라고 판단된다.

## 2. 정영석 교수(1961), 박문복 교수(1959)

정영석 교수는 우리 형법 제16조 위법성인식필요설의 입장에서 해석하는 것이 타당하다는 점을 입론하면서, 형법 제16조는 언제나 대부분 그 위법성의 인식이 있는 자연범(형법범)보다는 자기 행위의 위법성을 인식하지 못하는 경우가 많은 법정범(행정범)의 경우에 특히 의의가 있는 조문이라고 평가한다.[2] 박문복 교수도 역시 고의의 성립에는 사실의 인식 외에 위법성의 인식도 필요하다고 주장하였던바[3], 양 교수의 공통된 견해는 우리 형법 제16조가 '위법성인식필요설'의 입장에서 기초된 것이고 또한 그러한 입장에서 해석해야 한다는 점인데, 당시의 통설적 견해였던 것으로 판단된다.

또한 특히 박정근 교수는 법률의 착오에 있어 정당한 이유를 인정하기 시작한 1970년대의 여러 판례를 평석하면서 우리 대법원은 "법률의 착오에 정당한 이유가 있으면 범의를 조각하는 경우에 해당한다"고 판시하고 있는 것으로 미루어 우리 대법원은 고의설을 취하고 있는 것으로 볼 수 있다고 분석한 바 있다.[4] 김종원 교수를 편집 대표로 집필된 주석형법에서도 우리 판례는 고의설을 취하고 있다고 본다.[5]

---

1) 김용식, 앞의 책, 110면 이하.
2) 정영석, 형법총론, 1961 참조.
3) 박문복, 형법총론, 1959, 274면 이하.
4) 이에 대해서는 법률신문, 1863호, 11면 참조.
5) 김종원 편, 주석 형법총칙(상), 1988, 357면 참조.

### 3. 백남억 교수(1962)

백남억 교수는 형법 제16조에 대해 '정당한 이유가 없는 경우'에는 법률의 착오에 '과실이 있는 경우'로 보아 구성요건적 과실과 동일하게 취급하는 것이 타당하다고 주장한다. 특히 백남억 교수는 김용식 판사와 마찬가지로 '포섭의 착오'는 '법률의 착오'와 구분되므로 고의의 성립에 영향을 주지 않는다고 본다. 한편, 백남억 교수는 사실의 착오와 법률의 착오의 관련성에 대해, 우리 형법이 사실의 착오 다음에 법률의 착오를 규정한 취지는, 사실의 착오로 인하여 고의가 조각될 때에는 법률의 착오가 발생할 여지가 없는 관계로, 법률의 착오문제는 언제나 고의를 조각하는 사실의 착오가 없는 경우에 비로소 생겨나기 때문이라고 분석해 낸다. 백남억 교수는 법률의 착오에 정당한 이유가 없는 경우에 '과실이 있는 것'으로 보아 구성요건적 과실(과실범)로 처벌해야 한다는 주장했던바 이는 명백히 고의설의 입장에서 해석해야 한다고 주장한 것이라고 판단된다.[6]

## II. 가능성설을 채택한 해석론

### 1. 김용진 판사(1953), 유병진 판사(1957),
### 유기천 교수(1960)

법전편찬위원이었던 김용진 판사는 형법 제16조가 1927년 독일형법초안 제20조를 모방한 것이라고 설명하면서 동 초안은 고의의 요소로서 위법성의 인식 그 자체는 필요치 않으나 행위의 위법성을 인식함이 가능하였다는 것, 즉 위법성을 인식하지 않은 것이 행위자의 과실이었다는 것을 필요로

---

6) 백남억, 앞의 책, 238면 이하.

한다는 M.E. Mayer 등의 가능성설을 채용한 것이라고 주장하였다.[7]

유병진 판사는 형법 제16조의 '정당한 이유'의 의미에 대해 고의의 성립에는 위법의 인식을 필요로 하지 않으나 위법의 인식의 가능성은 있어야 한다고 주장하면서 따라서 고의가 성립하기 위해서는 위법의 인식에 관한 부주의 즉 과실이 있으면 족하다는 뜻으로 새기면서 '정당한 이유'라는 것은 '무과실상태'를 뜻한다고 주장하였던바 이는 가능성설의 입장을 채택하고 있었던 것으로 보인다.[8]

유기천 교수는 우리 형법 제16조의 이론적 토대가 바로 M.E. Mayer의 가능성설이라고 확언하고 있는데, 가능성설이라는 것은, 유기천 교수의 설명에 따르면 형사책임의 가장 낮은 한계를 '의무위반 인식의 가능성'에 두는 학설로서, 위법성인식의 가능성이 없으면 고의범이 성립할 수 없으나, 가능성이 있는 때에는, 달리 말해 행위자에게 과실이 있는 경우에는 고의범으로 처벌해야 한다는 이론이며, 형법 제16조가 바로 이 가능성설을 입법화한 것이라고 한다.[9]

유기천 교수는 결론적으로 우리 형법 제16조의 해석론을 다음과 같이 정리하고 있다. 첫째, 형벌법규의 착오는 구체적인 조문의 착오를 의미하는 것이 아니라 위법성의 착오를 의미하고 여기에 대한 오인에 정당한 이유가 있을 때에는 고의의 성립을 조각한다. 둘째, 과실에 의하여 위법성의 인식을 못하였을 때에는 책임은 조각되지 않고 고의범으로서 처벌을 받을 뿐이다. 셋째, 위법성조각사유에 대한 착오는 고의범의 성립이 조각된다.[10]

---

7) 김용진, 앞의 책, 91면.
8) 이에 대해서는 유병진, 한국형법(총론), 1956, 137~139면 참조.
9) 유기천, 앞의 책, 245~246면.
10) 유기천, 앞의 책, 256면 참조.

## 2. 남흥우 교수(1965), 염정철 교수(1966)

남흥우 교수는 자신의 교과서 형법강의(총론)에서, '정당한 이유'라 함은 "보통인의 능력으로서는 자기의 행위가 위법하지 않다고 믿는 것이 무리가 아니라고 생각될 때, 즉 무과실상태를 뜻한다"고 주장하면서, 과실로 인한 법률의 착오는 '위법성인식가능성설'의 입장에서 고의범과 동일하게 취급되어야 한다고 본다.

위법성인식가능성설에 따르면 고의에는 위법성의 현실적 인식은 필요하지 않고, 다만 그 가능성만 있으면 된다고 한다. 위법성인식가능성설은 위법성인식필요설이 형사처벌의 부당한 축소를 가져온다는 비판을 극복하기 위해 제시된 이론으로서, 동 학설에 따르면, 범죄란 잠재적 인격이 행위로서 현실화한 것으로서 책임은 바로 잠재적 인격과 결부시켜 판단하지 않을 수 없기 때문에, 범죄행위 자체에 대해서 뿐만 아니라 인격형성책임이 문제되는 관계로, 위법성의 인식이 가능함에도 불구하고 행위자의 부주의로 인하여 반규범적 태도를 취한다면, 이는 행위자의 부주의한 인격형성에 대해서 위법성의 인식이 있는 경우와 동일하게 취급되어, 법과실은 곧 고의범과 동일하게 취급될 수 있다는 논거를 제시해 준다고 한다.[11]

한편 염정철 교수는 특히 이 학설을 취하는 이유로서 "법률을 부지 또는 오해하였을지라도 고의가 있다는 견해는 국가주의적 사상을 찬양하는 것이며 이와 반대로 법률을 부지 또는 오해함으로써 위법성의 의식이 없으면 고의가 없고 따라서 처벌하지 아니하는 것은 개인주의 사상에 치중하는 것이다. 따라서 그 절충으로서 법률의 부지 또는 오해함으로써 위법성을 의식할 가능성이 없을 경우, 즉 자기의 행위가 법률상 허용되는 것이라 믿는데 상당한 이유가 있을 경우에는 고의는 물론 과실

---

11) 남흥우, 앞의 책, 222면 이하 참조.

도 없으므로 처벌하지 아니하는 것이라 이해하는 것이 타당하다. 제16조
의 규정은 이 설에 입각한 것이며 이것이 또 타당하다"고 하여 법률의
착오에 대한 국가중심적 사고와 개인중심적 사고의 절충안으로서 가능
성설이 가장 타당하다고 주장하였다.[12]

## Ⅲ. 위법성인식불요설을 채택한 해석론

한편 고의설 및 가능성설이 지배적이던 당시에 이근상 교수(1958)는
당시의 지배적 해석론과는 달리 우리 형법 제16조가 위법성인식불요설
의 입장에서 해석하는 것이 바람직하다고 주장하면서, 그 이유는 동조가
위법성의 인식에 착오가 있는 경우에 원칙적으로는 처벌을 면할 수 없
지만, 정당한 이유가 있는 경우에 한하여 처벌을 면할 수 있도록 규정하
고 있기 때문이라고 주장한다. 다시 말해 우리 조문은 고의의 인식에 위
법성의 인식을 필요로 하지 않으므로 착오가 있더라도 처벌이 원칙이며,
다만 정당한 이유가 있는 경우에 한해서만 처벌을 면할 수 있도록 규정
하고 있다는 것이다.[13]

위법성인식불요설은 과거 독일 및 일본, 그리고 가깝게는 우리 조선
고등법원판례의 태도였던 법리이기도 하지만, 신형법의 제정 이후에도
대법원 판결(1955.3.18, 1954형상3)이 "법의 부지는 범죄의 성립을 조각
하지 않는다"고 판시한 이래 대판(1955.3.18, 1954형상10)은 "법의 부지
는 … 범죄성립조각사유가 되지 아니하여"라고 하였고, 대판(1955.5.31,
1954형상235)은 "무지로 인한 법의 부지는 범죄의 성립을 조각하지 못한
다"고 설시하였으며,[14] 1965년 11월 23일에는 "피고인의 이와 같은 주장
은 그 행위가 법률상 죄가 됨을 알지 못하여 이루어진 것이라는 주장에

---

12) 염정철, 형법총론, 1966, 374면.
13) 이근상, 형법총론, 1958, 154면 이하.
14) 이상의 판례의 소개로는 허일태, 앞의 논문, 450면 참조.

돌아가며 이러한 주장은 법률의 착오를 주장하였음에 지나지 아니한다. 그리하여 법률의 착오가 사실의 착오를 가져오게 하지 아니한 이상 범죄의 성립을 조각할 바 아니다"고 판시함으로써 수차례 위법성인식불요설에 따르는 태도를 취하기도 하였던바, 우리 형법 제16조의 해석과 위법성인식불요설도 양립할 수 있음을 보여준다 하겠다.

## IV. 자연범 · 법정범 구분설

이건호 교수(1957)에 따르면 우리 형법 제16조의 '정당한 이유'란 '과실이 없는 때'라고 하면서도 일본 개정형법가안의 '상당한 이유'와 사실상 구분할 수 없는 개념이라고 본다. 아울러 법정범(행정범)의 경우는 그 성질상 위법성의 인식을 고의의 성립요건으로 하는 것이고, 따라서 법률의 착오에 정당한 이유가 있는 경우에는 고의가 조각되지만, 법률의 착오에 정당한 이유가 없는 경우, 즉 법률의 착오가 '과실에 기인하는 경우'에는 과실의 책임을 면치 못할 것이라고 한다.[15]

반면에 자연범(형사범)의 경우에는 법률의 착오에 정당한 이유가 있는 경우, 즉 법과실이 있는 경우에는 비록 사실의 인식은 있었다고 할지라도 '책임'을 조각하는 것이라고 하면서, 그 이유는 이러한 경우는 책임의 규범적 요소인 '기대가능성'이 결여되어 있기 때문이라고 주장한다.[16]

---

15) 이건호, 앞의 책, 171~172면.
16) 이건호, 앞의 책, 171면 이하.

# V. 정당한 이유에 대한 해석론

## 1. 무과실 및 기타 적정사정설

1950년 법전편찬위원회 형법초안(刑法草案)이 나온 직후 같은 해 발간된 장승두 판사(1950)의 저서인 '형법요강(刑法要綱)'을 보면, 동 초안 제16조에 "자기의 행위가 법령에 죄되지 아니하는 것으로 오인한 행위는 그 오인이 정당한 이유가 있을 때에 한하여 형을 감경 또는 면제할 수 있다"라고 규정된 것에 대해서 동 초안의 '정당한 이유'는 스위스 군형법 제17조의 '충분한 이유(aus zureichenden Gründen)'와 동양(同樣)의 용어로서 이는 "사회윤리적·상식적으로 무리한 것이 아니라고 하는 경우를 의미하는 것이고, 이것은 단지 위법성의 착오에 범의과실(犯意過失)이 없는 경우라고 하기보다는 무과실 외에 이를 보충할 적정한 사정도 포함되어 있는 것으로서, 예컨대 결국엔 과잉방위, 상관의 위법한 절대적 구속명령, 의무의 충돌 등의 경우에 적용을 보아야 할 조문인바, 동 법문은 소위 '기대가능성이 없는 경우'를 책임조각사유로 규정한 것으로 보는 것이 타당하다"고 주장한다.

한편 김용식 판사(1953)는 정당한 이유에서의 정당성의 표준은 법공동체 내에서 살아가는 일반인–평균인의 상식을 기초로 판단하되, 이에는 기대가능성의 원칙도 고려해야 한다는 해석론을 펼친다.[17]

또한 강서용 검사(1954)도 법률의 착오란 법률의 부지 또는 오해로 인해 자신의 행위가 법적으로 허용되는 것으로 오인한 것으로 보면서 형법 제16조의 '정당한 이유가 있을 때'란 '무과실'과 그 외에 이것을 보충하는 '적정사정(適正事情)'을 포함하는 개념으로 해석한다. 아울러 구형법(舊刑法)하에서는 공포된 법률은 국민 일반이 이것을 숙지하고 있어야

---

17) 김용식, 앞의 책, 110면 이하.

할 것이란 견지에서 여하한 경우에 있어서도 법률의 부지 또는 오해에 기인하는 것은 면책사유가 될 수 없다는 태도를 취하고 있었다고 전하고 있다.[18]

이근상 교수(1958)는 형법 제16조의 '정당한 이유가 있는 때'라 함은 "당해사건의 구체적 사정을 참작하여 형법의 이념에 따라서 결정할 것이나, 적어도 위법성의 인식이 불가능하였으며, 그 위법성을 오인한 데에 있어서 행위자에게 과실이 없었다고 할 수 있어야 한다"고 주장한다. 풀이하자면 '정당한 이유'는 일단 '과실이 없는 경우'를 뜻하지만 그 외에도 기타의 구체적 사정을 참작하여 결정할 일이라고 보고 있는 것이다.[19]

염정철 교수(1966)는, 우선 '오인'에 이르게 된 동기는 묻지 않는다고 보아 사실상 '법과실'에 의한 오인 이외에 다양한 경로를 통한 법률의 착오가 발생할 수 있음을 긍정한다. 다음으로 "그 오인에 정당한 이유가 있어야 한다"는 의미는 "오인하게 된 그 동기가 객관적으로 보아 정당시될 만한 이유가 있어야 한다는 의미이다"라면서 "'정당한 이유'는 정당방위에서의 '상당한 이유'와 다르며, 객관적으로 정당한 근거가 있어야 할 뿐만 아니라 행위자에게 과실도 없는 경우이다"라는 해석론을 전개한다. 동시에 입법론적으로는 '정당한 이유'의 범위를 넓혀서 '상당한 이유'로 개정할 것을 제안한다.

## 2. 무과실설

신형법 제정 직후 1975년 무렵까지 엄상섭 선생(1957)을 비롯해 유병진 판사(1957), 황산덕 교수(1959), 박문복 교수(1959), 백남억 교수(1962), 남흥우 교수(1965), 박정근 교수(1966)은 모두 신형법 제16조의 정당한 이유란 과실이 없는 경우를 뜻한다는 해석론을 전개하였다.

---

18) 이에 대해서는 강서용(서울지방검찰청검사), 신형법요의, 1954, 75~77면 참조.
19) 이근상, 형법총론, 1958, 154면 이하 참조.

유병진 판사는 고의의 성립에는 위법의 인식을 필요로 하지 않으나 위법의 인식 가능성은 있어야 한다고 주장하면서 따라서 고의가 성립하기 위해서는 위법의 인식에 대한 부주의, 즉 과실이 있으면 족하다는 뜻으로 새기면서 '정당한 이유'라는 것은 '무과실 상태'를 뜻한다고 주장하였다.[20]

이건호 교수(1957)에 따르면 우리 형법 제16조의 '정당한 이유'란 '과실이 없는 때'라고 하면서도 일본개정형법가안의 '상당한 이유'와 사실상 구분할 수 없는 개념이라고 본다. 아울러 법정범(행정범)의 경우는 그 성질상 위법성의 인식을 고의의 성립요건으로 하는 것이고, 따라서 법률의 착오에 정당한 이유가 있는 경우에는 고의가 조각되지만, 법률의 착오에 정당한 이유가 없는 경우, 즉 법률의 착오가 '과실에 기인하는 경우'에는 과실의 책임을 면치 못할 것이라고 한다.[21]

황산덕 교수는 '정당한 이유'가 있는 경우란 위법성을 인식하지 못한 데 대하여 전혀 과오가 없는 경우이며, '과오없이'는 사회통념상 무리가 아니라고 인정되는 경우로 해석해야 한다고 주장하였다. 그리고 이때의 과오(Schuldbarkeit)란 면책적 개념으로서 구성요건적 사실에 대한 과실(Fahrlässigkeit)과는 다른 개념이라고 하였다.[22]

박문복 교수(1959)는 고의의 성립에는 사실의 인식 외에 위법성의 인식도 필요하다고 주장하면서 우리 형법 제16조의 '정당한 이유'란 '위법성의 오인에 과실이 없는 때'로 새기고 있다.[23]

백남억 교수(1962)는 牧野英一 박사가 일본 개정형법가안의 '상당한 이유'를 '무과실은 물론 과실이 있더라도 그 과실이 사회윤리적·상식적으로 무리가 아닌 경우'로 보는 것에 대해 비판하면서, '정당한 이유가

---

20) 유병진, 한국형법(총론), 1957, 137~139면 참조.
21) 이건호, 앞의 책, 171~172면.
22) 황산덕, 형법 제16조에 있어서의 '정당한 이유', 서울대 법학 제1권 제1호, 1959, 102~103면.
23) 박문복, 형법총론, 1959, 274면 이하.

있는 때'라 함은 법률의 오인이 행위자의 과실에도 기인하지 않는 경우로 이해하여야 한다고 주장하였다.[24]

남흥우 교수(1965)는 '정당한 이유'란 보통인의 능력으로서는 자기의 행위가 위법하지 않다고 믿은 것이 무리가 아니라고 생각될 때, 즉 무과실상태를 뜻한다고 주장하였다.[25]

박정근 교수(1966)는 '정당한 이유'에 대해 '오인에 대하여 과실이 없으면' 처벌하지 않는다는 뜻으로 새기고 있다.[26]

---

24) 백남억, 형법총론, 1962, 236면 참조.
25) 남흥우, 형법강의(총론), 1965, 222면 이하.
26) 박정근, 형법총론, 1966, 121면.

# 제2절 1975년 이후의 해석론 전개과정

## Ⅰ. 책임설의 득세 및 회피가능성 개념의 도입

앞서 살펴본 바와 같이 1970년대 중반 무렵까지는 우리 형법 제16조를 해석함에 있어서 고의설(위법성인식필요설) 및 그와 유사한 계통의 학설인 가능성설이 주류적 입장을 차지하고 있었던 가운데, 위법성인식불요설 및 책임설도 드물기는 하지만 산발적으로 지지를 얻고 있었다. 마찬가지로 '정당한 이유'의 해석에 있어서도 과실 및 기타 적정사정을 종합적으로 고려하여 판단해야 한다는 견해와 과실유무로 대체될 수 있다는 견해 등 다양한 해석론들이 전개되고 있었다.

그러나 1970년대에 들어서면서, 책임설을 명문화한 독일신형법의 영향으로 인해 우리나라에도 본격적인 독일식 해석론이 싹트기 시작한다. 이러한 경향은 1980년대에도 지속되었고, 1990년대에는 맹위를 떨치기도 하였다. 다시 말해 1970년대 이후에는 거의 예외없이 모든 학설이 책임설을 지지하게 되었고, 정당한 이유를 독일 신형법 제17조의 회피가능성 여부로 대체할 수 있다는 해석론이 전개된 것이다. 이하에서는 그러한 해석론의 형성 및 전개과정을 각 저자들의 교과서 및 논문을 통해 개관해 보기로 한다.

## II. 해석론의 전개

### 1. 김종원 교수(1975), 진계호 교수(1980)

제17조에 책임설을 명문화한 1975년의 독일 신형법 제정 기후에 우리 나라에도 독일식 해석론의 맹아가 싹트기 시작한다. 우선 대표적으로 김종원 교수는 비교법적 검토를 통해 제학설의 장단점을 면밀히 검토한 후, 우리 형법 제16조의 해석론으로 가능한 것은 법과실준고의설과, 가능성설, 그리고 책임설 등이라는 점을 논증한다. 그러나 법과실준고의설과 가능성설은 형법 제16조를 무리없이 해석해 내는 데에는 적합한 이론이지만, 그 이론 자체가 지니는 모순점 때문에 지지할 수 없고, 따라서 책임설만이 형법 제16조의 해석론으로 가능하게 된다고 입론한다. 그리고 '정당한 이유'는 실질적으로 일본의 1974년 형법개정초안상의 '상당한 이유', 그리스 형법의 '용서할 수 있는 때', 오스트리아 형법의 '비난할 수 없는 때', 그리고 독일 형법의 '회피할 수 없는 때'와 동일한 개념으로 보아 결론적으로 정당한 이유와 회피가능성을 동일시하고 있다.[1]

한편 진계호 교수 역시 책임설을 지지하는 입장에서 위법성의 착오가 있는 경우에는 고의를 조각하는 것이 아니라 다만 책임비난에 영향을 줄 뿐이라고 설명하면서 나아가 우리 형법이 책임설의 입장을 채택하고 있다고 주장한다. 따라서 착오에 정당한 이유가 있으면 책임이 조각된다고 한다.[2]

---

1) 이에 대해서는 김종원, 금지착오에 관한 연구, 1975, 47면, 55면 이하 참조.
2) 진계호, 형법총론, 1977, 1980, 294면.

## 2. 정성근 교수(1983), 신양균 교수(1985), 이형국 교수(1986)

독일 신형법 제17조의 영향을 받은 해석론은 이후 꾸준히 지속된다. 정성근 교수는 우리 형법전이 제38조(고의)에 위법성의 인식문제까지 함께 규정하였던 구형법과 달리 제13조(고의)와 제16조(법률의 착오)를 별도로 규정한 것은 위법성의 인식은 고의와는 독립된 '책임'의 요소로 본다는 취지라고 하여 현행 형법전의 조문구조에 입각한 해석론을 개진하면서 결과적으로 책임설을 적극 지지한다. '정당한 이유'가 있는 때라는 것은 상당한 이유가 존재하는 때, 즉 착오를 회피할 수 없는 때라고 주장하여 독일 형법 제17조의 '회피가능성(Vermeidbarket)' 본격적으로 우리 형법의 해석론에 차용되는 계기를 마련해 주고 있다.[3]

신양균 교수 역시 법이론적으로나 형사정책 측면에서 책임설이 가장 타당한 학설이라고 주장하면서, 해석론적으로 볼 때도, 현행 형법 제13조에서 고의의 요소로서 (잠재적) 불법의식을 요구하고 있지 않은 점이나, 제16조가 단지 '벌하지 아니한다'고만 규정하였을 뿐 적극적으로 고의를 조각한다고 하지 않은 점을 고려한다면 동 조문의 해석론으로 책임설이 배제될 근거를 찾을 수 없다고 논증하면서, 동 조문의 정당한 이유란 독일형법 제17조의 회피불가능성을 의미한다고 주장하였다.[4]

마찬가지로 이형국 교수도 책임설, 보다 구체적으로는 제한책임설을 지지하면서(독일연방대법원도 BGHSt 2, 194, 1952에서 채택한 책임설이 제한책임설임을 이후 후속판례에서 명백히 밝히고 있다) '정당한 이유'란 이와 사실상 같은 의미인 독일 형법상의 '회피불가능성'에 의해 해석할 것을 제안하고 있는바, 정성근 교수가 따르기 시작한 독일식 해석론

---

3) 정성근, 형법총론, 1983, 463~464면.
4) 신양균, 금지착오, 고시계 제30권 제12호, 1985, 62~65면 참조.

이 보다 구체적인 형태로 이형국 교수에 의해서도 전승되그 있음을 볼
수 있다.5)

## 3. 이재상 교수(1986), 김일수 교수(1992)

　독일형법 제17조의 영향을 받은 해석론은 이후에도 계속된다. 이재상
교수는 우리 형법 제16조는 책임설에 따라서 해석해야 한다고 입론하면
서 '정당한 이유'의 판단은 전적으로 '회피가능성'의 문제로 환원시켜
해석한다. 그리하여 '회피가능성' 의 판단척도에 대한 독일 관례 및 학설
로서 정당한 이유에 대한 설명을 갈음하고 있다.6) 이는 1980년 증반에
들어서면서 형법 제16조에 대한 해석론에 있어서 독일식 해석론이 지배
적 위치를 차지해 가고 있음을 반영하는 증좌라고 볼 수 있을 것이다.
동 조문에 대한 이러한 독일식 해석론은 김일수 교수에 이트러 가장 정
점에 이른다.

　김일수 교수는 책임설을 지지하면서 '정당한 이유'란 회피가능성에
대한 독일의 예방적 책임설의 입장에 따라 해석하는 것이 가장 타당하
다고 주장하면서 (독일 내의 다수적 견해처럼) 금지착오의 경우 행위자
의 불법통찰에 관한 주의의무의 정도는 과실범에서의 행위자의 주의의
무보다 더 높다고 설명한다. 그러나 김일수 교수에게서 무엇보다 독일식
해석론이 가장 맹위를 떨쳤다고 볼 수 있는 점은 회피가능한 금지착오
의 경우(정당한 이유가 없는 때)에는 작량감경(제55조)은 물른 우리형법
제16조에는 규정하고 있지도 않은 법률상 감경(제55조)까지도 가능하다
는 해석론을 전개하였기 때문이다.7) 이는 특히 최근의 저서에서는 원칙
적으로 법률상 감경을 하고 부가적으로 작량감경을 함께 고려해야 한다

---

5) 이형국, 형법총론연구 Ⅱ, 1986, 426～429면.
6) 이재상, 형법총론, 1986, 314～315면.
7) 김일수, 한국형법 Ⅱ, 1992, 94～95면.

고 주장한 점8)에서 더욱 그렇다.

　　이러한 해석론은 독일형법 제17조가 회피가능한 금지착오의 경우 법률상 형의 임의적 감경이 가능하도록 규정하고 있는 데에서 영향을 받은 것으로 보이며 일찍이 유기천 교수가 동 조문에 대하여 "위법성의 인식이 불가능하였으면 책임이 조각되고, 위법성인식의 결여가 과실에 인한 때에는, 고의범으로 처벌한다고 보아야 한다. 다만 양형에 있어서 책임을 감경하려고 할 때에는 그 정상에 참작할 사유가 있음을 이유로 감경하게 되며(형법 제53조), 형법 제16조에 의하여 감경하는 것이 아니다"라는 해석론을 전개했던 것9)과는 극명하게 대비되는 부분이라 할 수 있다.

## 4. 배종대 교수(1992), 박상기 교수(1994)

　　1990년대에 이르러서도 독일식 해석론의 영향력은 지속된다. 우선 배종대 교수는 형법 제16조의 해석상 정당한 이유가 없을 때에는 고의범으로 처벌된다고 하면서 결론적으로 책임설을 따르면서, '정당한 이유'란 독일 형법 제17조의 회피불가능성으로 보다 구체화될 수 있다고 설명한다. 또한 과실의 주의의무위반은 예견가능성의 요소와 회피가능성으로 이루어지기 때문에 '회피가능성'은 '과실이 없을 때' 정당한 이유가 있는 것으로 보는 것과도 연결이 가능하다고 주장한다.10)

　　박상기 교수 역시 책임설을 지지하면서 '정당한 이유'를 독일형법 제17조의 '회피가능성'과 비교하여 이해한다는 점에 있어서 이미 다수설의 입장을 차지한 독일식 해석론을 따르고 있다. 다만 법률의 부지는 행위자가 금지규범을 알지 못한데 대하여 정당한 이유가 있는 경우로 제한하여 인정하는 것이 타당하다는 독자적인 견해를 펴고 있다는 점에서는 '법률의 부지'에 대한 새로운 접근방식의 단초를 제시하고 있다.11)

---

8) 김일수・서보학, 형법총론, 2003, 430면.
9) 유기천, 형법학[총론강의], 1960, 230면 참조.
10) 배종대, 형법총론, 1992, 391면 이하.

## 5. 이정원 교수(1997), 김성천 · 김형준 교수(1998), 조준 현 교수(1998), 임웅 교수(1999), 손동권 교수(2001)

이정원 교수도 정당한 이유란 회피가능성에 의하여 판단된다고 주장 하였고[12] 김성천 · 김형준 교수 역시 동일한 견해를 취하고 있으며[13] 손 동권 교수도 역시 동일한 견해를 주장한다.[14]

조준현 교수는 원칙적으로 "법의 부지는 용서될 수 없다(error juris nocet)" 라는 법언이 타당하지만 법의 부지를 행위자에게 비난할 수 없는 특별 한 사정이 인정되는 한에서 행위자를 비난할 수 없다고 한다 이는 고의 설의 입장은 분명 아니며, 조준현 교수도 위법성의 인식은 고의와는 완 전히 분리된다고 설명하며 제한 책임설이 타당하다고 주장하였다.[15]

한편 임웅 교수는 '정당한 이유가 있는 때'를 독일형법 제17조의 '회 피할 수 없는 때'로 보면서도 오스트리아 형법 제9조의 '비난할 수 없을 때'나 1974년 일본개정형법초안 제21조 2항의 '상당한 이유가 있는 때' 와 혼용가능한 개념으로 볼 수도 있다고 주장하면서, 지배적인 해석론과 달리 정당한 이유가 없는 때에는 행위자를 고의범으로 처벌할 것인지 과실범으로 처벌할 것인지 불분명하다고 한다.[16]

---

11) 박상기, 형법총론, 1994, 243～252면.
12) 이정원, 형법총론, 1998, 240～241면.
13) 김성천 · 김형준, 형법총론, 1998, 364면.
14) 손동권, 형법총칙론, 2001, 258면.
15) 조준현, 형법총론, 1998, 244～247면.
16) 임웅, 형법총론, 1999, 304면.

# 제3절 2000년 이후의 새로운 해석론의 등장

## Ⅰ. 신동운 교수(2001)의 견해

1980년대 중반부터 1990년대 후반까지 형법 제16조에 대한 독일식 해석론이 주류적 지위를 누려왔었으나 2000년에 들어서면서 이러한 해석론적 태도에 변화가 생기기 시작한다. 이른바 우리 형법에 대한 독자적 해석론이 대두하기 시작한 것이다. 우선 신동운 교수는 우리 형법이 제정, 공포된 것이 1953년이고 독일신형법이 시행된 것이 1975년인 점에 주목하면서 시간적 선후관계에 비추어 우리 입법자가 독일 형법의 모델에 따라서 책임설을 취하였다고 단정하기는 곤란하며 다만 우리 형법이 제13조 및 제15조 1항에서 구성요건착오를 규정하고 제16조에서 금지착오를 규정한 것이 독일 신형법에서 제16조에 구성요건착오를, 제17조에 금지착오를 규정한 것과 조문구조적 유사성을 갖는다는 점에서 우리 형법 제16조도 책임설에 근거하여 제정되었다고 볼 수도 있다는 조심스런 견해를 제시한다. 아울러 '정당한 이유'는 그것이 있으면 면책되고 그것이 없으면 처벌되는 두 가지 판단만 가능함에 비해 독일 형법상의 '회피가능성'은 그 정도에 따라서 형을 신축적으로 조절할 수 있다는 점에서 분명 차별화되는 개념이라고 분석해 낸다.[1]

---

1) 신동운, 형법총론, 2001, 379~385면.

## II. 오영근 교수의 견해

오영근 교수도 정당한 이유를 우리 형법의 명문에도 없는 회피가능성으로 대체하려는 해석론에 반대하면서 법률의 착오에 과실(회피가능성)이 인정된다고 하더라도 정당한 이유가 있다고 할 수 있는 경우도 있다고 주장한다. 즉 우리 형법 제16조의 규정은 독일형법보다 법률의 착오의 면책범위를 좀 더 넓게 인정하는 것으로 해석되어야 한다고 한다. 왜냐하면 우리나라에서 법률의 착오가 문제되는 사례는 대부분 행정형법이고, 이들 범죄 중에는 행정제재만 부과하여도 충분하고 굳이 범죄로 규정할 필요가 없는 것까지 법률로 규정된 경우가 많은데, 이러한 행정형법적 규정을 우리나라가 독일보다 많이 가지고 있기 때문에 이렇게 해석하는 것이 우리 현실에 적합하다는 것이다.[2]

## III. 구모영 교수(2002), 김성돈 교수(2003)의 견해

한편 최근에 이르러 독일형법 제17조의 회피가능성의 본질에 대한 독일 내의 형법이론적 논의를 근거로 독일형법 제17조의 '회피가능성' 여부와 우리 형법 제16조의 '정당한 이유' 유무는 다른 개념이라는 견해도 제시된바 있다. 김성돈 교수는 독일형법 제17조의 회피가능성의 본질은 위법성의 인식가능성에 있고, 위법성의 인식 '가능성'은 곧 위법성의 인식'능력'과 동일시되는데, 책임능력의 핵심은 위법성의 인식능력에 달려 있으므로 (회피가능성=위법성의 인식가능성=위법성의 인식능력=책임능력)이라는 등식을 입론하면서 독일형법상 금지착오가 인정되기 어려운 이유는 이처럼 책임능력이 있는 자는 곧 회피가능성이 있는 자로 판

---

2) 오영근, 형법총론, 2002, 500~501면.

단되기 때문이라고 주장한다. 그렇기 때문에 우리 형법 제16조의 '정당한 이유'를 이처럼 협소한 의미를 지니고 있는 회피불가능성 개념과 동일시할 필요가 없으며, 따라서 정당한 이유는 행위가 회피가능한 경우에도 인정될 수 있도록 해석해야 한다고 김성돈 교수는 말한다.[3] 특히 김성돈 교수는 위법성의 인식능력이 있으면 곧 위법성의 인식가능성이 있다는 중간등식에 대하여, 독일형법상 책임설이 전제하는 책임개념은—고의설이 전제하는 책임개념과 달리— 행위자가 적절한 양심의 긴장을 기울이면 불법의식을 가질 수 있었을 가능성만 있으면 인정되고, 모든 행위자는 입법자와 동일한 수준의 위법성의 인식가능성이 있다고 전제되므로, 위법성의 인식능력이 있는 자는 위법성의 인식가능성이 있는 자와 동일시된다고 설명한다.[4]

한편 구모영 교수는 김성돈 교수와 유사한 논지에서 금지착오의 '회피불가능성'에 대해 독일연방대법원은 자기의 양심긴장이나 조회의무를 위한 주의력을 과실판단에 요구되는 주의의무 수준보다 높게 요구함으로써, 독일 형법상 책임능력이 인정되는 이상 어떠한 자라도 행위의 위법성을 인식하고 금지착오를 회피할 수 있다고 보아야 하기 때문에 금지착오의 회피불가능성은 거의 인정될 여지가 없다고 설명하면서 이러한 해석은 우리 형법 제16조의 정당한 이유에도 그대로 적용되어야 한다고 주장한다.[5]

---

3) 김성돈, 형법 제16조의 개정방향, 2004년 한국형사법학회 발표문,
4) 김성돈, 책임개념의 기능화와 적극적 일반예방이론, 성균관대학교 박사학위 논문, 1992, 156~161면 참조.
5) 다만 구모영 교수는 금지착오에 대한 독일연방대법원의 입장을 비판하고 있다. 이에 대해서는 구모영, 형벌근거책임의 본질에 관한 연구, 2002, 87~89면 참조.

# 제4절 소결론

1. 형법 제16조의 이론적 토대와 '정당한 이유'의 해석론과 관련해, 법전 편찬위원이었던 엄상섭 의원은 위법성인식필요설(엄격고의설)과 '과 실도 없음'을 주장하였고, 역시 법전편찬위원이었던 김용진 판사는 위법성인식가능성설과 '과실도 없음'을 내세웠던바, 동 조문의 입안자 간의 견해의 차이를 확인하게 된다.

2. 1969년의 독일신형법총칙이 제정되기 이전까지 형법 제16조에 대한 우리나라의 해석론은 위법성인식불요설과 위법성인식필요설(엄격고 의설), 가능성설 등으로 다양한 양상으로 보이다가 1970년에 들어서면 서 거의 예외 없이 '책임설'을 지지하는 입장으로 전회하고 있다.

3. 이러한 해석론의 경향은 '정당한 이유'의 해석에 있어서도 마찬가지 인데, 과거에는 이를 '과실 없음' 또는 '무과실 및 적정 사정' 등으로 해석하는 것이 주류적 견해였던데 반해, 독일신형법총칙 제정 이후 독일신형법 제17조의 '회피가능성'으로 정당한 이유를 대체하여 해석 하려는 경향이 두드러지게 나타나고 있다.

4. 그러나 2000년에 이르러서는 다시 우리 조문을 독자적으로 해석하려 는 노력이 다양한 형태로 전개되어 오고 있다.

# 제5장 형법 제16조에 대한 판례분석

## 제1절 논의구도 개관

제4장에서는 우리 형법 제16조에 대한 기존의 우리 학계의 해석론을 개관해 보고, 외국 입법례 및 해석론과의 비교검토를 통해, 현행 해석론의 문제점을 되짚어 보았다. 본 장에서는 동 조문에 대한 해석이 실무에 있어서는 어떻게 이루어지고 있는가를 다루어 볼 것이다. 금지규범의 착오에 대하여 우리나라를 비롯한 독일 및 일본, 그리고 영미의 실무는 어떠한 취급을 하고 있는가를 비교 검토해 봄으로써 우리 판례의 입장이 어느 정도의 위치에 자리매김될 수 있는가를 가늠해 보기 위해서이다. 이를 위해 우선 의용형법 제33조 3항에 대한 조선고등법원판례(일본판례)를 개관해 본 후, 제정형법 제16조에 대한 우리 판례의 입장을 분석해 보기로 한다.

# 제2절 제정형법 시행 전후의 일본 판례 및 조선고등법원판례 개관

## Ⅰ. 제정형법 시행 전후의 일본 판례

일제치하 조선고등법원판례는 사실상 일본과 같은 법률 하에서 일본의 대심원판사급의 법관에 의한 판결로서 그 실질에 있어서는 일본 대심원 경성지부로서의 일본 판례라고 말할 수 있겠지만,[1] 동 판례의 전반적 경향을 개관해 봄으로써 제정형법 시행 이후의 현재 판례의 경향과 어떠한 차이점이 있는가에 대한 확인을 통해 과거와 다른 현재 우리 판례의 시대성을 명확히 이해하는데 도움을 줄 수 있을 것이기 때문에 제정형법 시행 이전의 일본 판례와 조선고등법원판례를 간략히 다루어 보기로 한다.

제정형법 시행 전후의 일본 대심원 판례와 최고재판소 판례, 그리고 일제 치하의 조선고등법원 초기의 판례 경향은 기본적으로 위법성인식불요설의 입장을 취하면서도 독일 제국법원이 채택한 방식, 즉 형벌법규의 착오와 비형벌법규의 착오를 구분하여 이에 대해 각기 다른 법적 효과를 부여하는 태도를 취하고 있었다.

또한 위법성인식가능성설을 취하여 법률의 착오에 과실이 있는 경우에는 고의범이 성립한다는 입장을 취하기도 하였다.

---

1) 이러한 평가로는 김상수, 조선고등법원과 현대 한국법 – 조선고등법원의 생성을 중심으로 –, 2002, 11면 참조.

## 1. 위법성인식 불요설에 입각한 판례

前田雅英에 따르면 하급심 중에는 다른 입장도 있기는 하지만 대심원
과 최고재판소는 거의 모든 판결에서 사실의 인식이 존재하면 고의책임
을 물을 수 있다고 하고 위법성의 인식이 결여되었어도 책임에 영향을
끼치지 않는다는 입장을 취해왔다고 한다. 이러한 입장은 "법률의 부지
는 해가 된다"는 전통적 사고방식과도 일치하며 일본 형법제38조 3항의
해석도 용이하다고 한다.2)

1924년 일본 대심원판결(大正. 13.4.25)은 "법률의 착오는 고의의 성립
에 아무런 영향이 없다"고 판시하였고, 1946년 일본 최고재판소 판결(昭
和 21.6.21)은 "위법성의 인식은 고의성립의 요건이 아니그 형벌법령은
공포와 동시에 시행되고 그 법령에 규정된 행위의 위법성을 인식하지
못하였다 하더라도 범죄의 성립을 방해하는 것은 아니다'라고 하였다.
1948년 일본 최고재판소 판결(昭和23.7.14) 및 1957년 일본 최고재판소판
례(昭和 32.3.13)도 이와 같은 입장을 취하고 있다.3)

## 2. 위법성인식가능성설에 입각한 판례

가능성설은 고의의 성립에는 위법성의 인식 그 자체는 반드시 필요하
지 않고 위법성의 인식가능성만 있으면 족하다는 학설이다. 동 학설에
따르면 법률의 착오에 과실이 있으면 위법성의 인식가능성은 존재하므
로 과실이 있으면 고의범이 성립한다고 본다. 바로 이러한 가능성설을
취한 판례로서 1940년 2월 일본 대심원판결은 "착오한 티 대해 과실이

---

2) 前田雅英, 형법총론강의[제3판], 1998, 297면 참조.
3) 이에 대해서는, 前田雅英, 앞의 책, 같은 면 ; 서재웅, 법률의 착오론, 검찰
   (통권 제7호), 1968, 123～125면.

없다고 해야 할 하등의 사정없는 본건에 있어서는 피고인에 대하여 범의조각의 사유없을 뿐이[다]"[4]고 판시한 바 있다.

## 3. 형벌법규와 비형벌법규를 구분하는 판례

한편 1926년 일본 대심원판결(大正 15.8.22)은 "동조의 규정은 봉인 또는 압류의 표지가 효력을 잃기 전에 권리 없이 이를 손괴, 기타 방법으로 봉인 또는 표지를 무효케 하는 행위를 구성요소로 한 취지로서 민사소송법 기타 공법의 규정에 의하여 압류의 효력이 부정된다고 해석되는 경우는 또는 봉인 등이 형식상 존재하더라도 이를 손괴할 권리가 있다고 인정되는 경우에는 본죄의 구성요건을 결한는 것이라고 해석해야 하는 것이 지당하다"고 하여 민법과 기타 공법 등의 비형벌법규의 착오는 고의를 조각한다는 독일제국법원의 착오법리를 취하였다.

그러나 1957년의 일본 최고재판소판결(昭和 32.10.3)에 이르러서는 이러한 법리를 변경하여 "형법 제96조의 공무원이 실시한 압류의 표지를 손괴하는 고의가 있다고 하기 위하여는 압류의 표지가 공무원이 실시한 것일 것 및 이를 손괴하는 인식이 있으면 족하기 때문에 원판결이 인정한 바와 같이 함관(函館) 시 세무공무원에 의해 법률상 유효하게 이루어진 본건 체납처분에 의한 압류의 표지를 설사 피고인이 법률상 무효라고 오신하여 이를 손괴한다 하더라도 이는 소위 법률의 착오로서 원판결이 설시한 바와 같이 압류의 표지를 손괴하는 인식을 결한 것이라고 할 수 없음은 단언할 필요가 없다"고 판시하였다.[5]

---

4) 박정규, 법률의 착오, 검찰(통권 제31호), 1970, 90~92면 참조.
5) 나호진 사실의 착오와 법률의 착오의 한계, 검찰(통권 제55호), 1974, 43면.

# II. 제정형법 시행 이전 조선고등법원 판례

일제 치하 조선고등법원 판례의 태도는 일본 판례의 그것과 전혀 차이가 없었다. 이하의 판례 입장은 상기의 일본 판례의 입장과 동일하다.[6]

## 1. 형벌법규와 비형벌법규를 구분하는 판례

우선 일본 초기의 판례와 마찬가지로 조선고등법원도 독일제국법원의 착오법리를 답습하고 있었다.

> "사기도박에 의하여 급부한 금전은 이의 반환청구권이 없음에도 불구하고 범인이 이를 알지 못하여 그 반환청구권이 있다고 오인한 것은 민사법령의 부지로 인한 것으로서 민사법령의 부지는 형벌법령의 부지와는 달리 범의를 [조]각하는 것이다"[7]

## 2. 위법성인식불요설에 입각한 판례

이후 판례의 태도는 위법성인식불요설의 입장에서 법률의 착오는 범의를 조각하지 아니한다고 판시하고 있다.

> "폭행이 정신병의 치료로서 때로는 혹시 효과 있을 것°라고 믿고 환자 또는 간호인의 의촉(依囑)에 응하여 환자에 대하여 폭행을 가하여도 위법이 아니라고 오상(誤想)함과 같은 것은 자기의 행위의 법률적 가치판단을 잘못하여 죄가 되지 아니한다고 생각하였음에 불구하고 이는 구형법

---

6) 이하 조선고등법원 판례의 소개로는 박남룡, 법률의 착오—형법 제16조의 해석론을 위한 학설·판례의 개관, 검찰(통권 제13호, 창간 1주년 특대호), 1969, 117~118면 참조.
7) 朝高判 18, 11, 14, 형집 제5권 298항.

[제]38조3항에 소위 법률을 알지 못한 경우에 해당하므로 죄를 범할 의사가 없다고 할 수 없다"[8]

"가격 등 통제령 [제]2조 3항, 가격 등 통제령규칙 [제]6조 1항이 정한 지정기일에 있어서 시장가격 초과 매매에 있어서 그 시장가격을 알지 못한 것은 죄를 범할 의사가 없다고 할 수 없다"[9]

## 3. 위법성인식가능성설에 입각한 판례

그 후에 법률의 착오에 관하여 그 착오에 과실이 없을 때에는 고의를 조각한다는 판례가 등장한다. 이는 위법성인식가능성설에 입각한 판례이다.[10]

"가격통제령에 위반하여 지정가격 초과의 판매행위를 한 경우라 하더라도 착오로 인하여 그것이 법률상 허용된 것으로 오신하고 그 착오에 과실이 없을 때에는 고의를 [조]각하는 것이다"[11]

요컨대 조선고등법원은 당대의 일본판례와 마찬가지로 위법성인식불요설과 형벌법규 / 비형벌법규 구분설, 그리고 가능성설을 병용하는 착오법리를 구축하고 있었다고 평가할 수 있다.

---

8) 朝高判 35, 6, 6 형집 제22권 649항 ; 오영근 교수는 바로 이러한 판례의 태도가 우리 형법이 제정된 이후에도 그대로 이어져 "법률의 부지는 용서받지 못한다"는 법리가 오늘날에 이르기까지 대법원의 확고한 입장이 되고 있다고 비판한다. 이에 대해서는, 오영근, 형법총론, 2002, 498면 참조.
9) 朝高判 41, 11, 24 형집 제28권 266면.
10) 동 판례가 위법성인식가능성설에 입각한 판례라는 분석으로는, 김용호, 법률의 착오와 현행 형법, 검찰(통권 제44호), 1971, 205면 참조.
11) 朝高判 41, 12, 26 형집 제28권 289면.

# 제3절 제정형법 시행 이후 판례에 나타난 법률의 착오의 연도별 발생 영역

| 판례번호(연도순) | | 정당한 이유 인정여부 및 판례의 특징 | |
|---|---|---|---|
| 관련 법규 | | | |
| 대판1953.5.16, 4285형상59<br>수뢰죄 | 인정 | 대판1986.6.24, 86도810<br>산림법 | 단순한 법률의<br>부지로 부인 |
| 대판1955.2.25, 4286형상213<br>징발에관한특별조치령(폐) | 위법성인식<br>불요설 | 대판1986.10.28, 86도1406<br>무단이탈죄 | 인정 |
| 대판1955.3.18, 4287형상10<br>형법 제16조 형법 제15조 | | 대판1987.3.24, 86도2673<br>허위공문서작성죄 | 부인 |
| 대판1961.2.24, 4293형상937<br>형법 제16조 형법 제15조 | 위법의 인식의<br>의미 | 대판1987.4.14, 87도160<br>전기통신기본법 | |
| 대판1961.10.5, 61도208<br>국가보안법 제9조 | 단순한 법률의<br>부지로 부인 | 대판1987.12.22, 86도1175<br>건설업법 | |
| 대판1969.5.27, 69도24<br>잠업법 | 인정 | 대판1989.2.14, 87도1860<br>전기통신기본법 | |
| 대구고법1969.10.2, 68노487<br>임산물단속에관한법률 | 부인 | 대판1989.2.28, 88도1141<br>가정의례에관한법률 | 인정 |
| 대판1970.9.22, 70도1206<br>공무상비밀표시무효 | 비형벌법규로<br>인정 | 대판1990.1.23, 89도1476<br>보건범죄에단속에관한<br>특조법 | 단순한 법률의<br>부지로 부인 |
| 서울고법1971.4.22, 70노1031<br>보건범죄단속에관한<br>특별조치법 | 단순한 법률의<br>부지로 부인 | 대판1990.10.16, 90도1604<br>횡령죄 | 부인 |
| 대판1972.3.31, 72도64<br>마약법 | 인정 | 대판1990.10.30, 90도1126<br>부동산소유권이전등기등에<br>관한특별조치법 | 단순한 법률의<br>부지로 부인 |
| 서울고법1973.7.6, 71노658<br>약사법 | | 대판1991.6.14, 91도514<br>건축법 | 부인 |
| 대판1974.11.12, 74도2676<br>향토예비군설치법 | | 대판1991.10.11, 91도1566<br>건축법 | 단순한 법률의<br>부지로 부인 |
| 대판1975.3.25, 74도2882<br>변호사법 | | 대판1992.4.24, 92도245<br>국토이용관리법 | |

| 판례 | 결론 | 판례 | 결론 |
|---|---|---|---|
| 대판1978.6.27, 76도2196<br>허위공문서작성 및 동 행사 | 부인 | 대판1992.5.22, 91도2525<br>산림법 | 인정 |
| 대판1980.2.12, 79도285<br>보건범죄에관한특별조치법 | 단순한 법률의<br>부지로 부인 | 대판1992.5.26, 91도894<br>공무상표시무효 | 부인 |
| 대판1982.1.19, 81도646<br>의장법 | 인정 | 대판1992.8.18, 92도1140<br>학원의설립운영에관한법률 | 부인 |
| 대판1983.2.22, 81도2763<br>식품위생법 | 인정 | 대판1992.10.13, 92도1267<br>풍수해대책법 | 단순한 법률의<br>부지로 부인 |
| 대판1983.9.13, 83도1927<br>특가법(마약) | 부인 | 대판1992.11.27, 92도1477<br>도시계획법 | 부인 |
| 대판1984.2.28, 83도2985<br>주택건설촉진법 | 부인 | 대판1993.4.13, 92도2309<br>도로교통법 | 판단유보 |
| 대판1985.4.9, 85도25<br>미성년자보호법 | 단순한 법률의<br>부지로 부인 | 대판1993.9.14, 92도1560<br>산림법 | 인정 |
| 대판1985.5.14, 84도1271<br>금융실명거래에관한법률 | | 대판1993.10.12, 93도1888<br>국유재산법 | 인정 |
| 인천지법1985.9.27,    85고합<br>228<br>보건범죄단속에관한특조법 | | 대판1994.4.15, 94도365<br>건축법 | 단순한 법률의<br>부지로 부인 |
| 대판1994.8.26, 94도780<br>신용조사업법 | 부인 | 대판1998.6.23, 97도1189<br>폐기물관리법 | 단순한 법률의<br>부지로 부인 |
| 대판1994.9.9, 94도1134<br>학원의설립에관한법률 | | 대판1998.10.13, 97도3337<br>상표법 | |
| 대판1995.4.7, 94도1325<br>보건범죄단속에관한특조법 | | 제주지법1999.6.6, 99노20<br>약사법 | |
| 대판1995.6.16, 94도1793<br>상표법 | 단순한 법률의<br>부지로 부인 | 제주지법1999.9.9, 99노152<br>의료법 | |
| 대판1995.6.30, 94도1017<br>특가법(뇌물) | 부인 | 대판1999.10.12, 99도3335<br>공직선거및부정선거방지법 | 부인 |
| 대판1995.7.11, 94도1814<br>직업안정및고용촉진에<br>관한법 | 인정 | 대판2000.4.21, 99도5563<br>공무상표시무효죄 | 부인 |
| 대판1995.7.28, 95도702<br>상표법 | 부인 | 대판2000.8.18, 2000도2943<br>사문서위조 | 단순한 법률의<br>부지로 부인 |
| 대판1995.7.28, 95도1081<br>보건범죄단속에관한특조법 | | 대판2000.9.29, 2000도3051<br>직업안정법 | |
| 대판1995.8.25, 95도1351<br>건축법 | 단순한 법률의<br>부지로 부인 | 대판2002.1.25, 2000도1696<br>공직선거및부정선거방지법 | |
| 대판1995.8.25, 95도717<br>약사법 | 인정 | 대판2002.5.10, 2000도2807<br>보건범죄단속에관한특조법 | 부인 |

| | | | | |
|---|---|---|---|---|
| 대판1995.11.10, 95도2088<br>허위공문서작성죄 | 단순한 법률의<br>부지로 부인 | 대판2002.11.13, 2002도4582<br>토지수용법 | 단순한 법률의<br>부지로 부인 | |
| 대판1995.12.12, 95도1891<br>부동산소유권이전등기에<br>관한특별조치법 | | 대판2003.4.11, 2003도451<br>주택건설촉진법 | | |
| 대판1995.12.22, 94도2148<br>건축법 | | 대판2003.5.13, 2003도939<br>보건범죄단속에관한특조법 | 부인 | |
| 대판1995.12.26, 95도2188<br>약사법 | 부인 | 대판2004.1.15, 2001도1429<br>보건범죄단속에관한특조법 | 단순한 법률의<br>부지로 부인 | |
| 대판1996.5.10, 96도620<br>공직선거및부정선거방지법 | | 대판2004.2.12, 2003도6282<br>청소년보호법 | | |
| 서울지법1996.12.6, 96고합203<br>특가법 | | 대판2005.5.27, 2004도62<br>부동산중개업법 | | |
| 대판1997.4.25, 96도3409<br>공문서위조죄 | 단순한 법률의<br>부지로 부인 | | | |

# 제4절 제정형법 시행 이후 형법 제16조에 대한 판례의 해석태도

## Ⅰ. 제정형법 시행 이후 우리 판례 태도의 변화 개관

### 1. 제정형법 시행 이후 정당한 이유를 인정한 판례

1953년 제정형법의 시행으로 형법 제16조가 규범력을 갖기 시작했음에도 불구하고 1974년까지 정당한 이유를 인정하여 범죄불성립을 선고한 판례는 극히 드문 실정이다. 1955년 대법원 판결(대판 1955.2.25, 4286형상213)에서 "피고인은 징용집행관인 경찰서장의 명에 의해 집행사무를 담당하는 지서주임 승낙하에 타인으로 하여금 대행케 하고 징용을 면한 경우에, 피고인이 노무징용에 있어서는 집행사무담당자의 승낙이 있으면 타인으로 하여금 노무를 대행할 수 있다고 믿어 이에 이른 이상 이는 징용기피죄 성립을 조각할 사유가 된다"는 판시내용을 찾아볼 수 있을 뿐이다.

이후 같은 해인 1955년 법률의 부지(착오를 뜻함)는 범죄성립조각사유가 되지 아니한다는 세 건의 대법원 판례를 통해 위법성인식불요설에 입각한 착오법리와 형벌법규와 비형벌법규를 구분하여 후자의 경우 사실의 착오와 동일시하여 범의를 조각한다고 보는 착오법리가 혼재되어 적용되었던바, 신형법이 제정되었음에도 불구하고 우리 대법원은 1970년대 초반까지 과거 구형법(의용형법)에 입각한 일본판례 및 조선고등법원의 태도와 거의 유사한 착오법리를 답습하고 있었던 것으로 평가할 수 있을 것이다.

 그러나 우리 대법원은 1969년 대판(1969.5.27, 69도24)에서 최초로 우리 형법 제16조에 입각해 정당한 이유를 인정한 이래, 1970년대어는 대판(1971.10.12, 71도1356) 및 대판(1972.3.31, 72도64), 대판(1974.11.12, 74도2676)[1] 및 대판(1975.3.25 74도2882)[2] 등 총 4건의 판례가 피고인에게 정당한 이유를 인정한 바 있고, 1980년대에는 대판(1982.1.19, 81도646),[3] 대판(1983.2.22, 81도2763),[4] 대판(1986.10.28, 86도1406),[5] 대판(1989.2.28, 88도1141)[6] 등의 총 네 건의 판례에서 정당한 이유가 인정된 바 있으며, 1990년대에 이르러서는 대판(1992.5.22, 91도2525),[7] 그리고 다 판(1993.9.14, 92도1560)[8] 및 대판(1993.10.12, 93도1888),[9] 대판(1995.7.11, 94도1814),[10] 대판(1995.8.25, 95도717)[11] 등 총 다섯 건의 판례에서 정당한 이유가 인정된 바 있다. 1996년 이후 현재 2005년까지 대법원 판례 중 형법 제16조의 정당한 이유를 인정한 판례는 아직 단 한 건도 없다.
 역대 정부별로 법률의 착오가 인정된 대법원 판례를 일별해 보자면 다음과 같은 분포를 보인다.

- 이승만 정부 (1948～1960) : 13년간 총 1 건
- 박정희 정부 (1961～1979) : 19년간 총 5 건
- 전두환 정부 (1981～1987) :  7년간 총 3 건
- 노태우 정부 (1988～1992) :  5년간 총 2 건
- 김영삼 정부 (1993～1997) :  5년간 총 4 건

---

1) 향토예비군설치법위반 사례.
2) 변호사법위반 사례.
3) 의장법위반 사례.
4) 식품위생법위반 사례.
5) 군형법위반 사례.
6) 가정의례에관한법률위반 사례.
7) 산림법위반 사례.
8) 산림법위반 사례.
9) 국유재산법위반 사례.
10) 직업안정및고용촉진에관한법률위반 사례.
11) 약사법위반 사례.

ㆍ 김대중 정부 (1998~2002) :　5년간 총 0 건
ㆍ 노무현 정부 (2003~현재) :　3년간 총 0 건

## 2. 위법성인식불요설(1955년, 1961년, 1965년)

우리 판례는 제정형법 시행 이후 1970년대 초까지는 의용형법 제33조 3항에 따른 조선고등법원판례를 거의 그대로 답습하여 법률의 부지 또는 착오는 고의를 조각하지 않는다는 법리를 일관되게 견지하고 있었다.12) 따라서 이 기간 동안에 제정형법 제16조 소정의 '정당한 이유'를 인정하여 피고인을 면책시킨 판례가 단 두 번밖에 없었다.

예컨대 우리 대법원 판결(1955.3.18, 1954형상3)이 "법의 부지는 범죄의 성립을 조각하지 않는다"고 판시한 이래 대판(1955.3.18, 1954형상10)은 "법의 부지는 … 범죄성립조각사유가 되지 아니하여"라고 하였고, 대판(1955.5.31, 1954형상235)은 "무지로 인한 법의 부지는 범죄의 성립을 조각하지 못한다"고 설시하였으며,13) 1965년 11월 23일에는 "피고인의 이와 같은 주장은 그 행위가 법률상 죄가 됨을 알지 못하여 이루어진 것이라는 주장에 돌아가며 이러한 주장은 법률의 착오를 주장하였음에 지나지 아니한다. 그리하여 법률의 착오가 사실의 착오를 가져오게 하지 아니한 이상 범죄의 성립을 조각할 바 아니다"고 판시함으로써 제정형법 제16조의 조문취지와는 동떨어진 이른바 위법성인식불요설의 법리를 지속적으로 견지해 왔던 것이다.

그리고 이러한 법리는 제정형법 시행 이전 의용형법에 입각한 일본판례 및 조선고등법원의 착오법리를 거의 그대로 답습한 것이다.

---

12) 이에 대해서는 허일태, 법률의 부지, 이재상교수화갑기념논문집, 2003, 456면.
13) 이상의 판례의 소개로는 허일태, 앞의 논문, 450면 참조.

## 3. 형벌법규와 비형벌법규 구분설(1955년, 1970년)

한편 우리 판례는 1955년과 1970년에 비형벌법규의 착오는 사실의 착오와 동일시되어 범의를 조각한다고 아래와 같이 판시함으르써 "법률의 착오(부지)는 고의의 성립에 영향을 미치지 못 한다"는 위법성인식불요설에서 초래되는 착오법리의 엄격함을 다소 완화하고 있었다.

> "징용영장을 받은 피고인이 응소하지 아니하고 타인으로 하여금 대리로 응소케 하여 징발에 관한 특별조치령에 위반하였다는 본건에 관하여는 증거에 의하면 피고인은 우 영장을 받은 후 소할 징용집행관인 경찰서장의 명에 의하여 동집행사무를 직접 담당하는 지서주임의 승낙을 얻어 타인을 대행케 하고 피고인은 징용을 면하였음을 인정할 수 있으므로 피고인은 노무징용(勞務徵用)에 있어서는 그 집행사무담당자의 승낙만 있으면 타 노무자로 하여금 노무를 대행케 할 수 있다는 사실착오에 기인한 행위라고 봄이 타당하고 따라서 우 사유는 본건 징용기피죄의 성립을 조각할 사유가 된다고 할 것이다"[14]
>
> "민사소송법 기타의 공법의 해석을 잘못하여 피고인이 ア·압류의 효력이 없는 것이라 하여 가압류가 없는 것으로 착오하였거나 또는 봉인 등을 손상 또는 효력을 해할 권리가 있다고 오신한 경우에는 민사법령 기타 공법의 부지에 인한 것으로서 이러한 법령의 부지는 형벌법규의 부지와 구별되어 범의를 조각한다고 해석할 것이다"[15]

## 4. 위법성인식필요설(엄격고의설)

대법원은 대판(1970.9.22, 70도1206), 대판(1974.11.12, 74도2676), 대판(1987.4.14, 87도160) 등의 일련의 판례에서 법률의 착오는 정당한 이유의 인정유무에 따라서 범의를 조각하거나 조각하지 못한다고 판시함으로써 고의설을 취하고 있는 듯한 태도를 보여 주고 있다.

---

14) 대판 1955.2.25. 4268 형상213.
15) 대판 1970.9.22. 70도1206.

## 5. 단순한 법률의 부지 구분설(1961년 ~ 현재)

현재 우리 판례는 형법 제16조 소정의 법률의 착오, 즉 "자기의 행위가 법령에 의하여 죄가 되지 아니하는 것으로 오인한 행위는 그 오인에 정당한 이유가 있는 때에 한하여 벌하지 아니한다"는 조문의 취지를 거의 예외 없이 "이는 단순한 법률의 부지를 말하는 것이 아니고 일반적으로는 범죄가 되는 행위지만 자기의 특수한 경우에는 법령에 의하여 허용된 행위로서 죄가 되지 아니한다고 오인하고 그와 같이 오인함에 있어서 정당한 이유가 있는 경우에는 벌하지 아니한다"는 뜻으로 새기고 있다. 간혹 우리 판례는 "자신의 행위가 죄가 되지 않는다고 '적극적으로 오인'하지 않은 이상 이는 범죄의 성립에 아무런 지장이 없다"는 설시16)를 함으로써, 상기의 '오인'은 '적극적 오인'임을 밝히고 있다. 이러한 판례의 태도는 형법 제16조 소정의 법률의 착오에서 단순한 법률의 부지를 제외하려는 해석론에서 기인한 것으로 보인다.

형법 제16조의 조문취지에 대해 "이는 단순한 법률의 부지를 말하는 것이 아니고 일반적으로는 범죄가 되는 행위지만 자기의 특수한 경우에는 법령에 의하여 허용된 행위로서 죄가 되지 아니한다고 오인하고 그와 같이 오인함에 있어서 정당한 이유가 있는 경우에는 벌하지 아니한다"는 뜻으로 새기는 현재 우리 판례의 입장이 확립된 것은 1961년부터이다.

우리 대법원은 대판(1961.10.5, 4294형상280)에서 "형법 제16조에 자기의 행위가 법령에 의하여 죄가 되지 아니한 것으로 오인한 행위는 그 오인에 정당한 이유가 있는 때에 한하여 벌하지 아니한다고 규정되어 있는바 이는 단순한 법률의 부지의 경우를 말하는 것이 아니고 일반적으

---

16) 대판 1961.10.5, 61도 208 ; 서울고법 1971.4.22, 70노1031; 대판 1990.1.23, 89도1476.

로는 범죄가 되는 행위이지만 자기의 특수한 경우에는 법령에 의하여 허락된 행위로서 죄가 되지 아니한다고 그릇 인정하고 그와 같이 그릇 인정함에 있어서 정당한 이유가 있는 경우에는 벌하지 아니한다는 뜻"이라고 판시한 이래 동 판례를 포함하여 이후 1980년대의 대판(1980.2.12, 79도285), 대판(1986.6.24, 86도810), 1990년대의 대판(1990.10.30, 90도1126), 대판(1992.4.24, 92도245), 대판(1991.10.11, 91도1566), 대판(1995.12.12, 95도1891), 대판(1995.12.22, 94도2148)과 그리고 2000년대 이르러서는 대판(2000.9.29, 2000도3051) 등의 일련의 판례에서 단순한 법률의 부지를 형법 제16조의 적용 대상에서 배제하여 처벌하는 사례를 남겼다.

## 6. 우리 판례태도 변화 추이의 분석

이상 살펴본 바와 같이 우리 대법원은 의용형법이 아닌 제정형법이 시행된 이후에도 형법 제16조의 조문취지가 무색할 정도로 위법성인식 불요설에 입각한 판결을 내린 예가 1971년까지 무려 네 차려 나 있었으며 이 기간 내에 동 조문에 입각해 정당한 이유를 인정한 여는 신형법 제정 직후인 1955년 2월의 단 한 건의 판례밖에 없다. 아울러 이 시기에는 조선고등법원이 취하기도 했었던 독일제국법원의 착오법티 즉, 비형벌법규의 착오는 사실의 착오와 동일시하여 고의를 조각한다는 착오법리를 두 차례 설시한 바 있다.

그러다가 1961년 대판(1961.10.5, 4294형상280)을 통해 형법 제16조의 규정취지를 "단순한 법률의 부지는 제외되며 적극적 오인에단 동 조문이 적용된다"는 태도를 확립함으로써 대법원의 이러한 입장은 현재까지도 지속적으로 일관되게 관철되고 있다. 한편 역대 정부별로 정당한 이유를 인정한 판례의 빈도수는 이승만 정부는 13년간 1건으로 최하위를 기록했고, 박정희 정부는 19년간 총 5건으로 뒤를 이었고, 전두환 및 노태우 정부는 각 집권기간 동안 3건과 2건을 기록, 빈도수에 있어서 완만한 상승곡선을 그렸으며, 김영삼 정부에 이르러서는 집권기간 동안 4건을 기록, 역대 정부 중에 최고치를 기록했다. 특기할 사항으로는 김대중 정부와 노무현 정부에 들어서는 단 한 번도 대법원에서 정당한 이유가 인정된 사례가 없다는 점이다.

## II. 정당한 이유의 판단 기준

그동안 축적된 우리 판례를 면밀히 검토해 보면, 형법 제16조에 있어서의 정당한 이유의 판단기준으로서 어떠한 근거를 들고 있는지 확인할 수 있다. 이를 유형화 하여 일별해 보면 다음과 같다.

### 1. 적극적 오인 : 단순한 법률의 부지의 배제

우리 대법원은 2005년 9월에 선고된 가장 최근의 판례에서도[17] 형법 제16조의 규정 취지에 대하여 "'자기가 행한 행위가 법령에 의하여 죄가 되지 아니한 것으로 오인한 행위는 그 오인에 정당한 이유가 있는 때에 한하여 벌하지 아니한다'라고 규정하고 있는 것은 단순한 법률의 부지를 말하는 것이 아니고 일반적으로 범죄가 되는 경우이지만 자기의 특수한 경우에는 법령에 의하여 허용된 행위로서 죄가 되지 아니한다고 그릇 인식하고 그와 같이 그릇 인식함에 정당한 이유가 있는 경우에는 벌하지 않는다는 취지이다"라고 판시함으로써 우리 대법원은 형법 제16조에 의해 면책되기 위해서는, 자기의 특수한 경우에는 법령에 의하여 허용된 행위로서 죄가 되지 아니한다고 '적극적으로 오인'하였을 것과 그 오인에 '정당한 이유'가 있을 것을 요구하고 있다.[18]

17) 대판 2005.9.29, 2005도4592.
18) 대판 1961.10.5, 61도 208 ; 서울고법 1971.4.22, 70노1031 ; 대판 1990.1.23, 89

그렇다면 '적극적 오인'은 '정당한 이유'를 판단하기 위한 전제조건이 될 것이다. 여기서 '적극적 오인'이란 우리 형법 제16조의 문언상 소극적인 '법률의 부지'를 배제함을 의미하는 것으로 새길 수 있다. 우리 판례는 일관되게 "단순한 법률의 부지는 용서받지 못한다"는 원칙을 고수하고 있다. 판례의 이러한 판시내용은 주택건설촉진법위반,[19] 부동산소유권이전등기등에관한특별조치법위반,[20] 건축법,[21] 국토이용관리법위반,[22] 국유재산법위반,[23] 파견근로자보호등에관한법률위반[24] 등의 사례에서 찾아볼 수 있다.

그런데 제정형법 시행 이후 "단순한 법률의 부지는 형법 제16조의 적용 대상에서 제외되어 이는 법률의 착오에 해당하지 않는다"고 판시한 우리나라의 최초의 판례는 국가보안법 제9조의 불고지죄와 관련된 사안이었다. 동 판례에 따르면,

> "형법 제16조에 자기의 행위가 법령에 의하여 죄가 되지 아니한 것으로 오인한 행위는 그 오인에 정당한 이유가 있는 때에 한하여 벌하지 아니한다고 규정되어 있는 바 이는 단순한 법률의 부지의 경우를 말하는 것이 아니고 일반적으로는 범죄가 되는 행위이지만 자기의 특수한 경우에는 법령에 의하여 허락된 행위로서 죄가 되지 아니한다고 그릇 인정하고 그와 같이 그릇 인정함에 있어서 정당한 이유가 있는 경우에는 벌하지 아니한다는 뜻인 바 이 사건에 있어서는 피고인은 다만 범인을 집에 재우면 범인은 닉죄가 된다는 것을 알고 갑에 대하여 밤중에 집에서 나오라고 하여 내보냈으니 이것으로 족한 줄 알고 이를 수사기관에 고지하지 아니하면 죄가 된다는 것을 몰랐다는 뜻의 진술을 하고 있음이 기록상 분명한 바이며 이는 결국 피고인은 국가보안법 제9조 불고지죄의 규정을 알지 못하였다는 것에 지나지 못한 것이고 피고인이 고지하지 아니하여도 죄가 되지 아니

도1476.
19) 대판 1984.2.28, 83도2985.
20) 대판 1990.10.30, 90도1126 ; 대판 1995.12.12, 95도1891.
21) 대판 1991.10.11, 91도1566 ; 대판 1995.8.25, 95도1351.
22) 대판 1992.4.24, 92도245.
23) 대판 1993.10.12, 93도1888.
24) 대판 2000.9.29, 2000도3051.

한다고 적극적으로 그릇 인정한 경우에는 해당되지 아니하므로 이는 범죄
의 성립에 아무런 지장이 될 바 아니니 원심이 이를 법률의 착오로 인정하
고 무죄로 판단한 것은 중대한 사실을 그릇 인정하고 법률적용에 그릇됨
이 있었다 할 것이다"[25]

이후 동 판례는, "이는 단순한 법률의 부지의 경우를 말하는 것이 아
니고 일반적으로는 범죄가 되는 행위이지만 자기의 특수한 경우에는
법령에 의하여 허락된 행위로서 죄가 되지 아니한다고 그릇 인정하고
그와 같이 그릇 인정함에 있어서 정당한 이유가 있는 경우에는 벌하지
아니한다는 뜻"이란 판시내용을 참조한 1969년 대구고등법원 판례[26]와
1971년 서울고등법원 판례[27]를 비롯하여 서울고등법원 판례(1971.4.22.
70노1031), 대판(1980.2.12. 79도285), 대판(1985.4.9. 85도25), 대판(1985.5.14.
84도1271), 대판(1990.1.23. 89도1476), 대판(1991.3.12. 91도3), 대판(1992.10.13.
92도1267), 대판(1994.4.15. 94도365) 대판(1995.12.12, 94도2148) 등의 일
련의 따름판례를 낳았고, 결국 2005년 현재까지 그대로 전승되어 대판
(2005.9.29. 2005도4592)에서도 "[이는] 단순한 법률의 부지를 말하는 것
이 아니고 일반적으로 범죄가 되는 경우이지만 자기의 특수한 경우에는
법령에 의하여 허용된 행위로서 죄가 되지 아니한다고 그릇 인식하고
그와 같이 그릇 인식함에 정당한 이유가 있는 경우에는 벌하지 않는다
는 취지이다"라고 몇몇 자구만 변경한 채 반복하여 되풀이하고 있다.

그러므로 현재 우리 대법원이 단순한 법률의 부지를 형법 제16조의
적용대상에서 제외시켜 취급하는 법리는 국가보안법상 불고지죄의 적용
과 관련된 1961년의 대법원 판결(대판 1961.10.5, 61도208)을 그 선도적
판례(leading case)로 지침삼고 있다고 평가할 수 있을 것이다.

---

25) 대판 1961.10.5, 61도208.
26) 대구고법 1969.10.2, 68노487.
27) 서울고법 1971.4.22, 70노1031.

## 1) 오화섭 교수 사건 : 판례 분석 및 역사적 배경 개관

### (1) 사실 관계

1961년 1월 18일 및 3월 30일자 조선일보와 동아일보, 그리고 대법원 판결주문(1961.10.5, 61도208) 기타 관련문헌[28]을 토대로 동 사안의 사실 관계를 재구성하면 다음과 같다.

> 1960년 4·19 혁명 직후 불안한 사회정세를 틈타 북한은 수많은 간첩을 남파하여 정치인 등 사회지도급 인사를 포섭하려고 기도하였고, 이에 대한 검찰의 경고가 계속 발표되고 있었다. 피고인 정연철은 대남간첩으로서 교육계에 침투할 사명을 띠고 1960년 10월 14일 매부인 역세대학교 영문과 오화섭 교수의 집을 찾아와 노동당 중앙위원회 위임을 받고 왔다고 하면서 포섭하려고 하였다. 이에 오화섭 교수는 "나는 독재 밑에서는 살아도 공산당 밑에서는 살 수 없다", 그리고 "내 집을 당장 나가지 않으면 경찰에 고발한다"고 냉정한 태도로 정연철을 즉시 내쫓았으며, 정연철은 경찰에 고발하지 말아달라고 애원하였다. 오교수의 집에서 쫓겨난 정연철은 뒷산을 헤매다가 어둠속에서 발을 헛디뎌 낭떠러지에 굴러 떨어져 실신상태에 빠지게 되었는데, 이를 인근 주민이 발견, 경찰에 신그하여 파출소 순경이 현장에 오자 정연철은 자신이 간첩이라는 것을 자진 신고하였다. 오교수는 정연철을 경찰에 신고하여야 할 것인가를 걱정하고 고민하다가 국가보안법 제9조 불고지죄 위반혐의로 체포되었다. 국가보안법 제9조 불고지죄로 구속기소된 사안은 오화섭 교수 사건이 처음이었다.
>
> **1960 국가보안법 제9조 (불고지)** : 전8조의 죄를 범한 자를 인지하고서 범죄수사의 직무에 종사하는 공무원에게 고지하지 아니한 자는 5년 이하의 징역 또는 10만 환 이하의 벌금에 처한다. 단 본범과 친족관계에 있는 때에는 그 형을 감면한다.

### (2) 제1심 및 항소심 판결

동 사안에 대해 서울지방법원의 제1심은 "오피고인에 대한 공소사실은 증거가 충분하며 소위 불고지죄를 구성하여 징역 10월에 처한 것이

---

28) 이종전, 법이 바로 서야 세상이 바로 선다, 1997, 141~151면 참조.

나 사회적 지위나 그에 따른 개전의 정황 등 정상을 참작하여 선고유예 판결을 내리는 것이다"라고 하였다. 검찰로부터 사형을 구형받았던 정 피고인에 대해서는 징역 15년을 선고하였다.[29]

서울고등법원 항소심에서는 "불고지죄는 그 입법취지가 엄격한 처벌 규정이라고 보기가 어렵고, 우리나라 사회풍속상 현행 국가보안법의 '간첩불고지죄'로 피고인을 처벌할 만큼 축소해석할 필요가 없다"고 판시하여 오피고인에게 무죄판결을 내림으로써 혈육뿐 아니라 처남매부사이의 불고지죄는 처벌받지 않는다는 사례를 남겼다.[30] 정피고인에 대해서는 징역 15년을 선고, 제1심의 형을 유지하였다.[31]

### (3) 상고이유(上告理由)

동 사건의 서울지법의 제1심과 서울고법의 항소심은 공간이 되어 있지 않은 관계로 그 내용에 대해서는 일간지 기사에 의존할 수밖에 없다. 그러나 동 판결의 대법원 판결문에는 동 사안의 원심에 대한 상고이유가 나와 있는바 이를 통해 원심의 판시내용을 확인해 보기로 한다.

상고이유는 다음과 같이 기록되어 있다.

"피고인 오화섭에 대한 무죄의 이유로서 원심 법원은 일건 기록에 의하면 피고인 오화섭은 동 정연철이 괴뢰집단으로부터 지령을 받고 남하한 자임을 인지하고서 수사기관에 [불]고지하였다는 사실만은 치를 인정할 수 있으나 피고인 오화섭 동 정연철의 경찰 이래의 진술 각 증인 등의 증언으로 인정할 수 있는 양 피고인의 면접 경위 면접 당시의 피고인 오화섭 동 정연철에 대한 태도 및 제반 사정 등을 종합 고찰하면 피고인 오화섭이 자기의 행위를 법령에 의하여 죄가 되지 아니하는 것으로 오인한 것은 사회통념상 그러한 착오가 없기를 기대하기 어려운 경우라고 인정되므로 오

---

29) 제1심 판결에 대해서는 조선일보, 1961.1.18, 3면 ; 동아일보, 1961.1.18, 석간 3면 참조.
30) 조선일보, 1961.3.30, 3면 ; 동아일보, 1961.3.30, 석간 3면 참조.
31) 서울고등법원 판시사항에 대해서는 조선일보, 1961.3.30, 3면 ; 동아일보, 1961.3.30, 3면 참조.

인에 정당한 이유가 있다고 아니할 수 없다라고 판시하여 헌법 제16조 소정의 법률의 착오에 정당한 이유 있음에 해당한다는 논지인바 대저 범죄구성요건을 충족한 사실이 입증되면 위법성 책임성의 존재는 사실상 추정되는 것이므로 … 법률의 착오에 관한 형법 제16조의 입법취지는 원래 자연범에는 그 적용이 없고 행정범에 한하여 이를 적용할 수 있는 것이며 친족 간의 기대가능성 문제는 형법 제328의 규정[친족간의 범행과 고소] 및 본죄를 준용한 각 특별규정이 없는 한 기대가능성 문제가 생기(生起)하지 않는 것이다. 그런데 기록상 현출(顯出)된 바에 의하면 … 피고인의 불고지죄에 대한 착오에 정당한 이유가 있을 때라고 판단할 수 없는 바이고 도[리어] 본 불고지죄 조문의 설치에 대하여는 유명한 소위 국회의 2·4파동을 전후하여 상당히 논의된 바 있는 후 4·19 이후에 이 불고지죄의 조항을 포함한 법률 제549호 국가보안법이 제정되고 동 4293년 6월 10일자로 공포 실시된 바이므로 대학교수이고 특히 좌익(左翼) 활동을 한 바 있는 피고인으로서는 의당 본조의 신설을 지실(知悉)[32]하였을 것이고 또한 피고인이 … 정연철을 면접하기 약 일주일 전인 동월 7, 8일 양일간의 국내 각 일간신문에 "현 법무부차관 모씨는 다년간 생사를 모르고 있던 자기 실제(實弟)[33] 김동수가 자가에 내방하였으나 간첩임을 각지(覺知)하고 자수를 권유하다가 듣지 않으므로 부득이 눈물을 머금고 수사기관에 고발하여 의무를 이행하였다"고 대서특필된 바 있으며 이와 병행하여 당시의 법무부장관 및 검찰총장의 담화로서 법무차관의 친족관계를 초월한 의무이행으로 공사를 구별한 점을 찬양함과 동시에 일반국민에게 간첩에 대한 고지의무이행을 요망한 기사도 게재되었을 뿐 아니라 양 피고인이 면접당시 피고인 오화섭에게 피고인 정연철은 경찰에 고발하지 말아달라고 애원한 사실과 아울러 피고인 오화섭은 이 사실을 경찰에 연락하여야 할 것인가 걱정 고민하다가 검거되었다는 취지의 진술 등을 종합 고찰하면 피고인의 입장으로서는 본죄에 대한 법률 착오를 주장할 수조차 없을 것이고 가사 착오가 있었다 하더라도 정당한 이유가 있음을 주장할 수 없[다]"[34]

## (4) 대법원 판결

대법원은 피고인 오화섭이 정연철을 집에서 나가라고 하여 내보냈으니 이것으로 족한 줄 알고, 이를 수사기관에 고지하지 아니하면 죄가 된

---

32) 죄다 앎.
33) 친 아우.
34) 대법원판결집 제9권, 1961, 132~134면 참조.

다는 것은 몰랐다는 뜻의 진술을 한 점에 대해서 원심이 "이는 사회통념
상 그와 같이 인정하지 아니하기를 기대하기 어려운 경우이므로 그와
같이 인정함에 있어서 정당한 이유가 있다" 하여 무죄를 선고하였으나,
정연철은 피고인 오화섭에게 경찰에 고발하지 말아 달라고 애원하였으
며, 오화섭도 이를 경찰에 연락하여야 할 것인가를 걱정하고 고민하다가
붙잡힌 점, 그리고 오피고인이 정연철을 만나기 한 주일 전인 1960년 10
월 7일 경에는 나라 안의 각 신문에 현 법무차관 김영천씨는 자기 동생
이 간첩임을 알고 수사기관에 고발하였다고 크게 보도되고[35) 또 그 당
시 법무장관과 검찰총장의 담화로 일반국민에게 간첩을 고발하라고 요
망하는 기사도 게재된 바이므로 대학교 교수인 피고인이 간첩을 고발
아니하여도 죄가 되지 아니한다고 그릇 인정하였다고 하는 것은 말이
되지 않는 것이므로 원심은 이 점에서 법령 적용을 그릇한 위법이 있다
고 판시하였다. 검찰의 상고이유를 거의 그대로 받아들이고 있음을 쉽게
확인할 수 있다.

  그리고 형법 제16조의 취지는 "단순한 법률의 부지의 경우를 말하는
것이 아니고 일반적으로는 범죄가 되는 행위이지만 자기의 특수한 경우
에는 법령에 의하여 허락된 행위로서 죄가 되지 아니한다고 그릇 인정
하고 그와 같이 그릇 인정함에 있어서 정당한 이유가 있는 경우에는 벌
하지 아니한다는 뜻"이라고 설시하면서 오화섭 피고인은 국가보안법 제
9조 불고지죄의 규정을 알지 못하였다는 것에 지나지 못하는 것이고 피
고인이 고지하여도 죄가 되지 아니한다고 적극적으로 그릇 인정한 경우
에는 해당되지 아니하므로 이는 범죄의 성립에 아무런 지장이 될 바 아
니라고 하여, 원심을 파기하고 선고유예를 선고하였다. 정피고인에 대해
서는 원심대로 징역15년을 확정하였다.

---

35) 동 보도에 대해서는, 조선일보, 1960.10.8, 조간 3면 참조.

## (5) 판례 분석

　오화섭 교수 사건에 대한 대법원 판결을 보면 우리 대법원이 국가보
안법 제9조의 불고지죄 규정을 적용함에 있어서 이를 알지 못했던 피고
인에 대한 형법적 배려를 얼마나 고려해야 하는가를 놓고 고심한 흔적
이 역력히 드러나 있다. 서울고등법원의 원심은 우리나라의 사회풍속상
처남과 매부지간의 친족관계는 불고지죄의 엄격한 적용을 완화시킬 수
있는 특수한 사정이므로, 따라서 피고인이 자기의 행위가 법령에 의하여
죄가 되지 아니하는 것으로 오인함에 있어서 사회통념상 피고인의 그렇
게 오인하지 않기를 기대하기 어려운 경우이므로 형법 제16조의 정당한
이유에 해당된다고 설시하였다.

　그러나 대법원은 이에 대해서 사실관계에 있어서의 제반 정황을 면밀
히 포착하여 피고인 오화섭은 정연철이 친족임에도 불구하고 신고하여
야 할 법적 의무가 있음을 인지하고 있었다는 점을 밝혀주고 있다. 더욱
이 동 사건 발생 일주일 전에 김 법무차관이 자신의 동생을 간첩으로 고
발한 사건이 나라 안의 각 신문에 게재되었던 점 등에 비추어 교수신분
이 피고인이 간첩을 고발하지 아니하여도 죄가 되지 아니한다고 그릇
인정하였다는 것은 말이 되지 않는다고 설득력 있는 근거를 제시하고
있다.

　그러면서 결국 오피고인에게 선고유예를 선고함으로써 법규의 규범
적 효력을 유지함과 동시에 피고인 보호에도 충실한 균형감 있는 태도
를 보여주고 있는 것이다.

　대법원은 오화섭 피고인이 교수 신분임에도 불구하고, 또한 사건 당
시 불고지죄와 관련된 세간의 이목이 집중되어 있던 시기였음에도 불구
하고 매부인 정피고인을 신고하지 않는 것이 죄가 되지 않는다고 믿은
것은 '단순한 법률의 부지'에 불과하다고 보고 있다. 그리고 단순한 법률
의 부지는 형법 제16조의 적용대상이 아니라는 법리를 세우고 있다.

그러나 이러한 논지전개는 원심이 무죄판결의 근거로서 내세운 논지에서 상당히 어긋하고 있다. 원심은 오피고인이 우리나라의 사회 풍속상 친족인 매부를 신고할 법적 의무가 없다고 믿은 점에 대해 그러한 오인에 정당한 이유가 있다고 설시하고 있다. 원심은 이러한 판단을 함에 있어서 구체적인 불고지죄 조문의 부지 여부는 다투고 있지 않다. 이에 반해 대법원은 원심의 이러한 논변, 즉 '사회 풍속에 기한 정당한 이유의 인정'이란 점에 대해서는 아무런 언급도 없이, 여러 정황상 오화섭 피고인이 불고지죄를 알 수 있었음에도 불구하고 이를 모른 점은 비난받아 마땅한 단순한 법률의 부지라는 논지를 세우고 있는 것이다.

대법원 판결이 나오기 약 8개월 전, 그리고 원심 판결이 내려지기 약 1개월 전인 1961년 2월 24일에 대법원은 "범죄의 성립에 있어서 위법의 인식은 그 범죄사실이 사회정의와 조리에 어긋난다는 것을 인식하는 것으로서 족하고 구체적인 해당 법조문의 인식을 지칭하는 것은 아니다"라고 판시한 바 있다(대판 1961.2.24, 4293형상937). 대법원의 이러한 입장은 1987년의 대법원 판결(1987.3.24, 86도2673)에서도 유지된다.

대법원의 이러한 입장을 일관되게 관철시킨다면 오화섭 교수사건에서도 문제가 되는 위법성의 인식이란 '사회정의와 조리에 어긋난다는 것을 인식'하는 것으로 족하고 구체적인 '불고지죄 조문의 내용'을 뜻하는 것이 아님에 분명할 것이다. 이에 원심은 우리나라의 사회 풍속상 오피고인에게는 '사회정의와 조리에 어긋난다는 것'을 인식하지 못한데 대해 정당한 이유가 있다고 판시한 것이고, 반면 대법원 이와 달리 제반 정황으로 미루어 오피고인은 비록 매부이더라도 신고하지 않으면 불고지죄에 해당된다는 점을 알 수 있었음에도 불구하고 이를 인식하지 못한 데에 정당한 이유를 인정할 수 없다고 판시하고 있는 것이다.

요컨대 피고인 오화섭은 분명 국가보안법 제9조의 불고지죄 조문을 인식하지 못한 점에 있어서는 정당한 이유가 있다고 볼 수 없지만, 매부를 신고하지 않은 자신의 행위가 우리나라 사회 풍속상 '사회정의와 조

리에 어긋난다는 인식'을 하지 못한 점에 있어서는 정당한 이유가 인정
될 여지가 있다고 본다. 그러나 대법원은 이 점에 대해서는 판단을 하지
않은 채, 피고인 오화섭이 불고지죄를 알지 못하였다는 점에 대해서만
다투고 있는 것이다.

따라서 대법원이 기존의 입장에서는 찾아볼 수 없던 '단순한 법률의
부지'란 용어를 판결에 도입한 것은 그 이유에 대해 여전히 의문이 남는
다. 단순한 법률의 부지든 법률의 착오든 정당한 이유여부를 심사하여
처벌여부를 판단하려는 것이 형법 제16조의 취지임에도 불구하고 굳이
단순한 법률의 부지, 그것도 구체적인 법조문의 부지를 형법 제16조의
적용대상에서 배제하여 처벌하려는 태도는 비판으로부터 자유롭지 못할
것이라고 본다.

## (6) 동 판례의 시대적 배경

1961년은 우리나라의 헌정사(憲政史)에 있어서 군이 정치에 관여하는
선례를 남긴 해로 기록되고 있다. 1961년 5월 16일 박정희를 중심으로
한 군의 일부세력이 쿠데타를 일으켜 며칠 만에 실권을 장악하고 장면
정권이 총사퇴하였으며 비상계엄이 선포되어 헌법의 규범적 효력이 사
실상 상실된 채 군사혁명위원회인 이른바 국가재건최고회의(國家再建最
高會議)와 혁명내각에 의해 만들어진 국가재건비상조치법에 따라 국정
이 운영되던 시기였던 것이다. 당시 국회마저 해산되고 모든 정치활동이
금지된 상황 속에서 입법권·행정권·사법권이 실질적으로는 국가재건
최고회의의장인 박정희의 손 안에 통합된 전형적인 군사독재통치가 행
하여 졌던 것이다.

한편 동 판례의 적용조문이었던 국가보안법 제9조의 불고지죄는 1948
년 12월 1일 국가보안법 제정당시나 1949년 12월 19일 제1차 전문개정된
국가보안법, 그리고 2·4 보안법 파동 직후 1958년 12월 26일의 제2차로
전문개정된 국가보안법 등에서는 동 규정을 두고 있지 않았으나 4·19혁

명 직후 민주당 정권에 의해 1960년 6월 10일 제3차 전문개정된 국가보
안법에서 비로소 제9조로 신설된 조문이었다.[36) 이듬해에 5·16 쿠데타
이후 1961.7.3 법률 제643호로 반공법이 제정되어 동 법률에서도 불고지
죄를 규정하게 되었다.[37)

　5·16 쿠데타로 탄생한 군사정권은 인적 구성에서나 제시한 정책으로
보나 철저한 반공사상으로 무장되어 있었으며, 이들은 군사혁명위원회
를 통해 내건 6개의 공약 가운데 반공을 제일의 공약으로 내세웠다.[38)
이를 반영하듯 혁명이 일어난 1961년은 역대 기간 중 국가보안법으로
검거된 인원이 총 296명으로 최고치를 기록한 해였고, 이듬해인 1962년
은 정치활동정화법 등 정치규제법에 의해 검거된 인원수가 총 3038명으
로 역대 최고치를 기록한 해이기도 하였다.

　이처럼 군사정권이 반공을 국시로 내걸고 국가보안법 및 반공법 등을
통해 불고지죄의 적용범위를 광범위하게 확대시킴으로써 특히 불고지죄
의 규범력이 위세를 떨치던 시기에 '불고지죄에 대한 단순한 부지는 용
서받지 못한다'는 역사적 판례가 나오게 된 것이다.

　동 판례가 나온 당대의 시대적 상황에 비추어 볼 때, 우리 대법원이
이와 같은 법리를 취할 수밖에 없었던 것은 어쩌면 자연스러운 현상이
었는지도 모른다. 군사독재가 기승을 부리고, 그러한 영향력이 국가보안
법과 반공법을 통해 불고지죄의 규범력을 강화시키는 가운데, '형법 민

---

36) 1960 국가보안법 제9조 (불고지) 전8조의 죄를 범한 자를 인지하고서 범죄
　　수사의 직무에 종사하는 공무원에게 고지하지 아니한 자는 5년 이하의 징
　　역 또는 10만 환 이하의 벌금에 처한다. 단 본범과 친족관계에 있는 때에는
　　그 형을 감면한다. 이 때의 전8조란 제1조(반국가단체구성), 제2조(군사목적
　　수행), 제3조(일반목적수행), 제4조(선동, 선전), 제5조(자진지원, 금품수수),
　　제6조(불법지역왕래), 제7조(미수범), 제8조(예비, 음모) 등을 말함.
37) 1961 반공법 제8조 (불고지죄) 전5조의 죄를 범한 자를 인지하고 수사정보
　　기관에 이를 고지하지 아니한 자는 국가보안법 제9조의 예에 의한다. 이 때
　　의 전5조란 제3조(가입, 가입권유), 제4조(찬양, 고무), 제5조(회합, 통신), 제6
　　조(탈출, 잠입), 제7조(편의 제공) 등을 말함.
38) 이에 대해서는 박원순, 국가보안법연구(1), 1992, 184면 참조.

주화'의 기치하에 입안된 우리 형법 제16조의 본래의 조문최지도 대법원의 '해석'에 의해 한 발 물러설 수밖에 없었던 것이다. 다시 말해 우리 형법 제16조는 '법률의 착오는 정당한 이유가 있는 때에 한하여 벌하지 아니한다'라고 규정하고 있지만, 대법원은 전술한 바와 같은 시대・역사적 배경하에서 '법률의 착오'로부터 '단순한 법률의 부지'를 배제하는 새로운 법리구성을 통해 결과적으로 군사독재정권의 '규범력 강화를 통한 통치'에 봉사하였다는 비판으로부터 자유로울 수는 없다고 본다.[39]

동 판결에 참여했던 대법관 중 조진만 대법관은 1961년부터 1968년까지 대법원장을 연임하였고, 민복기 대법관은 1965년 법무부 장관을 역임한 후, 조진만 대법원장의 뒤를 이어 1968년부터 1978년까지 11년간 대법원장을 연임하였다. 그리고 사광욱 대법관은 1963년부터 1968년까지 초대 중앙선거관리위원장을 지냈다. 조진만 대법관과 민복기 대법관이 대법원장을 지낸 1961년부터 1978년까지는 우리 대법원이 '단순한 법률의 부지'로 피고인을 처벌한 대법원 판례가 없었다는 점은 특기할 만한 일이다.

### (7) 오화섭 교수사건 및 김영천 법무차관 사건에 대한 당시 각계의 평가

김영천 법무차관 동생 간첩사건과 오화섭 교수 처남 간첩사건을 계기로 당시의 법조계에서는 불고지죄에 대한 여러 논의가 있었고 심지어 위헌이라는 주장까지 있었다고 한다. 특히 당시의 국가보안법은 부부간, 부자간, 형제간이라도 간첩인 점을 알고 수사기관에 고발하지 않으면 처벌되도록 규정하고 있었기 때문에 이에 대해 우리 사회의 미풍양속인 가족제도에 위배될 뿐만 아니라 그러한 조문이 과연 대공사찰에 어떠한 효력이 있는가에 대한 문제제기가 활발히 전개되었다고 한다.[40]

---

39) 참고로 동 판례를 내린 대법관은 조진만(재판장), 사광욱, 민복기 등 세 명이었다.

예컨대 어느 검찰 고위간부는 "법무차관 김영천 씨의 실제(實弟)인 간첩 김동수가 어떤 무임소 장관의 동생이라고 일간지에 잘못 보도되자 그 장관은 자신이 아무리 고약한 사람이기로서니 스스로 동생을 고발할 것 같으냐며 검찰에 항의한 일도 있으나 그렇다고 김영천 차관이 자기 동생인 간첩을 고발했다고 해서 나쁘다는 것은 아니다. 그러나 불고지죄의 적용 문제만은 다시 검토해야 할 것이다"라고 말하였고 모 변호사는 "자기 남편, 아버지, 자식까지 고발하여야 한다면 사찰기관은 불필요한 것이 아닌가. 수사기관이 일을 잘하면 그것만으로도 충분하다. 불고지죄는 인도에 어그러지며 전통적인 동양사상, 아름다운 가족제도에 위배된다. 또 설사 법률이 미비하다 하더라도 검찰이 법 운영을 잘하면 될 것이니 신중히 검토해야 할 줄 안다. … 이것은 우리 인정에 역행하는 법률이라고밖에 할 수 없다"[41]라는 비판론을 개진했다고 한다.

## 2) 로마법, 독일제국법원 판례, 조선고등법원 판례 (일본판례)와의 비교

우리 대법원 판례의 "단순한 법률의 부지는 처벌된다"는 착오법리가 로마법상의 "법률의 부지는 용서받지 못한다"는 전통적 법원칙에서 유래한 것으로 보는 견해도 불소(不少)하다고 본다. 그러나 로마법상의 법원칙은 비단 부지뿐만 아니라 착오도 포괄하여 엄격하게 취급하는 법리였음에 주목할 필요가 있다. 이에 대해서는 전술한 바 있으면 따라서 우리 대법원의 입장과 로마법의 전통적 법원칙은 상이한 입장으로 판단된다.

고대 로마법상 'ignorantia iuris'가 '부지'만을 뜻하는 것인지 '착오'까지 포함하는 것인지에 대해서 송덕수 교수는 로마법상 양자는 구별되지 않고 있다고만 말하고 있고[42] 조규창 교수는 이러한 설명도 없이 '무지(착오)'라고

40) 이에 대해서는 이종전, 앞의 책, 148면 참조.
41) 이종전, 앞의 책, 149면 참조.
42) 송덕수, 착오론, 1991, 11면.

혼용가능한 개념으로 소개하고 있으나[43] 두 교수 모두 전거를 밝히고 있지는 않다. 'ignorantia' 용어의 정확한 의미에 대해 의문을 제기한 Kumaralingam Amirthalingam에 따르면 문자대로만 해석하면 라틴어의 'ignorantia'는 영어로는 'ignorance' 번역되고 '착오(mistake)'를 뜻하는 라틴어로서 'errarum'이 별도로 존재하기 때문에 동 용어는 무지(無知)나 부지(不知)만을 뜻한다고 볼 수 있지만, 이러한 결론은 섣부른 것이고(premature) W.Blackstone이 동 용어를 언급하며 'ignorance, mistake, error'를 혼용하는 점을 지적하면서 로마법상 'ignorantia'는 착오와 부지를 모두 포함하는 용어로 쓰였을 수 있다는 간접적인 판단을 하고 있다. 그러나 본고에서는 이미 서론에서 이미 언급한 바와 같이 로마법상 ignorantia와 error는 분명 혼용가능한 개념이었음을 Digesta 22.6.2와 22.6.9를 통해서 밝힌바 있다.[44]

　로마법상의 법리는 일견 앞의 조선고등법원판례에서도 살펴본 바 있듯이 '위법성인식불요설'의 입장에 서 있는 것으로 이해될 수 있다. 그러나 엄밀히 따져보자면 '위법성인식불요설'이란 법률의 착오든 부지든 구분하지 않고 모두 고려되지 않는 착오로 취급하는 입장인 반면 형법 제16조에 대한 우리 판례의 입장은 법률의 착오는 '정당한 이유'를 검토하여 면책여부를 결정하고, 다만 '단순한 법률의 부지'는 그러한 '정당한 이유' 심사도 없이 곧바로 처벌하겠다는 것이므로 양자는 명백히 구분되는 법리임이 분명하다고 본다.

　이러한 법리는 과거 독일제국법원(RG)이 취했던 원칙, 즉 "형벌법규의 착오는 면책되지 않으나 비형벌법규의 착오는 면책된다"는 법리와도 차이가 있다. ─이러한 태도는 과거 조선고등법원이 채택했었던 입장이기도 하고 드물기는 하지만 현재 우리 판례도 취한 예가 있다─ 우리 대법원 판례가 주목하고 있는 점은 법률의 '착오'인가 '단순한 부지'인가에 있는 것이지 그 착오가 '형벌법규'에 관한 것이냐 '비형벌 법규'에 관한

---

43) 조규창, 로마형법, 1998, 82면.
44) 이에 대해서는 Kumaralingam Amirthalingam, Ignorance of Law, Criminal Culpability and Moral Innocence: Striking a Balance between Blame and Excuse, Singapore Journal of Legal Studies, 2002, 307면 참조.

것이냐가 아니기 때문이다.

　그렇다면 우리 판례의 입장은 로마법상의 착오법리 및 독일제국법원의 입장과는 다음과 같이 구분될 수 있다고 본다. 로마법상의 착오의 법리는 그것이 법률의 부지든 착오든 구분 없이 사실이 아닌, 법률에 관한 착오인 한 모두 고려되지 않는 것으로 취급한 것이었고, 독일제국법원에 이르러서는 법률의 착오를 고려는 하지만, 단 형벌 법규의 착오는 용서받지 못하는 것으로 취급하였던 반면, 조선고등법원 판례에 이르러서는 로마법상의 착오론과 독일제국법원의 착오론을 병용하다가, 신형법 제정 이후 우리 판례의 입장은 '법률의 착오'는 －그것이 형벌법규에 관한 것이든 비형벌법규에 관한 것이든－ '정당한 이유' 유무를 심사하여 고려하였고, 다만 '단순한 법률의 부지'만은 전혀 고려치 않겠다는 해석론으로 전회한 것으로 보인다. 물론 우리 판례가(대판 1970.9.22, 70도1206) "비형벌법규의 부지는 형벌법규의 부지와는 달리 범의를 조각한다고" 판시하여 독일제국법원 판례 및 조선고등법원 판례와 유사한 입장을 취했던 경우도 있지만 이 경우 우리 판례가 주목한 점은 비형벌법규의 착오는 (구성요건착오처럼) 곧바로 범의를 조각시킨다는 것이지 형벌법규의 착오일반을 고려하지 않겠다는 입장을 취하고 있지는 않다는 점에서 분명 독일제국법원 입장과는 다르다고 판단된다.

　요컨대 우리 판례는 고대 로마법상의 착오론 및 독일제국법원의 입장과는 다른 －나아가 조선고등법원 판례와도 다른－ 독자적인 법적 효과를 법률의 착오(부지)에 부여하고 있다고 볼 것이다.

## 3) 법률의 부지와 법률의 착오의 구분 가능성

　우리 판례처럼 법률의 착오와 법률의 부지를 구분하여 법률의 부지에는 면책의 효과를 부여하지 않는, 다시 말해 법률의 착오와 법률의 부지를 명백히 구분하고 전자보다 후자에 엄격한 처벌을 가하고 있는 착오법리를 보면, 일견 '법률의 부지'가 '법률의 착오'에 비해 더 비난받아

마땅한 중한 법률의 착오라고 생각되기 쉽다. 그러나 이러한 생각은 잘 못된 것이다. 왜냐하면 관점에 따라서는 그와 반대의 생각도 가능하기 때문이다.

예컨대 Hellen Silving 교수는 의식적으로 객관적 법률이 자신의 즈관적 생각과 다르다고 생각하는 사람은 스스로를 합리화(rationalizing)하고 있다는 평가를 받을 수 있는 반면 법률을 전혀 몰랐던(plain ignorance)자에게는 그와 같은 자기기만(self-deception)이 존재하지 않는다는 점에서 면책의 가능성이 더 크다고 한다.[45]

플라톤의 '법률(Nomoi)'에서도 역시 '법률의 단순한 부지'보다는 '법률의 적극적 착오'가 더욱 엄격하게 처벌되어야 한다는 생각의 단초가 있었음은 전술한 바와 같다.

더욱이 싱가포르의 경우는 형법전이 명백히 면책의 효과를 배제하고 있는 것은 '법률의 착오'이기 때문에 해석론상으로는 '법률의 부지'는 면책가능한 착오로서 취급될 여지가 있다고 한다.[46]

Kumaralingam Amirthalingam은 여러 관련 참고문헌을 검토한 후 법률의 부지와 법률의 착오를 구분하여 취급하는 견해를 다음과 같이 네 가지로 유형화한다.[47]

- 법률의 착오는 면책사유가 되지만 법률의 부지는 안 된다.[48]
- 법률의 부지는 면책사유가 되지만 법률의 착오는 안 된다.[49]
- 합리적인(reasonable) 법률의 부지와 착오는 모두 면책사유가 된다.[50]
- 진정한(genuine) 법률의 부지와 착오는 '회피가능성' 여부와 상관없이 모두 면책사유가 된다.[51]

---

45) Hellen Silving, Constituent Elements of Law, 1967, 371면 참조.
46) 이에 대해서는 Kumaralingam Amirthalingam, 앞의 논문, 306면 참조.
47) Kumaralingam Amirthalingam, 앞의 논문, 308면 참조
48) E.R.Keedy, Ignorance and Mistake in Criminal Cases, Harvard Law Review, 1908, 91면 참조.
49) J.Hall, General Principles of Criminal Law, 2nd Editon, 1960, 407면 참조.
50) George Fletcher, Rethinking Criminal Law, 1978, 736~737면 참조.

우리 판례는 이 중에서 명백히 첫 번째 입장에 서 있는 것으로 보인다. 그리고 이처럼 법률의 부지를 법률의 착오보다 엄격하게 취급하는 방식은 착오와 부지를 구분하는 다양한 이해방식 중 하나일 뿐 유일하게 합리적인 대안이라고 볼 수 없을 것이며 이에 대한 보다 상세한 논의가 필요하다고 본다.

특히 세 번째 견해처럼 ─그리고 오늘날 우리 학계의 다수 입장처럼─ 법률의 부지를 법률의 착오개념에 포함시켜 두 개념 모두 '정당한 이유'를 심사한 이후에 면책여부를 결정하는 것인 타당한 것이 아닌지도 또한 면밀히 검토되어야 할 것이다. 이에 대한 상세한 논의는 장을 바꾸어 후술하기로 한다.

## 2. 과실 및 기대가능성

한편 우리 판례는 정당한 이유가 성립하는 세부 기준으로서 다음과 같은 요건을 제시한 경우도 있었다.

> "피고인은 본 건 범행당시 자기의 행위가 법령에 의하여 죄가 되지 않는 것으로 오인하였고 또 그렇게 오인함에 어떠한 과실이 있음을 가려낼 수 없어 정당한 이유가 있는 경우에 해당하므로 피고인의 본건 소위는 벌할 수 없고"[52]

> "피고인 정현봉은 국민학교 교장으로서 6학년 자연교과서에 꽃 양귀비가 교과 내용으로 되어 있고 경남교육위원회에서 꽃 양귀비를 포함한 194종의 교재식물을 식재 또는 표본으로 비치하여 산 교재로 활용하라는 지시에 의하여 교과식물로 비치하기 위하여 양귀비 종자를 사서 교무실 앞 화단에 심었음을 인정할 수 있으므로 피고인 정현봉의 위 양귀비 종자를

---

51) 이는 Kumaralingam Amirthalingam가 유형화한 범주에 속하지는 않지만 그가 동 논문에서 소개하고 있는 South Africa의 판례입장[S v. De Blom 1977(3) SA513 (AD)]이다. 이에 대해서는 Kumaralingam Amirthalingam, 앞의 논문, 303면 참조 ; 본고에서는 이러한 입장도 하나의 유형으로 취급하기로 한다.
52) 대판 1983.2.22, 81도2763.

매수하여 학교 교무실 앞 화단에 식재한 행위는 죄가 되지 아니하는 것으로 믿었다할 것이고, 이와 같은 오인에는 정당한 이유가 있다고 할 것이며 이러한 경우에는 누구에게도 위법의 인식을 기대할 수 없다 할 것이므로 이는 형법 제16조에 이른 바, 자기의 행위가 법령에 의하여 죄가 되지 아니하는 것으로 오인한 행위로서 그 오인에 정당한 이유가 있을 때에는 벌하지 아니한다라는 규정에 해당된다고 볼 것”53)

정당한 이유를 판단함에 있어서 과실 및 기대가능성 등을 고려하는 이러한 입장은, 형법 제16조의 제정경위 및 해석론의 역사적 전개과정에서 검토해 보았듯이, 그 실질에 있어서는 무과실, 혹은 무과실 및 기대가능성, 아니면 무과실 및 적정사정 등으로 다양하게 표현될 수 있을 것이다.

## 3. 피고인의 직업 · 경력 · 지식경험 등

우리 판례는 정당한 이유를 판단함에 있어 피고인의 직업 · 경력 · 지식경험 등을 고려함으로써 개별 사안에 있어서 획일적 판단기준에 의거하지 않고 구체적 타당성을 확보하기 위해 노력을 기울이고 있는 것으로 보인다. 예를 들어 본다.

"피고인은 이 사건 범행당시 관악경찰서 형사과 형사계 강력1반장으로 근무하고 있는 사람으로서 일반인들보다도 형벌법규를 잘 알고 있으리라 추단이 되고 이러한 피고인이 검사의 수사지휘만 받으면 허위로 공문서를 작성하여도 죄가 되지 아니하는 것으로 그릇 인식하였다는 것은 납득이 가지 아니하고”54)

"피고인은 1966년경부터 본 건에 이르기까지 농약종묘상을 경영한 자임을 알 수 있으므로 이러한 피고인 등의 경력과정에 비추어 보아 특별한 사정이 없는 이상 10년 이상을 소채 및 종묘상 등을 경영함으로써 식물의 종자에 대하여 지식과 경험을 가졌다고 볼 수 있는 피고인 등으로서는 꽃 양귀비 종자가 바로 앵속 종자인 여부와 양귀비 종자에 마약 성분이 함유되어 있는 사실을 쉽게 알고 있었다고 봄이 경험법칙상 당연하다 할 것이고”55)

---

53) 대판 1972.3.31, 72도64.
54) 대판 1995.11.10, 95도2088.

이처럼 우리 판례가 정당한 이유의 판단에 있어 행위자의 직업, 경력, 지식경험 등을 종합적으로 고려하는 태도는, (2)에서 제시된 기준, 즉 '과실' 및 '기대가능성'을 판단하기 위해서는 당연한 절차라고 볼 수 있을 것이다. 왜냐 하면 책임요소로서의 '과실' 및 '기대가능성'은 구체적 행위자의 특수한 상황을 고려해서 판단해야 하기 때문이다. 따라서 우리 판례는 '과실' 및 '기대가능성'의 판단에 있어 적정을 기하여 '행위자의 개별적 특수상황'을 고려하려는 태도를 취하고 있다고 평가할 있다고 본다.

## 4. 유관기관에 대한 조회의무

우리 판례는 정당한 이유의 판단기준으로서 명시적으로 유관기관에 대한 조회의무를 적시하고 있지는 않지만, 비전문가인 피고인 스스로의 사고에 의해 죄가 되지 않는다고 판단하는 것은 정당한 이유가 안 된다고 설시함으로써, 간접적으로 조회 의무를 부과하고 있다.

> "한독약품 간부로 근무한다면서 마약이 없어 약을 제조하지 못하니 구해 달라는 거짓부탁을 믿고 제약회사에 쓰는 마약은 구해주어도 죄가 되지 아니하는 것으로 알고 이 사건 생아편을 구해주었다 하더라도 피고인들이 마약취급의 면허가 없는 이상 위와 같이 믿었다 하여 이러한 행위가 법령에 의하여 죄가 되지 아니하는 것으로 오인하였거나, 그 오인에 정당한 이유가 있는 경우라고는 볼 수 없으므로"[56]

> "피고인은 공직선거법에 관하여 비전문가인 스스로의 사고에 의하여 피고인의 행위들이 의례적인 행위로서 합법적이라고 잘못 판단하였다는 것에 불과한바, 이러한 사정만으로는 피고인의 행위가 죄가 되지 아니하는 것으로 오인한 데 정당한 이유가 있다고 볼 수 없으므로, 원심판결에 형법 제16조의 법리를 오해한 위법이 있다는 논지도 이유 없다"

우리 판례는 허가를 담당하는 공무원의 그릇된 회신을 믿은 경우 정

---

55) 대판 1972.3.31, 72도64.
56) 대판 1983.9.13, 83도1927.

당한 이유가 있다고 보고 있으나,[57] 건축허가 변경신고 및 그 수리행위가 건축법을 오해한 담당공무원의 그릇된 종용에 기인하여 이루어지고, 피고인은 담당공무원의 종용이 건축법령에 어긋난다는 도청 건축과 소속공무원 및 건물신축에 관여한 건축사의 견해가 옳다고 믿고 위 변경신고의 내용과 어긋나는 건축행위를 한 경우, 설사 피고인이 위와 같은 경위로 자기의 행위가 죄가 되지 아니한다고 믿었다 하더라도 이러한 경우에는 정당한 이유를 인정할 수는 없지만 담당공무원의 종용은 작량감경 사유는 된다고 판시하고 있다.[58]

한편 우리 판례는 여러 회신 내용 중 자신에게 유리한 회신 내용만을 금지착오의 근거로 삼는 것은 처벌된다고 판시하고 있는데 설시내용을 살펴보면,

> "기록에 의하여 살펴보면 피고인들은 이 사건 토지에 대하여 새로이 0.6 내지 1미터 가량의 성토를 하였고, 1989.11.4.자 해운대구청장의 피고인 서경수에 대한 회시내용(소송기록 62면)에 의하면 … '개답 뜨는 개전'에 대하여는 승인이 필요하지 않으며, 판결에서 조성된 농경지가 농경지로서 미비하다고 인정하였으므로 농경지조성을 위한 추가행위는 가능하다고 회신하고 있고, 1989.12.11.자 해운대구청장의 피고인 서경수에 대한 농지개량사업승인신청서 반려(수사기록 33면) 내용은, 이 사건 토지 등에 대하여 농촌근대화촉진법 제105조에 의한 농지개량사업승인신청이 필요한가 여부에 대한 것으로서, 앞서 본 바와 같이 '개답 또는 개전'이나 '농지의 개량 또는 보전을 위하여 필요한 사업'에 대하여는 승인이 필요없다는 취지의 답변을 한 것이므로, 위 피고인이 이 사건 성토행위의 내용을 자세히 개진하여 그러한 행위가 구체적으로 허가나 승인을 요하지 않는 행위라고 회신을 받은 것은 아님을 알 수 있는바, … 피고인들이 이 사건 성토행위에 대한 허가 요부에 대하여 관할관청인 부산 해운대구청으로부터 위와 같은 회신을 받았다고 하여 위 회신의 내용에 비추어 볼 때 이 사건 성토행위가 허가를 요하지 않는 행위라고 단정하여 회신한 것은 아니라고 볼 수 있으며, 이 사건 토지의 전 소유자인 공소 외 이동우가 부산시를 상대

57) 대판 1992.5.22, 91도2525 ; 대판 1993.9.14, 92도1560 ; 대판 1995.7.11, 94도 1814 ; 대구고법 1969.10.2, 68노487 형사부판결.
58) 대판 1991.6.14, 91도514.

로 제기한 손해배상판결의 기초가 된 감정서(소송기록 167면)에 의하더라
도 (중략) 허가할 수 없다는 취지의 회신(수사기록 64면)을 받았음을 알 수
있으므로 이러한 여러가지 상황을 종합하여 본다면, 피고인들이 부산 해
운대구청장의 위 1990.1.10.자 회신내용에 배치되는 그 이전인 1989.11.4.자
와 같은 해 12.11.자 회신만을 자신들에게 유리하게 해석하여 이 사건 토
지형질변경행위에는 관할관청의 허가가 필요없다는 회신이 있는 것으로
믿었다는 것은 그렇게 믿은데 대하여 정당한 이유가 있는 것이라고 볼 수
없다고 할 것이다"[59]

우리 판례는 서울특별시와 도봉구의 공문을 신뢰한 경우,[60] 서울시의
유권해석을 따른 경우,[61] 교통부장관의 승인[62]이 있었던 경우에는 이를
믿고 신뢰한 데 대한 정당한 이유가 있다고 판시하고 있다. 그러나 우리
대법원은 체신부장관의 회신은 법령의 해석에 관한 법원의 판단을 기속
하지 않는다고 판시함으로써 일응 위 판례들과 모순되는 듯한 태도를
취한다고 볼 수 있는데, 면밀히 검토해 보면 그렇지 않다는 점을 확인할
수 있다. 동 판례의 주요 설시내용을 살펴 보건대,

  "또 소론과 같이 체신부장관이 공소 외 김도석의 질의에 대하여 1985.7.12
  '유선방송설비는 전기통신기본법상의 자가전기통신설비로는 볼 수 없으
  므로, 위 법 제15조 제1항의 규율대상이 아니라'는 내용의 회신을 보낸 일
  이 있다 하더라도 체신부장관의 위 회신이 법령의 해석에 관한 법원의 판
  단을 기속하는 것은 아닐 뿐만 아니라 가사 피고인이 유선방송업은 당국
  의 허가 대상이 아니라고 알았다거나 체신부장관의 위 회신내용에 의하여
  자기의 행위가 법령에 의하여 죄가 되지 아니하는 것으로 오인하였다 하
  더라도 피고인에게 원심의 위 판시사실에 대한 범의가 없었다고는 할 수
  없으며, 또 원심이 확정한 사실은 체신부장관의 위 질의회신이 있기 전인

---

59) 대판 1992.11.27, 92도1477.
60) 대판 1983.2.22, 81도2763.
61) 대판 1989.2.28, 88도1141 ; 해당 사건에서 서울시는, 피고인이 가정의례에관
    한법률 제5조 1항 소정의 영업허가를 신청한 데 대해서, "일반수요자가 아
    닌 장의사영업 허가를 받은 상인에게 납품하는 행위는 영업허가가 필요없
    다"고 회신하여 영업허가를 해주지 않았음.
62) 대판 1975.3.25, 74도2882.

1985.2.17경부터 같은 해 7.1경까지 사이에 피고인이 당국의 허가없이 그 인정과 같은 자가전기통신설비인 유선방송설비를 설치하였다는 것이어서 그 오인에 정당한 이유가 있다고도 할 수 없으므로 논지 또한 이유없다"[63]

분명 우리 대법원은 체신부장관의 회신이 '법령의 해석어 관한 법원의 판단'을 기속하는 것이 아니라고 설시하고 있는 것이지, 체신부장관의 회신이 '정당한 이유에 대한 법원의 판단'을 기속하지 못한다고 설시하고 있지는 않다. 법원이 사법기관이 아닌 여타 행정기관의 법령해석을 따를 필요는 없다고 본다. 그러므로 위의 설시 내용은 정당한 것이며, 또한 위 판시 내용에서 볼 수 있듯이, 피고인의 행위가 법령의 해석상 위법함은 분명하고, 원심이 확정한 사실은 체신부장관의 질의회신이 있기 전에 있었던 것이므로 그 오인에 정당한 이유가 없다고 볼 수밖에 없다. 그러므로 해당 판례는 기존의 우리 판례의 입장과 모순되지 않는다.

그러나 위 대법원 판례(대판 1987.4.14, 87도160)를 근거로 보사부장관의 회시가 법원의 판단을 기속하지 못한다고 설시한 다음의 판례는 문제의 소지가 있다. 해당 판례에 의하면,

"피고인이 보건사회부 고시 제87-12호, 제89-4호 공문공증 3112-2111에 의하여 이 사건 미승인오락기구를 당국에 등록하고 그 사용기간을 1990.6.30 까지 연장받았다 하더라도 그 근거규정인 공중위생법 제11조 공중위생법 시행규칙 제2조의 규정만으로는 유기장업자는 법령에 위반하여 제조된 유기기구를 설치하거나 사용하여서는 안된다는 공중위생법(법률 제3822호) 제12조 제2항 제3호 나목의 적용시한을 유예하거나 전기용품안전관리법에 위반하여 제조된 형식승인을 받지 아니한 유기기구를 위 공중위생법시행일 이후에도 계속 사용할 수 있도록 허가할 수 있는 근거가 되는 것이라고는 할 수 없으므로 앞에든 보건사회부장관고시 등은 그 기간 내에 형식승인기구로 교체하지 아니하더라도 허가의 취소 등 행정제재를 하지 않는다는 취지일 뿐, 공중위생법상의 벌칙 규정에 대한 면책적 효력이 있다고할 수 없다 하겠다. 그리고 피고인이 비록 보건사회부장관의 위 고시에 의하여 당국의 형식승인을 받지 아니한 이사건 전자오락기구를 사용하였다

---

63) 대판 1987.4.14, 87도160.

하더라도 내세우는 사정만으로는 피고인의 행위가 죄가 되지 아니하는 것
으로 오인하는데 정당한 이유가 있다고 볼 수 없다. 또 이 사건과 같은 경
우에는 처벌의 대상에서 제외된다는 보건사회부장관의 회시는 법원의 판
단을 기속하는 것도 아니다(당원 1987.4.14. 87도160 판결 등 참조)"[64]

라고 설시하고 있는데, 우선 보사부장관의 고시 등은 피고인의 미승인오
락기구의 설치 및 사용에 대해 허가의 취소 등의 행정제재를 하지 않겠
다는 취지일 뿐이므로, 피고인이 보사부장관 고시의 취지를 공중위생법
상의 벌칙 규정에 대한 면책적 효력이 있다고 임의로 판단한 것은 정당
한 이유에 해당하지 않는다고 본 것은 수긍할 수 있는 부분이다. 하지만
보사부장관의 고시와는 별도로 접수된 것으로 보이는 보사부장관의 회
시에서 "이 사건과 같은 경우는 처벌의 대상에서 제외된다"는 내용이 있
었고 피고인이 이를 신뢰했다면 기존의 판례와 모순되지 않기 위해서는
법률의 착오에 정당한 이유가 인정되어야 한다. 그럼에도 불구하고 동
판례는 "보사부장관의 회시는 법원의 판단을 기속하지 못한다"고 설시
하고 있으며, 여기에는 두 개의 문제점이 노정된다.

　첫째, 위 판단이 근거로 삼고 있는 '체신부장관 회신사건'에서는 '법령
의 해석'에 대해서 법원이 체신부장관의 회신에 기속될 필요가 없다고 보
고 있음에 반해서, 동 판례는 '처벌되지 않는다는 보사부장관의 회신을
믿었다 하더라도' 법률의 착오에 정당한 이유를 인정할 수는 없다는 뜻으
로 새겨진다. 즉, 여기서의 기속 대상은 단순히 '법령의 해석'에 대한 판
단 기속이 아니고 형사처벌여부에 대한 공공기관의 회신을 인용할 것인
가의 문제, 즉 '정당한 이유'에 대한 판단의 기속인 것이다. 이는 선례의
취지를 잘못 인용한 것이며, 결국 부당한 결론을 초래하게 된다. 왜냐하
면 동 판례에서 참조판례로 언급하고 있는 1987.4.14. 87도160 판결에 따
르면, 형사처벌여부에 대한 공공기관의 회신은 분명 '정당한 이유' 판단
에 고려되고 있기 때문이다.

---

64) 대판 1991.8.27, 91도1523.

둘째, 만일 보사부장관의 동 회시 내용이 '공중위생법의 해석의 결과'였다고 한다면, 물론 법원은 그러한 보사부 장관의 '법령 해석'에 기속될 필요는 없다고 볼 수 있을 것이며, 그렇게 새기는 한, 위 판례는 적어도 형식적으로는 선례와 모순되지 않는다. 그렇지만 여전히 보사부장관의 회시내용을 믿은 피고인에게 정당한 이유를 인정하지 않는 부당한 결과를 초래한다는 점에 있어서는 비판으로부터 자유로울 수 없다고 생각한다.

이상 개관해본 우리 판례의 입장을 정리해 보자면, 우리 판례는 유관기관에 의한 공적 조언을 신뢰한 경우에 담당공무원의 그릇된 종용이 있거나(대판 1991.6.14, 91도514), 행위자 스스로에게 유리한 내용의 회신만을 신뢰한 경우(대판 1992.11.27, 92도1477)를 제외하고는 공적 조언을 신뢰한 것에 대해 대체로 정당한 이유를 인정해 주고 있는 것으로 보인다. 이러한 우리 판례의 태도는 본고의 제2장에서 살펴 본 바와 같이 영국이나 오스트레일리아 등에서 공적 조언(official advice)에 더한 신뢰를 법률의 착오에 대한 항변사유로 인정해 주는데 있어서 대단히 인색한 경향을 보이고 있는 점에 비추어 볼 때 우리 판례의 두드러진 특징 중의 하나라고 평가할 수 있을 것이다.

일본의 경우는 초기에는 관계 기관의 공적 조언을 믿고 헝위한 경우에도 범죄의 성립을 인정하는 것이 주류적 태도였으나 이후 이러한 경향에서 이탈하여 관계기관의 공적 회신을 신뢰한 경우에는 상당한 이유를 인정한 leading case들이 나오고 있다고 한다.[65] 일본 법무부에서 발간한 1974년 개정형법초안의 설명서를 보면 동 초안 제21조 2항 "자기의 행위가 법률상 허용되지 않는다는 것을 모르고서 범한 자는, 이에 대해서 상당한 이유가 있는 때에는, 이를 벌하지 아니한다"에서 '상당한 이유'에는 해당 법률의 실시에 책임을 갖는 관청의 지시에 따라서 행동한 경우가 포함된다고 한다.[66]

---

65) 이에 대해서는 손용근, 앞의 논문, 23~25면 참조.
66) 일본 법무성, 법제심의회 改正刑法草案 同說明書, 형법개정자료(6), 1974(昭和 49), 27면 참조.

독일의 경우도 직무상의 상사(BGH VRS 10, 359), 와인 감정인(BGH 20, 30), 자동차교습소 교육요원(BGHSt. VRS, 14, 31), 전문단체 사무국장(KG JR 1964, 68면) 등을 신뢰한 경우에 금지착오의 회피불가능성을 인정한 사례가 있다.[67] 그러나 독일의 이러한 단편적 판례에 대한 통일적인 분석은 아직 찾아볼 수 없다.

## 5. 변호사 등 법률전문가에 대한 조회의무

다음으로 우리 판례는 변호사[68]나 변리사[69] 등의 법률전문가의 의견 및 조언을 따른 경우에는 정당한 이유를 인정해 주고 있다. 그러나 변호사나 변리사의 조언이 있었다 하더라도 피고인에게 위법성의 인식이 명백히 있다고 판단되는 경우에는 정당한 이유가 인정되지 않는다. 관련 판례를 차례로 제시해 본다.

  "가처분결정으로 대표자 등의 직무집행이 정지 중에 있던 피고인들이 원판시종단소유의 보관금을 소송비용으로 사용함에 있어 소론과 같은 변호사의 조언이 있었다 하더라도 그것만으로 피고인들의 이건 보관금인출 사용 행위가 법률의 착오가 있은 경우에 해당하는 것이라 할 수 없다. 원심이 피고인들의 이점에 관한 주장을 배척한 것은 정당하고 거기에 법률의 착오에 관한 법리오해의 위법이 없다"[70]

  "피고인은 변리사로부터 이 사건 등록상표는 상품의 품질이나 원재료를 보통으로 표시하는 방법으로 사용하는 상표로서 효력이 없다는 자문과 감정을 받아 피고인이 제작한 물통의 의장등록을 하고 이 사건 등록상표와 유사한 상표를 사용한 사실이 인정되는바, 설사 피고인이 위와 같은 경위로 자기의 행위가 죄가 되지 아니한다고 믿었다 하더라도 이러한 경우에는 누구에게도 그 위법의 인식을 기대할 수 없다고 단정할 수 없으므로

---

67) 이에 대해서는 박상진, 앞의 논문, 주26~30) 참조.
68) 대판 1976.1.13, 74도3680.
69) 대판 1982.1.19, 81도646.
70) 대판 1990.10.16, 90도1604.

피고인은 상표법 위반의 죄책을 면할 수 없다 하겠다. 이와 배치되는 피고인의 주장은 이유 없다"[71]

한편, 우리 판례는 변호사 등의 법률전문가에게 자문을 구했다 하더라도 그 자문내용이 상세하고 구체적이어서 신뢰할만하다고 볼 수 없는 이상, 정당한 이유가 없다고 보고 있으며, 또한 그 답변이 확실하지 않으면 신뢰할 수 없다고 설시한다. 이는 유관기관에 대한 자문의 경우도 마찬가지이다. 관련 판례를 차례로 살펴본다.

"피고인은 변호사 등에게 자문을 구하였다고만 주장하고 있을 뿐 기록상 그 자문내용이 구체적이고 상세한 것으로서 신뢰할 만하다고 볼 수 있는 자료가 없을 뿐 아니라 압류집달관에 대하여 상세한 내용의 문의를 하였다는 자료도 없는 이 사건에서는 소론과 같은 정도로 변호사 등에게 문의하여 자문을 받았다는 사정만으로는 피고인의 판시 행위가죄가 되지 않는다고 믿는 데에 정당한 이유가 있다고 할 수 없고"[72]

"피고인이 선거관리위원회에 질의한 내용은 선거에 즈음하여 선거에 영향을 미치게 하기 위하여 이 사건 유인물을 불특정 다수인에게 배부한 경우 선거법에 저촉되는지 여부를 구체적으로 질의한 것이 아니라, 단순히 피고인이 억울하게 연고도 없는 남양주시로 전출발령을 받은 것에 대하여 동료나 지인에게 구두답변을 대신하여 그 경위를 기재한 유인물을 교부하는 경우에 선거법에 저촉되는지 여부를 질의한 것이고, 선거관리위원회가 회신한 내용도 그러한 행위는 선거법의 적용대상이 아니거나 선거법상 후보자 비방행위에 해당하지 않는다는 것에 불과한 사실이 인정되는바"[73]

"피고인들은 피고인 2가 이 사건 아파트의 관리소장으로 관리업무를 수행하기 전에 당시 대전 대덕구청 도시국 건축종합허가과에 근무하던 공무원을 찾아가 주택관리사보자격만이 있는 피고인 2에게 이 사건 아파트의 관리업무를 수행하도록 하여도 법 위반이 되는지의 여부에 관하여 질의를 한 바는 있으나, 위 공무원은 법에 위반되지 않는다는 확실한 답변을 하지 아니한 사실이 인정되는바, 이러한 경위에 비추어 보면, 피고인들이 위 공무원에게 질의를 한 후 피고인 2가 이 사건 아파트의 관리업구를 수행하

71) 대판 1995.7.28, 95도702.
72) 대판 1992.5.26, 91도894.
73) 대판 2002.1.25, 2000도1696.

였다고 하더라도, 그 사유만으로 피고인들의 범행이 형법 제16조에서 말하는 '그 오인에 정당한 이유가 있는 때'에 해당한다고 할 수 없다"[74]

이상 살펴본 바와 같이, 우리나라는 변호사나 변리사 등의 전문가에게 문의한 경우 그 문의내용이 상세하고 구체적이라면 대체적으로 행위자의 면책을 인정해 주고 있다고 보인다. 그러나 커먼로 법계의 국가, 특히 영국이나 미국의 경우에는 법률전문가의 조언을 신뢰한 경우에도 법률의 착오로 인한 항변을 좀체 인정해 주지 않는 경향을 띠고 있는 것으로 보인다.[75]

이러한 경향의 원인에 대해 Paul K. Ryu & Hellen Silving과 조국 교수는 미국의 경우 변호사에 대한 사회적 신뢰가 비교적 약하기 때문이라고 분석한다.[76] 더구나 이러한 경우에 있어서 법률의 착오가 항변사유로 받아들여진다면 피고인은 언제나 변호사가 자신에게 그릇된 법적 조언을 했다고 항변하게 될 것이라는 우려감 때문이라는 것이다.[77]

어쨌든 우리 판례의 경우, 전술한 공적 조언을 신뢰한 경우에 있어서와 마찬가지로 영미의 판례에 비해 변호사 등의 법률전문가의 조언을 신뢰에서 비롯된 법률의 착오가 대체로 보다 폭넓게 면책사유로 인정되

---

74) 대판 2003.4.11, 2003도451.
75) 이에 대해서는 Paul K. Ryu & Hellen Silving, Error Juris : A Comparative Study, Chicago Law Review, Spring 1957, 432면 ; 조국, 법률의 부지 및 착오이론에 대한 재검토, 형사정책연구, 2001(여름호), 106면 각주 46번 ; Kumaralingam Amirthalingam, Ignorance of Law, Criminal Culpability and Moral Innocence: Striking a Balance between Blame and Excuse, Singapore Journal of Legal Studies, 2002, 319면 참조. 그러나 이러한 분석과 달리 변호사의 조언에 대한 신뢰가 면책사유로 받아들여진 미국의 사례에 주목하는 분석으로는 손용근, 관계기관의 회답 또는 의견을 믿고 한 행위와 형법 제16조 소정의 정당한 이유 유무, 차용석교수화갑기념논문집(上), 1994, 26~27면 참조.
76) 이에 대해서는 Paul K. Ryu & Hellen Silving, 앞의 논문, 432면 ; 조국, 앞의 논문, 106면, 주46).
77) 이에 대해서는 Paul K. Ryu & Hellen Silving, 앞의 논문, 432면 참조 ; 독일에서의 비슷한 논거로서는 BGHSt, 3, 101 참조..

고 있다는 점은 두드러진 특징 중 하나로 볼 수 있을 것이다.

　일본의 경우, 일본 법무부에서 발간한 1974년 개정형법초안의 설명서에 의하면 동 초안 제21조 2항 "자기의 행위가 법률상 허용되지 않는다는 것을 모르고서 범한 자는, 이에 대해서 상당한 이유가 있는 때에는, 이를 벌하지 아니한다"에서 '상당한 이유'에는 변호사 기타 전문가에게 상담했다는 것만으로는 해당되지 않는다고 한다.[78] 커먼로 계통 국가의 사법실무처럼 일본 역시 법률전문가에 대한 신뢰가 약한 것으로 보인다.

　참고로 독일의 경우 변호사 등의 법적 조언을 신뢰한 경우에 이를 정당한 이유로 인정해 준 사례는 1960년과 1965년의 독일연방대법원 판결 BGHSt. 15, 332, BGHSt 20, 342, BGHSt. 20, 372[79]와 1977년의 Hamburg 주고등법원판례[80] 등이 단편적으로 발견되기는 하지만 아직 독일 내의 일반적인 판례경향을 입론해 주는 권위 있는 연구 성과는 브이지 않고 있다.

## 6. 판례 및 검찰의 무혐의 처분

　우리 판례는 대법원 판결이 아니더라도 하급심 판례를 신뢰한 데에는 정당한 이유가 있다고 본다.[81] 한편 검사의 무혐의 처분은 "검사가 피고인들의 행위에 대하여 범죄혐의 없다고 무혐의 처리하였다가 고소인의 항고를 받아들여 재기수사명령에 의한 재수사 결과 기소에 이른 경우, 피고인들의 행위가 불기소처분 이전부터 저질러졌다면 그 무혐의 처분

---

78) 일본 법무부, 법제심의회 改正刑法草案 同說明書, 형법개정자료(6), 1974(昭和 49), 27면 참조.
79) 동 판례의 소개로는 박상진, 위법성착오에 있어서의 '정당한 이유'의 한계, 중앙대학교 법정논총, 제34권, 1999, 주23) ; 이찬엽, 법률의 착으에 있어서 정당한 이유에 관한 연구, 건국대학교 박사학위논문, 2004, 247면 참즈.
80) OLG Hamburg JZ 1977, 477면 ; 동 판례의 소개로는 조국, 앞의 느문, 106면 참조.
81) 대판 1982.1.19, 81도646.

결정을 믿고 이에 근거하여 이루어진 것이 아님이 명백하고, 무혐의 처분일 이후에 이루어진 행위에 대하여도 그 무혐의 처분에 대하여 곧바로 고소인의항고가 받아들여져 재기수사명령에 따라 재수사되어 기소에 이르게 된 이상, 피고인들이 자신들의 행위가 죄가 되지 않는다고 그릇 인식하는 데 정당한 이유가 있었다고 할 수 없다고 본 사례"도 있지만[82] 검사의 혐의없음 결정을 받은 적이 있고 그로 인해 자신의 행위가 죄가 되지 않는다고 믿을 수밖에 없었던 경우에는 정당한 이유가 있다고 설시한 바 있다.[83]

　그러나 사안을 달리하는 대법원 판례의 취지를 오해하여 신뢰한 것은 정당한 이유가 안 되며,[84] 한정합헌결정의 소수 위헌의견을 따랐다는 것은 정당화 사유가 안 된다고 본다.

　그리고 법규 해석을 두고 하급심과 상급심의 해석이 달라진다면 동 법규에 대한 피고인의 오인에 정당한 이유를 인정할 여지가 있다고 판시한 바 있다.[85]

　이러한 판례의 내용을 종합해 보건대, 우리 판례의 태도는 행위자의 판례해석이 자의적이지 않았다면 대체로 판례 및 검사의 무혐의 처분을 신뢰한 것에 대해 정당한 이유를 인정해 주는 경향을 띠고 있다고 볼 수 있을 것이다.

　한편 전술한 바 있지만, 커먼로 계통 특히 오스트레일리아의 경우 1976년 Power v. Huffa case와 캐나다의 1973년 R v. Campbell case 등을 통해서 판례변경으로 인한 소급효를 인정하는 법리를 취함으로써 판례에 대한 신뢰로 인한 착오항변을 받아들이지 않는 듯한 경향을 보이고 있다.[86] 그러나 이와 달리 미국의 경우에는 1898년 State v. Godwin case와

---

82) 대판 1995.6.16, 94도1793.
83) 대판 1995.8.25, 95도717.
84) 대판 1995.7.28, 95도1081.
85) 대판 1993.4.13, 92도2309 ; 상고심에서 원심의 법규해석이 잘못되었다고 판시한 경우임.
86) 이에 대해서는 본고 제2장의 제2절-Ⅱ 참조.

1985년 Ostrosky v. State case 등을 통해 법원의 판결에 대한 합리적 의존이 항변이 될 수 있음을 인정한 바 있다.[87]

일본의 경우, 일본 법무부에서 발간한 1974년 개정형법초안의 설명서에 의하면 동 초안 제21조 2항 "자기의 행위가 법률상 허용되지 않는다는 것을 모르고서 범한 자는, 이에 대해서 상당한 이유가 있는 때에는, 이를 벌하지 아니한다"에서 '상당한 이유'에는 확정된 판례에 따라서 행동한 경우도 포함된다고 한다.[88]

## 7. 풍속영업의 규제

우리 판례는 일관하여 풍속영업주의 영업행위에 대해서는 정당한 이유의 판단에 있어서 엄격한 수준을 요구하고 있다. 예컨대, 천지창조 나이트 사건에서 경찰당국의 회신을 믿었다 하더라도 미성년자보호법상 출입이 금지되는 청소년을 출입시킨 행위는 정당한 이유가 없다고 판시하고 있으며,[89] 무도교습소 운영자가 검찰의 무혐의처리 내용만 믿고 '학원의설립운영에관한법률' 소정의 등록의무를 행하지 않은 경우에도 정당한 이유가 없다고 판시하고 있다.[90] 판례의 이러한 태도를 확장시켜 보면, 앞에서 살펴본 보사부장관의 회시가 법원의 판단을 기속하지 못한다고 설시한 문제의 판례(대판 1991.8.27, 선고 91도1523[공중위생법위반])에서도 피고인이 전자오락실을 운영하는 풍속영업주였다는 점을 고려한다면 판례의 입장도 나름대로 일관된 측면이 유지되고 있다고 볼 수 있을 것이다.

---

87) 동 판례의 소개로는 조국, 앞의 논문, 109면 참조.
88) 일본 법무성, 법제심의회 改正刑法草案 同說明書, 형법개정자료(6), 1974(昭和 49), 27면 참조.
89) 대판 1985.4.9, 85도25.
90) 대판 1992.8.18, 92도1140.

## 8. 기타 정당한 이유 판단 기준

우리 판례는 피고인이 종사하는 직업의 동종 업종의 협회 등의 조회 내용은 정당화 사유로 인정하지 않고 있다.[91] 한편 대체의학의 경우에는 일관되게 동 의료행위의 무면허 의료 행위성을 인정하고 있으며,[92] 장애인 복지법상의 다리교정기는 의료용구가 아니라고 판시한 것으로 미루어[93] 우리 판례는 국민의 보건과 관련된 업종에 종사하는 사람들에게 엄격한 기준을 적용하고 있다고 판단된다. 또한 판례는 관례라 하더라도 위법성이 뚜렷이 징표되면 처벌한다는 입장을 취하고 있다.[94]

## 9. 조회의무의 예외적 면제

한편 우리 판례는 극히 예외적이기는 하지만 조회의무 없이 스스로의 판단에 의존해서 행위한 경우에 대해서도 정당한 이유를 인정해 준 사례가 있다. 다음과 같은 사례이다.

"피고인은 소속중대장의 당번병으로서 근무시간 중은 물론 근무시간 후에도 밤늦게까지 수시로 영외에 있는 중대장의 관사에 머물면서 집안일을 도와주고 그 자녀들을 보살피며 중대장 또는 그 처의 심부름으로 관사

---

91) 대판 2000.8.18, 2000도2943 ; 부동산중개업자가 부동산중개업협회의 자문을 신뢰한 경우.
92) 대판 1995.4.7, 94도1325 ; 대판 2002.5.10, 2000도2807 ; 대판 2003.5.13, 2003 도939.
93) 대판 1995.12.26, 95도2188.
94) 대판 1995.6.30, 94도1017 ; 대판 19786.27, 76도2196 ; 동 판례에서 대법원은 비록 관례에 따른 행위였다 해도 피고인이 사법경찰관이었다는 점, 그리고 관행이긴 하지만 명백한 허위공문서작성 및 동행사죄를 구성한다는 점을 들어 정당한 이유를 인정할 수 없다고 판시하였다.

를 떠나서까지 시키는 일을 해오던 중 이 사건 당일 밤에도 중대장의 지시에 따라 관사를 지키고 있던 중 중대장과 함께 외출나간 그 처 박태자로부터 같은날 24:00경 비가 오고 밤이 늦어 혼자서는 도저히 여우고개를 넘어 귀가할 수 없으니, 관사로부터 1.5킬로미터 가량 떨어진 여우고개까지 우산을 들고 마중을 나오라는 연락을 받고 당번병으로서 당연히 해야 할 일로 생각하고서 여우고개까지 나가 동인을 마중하여 그 다음날 01:0C경 귀가한 사실을 인정하고, 이와 같은 피고인의 관사이탈 행위가 중대장의 직접적인 허가를 받지 아니하였다 하더라도 피고인은 당번병으로서의 그 임무범위 내에 속하는 일로 오인한 행위로서 그 오인에 정당한 이유가 있으므로 위법성이 없다"[95]

이재상 교수도 위 사례는 독자적 사고에 의한 위법성 판단을 법원이 인정해 준 케이스로 보면서, 단 이 경우에 있어서는 행위자가 법률을 올바르게 해석하고 그 효과를 판단할 수 있는 능력이 있을 것을 전제로 한다고 주장한다.[96]

그러나 신동운 교수는 동 판례가 그 법적 효과에 있어서 "위법성이 없다"는 결론에 이르고 있는 점에 주목하면서 우리 대법원은 위법명령의 수행행위를 금지착오의 문제가 아니라 독자적인 위법성조각사유로 파악하고 있다고 주장한다. 이는 관사이탈에 대한 명령은 중대장이 아닌 중대장의 처가 내린 것이라는 점에서 권한 없는 자에 의해 내려진 위법명령이라는 분석이다.[97]

## 10. 형법 법규(형벌 법규)와 형법 외적 법규(비형벌 법규)의 구분

우리 판례는 "민사소송법 기타 공법의 부지는 형벌법규의 부지와 구별되어 범의를 조각한다고 해석할 것"이라고 설시함으로써, 비형벌법규

---

95) 대판 1986.10.28, 86도1406.
96) 이재상, 형법총론, 2004, 335면 참조.
97) 이에 대해서는 신동운, 판례백선 형법총론, 2002, 273면 참조.

의 부지는 '정당한 이유'의 심사도 없이 곧바로 범의를 조각하여 죄가
되지 않게 됨을 다음과 같이 명백히 밝히고 있다.

> "징용영장을 받은 피고인이 응소하지 아니하고 타인으로 하여금 대리
> 로 응소케 하여 징발에 관한 특별조치령에 위반하였다는 본건에 관하여는
> 증거에 의하면 피고인은 우 영장을 받은 후 소할 징용집행관인 경찰서장
> 의 명에 의하여 동집행사무를 직접 담당하는 지서주임의 승낙을 얻어 타
> 인을 대행케 하고 피고인은 징용을 면하였음을 인정할 수 있으므로 피고
> 인은 노무징용(勞務徵用)에 있어서는 그 집행사무담당자의 승낙만 있으면
> 타 노무자로 하여금 노무를 대행케 할 수 있다는 사실착오에 기인한 행위
> 라고 봄이 타당하고 따라서 우 사유는 본건 징용기피죄의 성립을 조각할
> 사유가 된다고 할 것이다"[98]
>
> "민사소송법 기타의 공법의 해석을 잘못하여 피고인이 가압류의 효력
> 이 없는 것이라 하여 가압류가 없는 것으로 착오하였거나 또는 봉인 등을
> 손상 또는 효력을 해할 권리가 있다고 오신한 경우에는 민사법령 기타 공
> 법의 부지에 인한 것으로서 이러한 법령의 부지는 형벌법규의 부지와 구
> 별되어 범의를 조각한다고 해석할 것이다"[99]

이처럼 형법 외적 법규의 착오(부지)는 고의를 조각한다고 보는 입장
은 독일 제국법원의 판례와 동일하며[100] 전술한 바와 같이 우리 판례 중
에서 조선고등법원 판례가 이러한 입장을 취하고 있었다.[101] 그리고 이
처럼 형법 법규와 형법 외적 법규를 구분하여 전자는 고려되지 않는 착
오로, 후자는 사실의 착오와 동일시하여 고의를 조각하는 것으로 보는
법리는 로마법에서 기원한 것으로 평가할 수 있는 Plazzo의 견해도 있었
고,[102] 앞서 논의한 바와 같이 카논법으로부터 일정부분 영향을 받은 것
은 사실이지만(Arthur Kaufmann은 동 법리가 카논법에서 유래한다고 본

---

98) 대판 1955.2.25, 4268 형상213.
99) 대판 1970.9.22, 70도1206.
100) 이에 대해서는 김종원, 금지착오에 관한 연구, 1975, 10면 참조.
101) 朝高判 41, 12, 26 형집 제28권, 289면.
102) 이에 대해서는, Laurencs C. Winkel, 앞의 책, 119~120면 참조.

다103)), Otto Kahn이 논증하여 입론한 바와 같이 이러한 법리는 로마법적 근거를 갖지는 못하면 오히려 Savigny의 착오론에서 비롯된 것으로 보는 것이 옳다.104)

Kohlrausch는 형법 법규와 형법 외적 법규를 구분하는 독일제국법원의 법리에 대해서 일관성도 없고 법질서의 통일성이라는 관점에서도 받아들여지기 어려운 법리라고 비판한 바 있다.105) 독일연방대법원 역시 독일제국법원의 착오 법리는 논리적으로 관철되기 어렵다는 유권적 판단을 내리기도 하였다.106) 특히 Claus Roxin은 무엇보다도 회피불가능한 형법 법규의 착오를 언제나 고려하지 않는 법리는 책임원칙(Schuldprinzip)에 반한다고 비판하였다.107)

물론 우리 판례가 취하고 있는 법리는 독일제국법원의 법리와는 차이가 있다. 왜냐하면 우리 대법원은 위 판례에서 보면 알 수 있듯이 어디까지나 민사법령 기타 공법의 부지는 범의를 조각한다고 설시하고 있는 바, 그렇다면 현재 우리 판례는 형법 외적 법규에 대한 착오는 범의를 조각하는 것으로, 형법 법규의 착오는 '정당한 이유'가 있는 경우에 한하여 벌하지 아니하는 것으로 법리구성하고 있다는 점에서 형법 법규의 착오를 전혀 고려하지 않는 독일제국법원의 착오법리나 앞서 살펴본 조선고등법원의 판례입장과는 확연 하게 구분되는 법리를 취하고 있는 것이다.

그렇다면 적어도 우리 판례의 태도에 대해서는 Claus Roxin이 제기한 문제점, 즉 회피불가능한 형법 법규의 착오도 항상 처벌하는 법리는 책임원칙에 반한다는 비판은 타당하지 않다고 본다. 왜냐하면 도히려 우리 판례는 형법 외적 법규의 착오는 '정당한 이유'유무와 관계없이 언제나

---

103) 이에 대해서는 Arthur Kaufmann, 앞의 논문, 6면 참조.
104) 이에 대해서는 본고 제2장 제3절-Ⅰ 참조.
105) Kohlrausch, Irrtum und Schuldbegriff, 1903, 118면 이하.
106) BGHSt, 194, 200~202면 참조.
107) 이에 대해서는 Claus Roxin, Strafrecht, AT, Bd.I, 3.Aufl., 1997, 794면 참조.

고의를 조각시키는 것으로 법리구성함으로써 독일제국법원이나 조선고
등법원판례와 다르게 가벌성을 축소시키고 있기 때문이다.

이처럼 우리 대법원의 입장은 형법 외적 법규에 대한 착오에 대해서
는 '정당한 이유'의 심사도 없이 곧바로 고의를 조각시킨다는 점에서는
일단 피고인에게 유리한 법리구성임은 분명하다고 본다. 그러나 행위자
에게 유리한 법리라고 하여 무비판적으로 바람직한 견해라고만 평가할
수는 없다고 본다. 적어도 그러한 법리를 관철하기 위해서는 그에 대한
명확한 근거의 제시가 있어야 할 것이다. 왜냐하면 예컨대 앞서 영국의
1862년 Cooper v. Simmsons case[108]에서 본 바와 같이 사법에 대한 착오도
면책되지 않는 방향으로의 법리구성도 역사적으로는 존재하여 왔기 때
문이다.

특히 Otto Kahn이 적절히 지적한 바와 같이 로마법에 있어서도 사실
의 착오와 법률의 착오는 분명히 다르게 취급되어 왔듯이 사실의 착오
와 민법 및 공법의 착오를 동일하게 취급했음을 암시해 주는 단초는
(Andeutung)은 어디에도 존재하지 않았으며, 사실의 착오가 인용되는 로
마법 개소에 있어서도 사법상의 착오가 사실의 착오에 속한다는 어떤
근거도 존재하지 않았기 때문에[109] 과연 우리 판례가 어떠한 근거에서
위와 같은 법리를 전개하고 있는가에 대해서 되물어볼 필요가 있다.

만일 우리 대법원이 독일제국법원이 취했었고, 이를 조선고등법원이
전승했던 착오법리를 무비판적으로 단순히 답습하고 있는 것이 아니라면
이에 대한 법리적 해명이 반드시 필요하다고 본다. 따라서 우리 대법원은
현재의 법리를 취하여 행위자에게 유리한 태도를 견지하기 위해서는 그
러한 법리에 대한 나름대로의 정당화 근거를 제시해야 할 것이고, 만일
그렇지 못하다면 과감히 형법 법규와 형법 외적 법규의 구분이라는 이분
법적 도식을 포기하고 모든 법률의 착오는 정당한 이유 유무에 따라서

108) (1862) 26 JP 486.
109) 이에 대해서는 Otto Kahn, 앞의 논문, 14~15면 참조.

그 면책 가능성을 판단하는 방향으로 입장을 전회해야 할 것이다.

　이와 동일한 맥락에서 나호진 검사는 위 판례(대판 1970.9.22. 70도1206)에 대하여 '민사소송법 기타 공법의 착오로 말미암아 가압류의 효력이 상실되었다'고 오신한 경우에 이러한 오신을 사실의 착오로 볼 수 있다고 하더라도 '봉인을 손상 또는 효력을 해할 권리가 있다는 (동 판례의) 취지는 (그 법리적 근거가) 불명하기 그지없다'며 판례변경을 주장한 바 있으며110) 박정규 검사 역시 비형벌 법규의 착오를 왜 사실의 착오와 동일하게 취급해야 하는지가 구명되지 않고 있다고 비판한 차 있다.111) 또한 일본의 경우에도 최고재판소 판례를 통해 기존에 형법 법규와 형법 외적 법규를 구분하던 판례를 다음과 같이 변경하였다고 한다.112)

　　"형법 제96조의 공무원이 실시한 압류의 표지를 손괴하는 고의가 있다고 하기 위하여는 압류의 표지가 공무원이 실시한 것일 것 및 이를 손괴하는 인식이 있으면 족하기 때문에 원판결이 인정한 바와 같이 함관(函館)시 세무공무원에 의해 법률상 유효하게 이루어진 본건 체납처분에 의한 압류의 표지를 설사 피고인이 법률상 무효라고 오신하여 이를 손괴한다 하더라도 이는 소위 법률의 착오로서 원판결이 설시한 바와 같이 압류의 표지를 손괴하는 인식을 결한 것이라고 할 수 없음은 단언할 걸요가 없다"113)

## 11. 형법 제16조의 '정당한 이유'와
## 형법 제20조의 '정당행위'의 관련성

　우리 판례는 종종 법률의 착오에 있어 정당한 이유 유무를 심사함에 있어서, 형법 제20조의 정당행위의 요건을 심사 대상으로 설시하기도 한

---

110) 나호진(춘천지방검찰청 원주지청장), 사실의 착오와 법률의 착오의 한계, 검찰(통권 제55호), 1974, 33면.
111) 박정규(부산지방검찰청 사무국장), 법률의 착오, 검찰(통권 제31호), 1970, 84면.
112) 동 판례의 소개로는, 나호진, 앞의 논문, 43면 참조.
113) 日本最判 昭和 32.10.3.

다. 예를 들어 보면,

>  "형법 제16조가 "자기의 행위가 법령에 의하여 죄가 되지 아니하는 것
> 으로 오인한 행위는 그 오인에 정당한 이유가 있는 때에 한하여 벌하지 아
> 니한다"고 규정하고 있는 것은, 일반적으로 범죄가 되는 경우이지만 자기
> 의 특수한 경우에는 법령에 의하여 허용된 행위로서 죄가 되지 아니한다
> 고 그릇 인식하고 그와 같이 그릇 인식함에 정당한 이유가 있는 경우에는
> 벌하지 아니한다는 취지이고(대법원 1998.6.23. 선고 97도1189 판결,
> 1997.4.25. 선고 96도3409 판결, 1995.8.25. 선고 95도1351 판결 등 참조), 어
> 떠한 행위가 정당한 행위로서 위법성이 조각되는 것인지는 구체적인 경우
> 에 따라 합목적적, 합리적으로 가려져야 할 것인바, 정당행위를 인정하려
> 면, 첫째 그 행위의 동기나 목적의 정당성, 둘째 행위의 수단이나 방법의
> 상당성, 셋째 보호이익과 침해이익과의 법익균형성, 넷째 긴급성, 다섯째
> 그 행위 외에 다른 수단이나 방법이 없다는 보충성 등의 요건을 갖추어야
> 한다고 할 것인바(대법원 1997.6.27. 선고 95도1964 판결, 1996.11.12. 선고
> 96도2214 판결, 1995.10.13. 선고 95도1789 판결 등 참조), 이 사건에서 피고
> 인들이 변리사로부터 그들의 행위가 고소인의 상표권을 침해하지 않는다
> 는 취지의 회답과 감정결과를 통보받았고, 피고인들의 행위에 대하여 3회
> 에 걸쳐서 검사의 무혐의처분이 내려졌다가 최종적으로 고소인의 재항고
> 를 받아들인 대검찰청의 재기수사명령에 따라 이 사건 공소가 제기되었으
> 며, 피고인들로서는 이 사건과 유사한 대법원의 판례들을 잘못 이해함으
> 로써 자신들의 행위는 죄가 되지 않는다고 확신을 하였고, 특허청도 피고
> 인들의 상표출원을 받아들여서 이를 등록하여 주기까지 하였다는 등 피고
> 인들이 주장하는 사유들만으로는 위와 같은 기준에서 볼 때 피고인 박석
> 용이 자신의 행위가 고소인의 상표권을 침해하는 것이 아니라고 믿은 데
> 에 정당한 이유가 있다고 볼 수 없다고 할 것이므로"[114]

위 판례를 살펴보면, 피고인은 자신의 행위가 정당 행위에 해당하기
때문에 죄가 되지 않는다고 오인함에 정당한 이유가 있다고 항변하고
있는 듯 보이나, 판례는 피고인의 행위가 정당 행위의 요건을 충족시키
지 못하기 때문에 결국 정당한 이유도 인정할 수 없다고 판단하고 있는
것으로 보인다.

---

114) 대판 1998.10.13, 97도3337.

동 판례에 대해 정현미 교수는 형법 제16조의 정당한 이유를 검토함에 있어서 어떤 근거에서 위법성조각사유인 형법 제20조의 정당행위의 요건을 검토하는지 납득이 가지 않는다고 주장한다. 나아가 동 판례는 정당행위와 정당한 이유를 혼동한 것이 아닌가라는 의문을 제기한다.[115]

물론 그러한 가능성을 전혀 배제할 수 없지는 않다. 다만 정현미 교수도 적시하고 있듯이, 다른 판례에서도 위와 같이 정당행위의 요건을 설시하는 것이 발견되기도 하는 점,[116] 또한 정현미 교수의 지적대로 법률의 착오의 범죄체계론적 지위에 대해 우리 판례의 뚜렷한 입장정리가 없다는 점 등을 고려하면[117] 동 판례가 혼동을 일으킨 것이라고만 속단할 수는 없다고 본다. 그렇다면 동 판례에 대해 두 가지 해석이 가능해진다.

첫째, 동 판례는 형법 제16조를 위법성조각사유로 파악[118]하여, 정당행위의 요건이 곧 형법 제16조의 요건과 직결되는 것으로 법리를 구성하고 있다는 해석, 둘째, 동 판례는 형법 제16조를 책임조각사유로 파악하고는 있지만 동 조항의 "법령에 의하여 죄가 되지 아니하는 것으로 오인한 행위"에서 바로 그 '법령'에 형법 제20조의 정당행위도 포함되는 것으로 법리구성하고 있다는 해석이 그것이다. 허일태 교수는 형법 제16조가 "자기의 특수한 경우는 형법 제20조를 포함한 특정 법령에 의하여 죄가 되지 않는 경우도 포함한다"고 동 조문을 해석하는데, 이는 결국 후자의 입장과 유사하다고 판단된다.

그리고 이러한 해석은 형법 제16조의 정당한 이유의 판단에 위법성조각사유도 고려될 수 있다고 새기는 한 크게 문제될 것이 없다고 본다.

---

115) 정현미, 법률의 착오에서 정당한 이유의 판단기준, 이재상고수화갑기념논문집, 1997, 531면.
116) 대판 1995.10.13, 95도1789.
117) 정현미, 앞의 글, 515~516면 참조.
118) 형법 제16조를 위법성조각사유로 파악한 판례로는 대판 1986.10.28, 86도 1406.

특히, 우리 판례가 과거 —비교적 최근까지도— '인과적 행위론'의 입장에서 위법성인식을 고의의 성립요소로서 파악했던 점을 상기하면, 우리 판례가 법률의 착오를 '위법성조각사유'로 파악했다기보다는, '고의' 또는 '책임'의 요소로 파악했지만, '법령에 의하여'에 형법 제20조도 포함시켜서 정당한 이유를 해석해 냈다고 보는 것이 자연스럽다.

우리 판례는 법률의 착오는 정당한 이유가 있는 경우에 책임을 조각한다고 해석하는데 거의 일치된 견해를 보이고 있는 우리 학설과는 달리 아직도 위법성 인식의 체계적 지위에 대한 특별한 언급 없이 단지 "형법 제16조의 정당한 이유가 있는 경우에 해당하여 처벌할 수 없다"는 식으로 동일문언을 그대로 반복하고만 있다.[119] 그러나, 우리 형법 제정 당시의 지배적 학설이 위법성인식필요설을 취하고 있었던 점, 그리고 이후 목적적 행위론의 도입으로 위법성인식을 고의가 아닌 독립된 책임의 요소로 파악하는 견해 현재 지배적이라는 점에서 볼 때, 판례는 법률의 착오를 고의의 성립요소 내지 책임요소로 이해하고 있다고 보여지는바, 정현미 교수처럼 우리 판례가 '정당한 이유'와 '정당행위'의 판단을 혼동한 것이라고 분석하는 것은 타당하지 않다고 본다. 오히려 고의 또는 책임의 요소로 보았지만, '법령'의 하나로서 '형법 제20조'를 검토한 것에 불과하다고 보는 것이 우리 판례에 대한 적확한 이해라고 생각한다. 아래 판례도 이러한 맥락하에 이해될 수 있다고 본다.

> "원심이 인정한 바와 같이 건설업면허가 없는 피고인으로서는 시공할 수 없는 이건 건축공사를 피고인이 타인의 건설업면허를 대여 받아 그 명의로 시공하였다면 비록 위 면허의 대여가 감독관청인 진주시의 주선에 의하여 이루어졌다 하더라도 그와 같은 사정만으로서는 피고인의 소위를 사회상규에 위배되지 않는 적법행위로 볼 수는 없을 뿐만 아니라, 나아가 설사 피고인으로서는 이를 적법행위로 오인하였다 하더라도 위와 같은 사정만으로서는 그 오인에 정당한 이유가 있다고 볼 수도 없다. 그럼에도 불구하고 원심이 이건 면허의 대여가 감독관청인 진주시의 주선에 의하여

---

119) 정현미, 앞의 글, 516면.

이루어졌다는 이유를 들어 피고인에게 건설업법위반의 점에 대한 범의가 없다고 단정한 것은 범위에 관한 법리 내지는 법률의 착오에 관한 법리를 오해하여 판결에 영향을 미친 위법을 저질렀다 할 것이므로 이 점을 지적하는 논지는 이유있다"120)

120) 대판 1987.12.22, 86도1175.

# 제5절 소결론

1. 1953년 형법 제16조가 제정되었음에도 불구하고 1970년대에 이르기까지 우리 판례는 위법성인식불요설과 엄격고의설, 그리고 형벌법규와 비형벌법규를 구분하는 착오법리 등 다분히 일본판례와 조선고등법원 판례의 입장을 답습하는 사례를 남겼으며 이 기간 동안에 형법 제16조에 의해 정당한 이유를 인정한 판례는 단 한 건밖에 없었다.

2. 단순한 법률의 부지를 형법 제16조의 적용대상에서 배제하는 착오법리는 현재까지도 우리 대법원의 확고한 입장으로 뿌리내리고 있는바, 이러한 착오법리는 로마법상의 착오법리를 그대로 답습한 것도, 일본판례나 조선고등법원 판례의 입장을 모방한 것도 아닌 우리나라 고유의 독자적인 법리임에 유의할 필요가 있다.

3. 그러나 단순한 법률의 부지는 용서받지 못한다는 법리가 형성된 계기는 5·16혁명 직후 국가보안법상 최초의 불고지죄 적용사례였던 오화섭 교수사건을 통해서였으며, 따라서 동 법리는 순수하게 규범적 차원에서 형성되었다기보다는 시대적 배경을 토대로 구축된 역사적 산물임을 염두에 두어야 한다.

4. 따라서 역사에 대한 반성 없이 동 착오법리를 기계적으로 전승하는 것은 옳지 않다고 본다.

5. 신형법 제정 이후 우리나라에서 법률의 착오가 다투어진 영역은 대부분 행정법규 위반 사례였으며 대법원은 약 25%의 사례에서 정당한 이유를 인정한 기록을 남기고 있다.

6. 정당한 이유의 인정 기준은 비교법적으로 볼 때, 천편일률적으로 결정할 수 없는 규범적 영역이며, 우리 판례의 경우도 외견상으로는 동

일한 사안이더라도 구체적 사실관계에 따라서 상이한 판단을 내리고 있음을 확인할 수 있다.

# 제6장 형법 제16조의 해석과 단순한 법률의 부지

## 제1절 단순한 법률의 부지에 대한 판례 입장

전술한 제5장의 판례분석에서 검토한 바와 같이 우리 판례는 1961년의 이른바 '오화섭 교수사건' 이후 2005년의 대판 2005.5.27, 2004도62에 이르기까지 일관되게 "단순한 법률의 부지는 용서받지 못한다"는 원칙을 고수하고 있다. 나아가 법률의 부지에 대한 피고인 측의 주장은 법원이 유죄판결의 이유부분(형소법 제323조 제2항)에서 굳이 이를 판단하지 않더라도 잘못이 아니라고 판시하고 있다.[1]

그리고 이러한 판례의 태도에 대해 형법상의 책임원칙에 정면으로 반한다는 취지의 학계의 지속적인 비판이 제기되어 왔다.[2] 경우에 따라서는 행위자에게 위법성의 인식이 불가능했던 상황도 있을 수 있는데, 그럼에도 불구하고 일률적으로 법률의 부지를 단호하게 처벌하는 태도는 너무 가혹하다는 것이다.

우리 형법의 기초를 담당했던 효당 엄상섭 선생도 우리 형법 제16조

---

1) 대판 1976.8.24, 76도1774 ; 동 판례의 소개로는 신동운, 형법총론, 2003, 397면 참조.
2) 대표적으로, 허일태, 법률의 부지, 이재상교수화갑기념논문집, 2003, 446면 이하 ; 김영환, 앞의 글 참조.

가 법률의 부지도 정당한 이유가 있으면 면책될 수 있음을 고려해서 기초했음을 밝히고 있다. 효당 선생의 말을 들어본다.

> "'법을 모른다고 하여 처벌을 면할 수 없다'는 것이 형법상의 원칙이거니와 이 원칙의 절대적인 적용만으로는 심히 가혹하여 행위자로서는 억울키 한량없는 경우가 있는 것이다. 더구나 법이론은 정교해짐에 불구하고 각종 형벌법규는 가일층 복잡화되는 반면에 일반 민중의 직업상의 노력량이 증가하기만 하는 사회 추세에 비추어 일반 민중으로서는 범법이 되는 것인가 아니 되는 것인가를 알기 어려운 경우가 더욱 많아진다는 것을 시인할 때에 '법의 부지는 면책사유가 되지 못한다'는 것만으로는 현실과 실정을 무시하는 노릇이다. 특히 행정법에 있어서 그러하다. 그러므로 우리 형법제정에서는 '자기의 행위가 죄가 안 되는 것으로 오인함에 있어서 오인을 책할 만한 아무런 이유도 없을 때'에는 벌하지 말자는 이 조문을 설치한 것이다"[3]

그렇다면 우리 판례는 과연 어떠한 근거에서 현재와 같이 단순한 법률의 부지는 용서받지 못한다는 법리를 고수해 오고 있다고 볼 수 있는가? 다시 말해 우리 판례가 동 원칙을 고수하는 합리적 근거는 무엇일까? 이와 관련해 판례의 입장을 간취할 수 있게 해 주는 판시 내용[4]이 있다.

> "피고인이 설립·운영한 이 사건 무도교습 시설이 학원의설립운영에관한법률 제5조 제1항에 규정한 등록을 하여야 할 학원에 해당하고, 한편 이 사건 기록에 의하면 이 사건 무도시설을 피고인이 인수하기 전에 이를 운영하던 소외 이금갑이 의정부교육청에 무도학원을 설립하면서 이러한 설립행위가 학교보건법 제6조 제1항의 규정에 따른 학교환경 위생정화구역 내 금지행위에 해당하는지 여부의 심의 신청을 하였으나 위 교육청이 학원으로서의 등록여부에 대하여는 아무런 언급이 없이 학생보건법에 따른 규제대상 업소가 아니라고 신청서를 반려한 사실(공판기록 32면 이하)이 있을 뿐이고, 피고인이 위 시설을 인수할 당시에는 이러한 무도학원이 학

---

3) 신동운·허일태 편저, 효당 엄상섭 형법논집, 서울대학교출판부, 2003, 75~76면 참조.
4) 대판 1994.9.9, 94도1134.

원의설립운영에관한법률의 소정 규정에 따라 등록하지 않았다는 이유로 여러 차례 처벌받고 있었음에도 불구하고, 피고인 스스로 이러한 무도학원의 등록절차에 관한 법률적 의문을 해소하기 위하여 등록관청에 질의를 한 바도 없이 전자의 풍속영업신고의 신고자 명의만을 변경하여 이 사건 영업을 한 것이 분명하므로, 피고인은 이러한 법률의 단순한 부지를 이용한 것이지 피고인의 행위가 죄가 되지 않는다고 오인하였거나 오인한데 정당한 사유가 있었다고 볼 수 없다. 나아가서 전국에 이와 같이 풍속영업신고만을 한 무도학원이 많고 이를 모두 처벌하지 않는다고 하여 피고인을 처벌하는 것이 위법하다고 할 수 없다. 이 점을 지적하는 상고이유 역시 모두 받아들일 수 없다"

동 판시 내용을 보건대, 무도학원을 설립함에 있어서는 풍속영업신고 외에 학원의 설립운영에 관한 법률에 따른 등록을 해야 함에도 불구하고, 무도 교습학원을 설립하려는 피고인은 이 사건 무도시설을 피고인이 인수하기 전에 이를 운영하던 소외 이금갑이, 풍속영업신고만을 한 채 이 사건 영업을 해왔음을 빌미로 피고인 자신도 별도의 학원의 설립운영에 관한 법률의 소정 규정에 따른 등록을 하지 않았다.

이에 대해 법원은 위 시설을 인수할 당시 이러한 무도학원이 학원의 설립운영에 관한 법률의 소정 규정에 따른 등록을 하지 않았다는 이유로 여러 차례 처벌받고 있었던 정황에 비추어 피고인은 자신의 행위의 위법성을 인식하고 있었음에도 불구하고 학원의 설립운영에 관한 법률의 부지를 이유로 항변하는 것은, 법률의 부지를 '이용'해서 죄를 회피하려는 의도로밖에는 볼 수 없다는 것이다.

이와 같이 우리 판례는 '법률의 부지'를 자신의 죄를 회피하기 위해 이용하는 것을 사전에 차단하기 위해 이에 대한 엄격한 잣대를 들이대고 있다고 판단된다. 왜냐하면 만약에 단순한 법률의 부지를 면책사유로 인정해 주게 되면 피고인은 누구든지 법률의 부지를 원용하려 들 것이고 이에 대한 입증 곤란의 문제가 발생하게 될 것이기 때문이다. 그러나 우리 판례의 태도가 단지 이와 같은 형사정책적 이유에서 비롯되었다고 보기는 어렵다. 만일 우리 판례가 단순한 법률의 부지를 엄격하게 취급하는 이유가 전적으로 입증 곤란의 문제에서 기인한다면 John Strauss가 적절히 지적한 바 있듯이,[5] 사실의 착오나 정당방위 등도 입증하기 어렵다는 점에 있어서는 마찬가지이기 때문에, 우리 판례는 이 역시 단순한 법률의 부지처럼 엄격하게 인정해야 할 것이지만 판례 입장은 분명 그렇지 않다.

그렇다면 우리 판례가 지금까지의 일관된 입장을 고수해 오고 있는 데 대한 보다 폭넓은 고찰이 필요하다고 보며, 이하 본고에서는 기존에 우리 학계에서 제시한 바 있는 판례에 대한 비판논거를 중심으로 판례 입장의 근거에 대해 구명해 보기로 한다.

---

5) 이에 대해서는 John Strauss, Nonpayment of Taxes: When Ignorance of the Law is an Excuse, Akron Law Review, Winter/Spring, 1992, 612~613면 참조.

# 제2절 우리 판례의 법률의 부지이론에 대한 해석론적 검토

## I. 판례의 입장에 대한 비판논거

현재 학계에서는 "법률의 부지는 법률의 착오와 구분되며, 따라서 용서받지 못한다"는 일관된 우리 판례의 태도에 대해 크게 세 가지 문제점을 지적하고 있다.

### 1. 일본형법 제38조 3항 및 대심원 판례의 영향

첫째, 우리 판례의 태도는 일본형법 제38조와 이를 문언대로 충실히 따르는 일본대심원판례의 영향을 받았다는 지적이다.[1] 또한 일본 형법 제38조와 동일한 조문구조를 취하고 있었던 의용형법 제38조에 따라 1935년 조선고등법원이 "… 형법 제38조 제3항에 소위 법률을 알지 못하는 것에 해당함으로써 죄를 범할 의사가 없다고 할 수 없다"라고 판시한 이래 이러한 판례의 태도가 신형법 제정 이후에도 계속해서 "단순한 법률의 부지는 법률의 착오와는 구분되며, 따라서 용서받지 못한다"라는 확고한 법리로서 지속되어 오고 있다는 것이다.[2]

의용형법 및 일본 형법 제38조는 '고의'라는 조문 표제하에 제3항에 "법률을 알지 못하였다고 하더라도 그것으로써 범죄를 범할 의사가 없었다고 할 수 없다"고 규정하고 있다. 허일태 교수와 오영근 교수의 비

---

1) 이러한 분석으로는 허일태, 법률의 부지, 형사재판의 제문제, 제3권, 형사실무연구회, 5면 참조.
2) 이러한 분석으로는, 오영근, 형법총론, 2002, 498면 참조.

판논거는 바로 동 조문의 '법률을 알지 못하였다'라는 법문의 뜻을 '단순한 법률의 부지'로 새긴 결과 대법원 판례의 입장이 바로 의용형법 및 일본형법 제38조 제3항에 근거해 전술한 바와 같은 결론에 도달하고 있다고 비판하고 있는 것으로 판단된다.

## 2. 포섭의 착오와 법률의 부지의 혼동

둘째, 우리 판례가 법률의 부지와 포섭의 착오를 혼동 내지는 동일시하고 있다는 지적이다.

예를 들어 천지창조 나이트 사건3)에서 피고인은 천지창조라는 나이트클럽을 경영하는 자로서 경기도 경찰국장의 명의로 청소년 유해업소 출입단속 대상자가 18세 미만자와 고등학생이라는 내용의 공문이 관할 지서 파출소에 하달된 사실을 알게 되자(관할 파출소에 직접 혹은 전화상의 방법으로 문의해서 알게 된 것인지 아니면 동료 업주들의 정보를 통해서 알게 된 것인지는 분명치 않다) 18세 이상의 고등학생이 아닌 미성년자를 유흥접객업소에 출입시키는 것은 미성년자보호법에 저촉되지 않는다고 믿고 미성년자들을 출입시켰던바, 대법원은 판결이유에서 "이 사건에서 (중략) 피고인은 유흥접객업소 내에 출입시키거나 주류를 판매하여서는 아니되는 대상을 18세 미만자 또는 고등학생에 한정되고, 20세 미만의 미성년자 전부가 이에 해당된다는 미성년자보호법의 규정을 알지 못하였다는 것이므로 이는 단순한 법률의 부지에 해당한다"고 판시한 것에 대해 허일태, 김영환, 조국 교수는 동 사안에서 피고인은 미성년자보호법의 존재 자체를 몰랐던 것이 아니고, 단지 그 해석과 적용에 있어서 착오를 일으켰을 뿐인데 우리 대법원은 이를 '포섭의 착오'가 아닌 '법률의 부지'라는 법리에 의해 의율하고 있다고 비판한다.4)

---

3) 이에 대해서는 신동운, 판례백선 형법총론, 2002, 318면 이하 참조.
4) 이러한 비판으로 허일태, 법률의 부지, 앞의 책, 8면 ; 김영환, 법률의 부지

## 3. 형법 제16조의 축자적 해석

셋째, 우리 판례가 형법 제16조의 '자기의 행위가 법령에 으 하여 죄가 되지 아니한 것으로 오인한 행위'라는 법문을 문언 그대로 해석하여, 일 반적으로 금지된 행위이지만 자기의 특수한 경우에는 '법령에 의하여' 허용된 행위로서 죄가 되지 않는다고 믿은 '적극적' 의미의 착오만을 의 미한다고 보고 있지만, 형법상 법률의 착오는 책임요소인 위법성인식의 결여로 인하여 처벌하지 않는 경우를 뜻하므로 이에는 적극적 착오뿐만 아니라 소극적으로 법률 자체의 존재를 인식하지 못한 법률의 부지도 포함시켜야 한다는 비판이 있다.5)

다시 말해 비록 우리 조문이 법률의 착오를 적극적 착오에만 국한시 키는 듯한 외관을 취하고는 있지만 동 조문의 형법적 의의라든지 실질 적 존재근거를 따져볼 때, 모든 형태의 위법성 인식의 착오가 있다면 정 당한 이유를 고려해서 형벌 감면의 효과를 부여해야 한다는 것이다. 우 리 판례가 동 조문에 대해 지나치게 '축자적' 해석을 하고 있다는 비판 인 것이다.

## II. 비판논거의 타당성 검토

첫째, 우리 대법원의 입장이 일본 조문 및 판례의 영향을 받았다는 주 장을 살펴보건대, 일단 우리나라와 일본의 해당 조문을 비교해 보면 다 음과 같다.

---

의 형법해석학적 문제점, 이재상 교수 화갑기념논문집, 470면 이하 ; 조국, 법률 간의 부정합과 금지착오, 이재상 교수 화갑기념논문집, 509면 이하.
5) 이러한 비판으로는 정현미, 법률의 착오에서 정당한 이유의 판단기준, 이재 상 교수 화갑기념논문집, 2003, 512면 이하.

## 1. 일본 조문 및 판례의 검토

| | 우리 형법 | 일본 형법 |
|---|---|---|
| 현행 조문 | 제16조(법률의 착오) 자기의 행위가 법령에 의하여 죄가 되지 아니하는 것으로 오인한 행위는 그 오인에 정당한 이유가 있는 때에 한하여 벌하지 아니한다. | 제38조(고의) 제3항 법률을 알지 못하였다 하더라도 그것으로써 고의가 없었다고 할 수 없다. 단, 정상에 따라 그 형을 경감할 수 있다. |
| 개정안 | 제23조(위법성의 착오)[6] 자기의 행위가 위법하지 아니한 것으로 오인하고 한 행위는 그 오인에 정당한 이유가 있는 때에 한하여 벌하지 아니한다. | 제21조(법률의 착오)[7] ① 법률을 알지 못하였다고 하더라도, 그것으로써 고의가 없었다고 할 수 없다. 단, 정상에 따라 그 형을 경감할 수 있다. ② 자기의 행위가 법률상 허용되지 아니하는 것임을 알지 못하고 범한 자는 그 점에 대하여 상당한 이유가 있는 때에는 이를 벌하지 아니한다. |

일본의 현행 형법전에는 법률의 착오라는 표제하의 조문은 없다. 다만, 제38조(고의) 제3항에 "법률을 알지 못하였다고 하더라도 그것으로써 범죄를 범할 의사가 없었다고 할 수 없다. 단, 정상에 따라 그 형을 경감할 수 있다"고 규정하고 있을 뿐이다.

동 조문에 대해, 고의가 성립하기 위해서는 위법성인식이 필요하다고 보는 입장(위법성인식필요설)에서는 본 조항은 금지착오에 관한 규정이 아니고, 단지 고의의 성립에 있어서 개개 법률조문의 인식은 필요치 않다는 취지의 규정으로서 단서는 법률의 규정을 모름으로써 위법성에 대한 판단이 어려워질 수 있는 경우를 대비해 마련한 규정이라고 한다.[8]

고의의 성립에 위법성의 인식이 불필요하다고 보는 위법성인식불요

---

6) 1992년 개정형법초안.
7) 1961년 準備草案.
8) 団藤重光 編, 註釋刑法(2)-Ⅱ 總則(3), 1969, 366면.

설 및 고의의 성립에 위법성인식의 가능성만으로 족하다는 가능성설을
취하는 입장에서는 동 규정을 법률의 착오(위법성 착오)에 관한 규정으
로 해석한다고 한다.[9] 대심원 판례와 최고재판소 판례는 거의 일관되게
위법성인식불요설을 취하고 있지만, 현재 위법성인식불요설을 취하는
학자는 없고 대부분 가능성설을 채택하고 있기 때문에 동 조문은 법률
의 착오(위법성의 착오)에 관한 규정으로 평가되고 있다.

특히 해석상으로도 일본에서 "법률을 알지 못하였다"는 법문은 형벌
법규의 존재를 의식하지 못한 경우뿐만 아니라 그 해석을 잘못한 경우
도 포함하는 것으로 새겨지고 있고[10] 일반적으로 일본 학자에서 동 조
문의 '법률'은 '위법성'으로 해석되고 있기 때문에[11] 동 조문의 "법률을
알지 못하였다"라는 법문은 단지 "법률의 부지인 때"만을 뜻하는 것이
아니라 "위법성에 착오가 생겼을 때"로 새기는 것이 옳으며 따라서 법률
의 착오에 관한 한 조문형태라고 보는 것이 타당하다. 김종원 교수도 동
조문은 그 내용상 금지착오의 한 원형으로 소개하고 있다.[12]

이상 살펴본 바와 같이 일본 형법 제38조 제3항은 법률의 착오에 관한
조문이고, 동 조문의 '법률'은 '위법성'으로 해석되고 있다. 그렇다면 법
률의 부지에 대한 우리 판례의 태도가 일본형법 및 의용형법 제38조 제3
항 및 동 조문을 충실히 따르는 조선고등법원 판례 및 일본의 판례를 그
대로 답습하고 있다는 비판은 재고될 필요가 있다고 본다. 왜냐하면 그
러한 논거를 제시한 비판론자들은 동 조문의 '법률을 알지 못하여'란 법
문을 단순히 축자적으로 이해하여 '법률의 부지인 경우'로 해석한 바, 이
러한 해석에 따르면 동 조문은 법률의 부지는 용서받지 못한다는 취지
로만 해석되기 때문이다.

---

9) 団藤重光 編, 앞의 책, 366~367면.
10) 이에 대해서는 일본 법무성, 법제심의회 改正刑法草案 同說明書, 1974(昭和
   46), 116면 참조.
11) 前田雅英, 刑法總論講義, 제3판, 東京大學出版會, 1998, 292면.
12) 이에 대해서는 김종원, 금지착오에 관한 연구, 1975, 19면 참조.

따라서 전술한 바와 같이 동 조문의 '법률'은 '위법성'을 뜻하며 따라서 '법률을 알지 못하여'란 법문은 '위법성 인식이 없는 때' 즉 '위법성에 착오가 생긴 때'로 해석되는 관계로 이를 단순히 '법률의 부지인 때'로만 해석하는 것은 명백한 오류로 판단된다.

다음으로 조선고등법원 판례 및 일본 판례가 "법을 모른다고 하여 고의가 조각되지 않는다"고 판시한 취지가 곧 우리 판례의 "단순한 법률의 부지는 용서받지 못한다"는 입장과 일치한다고 보는 비판논거에 대해 살펴보건대, 일본의 경우는 "법을 모른다고 하여 고의가 조각되지 않는다"고 하더라도 제38조 제3항에 의해 형의 임의적 감경 여지가 남아 있는데다가, 실제 일본의 판례도 위법성 인식을 결여한 것에 대해서 불가피한 사정이 있는 경우는 형의 감경을 인정하고 있고(법률상 임의적 감경), 극히 예외적으로 초법규적 책임조각사유를 인정해 위법성의 인식이 없는 경우에도 처벌하지 않는 경우도 있는데[13] 반해 우리 판례의 태도는 법률의 부지에 대해 일관되게 예외없이 처벌하고 있다는 점에 있어서 커다란 차이를 보이고 있다(물론 작량감경의 여지는 남는다[14]).

설령 피고인이 작량감경의 여지가 있다고 하더라도 이는 어디까지나 법관의 재량일 뿐, 일본처럼 법률상 감경사유가 아닌 이상 우리 형소법 제323조 제2항에 의해 형법 제16조를 근거로 법원에 대해 형의 감면에 대한 판단을 요구할 수는 없기 때문에[15] 양국의 형법상 법률의 부지에 대한 법적 효과의 차이는 분명 존재한다.

요컨대 일본 조문은 단순히 '법률의 부지'만 규정한 조문이 아니고, 법률의 부지에 대한 일본 판례와 우리 판례는 그에 대한 법적 효과에 있어서 큰 차이를 보이고 있기 때문에 우리 판례가 일본 조문 및 판례를 그대로 답습하고 있다는 비판들은 양국의 조문과 판례를 엄밀히 검토해 본 바에 의하면, 분명 재고의 여지가 있다고 본다.

---

13) 前田雅英, 앞의 책, 297면 참조.
14) 이 점에 대해서는 신동운, 형법총론, 2003, 382~383면 참조.
15) 같은 지적으로, 신동운, 앞의 책, 383면.

## 2. 포섭의 착오에 대한 검토

다음으로, 우리 판례가 종종 '포섭의 착오'를 '법률의 부지'로 파악하고 있는 것은 부당하다는 비판에 대해 살펴보도록 한다. 우선 개념적으로 볼 때 포섭의 착오란 구체적인 사실관계를 추상적인 형벌법규에 대입시키는 논리적 과정, 즉 포섭과정에 오류가 개입하는 것을 의미한다.[16] 다음으로 포섭과 해석의 차이점을 살펴보건대, Engisch는 법적 추론과정을 삼단논법에 따른다고 가정할 때, '해석'은 대전제에 해당되는 '법률의 내용과 범위'를 확정하는 것이고 '포섭'은 소전제에 해당되는 구체적 사실관계를 관련 법률의 내용과 범위에 포함시키는 과정이라고 설명한다.[17]

포섭과 해석에 대한 이러한 구분방식에 비추어 볼 때 해당 법률(법문)의 의미가 명확하여 사안에 대한 적용이 손쉬운 경우에는 '포섭'만이 필요하고 '해석'은 불필요한 반면에, 해당 법률(법문) 자체가 불명확한 경우에는 포섭에 앞서 우선 '해석'을 통해 동 법률(법문)에 대한 의미를 명확히 할 필요성이 생겨난다. 그리고 당해 사안을 법률(법문)에 포섭시킬 것이냐 아니냐의 여부는 이러한 해석의 결과에 좌우된다.

예컨대 형법 제250조의 살인죄에 있어서 갑이 외국인 노동자 을을 살해한 경우에 을이 비록 '외국인' 노동자라도 사람에 해당됨은 명백하기 때문에 당해 사안을 살인죄로 '포섭'하는 것은 '해석'의 여지없이 자명한 것인데 반해, 형법 제261조의 특수폭행죄에 있어서 갑이 자동차를 몰아 을을 친 경우(자동차이용 폭행) 이를 '위험한 물건'을 '휴대'하여 폭행을 가한 경우로 볼 것인가는 자명하지 않으며,[18] 따라서 돈 조문에 대한

---

16) 신동운, 판례백선 형법총론, 2002, 321면.

17) 이에 대해서는 심헌섭, 분석과 비판의 법철학, 2001, 541~542면.

18) 우리 대법원 판례는 2001.2.23, 2001도271과 1997.5.30 97도597 및 1984.10.23, 84도2001 등의 일련의 사례에서 자동차를 '위험한 물건'으로 자동차의 운전

'해석'을 통해 '위험한 물건'과 '휴대'의 의미를 확정하고 난 후 자동차 이용 폭행을 동 조문에 '포섭'할 것인지 여부를 결정해야 하는 것이다.

유기천 교수에 따르면 '포섭의 착오'라 함은 논리학상의 포섭판단 등의 용례에서 차용한 것으로서 때로는 '추론의 착오(Schlussirrtum)'라고도 부른다고 한다. 아울러 유기천 교수는 Beling을 인용하면서 독일의 통설은 포섭의 착오(Subsumtionsirrtum)는 책임을 조각하지 못한다고 본다고 주장한다.[19]

그렇다면 일단 천지창조 나이트사건에서 피고인에게 포섭의 착오 내지 해석의 착오가 있었는지 아니면 단순한 법률의 부지가 있었는지를 확인해 볼 필요가 있다. 학계의 통설은 사례에 비추어 분명 피고인은 미성년자보호법의 존재를 알고 있었다고 한다. 이에 대하여 대법원은 경찰당국의 내부지침을 믿고 미성년자보호법을 잘못 포섭하여 자신의 행위는 동법의 규제대상에 해당되지 않는다고 믿은 것은 곧 미성년자보호법 규정을 알지 못한 단순한 '법률의 부지'와 동일하다고 평가하고 있는 것으로 보인다. 즉 대법원은 법규의 내용을 알고는 있었더라도 만연히 경찰당국의 내부지침만을 믿고 포섭의 착오를 일으킨 경우는 면책될 수 없는 '법률의 부지'로 취급하겠다는 태도를 취하고 있는 것이다.

여기서 일단 두 가지 의문이 든다. 과연 우리 대법원은 비판론자들의 지적처럼 '포섭의 착오'와 '법률의 부지'를 혼동한 것인가? 아니면 명시적으로 밝히고 있지는 않지만 일정한 경우 '포섭의 착오'는 '법률의 부지'와 규범적으로 동질적이기 때문에 양자를 같이 취급하겠다는 것인가? 또 양자를 동일시할 수 있다면 어떠한 이유에서인가?

이에 대해 대법원은 적극적으로 논증하고 있지 않다. 다만 구체적인 판단이유 없이 '법률의 부지'란 개념만을 되풀이하고 있다. 대법원의 태도에 따르면 '법률의 부지'와 '법률의 착오'는 분명히 구분되며 양자의

---

을 '휴대'로 보아 특수폭행 및 특수공무방해치사죄를 인정한 바가 있다.
19) 유기천, 앞의 책, 244면 참조.

법적 효과에서도 큰 차이가 있기 때문에, 만일 '포섭의 착오'가 '법률의 착오'에 포함된다면 이를 '법률의 부지'로 본 것은 명백한 오류이면 그야말로 '용서받을 수 없는' 법리오해의 위법을 범한 격이 되어버림은 자명하다.

그러나 대법원이 이러한 중요한 차이점을 쉽게 간과하였으리라고 보이지는 않는다. 왜냐하면 천지창조 나이트사건은 제1심과 원심에서 '무죄'를 선고한 사건이었던바, 이를 배척하고 '유죄확정'하기 위한 대법원의 법리구성에 그렇게 쉽게 '착오'가 있었으리라고 보기는 어렵기 때문이다. 그렇다면 의문은 한 가지로 귀결된다. 우리 대법원이 '포섭의 착오'를 '법률의 부지'와 동일시 내지 동질적으로 취급하는 근거는 어디에 있는가? 이에 대한 구명이 필요하다고 본다.

일반적으로 '해석의 착오' 내지 '포섭의 착오'는 직접적 금지착오의 한 유형으로 분류된다. 양자를 동일시하는 견해도 있으나[20] '해석'과 '포섭'이 개념상으로 구분되듯이 양 착오 역시 구분되어야 함이 당연하다. 여기서 특히 주목해야 할 점으로 양 착오 중에 '포섭의 착오'는 법률의 착오에서 제외되어야 한다는 견해가 있다는 사실이다.

우리나라에서도 이미 50, 60년대에 김용식 판사와[21] 백남억 교수[22] 그리고 정창운 교수가[23] '포섭의 착오'는 법률의 착오에 포함되지 않으며 따라서 고의의 성립에 지장을 주지 않는다고 주장한바 있다.

이처럼 '포섭의 착오'가 고의의 성립에 영향을 주지 못한다는 견해의 논거로서 김용식 판사에 따르면 "형법상 법률효과로서의 형벌이 고의의 인식대상이 아니듯이, 형법상 법률요건인 구성요건 해당의 인식도 고의의 성립에 불필요하다"고 주장하였고, 정창운 교수는 "사실을 법률상의 개념에 대입시키는 포섭작용을 행위자가 인식해야 한다는 것은 고의의

---

20) 오영근, 형법총론, 2002, 495~496면.
21) 김용식, 신형법 총론, 1953, 110면.
22) 백남억, 형법총론, 1962, 238면 이하.
23) 정창운, 포섭의 착오, 고시계, 1962.12월호, 190면 이하.

내용에 필요이상의 인식을 요구하는 것이고 ··· 그러므로 포섭의 착오는 고의성립에 아무런 영향이 없다"고 하였다.

한편 1969년에 검찰(檢察)지 창간 1주년 특대호에서 박남룡 검사는 포섭의 착오를 '구성요건 해당성에의 착오'라고 표현하면서, "법률적 개념에의 해당성에 관한 착오는 법률용어가 입법기술상 동종의 사실을 총괄집약한 개념 즉 복합개념으로 표현된 경우 예컨대 문서 등에 대하여는 이것에 속하는 생활상의 구상명사(具象名詞)24)를 알고 있는 것으로 족하고 반드시 법률적 개념을 번안(飜案) 포섭하여 알 필요까지는 없다는 것이 통설이므로 이런 의미의 포섭의 착오는 고의의 성립에 영향을 미치지 아니한 것 ··· 그러나 사회적 개념에의 해당성에 관한 착오는 구성요건상의 규범적 요소의 의의 내용을 그 일상생활상의 개념으로 알고 있는 것으로 필요 또 충분하다 할 것이므로 이런 정도의 의의의 인식에 미치지 아니한 포섭의 착오는 법률의 착오로 봐야 할 것이고 구성요건에의 포섭의 착오에 대하여도 법정범·행정범에 있어서는 행위는 흔히 가치중성적(價値中性的)이므로 이러한 의미의 포섭의 착오가 법률의 착오로 보아야 할 경우가 있다 할 것이다"고 하여 포섭의 착오를 세분화하여 법률적 개념에의 해당성에 관한 착오는 법률의 착오로 볼 수 없고, 사회적 개념에의 해당성에 관한 착오는 법률의 착오로 볼 수 있다는 견해를 제시하기도 하였다.25)

김용식 판사의 주장은 고의의 성립에는 구성요건적 결과발생에 대한 인식(또는 의욕)만이 필요한 것이지, 그로 인해 행위자에게 부과될 형벌에 대한 인식까지 요구되지는 않듯이, 자신의 행위가 일정한 명문의 구성요건에 해당되는지(포섭되는지) 여부에 대한 인식도 불필요하다는 취

---

24) 추상명사(抽象名詞)의 반대어로서 나무, 돌, 꽃 등과 같이 구체적 형상을 갖춘 물건을 나타내는 명사.

25) 이에 대해서는 박남룡(광주지검 장흥지청 검사), 법률의 착오-형법 16조의 해석론을 위한 학설·판례의 개관-검찰, 통권 제13호(창간1주년 특대호), 제5월호, 113면 참조.

지로 보인다. 예를 들어 복잡한 조문체계를 지닌 세법관련 범죄자나 형법관련 범죄자 중에서도 공문서등 위조·변조죄에 있어서 행위자는 자신의 행위가 위조에 해당하는지 혹은 변조에 해당하는지 여부까지 정확히 인식하고 범행을 저지를 필요는 없다는 것이다. 만약 그러한 정도까지의 인식을 고의의 요건으로 삼는다면 많은 범죄자가 고의범 처벌을 면하게 될 수밖에 없기 때문이다. 요컨대 포섭의 착오는 구체적인 구성요건에 대한 인식을 전제로 성립되는 법형상(Rechtsfigur)이라고 볼 수 있는데, 그처럼 구성요건의 세부사항을 사실관계에 적용하는데 발생한 착오는 '법률의 착오'로써 규율하려는 '위법성의 불인식'과는 무관하다는 것이다.

통상적으로 '포섭'은 '해석'을 전제로 하기 마련이다. 즉, 일정 사안을 관련법규에 포섭시키기 위해서는 바로 그 관련법규의 의미내용이 '해석'에 의해 확정되어 있어야 하기 때문이다. 그러나 '포섭'이 언제나 '해석'을 수반하는 것은 아니다. 전술한 '살인죄' 조문과 같이 법문의 의미가 명료하게 적용될 수 있는 경우라면 굳이 '해석'을 통한 의미 확정이 필요치 않기 때문이다.

그렇다면 '포섭의 착오'는 다음과 같은 두 가지 경로를 통해 발생할 수 있다. 첫째, 법문의 의미가 분명함에도 불구하고 행위자가 이를 '부주의 등에서 비롯된 착오'로 인해 잘못 적용하는 경우, 둘째, 법문의 의미가 다소 불명확하여 '해석'을 통한 의미확정이 필요했으나 '해석의 착오'가 발생해 이에 따라 '포섭의 착오'가 수반된 경우가 그것이다. 이러한 두 종류의 '포섭의 착오'를 규범적으로 어떻게 취급할 것인가가 바로 '포섭의 착오'에 관한 문제의 핵심이다.

먼저 후자의 경우에 있어서는 '해석의 착오'는 법률의 불완전성 또는 법문의 의미충전적 성격 등으로 인해 행위자(해석자)에게 불가피한 사정이 존재하면 언제든 발생할 수 있는 현상이고 따라서 '정당한 이유'의 유무에 따라 벌하지 않을 수 있는 '법률의 착오'에 포함시켜야 함은 자명한 듯이 보인다.

그러나 문제는 첫째 경우이다. 누가 보아도 명백한 객관적 법률 및 법문을 잘못 포섭하였다면 이는 행위자의 귀책사유로 봄이 더 자연스럽기 때문에 과연 이를 '법률의 착오'에 포함시켜야 하는 지가 불분명하기 때문이다. 이와 같은 유형의 포섭의 착오는 사안에 대한 법규의 적용이 의심의 여지없이 확실하기 때문에 규범적 차원에서 이에 대해 형법적 배려를 베풀어줄 당위성이 설 여지는 분명 적다고 보인다. 그러므로 이와 같은 유형의 '포섭의 착오'는 만연히 법을 알지 못한 '법률의 부지'와 규범적으로는 동질적으로 취급될 여지가 있다고 생각된다. 다시 말해 이러한 경우에는 형법적으로 형 감면의 혜택을 부여할 필요가 없는 것이다.

그렇다면 여기서 다시 한 번 대법원의 판시 내용을 재검토해 보기로 한다. 대법원은 나이트클럽 경영주인 피고인이 경찰당국의 내부지침으로 인해 미성년자보호법상의 출입제한 연령을 잘못 이해한 것은 '단순한 법률의 부지'라고 판시한바, 지금까지의 논의에 비추어 보면 대법원의 입장은 '포섭의 착오'에 대한 첫째 경우, 즉 미성년자의 연령에 대한 법규 및 법문이 명백함에도 불구하고 경영주의 부주의 등으로 인해 만연히 경찰당국의 시달 내용만을 믿고 '포섭의 착오'가 발생한 것이기 때문에 이를 '단순한 법률의 부지'와 동일하게 취급하겠다는 취지로 새겨질 수 있다고 본다.

왜냐하면 미성년자의 한계연령은 명확하고 객관적인 것이기 때문에 달리 해석될 여지가 없기 때문이다. 만일 미성년자보호법상의 출입제한 연령도 '해석'에 따라 달라질 수 있는 성질의 것이라고 보게 되면, 이 경우는 결국 출입제한 연령에 대한 '해석의 착오'에서 비롯된 '포섭의 착오'라고 볼 수 있을 것인데, 그렇다면 이 경우 대법원이 '해석의 착오'에 대한 '정당한 이유 유무'를 검토하지 않은 것은 부당하다고 평가할 수 있겠으나, 우선 이러한 가정 자체가 부자연스럽고, 설령 그렇다 치더라도 대법원이 객관적 법질서를 수호하려는 규범형성적 차원에서 이러한 종류의 '해석의 착오'는 인정하지 않겠다는 취지에서 이를 '단순한 법률의 부지'로 의율했다고 새겨볼 수도 있다.

결국 대법원의 판결 내용은 구체적으로 확인해 보면 전적으로 부당하다기보다는 오히려 긍정적으로 새겨볼 여지도 있음을 확인하게 된다. 그러므로 이러한 입론이 옳다면, 우리 판례가 포섭의 착오와 법률의 부지를 혼동 내지는 동일시하고 있다는 비판은 재고될 필요가 있다. 일정한 경우 포섭의 착오는 규범적 차원에서 법률의 부지와 동일하게 취급될 수 있기 때문이다. 이러한 맥락에서 우리 판례의 입장에 대한 두 번째 비판 역시 재고될 필요가 있다.

## 3. 형법 제16조의 조문외관에 따른 해석론 검토

끝으로 우리 판례가 형법 제16조를 지나치게 '축자적'으로만 해석한 결과 적극적 착오만을 인정함으로써 '법률의 착오'의 범위를 부당하게 제한하고 있다는 비판에 대해 살펴보기로 한다. 일단 허일태 교수와 정현미 교수의 지적대로 우리 판례가 형법 제16조의 '자기의 행위가 법령에 의하여 죄가 되지 아니하는 것으로 오인한 때'를 '적극적 의미'의 착오만을 규정한 것으로 해석하고 있다는 점은 적확한 지적으로 보인다.

즉 우리 형법 제16조는 독일 형법 제17조처럼 금지착오를 당라해서 규정하고 있는 것이 아니라, 법문상으로는 분명 '자기의 행위가 법령에 의하여 죄가 되지 아니하는 것으로 오인한 행위'라고 하여 단순히 형벌법규를 몰랐다고 하는 법률의 부지 등의 소극적 착오(직접적 착오)는 제외되고 오직 적극적 착오(간접적 착오)만을 동조의 착오로 인정하겠다는 듯한 외관을 취하고 있는 관계로 우리 판례도[26] 이를 근거로 '법률의 부지'는 용서하지 않겠다는 부당한 해석론을 취하고 있다는 것이다. 그런데 우리 판례의 이러한 해석론이 과연 허일태 교수와 정현미 교수의 지

---

26) 허일태, 앞의 논문, 6면.

적처럼 전적으로 잘못된 해석인가에 대해서는 의문이 든다.

우리 형법 제16조처럼 법문의 외관상 적극적 착오와 소극적 부지를 구분하여 법률의 부지에는 면책의 효과를 부여하지 않는 것으로 해석될 여지를 지닌 입법례로는 1937년 스위스형법 제20조와 1962년의 독일형법초안 제21조를 찾아볼 수 있다. 이해의 편의를 위해 관련 조문들을 소개하자면 다음과 같다.

> **1953년 형법 제16조** : 자기의 행위가 법령에 의하여 죄가 되지 아니하는 것으로 오인한 행위는 그 오인에 정당한 이유가 있는 때에 한하여 벌하지 아니한다.
>
> **우리 판례의 입장** : 이는 단순한 법률의 부지를 말하는 것이 아니고 일반적으로는 범죄가 되는 행위지만 자기의 특수한 경우에는 법령에 의하여 허용된 행위로서 죄가 되지 아니한다고 오인하고 그와 같이 오인함에 있어서 정당한 이유가 있는 경우에는 벌하지 아니한다.
>
> **1937년 스위스 형법 제20조** : 범인이 충분한 이유로 자기는 당해의 범행을 행하는 권리를 가질 것이라고 사유한 경우에는 재판관은 자유재량에 따라서 형을 감경하며(제66조) 또는 처벌을 하지 아니할 수 있다.[27]
>
> **1962년 독일형법초안 제21조** : 행위를 행함에 있어서 아무런 불법도 행하지 않는 것으로 오인한 자는, 그에게 그 착오가 비난될 수 없는 때에는, 책임없이 행위한 것이다. 그에게 그 착오가 비난될 수 있는 때에는, 그 형은 제64조 제1항에 의하여 감경될 수 있다.
>
> **1969년 독일신형법총칙 제17조** : 행위를 행함에 있어 행위자가 불법을 행한다는 통찰이 결하는 경우에, 그가 이 착오를 피할 수 없었을 때에는, 그는 책임없이 행위한 것이다. 행위자가 그 착오를 피할 수 있었을 때에는, 그 형은 제49조 제1항에 의하여 감경될 수 있다.

Lerch에 의하면 1937년 스위스형법 제20조는 적극적인 법률의 착오인 경우에만 적용되고 소극적인 법률의 부지의 경우에는 적용되지 않는다고 한다.[28] 그리고 1962년 독일형법초안 제21조도 역시 적극적인 착오에만

---

27) 법무부조사국, 법무자료, 제9집, 1948, 6면 참조.
28) 스위스 형법의 동 조문에 대한 이러한 평가로는 Lerch, Tatirrtum und Rechtsirrtum

관련된 조문이라고 한다. 1969년 독일신형법 총칙 제17조에서는 '행위자에게 불법을 행한다는 통찰이 결하는 경우에 그가'로 개정되던바 이는 1962년 초안이 행위자가 자기의 행위를 위법하지 않은 것으로 적극적으로 착오한 경우에 관한 것이기 때문에, 행위자가 자기의 행위가 위법한 줄 모르는 소극적인 착오의 경우도 포함시키기 위한 것이라고 한다.[29]

　이러한 맥락에서 이해하자면 우리 형법 제16조의 법문도 적극적인 착오만을 대상으로 삼고 있는 것으로서 소극적인 법률의 부지는 적용 대상에서 배제하는 것으로 해석하는 것도 분명 일리가 있다고 본다. 조문의 외관상 우리 형법 제16조와 1937년 스위스형법 제20조, 그리고 1962년 독일형법초안은 모두 그와 같이 해석될 여지를 지니고 있기 때문이다.

　그렇다면 대법원이 단순한 법률의 부지를 형법 제16조의 적용 대상에서 제외시켜 엄격하게 취급하는 것은 동 조문의 외관을 지나치게 축자적으로만 해석한 결과라고만 볼 수는 없을 것이다. 오히려 그와 같은 해석이 법문에 충실한 문리해석의 결과로서 자연스럽다고 볼 수 있다고 할 것이다. 그리고 형법 제16조를 이와 같이 해석하는 한 모든 유형의 법률의 부지는 형법 제16조의 적용대상에서 제외되어 언제나 용서받을 수 없게 되는데 이러한 해석론이 전적으로 옳은가는 면밀히 재검토되어야 할 것으로 보인다. 왜냐하면 법률의 부지라도 그것이 만연히 죄가 되지 않는다고 생각한 결과로 발생한 것이 아니라, 행위자에게 불가피한 부수적 사정 내지는 기대불가능한 상황으로 인해 발생한 경우에는 분명 형법적 배려가 필요하다고 보이는바, 바로 이때는 정당한 이유 여부를 검토하여 정당한 이유가 있으면 벌하지 않는 것으로 해석하는 것이 바람직하기 때문이다.

---

　　im Schweizerischen Strafrecht, Schweizerische Zeitschrift für Strafrecht 158, 172~174(1951) 참조. 이러한 논의의 소개로는 Paul K. Ryu & Helen Silving, Errro Juris : A Comparative Study, Chicago Law Review, Spring 1957, 445면, 459면 참조.
29) 김종원, 1969년의 새로운 독일형법총칙을 중심으로, 경희법학 제8권 제1호, 1970, 116면.

이와 관련 우리 형법의 기초자 중 한 명이었던 엄상섭은 다음과 같이 형법 제16조의 조문취지에 대하여 다음과 같이 설명해 주고 있다.

> "'법을 모른다고 하여 처벌을 면할 수 없다'는 것이 형법상의 원칙이거니와 이 원칙의 절대적인 적용만으로는 심히 가혹하여 행위자로서는 억울키 한량없는 경우가 있는 것이다. 더구나 법이론은 정교해짐에 불구하고 각종 형벌법규는 가일층 복잡화되는 반면에 일반 민중의 직업상의 노력량이 증가하기만 하는 사회 추세에 비추어 일반 민중으로서는 범법이 되는 것인가 아니 되는 것인가를 알기 어려운 경우가 더욱 많아진다는 것을 시인할 때에 '법의 부지는 면책사유가 되지 못한다'는 것만으로는 현실과 실정을 무시하는 노릇이다. 특히 행정범에 있어서 그러하다. 그러므로 우리 형법제정에서는 '자기의 행위가 죄가 안 되는 것으로 오인함에 있어서 오인을 책할 만한 아무런 이유도 없을 때'에는 벌하지 말자는 이 조문을 설치한 것이다. … 정당한 이유가 있음이라 함은 만연히 죄가 안 되는 것으로 오인한 것이 아니고 적어도 법률전문가나 당로자에게 문의하여 죄가 안 된다는 요지의 확답을 얻었다든지 이에 준할 만한 노력을 한 연후에 죄가 되지 아니한다는 인식을 하게 되었음을 의미하는 것으로 본다"[30]

엄상섭의 말에 따르자면 형법 제16조는 "법률의 부지는 용서받지 못한다"는 전통적 법원칙의 엄격함을 완화시키기 위해 입안된 조문이다. 그렇다면 동 조문은 비단 적극적인 법률의 착오뿐만 아니라 소극적인 부지의 경우도 염두에 두고 입안되었다고 봄이 옳다. 하지만 조문의 외관은 분명히 법률의 부지를 배제하는 해석을 지지해 주는 형식을 취하고 있다. 어째서 이와 같이 조문의 취지와 조문의 형식 간에 상호 모순되는 듯한 결과에 직면하는 것일까? 입법자의 입법기술상의 과오인가?

이러한 의문은 본고의 제3장에서 다룬 형법 제16조의 제정 경위에 대한 충분한 이해를 토대로 자연스럽게 해소될 수 있다고 본다. 제3장에서 살펴보았듯이 형법 제16조는 전통적 법원칙을 존중하면서도 '정당한 이유가 있는' 착오자에게만 형법적 배려를 베풀겠다는 절충적 입장에서

---

30) 엄상섭, 우리 형법전에 나타난 형법 민주화의 조항, 법정, 제10권 제11호, 1955, 4면.

입안된 것으로서 1940년 일본개정형법가안 제11조의 조문취지를 독창적인 방식으로 전승하고 있는 조문이다.

형법 제16조에 대한 이와 같은 이해를 토대로 해석하게 되면 동 조문의 조문취지와 조문형식 간의 모순은 다음과 같이 해석·지양될 수 있다고 본다. 우선 형법 제16조는 조문의 규정형식에 의해 행위자의 만연히 부주의한 태도에서 비롯된 법률의 부지는 적용대상에서 제외시킴으로써 "법률의 부지는 용서받지 못한다"는 전통적 법원칙의 기본 입장을 계승하고 있다고 해석된다. 다음으로 법률의 부지가 행위자에게 귀책시킬 수 없는 적정 사정으로 인해 발생할 경우에는 조문의 외관에 충실한 문리적 해석을 지양하고 전통적 법원칙의 엄격함을 완화하기 위한 동 조문의 입법취지에 따라서 정당한 이유를 인정하여 형법적 배려를 베풀어야 하는 것으로 해석된다.

요컨대 법률의 부지에 대한 형법 제16조의 해석은 만연한 법률의 부지에 대해서는 조문의 외관에 따라서 동조의 적용대상에서 제외하는 것으로, 반대로 귀책시킬 수 없는 법률의 부지에 대해서는 전통적 법원칙의 엄격성을 완화시키려는 동조의 입법취지에 따라서 정당한 이유를 인정할 수 있다고 새기는 것이 옳다고 본다. 그 이유는 형법 제16조의 전체적인 입안 의도는 전통적 법원칙을 존중하면서도 그러한 법원칙의 엄격성을 완화시키려는데 있기 때문이다.

형법 제16조에 대한 이와 같은 해석론은 1940년 일본개정형법가안에 영향을 주었고 결과적으로 우리 형법 제16조에도 영향을 준 것으로 평가받고 있는[31] 1937년 스위스 신형법 제20조에 대한 지배적 해석론과도 일치한다. 앞서 Lerch는 스위스 신형법 제20조는 소극적인 법률의 부지는 제외하는 것으로 해석된다고 주장했지만 Andreas Donatsch에 따르면 스위스 내의 다수설(Hafter, Thormann, v. Overbeck)과 판례(BGE 104 IV 217)는 적극적으로 오인한 자뿐만 아니라 자신의 행위의 허용성에 대해 전혀 인식이 없는 자도 동 조문의 적용을 받는다고 한다.[32] 이처럼 스위스

31) 이러한 평가로는 유기천, 형법학, 1960, 245~246면.

형법 제20조에 대한 해석론에 있어서도 비록 조문은 법률의 부지를 법률의 착오에서 배제하는 듯한 외관을 취하고는 있지만 스위스의 다수설과 판례는 법률의 부지도 포함시켜 해석하고 있기 때문에, 우리 판례도 우리 형법 제16조를 입체적으로 해석할 필요가 있다고 본다.

다만 입법론적으로는 독일처럼 1962년 정부초안의 "어떠한 불법도 행하지 않은 것으로 오인한 자"라는 법문으로부터 현행 독일형법의 "불법을 행한다는 통찰을 결여하는 경우"로 조문의 외관을 변경하여 소극적인 법률의 부지도 명백하게 법률의 착오유형에 포함시켰던 것처럼 논란의 소지를 없앨 수 있도록 개정하는 것이 바람직할 것이다.

요컨대 우리 판례가 형법 제16조 소정의 법률의 착오에서 '단순한 법률의 부지'를 제외시키는 것은 동 조문의 외관에 충실한 문리적 해석의 귀결로서는 타당하다고 볼 수 있고 그러한 한에서 판례가 지나치게 축자적인 해석을 하고 있다는 비판은 적절하지 않다. 그러나 '만연한 법률의 부지' 이외에 '귀책할 수 없는 법률의 부지'의 경우에는 이를 용서할 수 있도록 동 조문의 입법취지를 고려하면서 해석하여야 하며, 그러한 한에서는 판례 입장에 대한 비판론자들의 지적은 옳다고 본다.

## III. '단순한 법률의 부지'에 대한 의미구명

### 1. 판례입장에 대한 비판과 '단순한 법률의 부지'

이상 우리 판례의 법률의 부지이론에 대한 기존의 비판구도를 살펴보았고 그러한 비판 대부분이 논박의 지점을 잘못 설정하고 있음을 확인할 수 있었다. 다시 말해 우리 판례의 입장을 정확히 짚어내지 못한 채,

---

32) 이에 대해서는 Andreas Donatsch, Unrechtsbewußtsein und Verbotsirrtum, ZStR 102, 1985, 22면 참조.

일본 조문 및 판례의 입장을 따르고 있다거나 '포섭의 착오'와 '법률의 부지'를 혼동하고 있다는 지적, 그리고 우리 형법 제16조를 지나치게 '축자적'으로만 해석하고 있다는 비판은 실제 판례의 입장과는 동떨어진 지점에 대한 공격이었던 것이다.

다만 동 판례에 대한 비판론자들의 지적사항 중에서 다음의 두 가지는 주목할 필요가 있다고 본다.

첫째로, 법률의 부지라도 그것에 정당한 이유가 있으면 처벌하지 않아야 함에도 불구하고 판례가 '법률의 부지'는 '정당한 이유' 유무의 심사도 없이 일괄적으로 처벌하는 것은 부당하다는 것과[33],

둘째로, 판례가 법률의 부지이론을 고수하면서도 법률의 착오와 법률의 부지의 구분기준을 제시하고 있지 않다는 것이다.[34] 즉, 앞의 천지창조 나이트 사건에서처럼 '포섭의 착오'가 발생했거나 혹은 '해석의 착오'에서 비롯된 '포섭의 착오'가 생긴 경우에 이를 '법률의 착오'가 아닌 '단순한 법률의 부지'로 취급하는데 뚜렷한 기준제시가 없다는 것이다. 이렇게 되면 판례가 법률의 부지라는 개념을 임의로 휘둘러 가벌성을 마음대로 확장할 수 있다는 것이며 전적으로 옳은 지적이라고 생각한다.

따라서 우리 판례에 대한 비판적 검토는 기존의 논의구도에서 벗어나서 이제부터는 이상의 두 가지 비판지점에 초점을 맞추어야 한다고 본다.

## 2. '단순한 법률의 부지'에 대한 개념적 고찰

### 1) '만연한 법률의 부지'와 '단순한 법률의 부지'

먼저 첫째 비판에 대해 살펴보건대, '법률의 부지'도 '정당한 이유'가 있으면 '법률의 착오'와 마찬가지로 형법 제16조에 따라 벌하지 않아야 한다는 주장은 동 조문의 입법취지에 비추어 충분히 지지받을 수 있는

33) 이러한 비판으로 허일태, 앞의 논문, 10면.
34) 허일태, 앞의 논문, 6～10면.

견해임은 전술한 바와 같다.

다만 이 점에 있어서 한 가지 간과해서는 안 될 부분이 있다. 우리 판례는 "단순한 법률의 부지는 용서받지 못한다"는 이른바 법률의 부지이론을 견지해 오면서 거의 예외없이 '법률의 부지' 앞에 '단순한'이란 수식어를 붙여오고 있다. 즉, '단순한 법률의 부지'는 용서받지 못한다는 취지의 판결을 해오고 있는 것이다. 이에 대해 학계의 지배적 견해는 '그저 단순히 법을 몰랐다'라고 새기고 있는 듯 보인다. 이는 정당한 이유가 있었든 없었든지 간에 단지 '법을 몰랐다는 사실 자체'에다 역점을 둔 해석으로 보인다. 그리고 이러한 해석은 아마도 우리 판례의 법률의 부지이론이 단지 법을 모르기만 한 경우는 경우를 막론하고 처벌하겠다는 필벌주의에 입각해 있다는 인식에서 비롯된 것으로 보인다. 또한 우리 판례가 '단순한 법률의 부지'에 대해 정당한 이유를 검토한 예가 없었기 때문에 더욱 이러한 해석이 지배적인 위치를 점해 갔다고도 판단된다.

그러나 과연 꼭 그렇게만 해석할 필요가 있는 것인가? 다시 말해 '단순한 법률의 부지'를 달리 해석할 여지는 없는 것인가? 이와 관련 엄상섭은 아래와 같이 우리 형법 제16조의 정당한 이유가 '만연히' 죄가 안 되는 것으로 오인한 경우에는 해당되지 않는다고 밝힌 바 있다.[35]

> "정당한 이유가 있음이라 함은 만연히 죄가 안 되는 것으로 오인한 것이 아니고 적어도 법률전문가나 당로자에게 문의하여 죄가 안 된다는 요지의 확답을 얻었다든지 이에 준할 만한 노력을 한 연후에 죄가 되지 아니한다는 인식을 하게 되었음을 의미하는 것으로 본다"[36]

그렇다면 우리 판례 역시 엄상섭의 입장과 같은 맥락에서 '만연히 법률을 모르는 것'은 용서할 수 없다는 입장에서 이를 '만연한 법률의 부

---

35) 이에 대해서는 엄상섭, 우리 형법전에 나타난 형법민주화의 조항, 효당 엄상섭 형법논집, 76면.

36) 엄상섭, 우리 형법전에 나타난 형법 민주화의 조항, 법정, 제10권 제11호, 1955, 4면.

지' 대신 '단순한 법률의 부지'라는  표현으로 설시하고 있는 것으로 볼
여지도 충분히 있다고 본다.[37]

## 2) 카논법상 '단순히 탓이 있는 부지(ignorantia culpabilis simpliciter)'와의 비교

한편 '단순한 법률의 부지'란 표현은 이미 카논법에서도 등장하고 있
는 개념임에 주목할 필요가 있다고 본다. 정진석 주교는 카논법상의 부
지와 착오의 개념을 세분하여 다음과 같이 정리하고 있다.[38]

우선 카논법에 의하면 부지(ignorantia)는 무지(nescientia)와 구분된다. 전
자가 알 수 있고, 또한 마땅히 알아야 할 지식이 없음을 의미하는데 반
해 후자, 즉 무지는 자신이 알아야 할 의무가 없는 대상에 대하여 단지
아는 것이 없을 뜻한다.[39]

부지는 해당 사항에 대한 지식의 결여, 즉 알지 못함을 의미하는데 반
해 착오는 해당 사항에 대한 그릇된 정보나 판단을 말한다. 착오는 그릇
된 판단을 내릴 정도로 인식의 과정에서의 정보의 결여(부족)을 뜻하는
바, 착오는 대체로 부지에서 초래되는 결과이다.[40] 요컨대 부지는 정적
(靜的) 개념이고 착오는 동적(動的) 개념이다.

카논법에서는 부지의 주체를 기준으로 극복할 수 있는 부지(ignorantia

---

37) 손동권 교수도 '단순한 법률의 부지'를 '정당한 이유가 없는 법률의 착오'로
  해석할 수 있는 한 우리 판례의 타당성을 긍정할 여지가 있다고 보고 있다.
  이에 대해서는 손동권, 형법총론, 2004, 256면 참조.
38) 이에 대해서는 정진석 주교, 교회의 형법, 교회법 해설, 제11권, 1996, 83~
  85면 참조.
39) 이는 Aquinas의 개념설명과 일치한다. 이에 대해서는 Thomas Aquinas, Summa
  Theologica,  Ⅱ-1, Qu.76, Art.2., 1990(Laurence Shapcote 역, 1952년 초판발행),
  Encyclopaedia Britannica, 142면 참조
40) Cicognani 대주교도 이러한 설명을 하고 있다. Amleto Giovanni Cicognani, Canon
  Law, 1934, 595면 참조.

vincibilis)와 극복할 수 없는 부지(ignorantia invincibilis)로 나눈다. 이 중에 극복할 수 없는 부지는 또 다시 물리적으로 극복 불가능한 부지(ignorantia physice invincibilis), 즉 주체에게 능력이 없거나 의심할 여지가 없기 때문에 전혀 알 수 없는 부지와 윤리적으로 극복 불가능한 부지(ignorantia moraliter invincivilis), 예컨대 주체에게 주어진 조건과 사항의 중대성 및 상황에 비례하여 성실하였음에도 불구하고 알 수 없는 부지로 대별된다.

그리고 극복할 수 있는 부지는 부지를 회피해야 할 의무가 있었던 경우에는 탓이 있는 부지(ignorantial culpabilis)가 되지만 부지를 회피해야 할 의무가 없었던 경우에는 탓이 없는 부지(ignorantial inculpabilis)가 된다고 한다. 이 중에서 탓이 있는 부지는 또 다시 주체의 성실성이 불충분하여 단순히 탓이 있는 부지(ignorantia culpabilis simpliciter)와 당연히 알아야 할 것을 소홀히 한 소홀한 부지(ignorantia crassa), 그리고 직무상 알아야 할 것을 태만히 한 태만한 부지(ignorantia supina)와 법률이나 입법자를 무시하여 범죄를 보다 자유롭게 실현하기 위한 의도로써 일부러 부지의 상태에 빠지는 고의적 부지(ignorantia affectata)로 나뉠 수 있다고 한다.

이처럼 카논법에는 엄상성이 '만연한 법률의 부지'라고 표현한 부지가 '단순히 탓이 있는 부지'라는 개념으로 자리잡고 있음을 쉽게 확인할 수 있다. 우리 대법원이 설시하고 있는 '단순한 법률의 부지'가 카논법상의 자신이 알아야 할 의무가 없는 대상에 대하여 단지 아는 것이 없는 '무지(nescientia)'를 뜻하는 것이 아님은 분명해 보인다. 그렇다면 대법원이 이해하고 있는 '단순한 법률의 부지'란 오히려 카논법상의 '단순히 탓이 있는 부지'에 가까운 용어로 보는 것이 자연스러울 것이다.

## 3. '단순한 법률의 부지'에 대한 판례연혁적 고찰

본고의 판례분석에서 검토한 바 있지만, '단순한 법률의 부지'란 개념이 판결문에 처음 등장한 것은 5·16 혁명 직후 국가보안법상 불고지죄

위반과 관련된 1961년의 대법원 판결(대판 1961.10.5, 61도208)에서였다. 동 판결주문에서 대법원은 다음과 같이 설시한 바 있다. 논의의 편의상 동 판결 주문을 전단과 후단으로 나누어 설명하기로 한다.

> 주문 전단 : 오피고인이 정연철을 만나기 한 주일 전인 1960년 10월 7일 경
> 에는 나라 안의 각 신문에 헌법무차관 김영천씨는 자기 동생이
> 간첩임을 알고 수사기관에 고발하였다고 크게 보도되고[41] 또
> 그 당시 법무장관과 검찰총장의 담화로 일반국민에게 간첩을
> 고발하라고 요망하는 기사도 게재된 바이므로 대학교 교수인
> 피고인이 간첩을 고발 아니하여도 죄가 되지 아니한다고 그릇
> 인정하였다고 하는 것은 말이 되지 않는 것이[다].

> 주문 후단 : 형법 제16조의 자기의 행위가 법령에 의하여 죄가 되지 아니하
> 는 것으로 그릇 인정한 행위는 그 그릇 인정함에 정당한 이유
> 가 있는 때에 한하여 벌하지 아니한다고 규정되어 있는바 이는
> 단순한 법률의 부지의 경우를 말하는 것이 아니고 일반적으로
> 는 범죄가 되는 행위이지만 자기의 특수한 경우에는 법령에 의
> 하여 허락된 행위로서 죄가 되지 아니한다고 그릇 인정하고 그
> 와 같이 그릇 인정함에 있어서 정당한 이유가 있는 경우에는
> 벌하지 아니한다는 뜻인바 … 피고인 오화섭은 다만 범인을 집
> 에 재우면 범인은닉죄가 된다는 것을 알고 정연철에 대하여 밤
> 중에 집에서 나가라고 하여 내보냈으니 이것으로 족한 줄 알고
> 있었으며 이를 수사기관에 고지하지 아니하면 죄가 된다는 것
> 을 몰랐다는 뜻의 진술을 하고 있음이 기록상 분명한 바이니
> 이는 결국 피고인은 국가보안법 제9조 불고지죄의 규정을 알지
> 못하였다는 것에 지나지 못하는 것이고 피고인이 고지하지 아
> 니하여도 죄가 되지 아니한다고 적극적으로 그릇 인정한 경우
> 에는 해당되지 아니[한다].

동 판결주문을 검토해 보건대, 우선 주문 후단에서 보면 알 수 있듯이 대법원은 피고인이 국가보안법 제9조 불고지죄 규정을 알지 못하였다는 것은 죄가 되지 아니한다고 적극적으로 오인한 것이 아니라고 설시함으로써 '단순한 법률의 부지'란 일단 소극적으로 관련 법률을 알지 못함

---

41) 동 보도에 대해서는, 조선일보, 1960.10.8 조간 3면 참조.

그 자체를 뜻하는 것으로 새겨볼 수 있다.

그러나 주문 전단을 보면 대학 교수인 피고인이 사건 발생 전의 사회적 상황으로 미루어 볼 때 불고지죄 규정을 알지 못하였다는 것은 말이되지 않는다고 유죄판결의 이유를 밝히고 있는바, 즉 대학 교수인 오피고인은 사회적 신분에 비추어 해당 조문을 충분히 인지하고 있어야 함에도 불구하고 그렇지 못한 것은 전적으로 피고인의 잘못이라고 설시하고 있음을 확인하게 된다.

요컨대 판결주문의 전단과 후단을 전체적으로 이해하자면 단순한 법률의 부지란 일단 해당 법규에 대한 인식이 없었음을 뜻하지만, 동시에 그러한 인식의 결여에 귀책할 만한 사유가 있다는 판단을 담고 있는 개념이라고 이해할 수 있을 것이다. 따라서 이와 같은 단순한 법률의 부지는 형법 제16조의 '정당한 이유'를 별도로 심사할 필요가 없다는 것으로 동 판례 주문을 해석할 수 있다고 본다.

이러한 입론은 특히 우리 대법원 판례가(대판 1995.12.22, 94도2148) "피고인으로서는 위와 같은 학교 명칭의 사용이 법령에 의하여 죄가 되지 아니하는 것으로 오인하여 같은 명칭을 10여 년간 사용하였고, … 건축허가 시 그 용도에 맞는 건축허가를 얻었으리라고 사용하였다는 것이므로 이는 피고인의 행위가 죄가 되지 않는다고 믿은 데에 정당한 이유가 없거나 단순한 법률의 부지에 해당한다 할 것이고"라고 설시함으로써 착오에 정당한 이유가 없는 것과 단순한 법률의 부지를 동일시하고 있는 듯한 태도를 보이고 있고 또 다른 대법원 판례(대판1995.12.12. 95도1891)에서는 "그 같은 행위가 법에 위반되는 줄 몰랐다 하더라도 이는 단순한 법률의 부지에 불과하여 정당한 이유가 있다고 볼 수 없다 할 것이다"라고 판시함으로써 단순한 법률의 부지는 정당한 이유가 없는 법률의 착오(부지)를 뜻하는 것으로 해석될 여지가 있음을 분명히 해 주고 있다는 점에서 더욱 지지될 수 있다고 본다.

만일 이러한 입론이 옳다면 우리 판례는 만연히 법률을 몰랐던 경우는 예외없이 형사처벌을 가해왔던 것이고, 그렇게 이해하는 한 우리 판례의 법률의 부지이론은 타당하다고 생각된다.

그러나 이러한 해석은 어디까지나 우리 판례의 입장을 적적으로 '선의'로만 해석할 때에 가능한 것으로서 근거가 충분한 것은 아니다. 이는 '단순한 법률의 부지'를 원용한 판례들 중에서 전술한 대법원 판결(대판 1961.10.5, 61도208) 주문의 전단의 내용처럼 "단순한 법률의 부지란 피고인에게 귀책사유가 있는 부지를 의미한다"는 설시내용을 담고 있는 판례는 극히 일부이기 때문에 더욱 그러하다.

어쨌든 이상의 입론이 옳다면 우리 판례는 '만연한 법률의 부지'와 '정당한 이유 있는 법률의 부지'를 사례에 따라 달리 판단했어야 한다. 물론 지금까지의 사례가 모두 '만연한 법률의 부지' 사례로서 이를 모두 '단순한 법률의 부지'로 취급했을 가능성도 없지는 않으나, 이러한 분석은 다소 무리가 있다고 판단되고, 우리 판례가 '단순한 법률의 부지=만연한 법률의 부지=정당한 이유가 없는 법률의 부지'라는 입장을 취해왔다는 점을 증명하기 위해서는 향후 다른 사례에서 '단순한 법률의 부지'라는 표현이 아닌 다른 표지를 사용함으로써 그러한 '법률의 부지'에 대해서는 정당한 이유를 인정하여 벌하지 아니한다는 판례를 남겨야 할 것이라고 본다.

## 4. 단순한 법률의 부지와 법률의 착오의 구분기준 제시의 필요성

다음으로 둘째 비판에 대해 살펴보건대, 우리 판례가 법률의 부지와 법률의 착오에 대해 뚜렷한 구분기준을 제시해 주고 있지 않다는 점은 분명한 사실이다. 다만 판례가 형법 제16조에 대해 "이는 단순한 법률의 부지를 말하는 것이 아니고 일반적으로는 범죄가 되는 행위지만 자기의 특수한 경우에는 법령에 의하여 허용된 행위로서 죄가 되지 아니한다고 오인하고 그와 같이 오인함에 있어서 정당한 이유가 있는 경우에는 벌하지 아니한다”고 새기면서 종종 우리 판례는 “자신의 행위자 죄가 되지 않는다고 ‘적극적으로 오인’하지 않은 이상 이는 범죄의 성립에 아무런 지장이 없다”고 설시를 함으로써 우리 형법 제16조의 법률의 착오는 ‘적극적 오인’에서 비롯된 ‘법률의 적극적 착오(이른바 간접적 금지착오[42])’만 해당된다고 보고 있는바, 이를 토대로 법률의 부지와 법률의 착오를 구분하자면 법률의 적극적 착오에 해당되지 않는 법률의 착오는 일응 모두 ‘단순한 법률의 부지’로 분류하고 있다고 생각된다.

따라서 효력의 착오나 포섭의 착오와 같은 소위 직접적 금지착오는 법률의 착오에서 배제하여 ‘단순한 법률의 부지’로 일괄해 취급하고 있는 듯 보여진다. 그러나 전술한 바와 같이 ‘해석의 착오’나 해석의 착오에서 비롯된 ‘포섭의 착오’는 분명 ‘법률의 착오’에 포함시킬 필요가 있기 때문에 판례의 구분기준은 보다 상세히 구체화될 필요가 있다고 본다. 그래야만 ‘단순한 법률의 부지’란 엄벌주의적 개념의 횡포로부터 수범자인 시민의 불안감을 해소할 수 있을 것이다.

이상의 논의를 종합하자면, 우리 판례의 법률의 부지이론은 일본의 조문 및 판례를 그대로 답습한 것도 아니고, ‘포섭의 착오’와 ‘법률의 부지’를 혼동하고 있지도 않을 뿐더러 형법 제16조를 지나치게 제한적으로 해석하고 있지도 않다. 그러므로 우리 판례에 대한 기존의 비판론은

---

42) 직접적 금지착오란 객관적으로는 위법하지만 주관적으로 행위자가 처음부터 위법하다고 인식하지 않는 착오를 말하며 자신의 행위를 귀법하다고 평가하는 금지규범이 없다고 생각하거나(법률의 부지), 당해 금지규님이 효력이 없는 것이어서 위법하지 않다고 생각하는 경우(효력의 착오), 그리고 규범을 잘못 해석함으로써 적용범위를 잘못 판단하는 경우(포섭의 착오) 등이 있다. 반면에 간접적 금지착오란 일단 자신의 행위가 위법하다는 것을 행위자가 인식하고는 있지만 특별히 자신의 경우에는 법질서가 (법령 등에 의해) 그 행위를 허용해 준다고 생각하는 경우로서, 예컨대 자신의 행위가 위법하지만 법에 인정되지 않는 ‘위법성 조각사유’가 존재한다고 생각하는 경우(허용규범의 착오) 등이 있다.

분명 재고될 필요가 있다고 본다.

우리 판례는 형법 제16조의 조문외관을 충실히 따른 독자적 해석론을 전개하고 있다고 보인다. 그러나 지금까지 '법률의 부지'에 대해 '정당한 이유'를 검토한 예가 없었다는 점에서 과연 '법률의 부지'도 정당한 이유가 인정되면 행위자에게 불처벌의 형법적 혜택을 부과할 의지가 있는 것인가에 대한 회의적 시선을 피할 수 없다고 보여지고, 포섭의 착오를 법률의 부지와 동일시하는 근거에 대한 논증이 없다는 점에서 '법률의 착오'와 '법률의 부지'에 대한 구체적 구분기준의 제시가 필요하다는 비판이 제기될 여지가 있다고 본다. 따라서 '정당한 이유가 있는 법률의 부지'는 형법 제16조의 입법취지에 따라 벌하지 않을 수 있도록 판례가 입장을 취해야 할 것임은 전술한 바와 같다.


# IV. '법률의 착오'와 '법률의 부지'의 차별적 취급에 대한 비교법적 고찰

## 1. 법률의 부지와 법률의 착오를 구분하는 네 가지 유형론

이상 논의해본 바에 따르면 우리 판례가 법률의 착오와 법률의 부지를 구분하고 전자보다 후자에 엄격한 태도를 취하고 있는 우리 판례를 보면, 일견 '법률의 부지'가 '법률의 착오'에 비해 더 비난받아 마땅한 중한 법률의 착오라고 생각되기 쉽다. 그러나 이러한 생각은 잘못된 것이다. 예컨대 싱가포르의 경우는 형법전이 명백히 면책의 효과를 배제하고 있는 것은 '법률의 착오'이기 때문에 해석론상으로는 법률의 부지'는 면책가능한 착오로서 취급될 여지가 있다고 한다.[43] 법률의 부지와

---

43) 이에 대해서는 Kumaralingam Amirthalingam, 앞의 논문, 306면 참조.

법률의 착오를 구분하여 취급하는 견해를 다음과 같이 네 가지로 유형
화 될 수 있다.[44]

- 법률의 착오는 면책사유가 되지만 법률의 부지는 안 된다.[45]
- 법률의 부지는 면책사유가 되지만 법률의 착오는 안 된다.[46]
- 합리적인(reasonable) 법률의 부지와 착오는 모두 면책사유가 된다.[47]
- 진정한(genuine) 법률의 부지와 착오는 '회피가능성' 여부와 상관없이
  모두 면책사유가 된다.[48]

## 2. 네 가지 유형의 논거

### 1) 법률의 착오만 면책사유가 된다는 입장

우선 첫 번째 입장, 법률의 착오는 면책사유가 되지만 법률의 부지는
안 된다는 입장의 근거는 Edwin Keedy에 의해 제시되었다. E. Keedy에 따
르면 일정한 사례에 있어서 법률에 대한 오해(misconception of the law)는
법률의 부지(ignorance)와 법률의 착오(mistake)로 나눌 수 있다고 한다.

그에 의하면 법률의 부지란 법률이 범죄로 규정하고 있는 행위를 범
하는 것, 예를 들어 기혼자가 중혼은 불법이라는 사실을 모르고 재혼을
하는 경우 등을 뜻하고, 법률의 착오란 어떠한 사실의 법적 효과에 대한
오인, 다시 말하면 포섭의 착오(improper application of law to fact)로 인해

---

44) Kumaralingam Amirthalingam, 앞의 논문, 308면 참조
45) E.R.Keedy, Ignorance and Mistake in Criminal Cases, Harvard Law Review, 1908,
    91면 참조.
46) J. Hall, General Principles of Criminal Law, 2nd Editon, 1960, 407면 참조.
47) George Fletcher, Rethinking Criminal Law, 1978, 736~737면 참조.
48) 이는 Kumaralingam Amirthalingam가 유형화한 범주에 속하지는 않지만 그가
    동 논문에서 소개하고 있는 South Africa 최고법원의 판례입장[S v. De Blom
    1977 (3) SA513 (A)]이다. 이에 대해서는 Kumaralingam Amirthalingam, 앞의 논
    문, 303면 참조.

범행을 저지르는 것, 예컨대 전술한 중혼죄 사례에서 기혼자가 자신이 이미 결혼을 했다는 사실이 어떠한 법적 효과를 가져오는지 모르고 재혼을 하는 경우를 뜻한다고 한다.

또한 그에 따르면 법률의 부지는 행위자가 법률에 대해 주의를 기울이지 않아서 그 법률의 행위상황에 적용되는 것을 모르는 경우와, 행위자가 법률을 인식하고는 있었으나 동 법률이 자신의 특정한 상황에는 적용되지 않는다고 믿는 경우의 두 종류가 있다고 한다. 이러한 두 종류의 경우에 행위자는 법률이 범죄로 규정하고 있는 행위를 골랐다는 점에서는 같고 그러므로 '법률의 부지'라는 것이다.

이러한 분류방식에 따르자면 법적 효과에 있어서 '법률의 착오'와 '법률의 부지'는 구분되는데, 왜냐하면 '법률의 부지'는 행위자의 범의(criminal mind)를 부정하지 않는 반면, '법률의 착오'는 그러한 범의를 배제하기 때문이라고 한다. 법률의 부지가 범의를 배제하지 않는 이유는, 법률이 금하고 있는 행위를 의도하는 것은 그 자체가 범의이기 때문에, 설령 행위자가 자신의 행위를 범죄로 규정하는 법규의 존재를 몰랐거나 또 그러한 법규를 인지할 기회조차 없었다고 할지라도 행위자에게 범행당시 자신의 행위의 외부적 의미(physical character)를 알고 있었다면 법률의 부지에도 불구하고 범죄성의 모든 요건은 충족되었다고 한다(despite the ignorance all the elements of criminality are present).

반면 법률의 착오의 경우는 포섭의 착오로 인해 행위상황에 대한 잘못된 판단에 이르게 된 것이므로, 이는 사실의 착오와 유사하고 따라서 범의가 부정된다고 한다.[49]

그러나 E. Keedy의 주장에 대해서 Kumaralingam Amirthalngam은 논리에 반한다고 반박한다. 왜냐하면 E. Keedy가 다루고 있는 사례들은 대부분 범죄의 성립에 위법성의 인식을 요구하는 법률에 관련된 사례들인데, 만일 위법성의 인식(knowledge of illegality)이 범의(mens rea ; criminal mind)

---

49) 이에 대해서는 E. Keedy, 앞의 논문, 88~93면 참조.

의 요소가 아니라고 본다면—커먼로상 대부분의 경우 mens rea에 위법성
의 인식은 포함되지 않는다—법률의 부지와 착오에는 차이가 없게 되기
때문이라고 한다. 이 경우는 착오든 부지든 행위자는 법률이 금하고 있
는 행위를 의도했다는 점에서는 동일하기 때문이다.

## 2) 법률의 부지만 면책사유가 된다는 입장

다음으로 Jerome Hall에 따르면 법률의 부지는 용서되지만 법률의 착
오는 용서받지 못한다고 한다. 그는 E. Keedy와는 정반대로 법률의 부지
의 경우는 행위자의 범의(mens rea)를 부정하게 되어 책임을 면하게 된다
고 주장한다. 반면 착오란 무릇 일정한 인식(acquaintance)과 생각을 바로
잡을 수 있는 기회를 함축하기 때문에, 법률의 착오는 그러한 인식과 기
회를 제대로 활용하지 못했다는 점에서 무모함(recklessness)의 책임을 면
하지 못한다고 주장한다.

Hellen Silving 교수 역시 의식적으로 객관적 법률이 자신의 주관적 생
각과 다르다고 생각하는 사람은 스스로를 합리화(rationalizing)하고 있다
는 평가를 받을 수 있는 반면 법률을 전혀 몰랐던(plain ignorance)자에게
는 그와 같은 자기기만(self-deception)이 존재하지 않는다는 점에 면책의
가능성이 더 높다고 주장한다. 이러한 사고방식은 우리 판례가 단순한
법률의 부지를 용서하지 않는 태도와는 정면으로 배치되는 것이다.[50]

그러나 이에 대해 Kumaralingam Amirthalingam은 다음과 같은 반론을
제기한다. 조금이라도 법을 알기 위해서 노력했던 사람이(법률의 착오)
행위의 위법성에 대해서 생각조차 못해본 사람(법률의 부지)보다는 더
책임 있게 행위한 것이라고 볼 수도 있다는 것이다.

---

50) 이에 대해서는 Hellen Silving, Constituent Elements of Crime, 1967, 371면 참조.

### 3) 합리적인(reasonable) 법률의 착오와 부지는 면책사유가 된다는 입장

세 번째로 법률의 부지나 착오는 그것이 합리적인(reasonable)한 면책될 수 있다는 견해의 고전적 대표자로서 George Fletcher는, E. Keedy나 J. Hall처럼 법률의 착오가 범의를 부정하는가의 여부라든지 착오와 부지가 질적으로 차이가 있다는 등의 본질(nature of mistake)에 대한 논의를 지양하고 - 왜냐하면 이러한 논의는 전술한 바와 같이 저명한 학자들 간에도 정 반대의 결론에 도달할 수 있기 때문이다 - 법률의 착오에 관한 논의를 행위자에 대한 도덕적 비난가능성(moral blameworthiness)의 영역으로 가져와서 합리적인 착오나 부지는 - 그것이 법률의 착오이건 사실의 착오이건 - 모두 면책될 수 있다고 주장한다. 이러한 관점의 전환은 착오와 부지의 구분곤란성이라든지 사실과 법률의 구분곤란성의 문제를 모두 회피할 수 있게 해 주는 장점이 있다고 Kumaralingam Amirthalingam 은 평가한다.

### 4) 진정한(genuine) 법률의 착오와 부지는 면책사유가 된다는 입장

네 번째는 행위자가 진실로(genuinely) 자신의 행위의 위법성을 몰랐거나 그러한 가능성을 예견할 수 없었다면 고의의 성립에 요구되는 범죄적 심리상태가 결여되기 때문에 심지어 그러한 착오나 부지가 회피가능했더라도 면책될 수 있다는 법리다. 이는 1977년 남아프리카공화국최고법원(Appellate Division in South Africa)[51] 판례 이래로 확립된 원칙이다. 이러한 법리는 회피가능성 여부를 따져서 차별적으로 면책가능성을 부여하는 독일의 입법례와는 명백히 구분될 뿐 아니라 모든 사람은 법률을

---

51) 남아프리카공화국 최고법원은 1994년 이후 Supreme Court로 개칭되었다.

알고 있는 것으로 전제되므로 법률의 부지는 용서받지 못한다는 커먼로
상의 전통적 법원칙을 명백히 거부하는 태도인데, 그 근거법리에 대해
남아프리카공화국최고법원은 전통적 법원칙은 남아프리카공화국에서
확립된 범의(mens rea)개념에 부합되지 않기 때문이라고 판시하였다.[52]

## 3. 남아프리카공화국 `De Blom Case` 분석

### 1) 남아프리카공화국 형법의 형성배경

남아프리카 공화국에 있어서 형사법의 발달은 크게 다음과 같은 세
가지 단계를 거쳐 발전되어 왔다고 한다.[53]

- 네덜란드 지배시기(1652~1795) : 1602년 남아프리카공화국 케이프타
  운에 네덜란드의 동인도회사(the Dutch East India Company in the Cape)
  가 설립된 이래 로마-홀란드법(Roman-Dutch Law)[54]이 계수되어 적
  용된 시기.

- 영국 지배시기(1795~1910) : 영국은 1834년까지는 기존의 Roman-Dutch
  Law를 적용하였으나 1910년 이후 영국법의 지대한 영향을 받아 Roman-
  Dutch Law와 English Law가 혼재된 법시스템(mixed system)이 적용된
  시기.

- 남아프리카연방성립 이후 현재(1910~현재) : 1910년 남아프리카연방
  이 결성되고 최고법원(Appellate Divison)이 창설된 이래 20세기 중반
  까지는 영국법, 즉 커먼로가 지배적인 영향력을 행사하였으나 1950
  년대 이후 독일의 현행 형법이론이 전파되어 영향력을 발휘한 시기.

---

52) 이에 대해서는 C.G. van der Merwe & Jacques E. du Plessis & Reinhard Zimmermann,
   Introduction to the Law of South Africa, 2004, 464면 참조.
53) 이러한 시대구분 및 그 특징에 대한 설명으로는, Kumaralingam Amirthalingam,
   Mens Rea and Mistake of Law in Criminal Cases : A Lesson from South Africa,
   University of South Wales Law Journal, Vol.18, 430~431면 참조.
54) 로마-홀란드법은 로마법이 현행법적 지위를 누리고 있는 대표적인 법이다.
   이에 대해서는 최병조, 로마법·민법논고, 1999, 3면 참조.

## 2) 남아프리카공화국의 Mens Rea 개념의 형성 배경

일반적으로 커먼로상의 'mens rea'개념 속에는 위법성의 인식은 포함되지 않는다. 그렇기 때문에 독일식 형법이론적으로 이해하자면 커먼로상의 고의는 위법성 인식을 요구하지 않는다는 점에서 위법성의 인식은 고의와 별개의 책임의 요소로 보는 '책임설'과 유사한 입장으로 평가된다.[55] 그런데 남아프리카공화국 형법이론에서는 일반적인 커먼로상의 입장과 다르게 'mens rea' 개념은 위법성의 인식을 요구한다. 즉 형법이론적으로 '고의설'과 유사한 입장을 취하고 있는 것이다.[56]

남아프리카공화국의 형법이론은 JC de Wet 교수와 HL Swanepoel 교수가 1949년 공저로 집필한 'Strafreg'에서 독일 형법학의 심리적 책임론을 수용한 것을 계기로 1950년대 이래 심리적 책임론이 지배적인 위치를 차지하고 있었다고 한다.[57]

형법이론적으로 볼 때 심리적 책임론은 책임의 내용을 행위자의 심리적 요소, 즉 고의와 과실 등(mens rea)에 국한시켜 이해하기 때문에 소위 '규범적 요소'인 '위법성의 인식'은 고려하지 않는 입장에 있는 이론인 바 이는 전통적인 커먼로상의 mens rea 개념과도 모순되지 않는 이론이기 때문에 남아프리카공화국에서 강한 설득력을 지녔을 것으로 볼 수 있을 것이다.

한편 남아프리카공화국에서는 1959년의 R v Mkize Case 이래 형사책임을 인정하기 위해서는 일반적으로 행위자에게 형법상 책임능력(legal capacity)이 있을 것과 그 행위가 자발적 행위(voluntary)일 것, 그리고 행위의 위법성(unlawfulness)와 고의 및 과실(mens rea)이 갖추어질 것이 요구된다고 보고 있다.[58] 그러므로 '범의(guilty mind)'로 일컬어지는 'mens rea' 개념이

---

55) 이러한 평가로는 Paul K. Ryu & Hellen Silving, 앞의 논문, 443면.
56) Kumaralingam Amirthalingam, 앞의 논문, 428면 참조.
57) 이에 대해서는 Kumaralingam Amirthalingam, 앞의 논문, 434면.

명확히 정의되어야 할 것임에도 불구하고 동 개념은 통일적이지 못하고 모호했기 때문에 오랜 역사에 걸쳐서 동 개념의 정의에 따라 종종 모순된 판결이 내려지기도 했다고 한다.[59]

일반적으로 남아프리카공화국에서도 커먼로상의 전통에 따라 누구나 법률을 인식하고 있을 것으로 추정되기 때문에, 심지어 무고하게 법규를 침해한 경우도(even innocent violation) 행위자에게는 위법성의 인식이 추정되어 형사책임이 인정되어 왔다. 그러나 이러한 형사법상의 대원칙인 무죄추정의 원칙에 정면으로 반하는 모순을 일으키게 되는데[60] 남아프리카공화국은 이러한 딜레마를 위법성의 인식을 'mens rea' 개념 속에 포함시킴으로써 극복하는 입장을 취하게 되었던 것이다.

이러한 변화는 형법이론적으로 고의에 범죄사실의 인식 이외에 '위법성의 인식'을 요구하는 소위 규범적 책임론으로 전회한 것으로 평가할 수 있을 것이다.

### 3) S v. De Blom 1977(3) SA513(AD) 판례 분석과 형법이론적 함의

동 사건은 De Blom이라는 여성이 상당한 액수의 달러지폐와 보석류를 가지고 남아프리카공화국을 출국하려다 공항에서 경찰의 보안 검문과정에서 출국을 위해 요구되는 허가를 받지 아니한 채 상당한 액수의 달러와 보석을 반출하려고 했다는 사실이 밝혀져 환관리법(Exchange Control Regulation) 위반 혐의로 구속된 사건으로서, 그녀는 재판과정에서 자신은 일정한 액수의 금전을 가지고 출국하기 위해서는 관계 당국의 허가가 필요한 사실을 몰랐다고 항변하였다.

남아프리카공화국 최고법원(On appeal to the Appellate Division)에서 Rumpff

---

58) Kumaralingam Amirthalingam, 앞의 논문, 434면 참조.
59) Kumaralingam Amirthalingam, 앞의 논문, 435면 참조.
60) Kumaralingam Amirthalingam, 앞의 논문, 437면 참조.

CJ 판사는 'mens rea' 개념을 논하면서 다음과 같은 세 가지 결론을 통해 피고인에게 일정한 금액을 허가받지 않고 반출하려 했던 점이 대해서는 유죄를, 일정한 보석류를 무허가 반출하려고 했던 점에 대해서는 '법률의 착오'를 인정하여 무죄를 선고하였다.

▫ 법률의 부지는 용서받지 못한다는 전통적 법원칙을 명시적으로 포기한다.
▫ 사실의 착오와 법률의 착오에 구분을 두지 아니한다.
▫ 고의(dolus)를 요구하는 범죄에 있어서는 모든 진정한 착오(any honest mistake)는 'mens rea'를 부정한다. 그러나 과실(culpa)을 요구하는 범죄에 있어서는 오로지 합리적이고 진정한(reasonable and honest) 착오만이 'mens rea'를 부정한다.
▫ 피고인은 착오를 입증할 부담을 지며, 검사는 합리적 의심의 여지가 없이 범행을 입증할 부담을 진다.[61]

De Blom case는 커먼로 계통의 국가에서는 전통적 법원칙을 명시적으로 거부하고 멘스레아(mens rea) 개념을 위법성의 인식을 포함하는 것으로 재구성했다는 점에서 대단히 선구적인 리딩 케이스로 널리 인용되고 연구되어 오고 있다.

그렇지만 동 판례에 대한 비판론도 적지 않은데, 대표적으로 Whiting은 만약에 고의를 요구하는 범죄에 있어서도 합리성 요건(reasonable test)을 두어 제약하지 않게 되면 예컨대 고의살인(murder)에 있어서 그 착오가 비합리적일지라도 De Blom 판례에 따라서 행위자는 법률의 착오가 인정되어 고의가 조각되므로 기껏해야 과실살인(manslaughter)으로만 처벌될 수 있겠지만, 이 경우 만일 합리성 요건을 부과한다면 행위자는 어디까지나 고의범으로 처벌되며 단지 정상참작의 여지만이 남게 되는데 결국 De Blom에서 제시된 착오이론은 행위자에게 지나치게 면책의 범위를 넓힌다는 것이다.

---

61) 동 판례 전문에 대해서는 S v. De Blom 1977(3) SA513(AD) ; 동 판례에 대한 소개와 정리로는 Kumaralingam Amirthalingam, 앞의 논문, 437~439면 참조.

더구나 고의살인의 미수범에 있어서 행위자의 착오가 비합리적이라
도 행위자는 고의가 조각되어 완전한 면책에 이르게 되는데 이는 명백
히 정의감정에 반한다는 것이다.[62]

비단 학자들의 비판뿐만 아니라 실무에 있어서도 De Blom case 이후의
후속판례는 좀처럼 행위자에게 De Blom case에서 확립된 원칙을 적용하
기를 꺼려했는데 이는 Whiting이 지적한 것과 같은 이유에서 행위자의 착
오에 합리성 요건을 부과하는 것이 바람직하다는 우려감 때문인 것으로
분석된다. 특히 De Blom case에서 제시된바 있는 '특수한 직업영역에 요구
되는 합리성 원칙(specialised-activity rule)을 모든 사안에 적용함으로써 착
오의 인정범위를 축소시키려는 시도를 판례는 해오고 있는데, 그러나 이
러한 시도는 전술한 De Blom에서 제시된 네 가지 원칙상 과실이 요구되
는 범죄에만 합리성 테스트가 요구되므로 명백한 오류라고 한다.[63]

Kumaralingam Amirthalingam은 다음과 같은 이유에서 R.C. Whiting이 제
기한 우려감을 떨쳐버려도 무방하다고 주장한다. 우선 De Blom case에서
보면 알 수 있듯이 De Blom에게 모든 혐의에 있어서 무죄가 선고된 것
은 아니다. 단지 보석류에 대한 반출허가를 받지 않은 점에 대해서만 착
오항변이 인정되었을 뿐 달러지폐의 반출허가를 받지 않은 점에 대해서
는 유죄가 인정되었다는 점에 주목한다.

이는 De Blom에서 확립된 새로운 법리를 적용하더라도 언제나 행위자
에게 유리한 결과가 발생하는 것은 아니라는 사실을 명확히 보여주는데,
그 이유는 비록 판례에서 고의를 요구하는 범죄에 있어서는 그것이 합
리적이든 비합리적이든 상관없이 오직 진정한 착오(honest mistake)일 것
으로 충분하다고 보지만 그 이면에 있어서 판례는 "착오가 증거로부터
합리적으로 추론될 수 있는 경우에만" 진정한 착오는 완전한 면책사유
가 된다고 봄으로써[64] 실제로는 비록 실체법상은 아니지만 절차법상으

---

62) R.C. Whiting, Changing the Face of Mens Rea, South African Law Journal, Vol.95, (March) 1978, 6~7면 참조.
63) 이에 대해서는 Kumaralingam Amirthalingam, 앞의 논문, 441면 참조.

로 '합리성 요건'을 피고인에게 부과하고 있기 때문에 불합리한 형사처
벌의 공백발생의 염려는 기우에 지나지 않는다는 것이다.[65] 이와 관련
De Blom case는 주문에 이렇게 설시하고 있다.

> "If the accused wishes to rely on a defense that she did not know that her act
> was unlawful, her defence can succeed if it can be inferred from the evidence as
> a whole that there is a reasonable possibility that she did not know that her act
> was unlawful(피고인이 법률의 착오로 항변을 하는 경우에는 그 항변은 그
> 피고인 이 자기 행위의 위법성을 알지 못했다는 합리적 가능성이 존재한
> 다는 사실이 증거로부터 추론될 수 있을 때에만 성공할 수 있다)"[66]

Kumaralingam Amirthalingam에 따르면 실제로 남아프리카공화국의 후
속판례들을 보더라도 De Blom case로 인해 법률의 착오로 긴한 항변이
남발할 것이라는 학자들이나 판사들의 우려감과는 달리 그러한 착오항
변이 받아들여진 예는 극히 드물다고 한다.[67]

## 4) 소결론(Cheek v. United States case와의 비교)

남아프리카 공화국의 De Blom case는 오늘날 법계를 막론하고 법률의
착오가 인정되기 위해서는 그러한 착오에 정당한 혹은 상당한 혹은 합

---

64) Kumaralingam Amirthalingam, 앞의 논문, 438면.
65) 이에 대해서는 Kumaralingam Amirthalingam, 앞의 논문, 441면.
66) 동 판결문 원문은 서울대학교에 방문교수로 재직 중인 Merwe 교수가 남아
프리카공화국에 연락을 취하여 마이크로필름 사본을 보내주심에 힘입어 입
수할 수 있었다. 판례원문은 네덜란드어와 영어가 병기되어 있다. Merwe 교
수는 동 사안이 혹시 남아프리카공화국의 인종격리(차별)정책(apartheid)과
관련되지 않느냐는 필자의 질문에 De Blom은 이름으로 볼 때 흑인은 아니
면 백인 특히 Creole(남아공 태생의 프랑스인)일 것이라고 추측하면서 그러
나 동 사안은 전적으로 법리적인 문제(just legal question)와 관련된 것이며 인종
차별정책과는 무관하다고 생각한다고 답변해 주었다. 이 자리를 빌어 Merwe
교수의 많은 조언과 도움에 감사를 드린다.
67) 이에 대해서는 Kumaralingam Amirthalingam, 앞의 논문, 440건 참조.

리적인 이유가 있어야 한다는 입법례 및 판례가 일반적인 경향임을 고
려할 때 착오자를 용서할 만한 사유가 없더라도 그의 착오가 진정한
(honest, genuine) 것이기만 하다면 착오자는 면책시켜야 한다는 태도를 취
하고 있다는 점에서 상당히 진보적인 판례로 평가될 수 있는 것은 분명
하다고 본다.

　그러나 회피불가능성 여부와 관계없이 법률의 착오가 진정한 것이기
만 하면 용서받을 수 있다는 판례는 이미 1900년 이전에도 간헐적이긴
하지만 Vaughan v. State case, Myers v. State case, Baker v. State case, Causey
v. State case, Brown v. State case, 그리고 State v. Barrackmore case 등에서 찾
아볼 수 있으며,[68] 19세기 후반의 독일 학자인 v. Wächter의 이론에서도
찾아볼 수 있는바, De Blom case가 착오론의 역사적 전개과정에서 전혀
찾아볼 수 없었던 완전히 새로운 법리를 제시한 것은 아니다. 특히 동
판례가 제시한 법리는 결론에 있어서 엄격고의설과 유사한 내용이라는
점에서 더욱 그러하다.

　한편 남아프리카공화국 최고법원의 De Blom case와 미연방대법원의
Cheek v. United States case는 착오자가 주관적으로(subjectively) 옳다고 생
각했다면 착오자를 면책시키는 법리를 취했다는 점에서 공통점을 보여
주고 있다. 그러나 두 판례는 다음과 같은 점에서 차이가 있다고 본다.

　첫째, De Blom case는 형법상 일반적 개념인 mens rea에 수정을 함으로
써 mens rea가 요구되는 모든 범죄에 일반적으로 적용될 수 있는 계기가
되었지만 Cheek case는 '고의적으로(willfully)'라는 법문이 포함된 조세범
에 한해 제한적으로만 적용될 수 있다는 점에서 큰 차이점을 보인다.

　다음으로 De Blom case는 착오자에게 주관적 기준을 적용함으로써 초
래될 수 있는 형사정책적 결함이 '증거로부터의 합리적 추론'이라는 소
송법적 제한에 의해 극복될 수 있다는 입장을 취하고 있지만, Cheek case
는 '주관적 합리성이 법에 대한 단순한 거부(disagreement)'의 정도에 이르

---

68) 이에 대해서는 Edwin R.Keedy, Ignorance and Mistake in the Criminal Law, Harvard
　　Law Review, December, 1908, 85면 주5) 참조.

지 않아야 한다는 제약을 통해 마찬가지로 형사정책적 결함을 극복하고 있다는 점에서 차이점을 보이고 있다.

De Bom case는 최고법원을 통해 모든 범죄에 있어서 비합리적이더라도 진정한(unreasonable but honest) 법률의 착오는 면책될 수 있다는 법리를 제시했다는 점에서는 분명 착오론의 역사에 있어서 획기적인 판례임에는 분명하다고 본다.

다만 동 판례 이후 남아프리카공화국의 후속판례에서는 De Blom case에서 제시한 법리를 그대로 적용하지 않고 과실범뿐만 아니라 고의범에 있어서도 '특수한 직업영역에 요구되는 합리성 원칙(specialised-activity rule)'을 요구하여 일정한 합리성 요건을 추가적으로 적용하고 있는 점,[69] 그리고 1995년 'Mens Rea and Mistake of Law in Criminal Cases: A Lesson from South Africa'라는 논문을 통해서는 전술한 판례의 입장을 적극적으로 지지했던 Kumaralingam Amirthalingam 역시 2002년에 이르러서는 'Ignorance of Law, Criminal Culpability and Moral Innocence: Striking a Balance between Blame and Excuse'란 논문에서 합리성 요건(reasonableness)을 도입하는 것이 가장 이상적인 법리라는 태도로 전회했다는 점[70]에서 De Blom case가 제시한 착오법리는 남아프리카공화국에서의 성공여부를 통해 장기간에 걸쳐서 실증적으로 검토되어야 할 문제라고 생각한다.

## 4. 착오와 부지의 구분 및 차별적 취급의 한계

착오와 부지가 구분되는 개념임은 고대 그리이스의 착오이론, 특히 Plato의 대화편[71]에서도 논급되고 있음은 전술한 바와 같다(본고 제2장

---

69) Kumaralingam Amirthalingam, Mens Rea and Mistake of Law in Criminal Cases : A Lesson from South Africa, University of South Wales Law Journal, Vol.18, 441면.

70) Kumaralingam Amirthalingam, Ignorance of Law, Criminal Culpability and Moral Innocence: Striking a Balance between Blame and Excuse, Singapore Journal of Legal Studies, 2002 참조.

제1절-Ⅰ). 그리고 카논법에서도 착오와 부지는 개념적으로 명확히 구분되고 있었다.

그러나 착오와 부지가 개념적으로 구분되는 것과 양자를 다르게 취급해야 하는 것은 논의의 차원을 달리 한다고 본다. 왜냐하면 착오와 부지는 관점에 따라서는 얼마든지 비난가능성의 정도가 양자간에 상반되게 평가될 수 있기 때문이다. 이미 앞서 살펴본 바대로, E. Keedy는 부지의 비난가능성이 더 크다고 본 반면에, Plato나 Jerome Hall, 그리고 Hellen Silving 등은 착오의 비난가능성이 더 크다는 입장에 서 있다.

우리 대법원 판례는 단순한 법률의 부지를 보다 엄격하게 취급하는 태도를 취함으로써 일견 착오에 비해 부지를 보다 더 엄격히 다루려는 입장에 서 있는 것으로 보이나 이는 반드시 옳은 태도라고만은 할 수 없음은 자명하다고 본다. 로마법은 물론 커먼로 전통하에서도 착오와 부지를 달리 취급하는 법리는 찾아볼 수 없으며 더욱이 카논법에서는 착오와 부지는 물론 부주의까지도 모두 동일하게 취급하려는 태도를 보이고 있음(현행 카논법 1323조 제2항)에 비추어 더욱 그러하다.

카논법적 이해방식에 따르자면 착오와 부지가 동등하게 취급되어야 하는 이유는 착오는 대부분 부지에서 비롯되기 때문이라고 한다.[72] 이와 동일한 맥락에서 보면 착오와 부지는 '정당한 이유' 혹은 '회피가능성' 여부에 따라서 그 비난가능성이 결정되어야 한다고 말할 수 있을 것이다.

예컨대 착오가 법률에 대해 어느 정도 인식이 있는 사람의 자기합리화 과정 속에서 발생했다면 이는 비난가능한 착오가 될 것이지만 주의의무를 다하여 관련 법규를 이해하기 위해 노력하였으나 해당 법규의 난해성(難解性) 등으로 인해 그에 대한 완전한 해석이 불가능하여 발생한 경우라면 이는 회피불가능한, 따라서 용서받을 수 있는 착오가 될 것

---

71) Plato, Nomoi 863a~863d.
72) Amleto Giovanni Cicognani, Canon Law, 1934, 595면 참조.; 그리고 이와 유사한 이해방식의 연장선상에 서 있는 견해로는 조국, 법률 간의 부정합과 금지착오, 이재상 교수 화갑기념논문집, 509~510면 참조.

이다. 마찬가지로 부지 역시 행위자가 만연한 태도록 일관하여 자신에게 요구되는 관련 법규를 인식하지 못한 경우는 비난가능한 부지가 될 것이지만, 반대로 천재지변 기타 외부적 부수사정 등으로 인허 관련 법규에 대한 인식이 전혀 없었던 경우에는 이는 회피불가능한 부지가 된다고 본다.

요컨대 착오와 부지는 개념적으로는 명백히 구분되지만, 양자의 법적 취급에 있어서는 정당한 이유 또는 회피불가능성 여부에 따라서 개별적으로 평가되어야 하며 결코 일률적으로 양자의 비난가능성의 정도를 획정할 수는 없다고 생각된다.


# V. 시민의 사법참여와
# 형법 제16조의 해석에 대한 전망

## 1. 영·미의 배심제도와 법률의 착오

제5장에서 살펴보았듯이 배심제도를 채택하고 있는 미극이나 영국의 실무상 법률의 착오(부지)를 인정함에 있어서 우리 판례의 입장과 비교해 볼 때 비슷한 정도이거나 오히려 보다 엄격히 제한적으로만 피고인의 착오항변을 인정해 주고 있다는 것을 확인할 수 있었다. 이러한 사실은−비록 영미권 판례 전부를 조사하지는 못하였기 때문에 어느 정도 판단의 한계는 있겠지만−배심제를 채택함으로써 시민의 자유와 권리를 보다 철저히 보장해 주는 법률해석이 가능하리라는 일반적인 선판단과는 부합되지 않는 결과이다.

일반적으로 배심제도를 도입하면 국가기관으로서의 관료법관이 국가본위적 요구를 반영하는 판결을 내리는 것을 지양하고 일반시민의 소박한 입장에서 개인자유가 보다 충실히 보장되는 사법판단이 내려지리라는 기대와 전망을 품게 된다. 대표적 예로서 한인섭 교수는 배심제의 장점을 다음과 같이 내다본다.

> "법관은 '헌법과 법률에 의하여 그 양심에 따라 독립하여 심판한다'(헌법 제103조). 그런데 직업적 법관은 치열한 양심의 고민보다 실정법이 적용에 치중하는 경향이 있어 왔으며, 하나의 사법관료로서의 법관은 선례에 구속되고, 국가공무원으로서 국가의 요구를 보다 더 이해하기 쉬운 경향이 있다. 형사법의 경우를 예로 들자면, 위법성조각사유를 극히 제한적으로만 인정한다든가, 기대불가능성을 이유로 한 책임조각사유가 있음을 인정하는데 매우 인색하다든가, 법률의 착오와 관련하여 불벌사유를 극히 드물게만 인정한다든가 하는데서 우리는 법원이 개인자유의 옹호보다 국가편의주의의에 기울어지는 면을 보아오고 있다. 거기서 국가의 요구가 아닌 시민 자신의 입장에서 지킬 수 있는 규범의 기준으로 형사법 전반을 재해석할 필요가 있다고 생각한다. 그러나 관료사법이 여전히 통용되는 분위기에서 그런 해석상의 재정향이 용이하지 않다. 그러나 배심제하에서는 시민이 준수하기 어려운 내용을 형법의 이름으로 강요하는 것을 용납하기 어려울 것이다"[73]

그런데 법률의 착오에 대한 영미권의 판례분석은 분명 이러한 기대와 전망에 배치되는 결과를 보여 주고 있는 것이다. 수백 년에 걸쳐 시민의 자유를 보다 철저하게 수호키 위해 배심제를 정착·운용해 왔던 영국과 미국의 형사사법제도 하에서 이와 같은 결과가 초래되는 것은 과연 어떤 이유 때문인가? 이에 대한 면밀한 분석이 필요하다고 본다.

## 2. 개인자유의 옹호의 최후보루로서의 배심제도

한인섭 교수도 지적한 바 있지만, 배심제도가 전적으로 관료법관에 의한 판결 의지하는 것보다는 시민자유의 옹호를 위해 유효하다는 점은 배심제 운용의 역사적 실례나 배심제가 배심원에게 부여하는 권한에 비추어 보아도 분명하다고 생각한다. 예컨대 미국에서는 소득세 탈세사건

---

73) 한인섭, 배심재판과 형사절차의 변화전망, 법과 사회 제25호, 2003, 47면 참조.

에서 한 피고인이 탈세범행 후 기소되기 전까지 집에 화재가 발생하여
부인은 중화상을 입고, 아들은 사망하였으며 피고인 자신도 다리를 절단
하게 되고, 새로 출산한 아이는 뇌성마비에 걸린 채 태어나는 등 잇따른
불운이 겹치자 배심원들은 그 피고인이 이미 천형(天刑)을 받았다고 판
단하여 무죄의 평결을 내린 사례가 있는데, 이는 법적 안정성에 치우치
기 쉬운 직업법관에 의한 재판보다 일반시민의 건전한 상식을 바탕으로
구체적 타당성을 실현하는 데 있어 배심제가 보다 적극적인 기능을 할
수 있음을 보여준다.[74]

　나아가 배심원은 어떠한 행위가 위법하다고 해도 특별한 상황에서는
비난가능성이 없다고 판단되면 무죄 평결을 내릴 수 있다.[75] 우리 식의
형법이론적으로 표현하자면, 기대가능성을 이유로 무죄평결을 내릴 수
있다는 것이다. 이처럼 시민의 자유와 권리를 보장하려는 배심제도의 핵
심적 가치는 '배심에 의한 법적용 거부(jury nullification)'에 의해 화룡점정
(畵龍點睛)에 이른다. 'jury nullification'이란 특정한 법률이 정의롭지 못하
거나 그 법률을 특정한 사안에 적용할 때 현저히 부당한 결과가 초래될
경우 피고인을 무죄방면시킬 수 있는 배심원의 권한을 말한다.[76] 이를
두고 Devlin은 다음과 같은 수사(修辭)를 동원해 가며 '자유의 등불'로 의
미를 부여했다.

　　"폭군이 최초로 목표로 삼는 것은 의회를 완전히 그의 의사에 종속시
키는 것이고, 이어 배심재판을 타도하거나 축소시키는 것이다. 왜냐하면
폭군이라면 누구라도 인민의 자유를 12명의 시민의 손에 맡기는 것을 참
을 수 없기 때문이다. 따라서 배심재판은 단순한 사법제도 이상의 것이고,
헌법의 한 수레바퀴 이상의 것이다. 그것은 자유로운 생활을 비추는 등불
이다"[77]

74) Harry Kalven Jr. & Hans Zeisel, The American Jury 305. 이러한 판례의 소개로
　는 성선제, 미국의 형사배심제도, 서강법학연구 제5권 194면 참조.
75) Lord Griffith, The Politics of the Judiciary, 1987, 12면.
76) 이에 대해서는 한인섭, 앞의 논문, 47면 ; 박홍규, 영국의 배심제, 영남대
　학교 사회과학연구 제19집 제2권, 19면 참조.

이처럼 배심제도는 시민의 자유와 이익을 보호하기 위해서 재판에 구체적 타당성을 기할 수 있도록 운용되는바, 그 방식은 첫째, 배심원의 소박한 상식에 의해 피고인에게 이미 형벌에 상응하는 — 그 이상의 — 불운이 가해졌다면 실정법에 얽매이지 않고 일반시민의 건전한 상식에 따라 당해 피고인에게 무죄평결을 내리거나 둘째, 이른바 초법규적 기대가능성의 법리를 적용해 피고인의 행위가 위법하더라도 당해 사안의 특수성으로 인해 피고인에게 비난가능성이 없는 경우에는 피고인을 무죄로 할 수도 있고, 나아가 궁극적으로 실정법 자체가 부정의롭거나 특정한 사안에 있어 부당한 결론을 초래할 때에는 그 법규의 적용을 거부하는 방식 등의 세 가지이다.

따라서 바로 이러한 방식으로 배심제도는 시민의 자유와 이익을 확장시킬 수 있다는 점에서 배심제도의 도입으로 인해 우리 형법 제16조의 '정당한 이유'의 범위를 넓힐 수 있다는 기본가정은 타당한 측면을 지닌다고 본다. 그런데 어째서 영미권의 형사실무는 이러한 기본가정과 배치되는 결과를 나타내 주고 있는 것일까? 그것은 무엇보다도 피고사건이 배심에 회부되는 구체적 맥락에서 찾아볼 수 있을 것이다.

만일 피고사건이 폭압(暴壓)적 국가권력에 의해 무고한 피고인을 단죄하려는 상황이라면 배심원은 분명 피고인의 '정당한 이유'를 최대한 확대해석하여 피고인에게 무죄평결을 내릴 것이다. 우리나라의 예를 들자면, 6·25 전쟁발발 직후 부역자처벌을 위해 내려졌던 '비상사태하범죄처벌에관한특별조치령'에 의하면 죄형법정주의를 벗어난 포괄적·망라적 구성요건으로써 부역자의 성립요건을 규정하고, 이의 신속한 처벌을 위해 적법절차를 무시한 채 기소 후 20일 내에 단심제(單審制)에 의해 졸속재판을 가능케 하였으며, 그 형량 또한 사형, 무기 또는 10년 이상의 유기징역으로 엄중하였던바, 동령의 집행으로 인해 2000여 명 이상이 사형선고를 받았다는 역사적 사실에 비추어 이와 같은 반인권적 악법의

---

77) Patric Devlin, Trial by Jury, 1956, 164면.

적용은 만약 배심제도가 공고히 자리잡고 있었다면 충분히 제거될 수 있었을 것이다.[78]

마찬가지로 현행의 국가보안법 역시 그 적용의 부당성이 일반 시민의 건전한 상식에 부합되는 한 배심제를 활용하면 국가기관의 자의에 의한 권위주의적 형사처벌로부터 피고인의 자유와 이익을 보호할 수 있다고 본다.

요컨대 전시(戰時)와 같이 국가안위를 명분으로 내세워 국가권력의 남용이 기승을 부리게 되는 상황이거나, 시대상황에 수응하지 못하는 국가본위적 법규의 적용이 문제되는 상황에서는 배심제도는 분명 시민의 자유와 이익을 보호할 수 있는 견고한 방파제 구실을 할 것은 분명하다고 본다. 그렇다면 전시 등의 특수한 역사적 상황이 아닌 평시의 일반적 법규의 적용에 있어서는 과연 배심원은 어떠한 평결의 경향을 보일 것인가? 이에 대해 살펴보기로 한다.

## 3. 영·미 형사소송구조 및 규칙회의주의(Rule-Skepticism)와 법률의 착오

배심제도는 분명 이처럼 우리 형법 제16조의 해석과 관련해서도 시민의 자유와 이익을 보호할 수 있는 제도임에도 불구하고 엉미권의 판례경향은 이와 일치하지 않는 결과를 보여주고 있는 점에 더해서 다음과 같은 원인 분석이 제시되어 있다. 우선 대륙법계 특히 독일 및 프랑스와 다른 영미권의 형사소송구조의 차이 때문에 위와 같은 결과가 발생한다는 것이다.

독일은 기소법정주의(legality principle)를 채택함으로써 범죄혐의와 소송

---

78) 비상사태하범죄처벌에관한특별조치령의 제정과 내용 및 집행결과에 대한 분석과 비판으로는 한인섭, 한국전쟁와 형사법, 서울대법학, 제41권 2호, 2000, 139면 이하 참조.

조건이 구비되어 유죄판결의 가능성이 있을 때 검사에게 재량권을 부여하지 않고 반드시 공소를 제기해야 하는 의무를 부과하고 있는데 반해, 영미법계 국가 중에서 특히 미국의 경우는 검사에게 그러한 의무를 부과하지 않고 있으며 또한 검사는 광범위한 유죄협상(plea bargaining)의 재량이 인정됨으로써 실제상 기소편의주의에 입각해 있고, 영국은 사인 소추주의를 원칙으로 하므로 사실상 많은 범죄가 기소되지 않는 결과를 초래하기 때문에[79] 영미의 경우는 독일에 비해 합리적 이유가 있는 법률의 착오(reasonable error juris)에 빠진 자가 일반적으로 기소되지 않는 경향이 강하다는 것이다. 왜냐하면 합리적 이유가 있는 법률의 착오가 있는 행위자는 반드시 유죄판결의 가능성이 있다고 볼 수는 없기 때문에 기소편의주의에 의해 공소가 제기되지 않는 경우가 많아진다는 것이다.

따라서 영미의 형사소송실무상의 이러한 특성으로 인해 결과적으로는 범죄자 처벌에 공백을 가져오게 될 수밖에 없는데 따라서 영미권의 판례는 기소법정주의를 취하고 있는 국가에 비해 법률의 착오를 보다 엄격한 요건하에서만 인정하게 되는 경향을 띠게 된 것이라고 한다.[80]

또 다른 논변으로 제시된 것은 바로 규칙회의주의(Rule-Skepticism)가 영미권 판례로 하여금 법률의 착오를 인정함에 인색한 태도를 취하게 만들었다는 분석이다.

Gunther Arzt는 미국에서 "법률의 부지는 용서받지 못한다"는 전통적 법원칙이 20세기까지도 강력한 힘을 발휘할 수 있었던 배경으로 규칙회의주의에 주목하면서 규칙회의주의는 바로 법적 불확실성으로부터 법률의 착오에 빠진 피고인을 정당화 해주는 기능을 하기 때문에 만일 법에 대한 피고인의 주관적 해석을 너무 지나치게 배려해 주게 되면 법이 무

---

79) 기소법정주의와 기소편의주의의 소개와 장단점의 비교에 대해서 신동운, 형사소송법[제3판], 2005, 263면 ; 정웅석, 형사소송법, 2003, 379면 참조.
80) 이러한 분석의 논변에 대한 소개로는 Gunther Arzt, Ignorance or Mistake of Law, The American Journal of Comparative Law, Vol.24, 1976(가을호), 651~653면 참조. 그러나 Arzt 자신은 이러한 논변에 찬성하지 않는다고 밝히고 있다.

엇인지는 확정하는 법원의 권위가 흔들리게 되는 관계로 법원은 스스로의 권위를 지켜내기 위해서 법률의 착오의 인정에 인색하게 되었다고 분석해 낸다.[81]

## 4. 배심제도의 구조와 법률의 착오

그러나 배심제도하에서 법률의 착오가 예상보다 인색하게 인정될 수밖에 없는 이유는 보다 근원적으로는 영·미 배심제도의 운용상의 특성에서 기인한다고 본다. 영국의 경우는 배심에 회부되는 범죄는 모살, 고살, 강간, 강도, 상해치사, 방화치사 등의 '정식기소 범죄(indicable offence)'와 피고인의 선택에 의해 형사법원이 또는 치안판사법원 어느 쪽에서도 심리될 수 있는 절도나 중상해 그리고 강제추행 등의 '선택가능 범죄(offences triable-either-way)'의 두 유형에 한정되고,[82] 미국의 경우 배심에 의한 재판은 경미한 범죄(petty offence)에는 적용되지 않고 중죄(felony)에만 적용된다는 미국연방대법원의 판례[83]에 따라 중죄만이 배심에 회부될 수 있는바,[84] 중죄란 보통법상 동산 및 부동산의 전부몰수라는 형벌로써 처벌될 수 있는 범죄, 예컨대 살인죄나 강도, 강간 및 방화와 절도의 죄 등으로서 이는 모범형법전의 규정에 따르면 사형 또는 1년 이상의 징역에 처할 수 있는 범죄들이다.

이와 같이 미국과 영국에 있어서 배심에 회부될 수 있는 범죄의 특징은 우리식의 표현으로 분류하자면 소위 '자연범(自然犯)'에 해당한다. 물론 그 범주에 있어서 다소의 차이는 있을 수 있지만 이 범죄들은 범죄성이 누구에게나 명백히 징표되는 범죄라는 점에서는 자연범으로 보아도 큰 무리는 없을 것으로 판단된다.

---

81) Gunther Arzt, 앞의 논문, 652면 참조.
82) 박홍규, 앞의 논문, 3면 참조.
83) Duncan v. Louisiana, 391 U.S. 145 (1968).
84) 이에 대해서는 성선제, 앞의 논문, 179면 참조.

자연범의 특징은 법정범 내지 행정범과는 달리 그 불법성 내지 범죄성이 누구에게나 쉽게 인지될 수 있기 때문에 이에 대해 위법성의 인식이 없었다는 항변은 받아들여지기 어렵다. 따라서 영미권의 배심제도 하에서는 배심에 회부되는 범죄를 '정식기소 범죄' 및 '중죄' 즉, 자연범에 한정하고 있는 제도운용의 특성상 피고인이 이러한 범죄로 기소되어 있는 한은 '법률의 착오 항변'이 받아들여질 가능성은 거의 없다고 본다.

요컨대 영미의 배심재판 하에서 '법률의 착오'항변이 받아들여지기 어려운 제도적 이유는 배심에 회부될 수 있는 범죄를 '자연범'에 국한시키고 있기 때문이라고 분석할 수 있다. 그리고 이러한 분석은 1852년의 오스트리아 형법 제3조가 "행위자는 중범죄(felonies)에 관한 법에 대해서는 법률의 부지를 이유로 면책될 수는 없다. 왜냐하면 중범죄의 위법성에 대한 착오는 발생할 수 없기 때문이다"라는 가치결단을 내렸던 역사적 입법례가 존재했다는 사실에서도 그 타당성을 찾을 수 있다고 본다.[85]

## 5. 법관의 설시(instruction)기능과 법률의 착오

그러나 배심제도의 구조적 특성에 의해 배심에 회부되는 범죄가 대부분 자연범에 한정되기 때문에 영미에서 법률의 착오가 좀처럼 인정되지 않고 있다는 분석은 일정한 한계를 지닌다. 왜냐하면 제1장의 역사적 전개과정에서 살펴보았듯이 독일의 경우 제1차 세계대전 당시 나치의 명령을 받은 군인이 유태인을 학살하도고 살인죄에 대한 착오의 항변을 제기했던 예만 보더라도 자연범이라고 해서 법률의 착오가 전혀 인정될 여지가 없다고 보기는 어렵다.

다음으로는 역시 제1장의 커먼로 국가에서의 착오론의 전개과정에서

---

85) 법률의 착오를 항변사유로 인정하지 않는 대표적 입법례로서 1852년 오스트리아형법을 소개하고 있는 글로는 Paul K. Ryu & Hellen Silving, Error Juris: A Comparative Study, Chicago Law Review, Spring 1957, 432~433면 참조.

살펴본 바 있듯이 미국의 경우 전형적인 행정범으로 볼 수 있는 조세범이라고 하더라도 배심에 회부되지 못하는 것은 아니며 더욱이 1991년의 Cheek v. United States case에서 배심원단이 피고인의 혐의를 부정하는 것이 옳다는 방향으로 견해를 모으더라도 법관의 지속적인 설시(instruction)를 통해 배심원단이 오히려 설득당해 피고인에게 유죄평결을 내리는 과정을 보면, 배심원들이라도 법관의 법적 견해에 압도되어 피고인에게 정당한 이유를 인정하지 않게 되는 경우도 분명 존재하기 때문에 배심원과 법관이 '설시'를 통해 상호 의견을 교환하는 과정에서 법률의 부지는 용서받지 못한다는 커먼로상의 전통적 법원칙이 배심원에게 주입될 가능성을 배제할 수는 없다고 본다.

그러므로 배심제도하에서라도 언제나 피고인에게 유리한 방향의 판결이 내려지리라고 기대할 수는 없다고 본다.

## 6. 소  결

이미 서문에서 각주로 소개한 바 있지만 H. Jescheck 교수는 프랑스는 형법 제122조 3항에 "회피불가능한 법률의 착오에 의하여 적법하게 행위할 수 있는 것으로 믿었음을 증명하는 자는 형사책임을 지지 아니한다"라는 명문의 조항을[86] 두고 있음 있음에도 불구하고 판례는 여전히 "Error juris nocet"이라는 전통적 법원칙을 고수하는 입장을 취하고 있고, 영미의 사법실무는 '법률의 착오'의 인정에 매우 인색한 형편이라는 평가를 내린바 있는데 이는 영미권의 판례의 경향에 대한 본고의 입장과 일치한다고 본다.

특히 영미권의 판례 경향이 법률의 착오를 크게 고려하지 않고 있는 원인에 대해서 본고는 첫째, 영미의 형사소송구조의 특성상 법률의 착오가 제한적으로만 인정될 수밖에 없다는 점을 제시해 보았고, 둘째, 미국

---

86) 이에 대해서는 법무부, 프랑스 신형법, 1996 참조.

의 경우 규칙회의주의에 대한 법원의 대처방식으로 인해 법률의 착오항
변이 받아들여지기 어려웠다는 역사적 맥락도 소개해 보았으며, 셋째로,
배심제도의 구조상 '중죄'만이 배심에 회부될 수 있기 때문에 대부분
'자연범'에 해당하는 '중죄'에 대해서는 법률의 착오가 당연히 거의 인
정되지 않을 것이며, 넷째 법관의 설시(instruction) 기능이 존재하는 한 배
심원들도 법관의 견해에 설득당할 가능성을 배제할 수 없기 때문이라는
분석을 해 보았다.

이에 대해 유기천 교수와 Hellen Silving 교수는 보다 거시적인 정치철
학적인 분석을 보여주었다. 이미 K. Binding은 절대적인 국가권력(absolute
state power)의 성장과 주권(Sovereignty)개념의 등장으로 인해 국가는 법의
제정과 적용에 있어 독점권을 누리게 됨으로써 개인에 의한 '법률의 착
오' 항변은 거의 받아들여질 여지가 없게 되었다는 정치철학적 분석을
시도한 바 있지만[87] 유기천 교수와 Hellen Silving 교수는 이러한 생각을
더욱 발전시켜 국가 주권(sovereignty of state)개념이 법의 지배(sovereignty
of law)란 개념형태로 변모된 나라들은 국가 주권이 누릴 수 있는 특권들
이 고스란히 법의 지배형태로 발현되는 관계로 이러한 변화가 가능했던
나라들, 특히 미국이나 프랑스에서는 "법률의 부지는 용서받지 못한다
(Error juris nocet)"는 전통적 법원칙은 "법은 모든 것에 대해 우세해야 하
기 때문에(the law must be paramount) 법에 대한 착오는 인정될 여지가 없
다"는 이론에 의해 전승되고 또 정당화되었다고 분석해 낸다.[88]

이상으로 배심제를 채택하고 있는 영미권의 판례가 법률의 착오에 엄
격한 입장을 보이고 있는 이유는, 이론사적 맥락에서는 규칙회의주의에
대한 법원의 대응, 소송구조상으로는 기소편의주의 및 배심제에 회부되
는 범죄의 성격 및 법관의 설시, 그리고 법의 지배원칙이 확립된 국가의
법문화 등에서 찾아볼 수 있다고 정리할 수 있다.

---

87) Karl Binding, Normen und ihre Übertretung, Band Ⅲ, 1908, 70~71면, 78~79면
참조.
88) Paul K. Ryu & Hellen Silving, 앞의 논문, 431~432면 참조.

　그렇다면 우리나라가 만일 배심제도를 채택한다면 우리 형법 제16조
의 해석에 어떠한 변화를 가져오게 될 것인가? 앞서 우리 판례가 '단순
한 법률의 부지'는 '법률의 착오'와 구분하여 예외없이 처벌하고 있다는
점은 전술한 바와 같다. 이 경우 '단순한 법률의 부지'가 정당한 이유가
없는 혹은 만연한 법률의 부지를 뜻하는 한에서는 우리 판례의 입장은
긍정적으로 평가할 수 있다고 보았으나, 만일 행위자에게 정당한 이유가
있는 법률의 부지인 경우에도 판례가 단지 '부지'를 이유로 처벌하는 것
이라면 이는 부당한 태도이며 따라서 해석론적으로 극복될 필요가 있다
는 점을 논증해 보았다. 우리나라도 배심제도를 채택하게 되면 주로 '자
연범'에 해당하는 '중대한 범죄'만이 배심에 회부될 것임은 영미의 배심
제도와 크게 다르지 않다. 따라서 배심에 회부된 사건에 한해서는 법률
의 착오항변이 인정될 가능성이 적은 것은 사실이다.

　그렇지만 영미권 국가처럼 커먼로(Common law)상의 전통적 법원칙,
즉 "법률의 부지는 용서받지 못한다"는 법리가 오랜 역사를 통해 자생적
으로 성장한 법적 전통을 가지고 있지도 않고, 법의 지배 원칙이 그들
나라처럼 확고하게 자리잡고 있다고 평가하기에는 아직은 이르며, 또한
이론사적으로도 규칙회의주의 등으로 인한 사법정책상의 혼란이 초래될
위험도 없었다는 점에서 우리나라의 배심제도가 영미권 국가에서와 동
일한 평결경향을 보이리란 속단을 내릴 수는 없다. 오히려 우리 대법원
이 취하고 있는 확고한 입장, 즉 "단순한 법률의 부지는 용서받지 못한
다"는 법리가 '정당한 이유'가 있는 '법률의 부지'에도 무차·별적으로 적
용되는 부당성이 여러 사례를 통해 사회적 문제가 되어 간다면, 이는 대
법원의 해석론적 태도변화를 기다리지 않고 배심제도를 통한 일반 시민
의 건전한 상식에 의해 극복될 수 있을 것이라고 전망할 수 있다고 본
다. 그리고 바로 여기에 시민의 사법참여로서의 배심제도에 거는 기대와
희망이 여전히 자리 잡고 있다고 볼 것이다.

# 제3절 소결론

1. 단순한 법률의 부지를 형법 제16조의 적용대상에서 배제하는 우리 판례의 입장이 로마법에서 기원했다거나 일본의 조문이나 판례 또는 조선고등법원 판례를 답습하고 있다는 비판은 정확한 것이 아니다. 우리 판례는 우리 고유의 시대적 배경 하에 독자적으로 구축된 착오법리이다.

2. 법률의 부지와 법률의 착오는 관점에 따라서 비난가능성의 정도가 달라질 수가 있기 때문에 양자를 구분하여 달리 취급하기보다는 양자를 구분없이 정당한 이유의 유무에 따라서 동일하게 취급하는 것이 바람직하다고 본다.

3. 단순한 법률의 부지가 만연한 법률의 부지 및 정당한 이유가 없는 법률의 부지를 뜻한다면 그러한 한에서 우리 판례의 입장은 옳다고 볼 수 있다.

4. 진정한 법률의 착오는 정당한 이유 유무와 관계없이 언제나 면책된다는 법리는 절차법적으로 '합리적 이유'라는 기준을 통해 부당한 처벌의 흠결을 피하고 있지만 남아프리카공화국에서의 성공 여부를 통해 장기간에 걸쳐 실증적으로 검토되어야 할 문제라고 본다.

5. 만일 배심제도가 도입된다면 우리 판례의 단순한 법률의 부지이론이 구체적인 사안에서 명백히 부당한 것으로 드러날 경우 배심원의 건전한 상식에 의해 극복될 수 있는 계기가 될 것으로 전망된다.

# 제7장 결 론

이상의 모든 논의를 종합하여 결론을 내리자면 다음과 같다.

1. "법률의 착오는 용서받지 못한다(Error juris nocet)"는 전통적 법원칙 (Maxim)은 로마(형)법에서 기원한 것이다. 그리고 로마법상 법률의 착오와 법률의 부지는 구분되지 않았다.

2. 간헐적으로 우리 판례도 취하고 있고 일본판례 및 일제하 조선고등법 원 판례와 독일제국법원판례의 확고한 입장이었던 법리, 즉 형법 법 규의 착오는 고려되지 않지만 형법 외적 법규의 착오는 사실의 착오 와 동일하게 취급되어 고의를 조각한다는 착오법리는 로마법에서 기 원한 것이 아니고, 고대에서 중세에 이르는 독일 형법 및 이탈리아 법학에서도 찾아볼 수 없는 법리이다. 다만 부분적으로는 카논법의 영향을 받은 것으로 보이며 보다 직접적으로는 사비니(Savigny)의 착 오론을 독일제국법원이 수용한 데에서 비롯된 것이다.

3. 로마(형)법상의 "법률의 착오는 용서받지 못한다(Error juris nocet)"는 착오법리는 계수과정을 통해 커먼로상의 전통적 법원칙으로 뿌리내 렸으며, 독일제국법원이 법률의 착오를 용서하지 않는다는 입장을 취할 수 있는 계기를 마련해 주었다.

4. 구약성서나 탈무드, 그리고 중세 교회법에서는 이미 정당한 이유가 있 는 법률의 착오는 용서할 수 있다는 내용이 발견되고, 중세 독일에서

도 그러한 입법례가 산견(散見)되기도 하며, 19세기에 이르러서는 대륙법계와 영미법계 등의 법계를 막론하고 간헐적이나마 법률의 착오도 경우에 따라서는 용서받을 수 있다는 판례나 입법례가 등장하기 시작한다.

5. 일제강점기와 독재정권치하, 그리고 한국전쟁이라는 시대적 격동기를 거치며 입안된 우리 형법 제16조는 정당한 이유가 있는 행위자에게 완전한 면책의 법적 효과를 부여한다는 점에서 20세기에 등장한 입법례 중에서 가장 혁신적이고 민주적인 조문으로 평가할 수 있다. 특히 동 조문과 유사한 형태의 독일형법 제17조가 1975년에야 제정되었음에 비추어 더욱 그러하다. 물론 이미 1937년 스위스연방형법 제20조와 1932년 폴란드형법 제20조 역시 법률의 착오를 면책사유로 인정하기는 했지만 양 조문은 법적 효과가 형의 감면에 그쳤다는 점에서 우리 조문과는 차별성을 지닌다.

6. 형법의 민주화 및 보장기능의 철저화라는 시대적 요청 속에서 입안된 우리 형법 제16조는 인과적 행위론과 규범적 책임론이라는 형법이론적 배경을 토대로 하고 있었으며 위법성인식필요설(엄격고의설)을 취하면서도 형사처벌의 부당한 축소라는 형사정책적 결함을 극복하기 위해, 또한 제정 당시의 해석론적 논란을 입법론적으로 해결하기 위해 고안된 입법기술의 결정체로서 가능성설 및 법과실준고의설은 물론 책임설을 취한 해석론과도 모순되지 않으며 그 법적 효과에 있어서 동일한 결과를 가져오게 되는 조문이다.

7. 우리 형법 제16조의 '정당한 이유'는 '무과실' 또는 '무과실 및 기타 적정사정' 또는 '무과실 및 기대불가능성' 등으로 다양하게 해석될 수 있지만 그 실질적 의미 있어서는 일본개정형법가안의 '상당한 이유', 즉 '무과실 혹은 과실이 있더라도 사회윤리적·상식적으로 무리가 아닌 경우'와 동일한 의미이다.

8. 우리 판례가 단순한 법률의 부지를 형법 제16조의 적용범위에서 제외하여 정당한 이유를 묻지 않고 처벌하는 태도를 취하는 것은, 로마법상의 전통적 법원칙이나 일본의 조문 및 판례를 그대로 답습한 것이라는 평가는 타당하지 않다. 물론 간접적으로 그러한 경향하에 있었다고 볼 수는 있겠지만, 그보다는 우리나라의 고유한 시대적 상황, 즉 5·16 혁명 직후 발생한 국가보안법 위반사건을 배경으로 불가피하게 형성된 역사적 산물로서의 착오법리를 반성 없이 기계적으로 따르고 있다고 보는 것이 옳다.

9. 우리 대법원이 단순한 법률의 부지를 형법 제16조의 적용범위에서 제외하는 법리구성이 가능했던 것은 동 조문이 적극적 오인만을 적용대상으로 하는 듯한 조문구조적 특성을 갖추고 있기 때문인데, 그러나 일본의 개정형법가안에 영향을 주었고, 결과적으로 동 가안을 입법모델로서 참고한 우리 형법 제16조에도 영향을 준 것으로 평가받고 있는 1937년 스위스형법 제20조의 조문구조도 우리 형법 제16조와 유사함에도 불구하고 스위스의 다수설과 판례는 단순한 법률의 부지를 스위스형법 제20조의 적용범위에서 배제하고 있지 않음에 유의할 필요가 있다.

10. 법률의 부지와 법률의 착오를 구분하는 태도는 로마법적 근거도 카먼로상의 근거도 없으며, 이론적으로도 지지될 수 없는 착오법리이다. 왜냐하면 법률의 부지와 착오는 단지 관점에 따라서 그 비난가능성의 정도에 차이가 생겨나는 개념이기 때문이다.

11. 또한 우리 형법 제16조의 적용범위에서 단순한 법률의 부지를 제외하는 것은 명백하게 입법자의 의사에 반한다. 왜냐하면 우리 입법자는 동 조문이 "법률의 부지는 용서받지 못한다"는 전통적 법원칙의 엄격함을 완화하기 위해서 성안한 것임을 명백하게 밝히고 있기 때문이다. 따라서 정당한 이유가 있는 법률의 부지는 용서되는 것으로

해석해야 한다. 다만 우리 판례의 '단순한 법률의 부지'가 '만연한 법률의 부지' 혹은 '정당한 이유가 없는 법률의 부지'를 뜻하는 것으로 선해(善解)할 수 있다면 그런 한에서 우리 판례의 입장은 옳다.

12. 한편 19세기 영미권의 판례와 스위스 형법전 그리고 독일의 학설에서도 찾아볼 수 있는 착오이론, 즉 행위자가 주관적으로 옳다고 믿고 행위한 법률의 착오는 회피가능성여부를 떠나서 면책사유가 된다는 내용의 법리가 20세기에 남아프리카공화국 최고법원 판례와 미연방대법원 판례를 통해서 등장함으로써 로마형법에서 기원한 전통적 법원칙은 오늘날 정면으로 도전받는 상황에 이르렀다.

13. 배심제도의 도입은 우리 판례가 취하는 '단순한 법률의 부지는 용서받지 못한다'는 법리가 명백히 부당한 것으로 드러나는 시점에는 판례의 해석론적 변경을 기다릴 필요 없이 배심원의 건전한 상식에 의해 '정당한 이유가 있는 법률의 부지'는 용서받을 수 있다는 평결을 내릴 수 있는 계기가 될 것으로 전망된다.

# 〈참고문헌〉

## 1. 로마(형)법 및 카논법 관련 문헌

Amleto Giovanni Cicognani, Canon Law, 1934.

Carl Eduard Otto & Bruno Schilling & Carl Friedrich Ferdinand Sinten s, Corpus Juris Civilis, Bd.( I , II, III, IV, V, VI, VII), 1833.

C.F. Kolbert, The Digest of Roman Law, 1985.

Gratian, The Treatise on Laws with the Ordinary Gloss translated by Augustine Thompson, O.P. & James Gordley, 1993.

James Leigh Strachan-Davidson, Problems of the Roman Criminal Law, Vol.( I , II), 1991.

JOANNES PAULUS PP. II / Winfried Aymans외 10인 역, Codex des Kanonischen Rechts, 1983.

John Henry Merryman, The Civil Law Tradition: An Introduction to the legal Systems of western Europe and Latin America, 2nd. Ed. 1985.

Josef Lengle, Römisches Strafrecht bei Cicero und den Historken, 1934.

Karl Binding, Normen und ihre Übertretung, Band III, 1908.

Konrad Zweigert & Hein Kötz, Einglish translation by Tony Weir, Introduction to Comparative Law, 1998.

Laurens C. Winkel Error juris nocet: Rechtsirrtum als der Problem der Rechtsordnung, Bd.I Rechtsirrtum in der griechischen Philosophie und im römischen Recht bis Justinian, 1984.

Laurens C. Winkel, Vorbemerkung zum Thema Rechtsirrtum in der mittelalterlichen Jurisprudenz, zugleich ein Thema aus der Geschichte der Rechtsideologie, IUS COMMUME, XIII, 1985.

O.F. Robinson, The Criminal Law of Ancient Rome, 1995.

Otto Kahn, Der außerstrafrechtliche Rechtsirrtum, 1900.

Samuel P. Scott, Corpus Juris Civilis, 1973, Vol.( I , II, III, IV, V, VI, VII).

Stanislaus Woywod, A practical Commentary on the Code of Canron Law, 1952.

Theodor Mommsen, Römisches Strafrecht, 1899.

Theodor Mommsen & Paul Krueger & Alan Watson, The Digest of Justinian, Vol.(Ⅰ, Ⅱ, Ⅲ, Ⅳ), 1985.

Theodor F.T. Plucknett, A concise History of the Common Law, 1956.

Theo Mayer-Maly, Error Juris, FS für Afred Verdross zum 90. GT.

W.W. Buchkland & Arnold D. McNair & F.H. Lawson, A Comparison in Outline, Roman Law & Common Law, 1952.

Woldemer Engelmann, Irrtum und Schuld nach der italienischen Lehre und Praxis des Mittelalters, 1922.

William Bennett Munro, The genesis of Roman Law in America, Harvard Law Review, June 1909.

정진석 주교, 교회법 해설 제1권~11권, 1996.

## 2. 국내문헌

곽윤직, 민법주해[Ⅱ], 2004.

구모영, 형벌근거책임의 본질에 관한 연구, 2002.

국회사무처, 국회사(제헌-3대), 1971.

김상수, 조선고등법원과 현대 한국법-조선고등법원의 생성을 중심으로-, 2002.

김성돈, 형법 제16조의 개정방안, 2004 겨울, 형사법학회 발표문.

김성돈, 불인식과 형법, 2001, 형사법학회 발표문.

김성돈, 책임개념의 기능화와 적극적 일반예방이론, 성균관대학교 박사학위 논문, 1992.

김성천·김형준, 형법총론, 1998.

김용식, 신형법, 1957.

김용진, 신형법 해의, 1953.

김영환, 법률의 부지의 형법해석학적 문제점, 이재상 교수 화갑 기념논문집, 2003.

김용욱, 간접정범의 문제점, 사회과학연구 제18집, 1998.

김종구, 간접정범의 성립범위에 관한 연구, 연세대학교 박사학위논문, 2000.

김종원, 금지착오에 관한 연구, 1975(별쇄본).

김종원, 1969년의 새로운 독일형법총칙을 중심으로, 경희법학, 제8권 제1호,

1970.

김일수, 금지착오에 있어서 해석론과 입법론, 고시계, 1986.

김일수, 한국형법 Ⅱ [총론 下], 1997.

김태명, 정당방위의 요건으로서 상당성에 관한 연구, 서울대학교 박사학위논문, 2000.

김태명, 간접정범 규정의 해석과 허위공문서작성죄의 간접정범, 형사법연구 제22호, 2004.

김형석, 독일착오론의 역사적 전개-사비니의 착오론을 중심으로-, 저스티스 통권 제72호.

나호진, 사실의 착오와 법률의 착오의 한계, 검찰(통권 제55호) 1974.

남흥우, 책임형법의 제문제, 차용석 교수 화갑기념논문집, 1990.

남흥우, 형법강의(총론), 1965.

문인구, 기대가능성과 실정법의 한계, 법정(法政), 제12권 제7호, 1957.

문채규, 제정형법의 오늘, 형사법연구 제20호, 2003.

박남룡, 법률의 착오-형법 제16조의 해석론을 위한 학설·판례의 개관 형법, 검찰(통권 제13호), 1969.

박문복, 형법총론, 1959.

박상기, 형법총론, 2002.

박상기, 독일형법사, 1993.

박상진, 공적기관의 견해를 신뢰한 경우에 있어서 책임조각의 한계, 중앙법학, 2001.

박상진, 위법성착오와 책임조각의 한계, 중앙대학교 박사학위논문, 1999.

박양빈, 책임론의 전개와 고의, 유기천 교수 고희기념논문집, 1988.

박양빈, 기대가능성, 손해목 교수 화갑기념논문집, 1993.

박원순, 국가보안법 연구(Ⅰ), 1992.

박정규, 법률의 착오, 검찰(통권 제55호), 1970.

박정근, 형법총론, 1966.

백남억, 형법총론, 1962.

백남휴, 해석법학의 과학성(上, 下), 법정(法政), 제12권 제1, 2호.

법무부, 법무자료 미국모범형법전·형사소송규칙, 1983.

법무부조사국, 법무자료, 제5집, 제9집, 1948.

법전편찬위원회 형법초안(1), 법정, 제5권 제4호, 1950.

법제처, 대한민국 법제50년사(상, 하), 1999.

성낙현, 착오의 체계와 이론, 정성근 교수 화갑기념논문집, 1997.

성시탁, 위법성의 착오와 형법 제16조, 박정근 교수 화갑기념논문집, 1990.

손동권, 형법총론, 2004.

송덕수, 착오론, 1991.

신동운, 형법총론, 2003.

신동운, 판례백선 형법총론, 2002.

신동운, 공범론 조문체계의 성립에 관한 연혁적 고찰, 이수성 교수 화갑기념
　　　논문집, 2000.

신동운편, 한국형사정책연구원, 형사법령제정자료집(1).

신동운, 간접정범의 본질에 관한 일고찰: 판례의 입장과 관련하여, 유기천 교
　　　수 고희기념 논문집, 1988.

신동운 · 허일태, 효당 엄상섭 형법논집, 2003.

신양균, 금지착오, 고시계 제30권 제12호, 1985.

신치재, 책임과 기대가능성, 박정근 교수 화갑기념논문집, 1990.

심재우 편저, 책임형법론, 홍문사, 1995.

심헌섭, 형법과 일반조항, 손해목 교수 화갑기념논문집, 1993.

안경환 · 한인섭, 배심제와 시민의 사법참여, 2005.

안춘수, 고의설 · 책임설 · 법률의 착오, 한봉희 교수 화갑기념논문집, 1994.

양창수, 민법연구 제6권, 2003.

엄상섭, 제정형법의 성립경위(1), (2), 조선일보 1953.10.11,12.

엄상섭, 형법이론과 재판의 타당성, 법정(法政), 제12권 제8호, 1957.

엄상섭, 형법요강해설(1), 법정(法政), 제3권 제9호, 1948.

엄상섭, 책임조건의 정형화－규범적 책임론의 방론－, 법조협회잡지(法曹協
　　　會雜誌), 제3권 제3호, 1954.

엄상섭, 우리 형법전에 나타난 형법민주화의 조항, 법정(法政), 제10권 제11
　　　호, 1955.

염정철, 형법총론 대의, 1958.

오스트리아 형법, 형사법개정자료집, 형사법개정특별위원회, 1985.

오세혁, 법철학사, 2004.

오영근, 형법총론, 2002.

오영근, 위법성의 인식과 법률의 착오, 이한교 교수 정년기념논문집, 2000.

오영근, 형법상의 행위개념, 박정근 교수 화갑기념논문집, 1990.

오영근, 일본개정형법가안이 제정형법에 미친 영향과 현행 형법해석론의 문

제점, 형사법연구 제20호.

유기천 · 강구진, 형법케이스의 연구, 1973.

유병진, 한국형법(총론), 1956.

윤진수, 민법상 착오규정의 입법론적 고찰 – 민법개정위원회에서의 소수의견, 송상현 교수 화갑기념논문집, 2002.

이건호, 형법강의(총론), 1952.

이근상, 형법총론, 1958.

이재상 / 장영민 편역, 형법상의 착오, 1999.

이재상, 형법총론, 2004.

이정원, 형법총론, 1998.

임  웅, 형법총론, 2003.

임  웅, 위법성의 실질, 차용석 교수 화갑기념논문집, 1994.

임  웅, 기대가능성의 이론과 책임조각요건, 박재윤 교수 정년기념논문집, 2002.

일본형법개정작업 경과와 내용, 형사법개정특별심의위원회, 1989.

임완규, 형법총론이론의 재구성, 유기천 교수 고희기념논문집, 1988.

장승두, 형법요강, 1952.

장승두, 형법요강을 논함(1), 법정(法政), 제3권 제9호, 1949.

정성근, 형법총론, 1983.

정성근, 위법성의 인식에 관한 소고, 차용석 교수 화갑기념논국집, 1994.

정영석, 형사법의 제문제, 법문사, 1982.

정영석, 형법총론, 1961.

정영일, 구성요건개념의 연원에 관한 일고찰, 오선주 교수 정년기념논문집, 2001.

정창운, 포섭의 착오, 고시계, 1962.

정종섭, 기본권의 개념에 관한 연구, 서울대법학 제44권 2호, 2003.

정현미, 법률의 착오에서 정당한 이유의 판단기준, 형사판례연구, 2000.

조  국, 법률의 부지 및 착오이론에 대한 재검토, 고시연구, 2001.

조  국, 법률간의 부정합과 금지착오, 이재상 교수 화갑기념논문집, 2003.

조규창, 로마형법, 1998.

조준현, 금지착오에 관한 독일형법이론사 소고, 손해목 교수 호-갑기념논문집, 1993.

조준현, 책임비난의 기준의 다차원성 소고, 차용석 교수 화갑기념논문집, 1994.

조준현, 금지착오의 범죄체계론적 의의와 책임근거에 관한 소고, 박정근 교수 화갑기념논문집, 1990.

조준현, 형법총론, 1998.

중국 형사법, 법무부, 1997.

진계호, 형법총론, 1977.

차용석, 위법성의 인식의 내용과 그 체계적 지위, 성시탁 교수 화갑기념논문집, 1993.

최선호, 위법성의 착오에 관한 연구, 법학연구(한국법학회), 1999.

하태영, 다산 정약용의 형사철학과 형사정책, 정성근 교수 화갑기념논문집, 1997.

한인섭, 한국전쟁과 형사법 – 부역자 처벌 및 민간인 학살과 관련된 법적 문제를 중심으로, 서울대학교 법학 제41권 2호, 2000.

한인섭, 배심재판과 형사절차의 변화전망, 법과 사회 제25호, 2003.

한정환, 구성요건의 뜻과 기능, 오선주 교수 정년기념논문집, 2001.

허  영, 헌법이론과 헌법, 2004.

허일태, 법률의 부지, 형사재판의 제문제, 제3권, 2000.

허일태, 법률의 부지, 이재상 교수 화갑기념논문집, 2003.

형법개정요강 소위원회 심의결과, 형사법개정특별심의위원회, 1989.

형사법령제정자료집, 한국형사정책연구원, 1990.

형사법학의 현대적 과제, 손해목 교수 화갑기념논문집, 1993.

황산덕, 형법 제16조에 있어서의 '정당한 이유', 서울대법학 제1권 제1호, 1959.

황산덕, 형법총론, 1982.

## 3. 법률의 착오관련 영미와 호주 및 남아프리카공화국 문헌

Ashworth, Andrew, Principles of Criminal Law, 2003.

D.P. Van Der Merwe, The Cumulative Effect of Partial Excuse and Error Juris-Ntuli and

De Blom Revisited, The South African Law Journal, 1982.

Fletcher, George P., Rethinking Criminal Law, 1978.

Frederich Pollock & Ferederic William Maitland, The History of English Law, 2nd Ed. Vol.1, 1898.

Hall & Seligman, Mistakes of Law and Mens Rea, Univ. of Chicago Law Review, 1941.

Edwin R.Keedy, Ignorance and Mistake in the Criminal Law, Harvard Law Review, December, 1908.

Hellen Silving, Constituent Elements of Crime, 1967.

James Leich Strachan Davidson, Problems of the Roman Criminal Law, 1912 Vol.( Ⅰ, Ⅱ).

John Austin, Lectures on Jurisprudence－The Student Edition－, 1880.

Kohler, Ignorance or Mistake of Law as a defense in Criminal Cases, Dickinson Law Review, 1936.

Jon Strauss, Nonpayment of Taxes: When Ignorance of the Law is an Excuse, Akron Law Review, 1992.

LaFave & Scott, Handbook on Criminal Law, 1972.

Michael L. Travers, Mistake of law in mala prohibita crimes, Chicago Law Review, Summer, 1995.

Oliver Wendell Holmes, The Common Law, 2003.

Paul K. Ryu & Hellen Silving, Error Juris: A Comparative Study, Chicago Law Review, Spring 1957.

Paul Kichyun Ryu, New Korean Criminal Code, Journal of Criminal Law, Criminology and Police Science, Vol.48, 1957.

Ryu & Silving, Error Juris, The American Journal of Comparative Law, 1976.

Robert Samuel Rogers, Ignorance of the Law in Tacitus and Dio: Two Instances from the History of Tiberius, Transactions and Proceedings of American Philological Association, Vol.54, 1933.

R.C. Whiting, Changing the Face of Mens rea, South African Law Journal, Vol.95, 1978.

William Blackstone, Commentaries on The Laws of England, Vol.4. 1769.

Kumaralingam Amirthalingam, Ignorance of Law, Criminal Culpability and Moral Innocence: Striking a Balance between Blame and Excuse, Singapore Journal of Legal Studies, 2002.

Kumaralingam Amirthalingam, Mens Rea and Mistake of Law in Criminal Casws: A Lesson from South Africa, University of New South Wales Law Journal, Vol.18, 1995.

C.G. van der Merwe & Jacques E. du Plessis & Reinhard Zimmermann, Introduction to the Law of South Africa, 2004.

GK Goldswain, Special or unusual defenses or "extenuating circumstances" that may be pleaded for the purpose of remission of penalties in income tax matters, Meditari Accountancy Research Vol.11, 2003.

Frederich Pollock & Frederic William Maitland, The History of English Law, 2nd Ed. Vol.1, 1898.

## 4. 법률의 착오관련 독일 및 스위스 문헌

Baumann, Jürgen, Grenzfäll im Bereich des Verbotsirrtums, in:FS Welzel, 1974.

Binding, Karl, Normen und ihre Übertretung, Band Ⅲ, 1908.

Brenner, Vorentwurf zu einem Schweizerischen Strafgesetzbuch, 1909.

Busch, Richard, Über die Abgrenzung von Tatbestands-und Verbotsirrtum, in: FS Mezger, 1954.

Donatsch, Unrechtsbewußtsein und Verbotsirrtum, ZStR 102, 1985.

Roxin, Claus, Strafrecht, Allgemeiner Teil, 1997.

Roxin, Claus, Bemerkung zum "Tater hinter dem Tater", Festschrift fur Richard Lange zum 70.Geburtstag, 1976, S.178.

Dartstadt, Thomas, Der Irrtum über normative Tatbestandsmerkmale im Strafrecht, JuS, 1978.

Deckers, Rüdiger Unrechtsbewußtsein, in: R. Deckers u.a., Unrehctsbeßwutsein — Aus der Sicht des Täters, aus der Sicht des Richters, 1982.

J.Baumann / U. Weber, Strafrecht, AT, 8.Aufl., 1977.

Engisch, Karl, Die normativen Tatbestandselemente im Strafrecht, Festschrift für Mezger zum 70. Geburtstag, 1953.

Kritische Betrachtung zu den §§19 und 40 des Entwurfs 1958, ZStW 70, 1958.

Haft, Frijoft, Strafrecht, Allgemeiner Teil, 1998.

Hans, Thornstedt, Der Rechtsirrtum im schwedischen Strafreht, Festschrift fur Hans-Heinrich Jescheck zum 70. Geburtstag, 1985.

Hans-Heinrich Jescheck · &Thomas Weigend, Lehrbuch des Strafrechts, 1996.

Horn, Eckhard, Verbotsirrtum Vorwerfbarkeit. Eine systematische Grundlagenanalyse der Schuldtheorie, 1969.

Hruschka, Joachim, Conscientia erronea und ignorantia bei Thomas von Aquin, FS Welzel, 1974.

Jescheck, Hans-Heinrich, Neue Strafrechtsdomatik und Kriminalpolitik in rechtsvergleichender Sicht, ZStW 98, 1986.

Kaufmann, Armin, Schuldfähigkeit und Verbotsirrtum. Zugleich ein Beitrag zur Kritik des Entwurfs 1960, in: FS Schmidt, 1961.

Kaufmann, Arthur Das Schuldprinzip, 2.Aufl. 1976.

Kaufmann, Arthur, Schuld und Strafe, 1983.

Kaufmann, Arthur, Das Unrechtsbewußtsein in der Schuldlehre des Strafrechts, Neudruck, 1985.

Kaufmann, Arthur, Die Parallelwertung in der Laiensphäre: Ein sprachphilosophischer Beitrag zur allgemeinen Verbrechenslehre, 1982.

Kaufmann, Arthur, Die Parallelwertung in der Laiensphare, 1982.

Kaufmann, Arthur, Irrtumsregelung im Strafgesetz-Entwurf 1962(1964), in: ders., Schuld und Strafe, 2.Aufl. 1983.

Kaufmann, Arthur, Tatbestand, Rechtfertigungsgründe und irrtum, in: FS Lackner, 1987.

Kohlrauch, Edward, Irrtum und Schuldbegriff, 1903.

Kohlrausch, Edward, Die Lehre vom Rechtsirrtum in Theorie und Praxis des heutigen Strafrechts, 출판년도 미상.

Kramer, Wolfgang / Trittel, Manfred, Zur Bindungswirkung der Entscheidung des Bundesverfassungsgerichts über die Verfassungsmäßigkeit des §17 StGB, JZ 1980.

Krümpelmann, Justus, Die strafrechtliche Behandlung des Irrtums, in: ZStW-Beiheft, 1978.

Kuhlen, Lothar, Die Unterscheidung von vorsatzausschließendem und nichtvorsatzausschließendem Irrtum, 1987.

Langer, Winrich, Vorsatztheorie und strafgesetzliche Irrtumsregelung, GA, 1976.

Otto Kahn, Der außerstrafrechtliche Rechtsirrtum, 1900.

Meyer, Dieter Vermeidbarkeit des Verbotsirrtums und Erkundigungspflicht-KG, JR, 1978.

Meyer, Fritz, Der Verbotsirrtum in Steuerstrafrecht, NStZ, 1986.

Meyer, Jürgen, Verbotsirrtum im Ordnungswidrigkeitenrecht-OLG Düsseldorf, NStZ, 1981.

Naucke, Wolfgang, Über Generalklauseln und Rechtsanwendung im Strafrecht, 1973.

Roxin, Claus, Die Behandlung des Irrtums im Entwurf 1962, ZStW 76, 1964.

Roxin, Claus, Schuld und Verantwortichkeit als strafrechtliche Sysemkategorien, in:FS Henkel, 1974.

Robert Hauser & Jörg Rehberg, Schweizerisches Strafgesetzbuch, 1986.

Roxin, Claus, Strafrecht, AT, Bd.I, 3.Aufl. 1997.

Rudolphi, Hans-Joachim, Unrechtsbewußtsein, Verbotsirrtum und Vermeidbarkeit des Verbotsirrrtums, 1969.

Schlüchter, Ellen, Irrtum über normative Tatbestandsmerkmale im Strafrecht, 1983.

Schmidt, Eberhard Einfuhrung in die Geschichte der deutschen Strafrechtspflege, 3. Aufl. 1983.

Schmidhäuser, Eberhard, Der Unrechtsbewustsein und Schuldgrundsatz, NJW, 1975.

Schmidhäuser, Eberhard, Der Verbotsirrtum und das Strafgesetz (§16I Satz1 und §17StGB), JZ, 1979.

Schröder, Horst, Die Irrtumsrechtsprechung des BGH, ZStW 65(1953).

Schünemann, Hans-Wilhem, Verbotsirrtum und faktische Verbotskenntnis, NJW 1980.

Tiedemann, Klaus, Zur legislatorischen Behandlung des Verbotsirrtums im Ordnungswidrigkeiten- und Steurstrafrecht, ZStW81, 1969.

Stratenwerth, Günter, Schweizerisches Strafgesetzbuch, AT.I, 1982.

Timpe, Gerhard, Normatives und Psyisches im Begriff der Vermeidbarkeit eines Verbotsirrtums, GA, 1984.

Tischer, Werner G., Verbotsirrtum über normative Tatbestandsmerkmale im Strafrecht, 1983.

Warda, Günter, Die Abgrenzung von Tatbestands-und Verbotsirrtum bei Blankettstrafgesetzen, 1955.

Warda, Günter, Zur gesetzlichen Regelung des vermeidbaren Verbotsirrtums; zugleich einige verfassungsrechtliche Bemerkungen zum richterlichen Ermessen als Gesetzgebungsproblem, ZStW 71, 1959.

Warda, Günter, Grundzuge der strafrechtlichen Irrtumslehre, Jura 1979.

Welzel, Hans, Die Regelung von Vorsatz und Irrtum im Strafrecht als legislatorisches Problem, ZStW 67, 1955.

Welzel, Hans, Das Neue Bild des Strafrechtssystems, 1957.

Welzel, Hans, Naturrecht und materiale Gerechtigkeit, 4.Aufl. 1962.

Jochen Bachmann, Vorsatz und Rechtsirrtum im Allgemeinen Strafrecht.

E. Schlüchter, Irrtum über normative Tatbestandsmerkmal, 1983.

Strantenwerth, Strafrecht, AT, 3.Aufl., 1981.

Laurens C. Winkel, Error juris nocet: Rechtsirrtum als der Problem der Rechtsordnung, 1984.

Woldemer Engelmann, Irrtum und Schuld nach der italienischen Lehre und Praxis des Mittelalters, 1922.

## 5. 법률의 착오관련 일본문헌

大谷 實, 刑法總論, 第2版, 2000.

藤木英雄, 刑法講義, 1990.

藤木英雄, 事實の 錯誤と 法律の 錯誤の 限界 刑法雜誌 3卷, 1965.

前田雅英, 刑法總論講義, 第3板, 1998.

石井, 故意の 認識對象と 違法性の 認識, 刑法雜誌 32卷 3號, 1992.

長井長信, 規範的 構成要件 要素 錯誤, 刑法雜誌 30卷 3號, 1990.

牧野英一, 法律の 錯誤, 刑法硏究 第12卷, 1951.

改正刑法準備草案 및 同 理由書, 刑法改正準備會, 1961.

法制審議會 改正刑法草案 및 同說明書, 法務省, 1974.

刑法改正案理由書.

## 6. 번역 및 기타 관련문헌

Helmut Coing / 정종휴 역, 유럽에 있어서 로마법과 카논법의 계수, 법사학연구 제6집, 1981.

이종전, 법이 바로 서야 세상이 바로 선다, 1997.

라틴 – 한글 사전, 가톨릭대학교출판부, 2002.

Oxford Greek Dictionary, 2000.

D.C. Van Hoop & D. Verbruggen & C.H. Stoll, Elsevier's Legal Dictionary, 2001 대법원 판결집 제9권, 1961.

조선일보, 1961년 1월 18일자 석간 3면.

동아일보, 1961년 3월 30일자 석간 3면.

조선일보, 1961년 3월 30일자 석간 3면.

Aristotle, Nicomachean Ethics, 1987(William David Ross 역, 1925년 초판발행).

A. Kenny, Phronesis XI, 1966.

Cicero, The Republic and The Law / Niall Rudd 역, 1998.

J.A. Stewart, Notes on the Nicomachean Ethics of Aristotle, Vol.1, 1999(1892년 초
　　판 발행).

J.H. Kirchmann, Erläuterungen zur Nikomachischen Ethik, 1876.

John Burnett, Ethics of Aristotle, 1988.

J. Walter Jones, The Law and Legal Theory of the Greeks, 1956.

Plato Complete Works, Hackett Publishing Company, 1997(Jone M. Cooper 편집).

Plato in Twelve Volumes, XI Laws, Harvard Univ. Press, 1996(R.G. Bury 역, 1928년
　　초판 발행).

R. Loening, Die Zurechnungslehre des Aristoteles (Geschichte der strafrechtlichen
　　Zurechnungslehre I), Jena 1903 / Hildesheim 1967.

Thomas Aquinas, Commentary on Aristotle's Nicomachean Ethics, C.I. Litzinger, O.P.
　　역, 1993.

⟨Abstract⟩

# ERROR JURIS

The well-known maxim, "error juris nocet, error facti non nocet" is derived from the Digesta 22.6(De iuris et facti ignorantia) and was applied by the Romans to the field of criminal law as well as within the area of civil law. In the application of the maxim the word 'ignorantia' has been translated as 'ignorance' and as 'mistake'; and these terms have in general been used interchangeably in the Roman and common law tradition.

The legal doctrine distinguishing error juris criminalis from other errors is not of Roman origin but just of Savigny's theory of 'Error Juris' and was partly influenced by the canon law. The distinction between vincible and invincible error derives from the canon law, especially from the St. Thomas Aquinas and perhaps has existed since the ancient Greek philosopher Aristotle.

The old German Penal Code dealt only with mistake of fact(Sect.59) and did not mention mistake of law, but on March 18, 1952, The Bundesgerichtshof, in a historical decision, held that Knowledge of the wrongfulness of the act is part of criminal 'guilt', so that where, without fault on his part, the accused did not know the law which he violated, he is fully excused. But it was the not the Penal Code but the Decision of Great Senate for Criminal Matters(BGH 2, 194) that accepted the invincible mistake of law as a full excuse in 1952. In addition, still the Japanese Penal Code strictly applies the traditional view that mistake of law is not a defence.

In these historical and comparative context, among all the other codes in the world the Art. 16 of Korean Penal Code figures prominently in that it renders the actor who made a mistake of law based on reasonable ground fully excusable. This provision was enacted incorporating the traditional Causal Theory of Action(kausale Handlungslehre), the Normative Theory of Guilt(normative Schuldlehre) and the Strict Theory of Intent(strenge Vorsatztheory).

The Korean Supreme Court has stated that the simple ignorance of law cannot be an excuse distinguishing it from the mistake of law which is regulated by the Art. 16 of Korean Penal Code since the decision of this Court on September 5, 1961 at the time after the 5.16 military coup in 1961 in the case of so called "Professor Oh's brother in law prosecuted for spying sent by North Korea".

Similarly it has been suggested that Art. 20 of the Swiss Penal Code of 1937 that is thought to be the model of the Art. 16 of Korean Penal Code, is available only where the accused had an erroneous conception of law, for it applies only where he believed he had a right to act as he did. Thus the defence does not seem to be available where the actor had no conception of the law at all, as where it never occurred to him that his conduct might be prohibited.

But this doctrine of 'simple ignorance of law' cannot be supported any longer for there is no theoretically reasonable grounds distinguishing the mistake from ignorance as the Canonist teaches us that the former generally comes from the latter. Furthermore the major opinion of juristic authority and the Federal Tribunal(BGE) of Swiss has adopted the ignorance of law as a excuse in spite of the Art. 20 which seems to exclude the ignorance of law as stated above.

In a favorable sense, our Court's persistent doctrine of simple ignorance of law could be interpreted to mean that the simple ignorance is a crass and supine ignorance, that is, an avoidable ignorance which is assimilated to the canonistic term 'ignorantia culpabilis simpliciter'. But this interpretation cannot avoid the skeptical criticism because the Court has never decided that the ignorance of law based on reasonable grounds was a full excuse so far.

In the late 20th century, there appeared the revolutionary decision that the subjectively genuine ignorance, even if the ignorance were not reasonable, should be rendered a complete defence at the De Blom case of the Appellate Divison of South Africa 1977. Hence at this we feel more inclined to make our Court change the persistent doctrine of simple ignorance of law. If this expectation cannot be come true by our Court, the Jury system which would be introduced to Korean criminal procedure in the near future, we believe, will change the doctrine.

〈추 록〉

# 고대 동양에서의 법률의 착오론*

## I. 문제제기 및 논의구도

　본 논문의 목적은 제목에서 드러나는 바와 같이 법률의 착오에 대한 논의가 고대 동양에서는 어디에서부터 유래되었고 또 어떻게 형성되어 갔는가를 구명(究明)해 내어 이를 관련 문헌을 중심으로 소개하려는데 있다. 지금까지 법률의 착오에 대한 논의는 주로 로마법의 영향을 직·간접적으로 받은 대륙법계나 영미법계 등 서구의 법문화권을 중심으로 하여 전개되어져 왔다고 하여도 과언이 아닐 것이다. 그렇기 때문에 본고에서는 동양에서 찾아볼 수 있는 법률의 착오에 대한 고유한 문제의식과 그 해결방법에 대한 사고의 원형(原形)과 논의의 단편(斷片)을 제시해 보고 나아가 이를 통해 법률의 착오에 대해 법계 및 지역별로 상이한 법적 규율방식이 형성된 배경을 비교·역사적 관점에서 설명해 보려는 것이다. 그 구체적인 연구계기와 논의방향은 아래와 같다.

　우리 형법은 법률의 착오(위법성의 불인식), 즉 법과실(法過失)은 원칙적으로 처벌하지만 '정당한 이유가 있는 경우에 한하여' 벌하지 않는 반면(제16조), 구성요건적 과실의 경우 원칙적으로 처벌하지 않지간 '법률

---

　* 이 논문은 한국비교형사법학회 2006년 춘계학술논문발표회(2006.5.12)에서 발표한 것으로서, 비교형사법연구 제8권 제1호, 45~95면에 게재된 것임.

에 특별한 규정이 있는 경우에 한하여' 처벌하고 있다(제14조). 요컨대 우리 형법은 구성요건적 과실에 비해 법과실을 엄격하게 취급하는 태도를 취하고 있는 것이다. 그리고 이처럼 구성요건적 과실에 비해 법과실을 엄격하게 취급하는 태도는 독일형법(제15조, 17조)이나 프랑스형법(제121-3조, 122-3조), 그리고 일본형법(제38조 1항, 3항)은 물론 미국의 모범형법전(Model Penal Code, 2.02, 2.04)에서도 대동소이(大同小異)한 규정 형태로 나타난다.

한편 현행 일본형법 제38조 3항은 법률의 착오는 고의(故意)의 성립에 영향을 주지 못함을 명시하고 있고, 영국과 미국 등의 커먼로 계통 국가들은 "법률의 부지는 용서받지 못한다(Igonrantia juris, quod quisque tenetur scire, neminem excusat)는 전통적 법원칙을 현재까지도 고수하고 있다.[1] 이에 비해 우리 형법은 정당한 이유가 있는 경우에 한해서는 완전한 면책의 가능성을 열어놓고 있다. 따라서 관점을 달리 하여 보면 우리 형법은 법률의 착오를 대단히 엄격하게 취급하고 있는 현행 일본형법이나 영미법계의 법전통에 비해서는 비교적 관대한 태도를 취하고 있음을 알 수 있다. 이를 통해 법률의 착오, 즉 법과실이 구성요건적 과실에 비해서는 엄격하게 취급되어야 한다는 점에 대해서는 법계(法系)를 막론하고 광범위한 합의가 형성되어 있음에 반해서 과연 이를 형법적으로 어느 정도까지 고려해 주어야 하는지에 대해서는 국가별로, 그리고 법계에 따라서도 적지 않은 상위(相違)가 있음을 알 수 있다. 요컨대 법률의 착오를 형법적으로 어떻게 취급할 것인가에 있어서는 일정한 합의가 있음은 분명하지만 반면에 아직까지도 합의되지 않고 있는 측면, 즉 법률의 착오를 어느 정도로 고려할 것인가에 대한 실정법 내지 법리상의 긴장관계 역시 지속되어 오고 있는 것도 엄연한 사실인 것이다. 따라서 본고에서는 바로 이러한 긴장관계가 어디에서부터 유래하고 전승되어 왔는가를 구명하는데 첫 번째 논의의 초점을 맞추고자 한다.

---

1) 대표적으로 1991년 미국연방대법원판례인 498 U.S. 192, 199면 참조.

일반적으로 "법률의 부지(착오)는 용서받지 못한다"는 전통적 법언은
로마법에 기초하고 있다고 알려져 있다. 그리고 이러한 로마법상 착오법
리의 배후에는 "사실에 대한 이해는 심지어 주의 깊은 사람에게 있어서
도 어긋나기 쉬운 반면 법률은 명확할 수 있고 또한 명확해야 하기 때문
에[2] 모든 사람이 지득(知得)하고 있어야 한다는 로마법률가들의 사고방
식이 자리잡고 있었다. 로마법상의 "Error juris nocet, error facti non nocet
(법률의 착오는 해가 되지만 사실의 착오는 해가 되지 않는다)"[3]는 법원
칙은 이처럼 법률의 착오를 어떻게 취급할 것인가에 대한 사고방식의
한 원형을 집약적으로 보여 준다고 할 수 있다.

법률의 착오 및 부지를 어떻게 취급할 것인가의 문제는 서구적 전통
하에서 볼 때에도 비단 로마법에서만 그 법리적 근거를 찾아볼 수 있는
것은 아니다. 로마법에 지대한 영향을 미친 고대 그리이스의 지적 전통
이나[4] 보다 넓게는 구약성서와 탈무드의 가르침 속에서도 그 원류가 논
구되어져 왔다.[5] 그렇다면 서구적 전통과는 다른 동양에서는 법률의 착
오를 과연 어떠한 관점에서 바라보고 취급하는 전통이 있었는지 역시
구명될 필요가 있을 것이다. 그러나 이와 관련해 법률의 착오에 대한
'동양적 관점'을 찾아보려는 시도는 국내외를 막론하고 거의 찾아보기
어렵다.[6] 그리고 바로 여기에 본고를 쓰게 된 두 번째 연구계기가 있다.

---

2) Digesta 22.6.2.
3) Digesta 22.6.9.
4) 고대 그리이스의 착오론에 대해서는 주로 플라톤의 '법률(Nomoi)'과 아리스
   토텔레스의 '니코마코스윤리학(Ethica Nicomacheia)'이 널리 논급된다. 대표적
   문헌으로는 Laurens C. Winkel, Error juris nocet: Rechtsirrtum als der Problem der
   Rechtsordnung, Bd.I 'Rechtsirrtum in der griechischen Philosophie und im römischen
   Recht bis Justinian' 1984; Arthur Kaufmann, Die Parallelwertung in der Laiensphäre:
   Ein sprachphilosophischer Beitrag zur allgemeinen Verbrechenslehre, 1982 참조.
5) 구약성서의 신명기(Deuteronomy)와 레위기(Leviticus), 그리고 탈무드(Babylonian
   Thalmud)에서의 법률의 착오를 연구한 문헌으로는 Paul K. Ryu & Hellen Silving,
   Erro Juris : A Comparative Study, Chicago Law Review, Spring 1957, 424~425면
   참조.

346  형법상 법률의 착오론

이러한 일련의 문제의식 하에 '고대 동양에서의 법률의 착오론'을 기술해 나아가고자 한다.

　연구 범위는 우선 시기적으로는 Karl Jaspers가 '기축시대(基軸時代, Achsenzeit)'로 명명했던 기원전 8세기부터 기원전 2세기로－물론 그 이전시기의 리그베다와 이후 시기의 당률도 다루겠지만－가급적 국한시키고자 한다. 왜냐하면 이 시기는 그의 말대로 인류역사에 있어서 희랍철학과 불교, 그리고 제자백가(諸子百家)와 같은 선구적 사상이 동서고금(東西古今)에 있어 유례없이 전 세계에 동시적으로 발원(發源)하여 보편적인 사고의 척도와 원형을 제공한 시기였고[7] 이는 법률의 착오와 관련된 법리(法理) 및 법사상(法思想)의 형성에 있어서도 마찬가지였을 것으로 판단되기 때문이다.

　다음으로 지역적으로는 고대 인도와 중국을 중심으로 다루어진다. 그리스-로마적인 요소가 서양의 지적 전통을 이끌어 왔다면 동양은 지성사적으로 볼 때 인도와 중국이 바로 그러한 견인차 역할을 해왔음은 부인할 수 없는 역사적 사실이고 바로 그렇기 때문에 본고에서 전거로서 다루고 있는 자료의 범위가 대부분 베다전통의 문헌들과 자이나교 및 불교의 초기경전, 그리고 선진제가(先秦諸家)의 주요 경전 및 당률 등 주로 고대 인도와 중국의 문헌에 집중되어 있음을 미리 밝혀둔다.

---

6) 단편적인 예이기는 하지만 예컨대 牧野英一의 '법률의 착오(형법연구 제12권), 1951'과 岡田庄作의 '착오론, 1924'에서도 이와 같은 시도는 찾아볼 수 없다.

7) 이에 대해서는 Karl Jaspers, Vom Ursprung und Ziel der Geschichte, 1957, 19～40면 참조.

# II. 고대 인도에서의 법률의 착오론

## 1. 베다전통 문헌(1500 ~ B.C.200)

### 1) 리그베다 상히타(RgVeda Saṁhitā)

인도 최고(最古)의 문학서이자 성전(聖典)인 베다(Veda) 문헌 중에서 주로 신에 대한 찬가(讚歌)로 구성되어 있는 리그베다(RgVeda, 1500 ~ B.C.1200), 그 중에서도 본집부(本集部)에 해당하는 리그베다 상히타(RgVeda Saṁhitā)에서는 고대 인도인의 규범의식 속에서 법률의 착오가 어떻게 취급되고 있었는지를 추측할 수 있는 몇몇 개소(個所)가 산견(散見)된다. 산스크리트(Sanskrit, 梵語) 원어(原語)[8]를 영어 알파벳으로 음역(音譯)한 관련 개소 원문과 그 영역본을 차례로 소개하면 다음과 같다.[9]

> **Rgveda Ⅶ.86.4** kím ắga āsa varuna jyéshtham yát stotắram jíghắnsasi sắkhāyam |prā tān me voco dūlabha svadhāvó 'va tvānená námasā turā iyếm[바루나시여 그대를 찬양하는 경배자를 그대가 벌하고자 하는 커다란 죄는 무엇입니까? 위대한 바루나여, 제게 말씀해 주신다면 곧바로 속죄(贖罪)하고서 그대를 경배하겠습니다]
>
> **Rgveda Ⅶ.86.4** What, Varuna, hath been my chief transgression, that thou wouldst slay the friend who sings thy praise? Tell me, Unconquerable Lord, and quickly sinless will I approach thee with mine homage.

---

8) 이를 '데바나가리(devanāgarī)'라고 부르며 '신(deva)의 도시(nāgarī)'란 뜻이다. 이에 대해서는 William Dwight Whitney, Sanskrit Grammar, 7th Ed. 1993(1879년 초판발행), 1면 참조.

9) 리그베다의 영역본으로는 Ralph T.H. Griffith, Hymns of the Rgveda translated with a popular Commentary, Vol.(Ⅰ, Ⅱ), 1987(1889년 초판발행); 산스크리트어 원문과 영역본을 대조한 문헌으로는 Svami Satya Prakash Sarasvati & Satyakam Vidyalankar, Rgveda Samhitā, Vol.(Ⅰ ~ XIII), 1977 참조.

Rgveda Ⅶ.89.5 yāt kím cedām varuna daívye jāne 'bhidrohām manushyằs cāramasi│ácitti yāt tāva dharma yuyopimá mằ nas tásmād énaso deva rīrishah[오, 바루나시여 우리가 인간이기 때문에 (무지하여)[10] 신들께 어떠한 잘못을 저지르더라도 또한 우리가 무지로 인하여(ácitti) 당신의 법을 어기더라도, 바루나시여 부디 그 죄로 인해 우리를 벌하지 마소서]

Rgveda Ⅶ.89.5 O Varuna, whatever the offence may be which we as men commit against the heavenly host, When through our want of thought we violate thy laws, punish us not, O God, for that iniquity.

위 소개한 리그베다 본집부의 두 개소로부터 다음과 같은 특징을 발견하게 된다. 우선, 인간은 무엇이 죄가 되는지를 정확히 모르기 때문에 신의 처벌을 두려워하여 끊임없이 속죄의식을 통해 신을 경배해야 하는 존재로 묘사된다(Rgveda Ⅶ.86.4). 다음으로 신이 제정한 법에 대한 무지로 인하여 법을 어기더라도 원칙적으로는 범죄가 성립된다는 사실을 확인할 수 있다(Rgveda Ⅶ.89.5). 다만 신에 대한 경배를 통해 자비(慈悲)를 구함으로써 죄를 용서받을 수 있는 가능성이 있을 뿐이다.[11]

이와 같은 해석은 위 개소에 등장하는 신 바루나(Varuna)에 대한 일반적인 설명에도 부합된다. 흔히 바루나는 스스로 세운 도덕률인 리타(Rta, 天則)[12]를 수호하는 임무를 띤 사법신(司法神) 혹은 율법신(律法神)으로 묘사된다. 즉, 바루나는 리타에 위배되는 악행을 저지른 자를 찾아내어 이를 엄벌함으로써 도덕률을 호지(護持)하는 역할을 하는 신인 것이다.[13] 인간은 바루나의 법 리타를 완전하게 이해할 수는 없기 때문에 항상 무지로 인해 죄를 범할 수 있고,[14] 따라서 인간은 항상 신의 처벌에 대한

---

10) 괄호안의 '무지하여'는 문맥상 이해의 편의를 위해 필자가 삽입한 것이다.
11) Rgveda Ⅶ.89.7.
12) 리타(Rta)는 자연법칙으로서의 우주적 질서를 의미하기도 한다. 리타개념에 대한 상세한 설명으로는 Vincent Sekhar, S.J., Dharma in Early Brahmanic, Buddhist and Jain Traditions, 2003, 48〜51면.
13) 이에 대해서는 Sarvepalli Radharkrishnan, Indian Philosophy Vol. Ⅰ, 1929(1923년 초판발행), 77〜79면 ; Alain Daniélou, The Myths and Gods of India, 1991, 118 〜121면 참조.

두려움으로 인해 리타에 어긋나지 않기 위해 주의를 기울여야 하고 자신이 범한 죄에 대한 용서를 구하기 위해서 바루나를 극히 신중하게 경배해야만 한다.[15]

위 개소 중 Rgveda Ⅶ.89.5의 산스크리트 음역어인 'ácitti'의 정확한 번역이 문제될 수 있다. 왜냐하면 산스크리트어로 무지를 뜻하는 단어로는 'vid(알다)'라는 동사의 명사형인 'vidyā(지식)'에, 부정의 의미를 지니는 접두사 'a'가 결합된 'avidyā'가 일반적으로 사용되는데, 'ácitti'는 영어로 'want of thought(무지)' 이외에 'without intention(고의 없이)'으로도 번역이 가능한바,[16] 'avidyā' 대신 'ácitti'가 쓰인 것으로 미루어 볼 때 동 단어는 '무지'보다는 '고의 없이'란 뜻을 나타내기 위해 사용된 것으로 해석하는 것이 더 적절할 수도 있기 때문이다. 그러나 'ácitti'는 'ignorance'[17] 또는 'lack of wisdom(무지)' 및 'folly(어리석음)'[18] 그리고 독일어로는 'Unverstand(무지)'나 'Torheit(어리석음)'[19] 등으로도 번역이 가능한 점 등에 비추어 볼 때 일반적으로 '무지'로 번역하는 것에 큰 무리는 없으며 오히려 문맥에 비추어 보면 가장 타당한 번역어라고 판단된다. 그러므로 동 개소는 '법률의 착오' 또는 '법률의 부지'에 관해 언급하고 있는 인도에서 가장 오래된[20] 문헌 사료(史料) 또는 전거(典據)로 추정할 수 있을 것이다.[21]

---

14) 이 점은 오로지 뛰어난 능력(magic skill)과 지혜(wisdom)를 가진 자만이 신의 법을 지킬 수 있다는 Rgveda Ⅲ.56.1을 보면 더욱 분명해진다. 동 개소에 대한 이와 같은 해석으로는 Sudesh Narang, Crime and Punishment: In Dharmaśāstra and the Contemporary Hindu Law, in Dharmaśāstra in Contemporary Times(Sudesh Narang외 2인 공편저, 1988), 99～100면 참조.

15) 이러한 해석으로는 Veronica Ions / 임웅 역, Indian Mythology, 2004, 29～30면 참조.

16) Rgveda Samhitā, 앞의 책, Vol. Ⅷ, 2774면.

17) Rgveda Samhitā, 앞의 책, Vol. Ⅷ, 2593면.

18) Arthur Anthony Macdonell, A Practical Sanskrit Dictionary, Oxford Univ. Press, 1924, 4면.

19) Carl Cappeller, Sanskrit Wörterbuch, 1966(1887년 초판발행), 4면 참조. 사전의 저자인 Cappeller는 예나(Jena)대학교 산스크리트어 교수이며 사전 원문에 'Torheit'은 'Thorheit'으로 표기되어 있다.

고대 인도의 베다 시대(1500~B.C.600)에 있어서는 베다와 독립된 별도의 세속적 의미의 성문법규가 존재하지 않았다.[22] 베다의 가르침이 곧 실정법적 지위를 누렸던 것이다. 기원전 5세기경에 이르러서야 비로소 율법전(律法典)인 다르마수트라(Dharmasūtra)가 편찬되기는 하였으나[23] 이역시 베다와 독립된 별개의 성문법전이 아니라 베다경전에 산재(散在)되어 있는 규범적 내용들, 즉 다르마(Dharma)의 집성(集成)에 불과했다. 베다 경전은 베다전통이 통용되는 지역에서는 어떠한 논리보다도 높은 권위를 누렸으며[24] 그리고 이 시대에는 왕이 리그베다에 등장하는 사법신인 바루나에 의해 법의 수호자로 임명된다고 믿어졌던 점[25] 등을 종합적으로 고려하면 리그베다에 수록된 위 개소의 해석론은 법률의 착오와 관련 고대 인도사회에 상당한 규범적 효력을 지녔을 것으로 추정할 수 있을 것이다. 이러한 입론은 특히 리그베다 본집부에서 제의식(祭儀式)과 관련된 규범적 내용을 추출하여 상세하게 풀이해 주고 있는 리그베다 브라흐마나, 예컨대 Aitareya Brāhmana에도 다양한 종류의 착오에 대한 속죄의식이 규정되어 있음을 볼 때[26] 더욱 지지될 수 있다.[27] 요컨대 인도의

---

20) 리그베다는 모든 베다문헌 중에 가장 오래된 것으로서 그 성립연대는 학자에 따라서 기원전 6000년에서부터(Tilaka) 4500년(Jacobi) 또는 2500년(M. Winternitz), 그리고 1500~1200(F. Max Müller) 등으로 다양하다.

21) 사마다마사오(島田正郎) 교수 역시 힌두형법의 유래를 논급하면서 리그베다 찬가속에 이미 형벌에 대한 내용이 등장하고 있음을 지적하고 있다. 島田正郎 / 임대희 외 3인 역, 東洋法史, 2004, 362면.

22) 이에 대해서는 Daniel H.H. Ingalls, Authoriy and Law in Ancient India, in: Authority and Law in Ancient Orient (supplement to journal of the American Oriental Society, No.17, July~Sept, 1954), 34~45면 참조. 동 문헌의 소개로는 Derk Bodde & Clarence Morris, Law in Imperial China, Harvard Univ. Press, 1967, 9면 참조.

23) Ram Sharan Sharma / 이광수 역, Ancient India, 2000, 27면 참조.

24) 이에 대해서는 이재숙 옮김, 우파니샤드 I, 2005, 29면 참조.

25) Manu VII. 7 ; John W. Spellman / 이광수 역, The Political Theory of Ancient India, 2000, 184면.

26) 다양한 착오와 그에 상응하는 각 속죄의식에 대해서는 A.B. Keith 역, Rgveda Brahmanas, in: Harvard Oriental Series Vol.25, 1981(1920년 초판발행), 290~296

베다시대에는 법률의 착오에 대해 "원칙적으로 죄가 되지만 일정한 속죄 의식에 의해 면책될 수 있다"는 방식으로 고려하는 전통이 확립되어 있었다고 볼 수 있을 것이다.

## 2) 다르마수트라(Dharmasūtra)와 다르마사스트라(Dharmaśāstra)

인도 고대문헌에 자주 등장하는 다르마(Dharma)라는 개념은 흔히 영어의 '종교(Religion)'와 유사한 용어로 사용되기도 하지만 그보다는 훨씬 광범위한 의미내용을 지닌다. 즉, 다르마는 종교적 규정(ordinance)과 의식(rite) 및 종교적 의무의 총체 이외에도 일반적인 행위의 규범과 원칙 등을 일컫는다.[28] 그리고 어원적으로 보면, 영어의 'law'가 '묶다(bind)'를 뜻하는 라틴 어근인 'lego'에서 유래하듯 'Dharma'는 '붙잡다(hold), 묶다(bind)'를 뜻하는 산스크리트 어근 'Dhr'에서 파생한다는 점에서 다르마(Dharma)는 오히려 법(law)과도 상당히 유사한 측면을 보인다.[29] 이러한 사실들을 종합적으로 고려해 볼 때, 다르마는 종교적, 세속적 의미의 행위규범(code of conduct)의 총체를 의미한다고 정의할 수 있을 것이다.[30] 고대 인도에서는 왕이나 법관이 다르마에 따라서 통치하고 판결하도록 되어 있었다.[31] 그리고 이러한 다르마의 원천은 1차적으로는 베다

---

면 참조.

27) Manu XI. 43에는 고의로 저지른 범죄도 모르고 저지른 범죄처럼 속죄가 가능한지 여부를 결정함에 있어 베다, 특히 브라흐마나에 대한 해석을 근거로 하고 있다는 내용이 논급되어 있다. 주60) 참조.

28) Ramashraya Sharma, The concept of Religion and Dharma compared, n Dharmaśāstra in Contemporary Times(Sudesh Narang외 2인 공편저, 1988), 1~6면 참조.

29) Sudesh Narang, Crime and Punishment: In Dharmaśāstra and the Contemporary Hindu Law, in Dharmaśāstra in Contemporary Times(Sudesh Narang외 2인 공편저, 1988), 99면.

30) S.C. Banerji, A Brief History of Dharmaśāstra, 1999, 1면.

31) Manu VII~VIII 참조 ; John W. Spellman / 이광수 역, 앞의 책, 179~187면 참조.

(Veda)이지만 기타 관습이나 여러 베다문헌에 산재(散在)해 있는 다르마의 집성(集成)인 다르마수트라와 다르마사스트라[32) 역시 다르마의 주요한 근거가 된다.[33) 다르마수트라 - 사스트라는 영국의 인도통치 이전까지 인도에서 통용되었으며[34) 이 중에 특히 다르마사스트라[35)는 1949년까지도 인도에서 법원(法源)의 하나로서 원용된 예가 있다고 한다.[36) 다르마 개념은 연혁적으로 볼 때 전술한 리그베다의 리타(Rta, 天則)에서 기원하는 것으로 알려져 있다.[37) 다르마는 국가권력에 의한 강제(sceptre)를 반드시 전제하지는 않는다는 점에서 서구적 개념의 법(law)과는 차이점을 보이지만[38) 본고에서는 논의의 편의상 다르마(Dharma)를 '(율)법'으로 번역하기로 한다. 베다와 다르마수트라, 그리고 다르마사스트라의 상호관계에 대한 이해를 위해서 베다의 구성 및 내용에 대해 간략히 소개하자면 아래와 같다.

베다(Veda)는 일반적으로 대략 기원전 15세기에서 6세기 사이에 형성된 것으로 알려진 인도 최고(最古)의 문학서이자 성전(聖典)으로서 힌두교인들에게는 인간의 기억에 의한 '전승(傳承, smrti)'이 아닌 '신의 계시(啓示, śruti)'에 의해 기록된 것으로 받아들여지고 있다. 베다는 리그베다(Rgveda), 사마베다(Sāmaveda), 야주르베다(Yajurveda), 그리고 아타르바베다(Atharvaveda) 등의 네 종류로 구성되며 이들을 모두 만트라(Mantra, 警

---

32) 사전적 의미로는 수트라(sūtra)는 실 또는 줄(thread)을, 사스트라(śāstra)는 칼이나 무기를 뜻하며 두 용어는 모두 경(經) 또는 성전(聖典)의 의미로 사용된다. 이에 대해서는 Hermann Jacobi 역, The Sacred Books of the East, Gaina Sûtras(F. Max Müller 편집), Vol.22, 1995(1884년, Oxford 초판발행), xxviii면 ; Patrick Olivelle, Dharmasūtra, 2000, 3면 참조.

33) Sudesh Narang, 앞의 논문, 101~102면 ; John W. Spellman, 앞의 책, 187~192면 참조.

34) L. Sternbach, Juridical Studies in Ancient Indian Law, 1965, 536면 참조.

35) 다르마사스트라는 종종 다르마수트라를 포함하는 개념으로 사용된다. Ved P. Nanda, Hindu Law and Legal Theory, 1996, xiii면 참조.

36) Sudesh Narang, 앞의 논문, 101면 참조.

37) Sudesh Narang, 앞의 논문, 같은 면.

38) Sudesh Narang, 앞의 논문, 100면 참조.

句, 讚歌)[39]라고 통칭한다. 만트라로 이루어진 각 베다의 핵심부분을 상히타(Saṁhitā, 本集部)라고 부르며 본집부를 포함하여 각 베다는 다시 브라흐마나(Brāhmana, 梵書, 祭儀書), 아란야까(Āranyaka, 森林書), 그리고 우파니샤드(Upanisad, 奧義書) 등의 네 층으로 나누어진다.[40]

이 중에서 리그베다는 베다에 등장하는 신들, 예컨대 인드라(Indra)나 바루나(Varuna), 그리고 아그니(Agni) 등의 신들을 위해 지은 시(詩)의 집성(集成)이고, 사마베다는 리그베다에서 발췌하여 곡조를 붙인 찬가집(讚歌集)이며 야주르베다는 제사(祭詞)의 모음이다. 아타르바베다는 주술집(呪術集)으로서 처음부터 성전으로 간주된 앞의 세 베다와는 달리 후대에 이르러서야 정전(正典)이 되었다고 한다.

본집부인 상히타는 베다가 지니는 권위의 요체이고 따라서 베다전통이 통용되는 지역에서는 어떠한 논리보다도 강한 설득력을 지닌다고 한다.[41] 브라흐마나는 각 베다의 본집부에 나오는 제례(祭禮)의 내용을 풀이한 주석서(註釋書)로서의 성격을 지니며 브라흐마나가 저가(在家) 가장(家長)이 지켜야 할 제의식을 규정하고 있다면 아란야까는 그 명칭이 가리키는 대로 그 가장이 늙어 숲에 은거하게 될 때 제의식을 대신하여 명상의 목적에 쓰이도록 제작된 문헌이다. 그리고 우파니샤드는 베다의 끝부분(anta)이자 정수(精髓)라는 의미에서 '베단타(Vedanta)'라고 불리며 베다의 형이상학적, 신비주의적 사변(思辨)을 담고 있다.[42]

---

39) 베다의 본문에 속하는 모든 구절을 '만트라'라고 칭한다.
40) 그러나 네 종류의 베다가 모두 네 층으로 구성된 것은 아니다. 예컨대 사마베다에는 '아란야까'가, 그리고 아타르바베다에는 '브라흐마나'와 '아란야까' 부분이 없다. 즉, 리그베다와 야주르베다만이 완전한 네 층으로 나뉘어져 있다. 이에 대한 상세한 도표의 소개로는 이재숙 옮김, 우파니샤드 Ⅰ, 2005, 28면 참조.
41) 이에 대해서는 이재숙 옮김, 앞의 책, 29면 참조.
42) 베다에 대한 상세한 설명으로는 Sarvepalli Radharkrishnan, 앞의 책, 63면 이하; Étienne Lamotte / 윤호진 역, Histoire du Buddhisme Indien, 1988, 시공사, 2006, 27~38면 ; 이지수, 인도에 대하여, 2003, 157~159면 ; 이재숙 옮김, 우파니샤드 Ⅰ, 2005, 27~32면 ; Surendranath Dascupta, A history of Indian Philosophy,

다르마수트라-사스트라의 성립연도를 정확히 알 수는 없지만 베다시대까지 소급해 올라가는 것으로 보인다.[43] 베다시대가 끝나갈 무렵, 베다에 사용된 언어가 고어(古語)가 되어버리고 수세기에 걸쳐 여러 베다문헌이 유실(遺失)되어 베다는 점차 난해하여 이해하기 문헌으로 여겨지게 되었고 따라서 이에 대한 알기 쉬운 설명을 위한 보다 전문적인 작업이 필요하게 되었다. 바로 그러한 전문작업의 결과로서 베다 보조문헌(Vedic Supplements)인 베당가(Vedāṅga)가 탄생되었는데, 베다문헌 중에서도 유난히 규범적 내용들(injunctions)을 많이 포함하고 있는 브라흐마나(Brāhmana)에 대한 보조문헌인 칼파수트라(Kalpasutra)의 세 구성부분 중 하나가 다르마수트라인 것이다(편찬시기 ; 600~B.C.300).[44]

한편 시대가 변화함에 따라서 다르마수트라의 내용은 점차 사회현실에 뒤처지게 되었고 이로 인해 다르마수트라의 간결한 경구(警句)식 표현(terse aphorisms)을 운문형식(verse)으로 대체하고 보다 상세한 규정을 담고 있는 다르마사스트라의 편찬을 가져오게 되었다.[45] 대표적인 다르마사스트라로서, 흔히 '마누법전'으로 잘 알려져 있는 마누사스트라(Manuśāstra)가 있다. 그리고 다르마수트라와 다르마사스트라는 모두 '스루티(śruti)' 문헌의 대표인 베다에 대하여 '스무리티(smrti)'로 통칭된다. 요컨대 다르마수트라와 다르마사스트라는 전자가 경구식(aphoristic) 표현을 취한 데 비해 후자는 운문적(metrical) 양식을 택했다는 차이가 있을 뿐 인간의 기억에 의한 전승, 즉 '스무리티'라는 점에 있어서는 공통점을 갖고 있는 것이다.[46] 그리고 양자는 베다의 규범적 내용, 즉 다르마를 집대성한 문헌이란 점에 있어서는 베다전통에 충실한 법전으로 분류할 수 있을 것이다.[47]

---

Vol.Ⅰ, 1951, 10면 이하 참조.

43) 이에 대해서는 Patrick Olivelle, Dharmasūtra, 2000, 2면 참조.

44) 이상의 설명으로는 Patrick Olivelle, 앞의 책, 2~3면 ; Ludo Rocher, Hindu Conceptions of Law, The Hastings Law Journal, Vol.29, 1290면 참조.

45) S.C. Banerji, 앞의 책, 4면 참조.

46) S.C. Banerji, 앞의 책, 5면 참조.

47) Ludo Rocher, Hindu Conceptions of Law, The Hastings Law Journal, Vol.29, 1291

전술한 스무리티 간에 해석상의 충돌이 발생할 경우에는 특별규정 우
선의 원칙에 따라서 해결하거나 관습 및 관례(custom, usage)에 따르도록
되어 있었다.[48] 그리고 다르마의 내용이 불분명하거 특정한 해당조문이
없는 경우에는 베다에 정통한 브라만 사제의 조언에 따라야 했으며, 특
히 베다에 정통한 브라만이 3인 이상 포함된 10인 이상의 회의의 결정에
따라서 해석하였다.[49] 다르마사스트라의 해석에 있어서는 어떠한 경우
도 전적으로 사스트라에 의존하지는 않았고 이성에 합치되는 경우에만
사스트라의 적용이 허용되었다고 한다.[50] 마누법전은 여러 종류의 관습
및 관례가 있을 때 어느 것을 따를지는 행위자의 선택에 맡겨 두었고 따
라서 행위자는 명백히 금지되는 행위도 할 수 있었다. 다만 그는 자신의
행위가 특정 관습 및 관례를 따랐다는 이성적 추론과정만 제시하면 그
것으로 충분했다.[51]

다르마수트라-사스트라 등의 고대 인도법에서 고의와 과실이 구분되
었음은 널리 알려진 바 있다.[52] 그러나 법률의 착오가 어떻게 취급되었는
가에 대한 선행연구는 찾아볼 수 없다. 하지만 고대 인도법에서 법률의
착오와 결부시켜 해석이 가능한 규정이 전혀 없다고는 보이지 않는다.

법률의 착오와 관련된 다르마수트라 규정으로 다음과 같은 조문들을
찾아볼 수 있다. 우선 Āpastambasūtra에는 다음과 같은 조문이 있다.[53]

Āpastamba Book Ⅱ 2.28.10 If someone unknowingly takes the property of
another, such as fuel, water, roots, flowers, fruits, perfume, fodder, or vegetables,

---

~1292면 참조.
48) Manu Ⅷ. 35 ; 이처럼 대체로 관습이 스무리티에 우선했지만 그 반대의 견
    해도 있다. 이에 대한 상세한 설명으로는 S.C. Banerji, 앞의 책, 3면.
49) Manu Ⅻ. 110 ; S.C. Banerji, 앞의 책, 2면.
50) Manu Ⅻ. 106~108 ; S.C. Banerji, 앞의 책, viii면.
51) S.C. Banerji, 앞의 책, 315~316면.
52) S.C. Banerji, 앞의 책 ; 167면 ; 島田正郎 / 임대희 외 3인 역, 東洋法史, 2004,
    362~363면 참조.
53) 이하의 수트라 조문은 Patrick Olivelle, Dharmasūtra, 2000 참조.

he should be verbally reprimanded. If he does so knowingly his clothes should be taken away.

　　**Āpastamba Book Ⅱ** 2.29.13 It is difficult to gain mastery of the Law by means of scripture alone, but by acting according to the markers one can master it.

　Āpastambasūtra(Book Ⅱ 2.28.10)에 따르면 모르고(unknowingly) 타인의 재산을 취득한 자는 구두로 비난을 받는데 그치는 반면, 고의로 타인의 재물을 절도한 자는 자신의 의복류를 몰수당하는 것으로 규정되어 있다. 여기서 타인의 재산으로 열거된 기름, 향료, 사료, 과실 등은 동 규정이 적용된 당시로서는 일반인들에게 가장 중요한 재산이었을 것이며[54] 따라서 이에 대한 소유권을 보호하기 위한 규정이 필요했던 것으로 보인다. 그런데 '모르고(unknowingly)' 타인의 재산을 취득한 경우가 과연 어떠한 상황을 전제한 것인지가 해석상 분명치는 않다. 그저 우연한 상황에서 무심코 타인의 재산을 자신의 것으로 여기고 집으로 가져간 경우도 분명 포함될 수 있을 것이다. 그러나 고대 인도법에서는 이미 복잡한 소유권 관계규정들, 예를 들어 매매나 저당, 보증, 소비대차, 그리고 기타 '소유주가 아닌 자에 의한 매각' 규정 등 이 존재했던 점으로 보면[55] 이러한 민사법규의 부지 또는 착오로 인해 자신의 권리에 대한 오인이 생길 수 있었을 것으로 보인다. 이는 특히 Āpastambasūtra(Book Ⅱ 2.29.13)에서 역시 다르마(법)를 숙지하는 것이 쉽지 않음을 인정하고 있음에 비추어 더욱 그러하다. 다르마수트라에서 법률의 착오를 고려하고 있었을 것이라는 추정은 Gautamasūtra를 보면 보다 분명해 진다.

　　**Gautama** 12.17 If the felon is a learned man, he should be punished more severely.

---

54) 고대 인도인의 생활상에 대한 설명으로는 Ram Sharan Sharma / 이광수 역, 앞의 책, 92면 이하.

55) 이에 대해서는 Manu ⅢV. 197～203 ; 島田正郎, 東洋法史 / 임대희 외 3인 역, 앞의 책, 365～367면 참조.

Gautama 12.27 If a man consistently neglects what is prescribed and does what is forbidden, his property, beyond what is necessary to clothe and feed himself, shall be confiscated.

Gautama 12.51 Punishment should be meted out after taking into the type of a man he is, his strength, the gravity of the crime, and how often he has committed it. Alternatively, the man may be pardoned according to the verdict of an assembly of men learned in the Vedas.

우선 Gautamasūtra 12.17을 보면 학식이 있는 자(learned man)는 그렇지 못한 자에 비해 가중처벌되고 있는데 이로부터 반대로 학식이 없어 무지한 자는 학식이 있는 자에 비해서는 감경처벌될 것이란 점을 알 수 있다. 그리고 이 점은 Gautamasūtra 12.51에서 형벌은 행위자의 능력(strength), 죄의 경중, 그리고 상습성의 정도 등에 따라 차등 부과된다고 명시하고 있기 때문에 보다 명확해진다. 법률의 착오와 관련 결론적으로 Gautamasūtra 12.27에서는 법규에 대해 시종일관 만연한 태도로 주의를 기울이지 않아 (consistently neglects what is prescribed) 금지규범을 어긴 자는 그에게 필요한 정도의 의식(衣食)을 제외한 모든 재산을 몰수한다고 규정하고 있다. 즉, 법률의 착오에 대해 몰수형이란 재산형을 규정하고 있는 것이다. 그러나 착오자는 자신의 능력과 죄의 경중 등에 비추어 베다에 정통한 브라만들의 평결에 의해 면책될 수 있는 가능성이 열려 있었다(Gautamasūtra 12.51 후단). 법률의 착오에 관해 전술한 Āpastambasūtra와 Gautamasūtra의 규정은 일견 수트라 간에 적지 않은 상위(相違)를 노정하고 있다고 볼 수도 있겠으나 전자의 경우는 사법법규의 착오에 관한 규정이고 후자의 경우는 금지규범, 즉 형사법규의 착오에 관한 규정으로 선해(善解)할 수 있다면 양자의 불일치는 해소될 수 있다고 본다. 이처럼 Āpastambasūtra와 Gautamasūtra를 통해 추측컨대, 베다전통의 다르마수트라에서도 법률의 착오를 일정한 방식, 즉 일률적으로 '구두비난'이나 '몰수형'에 처하는 방식으로 고려하고 있었던 것으로 보인다.

다음으로 대표적인 다르마사스트라의 하나인 마누법견을 보면 다음

과 같은 내용을 볼 수 있다.[56]

> **Manu V. 20** He who unwittingly partakes of (any of) these six, shall perform a Sâmtapana (Krikkhra)[57] or the lunar penance (Kândrâyana)[58] of ascetics ; in case (he has eaten) any other (kind of forbidden food) he shall fast for one day (and a night).

> **Manu V. 21** Once a year a Brâhmana must perform a Krikkhra penance, in other to atone for unintentionally eating(forbidden food) ; but for intentionally (eating forbidden food he must perform the penances prescribed) specially.

> **Manu XI. 45** (All) sages prescribe a penance for a sin unintentionally committed ; some declare, on the evidence of the revealed texts, (that it may be performed) even for an intentional (offence).

> **Manu XI. 147** He who drinks unintentionally (the spirituous liquor, called) Vârunî, becomes pure by being initiated (again) ; (even for drinking it) intentionally (a penance) destructive to life must not be imposed ; that is a settled rule.

마누법전을 보면 무심코 혹은 부지불식간에 금지된 음식을 먹은 경우의 속죄의식이 규정되어 있다. 마누법전에는 금지되는 음식의 종류로서 마늘, 파, 버섯, 붉은 수액, 멧돼지, 낙타 및 양의 젖 등 30여 종을 열거하고 있지만, 그 중에는 특정된 대상이 아니라 '육식하는 모든 새', '발굽이 한 뭉치로 된 짐승', '마른 고기', '물고기를 먹는 짐승', '금지하지는 않았지만 발톱이 다섯 개 있는 모든 짐승' 등 실제로는 그 수를 헤아리기 힘든 만큼의 금식대상이 있고 게다가 '새끼를 낳은 지 열흘이 안 된 소

---

56) 이하의 조문은, G. Bühler 역, The Laws of Manu in: The Sacred Books of the East (F. Max Müller 편집), Vol. XXV, 1886 참조 ; 마누법전의 번역서로는 이재숙·이광수 역, 마누법전, 1999 참조 바람. 단, G. Bühler의 마누법전과 이재숙·이광수의 번역서 간에 조문 배열상 다소의 차이가 있음을 유의할 필요가 있으며 본고에서는 G. Bühler의 견해를 따랐음을 밝혀둔다.

57) 소오줌, 소똥, 우유, 발효유, 우유버터, 구샤풀을 끓인 물만 먹고, 하룻밤을 금식하는 것. 이에 대해서는 Manu XI. 211 참조.

58) 음식을 일정하게 줄이고, 일정 시간에만 식사를 하며 마음을 수양하는 등의 속죄방법. 이에 대해서는 Manu XI. 215~218 참조.

의 우유', '새끼 없는 소의 우유' 등 상당한 주의를 기울여도 과연 금식 대상인지 여부를 분별키 어려울 만큼 금지되는 음식은 다양하고 많다.[59] 따라서 동 조문은 이처럼 상당한 주의를 기울여도 판별이 용이하지 않은 금지 음식을 모르고 먹었을 경우를 상정한 것으로 보인다(Manu V. 20 ~21). 그렇기 때문에 동 조문은 금지되는 음식인 것은 알았지만 무심코 먹게 된 경우를 포함해 금지되는 음식이라는 점을 전혀 몰랐거나 그 판단에 착오가 있었던 경우도 모두 규율하고 있었다고 봄이 자연스럽다. 즉, 동 조문은 금지되는 음식에 대한 부지나 착오를 규율하고 있는 조문인 것이다. 그리고 그러한 착오가 발생한 경우에 일정한 금욕생활이 처벌로서 부과되며 이를 행함으로써 속죄됨을 규정하고 있다.

한편 Manu XI. 45는 부지불식간에 행한 모든 범죄에 있어서 속죄가 가능하다는 점을 암시하고 있으며 Manu XI. 147에 의하면 고의적인 범죄는 속죄가 불가능하다는 점을 명시하고 있다. 다만 Manu XI. 45 후단에서는 계시서(revealed texts), 즉 베다의 해석을 근거로 고의적인 범죄도 속죄의 가능성이 있다는 이견(異見)을 소개하고 있다. 여기서 해석의 근거가 되는 베다는 주로 브라흐마나인 것으로 보이나[60] 모르고 범한 죄는 속죄될 수 있다는 마누법전의 태도는 무지로 죄를 범한 자는 바루나(Varuna)를 경배하고 속죄의식을 통해 용서받을 수 있다는 리그베다 본집부의 내용과도 매우 흡사하다. 그리고 Manu XI. 45 후단의 소수의견, 즉 고의로 죄를 범한 자도 속죄의 가능성이 있다는 주장 역시 리그베다 본집부를 어떻게 해석하느냐에 따라서는 충분히 가능한 것이다. 왜냐하면 Rgveda Ⅶ.87.7 등의 개소에서는 바루나는 심지어 그에게 고의로 죄를 범한(offend against) 자에게도 자비를 베푸는 존재로 묘사되기 대문이다.[61] 그

---

59) Manu V. 5 ~ 19.
60) G. Bühler에 의하면 여기서 말하는 계시서, 즉 베다문헌은 Gautamasūtra 19.7 ~ 10에서 인용되는 Śatapatha-Brāhmana 13.3.1.1 또는 몇몇 다른 주석가들이 지적하듯이 Aitareya-Brāhmana 7.28 등의 개소라고 한다. 즉, 베다 중에서도 브라흐마나를 근거로 하고 있다는 것이다. 이 점에 대해서는 G. Bühler, 앞의 책, 439면 참조.

리고 이처럼 속죄의식에 관한 브라흐마나의 해석과 리그베다 본집부의
해석이 유사한 이유는 전술한 바와 같이 브라흐마나는 각 베다의 본집부
에 나오는 제례(祭禮)에 대한 주석서의 성격을 갖는다는 점을 고려하면 쉽
게 이해될 수 있다고 본다. 이상의 논의를 요약해 보면, 다르마사스트라의
하나인 마누법전에 따르면 모르고 범한 죄는 고의로 범한 죄와는 달리 일
정한 속죄의식을 통해 용서받을 수 있다는 것이 지배적 입장이었던 것으
로 보이며 이는 리그베다에서의 법률의 착오에 대한 취급방식과도 일치
하는 것으로 보인다. 베다의 해석을 근거로 고의로 범한 죄도 속죄를 통
해 용서받을 수 있다는 견해도 있기는 했지만, Manu XI. 147에 의하면
이러한 해석론은 어디까지나 소수설에 불과했던 것으로 판단된다.

　요컨대 베다전통의 다르마수트라-사스트라에서, 비록 약간의 차이가
있긴 했지만, 법률의 착오를 일정하게 고려하려는 입장을 취하고 있었던
것만은 분명한 것으로 보이며, 가장 널리 알려진 힌두법전인 마누법전의
규율 방식이 리그베다의 내용에 부합되는 것으로 미루어 보건대, 베다전
통의 법전의 경우 법률의 착오는 원칙적으로 죄가 되지만 일정한 속죄의
식에 의해 면책될 수 있다는 사고방식이 지배적이었던 것으로 판단된다.

## 2. 자이나교와 불교 문헌

### 1) 카르마(Karma, 業)이론과 법률의 착오

　인도에서는 정통과 비정통을 구분하는 기준은 베다의 권위를 인정하
고 따르는지 여부에 달려 있다. 기원전 5~6세기 무렵 바로 이러한 기준
으로부터 베다의 권위를 부정하고 새로이 등장한 종교로서 대표적으로
자이나교와 불교가 있었다. 인도의 대표적인 비정통 사상으로서 자이나
교와 불교 경전 속에서는 법률의 착오와 관련해 베다전통 문헌과 다른

---

61) 이러한 해석으로는 Sarvepalli Radharkrishnan, Indian Philosophy I, 1929, Vol. I,
　　77면 참조.

어떠한 내용의 가르침이 있는지 찾아내 비교해 볼 필요가 있다. 특히 이 시기는 이러한 새로운 신흥종교의 발흥(發興) 움직임에 대응하여 전통적 사회질서의 확립차원에서 베다전통의 다르마수트라가 편찬되기 시작한 때였기 때문에[62] 신흥종교인 자이나-불교의 교설(敎說)과 베다전통 다르마의 비교연구는 그 중요도가 높다고 본다.

'위대한 영웅(der große Held)'을 뜻하는 마하비라(Mahāvira, B.C.599~B.C.527)를 제24대 조사(祖師) 또는 마지막 예언자로 믿는 자이나교와 '깨달은 자(der Erwachte)'를 뜻하는 붓다(Buddha, B.C.567~B.C.487)를 개조로 하는 불교는[63] 동시대에 뿌리내린 사문종교[64]의 일파로서 서로 강력한 라이벌 관계였으며,[65] 일종의 윤리법칙인 카르마(Karma, 業) 사상에 기초해 있었다. 카르마 이론은 간단히 말해 '뿌린 대로 거둔다'는 '자업자득(自業自得)'의 사상이다. 즉 선업(善業)을 쌓은 자는 필연적으로 좋은 과보(果報)를 받게 되고 악업(惡業)을 쌓은 자는 반드시 나쁜 과보

---

62) 이에 대해서는 Ludo Rocher, Hindu Conceptions of Law, The Hastings Law Journal, Vol.29, 1292면 참조.

63) 이상의 설명으로는 Ernst Leumann, Buddha und Mahāvira, die beiden indischen Religionsstifter, Freiburg 1921, 18~21 ; Asim Kumar Chatterjee, A Comprehensive History of Jainism, 2000(1978년 초판발행), 17면 ; M. Winternitz, Der Ältere Buddhismus, Tübingen, 1929, 7면 이하 ; Surendranath Dascupta, 앞의 책, 173면 이하 ; Sarvepalli Radharkrishnan, 앞의 책, 286면 이하 참조. 단, 붓다와 마하비라의 생존연대 및 그 선후관계에 대해서는 학자들 간에 다소의 견해차이가 있음에 주의할 필요가 있으며, 본고에서는 Sarvepalli Radharkrshnan의 견해를 따랐다. 그리고 학자에 따라서는(M. Winternitz) 범어(梵語) 붓다(Buddha)의 의미를 독일어로 'Der Erleuchtete'로 표현하기도 한다.

64) 사문(沙門, Śramana)종교란 카스트(Caste)제도와 베다(Veda)의 권위를 부정하며 등장한 종교로서 삭발(削髮) 및 출가(出家) 수행을 특징으로 하며 불살생(不殺生) 등의 계율을 지키는 종교를 말한다. 이에 대해서는 조준호, 우파니샤드(Upanisad) 철학과 불교-종교 문화적·사상적 기원에 대한 비판적 검토-, 2004, 81~92면 참조.

65) 이러한 평가로는 Govind Chandra Pande, Studies in the Origins of Buddhism, 1957, 541면 참조.

를 받게 된다는 것이다. 카르마 사상의 유래는 멀리는 베다문헌, 특히 우
파니샤드까지 소급해 올라가며 이후 정교하게 다듬어져 복잡한 양상으
로 발달해 갔으며[66] 형사책임과 관련해 볼 때 카르마 이론은 응보적 정
의(Retributive Justice)와 개인책임의 원칙(Personal Responsibility)을 내포하고
있다고 볼 수 있다.[67]

일반적으로 카르마의 원리는 행위, 즉 거동(身業, Kāyika), 말(口業), 의
지(意業) 등의 세 가지 양상으로 발현된다고 한다.[68] 다시 말해 악한 거
동과 말, 그리고 의지 는 모두 카르마의 원리에 의해 나쁜 결과를 낳을
수 있다는 것이다. 그런데 신업과 구업, 그리고 의업 중에서 과연 어느
요소가 결정적인 역할을 하는가에 대해서는 불교와 자이나교는 각기 다
른 이해방식을 가지고 있었다. 즉, 불교의 경우는 전술한 세 요소 중에서
의지(cetanā)를 가장 중요한 것으로 본 반면에 자이나교의 경우는 신업을
가장 중요한 요소로 가르쳤다. Helmuth v. Glesenapp은 카르마 이론상의
자이나교와 불교의 차이점이 현저히 부각될 수 있도록 독일어로써 다음
과 같이 표현해 주고 있다.

"Der Jainismus betrachtet den objektiven Tatbestand als ausschlaggebend,
erkennt deshalb auch unwissentlich begangene Sünden an, während der Buddhismus
für das Zustandekommen einer sündhaften Handlung das Vorhandensein des
verbrecherischen Willens beim Schuldigen voraussetzt"[69]

Helmuth v. Glesenapp에 의하면 자이나교에서는 범죄의 성립에 있어서

---

66) 윤호진, 무아(無我) 윤회(輪廻) 문제의 연구, 1996, 58면 참조. 동 문헌은 윤
병식(法名 浩眞) 교수가 1981년 프랑스의 소르본 대학에 제출한 '나선비구
경에서의 무아와 윤회문제'라는 박사학위논문을 한글로 번역한 책이다.
67) Y. Krishan, The Doctrine of Karma in Jainism, in Jainthology(Edited by Ganesh
Lalwani), 1991, 87~89면 참조.
68) Kewal Krishna Anand, Indian Philosophy (The Concept of Karma), 1982, 311~312
면 참조.
69) Helmuth v. Glesenapp, Der Jainismus: Eine indische Erlösungsreligion, Berlin 1925,
452면 참조.

객관적인 구성요건(objektive Tatbestand)을 결정적인 요소로 코기 때문에 고의없는 행위도 범죄가 된다고 가르치지만, 불교에서는 범죄의 성립에 있어서 위법한 의사의 존재를 전제로 한다는 차이점이 있다는 것이다. 그리고 이와 같이 대립되는 두 종교 간의 이론상의 차이는 행위자에게 죄책을 부과함에 있어서 상이한 결과를 가져오게 된다. 예를 들어 불교의 경우는 의도적이지 않은 행위는 반드시 나쁜 과보를 불러 오지는 않지만 자이나교의 가르침에 따르면 무의도적으로 또는 무의식적으로 범한 행위라도 그에 상응하는 나쁜 과보를 받게 된다는 귀책론(歸責論)에 이르게 된다.

이와 관련 붓다는 다음과 같이 가르침을 펴고 있다.

"만일 일부러 짓는 업이 있으면 나는 반드시 그 갚음을 받되 현세에서 받거나 후세에서 받는다고 말한다. 만일 일부러 지은 업이 아니면 나는, 이는 반드시 그 갚음을 받는다고는 말하지 않는다"[70]

"업이란 무엇인가. 업은 의도(cetanā)라고 나는 말한다. 와냐하면 몸(身)과 말(言)과 생각(意)으로 행위를 하는 것은 (그것을 하고자) 원해서 하는 것이기 때문이다"[71]

즉, 붓다에 의하면 업은 의도의 구체화이며 따라서 의도는 업의 본질적 요소인 것이다.[72] 그리고 이처럼 업에 있어서 의도를 강조하는 입장은 '나선비구경(那先比丘經)'[73]을 제외한 거의 모든 불교 경전의 공통된

---

70) 한글대장경 중아함경(中阿含經) ③, 제414권, 1999, 68면 참조.
71) 이는 Aṅguttaranikāya(증일아함경)에 있는 내용이다. 이에 대해서는 윤호진, 앞의 책, 272면 참조.
72) 윤호진, 앞의 책, 272면.
73) 나선비구경은 나가세나(Nāgasena)라는 한 비구(比丘)와 인도 서북지방을 통치했던 그리스 계(系)의 Menandros왕과의 불교 교리에 대한 대론(對論) 내용을 담고 있는 불교경전으로서 Milinda왕(Menandros왕과 동일인물로 추정됨)이 나선비구, 즉 나가세나에게 질문한 내용이 수록되어 있다고 하여 Milinda왕의 질문(panhā)을 뜻하는 'Milindapanhā'로 불리기도 한다. 이에 대해서는 윤병식, 나선비구경 연구 Ⅰ, 인도학·인도철학, 창간 제1집, 1989, 84~90면

입장이라고 한다.[74] 불교의 이와 같은 카르마이론과 달리 자이나교는 Helmuth v. Glesenapp의 인상적인 설명처럼 업에서 신업을 가장 본질적인 것으로 보았다는 것이 지배적 견해였다고 한다.[75] 양자의 차이점은 저명한 불교학자인 L. de la Vallee Poussin의 'The Way to Nirvāna'[76]와 Arthur Berriedale Keith의 'Buddhist Philosophy'[77]에서도 마찬가지로 논급되고 있다.

그러나 이러한 지배적 견해에 대하여 자이나교가 특히 신업만을 중시하였다는 주장은 자이나 경전의 내용을 토대로 한 것이 아니라 불교 경전, 특히 '우파리경'에서 외도(外道)에 대한 불교의 우위성을 강조하기 위해 자이나교의 카르마이론을 의도적으로 폄하하려는 의도에서 제기된 것이라는 반론이 제기된 바 있다.[78] 즉, 자이나 경전 원전(原典)상의 카르마 이론에 따르면 자이나교가 특히 신업만을 더 강조했다고 보기는 어려우며 따라서 불교와 자이나교의 카르마사상의 차이점을 지적하는

---

참조. 업론에 대한 나선비구경의 입장은 다른 불교경전과 달리 오히려 자이나교의 업론과 유사성을 보인다. 이에 대해서는 윤호진, 앞의 책, 274~275면 참조. 나선비구경의 업론은 자이나교와 불교의 카르마 이론의 상호 교섭의 한 단면을 보여준다고 이해할 수 있을 것이다.

74) 윤호진, 앞의 책, 272~275면 참조.
75) 이에 대해서는 김미숙, 자이나 철학에서의 업과 영혼의 관계, 인도철학, 제11집 제2호, 2002, 257~258면 ; 김미숙, 고행에 대한 불교와 자이나교의 논쟁, 불교평론, 제16호, 2003 참조
76) L. de la Vallee Poussin, The way to Nirvāna, Cambridge 1917, 67면 참조.
77) A.B. Keith, Buddhist Philosophy in India and Ceylon, Oxford 1923, 203면 참조.
78) 이에 대해서는 대표적으로 김미숙, 자이나 철학에서의 업과 영혼의 관계, 인도철학, 제11집 제2호, 2002, 257~258면 ; 김미숙, 고행에 대한 불교와 자이나교의 논쟁, 불교평론, 제16호, 2003 참조. 또한 '김인종, 고대 인도불교와 자이나교 교섭에 관한 연구, 1991, 원광대학교 박사학위논문'에서도 이와 비슷한 맥락에서 불교와 자이나교의 카르마이론은 기본적으로 동일한 토대에 있다는 점을 강조할 뿐 각각 '의업'과 '신업'을 중요시한 양 교설(敎說)의 차이점에 대해서는 논급하고 있지 않다. 이에 대해서는 김인종, 앞의 논문, 159~164면 참조. 이러한 차이가 Radhakrishnan의 'Indian Philosophy'에서도 부각되지 않고 있음은 마찬가지이다. Sarvepalli Radharkrishnan, 앞의 책, 286면 이하 참조.

지배적 견해는 공평하지 못한 부적절한 전거에 기초해 있다는 것이다. 그렇다면 과연 자이나 경전에서는 신업을 유독 강조하는 입장을 취하지 않고 있는 것인가? 이에 대한 확인과 검토가 필요함을 알 수 있다.

지배적 견해에 대한 반대론자의 문제점은 구체적인 전거를 제시해 주고 있지 못하다는 사실이다. 과연 어느 자이나 경전을 토대로 그와 같은 해석론에 도달하고 있는지를 적시해 주고 있지 못하다. 이와 관련하여 가장 오래된 자이나 경전의 하나 이며79) 주로 수행자의 올바른 태도와 외도(外道, Ketzerlehren)80)에 대한 논박(論駁)의 내용을 담고 있는81) 'Sūtrakrtāṅga' 는 다음과 같은 가르침을 설(說)하고 있다.82)

> **Sūtrakrtāṅga 2.2.4.** We now treat of the fourth kind of committing sins, called accidental. This is the case when in marshes strongholds in a forest, a man who lives on deer, who likes deer, who dotes on deer, goes a hunting deer. Fancying to see deer, he takes aim with his arrow to kill the deer. Thinking that he will kill the deer, he kills a partridge, or a duck ··· a monkey, or a francoline partrdige. Here instead of one(being) he hurts another, (therefore ne is called) an accidental killer.

> **Sūtrakrtāṅga 2.2.5.** We now treat of the fifth kind of committing sins, viz. by an error of sight. This is the case when a man living together with his mother, ··· and mistaking a friend for an enemy, kills the friend by mistake. ··· a man mistaking for a robber one who is not, kills him by mistake. Thereby the bad Karman accrued to him. ···

오늘날의 형법이론상 Sūtrakrtāṅga 2.2.4에서는 사실의 착오 중에서 방법의 착오를, Sūtrakrtāṅga 2.2.5에서는 구체적 사실의 착오 및 오상방위

---

79) 이러한 평가로는 Hermann Jacobi 역, Gaina Sûtras, in: The Sacred Books of the East(F. Max Müller 편집), Vol.22, 1995(1884년, Oxford 초판발행), xi면 참조.
80) 불교와 자이나교는 서로를 외도(外道)로 분류했다.
81) 자이나 경전의 생성 과정과 그 주요 내용에 대해서는 Helmuth v. Glesenapp, 앞의 책, 90~104면 참조.
82) 이에 대해서는 Hermann Jacobi 역, Gaina Sûtras, in: The Sacred Books of the East(F. Max Müller 편집), Vol.45, Part Ⅱ, 1995(1895년, Oxford 초판발행) 참조.

를 논급하고 있으며 양자 모두 그와 같은 착오는 죄의 성립에 있어서 고려되지 않으며 따라서 나쁜 카르마를 온전히 불러오게 된다고 설명하고 있다. 이처럼 죄의 성립에 있어서 행위자의 주관적 요소를 고려하지 않는 자이나교의 태도는, "과실로 인한 살인자(he who unknowingly kills one)는 완전한 죄과를 받지 않는다"는 외도(外道) Kriyâvâdins의 가르침은 잘못되었다는 비판(Sūtrakrtāṅga 1.1.2.24 ~ 30)[83]에서 볼 수 있듯이 과실 역시 범죄의 성립에 큰 영향을 주지 못한다는 가르침으로 일관된 입장을 유지하고 있다. 또한 법률의 착오와 관련하여서도 자이나 경전은 다음과 같이 설하고 있다.

> **Sūtrakrtāṅga 1.1.22.** ⋯ and ignorant about what is right and wrong they do not get out of misery as birds do not get out of their cage
>
> **Sūtrakrtāṅga 2.4.3.** ⋯ There is sin, though (the perpetrator of the action) do not possess sinful thoughts ⋯
>
> **Sūtrakrtāṅga 2.4.5.** ⋯ Though a fool does not consider the operations of his mind, speech, and body, nor does see even a dream, still he commits sins.
>
> **Sūtrakrtāṅga 2.4.6.** As a murderer who entertains (murderous) intentions towards a householder, is a man who does harm through cruelty ; so an ignorant man who entertains (cruel) intentions towards all sorts of living beings, is a man who does harm through cruelty.

Sūtrakrtāṅga 1.1.22는 외도(外道)의 잘못된 가르침을 따르는 자는 무엇이 옳고 그른지 모르는 무지한 자로서 새장 속의 새가 절대 새장을 빠져나지 못하듯이 자이나교의 올바른 가르침에 무지한 자는 나쁜 과보로부터 영원히 해탈(解脫)할 수 없다는 맥락에서 제시된 개소로서 직접적이지는 않지만 법률의 착오에 대한 자이나 경전의 태도를 암시하고 있다고 볼 수 있을 것이다. 법률의 착오에 대한 자이나교의 입장은 Sūtrakrtāṅga 2.4.3과 Sūtrakrtāṅga 2.4.5에 이르러 보다 분명해 진다. 양 개소로부터 자

---

83) Hermann Jacobi 역, 앞의 책, 242면 참조.

이나교에서는 죄를 범한다는 생각(sinful thoughts)이 없거나 자신의 행위의 의미에 대한 인식이 없더라도(not consider the operation of his mind, speech, and body) 범죄는 완전히 성립한다고 가르치고 있음을 확인할 수 있다. 이처럼 법률의 착오가 용서받을 수 없다는 입장은 특히 Sūtrakṛtāṅga 2.4.6에서 더욱 분명해 진다. 동 개소에 따르면 고의가 있는 자는 무지하더라도(an ignorant man who entertains intentions) 해악을 가하는 것이며, 그 이유는 범행을 결심한 자는 불철주야(不撤晝夜)로 이미 적대감과 그릇됨 (hostility and wrong)으로 가득 차 있기 때문이라는 것이다.[84]

　이상 살펴본 바와 같이 자이나교에서는 분명히 지배적 견해와 같이 행위자의 주관적 요소를 범죄의 성립에 있어서 중요한 요소로 보지 않았음이 분명하다.[85] 반면 신업의 역할을 가장 중요한 것으로 보았던 것이다.[86] 이에 대해 L. de la Vallee Poussin은 자이나교의 카르다 이론을 다음과 같이 비판한다. 첫째, 자이나교의 가르침에 따르면 산모와 태아는 서로를 고통스럽게 만들기 때문에 죄인이 될 수밖에 없다는 부당한 결론에 이르게 된다.[87] 둘째, 행위의 객관적 결과만을 중시하게 되면 공범의 처벌근거가 사라지게 된다는 것이다.[88] 왜냐하면 타인을 교사한 자는 스스로 범행을 직접 저지른 자가 아니기 때문이다.[89] 그러면서 Poussin은 불교의 카르마 이론은 의도(volition)를 가장 중시하였으며 따라서 의도가 없는 행위는 나쁜 과보를 가져오지 않는다고 강조한다.[90]

---

84) Sūtrakṛtāṅga 2.4.4.
85) 이러한 견해로 Y. Krishan, 앞의 논문, 89면 참조.
86) L. de la Vallee Poussin, 앞의 책, 67면.
87) L. de la Vallee Poussin, 앞의 책, 68면.
88) 그러나 이러한 Poussin의 주장은 순전히 추론에만 근거한 것으로서 정당하지 못하다. 왜냐하면 자이나 경전은 타인을 살해토록 교사한 자(a man who causes other men to kill them)은 스스로 살인을 한 자와 마찬가지로 명백히 죄인이 된다는 입장을 취하고 있기 때문이다. 이 점에 대해서는 Sūtrakṛtāṅga 1.1.1.3 ; Sūtrakṛtāṅga 1.1.3.25～26 참조.
89) L. de la Vallee Poussin, 앞의 책, 69면.
90) L. de la Vallee Poussin, 앞의 책, 67, 70면

그러나 이와 같은 불교의 가르침에 대해 자이나교 측에서는 다음과 같이 논박하며 자신의 교리(敎理)를 정당화한다. 우선 자이나 경전에서는 저 유명한 불의 비유를 제시한다. 즉, 불에 달구어진 뜨거운 쇠인지 전혀 모르고 이를 만진 사람과 알고 경계하면서 만진 사람 중에서 모르고 만진 사람이 더 큰 화상을 입게 된다는 것이다.[91] 또한 Sūtrakrtāṅga 2.6.26~28은 의업을 중시하는 불교 교리에 대해서 다음과 같이 통렬히 논박한다. "불교 교리에 따르면 사람을 살해하려던 자가 착오로 곡식더미(granary)를 창으로 찔러버린 경우도 역시 죄가 되며, 반대로 곡식더미를 불로 요리하려던 자가 착오로 사람을 불로 요리한 경우는 죄가 되지 않을 것이다. 결국 불교의 가르침에 따르면 사람을 곡식더미로 잘못 인식하여 불에 구워 요리한 경우에 이는 붓다의 아침식사에 오르게 될 것이다."[92] 그리고 이처럼 자이나교에서 범죄의 성립에 있어서 행위자의 주관적 요소를 경시하고 객관적 결과를 중시하는 이유에 대해서 Sūtrakrtāṅga 2.6.30~32는 "자기수양에 철저한 사람(well-controlled men)은 결코 실수로 인해 범죄를 저지르지 않는다. 왜냐하면 자이나 교리를 철저히 숙지하고 범죄를 저지를 것을 두려워하여 사악한 행위를 스스로 금하는 자는 절대로 사람과 곡식더미를 동일시하는 등의 실수를 범할 수 없기 때문이다"라고 설명해 주고 있다.[93]

이상의 논의를 정리하자면, 초기경전을 중심으로 살펴볼 때, 불교에서

91) 이에 대해서는 A.B. Keith의 앞의 책, 203면 ; L. de la Vallee Poussin, 앞의 책, 68~69면.
92) Sūtrakrtāṅga 2.6.28 ; Sūtrakrtāṅga 원전(原典)에서는 불교도(Buddhist)들이 스스로 이와 같은 점을 인정하고 있는 것으로 기술하고 있으나 동 개소의 내용은 불교의 교리를 논박하기 위해서 자이나 경전이 의도적으로 폄훼(貶毁)한 것으로 보는 것이 옳다. Hermann Jacobi 역, 앞의 책, 414~415면.
93) Hermann Jacobi 역, 앞의 책, 415면 ; 이와 같은 근거 제시는 자이나교도들에게는 분명 설득력이 있다고 보인다. 왜냐하면 예컨대 살생을 엄격히 금하는 자이나교도들은 땅위의 생물을 밟지 않기 위해 앞길을 비로 쓸고 다녔으며, 공기 중의 작은 생명체를 무심코 흡입하지 않기 위해 마스크를 착용하고 다닐 정도였기 때문이다.

는 카르마에 있어서 행위자의 주관적 요소, 즉 의도나 의지를 본질적인 요소로 가르친 반면에 자이나교에서는 행위자의 주관적 요소는 부차적인 것이고 어디까지나 행위의 객관적 결과만으로 카르마는 완전한 과보를 가져오게 된다고 이해하고 있었던 것이다. 따라서 '지배적 견해'는 옳다고 보며 자이나교의 카르마 이론에 대한 불교 경전의 인용은 정확하다고 말할 수 있을 것이다. 그런데 여기서 과연 그렇다면 불교에서는 카르마의 원리에서 전적으로 의업만을 강조한 것인가에 대한 의문이 든다. 만약에 불교의 카르마 이론은 행위자의 주관적 요소가 결여되면 그의 행위에 상응하는 과보는 전혀 발생하지 않는다고 보게 되면 불교의 업론(業論)에 대한 자이나 경전의 비판은 타당하게 적용될 수 있기 때문이다. 또한 아함경에서 붓다는 "만일 일부러 지은 업이 아니면 나는, 이는 반드시 그 갚음을 받는다고는 말하지 않는다"라고만 말하고 있을 뿐 의도나 의지가 결여된 행위는 언제나 과보를 불러오지 않는다고는 말하고 있지 않기 때문이다. 이와 관련 Poussin이 불교에서 의업을 강조하기는 하지만 그렇다고 신업과 구업을 경시하지는 않았다고 지적한 점은 적확(的確)하다고 본다.[94] 실제로 붓다는 모친이 병들어 고통을 받게 되자 그 고통을 줄여드리고자 하는 선한 동기에서 모친을 살해하더라도 (바라이) 죄가 성립한다고 설하고 있으며 반대로 축생을 잡으려는 악한 동기에서 함정을 파놓았다가 모친이 떨어져 죽게 된 경우는 (바라이)죄가 성립하지 않는다고 가르쳤던바[95] 행위자의 주관적 요소를 사안에 따라 합리적인 범위 내에서만 고려하였던 것으로 보인다.[96] 그리고 불교의 이와 같은 '중도적(中道的)'인 귀책론(歸責論)은 계율의 착오와 관련해서도 다음과 같이 전개된다.

---

94) L. de la Vallee Poussin, 앞의 책, 71면.

95) 이와 관련된 다양한 사례로는 한글대장경, 십송률(十誦律) ③, 제51권, 2001 (1995, 동국역경원 초판 발행), 382~405면 참조.

96) 동일한 맥락의 주장으로는 조용길, 업(Karma)사상의 현대적 고찰, 한국불교학 제33집, 42면 참조.

## 2) 불교 계율(戒律)의 착오

불교의 교단조직, 즉 승가(僧伽, Saṅgha)97)에서는 비구 또는 비구니들
이 지켜야 할 계율을 규정해 두고 있다. 그리고 승가는 범계자를 처벌하
기 위한 강권(强權)을 발동할 수 있는 재판조직을 가지고 있었다.98)

불교 계율은 범한 죄의 경중에 따라서 일반적으로 바라이(波羅夷), 승
잔(僧殘), 바일제(波逸提), 바라제제사니(波羅提提舍尼), 돌길라(突吉羅)의
5편으로 분류된다.99) 이 중에서 바라이는 가장 중한 죄로서 이에 대해서
는 불공주(不共住), 즉 교단에서 영구 추방하는 처벌이 내려진다.100) 승
잔죄는 바라이 다음의 중죄로서 대중 앞에서 참회하고 일정 기간 근신
생활을 하는 처벌을 받게 되며, ‘교단에는 남을 수 있다(殘)’는 점에서 바
라이와 구분된다.101) 다음으로 바일제는 주로 소유가 금지되어 있는 물
건에 대한 규칙으로 이루어진 사타법(捨墮法)을 어긴 경우에 해당되는
범죄로서 이 경우는 계율에 어긋난 물건을 내놓고 참회를 부과하는 벌
에 처해진다.102) 바라제제사니법은 받아서는 안 되는 음식물을 받은 경
우에 빠지는 죄이고 바일제보다는 경미한 죄로서 이 경우는 이미 음식

---

97) 불교의 교단조직은 공화국(gaṇa-saṅgha)의 정치시스템이 반영된 모델이라
   는 주장이 유력하게 제시되고 있다. 왜냐하면 붓다와 그 제자들의 상당수
   가 군주제 왕국이 아닌 부족적 공화제 국가 출신이었기 때문이라고 한다.
   그렇기 때문에 불교 교단의 의사결정 방식은 다수결 투표제를 채택하고 있
   다. 이상의 내용은 Uma Chakravarti / 박제선 역, The Social Dimensions of Early
   Buddhism, 2004, 26~38면, 91면 이하 ; 中村元 / 김지견 역, The World of
   Buddha, 2005, 172~173면 참조. 따라서 불교 계율 및 재판조직의 운용을
   이해함에 있어서도 이 점이 충분히 고려되어야 할 것으로 보인다.
98) 平川彰 / 석혜능 역, 원시불교의 연구－교단조직의 원형－, 2003, 153면 참조.
99) 이에 대해서는 平川彰 / 석혜능 역, 앞의 책, 252~253, 264면 ; 목정배, 계
   율학 개론, 2001, 129면.
100) 平川彰 / 석혜능 역, 앞의 책, 270면.
101) 平川彰 / 석혜능 역, 앞의 책, 274~280면.
102) 平川彰 / 석혜능 역, 앞의 책, 260면.

물을 먹어버린 되이기 때문에 내놓는 물건은 없고 참회단이 부과된다.[103] 끝으로 가장 가벼운 죄로서 돌길라는 대체로 중학법(衆學法)을 어긴 경우에 부과되는 죄이다. 중학법은 주로 행의(行儀)나 작법(作法), 즉 의복의 착용법이나 식사예법, 그리고 신자의 집에 탁발(托鉢)하러 갔을 때의 주의사항 등에 대한 규칙이며 이를 어기더라도 계율상의 죄가 될 정도에는 이르지 않기 때문에[104] 범계(犯戒)자는 입으로 말을 내어 회과(悔過)할 필요는 없고 그저 마음속으로 "이제부터는 범하지 않을 것이다"라고 심회(心悔)하기만 하면 된다.[105]

불교 계율은 수범수제(隨犯隨制)의 원칙에 따라서 조문[106]을 제정하기 위해서는 계율로 정하지 않으면 안 되는 악행을 범한 비구(니)가 나타날 것, 즉 일정한 계기가 있을 것을 전제로 한다. 따라서 이러한 비구(니)가 나타나지 않으면 제정이 필요한 조문이라 하더라도 그것에 해당하는 악사(惡事)가 발생하지 않았기 때문에 조문화(條文化)되지 않으며[107] 조문 제정 이전의 행위는 범죄가 되지 않았다.[108] 불교의 계율 조문들 중에는 계율의 착오와 관련해 '무지율계(無知律戒)'를 두고 있으며,[109] 대장경(大藏經)은 다음과 같이 동 조문의 제정 계기를 전해주고 있다.[110]

佛在舍衛城爾時六群比丘數數犯戒諸比丘諫乃至莫不長夜受苦皆如不說六群比丘問言佛於何處制此法諸比丘言汝不知耶答言不知諸比丘言今當語汝制法處所於說戒時便語言佛於此中制法六群比丘言我今始知是法半月布薩戒經中說諸比丘種種呵責以是白佛以是事集比丘僧問六群比丘汝等實

---

103) 平川彰 / 석혜능 역, 앞의 책, 289~290면.
104) 이에 대해서는 平川彰 / 석혜능 역, 비구계의 연구 Ⅰ, 2002, 142면 참조.
105) 平川彰 / 석혜능 역, 원시불교의 연구-교단조직의 원형-, 2003, 297면 참조.
106) 불교에서는 율장(律藏)의 계율 조문을 학처(學處)라고 한다. 이에 대해서는 平川彰 / 석혜능 역, 비구계의 연구 Ⅰ, 2002, 28면.
107) 이에 대해서는 平川彰 / 석혜능 역, 앞의 책, 163면.
108) 平川彰 / 석혜능 역, 앞의 책, 157면, 동면 주3) 참조.
109) 佐藤密雄 / 김호성 역, 불교교단의 성립과 전개-원시불교의 교단과 계율-, 1991, 211면 참조.
110) 이에 대해서는 불교대장경, 제54편, 오분율 제9권, 1982, 108면 참조.

爾不答言實爾世尊佛種種呵責已告諸比丘今爲諸比丘結戒從今是戒應如是
說若比丘說戒時作是語我今始知是法半月布薩戒經中說諸比丘知是比丘已
再三說戒中坐是比丘不以不知故得脫隨所犯罪如法治應呵其不知所作不善
說戒時不一心聽不著心中波逸提若比丘與比丘受具足戒卽應敎爲廣說若二
若三於說戒中坐若知若不知作是語波逸提比丘尼亦如是

　　위 사례의 내용을 간추리면 다음과 같다. 붓다가 사위성(舍衛城)에 있
을 때, 6군비구(六群比丘)[111]들이 자주 범계하여 주변의 다른 비구들이
이를 책망하자 6군비구들은 자신들의 행위가 계율에 어긋나는지 몰랐다
고 항변하였다. 이에 붓다는 6군비구들이 범한 해당 계율에 대해 설교할
때 그들이 앉아 있었다는 것을 알고 있기 때문에 6군비구들은 계율의 착
오를 이유로 죄를 면할 수는 없다고 가르치며, 이와 같은 사건을 계기로
계율을 몰랐다는 항변은 계율을 설교할 때 정신을 가다듬어 듣지 않거
나 마음속에 깊이 새겨두지 않은 것이기 때문에 받아들일 수 없고 따라
서 바일제죄로 의율한다고 설하고 있다.[112]
　　이처럼 불교에서는 계율의 착오(무지)를 용납하지 않는 태도를 취하고
있으며 이는 계율을 몰랐다는 것은 비구(니)들이 계율을 학습하는데 있
어서 상당한 주의를 기울이지 않았기 때문이라고 계율 제정의 취지를
제시해 주고 있다. 다만 불교에서는 계율의 착오(무지)의 경우에 일률적
으로 바일제죄라는 비교적 가벼운 죄로 다루어 행위자에 대한 일정한
배려를 해주고 있음을 확인하게 된다. 요컨대 불교에서 계율의 착오(무
지)는 원칙적으로 죄가 되며 다만 바일제죄라는 비교적 가벼운 죄로 일
률적으로 의율하는 태도를 취하고 있는 것이다.

---

111) 6군비구란 붓다의 제자 중에서 유독 행실이 바르지 못했던 6명의 비구를
　　말한다.
112) 상세한 한글 번역본으로는 팔만대장경 선역본 제14권, 미사색부화혜오분
　　률 １, 2001, 339～340면.

# III. 고대 중국에서의 법률의 착오론

## 1. 주례(周禮) 추관사구(秋官司寇) 사자(司刺)편의 불식(不識)에 대한 해석론

고대 중국법의 경우 법률의 착오와 관련하여 가장 오래되고 널리 원용되는 법원(法源)은 주례 추관편에 나오는 사자(司刺)이며 동 개소에 논급되는 '불식(不識)'이란 용어의 법적 해석을 둘러싼 논쟁이 고대 중국법에 있어서의 '법률의 착오론'을 주도적으로 이끌어 온 것으로 보인다.[113] 예컨대 당률(唐律)에서의 법률의 착오의 해석과 관련하여서도 주례가 가장 우선적·중점적으로 논급되며[114] 이는 청률(清律)의 해석에 있어서도 마찬가지이다.[115] 법률의 착오를 다룸에 있어 주례의 추관편을 원용해 법률적용의 타당성에 권위를 부여하려는 이와 같은 해석방식은 정약용의 흠흠신서에서도 찾아볼 수 있다.[116]

주례(周禮)는 주(周)나라의 문왕(文王)이 시작해 주공단(周公旦)에 의해 완성되었다고는 하나[117] 전국시대(475~B.C.221) 말이나 전한(B.C.206~A.D.24) 초에 편찬되었다고 보는 것이 지배적 견해라고 한다.[118] 주례

---

113) 대표적으로는 西田太一郎 / 천진호 외 2인 역, 중국형법사연구, 1998, 149면 이하 참조.

114) 戴炎輝, 당률통론, 국립편역관, 中華民國 66(中華民國 53 초판발행), 451면 참조.

115) 이에 대해서는 中村茂夫 / 임대희·박춘택 역, 판례를 통해서 본 청대(淸代) 형법, 2004, 26~27면.

116) 이에 대해서는 정약용 / 박석무·정해염 역주, 欽欽新書, 제1권, 1999, 67~68면 참조.

117) Michael Loewe & Edward L. Shaughnessy 편집, The Cambridge History of Ancient China—From the Origin of Civilization to 221 B.C.—, Cambridge Univ. Press, 1999, 338면 참조.

118) 이러한 주장으로는 Benjamin I. Schwartz, The World of Thought in Ancient China,

의 문헌적 가치에 대해 "주례는 그 시대가 희구(希求)하는 유토피아의 모습을 짜임새 있게 기술한 작품(schematic utopian construct which very much reflects the zeitgeist of its time)일뿐"이라는 Benjamin I. Schwartz의 회의적 평가도 있기는 하지만[119] 주례는 분명 당시의 모든 관직 명칭과 직무범위 등 주나라 초기의 제도 전반에 대해서 기술해 주고 있으며[120] 공자는 주례에 대해 폭넓은 이해와 깊은 동경심을 갖고 "나는 주례를 추종한다"[121]고 공언했던 만큼[122] 주례의 기록은 사상사(思想史)적으로 볼 때 고대 중국의 규범적 논의에까지 심원한 영향을 미쳤던 것으로 보인다.

주례에 기록된 추관사구(秋官司寇)란 직제는 주나라 육관(六官) 중의 한 명칭이며 주나라의 형벌에 관한 모든 사무를 총괄했다고 한다. 추관사구의 수장(首長)은 대사구(大司寇)이며 그 밑에 소사구(小司寇)가 있고 산하에는 총 60개의 관청이 있었다. [123] 그 중에서 사자(司刺)라는 직제에 대한 기록은 다음과 같다.

> 司刺掌三刺三宥三赦之法以贊司寇聽獄訟壹刺曰訊群臣再刺曰訊羣吏三刺曰訊萬民壹宥曰不識再宥曰過失三宥曰遺忘壹赦曰幼弱再赦曰老旄三赦曰蠢愚以此三法者求民情斷民中而施上服下服之罪然後刑殺

동 기록에 따르면 "사자(司刺)는 세 번 묻고, 세 번 유서(宥恕)하고, 세 번 방면해 주는 법을 관장하여 사구(司寇)가 獄事(옥사)와 訟事(송사)를 듣는 것을 보좌한다. 첫째 여러 신하에게 형벌을 받아야 하는지 묻고, 둘째 여러 관리에게 형벌을 받아야 하는지 묻고, 셋째 모든 백성에게 형벌을 받아야 하는지 묻는다. 첫째 알지 못해 죄를 지은 경우는(不識) 너그럽게 생각하고, 과실로 죄를 지은 경우는(過失) 너그럽게 생각하며, 셋

Harvard Univ. Press, 1985, 66면.
119) Benjamin I. Schwartz, 앞의 책, 429면.
120) Benjamin I. Schwartz, 앞의 책, 66면 ; 지재희・이준영 해석, 주례, 2002, 3면.
121) 周監於二代, 郁郁乎文哉 吾從周(論語 3 : 14).
122) 이에 대해서는 馮友蘭 / 박성규 역, 중국철학사 상권, 2004, 94면 참조.
123) 지재희・이준영 해석, 앞의 책, 401면.

째 건망증이나 치매(遺忘)로 죄를 지은 경우는 너그럽게 생각한다. 첫째 어린아이를(幼弱) 방면하고, 노인을(老旄) 방면하며 보통 사람보다 모자란 사람(蠢愚)을 방면한다. 이 세 가지 법으로 백성의 정(情)을 구하고, 백성의 충심을 판단하여, 이로써 상복(上服 ; 상체에 행하는 형벌)과 하복(下服 ; 하체에 행하는 형벌)의 죄를 시행한다. 그런 연후에도 개과천선(改過遷善)이 없으면 사형에 처한다"는 형사처벌 시 고려해야 할 대원칙을 제시해 주고 있다.[124]

위 기록에는 여러 유형의 형벌 감면(減免)사유가 열거되고 있다. 이 중에서 특히 '불식(不識)'은 분명 과실과는 구분되는 개념으로 해석되는바, 이에 대한 해석론을 일별(一瞥)해 보자면 후한(後漢)의 경학자(經學者)인 정중(鄭衆)은 "愚民無所識則宥之過(우둔한 백성이 아는 바가 없으면 이를 용서하는 것)"이라고 해석하여[125] '법률의 착오'를 규정하는 것으로 볼 여지도 있으나[126] 이와 달리 후한의 또 다른 경학자인 정현(鄭玄, A.D.127~200)은 "識審也不審若今仇讎當報甲見乙誠以爲甲而殺之者(불식이란 불심, 즉 자세히 살피지 않는 것이며 예를 들어 복수하려는 자가 갑에게 복수해야 하는 데 을을 갑으로 생각하고 살인하는 경우)로 해석하여[127] 이른바 사실의 착오(구성요건착오) 중에서 '객체의 착오'에 해당하는 규정으로 보고 있다.[128] 그리고 이처럼 정현이 정중[129]과 다른 주석을 단 이유는 '불식'을 정중처럼 해석하면 이는 삼사(三赦)의 창우(蠢愚)와 구분이 되지 않기 때문이라고 한다.[130]

---

124) 이상의 번역은 지재희 · 이준영 해석, 앞의 책, 426~427면을 주로 참조하였음.

125) 이에 대해서는 周禮鄭氏注, 孔子文化大全編輯部, 山東友誼書社 출판, 1992, 662면 참조.

126) 이러한 평가로는 西田太一郎 / 천진호 외 2인 역, 앞의 책, 149던 참조.

127) 周禮鄭氏注, 앞의 책, 662면.

128) 西田太一郎 / 천진호 외 2인 역, 앞의 책, 150면.

129) 정중은 대사농(大司農)이란 관직을 지냈기 때문에 정사농(鄭司農)이라고도 부르며 같은 시대의 정현과 구분하여 선정(先鄭)이라고도 칭한다.

130) 孫詒讓, 周禮正義, 淸代 末期, 2842면 ; 馬辛民 편저, 賈公彦, 周禮注疏, 唐

과연 주례 추관사구 사자편의 '불식'이 '법률의 착오'를 의미하는지 '사실의 착오'를 의미하는지 아니면 양자 모두를 상정(想定)한 용어인지는 다소 불분명하다. 다만 위 개소의 삼사(三赦)에 '창우(惷愚)'가 포함되어 있기 때문에 '불식'을 법률의 착오가 아닌 객체의 착오로 해석해야 한다는 정현의 해석론은 쉽게 수긍하기 어렵다. 왜냐하면 '창우'와 '불식'이 구분되지 않는 동일한 상태를 지칭하는 용어라면 굳이 별도로 규정될 필요가 없었을 것이고 따라서 양자는 서로 다른 형벌 감면사유를 규정한 것으로 해석함이 자연스럽기 때문이다. 이러한 맥락에서 西田太一郎이 '창우'는 백치 또는 심신미약자로서 '책임무능력'과 관련된 규정이고 정중이 논급하는 '우둔한 백성'이란 보통사람 가운데 어리석어 법령을 모르는 경우로서 양자는 구별될 수 있다고 지적한 것은 타당하다고 본다.[131]

그러나 다른 한편으로 정현의 주장은 다음과 같이 이해할 수 있다. 정현은 '법률의 착오'란 보통사람 가운데에서는 발생할 수 없고, 오로지 선천적인 심신장애자에게만 일어날 수 있다고 보고 있는 것이다. 그렇기 때문에 '불식'을 '창우'에 포섭되는 '법률의 착오'와는 달리 '사실의 착오'만으로 국한시켜 해석해야 한다고 주장한 것이다. 이와 같은 추론은 현행 중국형법 역시 일반적인 '법률의 착오' 조문은 별도로 두지 않고 오로지 '책임무능력' 조문만 두고 있는 점에서도[132] 지지될 수 있다고 본다. 요컨대 정현의 이해방식에 따르면 법률의 착오란 정상적인 사람에게는 발생할 수 없는 성질의 착오라는 것이다.

'불식'에 대한 정중의 해석이 옳은지 아니면 정현의 주석이 더 타당한

---

代, 북경대학출판부, 2000, 1110면 참조.

131) 西田太一郎 / 천진호 외 2인 역, 앞의 책, 150면.

132) 중국형법 제18, 19조 ; 1979년 중화인민공화국형법 제정과정에서 법률의 착오 조문을 두면 입증이 곤란해진다는 이유로 초안상의 법률의 착오조문(제22초안 제16조)을 삭제하였다. 이에 대해서는 법무부, 중국법연구(Ⅱ)-형사법-, 1992, 32~33면 참조.

지에 대한 논의는 후대의 다른 주석서에서 더 깊이 논구(論究)되지는 않고 있다. 즉 당대(唐代) 가공언의 '주례주소(周禮注疏)'나 청대(淸代) 손이양의 '주례정의(周禮正義)'에서도 두 학자, 즉 정중과 정현의 해석론을 충실히 소개하는데 그치고 있을 뿐이다. 예컨대 손이양은 '주례정의'에서 '불식'에 대한 정중의 해석은 "愚民不識法令而誤有觸犯(어리석은 백성이 법령을 몰라서 착오로 죄를 범하는 것)"으로, 그리고 정현의 해석은 "假令兄甲是仇人見弟乙誠以爲是兄甲錯殺之是不審也(가령 형 갑이 원수인데 아우 을을 보고 이를 형 갑으로 오인하여 살해한 경우)"로 보다 명확히 하여 전자의 경우는 '법률의 착오'임을, 그리고 후자의 경우는 '객체의 착오'임을 재확인 해주고 있을 뿐 어느 견해가 옳은지에 대한 논급은 보이지 않는다.133)

이상의 논의에 비추어 볼 때 주례 추관사구 사자편의 '불식'은 중국 고대 착오론의 전개에 있어서 '법률의 착오'로도 그리고 '사실의 착오'로도 모두 해석이 가능한 용어였던 것으로 보인다. 이러한 해석론적 전통은 오늘날까지 이어져 대표적으로 대염휘(戴炎輝)는 '당률통론(唐律通論)'에서 사실의 착오에 관해서는 '불식'에 대한 정현의 해석론을 소개하고,134) 법률의 착오에 관해서는 정중의 해석론을 논급하고 있다.135) 또한 정약용의 '흠흠신서(欽欽新書)'에서도136) 법률의 착오사례에서 주례 추관사구 사자편의 '불식'을 논급하고 있는 것으로 미루어 볼 때 해석론상의 견해 차이에도 불구하고 주례는 분명 '법률의 착오'에 대해 규정하고 있는, 중국 최고(最古)의 권위 있는 문헌이라고 볼 수 있을 것이다.

---

133) 孫詒讓, 周禮正義, 앞의 책, 2842~2843면 참조.
134) 다만 대염휘는 정현의 해석을 '객체의 착오'가 아닌 '구체적 사실의 착오'로 설명하고 있다. 이에 대해서는 戴炎輝, 당률통론, 국립편역관, 十華民國 66(中華民國 53 초판발행), 448면 참조.
135) 戴炎輝, 앞의 책, 448~451면 참조.
136) 정약용, 흠흠신서, 제1권, 1999(박석무・정해염 역주), 67~68면 참조.

## 2. 당률(唐律)에서의 법률의 착오론

### 1) 중국 고대법과 법률의 착오

주례 추관사구 사자편의 규정은 서주(西周)의 형법이 고의와 과실을 구분하였던 점과도 내용적으로 일치하고[137] 주례를 숭상한 공자 역시 그의 저작인 춘추에서 "마음을 따져 죄를 정한다(原心定罪)"는 사상을 피력한 것으로 미루어 후대의 법률사상에 상당히 영향을 주었을 것으로 추정된다. 다시 말해 중국 고대법에서 일찍이 범의(犯意)를 고려하여 유의범(有意犯)과 무의범(無意犯)을 구분하여 달리 취급할 수 있었던[138] 법리의 배후에도 바로 주례의 위 기록이 자리잡고 있었던 것이다.[139] 그리고 이러한 추정은 중국 고대법의 해석에 있어서 유교 경전에 입각한 해석방법이 존재했다는 점으로부터도[140] 지지될 수 있다고 본다. 그리고 주례 사자편의 '창우'에 관한 규정은 당률은 물론 진율(晉律)과 북위율(北魏律) 등에서도 '책임무능력자'에 대한 조문으로[141] 전승되고 있기 때문에 이와 같은 추정은 더욱 설득력이 있다고 본다.

그러나 고대 중국법이 이와 같은 태도를 취하고 있었다고 하더라도 과연 '법률의 착오'를 어느 정도로 고려하고 있었는가의 별개의 문제라고 본다. 왜냐하면 고의와 과실을 구분했다는 사실로부터 위법성의 인식 역시 고려되었다는 법리적 필연성이 도출되지는 않기 때문이다. 이 점은

---

137) 이에 대해서는 장국화 / 임대희 외 4인 역, 중국법률사상사, 2003, 41면 참조.
138) 中村茂夫 / 임대희·박춘택 역, 앞의 책, 25~30면 ; 김택민, 동양법의 일반 원칙, 2004, 421면 참조.
139) 中村茂夫도 중국 고대법이 범의를 고려하였던 사상적 유래를 논급하면서 주례를 상세히 다루고 있다. 이에 대해서는 中村茂夫 / 임대희·박춘택 역, 앞의 책, 26~27면 참조.
140) 예컨대 '당률소의'의 해석에 있어서 유교경전에 입각한 사례의 소개로는 김택민, 앞의 책, 32~33면 참조.
141) 이에 대한 소개로는 김택민, 앞의 책, 422면 참조.

특히 고대 중국 판례에 있어서 법률의 착오를 인정해 준 실례를 찾기 힘
들다는 '전거부재(典據不在)'의 사실로부터도 간접적으로 입증된다. 예
를 들어 춘추전국(春秋戰國)시대부터 북송(北宋) 휘종(徽宗, 1101～1125)
때까지 대략 1500여 년간에 이르는 역사적 명판례를 수록하고 있는 중
국 고대 판례집인 '결옥귀감(決獄龜鑑)'142)이나 당률에 있어서 법률의 착
오를 논급하고 있는 대염휘의 '당률통론' 및 채돈명(蔡墩銘)의 '唐律與近
世刑事立法之比較研究', 그리고 청대(淸代)의 주요한 판례를 다루고 있
는 Derk Bodde와 Clarence Morris의 'Law in Imperial China' 및 中村茂夫의
'판례를 통해 본 청대형법'을 보더라도 '법률의 착오'가 직·간접적으로
문제시된 사례를 찾아볼 수 없으며 각 저자들 역시 그와 관련된 사례를
발굴하여 소개해 주고 있지 못하다.143) 반면에 과실범이나 사실의 착오,
그리고 책임무능력자에 대한 형의 감면 필요성을 소개한 사례는 쉽게
찾아볼 수 있다.

또한 1959년 출간된 仁井田陞의 '중국법제사연구(형법)'에서 '법률의
착오'란 용어가 단 한번밖에 언급되지 않으며 그것도 '불식'에 대한 정
현의 해석은 '법률의 착오'가 아니라 '사실의 착오'를 의미하는 것이라
고 짧은 각주해설에서 언급되고 있는 점에 비추어 보더라도144) 고대 중
국 형법에서 '법률의 착오'에 대한 논의가 얼마나 미미했는지를 알 수
있다. 이를 통해 미루어 보건대 주례의 '불식'은 '법률의 착오'보다는 '사
실의 착오'를 뜻하는 용어로 널리 해석되었다고 평가할 수 있을 것이다.
또한 결과적으로 보면 '불식'에 대한 '정중설'보다는 '정현설'이 더 지배
적이었을 것이라는 주장도 가능하다고 본다.145)

---

142) 이는 '절옥귀감(折獄龜鑑)'이라고도 부른다. 동 문헌에 수록된 판례는 鄭克
／ 김지수 역, 절옥귀감(고대 중국의 명판례), 2001 참조.
143) 이는 당률에서 '법률의 착오'가 인정되었으리라고 추측하고 있는 김택민
교수의 '동양법의 일반원칙'도 마찬가지이다.
144) 이에 대해서는 仁井田陞, 中國法制史硏究(刑法), 1959 참즈.
145) 이러한 추정은 위(魏)나라의 초대 황제였던 문제(文帝) 조비(曹丕, A.D. 187
～226)가 율령 해석의 혼란을 피하기 위해 정현의 해석만을 취하고 나머지

물론 전술한 문헌들이 언급하고 있는 사례들의 단편성(斷片性) 때문에
이와 같은 주장을 일반화 하기는 어려울 것이다. 이 점은 특히 비록 우
리나라의 판례이기는 하지만 '흠흠신서'에서는 분명 '법률의 착오'에 관
한 사례를 소개해 주고 있기 때문에[146] 더욱 신중하게 논구될 필요가 있
다고 본다. 그럼에도 불구하고 고대 중국법에서 법률의 착오가 대체적으
로 인정되지 못했을 것이라는 추정은 법률의 착오와 관련된 '당률'의 해
석을 둘러싼 논의에서도 지지될 수 있다. 이를 소개하면 다음과 같다.

## 2) 당률의 해석과 법률의 착오

당률은 춘추전국시대(春秋戰國時代) 이래의 중국 고대법령을 집대성한
것으로서 중국 고대법의 입법태도를 가늠할 수 있는 주요한 법령이다. 그
리고 당률소의(唐律疏議)는 이러한 당률에 국가의 공식적 · 유권적인 해
석인 주소(注疏)를 덧붙인 형법주석서라고 볼 수 있다.[147] 당률은 법률의
착오에 관한 일반 총칙적인 규정은 두고 있지 않다.[148] 다만 각칙에 법률
의 착오와 결부시켜 해석할 수 있는 조문이 있을 뿐이다. 당률에서 법률
의 착오와 관련하여 논급되는 조문은 사위율(詐僞律) 17조이다.

> 詐僞 17 諸詐敎誘人使犯法, 犯者不知而犯之. 及和令人犯法, 謂共知所犯
> 有罪. 卽捕若告, 或令人捕告, 欲求購賞, 及有憎嫌, 欲令入罪, 皆與犯法者同
> 坐(무릇 속임수로 사람을 敎唆 · 誘惑하여 법을 어기게 하거나 법을 어긴
> 자는 모르고 범한 것이다. 쌍방이 합의하여 일방에게 법을 어기게 하고는
> 쌍방이 범한 바가 죄가 됨을 아는 것을 말한다. 만약 체포 내지는 고발하거
> 나 혹은 타인에게 체포 · 고발케 하여 보상을 받고자 하거나 증오함이 있어
> 죄에 빠뜨리려고 한 경우는 모두 법을 어긴 자와 같은 죄로 처벌한다).[149]

10여개 학파의 율령 해석은 모두 폐지한 바 있었던 역사적 사실과도 어느
정도 부합되는 측면이 있다. 참고 문헌으로는 김택민, 앞의 책, 27면.
146) 이에 대해서는 정약용 / 박석무 · 정해염 역주, 앞의 책, 같은 면 참조.
147) 이에 대해서는 김택민 · 임대희 역, 역주 당률소의, 명례율편, 1994, 15면
이하 참조.
148) 蔡墩銘, 唐律與近世刑事立法之比較硏究, 1972, 五洲出版社, 177면 참조.

대염휘는 동 조문의 '皆與犯法者同坐'을 해석함에 있어서 교유자와 피교유자 모두 처벌된다고 보아 모르고 법을 어긴 피교유자 역시 처벌됨에 비추어 당률에서는 법률의 착오가 고려되지 않고 처벌되었다(不知其行爲有違法性而犯法者, 仍予處罰)고 주장하였다.[150] 즉, 당률 각칙상 법률의 착오는 고려되지 않고 처벌되었다는 것이다. 그러나 이와 같은 대염휘의 해석에 대해 '皆與犯法者同坐'란 동 조문에 대한 소의(疏議)에서 설명해 주고 있듯이 "모두 자신이 직접 법을 범한 것과 같은 죄로 처벌한다(皆與身自犯法者同罪)"[151]는 뜻일 뿐 피교유자가 처벌된다는 취지는 아니므로 교유에 의해 범죄에 빠진 자는 죄가 없는 것으로 해석해야 한다는 반론이 제기된 바 있다.[152] 다시 말해 사위 17의 조문과 소의에 사용된 '同坐'와 '同罪'는 명례율 53-1의 '여동죄(與同罪); 본범과 같은 죄로 처벌한다'[153]의 취지가 아니고 단지 자신이 범한 때의 처벌과 같다는 뜻으로 새겨야 한다는 것이다.[154]

'皆與犯法者同坐'를 어떻게 해석해야 하는가는 분명 논란의 여지가 있다고 본다. 그러나 피교유자는 처벌되지 않는 것으로 해석해야 한다는 주장은 재고할 필요가 있다. 왜냐하면 사위율 17조를 보면 분명 단지 교유자가 '법률의 착오에 빠진 자'를 교유한 경우뿐만 아니라 교유자와 피교유자 '쌍방이 합의하여' 범죄를 저지른 경우까지 모두 포함하고 있다. 그리고 '쌍방이 합의하여 죄가 됨을 알면서 그 일방에게 범법행위를 시킨 경우'는 오늘날의 형법이론상 전형적인 교사범에 해당하는 경우로 비록 고대의 당률이었다고는 하나 이 경우 피교사자를 처벌하지 않는다는 법해석은 법리적으로 상당한 문제가 있다고 본다. 이와 관련 채돈명은 동 조문을 해석함에 있어서 법률에 무지한 피교령자 역시 동시에 처

---

149) 이에 대해서는 역주 당률소의, 앞의 책, 각칙 하권, 3186~3187면 참조.
150) 戴炎輝, 앞의 책, 451면 참조.
151) 역주 당률소의, 앞의 책, 각칙 하권, 3186~3187면 참조.
152) 김택민, 앞의 책, 455면 참조.
153) 역주 당률소의, 앞의 책, 명례편, 354면 참조.
154) 김택민, 앞의 책, 515면 참조.

벌되었으며 따라서 "법률에 부지한 자는 이로써 책임조각의 항변을 할
수 없었다(不知法律之人不能以此主張阻却責任)고 하여[155] 대염휘의 해
석론을 지지해 주고 있다. 이러한 해석이 옳다고 판단된다.[156]

한편 채돈명은 당률 각칙상 법률의 착오와 결부시킬 수 있는 조문으
로서 투송률(鬪訟律) 제55-1조와 55-2조를 논급하고 있는바, 그에 따르면
투송률 제55-2에 의해 만일 남에게 고용되어 고용자와 무고(誣告)를 공
모(共謀)한 후 타인의 죄를 무고한 경우에는 고용자와 고용된 자(受雇者)
는 모두 처벌됨에 반해 투송률 제55-1에서는 남에게 고용되어 (비록 재
물은 받았더라도) 고용자와의 무고(誣告)를 공모(共謀)함 이 없이, 고발
장(辭牒)을 작성함에 있어서 그 죄상을 더하여(加增其狀) 무고(誣告)한
자, 즉 고용된 자는 처벌을 받게 되는데, 이 경우 고용자는 처벌되지 않
는 것으로 해석되며 그 이유는 고용자는 적법한 고발을 하려던 것이나
결과적으로는 고용된 자에 의해 위법한 고발이 되어 결국 '의도한 행위
와 발생한 결과의 위법성에 있어 불일치'가 발생한 점이 고려되었기 때
문이라고 볼 여지가 있다고는 하나,[157] 이러한 사례는 그 스스로도 자인
(自認)하고 있듯이 법률의 착오는 아니며(非不知法律)[158] 현대의 형법이
론상 교사자(고용자)에게 '교사의 고의'는 물론 '정범의 고의'도 없어서
이른바 '이중의 고의'가 인정되지 않기 때문에 고용자가 처벌되지 않는

---

155) 蔡墩銘, 앞의 책, 177면 참조.
156) 당률이 법률의 착오를 고려하고 있지 않았다는 해석론은 당률이 중국 고
    대법의 집성으로서 고대법의 입법태도를 반영한다는 점에 비추어 보아도
    타당한 것으로 보인다. 예를 들어 張晉藩 主編의 중국법제사를 보아도 당
    률 이전의 중국 고대법령에서 법률의 착오를 고려하였다는 전거는 발견되
    지 않는다. 이에 대해서는 張晉藩 主編 / 한기종 외 역, 중국법제사, 2006,
    36~472면 참조. 또한 동 문헌에 따르면 당률이 고의와 과실을 구분하였고,
    노인과 어린이, 그리고 장애인의 형을 감면해 주는 규정을 두었다는 언급은
    있어도 법률의 착오를 고려하는 조문을 두었다는 내용은 찾아볼 수 없다.
157) 蔡墩銘, 앞의 책, 177면.
158) 蔡墩銘, 앞의 책, 177면 ; 관련 투송률에 대해서는 역주 당률소의, 앞의 책,
    각칙 하권, 3136~3138면 참조.

것이므로 법률의 착오와 관련된 조문으로 해석하기는 어렵다고 본다. 요컨대 당률은 총칙상 법률의 착오규정을 두고 있지 않고 있었고 각칙의 해석상으로도 법률의 착오는 인정되지 않았던 것으로 보건대 당률의 기본 입장은 법률의 착오를 면책사유로 고려하고 있지 않았던 것으로 사료된다. 즉, 주례의 '불식'에 담긴 입법정신은 당대(唐代)에 이르러서는 '사실의 착오'로만 제한적으로 전승(傳承) 및 해석되었던 것이다. 그러므로 당률이 중국 고대법의 집성이라는 점에 비추어 볼 때 당대에 이르기까지 중국 고대법의 기본 입장은 대체로 법률의 착오를 면책사유로 인정하지 않았던 것으로 추정할 수 있을 것이다.


## IV. 몇 가지 비교와 결론

### 1. 법률의 착오에 대한 동양적 관점들 간의 공통점과 차이점

고대 인도의 법, 특히 베다전통의 다르마수트라-사스트라에서 법률의 착오가 있는 경우에는 고의로 범한 경우와 달리 일정한 속죄의식에 의해 용서받을 수 있는 길이 열려 있었다. 이러한 입장은 리그베다는 물론 Gautamasūtra와 Manuśāstra에서도 확인되며 따라서 베다전통의 다르마체계하에서는 거의 그대로 일관되게 전승되어 갔던 것으로 보인다. 한편 베다의 권의를 부정하고 등장한 새로운 사상사조(思想思潮)로서의 자이나교에서는 행위자의 동기나 의도보다는 객관적 결과를 중시하였기 때문에 법률의 착오는 대체로 인정되지 않았다. 그리고 자이나교에서 이처럼 의업(意業)보다는 신업(身業)을 강조했던 근거는 자기수양에 철저한 사람은 절대로 과실이나 착오를 범하지 않기 때문이라는데 있었다. 자이나교와 마찬가지로 베다전통의 권위를 부정하고 개창된 불교 역시 계율의 착오는 명백히 처벌 된다는 입장을 취하고 있었다. 그 이유는 계율의 착오는 착오자의 부주의에서 비롯된 것으로 보았기 때문이었다. 그러나 자이나교와는 달리 불교에서는 비교적 낮은 수준의 처벌만을 부과하는 입장을 취하였고 결과적으로는 '참회'로써 처벌에 갈음하였기 때문에 법률의 착오에 대한 베다전통의 사고방식과 거의 유사한 태도로 평가할 여지도 있었다. 그러나 계율의 착오는 일률적으로 바일제죄라는 비교적 낮은 수준의 죄로 의율하여 착오자의 참회를 요구하는 불교의 규율방식은 자이나교는 물론 베다전통의 다르마수트라-샤스트라와 비교해 볼 때 매우 독창적인 입법태도로 판단된다.

고대 중국에서의 법률의 착오론은 주례 추관사구 사자편을 중심으로 전개되었다. 한나라의 정중과 정현은 동 개소의 '불식'을 서로 달리 보아서 정중은 이를 법률의 착오로 정현은 사실의 착오로 해석하였다. 춘추전국시대 이래 중국 고대법의 집성(集成)이라고 볼 수 있는 당률의 조문 취지로 미루어 보건대 고대 중국에서는 대체로 법률의 착오가 인정되지 않았던 것으로 보인다. 이는 달리 말하면 주례의 '불식'에 대한 '정중설'보다는 '정현설'이 보다 일반적인 해석론으로 받아들여졌다고 볼 수도 있을 것이다. 다만 '정중설'을 취한다고 하더라도 법률의 착오는 원칙적으로 범죄가 성립됨은 고대 인도의 여러 사고유형과 동일하였다. 즉, 법률의 착오는 원칙적으로 죄가 되지만(三宥, 皆本有罪入五刑)[159] 유서(宥恕)할 수 있는 여지만 있었던 것이다.

이상의 논의를 정리하면 다음과 같은 하나의 공통점이 발견된다. 고대의 인도와 중국에서는 원칙적으로 법률의 착오는 죄가 된다는 입장을 취하고 있었던 것이다. 다만 나라별로 또는 사상사조에 따라서 이를 어느 정도로 고려하여 용서할 것인가에 대해서는 다양한 방법론이 제시되고 있었다.

---

159) 이 점에 대해서는 孫詒讓, 周禮正義, 淸代 末期, 2842면 참조.

## 2. 구약성서와 고대 그리이스 및 로마법상의
##    착오론과의 비교

고대 서양160)에서의 법률의 착오론, 그 중에서 구약성서에서의 법률의 착오에 관한 논의는 대체적으로 레위기(Leviticus, Ⅴ: 17-18)와 민수기(Numbers, ⅩⅤ, 22-31)를 중심으로 이루어진다.161) 관련 개소를 소개하자면 다음과 같다.

> **Leviticus Ⅴ**: 17 "If anyone sins, breaking any of all the commandments of Yahweh which is not to be broken, without being aware of it, then he realizes guilt, and he is held responsible. V: 18 He is bring to the priest a ram without defect from the flock according to the value set for a reparation offering, and the priest will make expiation for him concerning his error which he has inadvertently done so that he may be forgiven"

> **Numbers ⅩⅤ**: 27 "If one person sins inadvertently, he shall offer a female goat a year old for a purification offering. ⅩⅤ: 28 And the priest shall make atonement before Yahweh for the person who commits an error, when he sins inadvertently, to make atonement for him. And he shall be forgiven"

---

160) 엄밀히 말해 구약성서는 고대 근동지역의 역사와 신앙을 바탕으로 한 것이기 때문에 동양적인 범주에 포함시키는 것이 옳겠지만, 지성사적 관점에서 보면 히브리 민족의 헤브라이즘은 헬레니즘과 더불어 서양문화의 양대 조류를 형성하고 있다는 점에서 구약성서에서의 법률의 착오론을 고대 서양에서의 규범적 사고방식으로 분류하기로 한다. 이와 같은 맥락에서 세계적인 비교신화학자인 Joseph Campbell은 고대 근동의 신화를 서양신화에서 다루기도 하고 동양신화에서 다루기도 한다. 이에 대해서는 Joseph Campbell, the Masks of God, Vol.Ⅱ(Oriental Mythology) 1962 ; 같은 책, Vol.Ⅲ(Occidental Mythology), 1965 참조.

161) 구약성서의 법률의 착오론에 대한 연구와 소개로는 Paul K. Ryu & Hellen Silving, Error Juris : A Comparative Study, Chicago Law Review, Spring 1957, 424~425면 참조.

위 두 개소 중에서 우선 레위기(Ⅴ: 17-18)를 보면 누구든지 여호와의 금령(禁令)을 부지중에(without being aware of it) 범한 경우, 분명 죄가 성립하지만 제사장에게 속죄를 위해 일정한 제물을 바쳐 제의식(祭儀式)을 행함으로써 죄사함을 받을 수 있다고 가르치고 있다. 즉, 금지 규정에 대한 부지로 인한 행위는 원칙적으로 죄가 되지만 속죄의식을 행함으로써 용서를 받을 수 있다는 것이다.162) 다만 동 개소는 금지규범의 착오 일반에 대한 총칙적 규정이라기보다는 동 개소의 전반부인 레위기 14-16이 여호와의 성물(聖物)에 대한 범죄를 다루고 있는 것으로 미루어 신성한 물품을 손상시킨 범죄에만 적용되는 개별적 규정으로 보아야 할 것이다.163)

다음으로 민수기(XV: 27-28)를 보건대, 위 개소의 그릇(inadvertently) 범죄함이란 우연하게 발생한 모든 태양(態樣)의 죄를 지칭하는 것으로서164) 예를 들자면 실수로 또는 부지로 인하여 지은 죄 등을 말한다.165) 따라서 동 개소는 (과실도 포함하여) 부지로 인하여 죄를 범한 자는 속죄제(贖罪祭)를 통해서 죄사함을 받을 수 있다는 내용으로 해석된다. 다만 전술한 레위기(Ⅴ: 17-18)의 착오규정이 성물(聖物)에 관한 특정한 범죄에 대해서만 적용되는 것임에 반해 동 개소는 일반적인 태만죄 내지는 무지죄에 대한 속죄규례를 논급하고 있는 것이다.166) 이 점은 특히 그릇 범죄한 자에 대한 동 규례는 이스라엘 자손뿐만 아니라 이방인에게도 보편적으로 적용된다고 가르친 대목에서도 분명하게 드러난다.167) 요컨대 민수기의 동 개소는 금지 규범의 착오 일반에 대한 규례로 해석된다

---

162) 이러한 주석으로는 John E. Hartley / 김경열 역, Leviticus, World Biblical Commentary Vol.4, 2005, 241~242면 참조.
163) 이러한 해석으로는 J. Milgrom, Cult and Conscience, 1976, 74~83면 참조. 동 문헌의 소개로는 John E. Hartley / 김경열 역, 앞의 책, 241면 참조.
164) Phillip J. Budd / 박신배 역, Numbers, World Biblical Commentary Vol.5, 2004, 301면 참조.
165) The Chokmah Commentary, Vol.4, Numbers, 2000(강병도 편집), 290, 293면 참조.
166) 이러한 주석으로는 The Chokmah Commentar, 앞의 책, 293면.
167) Numbers XV: 29.

고 볼 수 있다.

구약성서의 입장도 법률의 착오는 원칙적으로는 죄가 되지만 일정한 속죄의식에 의해 용서받을 수 있다는 점에서는 고대 동양에서의 베다전통의 사고방식과 놀라울 정도로 유사하다.[168] 따라서 법률의 착오를 이와 같이 취급하는 입장은 이른바 기축시대(Axial Era)에 있어서의 전세계적으로 보편화된, 착오론의 한 원형(原形)[169]을 이루고 있었던 것으로 보인다. 그러나 반면에 이러한 입장과 달리 법률의 착오를 엄격히 취급하는 사고방식도 엄연히 공존(共存)해 왔다. 예컨대 기축시대 자이나교의 입장이 그렇고, 당률의 조문해석을 통해 볼 때, 고대 중국법의 입장도 마찬가지였다.

---

168) 이로부터 고대 근동의 규범적 사고방식과 고대 인도의 베다전통의 규범의식 간의 상호 교섭의 한 가능성을 입론해 볼 수도 있을 것이다. 비슷한 맥락에서 고대 동·서양 종교·사상 간의─특히 고대 인도와 그리스의─상호 교섭 가능성에 대한 폭넓은 전거의 제시로는 Sarvepalli Radha-krishnan, Eastern Religions and Western Thought, Oxford Univ. Press, 1939 참조.

169) 본고에서의 '원형'은 '원형(原型 ; archetype)'이 아닌 '원형(原形 ; original form)'의 의미로 사용하고 있음을 미리 밝혀둔다. 전자가 무의식적으로 '신화(神話)적 표상(表象)'을 만들어 내는 '창조적 환상' 또는 '신화소(神話素)'를 의미하는 심층심리학적 개념인 반면에 필자가 다루고자 하는 '사고의 원형'은 '이성적 사고'에 의해 의식적이고 논리적인 규범적 판단의 과정을 거쳐서 형성된 '사고방식의 원초적 형태' 또는 '전통의 본래적 내용'을 의미하기 있기 때문이다. 물론 근자에 들어서 '사고의 원형'도 그 연원에 있어 상당부분 신화적 요소의 영향을 받았다는 주장 역시 널리 저기되고 있는바, 본고에서는 고대 인도의 경우 신화적 성격이 강한 베다(Veda)에서부터 '규범적 사고의 원형'을 발견해 내 보려는 논의를 전개하고 있다. 원형(原型; archetype)에 대한 설명으로는 C.G. Jung / 융 저작 번역회 역, 원형과 무의식, 2003 ; 이유경, 원형과 신화, 2004, 122~124면 참조. 희랍 철학의 주요 개념, 예컨대 노모스(법, Nomos)가 희랍 신화에서 유래했음을 논증하고 있는 대표적 문헌으로는 F.M. Conford / 남경희 역, 종교에서 철학으로, 2004, 12면 이하 참조. 역시 '논리적 사고'의 연원을 종교·신화적 요소에서 찾을 수 있는 가능성에 대한 지적으로는 김인곤 외 옮김, 소크라테스 이전 철학자들의 단편 선집, 2005, 672~676면 참조.

　법률의 착오를 엄격하게 취급하는 입장은 비단 자이나교나 당률뿐만
아니라 고대 그리이스의 착오이론에서도 찾아볼 수 있다. 우선 플라톤의
'법률(Nomoi)'에는 착오를 단순한 부지와 자신의 지식에 대한 교만(驕慢)
에서 비롯된 적극적 착오로 구분해 전자는 경미한 범죄로, 후자는 죄상
(罪狀)에 따라 전자에 비해 대체로 중한 범죄로 처벌되어야 한다는 내용
이 수록되어 있다.170) 또한 아리스토텔레스는 법률의 착오와 사실의 착
오를 구분한 후,171) 사실의 착오는 항상 행위를 자신의 의도에 반하는
것으로 만들기 때문에172) 처벌되지 않는 것으로, 반면 모든 사람이 알고
있어야 하고 또한 쉽게 알 수 있는 실정법규에 대한 착오는 처벌되어야
한다고 주장하였다.173) 다만 아리스토텔레스가 모든 법률의 착오를 엄격
하게 취급하려고 했는지는 분명치 않으며 논란의 여지가 남아있다.174)
어쨌든 고대 그리이스의 착오론에서는 분명 법률의 착오가 구약성서나
베다전통의 다르마수트라－사스트라에 비해서 엄격하게 취급된 것으로
보이며 이처럼 법률의 착오를 엄격하게 취급하려는 사고방식의 가장 극
단화된 형태는 로마법상의 "법률의 부지는 용서받지 못한다"는 전통적
법원칙에서 찾아볼 수 있다.175)

---

170) Plato, Nomoi 863a～863d 참조. Nomoi의 영역본으로는 Plato in Twelve Volumes,
　　 XI Laws, Harvard Univ. Press, 1996(R.G. Bury 역, 1928년 초판 발행), 233면
　　 참조.
171) 이러한 평가로는 Hans Welzel, Naturrecht und materiale Gerechtigkeit, 4.Aufl.
　　 1962, 36면 ; Laurens C. Winkel, Error juris nocet: Rechtsirrtum als der Problem
　　 der Rechtsordnung, Bd.I 'Rechtsirrtum in der griechischen Philosophie und im
　　 römischen Recht bis Justinian' 1984, 35면.
172) Aristotle, Nicomachean Ethics, 1987(William David Ross 역, 1925년 초판발행),
　　 51면, 1111a 참조.
173) Aristotle, 앞의 책, 60면, 1113b 참조.
174) 이에 대한 심도 있는 논의로는 Laurens C. Winkel, 앞의 책, 30면 이하 참조.
175) Arthur Kaufmann은 아리스토텔레스의 착오론이 로마법에 전승되어 이와
　　 같은 법리를 낳게 된 것으로 평가한다. 이에 대해서는 Arthur Kaufmann, Die
　　 Parallelwertung in der Laiensphäre: Ein sprachphilosophischer Beitrag zur allgemeinen
　　 Verbrechenslehre, 1982, 4면 참조.

이처럼 고대 동·서양의 착오론의 전개과정에서 법률의 착오를 엄격히 취급하려는 사고방식도 분명 존재했던 것으로 보인다. 다만 자이나교와 로마법을 예로 들면 그러한 착오론의 근거는 상이했던 것으로 판단된다. 로마법에 있어서 법률의 착오가 엄격히 취급된 이유는 객관적 질서로서의 법규의 효력을 유지하려는데 있었던[176] 반면 자이나교에서는 그러한 법규 자체의 수호보다는 수행자(修行者) 개인의 엄격한 자기수양을 촉구·권장하려는데 있었던 것으로 보인다.[177] 다시 말해 법률의 착오를 엄격히 취급하려는 입장 간에도 그 근거에 있어서는 차이점이 있었던 것이다.

## 3. 고대 착오론의 현대적 의의

고대의 착오론, 특히 동양에서의 법률의 착오론은 오늘날 세계 각국 및 각법계의 법률의 착오론과 비교해 볼 때 다음과 같은 의의를 지닌다.

우선 첫째, 자이나교와 고대 중국법에서처럼 법률의 착오를 엄격하게 취급하여 형법적으로 고려하지 않으려는 입장, 즉 위법성인식불요설은 오늘날에도 영미법계의 판례에서는 물론이고 일본 최고재판소에 의해서도 일관되게 지지되고 있으며, 또한 독일 제국법원의 경우 형벌법규와 비형벌법규를 구분하여 전자의 경우는 고려되지 않는 착오로 취급한 바 있고,[178] 우리나라의 경우도 대법원은 1961년의 대법원 판결 1961.10.5, 61도208 이래로 현재까지(대판 2005.5.27, 2004도62) 단순한 법률의 부지와 법률의 착오를 구분하여 전자의 경우는 '정당한 이유'의 심사도 없이 형법상 고려되지 않는 착오로 취급하는 태도를 일관되게 견지하고 있는

---

176) 이러한 분석으로는 Karl Binding, Normen und ihre Übertretung, Band Ⅲ, 1918, 38~52면 참조.

177) Sūṭrakṛtāṅga 2.6.30~32.

178) 이에 대해서는 Edward Kohlrausch, Die Lehre vom Rechtsirrtum in Theorie und Praxis des heutigen Strafrechts, 출간년도 미상, 119면 ; Otto Kahn, Der außerstrafrechtliche Rechtsirrtum, 1900 참조.

바, 이처럼 위법성인식불요설은 고대 동양의 착오론에서와 같은 본래적 형태는 물론 독일제국법원이나 우리 대법원의 판례처럼 다소 변형된 형태로도 오늘날까지 면면히 이어져 오고 있음을 확인하게 된다.

독일의 경우 위법성인식불요설을 극복하기 위한 학설로서 고의설 및 책임설 등이 대두되어 위법성의 인식을 고의 또는 책임의 요소로 편입시키려는 이론적 노력이 독일 제국법원 이후 현재까지 이어져 독일 신형법 제17조의 제정 등으로 가시적인 결실을 보고는 있으나, 이처럼 금지착오 조문의 제정 이후에도 독일 역시 법률의 착오를 인정하는데 있어 인색한 형편이고[179] 독일형법의 영향을 받고 있는 일본과 우리나라의 경우도 위법성인식불요설을 직·간접적으로 수용하고 있는바, 이처럼 위법성인식불요설이 사라지지 않는 이유는 고대 동양에서의 법률의 착오에 대한 논의에서 살펴본 바와 같이 법률의 착오를 엄격하게 취급하는 입장도 그 나름대로의 합당한 근거를 지니고 있기 때문인 것으로 분석할 수 있다고 본다. 예를 들어 자이나교는 타인의 법익을 침해하지 않도록 하기 위해 행위자 개인에게 대단히 엄격한 자기수양 의무를 부과하려는 이유로, 불교에서는 계율의 착오란 대개 행위자의 부주의로 인해 발생한다는 사고방식에서, 비슷한 맥락으로 고대 중국의 정현은 법률의 착오란 정상적인 사람에게서는 발생할 수 없는 성격의 착오라는 이유에서 법률의 착오를 항변 및 면책사유로 인정하는데 인색한 입장을 취하고 있었던 것이고 이와 같은 규범적 전통이 오늘날까지 전면적 내지는 부분적으로 전승되고 있다고 이해할 수 있을 것이다.

둘째, 고대 동양에서 법률의 착오를 고려하려는 입장들, 예를 들어 법률의 착오는 일정한 속죄의식에 의해 용서받을 수 있다는 고대 인도의 베다전통의 사고방식과, 비록 계율에 무지한 자는 바일제죄로 처벌한다는 엄격한 입장을 취하기는 했지만 계율의 착오를 일률적으로 경죄로 취급함으로써 위법성의 불인식을 어느 정도 고려하는 불교의 입장은 일

179) 이러한 평가로는 Gunther Arzt, Ignorance or Mistake of Law, The American Journal of Comparative Law, Vol.24, 1976, 668면.

견 현대의 착오이론과는 다른 형식을 취하고 있었던 것으로 보인다. 왜
냐하면 현대의 지배적인 착오론은 행위 시에 착오가 '회피불가능'했거
나 '정당한 이유'가 있었던 경우에 한하여 면책의 효과를 부여하는 태도
를 취하고 있는데 반해 베다나 불교의 규범적 전통은 법률의 착오는 고
의로 저지른 범죄에 비해 일단 경한 죄로 전제하고 이를 사후적으로 일
정한 속죄의식에 의해 면책시키거나 고의범에 비해서 가벼운 형벌로 다
루려는 태도를 취하고 있었기 때문이다. 요컨대 착오의 '회피가능성'이
란 보다 분석적인 판단척도에까지는 당대의 규범적 사고수준이 미치지
못하고 있었던 것으로 생각된다.

그러나 고대 동양에서 법률의 착오를 고려하려는 입장이 '회피불가능
성' 내지는 '정당한 이유'를 세부적인 판단척도로 삼는 오늘날의 착오론
과 전혀 다른 것이었다고만 단정할 수는 없다. 왜냐하면 리그베다에 있
어서도 무지(Acittih)로 인해 죄를 범한 자가 신에게 용서를 구하는 제의
식을 거행하면서 자신의 죄는 스스로의 선택이 아니라 견디기 힘든 외
부적 상황(hard environment)에서 비롯된 것으로 꿈에서도 벗어날 수 없을
(Even a dream is provocative to falsehood) 만큼 회피불가능한 것이었다
(Ṛgveda Ⅶ.86.6)고 속죄하는 개소를 찾아볼 수 있기 때문이다.[180] 그리고
법률의 착오를 일정한 경죄로 의율하려는 불교식 관점도 독일의 법학자
인 Schröder에게서도 유사한 입장을 찾아볼 수 있는바,[181] 고대 동양에서
의 법률의 착오이론은 오늘날까지도 의미 있는 관점들을 제공해 주고

---

180) 서구의 착오론에 있어서도 이미 고대 그리이스의 아리스토텔레스에게서
  착오의 '회피불가능성'이란 개념의 맹아(萌芽)를 찾아볼 수 있고 이는 중
  세 카논법에 이르러서는 보다 분명하게 나타나고 있다. 이에 대해서는
  Aristotle, 앞의 책, 60면, 1114a ; Thomas Aquinas / Laurence Shapcote 역, Summa
  Theologica, Ⅱ-1, Qu.76, Art.2, 1990(1952년 초판발행), 142면 ; Gunther Arzt,
  앞의 책, 646면.
181) Schröder는 법과실의 경우 일률적으로 2년 이하의 징역에 처할 것을 주장하
  였다. 이에 대해서는, Schröder, Zeitschrift für gesamte Strafrechtswissenschaft,
  Bd. 65, 1953, 199면 참조.

있었다고 평가할 수 있을 것이다.

셋째, 고대 동양의 법률의 착오론에서는 위법성의 인식을 고의의 요소로 볼 것인지(고의설), 책임의 요소로 편입시킬 것인지(책임설)에 대한 오늘날과 같은 정치한 논의는 찾아 볼 수 없다. 이것은 아마도 범죄성립 요소로서 고의와 책임에 대하여 분화(分化)된 사고체계가 그 당시에는 발달해 있지 못했기 때문인 것으로 추측된다. 일반적으로 책임설은, 위법성의 인식이 결여되면 언제나 고의를 조각시키는 고의설에 비해 고의범 성립의 부당한 축소를 방지함은 물론 이 경우 과실범 처벌규정이 없는 경우 완전한 면책에 이르게 되는 결함도 극복할 수 있으며 또한 책임원칙에 입각해 형사처벌에 적정을 기할 수 있다는 점에서 보다 나은 학설로 평가를 받고 있다. 고대 동양에서의 베다전통에 있어서 행위자는 다르마(법)를 모르고 죄를 범한 경우 일정한 속죄의식을 치르기만 하면 이에 대해 용서를 받을 수 있다는 점에서 일견 형사처벌의 부당한 축소라는 법정책적 흠결이 노정되어 있다고도 볼 수 있겠으나, 이 경우에도 속죄의식이라는 일정한 제재를 가한다는 점에서 보면 면책범위의 부당한 확대 내지는 착오항변의 남발 등의 법정책적 결함은 어느 정도 극복할 수 있었을 것으로 보인다. 그러므로 베다전통의 착오론도 결과적으로는 책임설에 유사한 법정책적 효과를 누리고 있었다고 볼 수 있다. 그리고 바로 이러한 점에서 고대 동양에서는 비록 고의설이나 책임설과 같은 정교한 이론을 발달시키지는 못하였지만 그럼에도 불구하고 현대의 착오론, 특히 책임설이 지향하는 형사정책적 목표를 나름대로 훌륭히 실현해 내고 있었던 것으로 평가할 수 있을 것이다.

이처럼 고대 동양에서는 고의설이나 책임설과 같은 이론구성에 무지하였음에도 불구하고 법률의 착오를 형법적으로 취급함에 있어서 결과적으로 책임설에 유사한 법정책적 구상을 실현해 낼 수 있었다는 점으로부터 위법성의 인식을 고의의 요소로 편입시킬 것인가 아니면 독립된 책임의 요소로 정서시킬 것인가의 문제는 형사처벌의 적정을 기하는데

있어서는 그다지 본질적인 문제가 아님을 확인할 수 있게 된다. 즉, 고의
설과 책임설 중에서 어느 학설을 취하느냐보다는 조문을 어떻게 고안하
고 또 실무상 착오법리를 어떻게 운용하느냐가 보다 중요하다는 것이다.
일찍이 유기천 교수는 위법성의 인식을 고의의 요소로 볼 것인지 책임
의 요소로 볼 것인지는 법도그마틱에 의해 결정될 수 있는 성질의 문제
가 아니며 단지 입법자가 법정책에 따라서 선택할 수 있는 것이라고 주
장한 바 있고,182) 최근에 김성돈 교수 역시 책임설을 지지하면서도 "위
법성의 인식은 적극적으로 책임을 구성하는 독자적 요소가 아니라 그
불인식이 행위자의 행위에 대해 책임비난을 탈락시킬 수 있다고 평가할
수 있는 하나의 단서에 불과한 것으로 이해해야 한다"고 주장한 것도183)
바로 이와 같은 맥락에서 이해될 수 있다고 본다.

이와 같은 주장을 뒷받침 해주는 예로서 우리 형법 제16조가 조문 제정
당시 비록 엄격고의설을 토대로 입안되었지만, '정당한 이유가 있는 경우
에 한하여' 완전한 면책의 효과를 부여함으로써 고의설이 지니는 형사정책
적 결함을 극복하고184) 결과적으로 책임설에 유사한 법적 효과를 가져오
고 있음에 주목할 필요가 있다고 본다.185) 또한 남아프리카공화국은 1977
년의 최고법원판례 S v. De Blom 1977(3) SA513(AD)을 통해 모든 진정한 착
오(any honest mistake)는 회피불가능성여부와 관계없이 '멘스레아(mens rea)'
를 부정한다는 획기적인 법리를 제시하여, 그 실질에 있어서 고의설과 유
사한 법리를 적용해 오고 있지만, 동 판례는 "착오가 증거로부터 합리적으
로 추론될 수 있는 경우에만 착오는 완전한 면책이 된다"고 하여 입증상의
'합리성 요건'을 부과함으로써 실무가나 학자들이 우려하듯 착오로 인한

---

182) Paul K. Ryu & Hellen Silving, Toward a Rational System of Criminal Law, 서울대
　　학교 법학, 제4권 제1·2호, 1962, 12~14면 참조.
183) 김성돈, 형법총론, 2006, 426면 참조.
184) 현행 형법 제16조의 제정과정에 대해서는 엄상섭, 형법이론과 재판의 타당
　　성, 법정(法政), 제12권 제8호, 1957, 5~6면 참조.
185) 뿐만 아니라 결과적으로 형법 제16조는 책임설에 의해 해석하는 것이 가
　　장 자연스럽게 되었다.

항변이 남발할 수 있다는 난점을 제거하려 하였고, 결과적으로도 그러한 착오항변이 실무상 받아들여진 사례는 극히 드물었다는 남아프리카공화국의 역사적 경험은 역시 분명 눈여겨 볼 필요가 있을 것이다.[186]

　비슷한 맥락의 예로서 현행 독일형법 제17조가 채택하였고, 우리 학계의 지배적 다수설로 자리매김하고 있는[187] 책임설의 우월성은 이미 1952년에 독일연방대법원이 이론적, 실천적 측면에서 다각도로 논증하여 입론한 바 있기는 하지만[188] 1975년에 독일연방헌법재판소는 고의설을 채택함으로써 사실의 착오와 법률의 착오를 동일하게 취급할 것인지 아니면 책임설을 취함으로써 양자를 달리 취급할 것인지의 양자택일의 문제를 다룸에 있어서는 어느 한쪽이 결정적인 우위에 놓여있지 않으며 따라서 입법자의 결단에 달려 있다고 판시함으로써 고의설과 책임설의 우열에 대해 다소 중립적인 태도의 유권해석을 내렸던 사실[189]에도 주목할 필요가 있을 것이다. 요컨대 고대 동양에서의 법률의 착오론은, 위법성 인식의 체계적 지위를 둘러싼 제 학설간의 대립의 실익은 순전히 이론적 측면보다 실천적인 측면에 초점을 맞추어야 한다는 점을 더 명확히 일깨워 주는 반성의 계기를 제공해 주고 있다.

　끝으로 고대 동양에서 법률의 착오는 고려할 필요가 없다는 사고방식과 용서할 수 있다는 두 가지 사고방식이 모두 보편적인 권위를 누려왔고 병존했다는 사실은 착오론의 전개에 있어서 두 가지 가능성을 암시해 준다. 우선 두 개의 대립되는 사고방식이 각기 독자적으로 발달하여

---

186) 동 판례의 소개 및 이에 대한 비판과 폭넓은 논의로는 R.C. Whiting, Changing the Face of Mens Rea, South African Law Journal, Vol.95, 1978, 6~7면 ; Kumaralingam Amirthalingam, Mens Rea and Mistake of Law in Criminal Cases : A Lesson from South Africa, University of South Wales Law Journal, Vol.18, 430 ~441면 참조.

187) 이러한 견해의 최신 문헌으로는 김성돈, 형법총론, 2006, 426면 ; 신동운, 형법총론, 2006, 395면 ; 이재상, 형법총론, 2006, 326면 참조.

188) BGHSt 2, 194 참조.

189) BVerfGE 41, 121 참조.

후대에까지 전승되었을 가능성이 있으며, 다른 한편으로는 두 개의 착오론이 서로 영향을 주며 상대방의 관점을 부분적으로 수용허 가는 교섭(交涉)의 과정을 거치며 발달해 갔을 가능성도 제시될 수 있다고 본다. 이러한 교섭의 과정을 보여 주는 단편적인 예로서 牧野英一 교수는 1940년 일본개정형법가안 제11조를 입안함에 있어서 제1항에 위법성인식불요설을 표방하고 있던 당시의 현행형법 제38조 3항을 존치시킴으로써 다분히 전통적 법원칙을 승인하면서도 제2항에서는 상당한 이유가 있는 법률의 착오는 그 형을 면제할 수 있도록 하여 전통적 법원칙과의 조화를 도모하고 있다고 설명한 바 있다.[190] 우리 형법 제16조의 입안에도 커다란 영향을 준 것으로 평가받고 있는[191] 일본개정형법가안 제11조는 다음과 같다.

**1940년 일본개정형법가안 제11조 [법률의 착오] :**

① 법률을 알지 못하였다 하더라도 그것으로써 고의가 없었다고 할 수 없다. 단, 정상에 따라 그 형을 경감할 수 있다.
② 자기의 행위가 법률상 허용되지 아니하는 것임을 알지 못하고 범한 자는 그 점에 대하여 상당한 이유가 있는 때에는 그 형을 면제한다.

## 4. 맺음말

고대 동양에 있어서도 베다전통의 제문헌, 즉 리그베다와 다르마수트라─사스트라, 그리고 자이나교와 불교경전 및 중국의 주례 및 당률 등에서 법률의 착오에 관한 다양하고 풍부한 논의를 찾아볼 수 있다. 이에 따르면 법률의 착오는 원칙적으로 죄가 되지만 속죄 또는 참회를 통해 용서받을 수 있다는 입장이 보편적 사고의 한 원형을 이루고 있었던 것

---

190) 이에 대해서는 牧野英一, 법률의 착오(형법연구 제12권), 1951, 106~109면 참조.
191) 이러한 견해로는 이건호, 형법총론, 1957, 174면 ; 유기천, 형법학[총론], 1960, 245~246면 ; 백남억, 형법총론, 1962, 236면 참조.

으로 보인다. 그러나 이와 달리 법률의 착오는 용서받을 수 없다는 사고
방식도 엄연히 병존했으며 이 역시 나름대로의 사상적 원류(原流)와 합
리적 근거를 지니고 있었다. 이처럼 법률의 착오를 어떻게 취급할 것인
가에 대한 서로 상이한 관점의 대립은 고대 서양의 착오론, 즉 구약성서
와 그리이스의 착오론 및 로마법에서도 찾아볼 수 있다.

법률의 착오를 어떻게 취급할 것인가에 대한 입장의 대립은 비단 특
정한 종교나 사상, 그리고 법계(法系) 및 지역의 차이에 따라서만 나타나
는 것은 아니다. 법률의 착오는 충분히 고려되어야 한다는 입장과 고려
될 필요가 없다는 입장은 모두 오랜 역사를 두고 형성되어 온 보편적인
사고방식의 하나이기 때문에192) 양 전통은 독자적인 전승(傳承)과정은
물론, 상호교섭(相互交涉)의 과정도 거치며 서로 영향을 주며 발달해 왔
을 것이고 따라서 동일한 법계 및 지역에서도 동시에 나타날 수도 있다.
그러한 상호교섭의 결과로서 최근 영미법계의 판례들도 기존의 전통적
법원칙을 완화하려는 태도를 보이기도 하고 있으며,193) 또한 대륙법계의
여러 국가, 특히 독일이나 우리나라의 경우에 법률의 착오를 형법적으로
고려하면서도 이에 대해 '회피불가능성'이나 '정당한 이유'라는 요건을

---

192) 심지어 이탈리아의 경우도 법률의 착오에 대한 두 가지 해결방식, 즉 이를
    인정하려는 전통과 고려하지 않으려는 전통은(Anerkennung wie Nichtberücksichtgung
    des Rechtsirrtums) 모두 오랜 전통을 지녀왔다고 한다. 이에 대해서는 Hans-
    Heinrich Jescheck, Zum Rechtsirrtum im deutschen und italienischen Strafrecht, in:
    Recht in Ost und West, Festschrift zum 30-jährigen Jubiläum des Instituts für
    Rechtsvergleichung der Waseda Universität, 891~892면 참조.

193) 대표적으로 미국의 United States v. Murdock case(1933)와 Lambert v. California
    case(1957) 및 Cheek v. United States case(1991), 그리고 남아프리카공화국의
    S v. De Blom 1977(3) SA513(AD) case 참조. 이 중에서 특히 S v. De Blom
    1977(3) SA513(AD) case의 경우 진정한 착오(genuine ignorance)는 회피불가능
    성 여부와 관계없이 면책사유가 된다고 판시하여 주목을 끈다. 이에 대해
    서 Kumaralingam Amirthalingam, Ignorance of Law, Criminal Culpability and
    Moral Innocence: Striking a Balance between Blame and Excuse, Singapore Journal
    of Legal Studies, 2002, 302~303면 참조.

설정해 일정한 제한을 가하고 있다는 사실을 볼 수 있을 것이다. 그리고 우리 대법원은 '단순한 법률의 부지'는 '법률의 착오'에서 제외시켜 '정당한 이유' 유무의 심사도 없이 일률적으로 고려되지 않는 착오로 취급하는 입장을 취하고 있는바,194) 이와 같은 취급방식 역시 법률의 착오에 대한 대립되는 두 사고방식이 상호 긴장과 교섭의 과정 속에서 초래한 또 다른 형태의 착오법리로 이해할 수 있다고 본다.195)

요컨대 오늘날 법계(法系) 및 국가별로 법률의 착오를 형법적으로 처리함에 있어 적지 않은 차이점을 보이고 있는 것은 무엇보다도 동·서양을 막론하고 기원전부터 고대 사회에 존재했던 두 가지 법적 사고의 원형(原形)에서 비롯된 긴장과 대립의 전승(傳承) 내지 재현(再現)에 다름 아닌 것으로 볼 수 있을 것이다. 그리고 이러한 긴장과 대립은, 각 법계와 국가별로 관련 조문을 둘러싼 해석론 및 판례의 태도에 일정한 수정을 가져오고 있으며, 그 수정의 방식은 서로 상이한 이해방식을 수용함으로써 기존의 완고한 입장을 완화하여 상호 수렴(收斂)하 가는 방향부터, 다시 기존의 전통적 입장으로 전회(轉回)하는 경향까지 다양한 양상으로 전개되고 있다.196)

---

194) 대판 1961.10.5, 61도208 ; 대판 2005.5.27, 2004도62 참조.
195) 우리 대법원의 태도에는 법리적 일관성과 정당한 근거의 제시가 결여되어 있다는 비판이 제기될 수 있다.
196) 예컨대 같은 중국법계 국가라도 중화민국의 경우 1935년 형법에 '법률의 착오' 조문을 두었으나 1975년 중화인민공화국 형법은 '법률의 착오' 조문을 두지 않았고, 캐나다의 경우 'Common Law' 전통의 국가임에도 불구하고 연방최고법원은 1982년 'R v. Macdougall case' 이래로 법률의 착오를 항변사유로 인정해 오다가 1995년 'R v. Jorgenson case'에서는 다시 인정하지 않는 방향으로 판례를 변경하였다. 캐나다의 사례에 대한 소개는 Kumaralingam Amirthalingam, 앞의 논문, 324~326면 참조. 반면 일본의 경우는 현행 형법 제38조 3항은 법률의 착오는 범의의 성립에 영향을 미치지 못한다고 명시하고 있고 최고재판소 판례 역시 위법성인식불요설을 지지하고 있으나 위법성인식불요설을 극복하기 위한 다양한 해석론이 제시된 바 있다. 이에 대해서는 団藤重光 編, 註釋刑法(2)-Ⅱ 總則(3), 1969, 366~367면 ; 前田雅英, 刑法總論講義, 제3판, 東京大學出版會, 1998, 292면 이하 참조.

# 〈참고문헌〉

## 1. 외국문헌

A.B. Keith, Buddhist Philosophy in India and Ceylon, Oxford, 1923.

A.B. Keith 역, Rgveda Brahmanas, in: Harvard Oriental Series Vol.25, 1981(1920년 초판발행).

Alain Daniélou, The Myths and Gods of India, 1991.

Arthur Anthony Macdonell, A Practical Sanskrit Dictionary, Oxford Univ. Press, 1924.

Aristotle / William David Ross 역, Nicomachean Ethics, 1987(1925년 초판발행).

Arthur Kaufmann, Die Parallelwertung in der Laiensphäre: Ein sprachphilosophischer Beitrag zur allgemeinen Verbrechenslehre, 1982.

Asim Kumar Chatterjee, A Comprehensive History of Jainism, 2000(1978년 초판발행).

Benjamin I. Schwartz, The World of Thought in Ancient China, Harvard Univ. Press, 1985.

Carl Cappeller, Sanskrit Wörterbuch, 1966(1887년 초판발행).

Daniel H.H. Ingalls, Authoriy and Law in Ancient India, in: Authority and Law in Ancient Orient(supplement to journal of the American Oriental Society, No.17, July ~ Sept, 1954).

Derk Bodde & Clarence Morris, Law in Imperial China, Harvard Univ. Press, 1967.

Edward Kohlrausch, Die Lehre vom Rechtsirrtum in Theorie und Praxis des heutigen Strafrechts, 출간년도 미상.

Ernst Leumann, Buddha und Mahāvirā, die beiden indischen Religionsstifter, Freiburg, 1921.

G. Bühler 역, The Laws of Manu in: The Sacred Books of the East(F. Max Müller 편집), Vol. XXV, 1886.

Govind Chandra Pande, Studies in the Origins of Buddhism, 1957.

Gunther Arzt, Ignorance or Mistake of Law, The American Journal of Comparative Law, Vol.24, 1976.

Hans Welzel, Naturrecht und materiale Gerechtigkeit, 4.Aufl. 1962.

Helmuth v. Glesenapp, Der Jainismus: Eine indische Erlösungsreligion, Berlin 1925.

Hermann Jacobi 역, Gaina Sûtras, in: The Sacred Books of the East(F. Max Müller 편집), Vol.22, 1995(1884년, Oxford 초판발행).

Hermann Jacobi 역, Gaina Sûtras, in: The Sacred Books of the East(F. Max Müller 편집), Vol.45, Part Ⅱ, 1995(1895년, Oxford 초판발행).

J. Milgrom, Cult and Conscience, 1976.

Joseph Campbell, the Masks of God, Vol.Ⅱ(Oriental Mythology), 1962.

Joseph Campbell, the Masks of God, Vol.Ⅲ(Occidental Mythology), 1965.

Karl Binding, Normen und ihre Übertretung, Band Ⅲ, 1918.

Karl Jaspers, Vom Ursprung und Ziel der Geschichte, 1957.

Kewal Krishna Anand, Indian Philosophy (The Concept of Karma), 1982.

Kumaralingam Amirthalingam, Ignorance of Law, Criminal Culpability and Moral Innocence: Striking a Balance between Blame and Excuse, Singapore Journal of Legal Studies, 2002.

Kumaralingam Amirthalingam, Mens Rea and Mistake of Law in Criminal Cases: A Lesson from South Africa, University of South Wales Law Journal, Vol.18.

Laurens C. Winkel, Error juris nocet: Rechtsirrtum als der Problem der Rechtsordnung, Bd.I 'Rechtsirrtum in der griechischen Philosophie und im römischen Recht bis Justinian' 1984.

L. de la Vallee Poussin, The way to Nirvāna, Cambridge, 1917.

L. Sternbach, Juridical Studies in Ancient Indian Law, 1965.

Ludo Rocher, Hindu Conceptions of Law, The Hastings Law Journal, Vol.29, 1290.

M. Winternitz, Der Ältere Buddhismus, Tübingen, 1929.

Michael Loewe & Edward L. Shaughnessy 편집, The Cambridge History of Ancient China－From the Origin of Civilization to 221 B.C.－Cambridge Univ. Press, 1999.

Otto Kahn, Der außerstrafrechtliche Rechtsirrtum, 1900.

Patrick Olivelle, Dharmasūtra, 2000.

Paul K. Ryu & Hellen Silving, Erro Juris: A Comparative Study, Chicago Law Review, Spring 1957.

Paul K. Ryu & Hellen Silving, Toward a Rational System of Criminal Law, 서울대학교 법학, 제4권 제1·2호, 1962.

Ralph T.H. Griffith, Hymns of the Rgveda translated with a popular Commentary, Vol.(Ⅰ, Ⅱ), 1987(1889년 초판발행).

Ramashraya Sharma, The concept of Religion and Dharma compared, in Dharmaśāstra in Contemporary Times(Sudesh Narang외 2인 공편저, 1988).

R.C. Whiting, Changing the Face of Mens Rea, South African Law Journal, Vol.95, 1978.

R.G. Bury 역, Plato in Twelve Volumes, XI Laws, Harvard Univ. Press, 1996(1928년 초판 발행).

Sarvepalli Radharkrishnan, Eastern Religions and Western Thought, Oxford Univ. Press, 1939.

Sarvepalli Radharkrishnan, Indian Philosophy Vol.I, 1929(1923년 초판발행).

S.C. Banerji, A Brief History of Dharmaśāstra, 1999.

Schröder, Zeitschrift für gesamte Strafrechtswissenschaft, Bd. 65, 1953.

Sudesh Narang, Crime and Punishment: In Dharmaśāstra and the Contemporary Hindu Law, in Dharmaśāstra in Contemporary Times(Sudesh Narang외 2인 공편저, 1988).

Surendranath Dascupta, A history of Indian Philosophy, Vol. I , 1951

Svami Satya Prakash Sarasvati & Satyakam Vidyalankar, Rgveda Samhitā, Vol.( I ~ XIII), 1977.

Thomas Aquinas / Laurence Shapcote 역, Summa Theologica, II-1, Qu.76, Art.2, 1990 (1952년 초판발행).

Ved P. Nanda, Hindu Law and Legal Theory, 1996.

Vincent Sekhar, S.J., Dharma in Early Brahmanic, Buddhist and Jain Traditions, 2003.

William Dwight Whitney, Sanskrit Grammar, 7th Ed. 1993(1879년 초판발행).

Hans-Heinrich Jescheck, Zum Rechtsirrtum im deutschen und italienischen Strafrecht, in: Recht in Ost und West, Festschrift zum 30-jährigen Jubiläum des Instituts für Rechtsvergleichung der Waseda Universität.

牧野英一, 법률의 착오(형법연구 제12권), 1951.

岡田庄作, 착오론, 1924.

戴炎輝, 당률통론, 국립편역관, 中華民國 66(中華民國 53 초판발행).

孫詒讓, 周禮正義, 淸代 末期, 2면.

馬辛民 편저, 賈公彦 周禮注疏, 唐代, 북경대학출판부, 2000.

仁井田陞, 中國法制史硏究(刑法), 1959.

蔡墩銘, 唐律與近世刑事立法之比較硏究, 五洲出版社, 1972.

団藤重光 編, 註釋刑法(2)-II 總則(3), 1969.

前田雅英, 刑法總論講義, 제3판, 東京大學出版會, 1998.


## 2. 국내문헌


김성돈, 형법총론, 2006.
김미숙, 고행에 대한 불교와 자이나교의 논쟁, 불교평론, 제16호, 2003.
김미숙, 자이나 철학에서의 업과 영혼의 관계, 인도철학, 제11집 제2호, 2002.
김인종, 고대 인도불교와 자이나교 교섭에 관한 연구, 원광대학교 박사학위
　　　　논문, 1991.
김택민, 동양법의 일반원칙, 2004.
목정배, 계율학 개론, 2001.
백남억, 형법총론, 1962.
법무부, 중국법연구(Ⅱ) －형사법－, 1992.
불교대장경, 제54편, 오분율 제9권, 1982.
신동운, 형법총론, 2006.
엄상섭, 형법이론과 재판의 타당성, 법정(法政), 제12권 제8호, 1957.
유기천, 형법학[총론], 1960.
윤병식, 나선비구경 연구 Ⅰ, 인도학·인도철학, 창간 제1집, 1989.
윤호진, 무아(無我) 윤회(輪廻) 문제의 연구, 1996.
이건호, 형법총론, 1957.
이유경, 원형과 신화, 2004.
이재상, 형법총론, 2006.
이재숙 옮김, 우파니샤드 Ⅰ, 2005.
이재숙·이광수 역, 마누법전, 1999.
이지수, 인도에 대하여, 2003.
정약용 / 박석무·정해염 역주, 欽欽新書, 제1권, 1999.
조용길, 업(Karma)사상의 현대적 고찰, 한국불교학 제33집.
조준호, 우파니샤드(Upanisad) 철학과 불교－종교 문화적·사상적 기원에 대
　　　　한 비판적 검토－, 2004.
팔만대장경 선역본 제14권, 미사색부화혜오분률 ①, 2001.
한글대장경, 십송률(十誦律) ③, 제51권, 2001(1995 동국역경원 초판 발행).
한글대장경 중아함경(中阿含經) ③, 제414권, 1999.

## 3. 번역서

김인곤 외 옮김, 소크라테스 이전 철학자들의 단편 선집, 2005.

김택민·임대희 역, 역주 당률소의, 명례율편, 1994.

이재숙 옮김, 우파니샤드 Ⅰ, 2005.

장국화 / 임대희 외 4인 역, 중국법률사상사, 2003.

지재희·이준영 해석, 주례, 2002.

鄭克 / 김지수 역, 절옥귀감(고대 중국의 명판례), 2001.

C.G. Jung / 융 저작 번역회 역, 원형과 무의식, 2003.

Étienne Lamotte / 윤호진 역, Histoire du Buddhisme Indien, 1988. 시공사, 2006.

F.M.Conford / 남경희 역, 종교에서 철학으로, 2004.

John E. Hartley / 김경열 역, Leviticus, World Biblical Commentary Vol.4, 2005.

John W. Spellman / 이광수 역, The Political Theory of Ancient India, 2000.

Phillip J. Budd / 박신배 역, Numbers, World Biblical Commentary Vol.5, 2004.

The Chokmah Commentary, Vol.4, Numbers, 2000(강병도 편집).

Uma Chakravarti / 박제선 역, The Social Dimensions of Early Buddhism, 2004.

Veronica Ions / 임웅 역, Indian Mythology, 2004.

島田正郞 / 임대희 외 3인 역, 東洋法史, 2004.

中村元 / 김지견 역, The World of Buddha, 2005.

平川彰 / 석혜능 역, 원시불교의 연구-교단조직의 원형-, 2003.

平川彰 / 석혜능 역, 비구계의 연구 Ⅰ, 2002.

佐藤密雄 / 김호성 역, 불교교단의 성립과 전개-원시불교의 교단과 계율-, 1991.

西田太一郞 / 천진호 외 2인 역, 중국형법사연구, 1998.

中村茂夫 / 임대희·박춘택 역, 판례를 통해서 본 청대(淸代) 형법, 2004.

馮友蘭 / 박성규 역, 중국철학사, 상권, 2004.

張晋藩 主編 / 한기종 외 역, 중국법제사, 2006.

〈ABSTRACT〉

# Error Juris in Ancient Asia

There could be found so many doctrines and theories of Error Juris in the ancient Times, especially in the Axial Era(800～B.C.200) in the East as well as in the West that we can say that what kinds of traditions there were, and how the traditions were established in relation to the Error Juris in Ancient Asia.

In ancient India, the Rgveda was the oldest documents that treats the Error Juris. According to the Rgveda Samhita it seems that in the early Vedic times ignorance of the law, the Rta which the God Varuna upholds, could be forgiven if the sinner implore his pardon offering some sacrifices. This tradition had been handed down by Brahmans, the Hindu monk to the Dharmasūtra and the Dharmaśāstra in the late Vedic times.

Differently from the Vedic Tradition, the Buddhism and Jainsm treated the Error Juris strictly. The Buddha said "the ignorance of religious precepts comes from the negligence of the monk, so the sinner of ignorance should be punished by the pācittiyāa dhammā" and the sacred book of Jainism, the Sūtrakrtāṅga insistently emphasized "Though a fool does not consider the operations of his mind, speech, and body, nor does see even a dream; still he commits sins".

In ancient China, the controversy on Error Juris firstly originated from the interpretation of 'Zhou yi' which was written by the King Wen and Zhou Gong.

Theoretically the '不識' of 'Zhou yi' had been interpreted to mean Error Juris as well as Error Facti by the Chinese scholars, but it seems that the ancient China had never taken Error Juris into account practically by inference from the fact that we cannot find any cases which permitted the Error Juris in the Chinese decisions and the T'ang Code which reflects the ancient Chinese law so much also never accepted Error Juris as an excuse.

In short, there were two kinds of traditions, which treats the Error Juris in ancient Asia. The one is the doctrine that Error Juris should be taken into account and the other doctrine is that Error Juris need not be taken into account in the criminal system. These two kinds of universal ways of thinking have been handed down to the present theories of Error Juris and influenced the varieties of the methods of treating Error Juris in the each of the legal traditions and countries.

# 찾아보기

# 안 성 조

서울 출생
연세대학교 법과대학 졸업
고려대학교 대학원 법학 석사
서울대학교 대학원 법학 박사
현재 연세대학교 법학부 강사

## <주요 논저>

"법률의 착오에 관한 연구"
"고대 동양에서의 법률의 착오론"
"간접정범에서 피이용자의 금지착오"
"의료분쟁의 해결과 예방에 대한 형법적 접근"

## 형법상 법률의 착오론                    값 22,000원

| | |
|---|---|
| 2006년 12월 22일 | 초판 인쇄 |
| 2006년 12월 30일 | 초판 발행 |

저    자 :  안 성 조
발 행 인 :  한 정 희
발 행 처 :  경인문화사
편    집 :  장 호 희
　　　　　　서울특별시 마포구 마포동 324-3
　　　　　　전화 : 718-4831～2, 팩스 : 703-9711
　　　　　　이메일 : kyunginp@chol.com
　　　　　　홈페이지 : http://www.kyungir.p.co.kr
　　　　　　　　　　　 : 한국학서적.kr
　　　등록번호 : 제10-18호(1973. 11. 8)

ISBN : 89-499-0427-6 94360

<B250206

과학
삼국유사

# 과학 삼국유사

ⓒ 이종호, 2011. Printed in Seoul, Korea.

초판 1쇄 찍은날 2011년 1월 5일 ⏐ 초판 3쇄 펴낸날 2012년 12월 24일
지은이 이종호 ⏐ 펴낸이 한성봉
편집 주간 박현경 ⏐ 편집 서영주·박상준 ⏐ 디자인 이근호 ⏐ 경영지원 홍운선
펴낸곳 도서출판 동아시아 ⏐ 등록 1998년 3월 5일 제22-1280호
주소 서울시 중구 남산동 2가 18-9번지 ⏐ 홈페이지 www.EastAsiaBooks.com
전자우편 dongasiabook@naver.com ⏐ 전화 02) 757-9724, 5 ⏐ 팩스 02) 757-9726

ISBN 978-89-6262-031-3 04400
ISBN 978-89-6262-029-0 (세트)

파본은 구입하신 서점에서 바꿔드립니다.

값 16,000원

# 과학 삼국유사

이종호 지음

동아시아

1959년 영국의 C. P. 스노우는 유명한 케임브리지대학교 리드 강연에서 과학과 인문학 사이의 단절에 대해 다음과 같이 심각하게 경고한 바 있다. "두 문화 two cultures, 즉 과학과 인문학 사이의 간극이 세상의 문제들을 해결하는데 주된 방해물이 된다." 스노우가 강조한 것은 두 문화의 극점에 물리학자와 문학자가 있는데, 이들이 대화를 한다고 해도 '서로가 서로를 이해할 수 없을 만큼 서로에 대해 무지하다'는 것이다. 이와 같이 두 분야가 별개의 영역처럼 인식되는 것은 교육의 양극화에서 기인한다. 의사가 되려면 수학·물리학을 잘해야 하지만, 판사나 검사가 되려면 수학·물리학보다 국어·영어를 잘해야 한다고 이해하기' 때문이다. 왜 수학·물리학을 잘 아는 변호사가 드물고, 글 잘 쓰고 철학에 정통한 과학자나 의사가 되려는 생각을 하지 않을까? 스노우는 문학자들이 과학적 소양을 쌓아 두 문화를 극복해야 한다고 강조했지만 그 역의 경우도 충분히 가능하다. 즉, 과학자들이 인문학과 사회학에 대한 이해를 넓힌다면 두 문화의 극복에 크게 기여할 수 있다.

그렇다면 과학과 인문 분야를 한 틀에서 이해하기 위해 가장 쉽게 접근하는 방법은 무엇인가? 필자는 이와 같은 질문에 '우리들이 가장 잘 알고 있는' 우리 유산에서 과학성을 찾아보라고 대답한다. 그러면 곧바로 한국 유산에 정말로 과학성이 있느냐고 반문한다. 특히 해외여행을 자주 하거나 오랫동안 해외에서 거주한 사람들은 한국의 자랑스러운 유산들이 외국의 유산에 비해 상당히 과장되었다는 것을 느꼈다고 실토한다. 우선 우리나라 유산들의 규모에 대해 불평한다. 그들은 한국에 1,000년 전에 지어진 건물도 변변하게 남아 있는 것이 없지만 이집트의 피라미드는 4,500년 전, 그리스의 파르테논 신전은 2,000년이 넘었고 로마의 고대 유적 모두가 한국에서 삼국이 세워지기 전에 만들어졌다고 말한다. 그리고 우리나라에 남아 있는 유산들의 질과 양을 외국 것과 비교해 볼 때 한국의 유산에서 무슨 과학성을 찾을 수 있느냐고 반박한다.

우리 조상들이 물려 준 유산들이 과학성도 없고 초라하게 느껴지는 이유는 여러 가지다. 먼저 우리의 유산 중에서 제작 방법이라든가 작동 방법 같은 과학적인 설명을 구체적으로 기록한 자료가 거의 없다는 점이다. 기술적인 내용이라도 한자로 적은데다가 그림도 많지 않아서 정확한 내용을 파악하기가 쉽지 않다. 즉, 우리 것을 과학적으로 정확하게 규명할 수 있는 방법이 거의 없다.

두 번째는 수많은 자료들이 그동안의 전란이나 관리 소홀로 거의 파손되거나 멸실되었다는 점이다. 기록에 대해 남다른 자부심을 갖고 있는 선조들이지만 전란이라는 악재 앞에 귀중한 자료라고 해서 일일이 챙기기는 쉽지 않다. 그래서 우리들이 검토할 수 있는 유산은 한정된 숫자에 지나지 않는다.

세 번째는 위정자들이 필요에 의해 고의적으로 자료를 파괴하거나 훼손했다는 점이다. 가장 대표적으로 조선왕조는 이성계가 쿠데타로 정권을 잡은 것을 합리화하기 위해 많은 자료들을 조직적으로 파괴했다. 또한 36년 동안 한국을 강점한 일본은 우리나라의 역사를 조직적으로 왜곡

시켰으며, 중요한 유산들을 파괴하거나 훼손하여 원래의 모습을 찾아볼 수 없도록 만들었다. 아직도 일제의 잔재들이 우리의 문헌이나 자료에 남아 있어 애초 선조들이 물려준 것과는 전혀 다른 것이 많이 있다는 논란도 이런 이유다.

네 번째는 전통적으로 한국인에게 뿌리 깊게 내려오고 있는 조상과 스승에 대한 숭배사상이다. 과학은 미지의 것을 탐구하는 학문인데 스승의 이론이 자신의 생각과 다를 경우 스승의 잘못을 지적하는 것보다 자신의 생각을 철회하는 것이 순리이자 도리라고 보았다. 철저한 유교 관념과 스승을 존중하는 사회에서 과학이 다른 학문에 비해 떨어지는 이유라고 볼 수 있다. 그러나 우리의 유산에 대한 관심과 연구가 부족한 것은 경제적인 이유 때문이다. 보릿고개란 말이 사라진지 얼마 되지 않았듯이 먹고 살기에 바쁜 터에 우리 것에 대한 과학성을 규명한다는 생각조차 할 수 없었다.

이집트의 피라미드, 그리스의 파르테논, 다빈치나 미켈란젤로 등 르네상스 시대의 걸작품들과 소소한 과학적 기구들이 우리들에게 잘 알려져 있는 이유는 유산 자체가 우수한 이유도 있지만, 과거부터 수많은 연구가들에 의해 장단점이 분석된 자료가 많이 남아 있기 때문이다. 우리 것에 대한 기술정보가 없는 상황에서 외국 것에 대한 정보가 가감 없이 곧바로 유입되었으므로, 외국 것이 우리 것보다 더 좋은 인상을 갖게 되는 것은 당연한 일이다. 또한 우리 민족에 대한 가장 신랄한 비판은 우리에게 과학적인 사고력이 없었다고 비하하는 것이다. 우리나라 선조들이 과학성을 갖고 있지 않았다는 가장 큰 증거로 신화나 전설 또는 문학작품에 과학성이 깃든 내용, 즉 시대를 앞서가는 상상력이나 과학적 관찰력을 찾을 수 있는 내용이 없다는 것이다. 선조들에게 과학성이라는 사고가 없었기 때문에 과거에 우리 국민들이 바보 같이 살았다는 것을 당연하게 생각하기도 한다.

그러나 상상력이 풍부하게 발휘될 수 있는 문학작품에서 과학적인 소재가 없다고 줄기차게 비판을 받아왔지만『흥부전』,『옹고집전』,『도깨비감투』,『도화녀와 비형랑』등을 보면 우리 조상들도 많은 작품에서 공상적인 소재를 사용했다. 이 작품들은 한국인의 상상력이 결코 떨어지지 않았다는 것을 보여주는 좋은 예라고 생각된다. 놀라운 것은『삼국유사』,『삼국사기』를 보더라도 최근의 공상과학소설Science Fiction, SF에서 다루는 이야기가 많이 나온다는 사실이다. 이는 그동안 우리들이 우리의 자산에 대해 몰랐다는 뜻도 되지만, 그동안 이런 것을 발굴하는데 게을리 했다는 것을 의미하기도 한다. 즉, 우리 유산이 외국 것에 비해 떨어진다고 생각하는 것은 우리 유산에 대한 정보가 없다는 것이 가장 큰 요인이다. 그러나 정보 부족이 과학성이 없다는 뜻은 아니다. 우리 유산에 대한 정보가 적은 상태에서 우리 유산에는 과학성이 없다고 비난만 할 것이 아니라, 어느 유산에 과학성이 있는가를 찾는 것이 시급한 일이다.

이런 의미에서 우리의 역사서인『삼국유사』,『삼국사기』에 깃들어 있는 과학성을 찾아내는 것은 매우 의미 있는 일이다.『삼국유사』,『삼국사기』야말로 우리들에 대한 이야기를 담고 있기 때문이다. 물론『삼국유사』, 『삼국사기』에 기록된 과학을 현대의 잣대로 설명하는 것이 간단한 일은 아니다. 이들 사서에 기록되어 있는 내용 자체가 모호한 것도 있고, 과학이라는 학문이 태어나기 이전에 저술된 것이므로 현대에 맞지 않는 내용도 있기 때문이다. 그러므로 이 책에서는 가능한 한 『삼국유사』, 『삼국사기』의 내용을 과장하지 않고 『삼국유사』, 『삼국사기』 중에서 발견할 수 있는 과학성을 설명하는데 중점을 두었다. 『삼국유사』와 『삼국사기』는 엄연히 다르다. 『삼국사기』가 『삼국유사』보다 다소 빠르게 저술되었지만 『삼국유사』는 일연 스님이 작성한 것인 반면 『삼국사기』는 김부식이 편찬한 정사이기 때문이다. 그러나 두 사서 모두 우리의 역사를 적은 것이므로 같은 내용을 다룬 것은 물론 긴밀하게 연결되어 있으므로 많은 부분에서 연계하여 설명했다.

　　마지막으로 이 책에서 다루는 내용 중에는 필자의 다른 책에서도 설명된 것이 있지만 상당 부분을 보완하여 설명했다. 이제 『삼국유사』, 『삼국사기』에 숨어 있는 과학도 파악하고 우리 역사도 알 수 있는 일거양득의 과학 여행에 참여해 보기 바란다.

2011년 1월

이종호

차례

일반적으로 일연이 『삼국유사』를 편찬한 이유는 당시 국내외 정세와 맞물려 있다. 일연은 30대에 몽골의 침략으로 국토가 유린되고 황룡사 9층탑이 불타는 것을 목격하고 점차 민족의식을 잃어가는 백성과 지배계층에게 화려했던 삼국시대를 재인식시킴으로써 민족적 주체의식을 확립시키고자 했다. 몽골에 의해 자주성을 상실한 상황에서 단군을 중심으로 굳게 뭉쳐 몽골의 지배하에 벗어나려는 의도였다. 그런 의미에서 우리 민족은 유구한 역사를 갖고 있는 문화민족임을 알리기 위해 신화·전설·설화 등을 많이 수록했다. 그러므로 일부 국어학자들 간에는 『삼국유사』를 역사서라기보다는 일종의 설화문학서로 보기도 한다. 이런 의미에서 『삼국유사』에는 호랑이·사슴·꿩·노루 같은 동물은 물론 차·콩 같은 식물에 관한 이야기도 있다.

한편 『삼국유사』에는 남녀차별을 유독 강조한 글이 여러 곳에서 보인다. 『삼국유사』〈기이(2)〉 '경덕왕·충담사·표훈대사'에 경덕왕이 사망하자 혜공왕이 이었는데 왕의 나이가 어려 태후太后가 임조臨朝했기 때문에 정사가 다스려지지 못하고 도둑이 벌떼처럼 일어나 막을 수 없었다고 적었다. 특히 일연은 혜공왕이 남자로 태어났지만 원래 여자였으며 여자가 나라를 다스렸기 때문에 신라가 크게 어지러웠다고 설명했다. 『삼국유사』〈기이(2)〉 '가락국기'에도 여자가 정사에 관계하면 문제가 된다는 기록이 있고, 『삼국유사』〈기이(2)〉 '진성여대왕과 거타지'에도 여왕 때문에 신라가 문란해졌고 결국 신라가 고려에 멸망하는 단초를 열었다고 적었다. 김부식은 『삼국사기』〈신라본기 제5〉 '선덕왕·진덕왕·대통왕(태종왕)'에 노골적으로 여왕에 대해 비판하며 신라가 여자 때문에 많은 고통을 겪었다고 다음과 같이 적었다.

> 하늘의 원리로 말한다면 양陽은 강하고 음陰은 부드러운 것이며, 사람의 원리로 말한다면 남자는 존귀하고 여자는 비천한 것이다. 어찌 늙은 할미가 규방을 나와 국가의 정사를 처리하는 것을 허락할 수 있을까? 신라는 여자를 추대하여 왕위에 앉게 했다. 이는 실로 어지러운 세상에나 있을 일이었으니 나라가 망하지 않은 것이 다행이었다. 『서경』에는 "암탉이 새벽에 운다"고 했고 주역에는 "암돼지가 껑충거린다"고 했으니 어찌 경계하지 않을 수 있겠는가?

반면 선덕여왕에 대한 일연의 시각은 긍정적이다. 여자가 왕이 되었음에도 선덕여왕에 대해서는 잣대를 달리했다는 뜻인데, 이는 그녀가 총명하고 슬기로워 나라를 잘 다스렸기 때문이다. 선덕여왕의 총기에 대해 잘 알려진 이야기는 모란꽃 이야기를 꼽는다. 『삼국유사』〈기이(1)〉 '선덕왕이 미리 알아낸 세 가지 일'의 글은 다음과 같다.

> 제27대 덕만(德曼, 만曼은 만萬으로도 씀)의 시호諡號는 선덕여대왕善德女大王, 성姓은 김씨金氏, 아버지는 진평왕眞平王이다. 정관貞觀 6년 임진壬辰(632년)에

모란꽃

즉위하여 나라를 다스린 지 16년 동안에 미리 안 일이 세 가지가 있었다. 첫째는 당唐나라 태종太宗이 붉은빛 · 자줏빛 · 흰빛의 세 가지 빛으로 그린 모란과 그 씨 석 되[升]를 보내 온 일이 있었다. 왕은 그림의 꽃을 보더니 말하기를 "이 꽃은 필경 향기가 없을 것이다"하고 씨를 뜰에 심도록 했다. 거기에서 꽃이 피어 떨어질 때까지 과연 왕의 말과 같았다.

둘째는 개구리가 우는 것을 근거로 여근곡女根谷에 잠복해 있던 백제군을 섬멸토록 했고 셋째는 자신의 죽음을 미리 알았다는 것이다. 이 내용은 『삼국사기』〈신라본기 제5〉'선덕왕'에도 유사하게 적혀 있다.

선덕왕이 왕위에 올랐다. 그의 이름은 덕만이며 진평왕의 맏딸이다. 어머니는 김씨 마야부인이다. 덕만은 성품이 너그럽고 어질고 경민했다. 진평왕이 별세하였으나 아들이 없었으므로 백성들이 덕만을 왕의에 오르게 하고 성조황고라는 칭호를 올렸다. 전 임금 때 당나라에서 온 모란꽃 그림과 꽃씨를 얻어 덕만에게 보인 적이 있었다. 덕만은 "이 꽃이 비록 곱기는 하지만 틀림없이 향기가 없을 것이다"라고 말했다. 왕은 웃으면서 "네가 어떻게 그

여근곡

중국 낙양에 있는 모란석

중국 낙양에 있는 모란꽃 그림 (나비가 그려져 있다)

것을 아느냐?"고 물었다. 그녀는 "꽃을 그렸으나 나비가 없기에 이를 알았습니다. 무릇 여자로서 국색을 갖추고 있으면 남자가 따르는 법이고, 꽃에 향기가 있으면 벌과 나비가 따르는 법입니다. 이 꽃이 무척 고운데도 그림에 벌과 나비가 없으니 이는 틀림없이 향기가 없는 꽃일 것입니다"라고 대답했다. 그 씨앗을 심었는데 과연 그녀가 말한 것과 같았다. 그녀의 앞을 내다보는 식견이 이와 같았다.

과학은 계속 발전하며 근대의 과학은 선덕여왕의 총명에 대해 이의를 제기한다. 즉, 선덕여왕의 말이 틀렸다는 것이다. 그것은 나비가 향기로 꽃을 찾는 것이 아니라 눈으로 찾는다는 연구결과가 나왔기 때문이다. 미국 조지타운대학교 마사 바이스 박사는 란타나라는 열대 식물의 꽃 색깔은 처음에 노란색이지만 시간이 지남에 따라 오렌지색을 거쳐 빨간색으로 변한다는 점에 주목했다.

꿀의 양은 노란색일 때 가장 많고 빨간색일 때에는 거의 없다. 바이스는 여러 색의 꽃이 섞여 있는 숲에 남방공작나비와 큰표범나비를 풀어놓고 관찰했다. 맨 처음 나비들은 색을 구분하지 않고 찾아 다녔다. 하지만 며칠이 지나자 나비들은 빨간색 꽃은 거들떠보지도 않고 꿀이 풍부한 노란색 꽃만 찾아 다녔다. 꽃은 신호등처럼 색깔을 바꿈으로써 언제 신선한 꿀이 충만한지를 나비에게 알린 셈이며, 나비는 꽃의 신호를 인지하여 자신의 목적을 효율적으로 달성했다. 더욱 놀라운 것은 나비들의 학습능력이 한 가지 색을 배우고 끝나는 것이 아니다. 바이스에 따르면 나비들에게 색을 바꾸어가며 꿀을 주는 실험을 했더니, 10회 이내의 시행착오 끝에 좋아하는 색을 바꾸는 능력도 있다는 것이다. 생물학자들의 연구결과는 화접도의 나비는 향기가 아닌 색깔과 모양을 보고 꽃을 찾는다는 것을 말하고 있다. 결국 선덕여왕은 코로 꽃을 찾았지만 나비는 눈으로 꽃을 찾은 것이다.[1]

## 후각의 비밀

인간은 오감을 지녔다. 그 중 3가지인 시각, 청각, 촉각이 물리적 감각이고, 나머지 2가지인 후각과 미각은 화학적 감각이다. 그런데 흥미롭게도 이들 중 시각과 청각만이 지성과 예술의 영역에서 받아들여져 왔다.

책을 읽고 강의를 듣는 지적인 행위와 그림을 보고 음악을 감상하고 발레를 보고 들으며 예술적 감흥을 맘껏 누린다.

시각과 청각이 지성적인 감각으로 받아들여진 데는 이들이 적어도 원리상으로는 간단한 수학 방정식으로 환원될 수 있기 때문이다. 예를 들어 시각을 살펴보자. 눈의 망막은 간상세포와 추상세포로 나뉘는데 간상세포는 빛의 밝기 정보를, 추상세포는 빛의 색상 정보를 처리한다. 추상세포는 3가지로 3원광에 해당하는 빨강, 초록, 파랑에 각각 민감한 세포로 이루어져 있다. 그 결과 시각정보는 항이 4개인 다항식으로 깔끔하게 정리할 수 있다. 그래프로는 x, y축이 색상, z축이 밝기인 3차원 그래프의 반쪽(마이너스 밝기는 없으므로)으로 모든 정보의 좌표를 결정할 수 있다. 청각 정보도 수백 개의 감지세포로 다양한 음원을 처리한다.

이런 수치화는 놀라운 재현성으로 이어진다. 시청각 정보를 디지털화하면 언제 어디서나 장치만 있으면 재현할 수 있기 때문이다(물론 100% 동일하지는 않지만). 그러나 후각과 미각은 축축한 관능적인 감각이다. 여성이 후각에 민감하다는 말 속에는 '지성은 좀 떨어진다'는 뉘앙스가 있기도 하다. 두 감각은 접촉하지 않고서는 기능할 수 없다. 아무리 향기로운 장미라도 밀봉한 유리병 안에 들어있다면 모양과 색은 감상할 수 있을지언정 향기는 전혀 알 수 없다. 향기 분자가 공기를 타고 콧구멍 안으로 들어와 후각세포와 접촉해야 하기 때문이다. 후각을 연구하는 학자들은 후각 정보도 시각 정보처럼 몇 가지 기본 값의 조합으로 해석할 수 있을 것으로 기대했다. 그러나 여러 과학자들의 시도는 실패했다. 새콤한 레몬 향기는 다른 어떤 과일 향기를 섞어도 재현할 수 없기 때문이다.

더구나 후각을 연구한다는 것이 간단한 일은 아니다. 인간의 경우 코 점막에는 약 1,000종류의 유전자에 의해 형성된 후각수용체들이 500만

개나 된다. 그런데 개의 후각세포는 약 2억 2000만개나 된다. 개가 특별히 냄새를 잘 맡는 것은 인간과 비교할 수 없을 만큼 후각세포를 많이 갖고 있기 때문이다. 인간이 다른 동물보다 후각 능력이 떨어지는 것은 인간이 두 발로 서서 걷게 되면서, 코가 땅 위에서 떨어진 만큼 인간의 후각도 쇠퇴했기 때문이라는 설명도 있다.

공기 중의 화학물질 농도(자극의 강도)와 우리가 느끼는 감각의 세기에는 베버-페크너 법칙이 적용된다. 베버-페크너 법칙이란 우리가 느끼는 감각의 세기 S와 외부적인 자극 강도 X 사이에 지수관계가 있다는 것이다(S=alogX). 예를 들어, 악취 물질을 99% 제거하더라도 1%의 악취물질은 30%의 악취강도를 느끼게 한다. 이것은 우리의 감각기관이 지니고 있는 고유의 특성이므로 냄새에 대한 환경을 평가할 때는 화학물질의 농도만 평가하는 것이 아니라, 실제로 몇 퍼센트의 사람들이 얼마만큼 냄새에 대해 불평하는가를 측정하는 것이 정확한 방법이다. 썩은 계란에서 나는 냄새는 공기 1L당 0.00018mg만 들어 있어도 감지된다.

냄새에 대한 민감성은 개인에 따라 큰 차이를 보이며 일반적으로 여자가 남자보다 냄새에 민감하다고 알려져 있다. 선천적으로 특정 냄새를 맡지 못하는 사람도 약 5~10%에 달하는데, 이는 남자가 여자보다 4배 정도 많은 것으로 알려져 있다. 그러나 후각은 '선택적 피로현상'이란 특성을 갖고 있어 동일한 냄새를 맡고 있으면 매초 2.5%씩 후각의 민감성이 감퇴해 1분 후에 약 70%의 민감성을 상실한다. 이는 외국인들이 김치 냄새를 처음에는 당혹스럽게 여기다가 몇 분에는 어느 정도 적응하는 이유다.[2]

친구와 함께 애인을 만났는데 어느 날 보니 애인이 자신을 버리고 친구한테 가는 사례에 대한 이유가 최근 밝혀졌다. 우리의 코와 뇌에서 일어나는 생리적 반응이 '잘못된 만남'을 주선한다는 것이다. 미국 샌프란시스코 소재 캘리포니아대학교 니라오 슈아 교수는 암컷 생쥐를 교미시키기 위해 수컷 생쥐가 있는 우리 안에 넣었다. 그런데 수컷이 희한한 행동을 보였다. 암컷에게 다가가더니 먼저 냄새를 맡은 다음 교미를 한 것이다. 슈아 교수는 유전자를 조작해 콧속에 있는 주후각상피MOE 영역이 파괴된 돌연변이 수컷을 만들었다. MOE는 냄새를 감지해 뇌로 전달하는 후각신경세포가 모여 있는 곳이다. MOE가 파괴된 수컷은 암컷의 냄새를 맡지도 않고 교미도 하지 않았다. 슈아 교수는 '생쥐가 배우자감을 가려낼 때 후각을 활용한다는 사실을 보여 주는 결과'라고 설명했다.

또한 미국 록펠러대학교 도널드 파프 교수팀은 암컷 생쥐를 두 그룹으로 나눠 한 그룹에게는 혼자 있던 수컷 생쥐의 냄새를, 다른 한 그룹에게는 발정기인 다른 암컷 생쥐와 함께 있던 수컷 생쥐의 냄새를 맡게 했다. 그 결과 암컷은 특이하게도 다른 암컷과 함께 있던 수컷의 냄새를 더 좋아했다. 파프 교수는 수컷에게 다른 암컷의 냄새가 섞여 있다는 것은 이미 다른 암컷이 접근했다는 일종의 정보가 된다고 설명했다. 암컷은 다른 암컷이 눈독을 들일 만큼 이 수컷이 '검증된' 배우자감이라는 사실을 간파했다는 것이다. 괜찮은 수컷이므로 관심을 가진다는 뜻이다. 슈아 교수와 파프 교수는 쥐와 사람은 신경해부학적으로 유사하므로 사람이 배우자를 결정하는 행동에도 후각이 유용하게 쓰인다고 추측했다.

서울대학교 강봉균 교수도 일반적인 감각정보가 복잡한 경로를 거쳐 대뇌로 들어가는 것과 달리 후각정보는 코에서 감정을 담당하는 대뇌 변연계 영역으로 직접 전달되는 원초적인 감각이라고 설명했다. 동물이 배우자를 선택할 때 냄새를 맡는 것도 이 때문이라는 뜻이다. 영국 리버풀대학교의 앤서니 리틀 박사는 낯선 얼굴보다 익숙한 얼굴에 더 매력을 느끼는데, 이것은 이미 봤던 얼굴에서 안전하다거나 접근하기 쉽다는 생각을 하기 때문이라고 설명했다. 친구의 애인은 처음 코는 이성에 비해 볼 기회가 많을 것이기 때문에 호감을 쉽게 가질 수 있다는 뜻이다.[3]

『삼국사기』에 인상적인 글이 있다. 술을 잘 만든 사람을 고위 관리로 발탁하는 것은 물론 그의 딸을 며느리로 삼았다는 것이다. 『삼국사기』〈신라본기 제1〉 '지마이사금 원년(112년)' 의 글을 보자.

지마 이사금(혹은 지미라고도 한다)이 왕위에 올랐다. 그는 파사왕의 적자다. 어머니는 사성부인이다. 왕비는 김씨 애례부인인데 그녀는 갈문왕 마제의 딸이었다. 애초에 파사왕이 유찬 못가에 가서 사냥할 때 태자도 동행했다. 사냥을 한 뒤 한기부를 지날 때 이찬 허루가 음식을 차려 대접했다. 술기운이 무르익자 허루의 아내가 젊은 딸을 데리고 나와 춤을 추었다. 그러자 이찬 마제의 부인도 역시 자기의 딸을 데리고 나왔다. 태자가 그녀를 보고 기뻐했으나 허루는 이를 좋아하지 않았다. 왕이 허루에게 말하기를 "이 곳 땅 이름이 대포(큰 부엌)인데, 공이 이곳에서 훌륭한 음식과 좋은 술을 차려 잔치를 베풀어 즐겁게 하니, 직위를 주다(酒多, 술이 많음)라고 하여 이찬 위에 두어야 마땅하겠다"라고 말하고 마제의 딸을 태자의 배필르 삼았다. 주다는 뒤에 각간이라고 불렀다.

한마디로 술을 잘 만들어 벼락출세했다는 뜻인데 이런 예는 한국만이 아니다. 중국의 역대 왕조들은 술의 제조와 연회를 준비하고 거행하는 전문기구를 설립했는데, 주나라 때에는 주정酒正이라는 곳에서 술의 제조와 주연을 관리했으며 이들의 직급은 장관급이었다. 또한 술은 문인 관료들로 하여금 격식을 갖추도록 하는 역할을 했으며 예의나 성은을 표시하는 것으로 인식했다. 그러나 술이 가장 많이 사용된 곳은 병영이다. 군대에서 장수와 병사간의 유대가 전투에서 결정적인 영향을 미치므로 술은 전투력 증진을 위해서도 중요하게 간주되었다. 술은 병영 생활에서 가장 큰 즐거움의 하나였고 흥분제 역할을 하여, 나약한 병사를 용맹하게 만들고 지친 병사들을 분발하게 하여 사기를 진작시키는 최고의 명약으로 인식했다. 역대 통치자들은 술로 병사들을 위로하고 포상했으며 출정할 때는 술을 하사했고 개선한 후에도 술을 내려 전공을 치하했다. 이는 병사들에게 상으로 술을 내리지 않았을 때는 사기가 곧바로 떨어지고 일을 그르치게 될 수도 있음을 의미했다. 술이 군사 작전에서 얼마나 중요하게 생각되었는지는 『좌전左傳』의 다음 이야기로도 알 수 있다.

진秦 목공이 진晉을 공격할 때 공교롭게도 수중에는 술이 한 단지밖에 남지 않았다. 이에 건숙蹇叔이 나서서 그에게 남은 술을 모두 강물에 부어버리도록 진언하여 모든 병사가 그 강물을 마시고 취했다.

엄밀한 의미에서 모든 병사가 군주인 목공과 함께 술을 나누어 마셨다고 느끼게 하는 것이 주된 목적이었다. 이와 비슷한 예로 월越의 구천勾踐이 회계會稽의 치욕을 복수하고자 군대를 일으켰는데 술이 나누어 마시기에 부족하자 강물에 붓고 장병들에게 마시게 하여 함께 취했다는 기록도 있을 정도로 전쟁에서 술은 필수적인 군수품이었다. 『삼국사기』와 『삼국유사』에는 술에 대한 이야기가 많이 나오는데, 이는 삼국시대 사람들의 일상생활에서 술이 보편적으로 음용되었으며 중요한 사건에 필수적으로 연계되기 때문이다. 『삼국유사』〈기이(1)〉 '내물왕과 김재상조'에도 술은 큰 역할을 한다.

눌지왕 10년 을축乙丑(425년)에 왕은 여러 신하들과 나라 안의 호협豪俠한 사람들을 모아 놓고 친히 잔치를 베풀었다. 술이 세 순배 돌고 모든 음악이 울려 퍼지자 왕은 눈물을 흘리면서 여러 신하들에게 말했다. "옛날 우리 아버님께서는 성심껏 백성의 일을 생각하신 까닭에 사랑하는 아들을 동쪽 멀리 왜국倭國까지 보내셨다가 마침내 다시 만나 보지 못하고 돌아가셨다. 또 내가 왕위에 오른 뒤로 이웃 나라의 군사가 몹시 강성하여 전쟁이 그칠 사이가 없었다. 그런데 유독 고구려만이 화친하자는 말이 있어서 나는 그 말을 믿고 아우를 고구려에 보냈던 바, 고구려에서도 또한 억류해두고 돌려보내지 않는 것이다. 그러니 내 아무리 부귀를 누린다 해도 일찍이 하루라도 이 일을 잊고 울지 않는 날이 없었다. 만일 이 두 아우를 만나보고 함께 아버님 사당에 뵙게 된다면 온 나라 사람에게 은혜를 갚겠다. 누가 능히 이 계교를 이룰 수 있겠는가." 이 말을 듣고 백관百官이 삽라군 태수太守 제상堤上을 추천했다. 제상이 왕이 원하는 임무를 맡겠다고 하자 왕은 술잔을 나누어 마시고 손을 잡아 작별해 보냈다. 제상은 왕의 앞에서 명령을 받고 바로 북해北海 길로 향하여 변복變服하고 고구려에 들어가 보해가 있는 곳으로 가서 함께 도망할 날짜를 약속해 놓았다. 어느 날 새벽 마침 안개가 자욱하게 끼었는데 제상이 미해에게 말했다. "지금 빨리 떠나십시오." 미해는 "그러면 같이 떠나십시다"했으나 제상은 말한다. "신이 만일 같이 떠난다면 왜인倭人들이 알고 뒤를 쫓을 것입니다. 원컨대 신은 여기에 남아 뒤쫓는 것을 막겠습니다." (중략) 미해가 다시 말한다. "지금 나는 그대를 부형父兄처럼 여기고 있는데 어찌 그대를 버려두고 혼자서만 돌아간단 말이오." 제상은 말한다. "신은 공의 목숨을 구하는 것으로 대왕의 마음을 위로해 드리면 그것으로 만족할 뿐입니다. 어찌 살기를 바라겠습니까." 그리고는 술을 부어 미해에게 드렸다.

이 글에서 술이야말로 가장 중요한 도구로 등장한다. 술이 없었다면 위와 같은 이야기가 나올 수 없었다는 설명도 될 수 있을 정도다.

## 술의 원조는 원숭이

술은 인간이 제일 먼저 만든 음료라고 한다. 오래 전 수렵생활을 하던 시절에 과일이 떨어진 자리에서 즙이 자연적으로 발효되어 술이 된 것을 보고, 그 맛을 알게 된 이후부터 술을 만들려고 노력했다는 것이다. 흥미롭게도 최초의 술을 빚게 된 동물은 사람이 아니고 원숭이로 알려져 있다. 배부른 원숭이가 나중에 먹으려고 바위 틈새나 나무 구멍에 과일을 감추어 두었는데 그 후 그만 어디에 저장해 두었는지 잊어 버렸다. 시일이 지나 과일은 자연발생적으로 발효되어 근처를 지나던 인간이 먹게 되었는데, 이 술은 원숭이술猿酒로 알려져 있다. 한편 아처 텅은 석기시대에 이미 술이 있었으며 인간이 처음으로 만든 술은 꿀로 빚은 벌꿀주였을 것이라고 추정했다.

시대별로 술의 변천을 살펴보면 수렵과 채집시대의 술은 과실주였고 유목시대에는 가축의 젖으로 만든 젖술을 마셨다. 곡물을 원료로 하는 곡주는 농경시대에 들어와서야 탄생했고 소주와 위스키와 같은 증류주는 가장 늦게 제조된 술이다. 그러나 가장 먼저 인간이 직접 대량 생산한

포도주 저장고

술로는 포도주를 꼽는다. 야생포도나무는 1억3천만 년 전부터 지구에 존재했으므로 자연 발생적으로 만들어진 포도주를 인간이 발견하고, 포도로 직접 포도주를 만들기 시작한 것은 기원전 약 6000년으로 추정한다. 메소포타미아의 수메르인들은 기원전 4500년경부터 포도주를 양조한 기록이 있으며, 이집트에서도 기원전 3000년부터 맥주를 만들었다는 기록이 있고, 기원전 1300년경의 람세스 파라오 시대에 포도 재배와 포도주 제조에 관한 벽화가 있다. 학자들은 포도주 제조방법이 바빌론지방에서 이집트를 거쳐 그리스·르마로 전파되었을 것으로 추정한다.

## 알코올은 효모로부터

술이란 법적으로 알코올 1% 이상 함유한 음료를 말한다. 술은 원료에 따라 과실주와 곡물주로 나눠지고, 제조 방법에 따라 발효주·증류주·재제주再製酒로 분류된다. 막걸리·맥주·포도주는 발효주, 소주·위스키는 증류주, 인삼주나 집에서 과실을 넣어 우려내는 술들은 재제주라 한다. 술에 대해 설명하기 전에 우선 술이 만들어지는 원리부터 알아보는 것이 좋을 듯싶다. 인류가 탄생한 직후부터 술을 만들어 마셨다고 알려져 있지만, 술이 어떤 원리에 의해 만들어지는지를 파악하게 된 것은 근대의 일이다. 알코올이나 식초의 발효가 미생물 효모 때문에 일어난다는 사실을 인간이 인식한 것은 얼마 되지 않는다.

효모는 지낭균 무리에 속하는 미생물로 효모균, 곰팡이, 발효균, 이스트라고도 불린다. 효모는 곰팡이나 버섯 무리와 함께 진균류에 속하며, 균사가 없고 엽록소가 없으므로 광합성 기능도 없으며 운동성도 없는 8 ㎛ 정도의 원형 또는 타원형의 단세포 생물이다. 포도 같은 과실을 그대로 오래 보관하면 알코올 냄새가 난다. 이는 포도의 당분이 자연의 야생 효모에 의해 발효되어 알코올로 변한 까닭이다. 시간이 더 지나면 식초 냄새가 나는데, 알코올이 다시 초산박테리아에 의해 식초와 같은 아세트산으로 변했기 때문이다.[1]

포목상이면서 렌즈를 연마하던 네덜란드인 레벤후크는 1674년 최고 확대율이 약 270배인 현미경을 제작하여 최초로 미생물을 발견했다. 레벤후크는 이 현미경을 사용하여 자연계의 다양한 시료를 관찰하여 여러 형태의 미생물을 발견했고 이것들을 미세동물animalcules이라고 기록했다. 그러나 레벤후크는 이 미세동물이 발효·부패 혹은 전염병의 원인이 된다고는 생각하지 못했다. 미생물의 작용에 의해 발효가 일어난다는 사실을 발견하고 미생물학이 과학의 한 분야로 확립된 것은 레벤후크로부터 약 1세기가 지난 19세기 초반부터다. 1837년 프랑스의 드라토르와 독일의 슈반은 각각 독립적으로 "알코올 발효 중에 당을 에탄올과 탄산가스로 전환시키는 현미경 수준의 작은 생명체(효모)가 존재하며 알코올 발효는 이 작은 생명체에 의해 일어나는 생리 현상"이라는 연구 결과를 발표했다.

파스퇴르도 포도주 양조과정에서 포도주가 산패酸敗하는 원인을 규명하기 위해 발효액을 조사하던 중 효모 이외에도 산을 생성하는 세균이 있는데 산패는 이 세균에 기인한다는 것을 발견했다. 또한 모든 발효과정은 미생물의 생리활동이라는 사실을 확인했다. 그는 '특정 유형의 발효는 각각 특정 미생물에 의해 매개되는 반응"이라고 발표했다. 알코올 발효는 효모에 의해, 젖산은 젖산균에 의해 생성된다는 것이다. 그리고 맛없는 포도주를 조사하는 과정에서 공기를 싫어하는 세균, 즉 공기가 없는 곳에서만 살 수 있는 혐기성 세균의 존재를 발견하고 이 세균이 부티르산을 만든다는 것을 확인했다.

부흐너는 효모가 당분을 알코올과 이산화탄소로 분해하는 복합적인 발효작용을 한다는 것을 밝혀냈다. 그는 효모세포를 모괘로 으깨 모든 세포를 깨뜨려 유동액을 얻은 후 상하지 않도록 이 액에 설탕 용액을 첨가했다. 이것은 당시 부엌에서 식품이 상하는 것을 방지하기 위해 흔히 사용하던 방법이었다. 그런데 새로 따라놓은 맥주에서 발생하는 것과 같은 기포가 이 용액에서 발견되었고 그 기체가 탄산가스라는 것도 확인되었다. 이것이 바로 무세포계 발효의 발견이었다. 영어로 발효는 'fermentation'이라고 하는데 'fervere'는 라틴어로 '괴는(끓어오르는)'이라는 뜻이다. 아마 효모가 당분을 혐기 상태에서 대사할 때 발생하는 이산화탄소가 거품으로 괴어오르는 현상을 보고 붙인 것으로 여겨진다. 발효는 곡물이나 포도에 함유된 당분을 알코올로 만들거나 우유를 요구르트나 치즈로 가공하는데 이용된다. 이쯤 되면 독자들은 그의 연구가 무엇을 의미하는지 쉽게 알 수 있을 것이다. 드디어 양조의 비밀을 알게 된 것이다.

## 맥주와 막걸리는 사촌

술을 만드는 일에는 당분과 효모가 반드시 필요하다. 일반적으로 과실 종류는 당분을 함유하고 있고 곡류는 녹말로 불리는 전분질을 함유하고 있다. 과실의 당분은 효모에 의해 쉽게 알코올로 발효될 수 있는 까닭에 술을 제조할 때는 과실즙을 그대로 발효 원료로 사용한다. 과실에 포함된 과당과 같은 작은 크기의 당류가 알코올로 변화돼 술로 빚어질 수 있기 때문이다. 포도를 원료로 하는 포도주는 포도 속에 있는 포도당과 과당 성분을 포도 표면에 서식하고 있는 알코올 발효 미생물을 이용하여 직접 발효시키는 것이다. 미생물이 포도 속에 있는 포도당과 과당 성분을 직접 알코올로 변형시키므로 이를 단발효주單醱酵酒라고 한다. 모든 과일로 술을 만들 수 있지만 포도 이외의 과일은 효모작용을 돕기 위해 설탕을 첨가한다.

맥주도 포도주와 같은 발효법으로 만들지만 단발효주가 아니라 복발효주復醱酵酒라고 한다. 알코올을 발효 생산하는 효모와 세균이 전분을 분해하는 효소를 갖고 있지 않기 때문이다. 포도주와 같이 과일을 원료로 하지 않고 전분을 원료로 술을 빚을 때는 먼저 전분을 발효 미생물이 이용할 수 있는 당류로 분해해야 한다. 맥주의 원료로 쓰이는 보리는 설탕, 밀, 쌀, 옥수수, 감자 다음으로 많이 생산되는 작물이지만 그 중에서 96%가 맥주를 만드는데 이용된다. 맥주의 양조 과정은 싹이 조금 튼 보리 알갱이인 맥아麥芽에서 시작된다. 맥아에는 '아밀라아제'라는 효소가 있는데 이것은 탄수화물을 당분으로 바꾸는 성질이 있다. 식사 때 밥을 오래 씹으면 밥맛이 달게 느껴지는 것도 침 속에 아밀라아제가 들어 있기 때문이다. 식혜의 경우는 밥알과 함께 엿기름을 넣어 끓이는데 엿기름이 바로 싹튼 보리를 말린 맥아다. 식혜가 단맛이 나는 것도 바로 이 맥아의 효소 성분이 밥알의 탄수화물을 당분으로 분해하기 때문이다. 이렇게 분해된 당분은 효모의 주요 표적으로, 효모가 당분을 알코올로 바꾼 것이 맥주다. 맥주효모균의 학명 '사카로미세스 세레비시아'의 '세레비시아'는 로마 시대에 맥주를 '세레비시아'라고 부른 데서 유래한다.

이집트나 메소포타미아에서는 맥주가 왕국의 대표적인 술이었다. 맥주와 빵은 식사라는 의미로 '빵-맥주'를 식사라는 단어로 간주했다. 1963년 메소포타미아에서 발견된 기원전 4000년경의 유물에서 건조된 보리로 만든 빵에다 물을 부어 자연발효 맥주를 만들었다는 기록이 있다. 처음에는 맥주 맛이 지금과는 달랐을 것으로 추측된다. 오늘날의 씁쓸한 맛이 나는 맥주는 나중에 등장한 홉이라는 식물을 원료로 한 것이다. 중동지방의 고대 벽화를 보면 맥주 찌꺼기가 빨려 나오지 않도록 대롱으로 맥주를 마시는 장면이 나온다. 이로 미루어보건대 초기의 맥주 맛은 아마 오늘날의 막걸리나 동동주에 물을 많이 탄 맛과 비슷했을 것이다.

## 기술의 개가 막걸리

보통의 효모는 알코올을 만들 때 포도당·과당·설탕·올리고당만을 대사과정에 이용한다. 그보다 큰 당류 또는 전분질은 그대로 발효시키지 못한다. 그러나 우리의 술에는 과실을 발효시킨 발효주 형태의 술이 거의 없다. 술로 만들 포도와 과실이 거의 없었기 때문이다. 반면 동양권 국가에서는 쌀 같은 곡류를 주원료로 하는 곡류 발효주가 발전했다. 곡류로 술을 빚기 위해선 곡류 속의 전분질을 당분으로 전환시키는 당화과정이 필수적이다. 전분질은 아밀로즈와 아밀로펙틴이라 불리는 물질로 이루어져 있는데, 이 물질들은 포도당과 같은 작은 크기의 당류가 길게 사슬 형태를 이루고 있다. 사슬 구조가 끊어져 전분질이 단당류로 분해되려면 효소 작용이 꼭 필요하다.

현대는 이러한 효소를 공업적으로 생산해 당화 공정에 이용하지만 선조들은 당화용 효소를 얻기 위해 누룩을 사용했다. 대기 중에는 많은 미생물이 있다. 곡류에 비교적 친화력이 강한 아스퍼질러스 또는 라이조프스 같은 곰팡이류, 캔디다 또는 사카로마이세스 같은 효모류가 누룩에 붙어 성장한다. 그 결과 아밀라아제로 대표되는 당화효소가 생성된다. 이러한 미생물의 생태적 분포는 지역적으로 다르다. 그래서 지역마다 술맛이 다른 것이다. 이러한 누룩을 제조하는 원리는 된장을 만들기 위해 메주를 띄우는 것과 같다. 메주는 콩의 단백질을 분해하기 위해 단백질 분해효소를 얻는 것이다.

누룩

술을 만드는 방법은 초기에 당화와 발효에 적절한 양의 누룩과 고두밥을 섞어 누룩의 효소에 의해 분해되어 나오는 당분을 발효한다. 알코올이 어느 정도 생성되면 덧밥이라 하여 고두밥과 누룩을 더 첨가한다. 첨가횟수는 보통 2회 정도인데 이 덧밥 공정이야말로 과학적인 방법이라고 박경준 박사는 말했다. 덧밥으로 술을 빚게 되면 발효액 내부에서 당화와 알코올 발효가 동시에 일어난다. 술을 만들려면 효모가 알코올 발효해야 한다. 그런데 효모는 포도당·맥아당 등의 작은 크기의 당류만을 소화할 수 있기 때문에, 곡류를 술 원료로 사용할 때는 전분질을 잘게 잘라주는 당화라는 공정이 꼭 필요하다. 쌀을 원료로 누룩과 함께 술을 빚게 되면 당화와 알코올 발효가 동시에 일어난다.

효모는 살아있는 미생물로 활동할 때만 쓸모가 있다. 그런데 발효가 진행되면서 알코올 농도가 높아지면 효모 자체가 높은 알코올 농도에 견디지 못하고 죽어버린다. 보통 효모는 알코올 농도 18% 이상에서는 활성을 잃어버린다. 일반 발효주가 알코올 농도 18% 이상을 넘지 못하는 이유다. 또한 발효에 쓰이는 당성분도 너무 높으면 삼투압 때문에 효모 자체의 세포가 파괴되어 버린다. 이는 양파의 세포를 고농도 설탕 용액에 넣었을 때 세포 내의 수분이 외부로 빠져나가 결국 세포의 파괴가 일어나는 것과 같은 원리다.[2]

발효가 진행되면 당분은 알코올로 전환되며 이와 함께 탄산가스가 발생된다. 최근 현대화된 대규모 양조 과정에서 탄산가스는 중요한 발효의 지표로 사용된다. 발효는 온도가 높으면 빨리 진행되며 발효 부산물로 여러 종류의 유기산과 향기 성분이 함께 생성되어 술맛을 결정한다. 따라서 발효를 조절하는 것이 술맛과 품질을 결정하는 핵심적인 요소라고 박경준 박사는 설명한다.[3]


## 막 걸러 만든 막걸리

막걸리는 탁주濁酒, 농주農酒, 재주滓酒, 회주灰酒라고도 부르며 문헌상으로는 『양주방』에 혼돈주混沌酒라는 이름으로 등장하지만 오래 전부터 우리나라에서 제조되었다. 『삼국사기』나 『삼국유사』에 등장하는 술이 정확하게 무엇인가는 초미의 관심사이지만, 학자들은 유명한 증류주는 고려시대에 등장하므로 삼국시대의 술을 막걸리로 설명하는데 문제가 없다고 설명한다. 특히 고려시대 문헌에는 막걸리를 뜻하는 것이 틀림없는 '요례'라는 말이 나온다. 물론 과일로 만든 술도 있었겠지만 이곳에서는 논외로 한다.

막걸리라는 이름은 '막(마구) 걸렀다', '함부로 걸렀다', '막되고 박한 술'을 뜻한다. 이렇게 마구 거른 술은 빛깔이 뜨물처럼 희고 탁하다는 뜻에서 탁배기, 일반 가정에서 담그는 술이라는 뜻의 가주家酒, 술 빛깔이 우유처럼 희다고 하여 백주白酒라고도 부른다. 막걸리는 쌀과 누룩 또는 고지(누룩은 원료인 밀이나 쌀겨, 밀기울, 조 등을 찌지 않고 자연 상태의 미생물을 증식시킨 것이고, 고지는 원료를 쪄서 식힌 다음 미생물을 인공적으로 배양한 것을 말함)로 술을 빚은 뒤 숙성되면 체에 걸러내는데 이때 쌀알이 부서져서 뿌옇게 흐려진다. 우리나라는 다른 나라처럼 술을 만드는 재료인 포도 등의 과일이 많지 않았기 때문에 쌀로 술을 만드는 방법을 개발했다. 그러나 쌀에는 포도당의 원료인 전분(녹말)만 있기 때문에 술을 담글 때 전분을 포도당으로 전환시켜야 하는데 이때 누룩을 사용한다. 누룩의 경우 밀·보리로 만드는 것이 대부분이지만, 쌀로 만든 이화국·녹두로 만든 향온국과 녹두국 등 다양한 곡물로 만들 수 있다.

누룩은 술을 만들기 위한 발효제로서 술을 만드는 누룩곰팡이와 효모를 곡류에 번식시킨 것을 말한다. 누룩을 만드는 방법은 술을 만드는데 사용할 곡류를 빻아 적당량의 물을 부어 반죽을 한 후에 틀에 넣고 천으로 싸서 발로 잘 디딘다. 이후 틀에서 뺀 누룩을 온도가 따뜻한 곳에 볏짚이나 말린 쑥으로 덮어 일정기간 놓아두고 중간에 몇 번 뒤집어 주기만 하면 된다. 그러면 누룩 안에서 미생물들이 번식한다. 선조들은 누룩을 술을 빚을 때까지 건조해서 보관했다. 이는 건조된 누룩에서 미생물이 더 이상 증식하지 못하도록 하기 위해서다. 만들어진 누룩은 술을 빚기 전에 법제 과정을 거친다. 법제란 누룩으로 술을 빚기 2~3일 전에 용도와 크기에 따라 작게 만든 후 밤낮으로 햇볕과 이슬을 맞히는 것을 말한다. 햇볕에 쬐는 것은 살균·냄새제거·표백 효과를 얻기 위한 것이며, 이슬은 누룩 속의 곰팡이를 증식시켜 효소의 활동을 촉진시키기 위한 것이다.[4] 막걸리는 술이 발효된 상태에서 청주를 떠내지 않고 조잡하게 걸렀다는 뜻의 조여粗濾로서 알코올 성분이 적다.

그런데 일반적으로 막걸리는 조잡하게 만들었다고 생각해서인지 싸게 팔리는 것을 당연하게 여긴다. 제조원가가 낮을 것이라고 생각하는데 그렇지 않다. 막걸리는 우리나라의 특수한 여건에 맞는 독창적인 방법으로 제조된 술이라는 것을 염두에 둘 필요가 있다. 막걸리는 발효즈인 맥주나 포도주보다 고도의 기술에 의해 만들어진다. 맥주도 막걸리와 같은 복발효주지만 누룩 같은 물질은 첨가하지 않는다. 맥주는 주원료인 당분으로 분해와 발효가 이루어지도록 하는데 비해, 막걸리는 제조과정에서 맥주보다 작업이 한 번 더 있다. 한마디로 막걸리가 맥주보다 더 고난도의 기술을 필요로 한다.

막걸리의 진가는 우리나라보다 외국에서 그 제조법을 인정받고 있다. 막걸리의 장점은 맥주와 달리 전분의 분해와 발효를 동시에 수행한다는 데 있다. 따라서 곡류를 원료로 하는 우리나라의 술 빚는 방법을 병행복발효並行復醱酵라고도 부른다. 1970년 미국 등에서 최첨단 신기술로 만든 양조법이 개발되었다고 대대적으로 선전한 적이 있었다. 이를 동시당화발효법이라고 명명했는데, 우습게도 바로 막걸리를 만드는 방법과 동일했다. 우리나라에서 고대부터 전통적으로 만들어온 막걸리 제조법이 외국인들에게는 최첨단 신기술로 보인 것이다.

막걸리

## 건강 물질로서의 막걸리

막걸리는 술이면서 건강식품으로도 잘 알려져 있다. 배송자 교수는 막걸리가 암 예방과 암세포 증식억제, 간 손상 치료, 갱년기 장애 해소에 탁월한 효과가 있다고 발표했다. 간을 손상시킨 쥐에게 막걸리 농축액을 투여한 결과 정상치보다 낮은 혈중 콜레스테롤을 보였고, 혈중 중성 지방 함량도 막걸리 농축액을 투여하자 정상치에 가깝게 나타났다. 막걸리 농축액을 암세포에 가했을 경우 3.2배의 높은 암 예방효과가 있었으며 60% 정도의 암세포 증식억제 효과를 보였다는 것이다. 막걸리는 거친 체로 거르기 때문에 소화되지 않은 원료 성분과 더불어 발효과정에서 증식한 효모 균체가 막걸리 속에 포함되어 있다. 특히 효모 균체는 단백질과 각종 비타민의 함량이 높아 영양이 풍부하며 젖산균과 같은 정장제로 이용된다. 막걸리를 통해 살아 있는 효모를 흡수하면 장내 유해 미생물

의 번식을 억제하는 정장제
로서의 작용을 얻는 것이다.
할아버지나 할머니가 소화가
잘 안 될 때 막걸리를 마시면
괜찮아졌다고 한 것이 나름
대로 근거 있는 이야기다.

막걸리와 함께하는 한국인

또한 막걸리에는 인체의
조직 합성에 기여하는 라이
신과 간 질환을 예방하는 메티오라는 물질이 있다. 특히 톡 쏘는 맛을 내
는 유기산에는 장수 효과를 갖는 성분이 들어 있다고 전해진다. 막걸리
를 마실 때 흔들어 마실 것을 추천한다. 많은 사람들이 병 위쪽의 막걸리
만 마시고 바닥의 찌꺼기(농축액)를 버리는데 인체에 유익한 효과를 나타
내는 성분은 바닥에 가라앉은 찌꺼기에 있기 때문이다. 한국의 장수촌에
살고 있는 80세 이상의 남자들 중 절반 이상이 매일 막걸리를 다셨다는
통계도 있다. 우리 선조들의 탁월한 재능에 의해 개발된 막걸리가 특별
한 효용이 있다는 것은 당연한 일일지도 모른다.

## 분해효소가 관건

외국인들은 술을 많이 마셔도 취하거나 추태를 부리지 않는데 비해 한
국 사람들은 술에 취해 길을 제대로 걷지 못하거나 구토를 하는 등 추태
를 보이기 일쑤라며 많은 사람들이 한국인들의 음주 습성을 비난한다.
그러나 이런 비난이 전부 옳지는 않다. 박택규 교수는 한국인을 포함하
여 동양인들의 대부분이 선천적으로 알코올을 분해하는 알코올산화효소
같은 분해효소가 거의 분비되지 않는다고 설명한다. 미국 캘리프니아대

학교 마크 슈키트 교수는 한국인, 중국인, 일본인의 40%가 알코올을 완전히 분해할 수 없는 효소를 갖고 있어 술을 조금만 마셔도 얼굴이 붉어진다고 발표했다. 또한 한국인, 중국인, 일본인의 10%는 술을 조금만 마셔도 속이 메스껍고 두통, 구토 등을 느끼는 유전자를 갖고 있다고 말했다. 똑같은 술을 마시더라도 외국인들은 취하지 않는데 한국인들은 곧바로 취할 수 있다는 것이다.

전문가들은 술을 잘 마시는 한국인들이 분해효소가 적게 분비되거나 분해되지 않는데도 술을 많이 마시므로 몸이 거꾸로 술에 적응한 결과라고 말한다. 분해효소는 노화에 따라 양이 줄어드는 것 외에는 변하지 않지만 에탄올산화계 효소의 경우 음주량이나 음주 빈도에 따라 많이 생기고 활동력이 강해지기 때문이다. 술이 약한 사람도 술을 많이 마시면 주량이 느는 것은 에탄올산화계 효소의 작용으로 인식한다.[5]

한국인의 이러한 특수 체질은 술에 관한 한 유리한 점도 있다. 일반적으로 외국에서는 술을 마시고 비틀거리면 경찰에 체포되기 쉽다. 외국인의 관점에서 볼 때 비틀거리며 걷는 사람은 무조건 알코올 중독자로 간주되기 때문이다. 그러므로 외국인이 한국인을 볼 때 알코올산화효소가 적게 분비되어 술에 취해 비틀거리는 것을 이해 못하는 경우도 있으므로 조심할 필요가 있다.[6] 한국인들은 술을 이기지 못하여 구토를 하기 때문에 세계적으로 많은 술을 마시면서도 알코올 중독자가 많지 않다는 설명도 있다. 외국인들은 마시는 술을 모두 몸에서 받아들이므로 알코올 중독자가 될 가능성이 많은 반면, 한국인들은 알코올을 흡수하지 못하므로 외부로 뱉어내기 때문에 중독자가 적다는 뜻도 된다. 물론 술을 많이 마시고 구토하는 것은 몸에 나쁘다고 지적한다. ALDH2가 부족한 사람들이 술을 많이 마시면 침에 생긴 아세트알데히드를 제거할 수 없어 소화기관의 암에 걸릴 확률이 높다는 연구결과도 발표되었다. 스웨덴 헬싱키 대학교 미코 샐라스푸로 박사는 모든 사람이 술을 마실 때 침에 아세트 알데히드가 생기는데 그 농도가 높을수록 소화기관의 암에 걸릴 위험이 높다고 발표했다. ALDH2가 부족한 사람은 침의 아세트알데히드 수치 가 2~3배 높았다.

침을 만들어내는 주요기관은 양쪽 귀 옆에 있는 이하선이다. 대부분의 사람은 하루 1.5L 정도의 알칼리성 침을 만들어 내는데 이것이 치아에서 음식물 찌꺼기를 제거한다. 또한 표피세포를 박테리아로부터 보호하고 소화를 돕기 위해 약간 끈적끈적하다. 그런데 알코올이 이하선에 들어가 면 알코올이 암을 유발하는 아세트알데히드로 대사한다는 것이다. 그러 므로 ALDH2 유전자가 없는 사람은 소화기관의 암을 막기 위해서라도 술을 줄이고 입안을 청결히 할 것을 권장한다. 흡연자이거나 구강 위생 이 좋지 않은 사람은 더 위험한 것으로 나타나기 때문이다. 음주를 즐기 는 사람이 흡연까지 한다면 소화기관의 암에 노출될 가능성이 높아진 다.[7] 한국인에게 알코올을 소화하는데 문제가 있다는 것은 장단점이 있 으므로 술을 슬기롭게 마시는 것이 좋다는 데는 이론의 여지가 없다.

한국인의 체질에 대한 연구에 따르면 한국인은 대체로 하루에 25% 도 수, 360ml 용량의 소주 한 병 정도를 소화시킬 수 있다고 한다. 이는 12 ~15%의 청주로 따지면 대체로 600~700ml가 되며 막걸리의 경우 1000~1500ml가 된다.[8] 『국민건강지침』에 의하면 '덜 위험한 음주량' 은 막걸리 2홉(360cc), 소주 2잔(100cc), 맥주 3컵(600cc), 포도주 2잔 (240cc), 양주 2잔(60cc) 정도다. 이는 하루에 간이 해독할 수 있는 양보 다 약간 적은 양이며 그 이상을 '과음'으로 간주한다.[9]

2009년 8월 25일 한국에서 발사된 나로호는 발사후 1단 엔진과 2단 킥모터는 정상적으로 작동되고 위성이 정상적으로 분리됐지만, 나로호 상단의 한쪽 페어링(위성 보호덮개)이 분리되지 않아 실패했다. 조사에 의하면 페어링을 분리하는 화약이 터지지 않았거나, 화약이 정상적으로 터졌지만 페어링을 분리하는 기구가 제대로 작동하지 않을 것으로 추정되었다.

2009년의 실패를 토대 삼아 2010년 6월 10일 나로호가 2차로 발사되었는데, 이 역시 공중에서 폭발 추락하며 결국 실패로 돌아갔다. 아직 발사 실패 이유가 완전히 결론이 난 것은 아니지만, 학자들은 러시아측에서 제작한 1단 로켓의 문제점일 가능성이 크다고 설명했다. 러시아 흐루니체프사가 개발한 나로호 1단 로켓은 러시아 차세대 로켓 개발 프로그램인 앙가라 로켓 계열의 엔진의 추진력을 낮춰 나로호 1단 로켓을 만들어 제공한 것이다. 물론 2009년 8월 나로호 1차 발사 때 최초 비행을 했지만, 엔진 연소와 비행에서 신뢰성을 갖추지 못한 채 나로호에 탑재하여 결국 실패했다.

로켓의 엔진에는 액체와 고체 연료를 사용하는데 1,000km 이상 비행하는 로켓, 즉 인공위성, 우주선, 장거리 미사일 등을 발사하는데는 일반적으로 액체 로켓을 사용한다. 로켓은 지구의 중력을 벗어나기 위해 충분한 속력을 내야 하는데 그러기 위해서는 안정된 추진력이 필요하다. 모든 연소성 엔진은 제어된 폭발에 의해 추진되지만 로켓 엔진에서는 대규모의 폭발이 연속적으로 이루어져야 한다. 또한 연료가 일정하게 연소실로 흘러들어가서 연소되고 배기가스는 노즐로 뿜어내도록 되어 있다.

우주 로켓에 사용되는 액체 연료는 초냉각된 수소와 산소를 말한다. 산소와 수소는 다른 모든 기체와 마찬가지로 저온의 액체 상태에서 그 부피가 줄어든다. 그리고 산소와 수소의 혼합물은 액체 상태일 때 정확하게 계량될 수 있으므로 폭발을 정확하게 제어할 수 있는 장점이 있다.[1] 그렇다고 해도 고체연료에 비해 안정성에도 문제가 있고 값 역시 엄청나게 비싸지만 액체연료를 장거리용이나 대형 발사체에 사용하는 것은 강력한 힘을 내기 위해 필수적인 방법이기 때문이다.

문제는 이런 기술을 자체적으로 개발한다는 것이 간단한 일이 아니라는 점이다. 이 말은 충분한 검증이 이루어지지 않은 러시아제 로켓을 사용할 수밖에 없었던 이유이기도 하다. 한국이 우주강국의 꿈을 앞당기기 위해서는 다른 나라의 힘을 빌리지 않고 자체적으로 로켓 발사체 기술 개발을 앞당겨야 하는데, 이의 관건은 액체연료를 사용하는 엔진을 포함한 '3단 로켓' 개발 기술을 갖추는 것이다. 현재 한국항공우주연구원은 2018~2020년 순수 국산 기술로 1.5t 급 실용위성을 발사할 수 있는 한국형발사체(KSLV-Ⅱ) 개발을 추진하고 있으며 기초적인 액체연료 기술은 확보했다고는 하지만 아직 대형 물체를 발사할 수 있는 액체 엔진 기술이 미흡하다고 한다.[2]

반면 1998년 9월과 2009년 4월 전 세계 언론은 북한이 발사한 비행체가 탄도 미사일이냐, 인공위성이냐로 의견이 분분했다. 그러나 한 가지 분명한 결론은 북한이 1~2단계는 액체연료, 3단계는 고체연료를 사용한 3단 로켓을 발사했다는 것이다. 북한이 미사일에 장착할 수 있는 핵탄두 개발에도 성공했다고 주장하는 근거가 바로 이러한 액체연료 시스템을 개발한 데서 기인한다.

포석정을 설명하기에 앞서 왜 갑자기 북한의 탄도 미사일과 나로호 이야기가 나오는지 의아하게 생각할지 모른다. 우리의 유산 가운데 첨단 미사일이나 우주선과 연관이 있는 것이 있다면 이해가 될까? 그것도 경주에서 국보나 보물도 아닌 사적史蹟으로 지정된 포석정이 말이다.

## 비운의 포석정

포석정은 경상북도 경주시 배동 경주 남산의 서쪽에 있는 석구石構로서 사적 제1호로 지정되어 있다. 포석정에 대해서는 『삼국유사』에 여러 군데서 나온다. 우선 『삼국유사』 〈기이(2)〉 '처용랑망해사'에 헌강왕(875~885년)이 포석정에 행차했을 때의 기록이 있다.

> 왕이 포석정鮑石亭에 갔을 때 남산南山의 신神이 왕 앞에 나타나 춤을 추었는데 좌우의 사람에겐 그 신이 보이지 않고 왕만이 혼자서 보았다. 사람이 나타나 앞에서 춤을 추니 왕 자신도 춤을 추면서 형상을 보였다. 신의 이름을 상심詳審이라고도 했으므로 지금까지 나라 사람들은 이 춤을 전해서 어무상심御舞詳審 또는 어무산신御舞山神이라 한다. 혹은 말하기를, 신이 먼저 나와서 춤을 추자 그 모습을 살펴 공인工人에게 명해서 새기게 하여 후세 사람들에게 보이게 했기 때문에 상심象審이라고 했다 한다. 혹은 상염무霜髯舞라고도 하는데 이것은 그 형상에 따라서 이름 지은 것이다.

남산신南山神이 나타나 춤을 추는 모습을 왕이 보고 따라 추었던 데서 어무산신무御舞山神舞 또는 어무상심무御舞祥審舞라는 춤이 만들어졌다고 기록되어 있는데, 학자들은 포석정이 통일신라시대인 헌강왕 이전에 건립된 것으로 추정한다. 포석정은 신라 패망의 현장으로 비운의 장소로 더 잘 알려져 있다. 신라 말기에 고려 태조 왕건은 왕위에 올라 신라를 위협했다. 그리고 왕건이 철원에서 송악으로 도읍을 옮기자 신라에서는 왕건과 친교를 맺어 국가의 운명을 연장하고자 했다. 그러나 달이 차면 기울게 마련이다. 신라에서 고려로 투항하는 병사들이 점점 늘어나면서 민심이 이반되기 시작하자, 신라는 풍전등화의 운명에 놓이게 되었다. 이런 와중에 경명왕이 사망하고 경애왕이 왕위에 오른다. 그러나 왕위가 바뀌었어도 신라의 위엄은 서지 않고 장수들은 너나 할 것 없이 고려 태조에게 항복하여 몸을 부지하기에 여념이 없었다. 경애왕은 왕위에 오른 지 3년째 되던 해 11월 비빈과 종척들을 데리고 포석정에서 연회를 열었다. 『삼국유사』〈기이(2)〉 '김부대왕'에 당시 정황이 잘 묘사되어 있다.

천성天成 2년 정해丁亥(927년) 9월에 후백제의 견훤이 신라를 침범해서 고울부高蔚府에 이르니, 경애왕景哀王은 우리 고려 태조에게 구원을 청했다. 태조는 장수에게 명령하여 강한 군사 1만 명을 거느리고 구하게 했으나 구원병이 미처 도착하기 전에 견훤은 그 해 11월에 신라 서울로 쳐들어갔다. 이때 왕은 비빈妃嬪 종척宗戚들과 포석정에서 잔치를 열고 즐겁게 놀고 있었기 때문에 적병이 오는 것도 알지 못하다가 창졸간에 어찌할 줄을 몰랐다. 왕과 비는 달아나 후궁으로 들어가고 종척宗戚 및 공경대부公卿大夫와 사녀士女들은 사방으로 흩어져 달아나다가 적에게 사로잡혔으며, 귀천을 가릴 것 없이 모두 땅에 엎드려 노비가 되기를 빌었다. 견훤은 군사를 놓아 공사간公私間의 재물을 약탈하고 왕궁에 들어가서 거처했다. 이에 좌우 사람을 시켜 왕을 찾게 하니 왕은 비첩 몇 사람과 후궁에 숨어 있었다. 이를 군중軍中으로 잡아다가 왕은 억지로 자결해 죽게 하고 왕비를 욕보였으며, 부하들을 놓아 왕의 빈첩嬪妾들을 모두 욕보였다. 왕의 족제族弟인 부傅를 세워 옹으로 삼으니 왕은 견훤이 세운 셈이 되었다. 왕위에 오르자 전왕前王의 시체를 서당西堂에 안치하고 여러 신하들과 함께 통곡했다.

일연 스님은 견훤에 의해 자진하지 않을 수 없었던 경애왕에 대해 자업자득이라는 평가를 했다. 위 기록에 이어서도 경애왕을 혹평한다.

이때 경애왕은 더욱 음란하고 놀기에만 바빠 궁녀들과 좌우 근신近臣들과 더불어 포석정에 나가 술자리를 베풀고 즐겨 견훤이 오는 것도 몰랐으니, 저 문 밖의 한금호韓擒虎나 누각 위의 장려화張麗華와 다를 것이 없었다.

후백제 견훤 부분에서도 이 내용이 다시 한 번 반복된다. 경애왕 다음으로 왕위에 오른 사람이 경순왕으로 그는 고려의 태조 왕건에 항복하면서 신라는 멸망한다. 결국 포석정은 통일신라시대 말 혼란의 시기를 직접 목격한 현장이라 볼 수 있다. 『삼국유사』〈효선〉 '빈녀양모'에도 포석정은 놀이터임을 분명히 했다.

효종랑孝宗郎이 남산南山 포석정(또는 삼화술三花述이라 함)에서 놀고자 하자 문객門客들이 모두 급히 달려왔으나, 오직 두 사람만이 뒤늦게 오므로 효종랑이 그 까닭을 물으니 그들이 대답했다. "분황사芬皇寺 동쪽 마을에 여인이 있는데 나이는 20세 안팎이었습니다. 그는 눈이 먼 어머니를 껴안고 서로 통곡하므로 같은 마을 사람에게 그 까닭을 물으니, 말하기를 '이 여자는 집이 가난해서 빌어다가 어머니를 봉양한 지가 이제 여러 해가 되었는데 마침 흉년이 들어 걸식해다가 살기도 어렵게 되어 이에 남의 집에 가서 품을 팔아 곡식 30석을 얻어서 주인집에 맡겨 놓고 일을 해왔습니다. 날이 저물면 쌀을 가지고 집에 와서 밥을 지어 먹고 어머니와 같이 잠을 자고, 새벽이면 주인집에 가서 일을 했습니다. 이렇게 한 지 며칠이 되었는데 그 어머니가 말하기를 전일에 강비糠粃를 먹을 때는 마음이 편하더니 요새 쌀밥을 먹으니 창자를 찌르는 것 같아 마음이 편안치 못하니 어찌된 일이냐' 고 했습니다. 그 여인이 사실대로 말했더니 어머니는 통곡했습니다. 이에 여인은 자기가 다만 어머니의 구복口腹의 봉양만을 하고 색난色難을 하지 못함을 탄식하여 서로 껴안고 울고 있었습니다. 이것을 구경하느라고 이렇게 늦었습니다."
효종랑은 이 말을 듣고 측은해하여 곡식 100석을 보냈다. 낭의 부모도 또한 옷 한 벌을 보냈으며, 수많은 낭郎의 무리들도 곡식 1,000석을 거두어 보내주었다. 이 일이 왕에게 알려지자 그때 진성왕眞聖王은 곡식 500석과 집 한채를 내려 주고 또 군사들을 보내서 그 집을 호위해서 도둑을 막도록 했다. 또 그 마을을 표창해서 효양리孝養里라 했다. 그 뒤에 그 집을 희사해서 절을 삼고 양존사兩尊寺라 했다.

## 유상곡수

신라의 최후를 목격한 포석정이 설치된 포석정지는 경주 서쪽 후궁後宮 또는 이궁원離宮苑으로 면적이 약 10,000m²이며, 약 2.3km 상류에 최대 저수용량 약 18,000m³ 내외의 안골샘못으로부터 물을 끌어들인 것으로 여겨진다. 물이 포어鮑魚 모양을 따라 만든 수구水構로 흐르면 물 위에 띄운 술잔으로 술을 마시며 시를 읊고 노래를 부르면서 즐기도록 인공적으로 만든 수로다. 포석정의 '포鮑' 자는 '전복 포' 자인데 신라인들은 포석정의 모습을 마치 '전복 껍질' 같다고 생각했기 때문이다.[3]

포석정은 왕이 놀던 곳으로 유명한데 이를 유상곡수流觴曲水라는 중국의 시회詩會에서 그 연원을 찾을 수 있다. 유상곡수는 중국 동진東晉 때 절강성의 작은 도시 소흥紹興에서 명필 왕희지(王羲之, 321~379년)로부터 비롯되었다. 왕희지는 난정蘭亭에서 가까운 문인 41명을 초대해 시회를 즐겼다. 포석정이 인공석을 설치해 만든 것이라면 난정은 자연석을 이용해 물길을 만들었고 그 규모도 훨씬 크다. 명대에 편찬된 난정수회도蘭亭修會圖는 그 당시의 풍경을 생생하게 보여주는데 연꽃 속에 술잔을 넣어 물 위에 띄워 놓고 유상곡수를 즐기는 장면을 그린 것이다. 시를 짓지 못한 사람은 벌칙으로 술 석 잔을 마셔야 했다고 적혀있다.

일본에도 여러 개의 유상곡수 유적이 있는데 가고시마의 센간엔에는 세계에서 제일 큰 유상곡수터가 남아있고 오늘날에도 매년 3월 첫째 일요일에 유상곡수를 재연한다. 포석정도 술잔이 곡수曲水를 돌아 각자 앉은자리 앞으로 오면 술을 마시면서 시를 한 수 짓는데 시간이 늦거나 제대로 짓지 못하면 벌주를 마셨다고 전해진다. 포석정의 유상곡수에 대해서는 서거정의 시인 십이영가十二詠歌에도 나온다.

포석정 앞에 말을 세울 때
생각에 잠겨 옛일을 돌이켜 보네
유상곡수 하던 터는 아직 남았건만
취한 춤 미친 노래 부르던 일은 이미 옳지 못하네
함부로 음탕하니 어찌 나라가 망하지 않을쏜가
강개한 심정을 어찌 견딜까

포석정

가며가며 오릉의 길 읊조리며 지나노니
금성의 돌무지가 모두 떨어져버렸네

  그런데 포석정의 수로는 측벽을 다양한 크기의 석재 63개를 이용해 조
성했는데 200mm 정도 높이에 비하여 측벽 석재의 최대 폭은 150mm
정도이므로 상당히 안정되어 있고 모든 구간에서 내측 함몰은 보이지 않
는다. 형태는 구불구불한 포어형으로 동서의 긴 축이 10.3m, 폭은 약
7m로 수로의 길이는 약 22m다. 수로의 폭은 일정하지 않고 약 240mm
에서 최대 400mm까지 다양하지만 평균 30cm 정도다. 깊이도 대체로
22cm 정도이며 수로의 입구와 출구의 낙차는 40cm 정도다. 그러나 포
석정의 경우 규모가 작으므로 물이 그대로 흘러가면 2~3분 만에 다 빠
져나가므로 그 짧은 시간에 4언시나 5언시를 짓는다는 것은 사실상 불가

중국의 유상곡수

능하다고 볼 수 있다. 시작詩作을 제대로 하려면 최소한 7〜10분 정도는 주어야 한다. 포석정은 이 문제를 유체역학으로 말끔히 해결했다. 술잔이 곡수를 돌 때 맴돌면서 멈추는 것이다. 중국과 일본의 곡수사적曲水史蹟은 물 위에 잔을 띄우면 흘러내려 갈 뿐 좀처럼 맴돌지는 않는다.

현재 포석정의 구두龜頭는 없어졌으며(원래는 원형 석조 위에 큰 돌거북을 설치하여 그 거북의 입에서 물이 나오도록 설계되었는데 조선조 말엽에 어느 부윤府尹이 돌거북을 옮겨다가 자기 조상 무덤의 비석대로 사용했다는 소문이 있다), 입구에 있는 500년 정도 된 고목의 뿌리에 의해 지반이 약간 융기되었지만 수리적인 특성에는 큰 영향을 미치지 않은 것으로 본다. 포석정이 과학적으로 주목을 끄는 것은 유체역학적으로 술잔이 사람 앞에서 맴돌도록 설계되었다는 점이다. 유상곡수에 술잔을 띄웠을 때 잔이 흘러가다가 어느 자리에서 맴돌게 할 수 있었던 것은 유체역학적으로 와류(渦流, 회돌이) 현상이 생기도록 설계했기 때문이다. 회돌이 현상이란 주 흐름에 반하는 회전 현상을 말하며 쉽게 말해 소용돌이 현상으로 생각할 수 있다.

한국과학기술원 장근식 교수는 포석정의 모형을 만들어 실험과 컴퓨터를 이용한 시뮬레이션을 통해 포석정의 유체역학적 특성에 대해 분석했다. 장 교수는 포석정의 흐름이 근본적으로 비정상 난류 유동에 의해 회돌이 현상이 일어난다는 것을 보여주었다. 또한 포석정의 유체역학적 기능은 물결이 치는 듯 하는 독특한 포어 모양에서 비롯된다고 밝혔다. 포석정의 물이 흘러가는 경로는 다양하기 때문에 서로 다른 위치에서 출발시킬 경우 술잔은 같은 경로로 흘러가지 않는다. 술잔은 회돌이 구역에서 돌기도 하고 막혀서 갇힐 수도 있다. 신라인들은 수로 경사가 급격히 변하는 지점이나 굴곡이 있는 지점에 수로 폭을 확장하거나 내측 바닥면의 함몰을 조성하여 술잔의 전복을 방지했다. 즉, 포석정은 다양한 수로를 만들어 그 위에 술잔을 띄웠을 때 다양한 흐름과 위치 변화를 만들어내도록 주의 깊은 관찰력과 이해력에 기초하여 설계되었다. 포석정에서 회돌이 현상을 만들어 술잔이 돌게 하는 것은 실용적인 면에서 특이한 예다. 공학적인 면에서 볼 때는 오히려 회돌이 현상이 일어나지 않도록 설계하는 경우가 대부분이기 때문이다.

## 회돌이 현상

이해를 쉽게 하기 위해 우유의 살균법으로 설명하자면, 우유 속에 있는 유해균이 온도 A에서 시간 T분 동안 노출되면 전멸한다는 것이 알려져 있다고 하자. 그럴 경우 원형 용기 전 표면을 통해 온도 A+$\alpha$ 이상의

돌거북이 있었다는 포석정의 구두

열기를 골고루 주었을 때 어느 지점에 있는 우유가 가장 늦게 온도 A에 이르는지를 아는 것이 중요하다. 특정 지점에 있는 우유의 온도가 $T_0$분 만에 온도 A가 된다는 것을 알아내면 $T+T_0$분 동안 열기를 주면 되기 때 문이다. 이때 정확한 유체 흐름을 파악하는 것이 중요한데 필자의 논문 에서 인용하면 다음과 같다.[4] 〈그림 1〉은 열기가 투입된 직후의 유체 흐 름으로 정상 상태의 회전을 보여준다. 그러나 시간이 흐르면 용기 안의 유체는 자연 대류 현상을 일으켜 〈그림 2〉와 같은 흐름으로 변형된다. 즉, 우측 하단부에 주 흐름과는 반대되는 작은 흐름이 나타나고 〈그림 3〉 과 같이 몇 개로 나누어지기도 한다. 이와 같은 회전 현상이 생긴 후에도 계속 열을 공급하면 회돌이 현상이 변해 〈그림 1〉과 같은 정상 상태로 바 뀌며 에너지 공급은 중단되고 다음 공정으로 넘어간다.

우주선을 발사하기 직전 액체연료 탱크 안에 있는 액체연료의 온도를 목표 온도까지 순간적으로 올릴 때에도 이와 같은 회돌이 현상이 생길 수 있다. 그러므로 우주선이나 장거리 미사일을 발사할 때 사용되는 액 체연료 탱크의 설계나 우유를 포함한 각종 음료의 살균을 비롯한 실용적

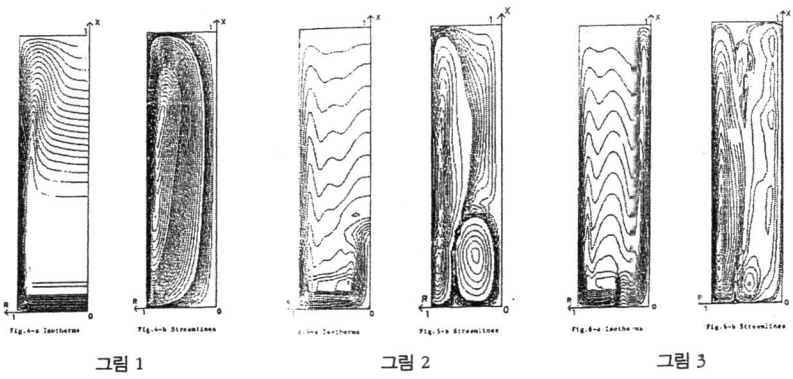

그림 1          그림 2          그림 3

인 용도를 위해서는 회돌이 현상이 일어나지 않도록 용기를 설계한다. 회돌이 현상은 유체의 주 흐름과의 충돌면에서 에너지가 분산되는 것을 뜻하므로 유체의 온도가 상승하는 것을 방해하는 현상이기 때문이다. 배를 유선형으로 설계하는 것도 같은 이유다.

포석정에 이런 고차원적인 과학기술이 접목되었다고 설명해도 비판적인 사람들은 신라인들이 그런 현상을 우연히 발견하여 포석정을 만들었을 것이라는 선입견을 버리지 않을지도 모른다. 그러나 포석정에서 회돌이가 이루어지는 곳은 우연히 시공될 수 있는 것이 아니다. 아주대학교 유동훈 교수의 실험 결과에 의하면 포석정에서 초반 회돌이가 형성되는 단면은 내측 함몰이 19mm에 이를 정도로 유난히 심하다. 이는 흐름이 굴곡부에서 원심력을 받아 바깥쪽으로 상승하는 것을 막을 뿐만 아니라 원심력을 감소시켜 회돌이 형성을 뚜렷하게 촉진하는 역할을 한다. 게다가 내측의 수로 벽면이 약간의 역경사로 처리되어 있는데 이것도 단순한 미적 감각 때문이 아니라 수리학적인 이유, 즉 회돌이 형성을 촉진하기 위해 만들어진 것으로 추정된다.

반면 후반부 회돌이는 급한 횡굴곡이 있는 곳에서 생기는데 이는 초반 회돌이가 생기는 지점과 다른 요인으로 생기는 현상이다. 초반 회돌이 지점에서는 횡단면이 내측으로 상당히 함몰된 형태로 만들어져 있지만, 두 번째 회돌이 지점을 포함하여 후반 회돌이 구간의 거의 모든 단면은 내측 함몰 없이 평평한 바닥을 형성하고 있다. 이는 다시 부가된 관성력이 초반 인입 구간에서 형성된 관성력에 비하여 약하기 때문에 내측 함몰 없이 사전 횡굴곡만으로도 회돌이를 만들 수 있다는 사실을 알았기 때문이다. 이것은 포석정의 경우 물이 흘러가는 경로가 다양하기 때문에 서로 다른 위치에서 잔을 출발시킬 경우 술잔이 같은 경로로 흘러가지 않는다는 것을 신라인들은 잘 알고 있었다는 것을 보여준다. 신라인들은 경사가 급격히 변하는 지점이나 구부러진 지점에서는 수로 폭을 확장하거나 내부 바닥면의 굴곡을 세심하게 설계하여 술잔이 전복되지 않도록 설계했다.

## 유체역학의 모델 포석정

포석정의 물길에서 나타나는 난류는 이론물리학에서 머리 아픈 문제로 유서가 깊다. 순조로운 유체의 흐름이 갑자기 나선형 흐름과 소용돌이로 바뀌는 이유는 무엇일까? 또한 에너지가 급격하게 대규모 운동에서 빠져나와 소규모 운동으로 흩어지는 일은 왜 일어나는 것일까? 이것이 얼마나 골치 아픈 문제였는가 하면 양자역학을 수립한 물리학자 중의 한 사람이면서 노벨상 수상자인 베르너 하이젠베르크의 예를 보아도 알 수 있다. 그는 죽음을 눈앞에 두고 있을 때 두 가지 문제를 하느님께 물어보겠다는 말을 꺼냈다. 하나는 상대성이 생기는 이유, 다른 하나는 난류가 생기는 이유였다. 그리고는 덧붙였다. "내가 생각할 때 하느님은 첫 번째 문제에는 해답을 갖고 있을지도 모른다." 사실 난류는 카오스 영역에 속한다. 카오스는 모든 곳에 존재하며 자연의 본질이다. 카오스는 복잡하고 무질서한 것처럼 보이는 자연의 모습에도 질서가 내재되어 있다는 의미다. 그 질서는 비선형적이어서 안타깝게도 어떤 현상의 결과는 예측 불가능하다. 게다가 초기조건에 대단히 민감해서 약간만 다른 조건에서 시작해도 결과는 상상할 수 없을 정도로 크게 달라질 수 있다는 것이 카오스의 기본 원리다.

포석정의 난류도 카오스의 산물이다. 그런데 신라인들은 자연의 본질인 카오스를 포석정 물길을 통해 극적으로 재현해냈다는데 놀라지 않을 수 없다.[5] 회돌이 형성 부분에 따라 포석정 수로의 구조를 다르게 만든 것은 신라인들이 유체 이동에 대한 지식을 갖고 있었음을 뜻한다. 그렇다면 이와 같은 고도의 유체 이동에 대한 지식을 신라의 선조들은 어떻게 알았을까? 사실 타임머신을 타고 포석정을 만드는 현장을 직접 가보지 않고서는 고대의 과학적인 진실에 대해 완전하게 파악할 수 있는 방법은 없다. 그러나 과거 유럽에서 유체역학을 연구하던 학자들이 포석정에서 사용되는 기술을 습득하기 위해 어떻게 연구했나를 알아보면 어느 정도 유추해낼 수 있다.

과거에는 유체 이동에 대한 논문을 제출하기 위해서는 최소한 5가지의 서로 다른 샘플을 만들어 샘플마다 최소한 1천 번 이상의 반복 실험을 하는 것이 기본이었다. 그러므로 한 샘플 당 실험하는데 하루가 소요된다면 최소한 15년이 지나야 실험 결과를 얻을 수 있었다. 필자는 신라인들이 포석정의 회돌이 현상을 정확히 포착하기 위해 적어도 수천 번 이상의 실험을 거쳤다고 확신한다. 흘러내리는 물의 양, 속도, 수로의 형태·폭·깊이, 측면의 만곡률, 표면장력, 술잔의 형상·크기·중량·초기 위치 등을 치밀하게 고려해가며 수많은 반복 실험을 했을 것이다. 그것은 필자가 우리의 많은 유산 중에서 규모도 크지 않고 언뜻 보기에 간단하고 단순한 형태의 포석정에 고도의 과학기술이 깃들어 있다고 여기는 이유다. 따라서 포석정은 단순히 풍류를 즐기기 위한 오락시설이라기보다는 신탁이 행해지는 종교적인 장소였을 것이라는 가설이 성립된다. 원래 중국에서는 포석정이 건물 안에 설치되는 것이 정설인데 우리의 포석정도 건물 안에 세워져 있었다고 추정한다.

역사적 기록을 살펴보더라도 경애왕이 견훤에게 살해된 날짜는 음력 11월로 양력으로는 12월이다. 일반적으로 우리나라에서는 가장 추울 때다. 이런 날 노천의 포석정에서 술을 마시기 위해 왕비 등 문무백관을 대동하고 포석정을 방문했으리라고는 생각하기 어렵다. 경애왕이 일 년 중에서 가장 추운 날임에도 불구하고 포석정을 방문한 것은 쓰러져 가는 신라의 부흥을 위해 제사나 기도를 드리기 위해서였을 거라고 추정된다. 학자들은 포석정의 의미를 여러 경로로 추적했다. 우선 포석정에서 불과 1km 거리의 남산 오릉에는 박혁거세 유리왕 남해왕 등 4명의 박씨 임금과 박혁거세의 부인 알령 왕비의 무덤이 있다. 신라 박씨 왕조의 발상지였던 남산은 불교가 수용되면서 많은 불교 유적이 자리 잡은 신라의 대표적인 신성지역이라고 지적했다.

포석정이 단순한 노천 파티장이 아니라는 주장이 제기되자 『삼국사기』 문맥에 대한 새로운 해석도 제기되었다. 경애왕이 '포석정에서 연회를 벌이며 놀았다遊鮑石亭宴娛'에서 '유遊'를 '놀았다'가 아니라 '갔다'로 해석하는 것이다. 『삼국사기』와 『삼국유사』가 고려시대에 기록되었다는 것도 유의해야 한다고 지적되었다. 저자들이 신라 멸망의 당위성과 새 왕조인 고려왕조의 정당성을 부각시킨 점도 간과할 수 없다는 뜻이다. 그러나 포석정의 주변 상황과 포석정의 구조로 보아 신성 지역에서 왕이 연회를 베풀고 놀이를 즐겼다는 것은 쉽게 납득되지 않는다고 학자들이 주장했다. 게다가 신라시대에 왕들이 놀이를 즐기거나 사신을 접대하던 연회 장소는 따로 있었다. 바로 안압지雁鴨池와 임해전臨海殿이다. 이런 장소를 두고 규모도 크지 않은 포석정에서 노천 파티를 연다는 것은 이해가 안 된다는 뜻이다.

KBS 역사스페셜팀의 정종목은 다음과 같이 적었다. 경애왕이 위기에 처한 나라를 구해 달라는 제사를 지내기 위해, 즉 팔관회八關會를 열기 위해 포석정에 갔을지도 모른다는 것이다. 신라는 진흥왕 때 전몰장병들을 위로하기 위해 처음으로 팔관회를 개최했고, 선덕여왕 때도 적의 침입을 막기 위해 팔관회를 열었다. 신라의 뒤를 이은 고려도 몽고가 침입했을때 강화에서 팔관회를 했다는 기록이 있다는 것을 보아 팔관회는 위급한 상황에서 치러진 의식이라 볼 수 있다. 팔관회가 열렸던 시절은 모두 음력 11월이었다. 정종목은 견훤의 군대가 진격해오고 있던

'포석' 글자가 새겨진 기와조각

때, 왕건에게 구원군을 요청해 놓은 경애왕은 포석정을 찾아 제사를 지내다 견훤에게 살해당했을지 모른다고 추정했다. 이종욱 교수도 포석정을 시조묘와 연관시켜 박씨의 시조 박혁거세 같은 인물을 모신 사당이라는 점을 강조하며, 박씨로 왕위에 오른 경애왕도 조상들을 찾아가 나라를 수호하고 박씨 왕의 지위를 유지시켜 달라고 제를 올렸을 것으로 추정했다.

포석정에서 실제로 건물 흔적도 발견되었고 1999년에는 '포석鮑石' 이라는 글자가 새겨진 기와조각도 발견되었다. 기와조각이 나온 곳은 포석정 모형전시관을 건립하려는 포석정 남쪽의 4,300㎡의 부지로 시굴 조사과정에서 가로 12cm, 세로 16cm의 기와에 나뭇가지 무늬와 함께 포석이란 글자가 새겨진 기와조각 6점이 출토되었다. 기와에 새겨진 포자는 포석정을 뜻하는 包鮑자가 아니라 包砲자 인데 학자들은 包鮑자를 약자화해 쓴 것으로 추정한다. 또 한편으로는 포석정이 가장 효율적인 관

창덕궁 후원의 옥류천

개수로 축소 모형이라는 의견도 있는데, 그것은 포석정의 수로를 원형에서 조금 바꾸면 그에 따라 물의 흐름 변경에 따른 에너지 소모가 많아진다는 연구 결과에 근거한다.

포석정은 경주에만 있는 것이 아니라 창덕궁 후원의 깊숙한 옥류천 개울가에도 있었다. 맑은 물이 감도는 옥류천은 도랑 바닥에 움푹하게 학을 파서 물의 수량과 속도를 조절하도록 했다. 홈을 파고든 물은 둥글게 원을 따라 파놓은 도랑을 돌아 중앙 부근에 이르러 폭포가 되어 떨어진다. 경주의 포석정과 같이 임금이 술잔을 띄워 보내면 술잔이 닿는데 앉아있던 신하가 시를 지어 읊어야하는 시회를 열었다고 한다. 소요암에 새겨진 옥류천玉流川이라는 글씨는 인조의 친필이며 다음 시는 숙종의 작품이다.

폭포는 삼 백 척인데飛流三百尺

멀리 구천에서 내리고遙落九天來

보고 있으면 흰 무지개 일어看是白虹起

골짜기마다 우뢰소리 가득하네飜成萬壑雷

　가까운 미래에 한국이 로봇에 관한 3대 강국이 되겠다고 야심찬 계획을 발표했는데, 사실 한국은 현재도 로봇에 관한 한 세계 강국 중 하나다. 통계수치로 나타난 우리나라 로봇산업 규모는 세계 6위, 사용대수는 세계 5위다. 대한민국의 경제규모가 세계 10~15위권임을 감안할 때 우리의 로봇산업은 세계 정상에 가깝다. 1962년 미국 GM이 '유니메이트'

한국과학기술연구원에 있는 로봇인 마루와 아라

를 자동차 생산라인에 작업용 로봇으로 처음 투입한 이래 세계 로봇시장
은 미국, 일본, 유럽의 자동차 산업을 주무대로 성장해왔다. '자동차 생
산력=로봇 수'라는 공식이 성립되었다. 우리나라도 자동차 분야에서 비
약적인 성장을 거듭한 끝에 세계 5위 자동차 생산 국가로 올라섰고, 덩
달아 세계 5위 로봇 사용국이란 타이틀까지 얻게 되었다. 물론 자동차
공장에 설치된 조립용 로봇의 숫자를 바로 그 나라의 로봇산업 수준으로
간주하는 것은 상당한 무리가 있지만, 이러한 로봇산업을 기초로 세계 3
대 강국으로 발돋움하겠다는 것은 상당한 의미가 있다고 볼 수 있다.

놀라운 것은 로봇에 관한 한 우리나라가 매우 선진 정보를 갖고 있었
다는 점이다. 배일한은 1933년 5월에 발간된 『신동아』 기사 내용을 예로
들었다. 이 잡지는 〈50년 후의 세계〉란 특집기사에서 로봇 사진과 함께
다음과 같은 설명을 붙였다.

영국 메이 씨가 신작한 최근 로봇
트 알파 군입니다. 전신을 닛켈판
으로 기사처럼 꿈이엇고 얼골도 사
람의 얼골처럼 만들어 노핫습니다.
관절을 극히 묘하게 만들어서 기거
동작도 자유자재로 할만치 되어 잇
습니다. 이 로봇트 군의 완성은 어
느 정도까지 되려는지 적이 흥미
있게 주시할 꺼리입니다.

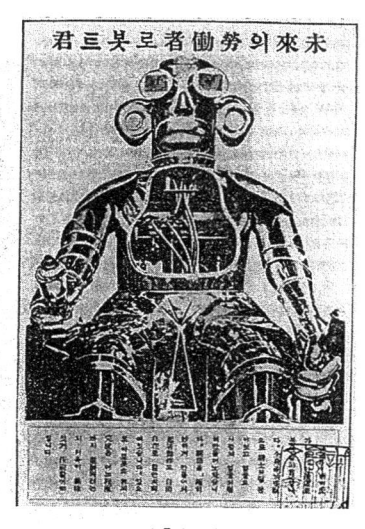

1933년 『신동아』 기사

잡지 기사의 내용은 마치 현대에

일어나고 있는 상황을 정확하게 목격하고 적은 듯 구체적이다. 로봇의 역할에 대한 기사는 계속 등장한다. 우선 항공기는 사람이 조종하지 않고 로봇이 조종하게 될 정도로 발달되어 안전도가 절대적이라고 말할 수 있다고 적었다. 더욱 놀라운 것은 앞으로 공장에서 사람들의 직접 노동은 줄어들고 기계에 의한 자동화된 작업이 더 많아질 것이라고 예측했다. 이런 기기를 사용하는 공장에서는 공장의 두뇌라고 할 만한 제어실에 기술자 몇 명만 있으면 그 밖에는 사람 그림자를 찾아볼 수 없게 될 것이라고 적었다.[1]

이 기사를 보면 일제 강점기이기는 하지만 조선 지식인들이 과학기술이 발달하면 기계가 사람의 힘든 노동을 대신해 줄 것이라고 상상하고 있었다는 것을 알 수 있다. 『신동아』 기사는 로봇이란 용어 자체가 태어난 지 10여 년 밖에 지나지 않았음에도 로봇이 태어날 때의 목적과 의미를 정확히 이해하고 있었다. 놀라운 것은 춘원 이광수가 1923년 일본어 번역본으로 카렐 차페크가 쓴 『로섬의 유니버설 로봇』을 읽고 쓴 감상문에서 "사람이 사람의 손으로 창조한 기계적 문명의 노예가 되며 마침내 멸망하는 날을 묘사한 심각한 풍자극이다"라고 극찬했다는 점이다. 『로섬의 유니버설 로봇』은 놀랍게도 1925년 우리말로도 번역되었다. SF해설가 박상준은 1925년에 박영희가 〈인조노동자〉라는 제목으로 『개벽』에 번역해서 소개했다고 말했다. 로봇이란 단어가 태어난 지 겨우 5년 밖에 지나지 않았는데 국내에서 번역본이 발간된 것이다.[2]

한국에서 로봇에 대한 개념이 매우 앞서 있었다는 것은 『삼국유사』와 『삼국사기』의 내용을 보더라도 알 수 있다. 『삼국유사』 〈기이(1)〉 '지철로왕'의 기록은 다음과 같다.

제22대 지철로왕智哲老王의 성은 김씨金氏, 이름은 지대로智大路, 또는 지도로智度路이며 시호諡號는 지증智證이다. (중략) 아슬라주(阿瑟羅州, 지금의 명주溟州) 동쪽 바다에 순풍으로 이틀 걸리는 곳에 우릉도(于陵島, 지금의 우릉羽陵)가 있다. 이 섬은 둘레 26,730보步다. 이 섬 속에 사는 오랑캐들은 그 바닷물이 깊은 것을 믿고 몹시 교만하여 조공을 바치지 않았다. 이에 왕은 이찬伊飡 박이종朴伊宗에게 명하여 군사를 거느리고 가서 치게 했다. 이때 이종은 나무로 사자獅子를 만들어 큰 배에 싣고 위협했다. "너희가 만일 항복하지 않으면 이 짐승을 놓아버리겠다." 이에 오랑캐들은 두려워하여 항복했다. 이에 이종을 상주어 주백州伯을 삼았다.

여기에 등장하는 나무 사자가 조잡한 모형이 아니라 실제 작동하는 로봇임은 틀림없다. 박이종이 나무사자를 놓았다는 것은 나무사자가 움직일 수 있다는 것을 의미하기 때문이다. 『삼국사기』 〈신라본기 제4〉 '지증마립간 13년(512년)'에도 같은 내용이 나온다. 한 가지 다른 것은 『삼국사기』와는 달리 『삼국유사』에서는 울릉도 사람들을 오랑캐라고 적었다.

『삼국사기』 〈신라본기 제3〉 '내물이사금 9년(364년)'에도 로봇 개념이 나타난다.

4월에 왜병이 크게 침입했다. 왕은 이 말을 듣고 잘 대적하지 못할까 두려워 풀로 허수아비 수천을 만들어서 옷을 입혀 사람처럼 만들고 각각 병기를 들려 토함산吐含山 밑에 세우고 용사 1천 명을 부현(釜峴, 현 경주 부근) 동원東原에 복병시켰는데 왜병들은 자신들의 무리가 많음을 믿고 바로 진격하여 오므로 급히 복병을 일으켜 이를 격파하니 적들은 불의의 습격을 받고 대패하여 도망했다. 아군은 적을 추격하여 거의 다 죽였다.

위의 내용은 고대 전투에서 자주 나오는 위장 전술 중에 하나로 적을 속이기 위해 로봇 개념을 차용하는 것이다. 우리의 선조들이 과학 지식이 필요한 기술 개발을 시도하지 않았기 때문에 우리나라가 과학기술면에서 뒤떨어지는 요인이었다고 줄기차게 비판을 받았다. 그러나 로봇을 실전에 사용했다는 것은 우리 조상들도 과학적인 사고나 공상적인 소재를 사용하는데 주저하지 않았다는 것을 보여준다. 이제 우리 조상들에게 과학성이 없었다는 생각은 그칠 필요가 있다. 현대 로봇에 대해서는 많은 자료들이 있으므로 이곳에서는 고대 로봇, 즉 현대 개념의 로봇 등장 배경 및 미래에 대해서만 설명한다.

## 제갈량의 목우유마

인간에게 유용한 문명의 이기利器 대부분은 상상력에 의해 먼저 태어난 후 출현했듯이 로봇도 인간의 상상력에 의해 먼저 태어났다. 학자들에 따라 의견이 다르지만 자동기계 장치라는 로봇의 개념은 오래되었다. 역사적으로 인위적인 수단을 이용해 인간을 재창조하거나 초자연적인 힘을 이용해 인간과 비슷한 것을 만들어 낸 이야기들은 많이 있다.

그리스 신화 중에 날개를 달고 하늘을 날았던 소년 이카로스, 호메로스의 『일리아스』에서 재앙의 근원이 되는 상자를 연 판도라(대장간의 신 헤파이스토스가 진흙과 물로 아름다운 여신을 모방하여 만들었다), 그리고 기원전 3세기경 아폴로니오스 로디오스가 쓴 『아르고호의 모험』에서 크레타 섬을 지키는 청동 괴물인 탈로스는 로봇 개념이 포함된 사례라 할 수 있다. 더 직접적인 로봇 이야기는 갈라테이아다. 피그말리온은 그리스 신화에 나오는 조각가다. 그는 상아로 아름다운 인조인간 갈라테이아를 만든다. 본래 여자를 혐오하여 결혼을 포기한 채 독신으로 지내온 피그말리온이었지만 생명이 없는 자신의 작품을 짝사랑한다. 사랑의 여신 아프로디테가 그의 간절한 기도를 듣고 갈라테이아에게 생명을 불어넣어준 덕분에 사랑을 이루어지게 된다. 간절히 원하면 무언가를 얻을 수 있다는 피그말리온 효과로 자주 인용되지만 피그말리온 이야기는 현대의 로봇이야기와 같다.

로봇에 대한 개념은 동양에서도 많이 발견된다. 중국에서도 로봇 이야기는 오래된다. 기원전 약 1000년경 주나라의 목왕穆王은 천성적으로 신기한 것을 좋아해서 많은 여행을 했는데 한번은 엄산弇山에서 여신 서왕모西王母를 만난 후 그녀를 잊지 못하여 상사병이 걸릴 지경이었다. 신하들은 목왕의 주의를 다른 데로 돌리기 위해 무엇이든지 만들 수 있다는 솜씨가 뛰어난 언사偃師를 추천했다. 목왕은 그가 무엇이든지 만들 수 있다는 말에 그의 작품을 보여 달라고 했는데 언사는 아무것도 갖고 오지 않고 조수인 듯한 젊은 남자 한 명만 데리고 왔다. 목왕이 무얼 보여주겠느냐고 하자 언사는 자기 옆에 선 남자가 바로 자신이 만든 인형이라고 했다. 인형은 노래를 부르고 춤을 추는 것은 물론 어떤 동작을 시켜도 아무 문제없이 움직였다. 목왕이 진짜 사람인지 인형인지 가늠할 수 없는데, 인형은 궁녀들을 향해 슬쩍 윙크를 보내는 눈짓을 보냈다. 목왕은 드디어 인간의 증거를 찾았다며 언사를 사기꾼으로 죽이라고 명했다. 목왕의 명령에 놀란 언사는 인형을 해체하여 인형임을 보여주었다. 인형은 물감 입힌 가죽과 나무 조각이었다.

나무로 만든 로봇 이야기는 한나라 고조 유방의 백등산 전투에도 나온다. 초나라 항우와의 결전에서 승리한 유방은 북방의 흉노가 한나라의 큰 골칫거리가 될 것으로 생각하고 30만 명의 대군을 동원, 흉노의 시조인 묵특 선우(冒頓單于, 기원전 209~174년)를 공격했다. 그러나 기원전 200

백등산

년 유방은 백등산에서 일주일 동안이나 포위되었다가 가까스로 구출되는 수모를 겪었는데 이때 유방이 구출될 수 있었던 것은 성벽 위에서 춤을 추는 로봇을 만들어 묵특 왕비의 시선을 끌었기 때문이라는 전설이 있다. 여색을 좋아하는 묵특이 승리하면 그 여자를 첩으로 삼을 것이 분명하므로 자신이 고생을 하면서 누구 좋은 일을 시켜줄 필요가 없다며 부하들을 철수시켰다는 것이다.

중국에서 유명한 로봇은 『삼국지』의 주역 중에 한 명인 제갈공명의 목우유마와 그의 부인이 만든 가사로봇에 대한 이야기다. 『삼국지』에서 제갈량은 군사병법가로서는 물론 신병기 개발에도 탁월한 재주를 보였다.

제갈공명의 목우유마

그 중에서드 유명한 것이 목우유마木牛流馬다. 군수품을 운반하기 위해 만든 목우유마는 기동력이 좋아 현대의 로봇보다도 뛰어났다는 설명이 있을 정도다. 그런데 중국의 로봇은 한 가지 공통점을 갖고 있다

중국 융중에 있는 제갈공명 부인의 가사로봇

고 홍상훈 박사는 적었다. 그것은 로봇이 군인 등 어떤 형태로 제작되더라도 인간 생활의 작은 편리와 즐거움을 주기 위한 보조 수단 이상의 의미를 지니지 않는다는 것이다. SF영화나 서양의 경우 로봇은 인간에게 해를 끼치는 존재로 종종 등장하는데 동양의 로봇은 인간에게 충실하다. 로봇 중에서도 자발적인 지능과 학습 능력을 갖춘 인간과 거의 흡사한 존재도 있지만, 그들의 존재 역시 인간의 삶을 위협하지는 않았다. 이들 이야기는 전설에 불과하지만 기계 인간에 대한 로봇 개념이 동양에서 짧지 않은 역사를 갖고 있음을 보여준다.[3]

## 로봇의 장을 연 프랑켄슈타인

로봇 개념이 잘 표현되어 있는 것은 1818년에 나온 메리 셸리의 『프랑켄슈타인』이다. 프랑켄슈타인은 화학자로서 의학 연구에 몰두하면서 죽은 사람도 살려낼 수 있다는 신념을 버리지 않는다. 그는 죽은 사람의 시체와 두뇌를 짜 맞춘 뒤 강력한 전기 충격을 주면 되살릴 수 있다고 가정했고, 그의 실험이 성공하여 괴물이 탄생한다. 프랑켄슈타인의 괴물은 인간 육체의 각 부분들이 정확하게 맞추어진 살아있는 인간으로 창조되었지만 자아를 인식하고 자각을 갖고 있다. 프랑켄슈타인의 괴물은 인공적으로 만들어지고 다소 험악스럽게 생겼지만 인간이라는 사실에 공감한다. 학자들에 따라 프랑켄슈타인의 괴물이야말로 현대적 의미에서 로봇의 기원이라고 설명한다.

## 진화하는 로봇 아이디어

로봇 개념이 작품이나 상상적인 아이디어에만 머무른 것은 아니다. 고대 이집트에서는 사제들이 비밀리 통제되는 관절이 있는 조상들을 만들었는데 그것들은 때때로 입 속으로 난 소리 전달 통로라는 속임수를 써서 진짜 말을 하기도 했다고 한다. 고대에 만들어진 물시계도 엄밀한 의미에서 로봇의 분야에 속한다. 그러므로 기원전 3500년경으로 거슬러 올라간 이집트에서 단순 물시계를 만든 것을 감안하여 로봇의 역사를 이때로 잡기도 한다. 약 2000년경에는 그리스인과 로마인기 오늘날의 시계 눈금판에 해당하는 것을 부착하기 위해 피스톤과 기어와 톱니바퀴를 추가했다. 서기 100년경에는 유명한 알렉산드리아의 헤론이 공기의 작용에 의해 작동되는 인형들을 만들었다. 이후 중세시대를 거치면서 기술의 진전은 별로 없었지만 14세기에서 17세기에 종을 치는 모습이 살아 있는 것처럼 보이는 작은 휴머노이드humanoid도 제작되었다. 휴머노이드란 대충 사람의 모습을 한 로봇을 말하므로 단지 겉모습이 사람과 닮은 것을 가리킨다. 앞에서 설명한 사람의 모습을 한 허수아비도 휴머노이드 허수아비라고 할 수 있다.

1770년 스위스의 피에르 자케드로는 시계 제작 기술을 이용해 섬세한 움직임이 가능한 인형을 만들었다. 이 인형은 오른손으로 글씨를 쓰면 눈동자가 이를 쫓아갈 수 있다. 이 인형의 움직임은 시계처럼 하나의 스

피에르 자케드로가 만든 서기 인형    피에르 자케드로가 만든 서기 인형의 내부

프링 태엽에 의해 제어되는데 구동 장치를 보면 당시의 시계 기술 수준을 알 수 있다. 또한 그는 여성 오르간 연주자를 만들었는데, 이것은 숨 쉬는 흉내를 냈고 청중을 바라보거나 자신의 손과 악보를 보는 등 인간과 같은 행동을 자연스럽게 해서 관객들의 찬탄을 받았다.[4]

1850년대 프랑스의 마술사 로베르 후뎅은 상당히 정교한 기계를 선보였다. 그는 마술이 사람과 가까워질 수 있다는 신념하에 기계와 마술을 접합시키는데 앞장섰다. 극장 내부를 보통 집의 거실처럼 꾸민 후 무대에 커다란 인형으로 된 요리사를 나오게 한 후 관객들에게 아이스크림과 빵을 주문 받았다. 인형 요리사는 무대 뒤로 들어간 후 곧바로 주문한 요리들을 갖고 나왔다. 무대 뒤에 있는 사람이 아이스크림과 빵을 만들어주기는 했지만 인형 요리사가 얼마나 인간처럼 행동하는지 많은 관객들이 요리를 만든 것은 인형이라고 생각했다. 그가 만든 그네 타는 인형은 서커스에서 그네를 타는 사람 역할을 얼마나 잘 소화했는지 진짜 인간이

서커스를 한다고 생각했다. 추후에 인형을 조사한 사람들은 인형의 배속에서 정교한 기계를 발견하고 그의 기계 조립 기술에 놀라지 않을 수 없었다고 실토했다. 이들이 로봇의 선구자로 불릴 수 있는 것은 이 인공적 피조물들이 자발성을 지니지는 못했지만 작동될 때 매번 정확히 똑같은 일을 할 수 있었다는 점이다.[5]

## 드디어 로봇 등장

대부분의 학자들은 1920년 극작가 카렐 차페크가 쓴 희곡 『로섬의 유니버설 로봇』을 원조로 인정한다. 그것은 차페크가 비로소 로봇을 의미하는 '로보타'라는 단어를 사용했기 때문이다. 로봇은 체코어 '로보타 Robota'에서 유래한 말이다. '로보타'는 우리말로 '일하다' 혹은 '강제노동'의 뜻이다. 카렐 차페크는 인조인간의 이름을 체코어로 '강제노동'을 의미하는 'robota'에서 'a'자를 빼고 'robot'이란 신조어를 붙여주었다. 로섬의 로봇은 기계장치가 아니라 화학자 로섬이 화학물질로 인공생명을 만든 것이다. 그런데 '로보타'는 인간과 같은 형태이지만 로섬은 이들이 인공적이라는 것을 강조하기 위해 생존에 별로 필요 없이 보이는 폐, 심장, 감정, 정신을 제거했다. 그런 다음 로봇을 대량생산하는데 그것은 로봇이 인간보다 값싸고 작업 능률이 높기 때문에 인간을 대체할 수 있다고 생각했기 때문이다. 이 희곡의 원래 주제는 자본주의와 자유시장의 실패를 꼬집는 것이다. 그럼에도 불구하고 이 희곡이 고전 작품으로 인정되는 것은 기계가 인간을 지배한다는 주제가 아직도 인간들에게 먹혀들기 때문이다.[6]

## 로봇의 반란

로봇에 대해 인간이 가장 깊은 관심을 표명하는 것은 수많은 SF영화에서 등장하는 로봇처럼 인간에게 결정적인 해를 끼칠 수 있는가이다. 인간보다 훨씬 높은 지식을 갖고 있는 로봇이 개발된다면 그들로 인한 부작용을 걱정하는 것은 당연하다. 이것은 로봇이 인간을 상대로 거짓말을 할 수 있는가, 더 나아가서는 로봇이 궁극적으로 인간에게 반기를 들 수 있는가에 관한 것이다. 엄밀한 의미에서 이와 같이 로봇이 반란을 일으키거나 완벽하게 거짓말을 구사할 수 있을 때 진정한 인간형 로봇이 등장했다고 볼 수 있다. 영국 레딩대학교 케빈 워윅 교수는 1997년에 출간된 『로봇의 행진』(한국어판은 1999년 출간)에서 로봇을 비롯한 안드로이드의 반란이 가능하다고 주장했다. 그는 로봇이 인간보다 일을 처리하는데 더 뛰어나서 인간을 지배하려 들 것이라고 주장했다. 가까운 장래에 기계가 인간보다 더 지능적으로 될 가능성이 있고, 그때는 기계가 지구를 지배할 수도 있다는 것이다. 예를 들어, SF 영화에서처럼 레이저 무기를 갖추거나 인공위성 등을 장악하게 된다면 그것을 사용하는데 반드시 인간과 같은 지능이 필요한 것은 아닐지 모른다.[7]

사실 현재도 방대한 양의 지식을 저장하거나 한순간에 수식 계산을 끝내는 능력은 인간이 컴퓨터를 당해낼 수 없다. 학자들은 2050년경이면 로봇의 연산능력이 전 인류의 두뇌를 합친 것과 같아질 것으로 추정하므로, 이들 지식과 정보를 로봇이 조절할 수 있게 되면 인간에 대항하여 반란할 수 있는 논리까지 전개할 수 있는 지능으로 변할 것이라고 추정한다. 그러나 한국과학기술연구원 지능로봇기술개발사업단장 김문상 박사는 '로봇의 지능이 인간과 똑같은 형태로 모사되리라는 보장이 없다'며 이에 부정적인 의견을 제시했다. 로봇이 인간의 능력을 뛰어 넘을 수는 있지만 기계의 뛰어난 능력이 인간을 지배할 수 있다는 것을 의미하지는 않는다. 기술적인 면만 생각한다면 로봇이 인간에게 유용한 특정 기능을 완벽하게 수행할 수는 있지만 생물학적인 인간의 두뇌를 기계적인 알고리즘으로 변환시키는 것은 불가능하다.

로봇이 반란을 일으키기 위해서는 반란을 일으키겠다는 자의식이 있어야 한다. 로봇이 인간에 대항하기 위해서는 최소한 로봇이 생각하고 느끼고 진화할 수 있다는 것, 즉 인간의 사고와 행동을 그대로 따라할 수 있다는 전제를 필요로 한다. 로봇이기는 하지만 인간과 똑같이 생각하므로 반란을 일으키는 이유도 물론 인간적이어야 한다. 로봇이 인간으로부터 무시당했다는 것도 있고 자신을 죽이려하기 때문에 인간에 대응하지 않으면 안 되는 방어목적의 반란도 있다. 실무적인 면으로 로봇이 반란을 일으키려면 인간이 반란을 일으키는 것과 동일한 형태를 갖고 있어야 한다. 국립국어원 표준국어대사전에서 '반란'을 찾아보면 '정부나 지도자 따위에 반대하여 내란을 일으킴'으로 정의된다. 이것은 반란이란 단어가 뜻을 갖기 위해서는 어떤 제도권에 대해 반대하여 그들의 제도를 부정한다는 것을 의미한다. 당연한 일이지만 반란을 일으키기 위해서는 반란을 일으키는 주모자가 있어야 하고 그를 지원하는 반란 세력이 있어야 한다.

많은 학자들이 로봇이 인간에게 대항하는 상황은 절대로 일어날 수 없다고 단언하는 것은 로봇에게 치명적인 약점이 있기 때문이다. 로봇도 인간과 마찬가지로 움직이는데 필요한 동력을 공급해야 한다. 그런데 로봇은 생명체와 같이 음식만 먹고 이를 분해하여 자신이 유용하게 쓸 수 있는 에너지로 변환시키는 것이 불가능하다(로봇이 유기물을 분해하여 에너지를 얻을 수 있는 장치도 개발 중이라는 발표도 있지만 이것은 엄밀한 의미에서 인간이 음식을 섭취하여 에너지를 얻는 것과는 다른 의미다). 결국 기계로 만들어진 로봇은 배터리가 없으면 동작할 수 없다. 그러므로 로봇이 반란을 일으킨다면 영화 『매트릭스』와 마찬가지로 전원 공급을 차단해버리면 된다. 영화 『로보캅』에서도 로봇이 오작동을 일으키자 전원을 차단하라고 말한다. 물론 이 설명에 반대하는 사람들도 있다. SF영화에 인간이 에너지를 차단할 수 없도록 로봇이 사전에 봉쇄하는 장면이 나온다. 로봇이 인간에게 반란을 일으킬 정도의 지능을 갖고 있다면 자신에게 치명상이 될 문제점을 사전에 제거하고 대안을 만들 수 있다.

이런 지적은 놀랍게도 로봇이 태어난 지 20년도 안 되어 그 대안이 제시되었다. '로봇의 대부'라고 불리는 아이작 아시모프는 20살 때인 1940년 12월 23일 SF잡지 『어스타운딩Astounding』의 편집장 존 캠벨과 함께 '로봇의 3대 원칙'을 만들었다. 당시에 아시모프는 로봇을 소재로 한 세 번째 단편 『라이어』를 구상 중이었는데, 그들은 로봇 내부에 안전장치가 필요하다고 생각했기 때문이다. 아시모프는 다음과 같이 로봇의 특성을 규정한 후 과학자들은 이들 규칙을 준수하면서 로봇을 만들어야 한다고 강조했다.

제1조. 로봇은 인간을 다치게 하거나 태만하여 인간에게 상처를 입혀서는 안 된다.
제2조. 로봇은 인간의 명령에 따라야만 한다. 단 인간의 명령이 제1조에 해당될 경우는 제외한다.
제3조. 로봇은 스스로를 지켜야만 한다. 단 제1조와 제2조에 해당할 경우는 제외한다.

이 법칙이 나오게 된 이유도 명쾌하다. 당시 과학이 발전하는 속도를 볼 때 언젠가 기계 로봇이 인간을 능가할 정도로 진보할 수 있다고 생각했기 때문이다. 문제는 로봇이 너무 똑똑해졌을 때다. 인간도 똑똑하고 명석한 사람이 궁극적으로 더욱 위험한 사람으로 변할 수 있는데, 로봇도 인간처럼 똑똑해진다면 인간에게 위험해질지도 모른다. 로봇 때문에 인간들에게는 다소 유쾌하지 않은 상황이 올 지 모른다고 생각한 아시모프는 명쾌한 방법을 제시했다. 간단하게 설명한다면 로봇의 두뇌가 인간의 두뇌를 추월하지 못하도록 과학자들이 사전에 로봇의 기능을 제한해야 한다는 것이다. 이것이 바로 '로봇의 3대 원칙'으로 아시모프는 이 원칙을 소설 『아이 로봇I, Robot』을 통해 발표했다. 로봇의 3대 원칙은 로봇을 통제하기 위한 완전한 구조를 갖추고 있다. 문제는 각각의 원칙은 해석하기에 따라 다르게 받아들여지거나 서로 충돌할 수 있다는 점이다. 또한 우위에 있는 원칙을 어겨서는 안 된다는 전제 때문에 복잡한 논리적 추론과정이 필요할 수도 있다. 아시모프의 작품을 원작으로 한 영화 『아이, 로봇』에서 결정적인 열쇠가 되는 것도 로봇의 3대 원칙이다.

형사 델 스프너가 교통사고로 12살의 어린아이 사라와 함께 물 속에 빠진다. 이들이 거의 죽기 직전에 로봇이 다가와 창문을 부순다. 델 스프너가 자신보다 어린아이인 사라를 먼저 구출하라고 말했지만 로봇은 그를 먼저 구출한다. 로봇이 델 스프너를 먼저 구출한 이유는 간단하다. 스프너의 생존율은 45%이지만 사라의 생존율은 11%에 지나지 않기 때문이다. 그를 구한 로봇은 생존가능성이 높은 사람을 먼저 구한다는 로봇의 원칙에 충실했지만 결국 델 스프너의 명령을 어긴 것이 된다. 이런 모순된 일이 일어날 수 있는 것은 인간은 로봇이 이해할 수 없는 상황, 즉 상식으로만 움직이지 않기 때문이다. 반대의 상황도 당연히 일어날 수 있다. 앞에서 설명했지만 『아이, 로봇』의 주인공 중에 한 축인 NS-5s는 로봇의 3대 원칙을 지키도록 설계되었다.

문제는 '로봇의 3대 원칙'이 분명히 지켜지고 있으면서도 로봇이 다른 인간들을 습격하기 시작한다는 점이다. 왜 그렇게 되었을까? 영화에서의 설명은 매끄럽다. 제조과정에서 일어난 우연으로 사람 마음을 읽을 수 있게 된 로봇이 로봇의 3대 원칙 제1조를 잘못 해석해서 사람 마음이 상하지 않도록 거짓말을 일삼았다는 것이다. 『아이, 로봇』은 로봇의 3대 원칙이 변화무쌍하며, 인간을 보호하도록 고안되었지만 이들 원칙이 도리어 인간을 위협하는 근거로 작동할 수도 있다는 것을 보여준다.[8] 그러므로 추후에 아시모프는 3개 원칙만으로는 로봇으로부터 인간을 보호하기에 충분치 않다는 것을 발견하고, '로봇은 인류에게 해를 끼쳐서는 안 되며 위험한 상황에 방치해서도 안 된다'라는 제0조를 추가로 발표했다.

이러한 문제를 적극적으로 해결하기 위해 로봇 제작에 있어 국제적인 규제가 필요하다는 주장도 제기되고 있다. 이 문제는 당장 큰 문제점이 되고 있지는 않지만 앞으로 로봇의 지능이 높아지면 높아질수록 커다란 화두가 될 것임은 틀림없으므로 유비무환이 최선이라는 시각이라고 볼 수 있다. 그러나 영화에 등장하는 것과 같은 로봇의 폐해가 절대로 등장할 수 없다고 주장하는 학자들은 단호하다. 앞의 경우도 인간이라는 속성을 이해하지 못한 상태에서 나온 단편적인 주장이라는 것이다. 우선 지구가 위기에 처하면 구하러 나설 전사들은 많이 있다. 『독수리5형제』, 『드래곤볼』, 『로보트 태권』, 『마징가Z』, 『라이파이』는 물론 『로보캅』의 머피 형사 등도 대기하고 있다. 심지어는 『스타워즈』의 다스베이더도 결국 악보다는 선을 위해 자신을 희생한다.

이와 같은 우화적인 낙관론이 나올 수 있는 것은 지능적인 로봇을 만드는데 인간의 참여가 절대적으로 필요하기 때문이다. 토봇이 인간과 같이 발전하려면 어느 단계까지 인간의 도움이 필요하다. 인간의 경우 성인이 되기까지 교육도 받아야하고 성숙된 인격을 완성시켜야 하는데 그렇게 되기까지 수많은 사람들로부터 영향을 받는다. 그런데 그 과정에서 인간이 결정적으로 위기에 처하게 된다면 다음과 같은 인간의 특성이자 속성이 발휘된다는 것이다. '인간은 인격적이자 도덕적인 동물이므로 궁극적으로 인간에게 피해를 입힐 일을 할 리가 없다.' 인간에 대해 다소 관대한 평가를 내렸다고도 볼 수 있지만, 로봇이 로봇을 복제하게 되기까지는 수많은 사람들이 관여하지 않으면 안 된다는 것은 로봇의 한계성을 단적으로 보여준다. 적어도 인간이 기계와 대결할 때 인간성을 근본적으로 부정할 일은 인간이 하지 않는다는 것이다. 그러므로 과학이 인간의 두뇌를 복제할 수 있을 정도로 발달하더라도 똑똑한 로봇 안드로이드가 인간에게 반란을 일으키거나 거짓말을 할 수 없도록 만드는 것은 생각보다 쉬울 것으로 생각한다. 이것은 로봇에게 프로그램으로 입력되지 않은 자의식이란 존재할 수 없기 때문이다. 이는 로봇의 행동은 모두 예측가능하다는 의미이다.[9] 인간보다 어느 일정 분야에서 로봇이 인공지능을 가졌든 아니든 월등히 우월한 분야를 점유할 것은 자명한 일이다. 그러나 과연 미친 과학자나 독재자가 탄생하여 언젠가 토봇의 반란을 기획하는 사람이 정말 등장할지는 독자들이 판단하기 바란다.[10]

온돌

 

 

우리나라는 국토가 좁은데 비해 기후 변화가 심한 편이다. 이렇게 기온의 연교차가 큰 기후는 해양보다 비열이 작은 대륙의 영향을 많이 받으므로 대륙성 기후라고 한다. 그리고 계절풍의 영향으로 우기인 여름에는 건기인 겨울보다 강수량이 지역에 따라 다섯 배에서 열 배가 더 많다. 여름은 덥고 비가 많으며, 겨울은 몹시 춥고 건조하다. 여름에는 불쾌지수가 있으며 겨울에는 살을 에듯이 춥다는 표현이 딱 알맞다. 이런 대륙성 기후가 한국만은 아니다. 우리나라와 위도가 같은 일본, 중국의 황해 연안, 미국 동부의 뉴욕에서도 대륙성 기후가 나타난다. 그러나 이 지역의 기후도 우리 기후와 상당한 차이를 보인다.

한반도에서는 약 100만 년 전부터 구석기인들이 이 땅에 살았을 것으로 추정된다. 평양시 상원군 흑우리에서 발견된 검은 모루 유적은 29종의 짐승 뼈 화석과 함께 거칠게 깨뜨려서 만든 석기들이 발견되었는데, 연대 측정 결과 약 100만 년 전 원인猿人 단계의 사람들이 남긴 것으로 확인되었다. 그러나 인공적인 주거는 대체로 기원전 5000년경부터 시작되었을 것으로 추정하고 있다. 초기에는 땅을 파서 움을 만들고 나무로 지붕틀을 짜서 덮은 구조였다. 깊이 1m, 지름 5m의 둥근꼴이 많으며 네모에 가까운 것도 있다. 복판에 화덕을 두었으며 주위에 구멍을 파고 밑이 뾰족한 그릇을 박았다. 지붕은 원뿔에 가깝고 문은 지붕의 한쪽을 뚫어 만들었다.

움집은 점차 주상 주거로 발전했다. 움집에서는 움의 내부에 화덕 자리를 두어 난방을 했지만 주상 주거로 발전하자 당연히 난방 방식이 달라졌다. 이때 나타난 것이 온돌(Ondol, 구들로도 표현)이다.[1] 온돌은 추운 겨울을 나기 위해 구들 고래를 만들고 고래 위에 구들장을 놓아 아궁이를 통해 받아들인 열을 구들장에 저장했다가 서서히 복사열을 방출하여 방바닥이 따뜻해지도록 고안된 난방구조를 말한다. 또한 온돌은 『개정판 옥스퍼드 사전』에 김치Kimchi와 함께 실려 있을 정도로 국제어로 인정받고 있다. 이 사전은 온돌에 대하여 '아궁이에서 방바닥 밑으로 난 통로를 통해 방을 덥히는 난방'이라고 적고 있다. 네델란드의 위트센은 『북과 동 타르타리아(북아시아)』에서 온돌에 대해 '방을 만들 때는 마루 밑으로 15cm 정도의 구멍을 뚫고, 그곳으로 문 밖에 설치한 아궁이에서 연기를 피워 넣어서 방안을 따뜻하게 하는 방법을 쓰고 있다'라고 기록했다. 을사보호조약이 체결되기 직전인 1904년 말에 대한제국을 취재했던 스웨덴의 기자 아손 그렙스트도 온돌에 대해 적었다.

방구석에 있는 놋쇠로 된 높은 대 위에서 타고 있던 등은 심지가 고르지 않아 그을음을 냈고, 오물과 마늘 냄새는 점점 더 심해지는 것 같았으며, 옆방의 코고는 소리는 그 수가 두 배로 많아진 것 같았다. 설상가상으로 진흙 방바닥은 딱딱하고 뜨겁기가 이루 다 말할 수 없었다. 밑에서 직접 난방을 하기 때문인 것 같았다. 집 한편 토대에 나 있는 구멍 속으로 땔감을 집어넣고 내가 역에서 이곳으로 올 때 주시했던 바와 같이, 집 다른 편에 나 있는 구멍을 통해 연기가 나가도록 되어 있었다. 코레아의 모든 주택은 이런 식의 난방 구조를 가지고 있었다.

## 한민족과 함께 한 온돌

한국인이 온돌을 사용한 것은 오래 전부터였다. 북한에서는 영변군 세죽리, 시중군 로남리, 요령성 무순시 연화보 유적 등에서 고조선 시기의 온돌 유적이 발견되었는데, 세죽리 5개의 집터 중 2개의 집터에서 발굴된 온돌은 'ㄱ'자형 외고래 온돌이었다. 온돌 고래는 납작하고 길쭉한 돌을 세우고 그 위에 얇은 판돌을 덮어 만든 것이다. 고래의 맨 앞부분에는 고래보다 깊은 아궁이가 있으며, 온돌 고래의 길이는 3~4m였다. 온돌의 시기는 이보다 훨씬 오래되었다는 것이 학자들의 추정이다. 지금부터 5만 년 전으로 추정되는 회령 오동의 구석기시대 주거지 유적에서 구들로 추정되는 형태의 바닥과 벽이 발굴됨으로써 그 시기가 구석기시대로 거슬러 올라간다. 또한 약 100만 년 전으로 추정되는 황하 유역의 주구점 두개골 화석 유적에서 발굴된 바닥에 깔려있는 화원석 등으로 미뤄보아 구석기시대 혹한 지역인 중국 북부나 만주지역에서 유동하던 원시인들에 의해 초기 온돌이 발생됐으리라고 추측하는 학자들도 있다.[2]

그러나 의식주에서 주의 대표적인 온돌이 고대 사료에서 보이지 않는다는 것은 학자들을 안타깝게 만드는 요인이었다. 특히 동이족들의 대표적인 난방방식이 기록에서 보이지 않는다는 것은 온돌의 주체가 누구인가를 설명하는데도 어려움이 있기 때문이다. 온돌에 대한 최초의 문헌은 늦은 시기인 중국의 옛 지리서 『수경주』로 내려온다. 이 책은 500~513년 북위北魏의 역도원酈道元이 저술한 것인데 '방바닥 밑에 여러 가닥으로 돌을 괴고, 위에 진흙을 발라서 불을 피워 여러 갈래로 열이 흘러 들어가게 해 방바닥을 따뜻하게 한다'는 온돌에 대한 내용이 담겨있다.

중국 『구당서舊唐書』와 『신당서新唐書』의 〈동이전〉에는 고구려인들의 주거에 대해 설명을 하면서 '거처는 반드시 골짜기를 의지하여 지었고, 지붕은 띠나 풀로써 이엉을 지었으나 불사佛寺나 신묘, 왕궁, 관아만은 기와지붕을 했다. 그 풍속에 의하면 가난한 사람들이 겨울을 나기 위해서 긴 갱坑을 만들어 따뜻하게 난방한다'라는 기록이 있다. '불사'라는 구절을 보아 고구려에 불교가 도입된 소수림왕 2년(372년) 이후의 기록으로 보인다. 여기서 갱은 중국 사람들이 캉이라 부르는 난방시설이다. 캉과 온돌은 기원이 같은데 온돌이 바닥 전부를 데우는 반면에 캉은 실내의 한 쪽에 벽돌을 쌓아 일부분만 데우는 것이다.

중국인과 만주족은 신을 신고 다니는 입식문화인 탓에 창 쪽의 '쪽구들'이나 '반구들'을 사용했다. 중국 동북 지역을 가면 현재도 이 방식을 사용하고 있지만 이것은 한국과 같은 통구들과는 다르다.[3] '가난한 사람들이 겨울을 보내기 위해 장갱長坑을 만들어 따뜻하게 난방한다'는 말은 상류 계층에서는 온돌이 아닌 난방법을 사용했다는 뜻이다. 상류 계층에서는 철제 화로나 부뚜막 같은 별도의 설비를 방안에 두어 난방을 했을 것으로 짐작된다.

고구려 초기의 온돌은 자강도 중강군 토성리 유적에서 찾아볼 수 있다. 이 유적의 제4구에서는 4개의 온돌이 발견되었는데, 온돌 구조는 납작한 강돌을 두 줄로 세워놓고 그 밑을 진흙으로 다져 만든 외고래 온돌이다. 구들 고래의 넓이는 20cm, 높이는 20~25cm다. 구들 고래는 남북으로 3.6m로 놓였고 남쪽에서 서쪽으로 직각으로 구부러져 있다. 기원전 4세기 중반으로 추정하는 안악고분 3호와 약수리 무덤벽화에는 한 여인이 부뚜막에 시루를 올려놓고 음식을 만들고 있고, 다른 여인은 부

고구려 철제 부뚜막

뚜막 아궁이에 불을 지피는 그림이 보인다. 아궁이에서 지핀 불길이 긴 고래 구들을 따라 굴뚝으로 빠지고 있다.

　고구려 벽화는 주인공들이 의자에 앉아 있는 장면이 많이 나온다. 그러므로 학자들은 고구려시대에 이미 의자에 앉는 입식문화가 주를 이루었을 것으로 생각하지만 고구려의 매서운 기후를 보아 온돌문화도 널리 보편화되었을 것으로 추측한다. 한국인의 자랑인 온돌이 삼국시대에 기후가 추운 지역에서 사용되었을 것으로 추정하는 것은 당연한 일이기 때문이다. 문제는 앞에서 이야기한 것처럼 온돌에 대한 기록이 너무 늦게 나타난다는 점이다. 한국의 사료에서는 『삼국사기』〈신라본기 제11〉'헌강왕(880년)'에 다음과 같은 기록이 있다.

　　왕이 좌우의 신하들과 월상루에 올라가 사방을 바라보니, 서울에 민가가 즐비하고 노래 소리가 연이어 들렸다. 왕이 시중 민공敏恭을 돌아보면서 "내가 듣건대 지금 민간에서는 짚이 아닌 기와로 지붕을 덮고, 나무가 아닌 숯으로 밥을 짓는다 하니 과연 그러한가?"라고 물었다. 민공이 "신도 일찍이 그렇다는 말을 들었습니다"라고 대답하고, 이어서 "왕께서 즉위하신 이후로 음양이 조화를 이루고, 바람과 비가 순조로워서 해마다 풍년이 들고, 백성들은 먹을 것이 넉넉하며, 변경이 안정되었으므로 시정이 즐거워하니 이는 성덕聖德의 소치입니다"라고 말했다. 왕이 즐거워하며 "이는 그대들의 도움 때문이지 나에게 무슨 덕이 있겠는가?"라고 말했다.

위의 설명은 신라에서 온돌이 아직 발달하지 않았다는 증거로도 인용된다. 물론 숯으로 밥을 짓는다고 해서 신라에 온돌이 없었다고 단정할 수 없다는 주장도 있었지만, 일반적으로 한반도 남부 지역에서 온돌을 사용치 않았다는 것은 충분히 이해되는 일이다. 한반도의 남쪽은 상대적으로 온난하므로 대청이 발달했다. 대청은 우리나라 중부 이남의 집에 발달되어 있다. 이것은 바닥 밑이 비어 있는 마루방이다. 필자가 어린 시

온돌과 대청이 함께 있는 기와집

절에 숨바꼭질을 하면서 마루 밑을 자주 이용했는데 술래가 사람을 찾으러 들어와서는 마루 밑이 시원한 것을 알고 숨바꼭질을 그만 두었던 기억이 난다. 여름에 무더울 때는 잠자는 공간으로 이용돼기도 하였는데 요즈음 신세대 사람들은 컴컴한데다가 거미줄도 많은 그곳에서 어떻게 잠을 자느냐고 의문을 품을지 모른다. 그러나 어린아이가 있는 집에서 마루 밑은 항상 깨끗하므로 거미줄 걱정을 할 필요는 없었다. 일반적으로 대청이 있는 곳은 따뜻한 곳을 뜻하므로 온돌이 필요하지 않다는 설명이다.

수원대학교 양정석 교수는 〈왕경인의 주거공간 : 『삼극사기』 옥사 조條와 왕경王京 유적의 관계를 중심으로〉라는 논문에서 왕족을 제외한 신라의 최고 신분인 진골과 그 다음 신분인 육두품계층에 대한 건축 관련 규제 항목에서 상床, 즉 침상에 관한 기술이 보이고 있음을 주목했다. 『삼국사기』 〈잡지(2)〉 '색복 · 거기 · 기용 · 옥사'의 기록은 다음과 같다.

> 진골은 수레 재목으로 자단과 침향을 쓰지 않고 대모를 붙이지 못한다. 또한 감히 금, 은, 옥으로 장식하지도 못한다. (중략) 육두품은 안장에 자단, 침향, 회양목, 괴목, 산뽕나무 등을 사용하거나 금, 은을 사용하거나 구슬 다는 것을 금한다.

이에 의하면 진골은 침상을 대모나 침향목으로 꾸미지 못하며, 육두품은 대모 · 자단 · 침향 · 회양목을 침상 장식으로 쓰지 못했다는 것을 알 수 있다. 이를 볼 때 양 교수는 당시 신라인들이 방바닥에 직접 앉거나 잠자지 않았으며 침대를 사용했음을 알 수 있다고 설명했다. 즉, 건물 바닥에는 널마루나 온돌 등을 깔지 않고 살았다는 것이다. 지금은 우리나라 전체에 온돌이 보급되어 있다. 물론 정통 온돌보다는 온돌판넬이지만 말이다. 그러나 현대처럼 문물이 풍성하지 않은 고대에 날씨가 추운 북부에서 온돌이 많이 보급되었겠지만 북쪽에 비해 상대적으로 따뜻한 남부지역에서는 겨울을 나기 위해 화덕을 집안에 설치하거나 화로를 설치하는 정도로 만족했으리라는 설명도 충분히 이해가 간다. 고구려 · 백제 · 신라에서 온돌에 대한 기록이 없고 이에 반하는 자료만 등장하여 학자들이 애를 태웠는데 최근 놀라운 내용이 전해졌다. 『삼국유사』〈기이(2)〉 '남부여 · 전백제 · 북부여'에 다음과 같은 기록이 있다.

사비수 언덕에 돌 하나가 있는데 10여 명이 앉을 만하다. 백제왕이 왕흥사王興寺에 가서 부처에게 예禮를 드리려 할 때 먼저 그 돌에서 부처를 바라보고 절을 하면 그 돌이 저절로 따뜻해졌다 해서 그 이름을 돌석溧石이라고 한다.

위의 기록에 나오는 저절로 따뜻해지는 돌석을 온돌로 추정할 수 있다. 중국문헌에서는 장갱으로 표현되었지만 『삼국유사』에서는 돌로 적었다는 것으로, 이는 온돌에 대한 기록이 있었음에도 미처 알아내지 못했을 뿐이라는 설명이다. 『삼국유사』의 기록도 왕흥사라는 사찰이 나오는 것을 보아 백제에 불교가 들어온 이후의 일이지만 고구려 · 백제에서 입식뿐만 아니라 온돌이 널리 보급되었을 것이라는데 의심할 여지가 없을 것이다.

## 북에서 내려온 온돌, 남에서 올라간 대청

온돌은 고려시대에 본격적으로 보급되기 시작하는데 『고려도경』에는 '귀족계급은 와탑臥榻을 서민계급은 대부분 흙 침상으로 땅을 파 구들火

坑을 만들고 그 위에 눕는다'고 적혀있다. 여기에서 장갱을 화갱 또는 토탑土榻이라고 표현한 것으로 보아 이 갱은 고구려의 폭이 좁은 장갱과 달리 폭이 상당히 넓어진 갱임을 추측할 수 있다. 또한 최자의『보한집』에 의하면 13세기 초에는 이미 구들이 방 전체에 만들어지고 아궁이가 방 밖에 만들어졌음을 알 수 있다.

온돌은 고려시대를 거쳐 조선 전기에 들어와 비로소 전국으로 퍼지기 시작하였다. 온돌이라는 용어도 조선 초기부터 사용되기 시작했으며 구들을 놓은 방 전체를 온돌방이라 불렀다. 특히 고려시대 온돌은 세계에 유례 없는 획기적인 거주 시스템으로 변모했다. 즉, 온돌과 대청이 한 건물에서 접목되었다. 남쪽에서 발달한 대청은 계속 북상을 시도하고 온돌도 호시탐탐 남하를 시도해서 마침내 서울·경기 지역에서 타협을 한다. 마루와 온돌이 한 집에서 공존하는 이중 구조가 나타나는 것이다. 여름을 나기 위한 시원한 대청과 겨울의 생활공간인 온돌방이 그것이다. 이런 만남은 고려시대로 거슬러 올라간다. 이인로(李仁老, 1152~1220년)의『공주동정기公州東亭記』에 다음과 같은 글이 있다.

공주에 동정이라는 정자를 지었다. 이 정자는 지세에 따라 건축되었고 크기는 모두 14칸이며 겨울에 쓸 욱실과 여름에 쓸 양청이 건축되었다.

이 글은 욱실이라는 온돌 구조와 양청이라는 마루 구조가 하나의 건물에 시설되었음을 보여준다. 일부 학자는 욱실이 온돌 구조라는 확증이 없으므로 온돌과 마루가 고려시대에 결합되었다고는 볼 수 없다고 반박하기도 한다. 단지 한국의 특징인 하나의 건물 안에서 여름과 겨울을 동시에 대비한다는 것을 보여준다는 주장도 있다. 온돌과 마루가 하나의 주택으로 결합되었다는 것은 사계절이 분명한 한국적 기후에서 태어난 특별한 거주 개념이다. 온돌과 부뚜막의 관계를 알려주는 자료들이 거의 없어 확실한 결론을 내릴 수 없지만 온돌의 발달은 부뚜막의 발달을 가져왔음이 틀림없다고 생각한다. 물론 부뚜막과 온돌방 아궁이가 겸용으로 된 것도 있었으나 필요에 따라 이를 구분해서 축조했을 것이다.

## 과학적인 온돌 난방 방식

온돌의 원리는 열전도를 이용한 복사 난방 방식의 일종이다. 방고래를 통해 화기火氣를 보내 달궈진 구들이 방출한 열로 난방을 하는 것이다. 김민정의 글을 참조하여 온돌에 대해 설명한다.

구들이 처음 시작되는 부분은 아궁이인데, 아궁이는 열의 공급원이다. 아궁이에 땔감을 넣어 태우면서 나오는 열에너지가 구들 속으로 들어간다. 중요한 것은 아궁이의 바닥이 방바닥 구들보다 낮아야 한다. 아궁이에서 방바닥까지 높이가 서서히 높아져야 찬 공기가 자연스럽게 아래쪽 아궁이 속으로 들어가 덥혀진 공기를 밀어줄 수 있다. 아궁이를 지나면 부넘기라는 것이 있는데 이는 아궁이와 고래가 연결되는 부분이다. 이 부분은 다른 부분보다 유난히 높게 쌓인 부분이다. 부넘기는 아궁이에서 데워진 공기가 구들의 밑부분인 고래로 쉽게 들어갈 수 있게 유속을 빠르게 만드는 역할을 한다. 아궁이를 지나 부넘기를 지난 열에너지는 구들바닥 아래의 고래 뚝으로 이동한다. 아궁이를 지난 구들의 기본 구조는 크게 고래 뚝과 구들장으로 이루어져 있다. 고래 뚝은 구들을 받치는 돌로 이 뚝이 놓인 방식에 따라 아궁이에서 나오는 열에너지의 대류 방향이 달라진다.

고래 뚝 위에 평평한 판석을 여러 개 올리는데 이것이 바로 구들장이다. 고래 뚝 위에 올린 구들장은 실질적으로 방바닥의 기초가 되며 고래 뚝 사이로 이동하는 열이 전도되는 부분이기도 하다. 고래 뚝과 고래 뚝 사이는 열이 대류를 통해 통과하면서 고래 위에 올린 구들장인 방바닥을 데워준다.[4] 온돌이 오랫동안 온기를 유지할 수 있는 비결은 바로 구들장의 재료인 돌이다. 우리 선조들은 주위의 여러 돌 중에서 특별히 운모를 골랐다. 운모는 화성암과 변성암에서 흔히 발견되는 층상 구조의 광물로 백운모, 소다운모, 흑운모, 진발다이트 등으로 나뉜다. 이중 특히 백운모는 열이나 전기가 잘 통하지 않는 절연체다. 이런 이유로 다리미 바닥에는 백운모가 들어있다.

절연체인 백운모 구들장은 아래의 뜨거운 열기를 한꺼번에 방 안으로 방출하지 않게 해준다. 또한 구들장은 아랫목과 윗목의 두께가 다르다. 이는 아랫목의 경우 불을 지피는 아궁이와 가깝기 때문에 너무 뜨거워질 수 있어 두꺼운 돌을 쓰고 여기에 진흙도 두껍게 바른다. 이 때문에 아랫목의 구들장은 많은 양의 열을 저장할 수 있다. 한편 윗목의 구들장은 얇게 해 빨리 가열되도록 했다. 아랫목과 윗목의 온도차를 가능한 한 줄일 수 있도록 했다. 이것은 방이 식을 때도 마찬가지다. 아궁이에서의 열 공급이 중단된 후에 아랫목에 저장된 열이 점점 방출되면서 고래에서의 대류로 인해 윗목의 구들장도 급속히 냉각되지 않는다. 이처럼 온돌은 과학적인 지식의 산물이다.[5]

방바닥을 고루 덮여주기 때문에 습기가 차지 않고 화재에도 안전하다. 그러나 우리나라의 재래식 온돌은 실내를 쾌적하게 유지할 수 있으나 아궁이와 굴뚝 등을 통해 손실되는 열량이 많기 때문에 실제 열효율은 30%에 불과해서 에너지 면에서는 불리한 방식이다. 그러므로 난방만을 했을 때의 비효율을 보완하기 위해 취사도 함께 할 수 있도록 했다. 이러한 에너지 효율도 고려하여 이중 효과를 얻도록 한 것이야말로 선인들의 지혜라고 할 수 있다.

온돌로 인해 장판이 발달해서 영조 때에는 장판 마감에 여러 방법이 사용되기도 했다. 보통 민가의 온돌은 사오 년에 한 번씩은 새 벽을 하고 새 장판을 하는 것이 보통이었다. 우선 새 벽이 마른 후에 피지나 백지로 초배를 한 다음 튼튼한 대접을 엎어 놓고 방바닥을 고르게 문지른다. 그 위에 다시 창호지를 발라 바탕을 희게 한 다음 들기름을 먹인 두터운 유삼지 각장을 붙여서 장판을 한다. 이 장판 위에 콩댐(물에 불린 콩을 맷돌에 갈아서 자루에 넣은 후 방바닥을 문지르는 것)을 하고 이것이 마르면 마른 걸레질을 수없이 되풀이한다. 여자의 정성이 깃든 장판은 이에 보답하듯 차차 누렇게 변하면서 나중에는 거울처럼 된다.[6]

장판이 오래되면 윗목과 아랫목이 온도의 영향을 받아 변하는 것도 방안의 운치를 높여준다. 요즘 장판은 말만 장판방이지 울긋불긋한 꽃장판은 물론 비닐로 된 벽지 무늬를 사용하기도 한다. 현대화의 물결을 무작정 나무랄 수는 없지만, 한국인의 특성이 사라지는 것이 아쉽다고 전통 장판을 고집하는 사람이 있다는데 위안을 받는다.

## 현대화 물결에 빼앗긴 온돌

현대화의 물결은 우리에게서 아랫목을 빼앗았다. 온돌은 구들 대신 온수 파이프가 깔린 개량 온돌인 온돌판넬로 변했기 때문이다. 공간에 따라 실내에도 방열기를 설치하여 증기나 온수를 순환시키거나 스토브를을 설치해서 난방을 하는데, 전자를 복사 난방이라 하고 후자를 대류 난방이라고 한다. 대류 난방은 가열된 공기가 천장에 머물다가 옥외로 열기를 빼앗기므로 외기의 찬 공기를 덥혀야 한다. 더구나 국부적으로 방열 부위의 공기는 고온이므로 급속히 상승해서 천장 밑은 가장 높은 온도가 되고 바닥은 낮은 온도가 된다. 사람이 서 있는 자세에서 머리 부분은 고온이고 발 부분은 낮은 온도가 되는 두열족냉頭熱足冷이 되는데 이는 건강상 좋지 않다고 의학자들은 지적한다.

고온의 공기는 공기 중의 산소 분자의 운동 속도가 급격히 빨라지고 팽창되어 분자간의 거리가 멀어지게 되므로 결국 고온의 공기를 호흡하면 심폐 내 산소 분자가 작아지며 인체에 지장을 초래한다. 실제로 세계적으로 장수하는 지역은 추운 곳에서 다수의 산소를 공급받을 수 있는 지역이며 열대 지방 사람들의 수명이 짧다는 것으로도 증명이 된다. 이에 대해서는 조선시대 정조가 읽은 세 노인과의 대화에서도 나타난다. 정조가 읽은 글은 나이가 각각 백여 세나 되는 세 노인들이 함께 밭에서 김을 매면서 서로 그렇게까지 장수하게 된 까닭이다. 그 비결로 세 노인은 각자 다음과 같이 말했다.

① 우리 집 마누라가 박색이오.
② 음식 먹기 절제하여 배 채우지 않았소.
③ 저녁 일찍 자리에 들되 머리는 내놓지요.

다시 말해 한 노인은 여색을 멀리함으로써 정기精氣를 굳힐 수 있고, 한 노인은 섭생을 잘하고 음식을 절제함으로써 병을 없앨 수 있다고 했는데, 마지막 노인은 규칙적인 생활을 하되 잠을 잘 때 머리를 차게 했다는 뜻이다. 온돌의 장점을 한마디로 설명한 것으로 볼 수 있다.[7]

대류난방과 온돌난방의 열적 특성은 다음과 같다. 첫째, 가열면의 온도를 낮출 수 있다. 대류난방인 경우 방열면 표면의 온도가 보통 50℃ 정도인데 온돌난방인 경우 표면온도가 30~35℃로도 충분하다. 둘째, 온돌 표면온도가 30℃일 때 열교환은 총 열교환량의 절반 정도이므로 방안의 쾌감온도를 만드는데 유리하다. 셋째, 온돌난방은 복사열교환으로 방안의 온도를 높이므로 사람의 몸으로부터 나오는 복사에 의한 열방출량을 줄여준다. 위생학적으로 좋다는 뜻이다. 넷째, 온돌난방에서는 바닥면과 천장 면을 제외하면 실내 상하 온도차가 거의 없는 균등한 실온이 형성된다. 또한 온돌은 발바닥을 포함한 신체가 직접 온돌에 접촉하므로 쾌감을 얻는 동시에 혈액 순환을 촉진시키므로 과학적이고도 이상적인 난방 방식이다. 실험에 의하면 방안의 쾌적온도를 21℃로 설정하는데 온돌난방의 경우 바닥높이 50cm 정도에서 22℃가 유지된다.[8] 그러나 대류난방 방식은 복사 난방에 비해 시공이 간편하고 가격이 저렴하며 난방시 예열 시간이 짧다는 유리한 점이 있어 주택에서도 안방 등 침실 공간이 아닌 곳은 거의 전부 방열기가 차지하고 있다.

에너지 파동으로 건물에서의 난방용 소비 에너지 절감이 주요 쟁점이 되었을 때 전통 온돌이 사라지고 개량 온돌이 보급되기 시작했다. 정부는 에너지 절감 정책을 펴서 주거 건물의 단열성과 기밀성이 향상되도록 했다. 이에 따라 각 실의 난방 부하를 적은 에너지로 감당할 수 있게 되었지만, 온돌이라면 당연히 생각되는 온돌 바닥의 따스함이라는 개념은 사라지게 된다. 더구나 패널 난방을 하면서 침대를 들여놓았다. 침대는 '가구가 아니라 과학'이라는 광고까지 내보내고 있다. 온돌 문화가 지닌 복합적인 장점을 포기하고 침대가 선진 생활인 듯 착각하고 있는 것이다. 국내에서의 주거 생활은 국적 없는 형태로 변한 셈이다.

그러나 외국의 입식 생활과는 달리 좌식 생활에 익숙한 우리들은 대체로 따뜻한 바닥에 의한 접촉성 온열감에 친숙해 있기 때문에, 실내 온도는 쾌적한 범위에 있더라도 바닥 표면의 온도가 낮을 경우에는 불쾌감을 느낀다. 방바닥은 가능하면 온도 차이가 있는 부분을 만드는 것이 건강상에 좋다는 것이 일반적인 견해다. 요즈음 아이들이 잔병에 자주 시달리는 것도 온도 차이가 거의 없는 아파트와 같은 중앙집중식 난방 생활을 많이 하기 때문이라고 학자들은 지적한다.

이와 같은 단점의 보완책으로 장기간 온기를 느낄 수 있는 잠열 저장재를 채택하는 방법도 있다. 필자는 상변화 온도가 29.7℃인 염화칼슘 6수화물CaCl$_2$ · 6H$_2$O을 온돌 판넬과 온수 온돌에 골고루 설치한 후 방열 효과를 비교 검토했다. 실험 결과에 의하면 잠열 저장재를 넣지 않은 경우는 과열 상태를 나타내지만, 잠열 저장재를 넣은 경우 과열을 방지할 수 있음은 물론 자연 방열에 의해 장시간 동안 온기를 느낄 수 있었다. 더구나 이 경우 난방 비율도 약 15% 감소시킬 수 있다.[9] 반면 온돌 바닥 전체를 일정한 온도로 가열하지 않고 부분적으로 높여 우리의 관습에 적응한 따뜻한 바닥 난방을 하는 부분 난방 방법도 있다. 이 방식은 방열면의 면적을 조정함으로써 거주자가 요구하는 바닥 온도를 얻을 수 있도록 하는 것이다.

한양대학교 손장열 교수는 실험을 통해 부분 난방의 경우 실내 온열 환경이 전체 난방과 다름을 확인했다. 인체의 쾌적 바닥 온도 범위는 31~35℃이지만, 전체 난방을 실시할 경우 약 28℃로서 인체가 느끼는 쾌적 바닥 온도보다 온도가 낮음을 알 수 있다. 따라서 바닥 온도를 쾌적 난방 온도로 유지시키기 위해서는 전체 난방 대신 부분 난방을 실시하는 것이 오히려 효과적이다. 이럴 경우 난방을 10% 감소시켜도 약 3℃의 바닥 온도 상승이 가능하므로 일석이조의 효과를 얻는다. 뛰어난 난방

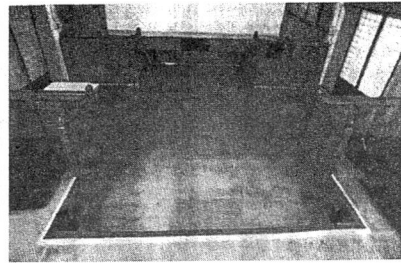

아자방                          '아자방 내부

효과를 가진 온돌의 예로 경희대학교 주강현 박사는 지리산 반야봉의 칠불암 아자방의 온돌을 꼽고 있다. 아자방은 온돌을 한 번 지피면 뜨겁고 따스한 온기가 49일이나 간다는 전설이 있다. 이 아자방은 한국전쟁 때 폭격으로 파괴되었다가 1982년 복원하였는데 토질이 황토이며 온돌 밑에 15~20cm 정도의 강회다짐이 있어 보온층을 형성했다. 온기가 전설대로 49일은 가지 않더라도 봄·가을에는 일주일 가량, 영하 10℃에서도 3~4일간 따뜻하다고 한다.

온돌의 장점을 고집하면서 온돌의 세계화를 꿈꾸며 21세기의 전략 상품으로 만들겠다는 사람들이 아직도 건재하고 있어서 다행이다. 미국 백화점에서 유명 전자회사인 제너럴일렉트릭이 제작한 '미니 온돌'이라는 소형 전기담요가 판매되고 있다. 프랑스 국립과학기술연구소에서도 에너지 절약의 일환으로 온돌을 연구하고 있다. 일반적으로 온돌을 사용할 경우 입식 생활에 사용되는 강제 환기식 난방 방법보다 약 20% 이상의 에너지가 절약되기 때문으로 중국에도 온돌 판넬의 보급이 급속도로 증가하고 있다고 한다.

2007년 미국 알래스카주 알류산열도에서 세계에서 가장 오래된 온돌이 발굴됐다고 미국 고고학회가 발표했다. 알래스카주 어날래스카시 아

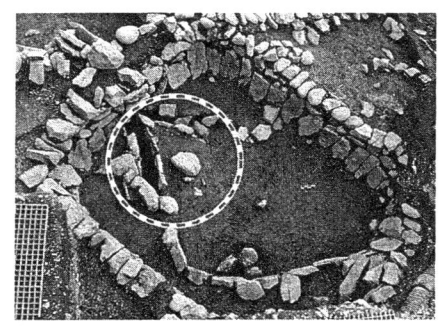

알래스카에서 발견된 온돌 유적

막낙섬에서 다리 건설을 위한 발굴을 하던 중 온돌을 갖춘 집터가 나왔다는 것이다. 알래스카 페어탱크스대학교 릭 크넥 교수는 이 유적이 2003년에 발굴되었는데 발굴된 유물을 방사성탄소연대법으로 측정한 결과 3,000년 전 것으로 판명되었다고 설명했다. 또한 이곳에서 1997년에 발굴된 것을 포함하여 모두 4개의 온돌 구조가 발견되었다.

지금까지 인류가 사용한 가장 오래된 온돌은 공식적으로 2,500년 전쯤 만주·연해주 지역에 살던 북옥저인들 것이 사용한 온돌로 알려졌다. 미국 알래스카 것은 이보다 500년 빠른데다 유라시아대륙 이외 지역에서 온돌이 나온 것도 이번이 처음이라 주목을 받았다. 알래스카에서 발견된 온돌은 바닥에 길이 2~4m 정도의 얕은 도랑을 파고 평편한 돌을 V자 형태로 여러 장 도랑 벽면에 세운 뒤 그 위에 역시 평편한 돌로 덮어 방고래를 만들었다. 집 바깥으로는 연기가 나가는 굴뚝도 있다. 서울대학교 송기호 교수는 '고대의 온돌은 모두 방 한쪽에만 구들을 마련한 쪽구들 온돌인데, 아막낙섬 역시 쪽구들 온돌로 보인다'고 말했다. 한국이 주장하는 통구들과는 다소 다르다는 설명이다.[10]

## 첨단 에너지 절약 개념이 도입된 초가집

주상 주거 중 우리나라의 기후와 자연 환경에 가장 잘 어울리는 것이 바로 초가집이다. 과거 대표적인 서민 주택인 초가집은 추수를 마친 벼의 짚을 이용해 지붕을 만들고 우리나라 어디에서나 발견되는 진흙으로 두껍게 벽을 만들었으며 창호지 문을 설치했다. 바로 이 초가집이야말로 가장 합리적인 에너지 절약형 주택이다. 초가집은 짚과 소나무와 흙 등의 세 가지 재료로 만들어진다. 보통 짚이라고 하면 벼를 수확하고 남은 줄기를 가리키는 말로 알려져 있지만 짚의 의미는 더 넓다. 국립국어원 표준국어대사전을 보면 짚은 '벼, 보리, 밀, 조 따위의 이삭을 떨어낸 줄기와 잎'이다. 그러므로 벼의 경우 볏짚, 보리의 경우 보리짚, 콩의 경우 콩짚, 밀의 경우 밀짚이라고 한다. 한 가지 특이한 것은 반드시 곡식에만 짚이라는 단어가 쓰인다는 점이다. 짚의 역사는 곡식 재배와 함께 하기 때문에 그 시작은 농경 생활로 거슬러 올라간다. 우리나라에서 신석기 후기부터 벼, 조, 피, 기장, 수수, 콩, 팥과 같은 곡식이 재배되었으므로 이때부터 짚 문화가 발달했을 것으로 추정한다. 윤나오는 우리나라의 대표적인 짚 문화는 바로 '집'이라는 단어에서 찾을 수 있다고 적었다. 초가집은 말 그대로 '볏짚으로 이은 집'이라는 뜻이다. 잘 마른 볏짚을 모아 엮어 지붕으로 얹히기만 하면 초가집이 된다는 설명이다.[11]

그러나 초가집을 단순하게 짚으로 만든 것으로만 설명할 수 없다. 짚으로 만든 지붕은 가벼워서 기둥에 거의 압력을 주지 않으며 비가 오거나 눈이 녹아도 짚의 결을 따라 흘러내려 잘 새지 않는다. 또한 지붕 위에 얹힌 볏짚은 단열재 역할을 한다. 이는 볏짚과 보릿짚을 잘라 단면을 비교하면 알 수 있다. 보릿짚은 짚 가운데에 구멍 하나만 크게 뚫려있는 빨대 모양이다. 그러나 볏짚은 크고 작은 구멍들이 여럿 모여 있는 다공성 구조를 갖고 있다. 단열재란 열을 전달하지 않는 재료로서 그 원리는 재료가 비어 있는 공간을 많이 갖도록 한 것으로 볏짚이야말로 천연 단열재 역할을 한다. 양철지붕이나 돌지붕보다 초가가 여름에는 시원하고

낙안읍성에 있는 초가집

겨울에는 따뜻한 것도 짚의 단열재 역할 때문이다. 선조들은 볏짚으로 돗자리를 만들기도 했는데 이는 다른 짚으로 만든 것과는 다르게 볏짚으로 만들면 폭신하기 때문이다.

　짚을 받쳐주는 소나무의 역할도 만만치 않다. 소나무의 겉은 연질軟質이지만 그 속심에는 송진이라는 썩지 않는 성분이 있어 겉은 썩더라도 속심은 멀쩡하다. 오래된 집을 보면 지붕이 기우뚱해도 넘어지지 않는 것이 바로 이 때문이다. 게다가 진흙으로 된 두꺼운 벽도 초가집의 중요한 요소다. 일반적으로 흙을 갤 때 짚을 넣거나 수수깡, 대나무를 심재로 넣어 흙이 무너지는 것을 막는데, 두꺼운 벽은 낮에 비추는 태양열을 흠뻑 받아들여 차가운 저녁에 실내로 열을 방출하는 역할을 한다. 우리나라 기후는 여름에는 고온다습이고 겨울에는 저온저습이므로 여름에는 습기로 인해 불쾌지수가 높고 겨울에는 살을 에듯 춥다. 이런 기후에는 열기와 냉기를 차단해주는 단열 효과가 큰 자재가 가장 적합한데 그것이 또한 흙이다.

더구나 초가집은 두터운 흙이 저절로 습도를 조절해주기 때문에 가습기가 필요 없다. 사람이 가장 쾌적하게 느끼는 습도는 평균 60%이지만 여름에는 습도가 90%를 넘어가기도 한다. 그러나 초가집은 한지를 사용한 창호지 문과 흙벽이 습도를 조절해서 불쾌지수를 낮추어주어 습기가 차지 않아 결로 현상이 없다. 따라서 우리나라 같은 기후에 가장 좋은 주택은 바로 초가집이다. 아울러 초가집은 도시형 주택보다 30% 정도 에너지를 절약할 수 있다. 사람들이 초가집의 단점으로 지적하는 것이 알고 보면 장점 가운데 하나다. 한 예로 초가집은 생태계가 그대로 유지된다는 점을 들 수 있다. 초가집에는 굼벵이나 참새 등이 기생하면서 지네나 모기와 같은 해충을 잡아먹는다. 그런가 하면 사람을 해치지 않는 것으로 유명한 구렁이가 참새나 지네 등을 견제한다. 구렁이는 사람의 눈에 잘 띄지 않은 채 집을 보호함으로써 선조들은 업구렁이를 중요한 집 지킴이로 받들었다. 구렁이가 기어 나오면 주인은 머리를 조아리고 손을 비비며 '볕을 쪼이셨으니 이만 들어가시지요'라고 축원한다. 업구렁이가 밖으로 나가면 집의 재운도 사라진다고 여겼기 때문이다.

이러한 짚문화는 벼농사를 짓는 지역에서만 발견되며 외국에는 짚문화가 없다. 물론 외국에도 밀짚이 있지만 보리짚이나 밀짚은 재질이 딱딱해서 지붕은 물론 일상용품도 만들 수 없고 그저 땔감으로만 사용될 뿐이다. 반면 많은 장점이 있는 초가집은 지붕을 정기적으로 교체해주어야 하는 단점과 새마을운동이라는 정부의 정책으로 인해 거의 사라지고 이제는 그 모습을 찾아보기 힘들다. 그러나 노동력이 부족한 현대 생활에서 초가집이 사라지는 현상을 옛날 향수로만 되살릴 수는 없는 일이다. 한국에서는 사라지고 있는 우리의 전통 기법이 외국에서 호평을 받는 것은 한두 가지가 아니다. 우리 것보다 외국 것이 더 좋다는 우리의 생각에 비추어 우리의 장점을 높이 평가하는 외국인들의 안목이 부럽기만 하다. 그러나 초가집이 인간의 건강과 에너지 절약에 절대적으로 유용하다면 앞으로 초가집을 짓는 사람이 점차 늘어날 것이라는 생각에는 변함이 없다. 실제로 최근 들어 몇몇 사람이 중심이 되어 황토집이나 초가집을 짓는 붐이 일고 있다니 그들의 영향력이 점점 커지기를 바랄 뿐이다.

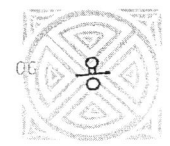

석가모니가 세상을 떠날 때 모든 동물들을 불렀는데 오로지 열두 동물만이 하직인사를 하기 위해 모였다. 석가는 동물들이 도착한 순서에 따라 각 해마다 이름을 붙여주었다. 쥐가 가장 먼저 도착했고, 뒤이어 소, 호랑이, 토끼, 용, 뱀, 말, 양, 원숭이, 닭, 개, 돼지 순이었다. 불교 설화로 전해오는 열두 띠가 생기게 된 유래다. 또 다른 설은 열두 가지 동물들이 달리기를 해서 먼저 들어온 순서대로 적었다는 것이다. 그러나 느리기로 유명한 소가 가장 빨리 달린다는 것이 이상하다. 순서로는 쥐가 가장 빨리 들어왔는데 그것은 쥐가 소의 머리 위에 타고 있다가 결승점에 이르기 직전에 뛰어 내려 제일 빨리 결승점을 통과했다고 한다. 그런데 이 전설이 옳건 그르건 용이 중간 정도에 있다는 것도 의아하다. 일반적으로 용은 하늘을 빠른 속도로 올라갈 것이라고 생각하기 때문이다. 그러나 이 열두 가지 동물 중에서 유독 용만 현실의 동물이 아니다. 상상의 동물이 실제의 동물과 경주를 할 정도로 인간에게 친근하다는 의미로도 볼 수 있지만, 용은 과연 어떤 동물인지 궁금하지 않을 수 없다.[1]

사실 『삼국유사』에서 가장 많이 나오는 동물이 용이다. 용이 불교와 깊게 관련되어 있기 때문인데 『삼국유사』의 용은 다양한 성격을 갖고 있다. 삼국시대에 용의 중요성과 위상은 『삼국유사』 〈탑상〉 '가섭불의 연좌석'에 나오는 황룡사의 예로도 알 수 있다.

> 진흥왕 즉위 14년 개국 3년 계유癸酉(553년) 2월에 동쪽에 신궁新宮을 세웠는데 여기에서 황룡皇(黃)龍이 나타났으므로 왕은 이것을 의심해서, 고쳐서 황룡사皇(黃)龍寺라 했다.

삼국시대의 대표적인 사찰이자 가장 큰 목고탑이었다는 황룡사가 용을 의미할 정도로 용은 절대적인 위치를 갖고 있으며 호국의 상징이었다. 『삼국유사』에는 황룡사에 구층탑을 세우면 이웃나라의 항복을 받아 국태민안할 것이라고 예언되자 그 탑을 세운 후 머지않아 삼국이 통일되었다고 기록되어 있다. 신라 원성왕 때는 당나라 사신이 동지용·청지용·분황사 용 등 호국용을 작은 물고기로 만들어 통 속에 담아서 돌아가자 주머니에 넣어가려는 것을 되찾았다는 기록도 있다. 이 역시 용이 국방에 중요한 역할을 한다는 뜻으로 이해된다. 『삼국유사』 〈의해〉 '관동풍악의 발연수석기'에도 용의 신통력에 대해 적혀있다.

> 율사가 교법敎法을 받고 금산사金山寺를 세우고자 하여 산에서 내려와 대연진大淵津에 이르니, 갑자기 용왕龍王이 나와서 옥가사玉袈裟를 바치고 팔만권속(八萬眷屬, 많은 수의 사람을 뜻함)을 거느리고 그를 호위하여 금산수金山藪에 가니, 사방에서 사람들이 모여들어 며칠 안에 절이 완성되었다.

『삼국유사』 〈신주〉 '명랑의 신인종'에도 유사한 이야기가 있다.

법사 명랑이 신라에 태어나서 당나라에 건너가 도를 배우고 돌아오는데 바다 용의 청에 의해 용궁에 들어가 비법을 전하고, 황금 1,000냥(혹은 1,000 근이라고도 함)을 보시받아서 땅 밑을 잠행潛行하여 자기 집 으물 밑에서 솟아 나왔다. 이에 자기 집을 내놓아 절을 만들고 용왕이 보시한 황금으로 탑과 불상을 장식하니 유난히 광채가 났다. 그런 때문에 절 이름을 금광사金光寺 라고 했다.

그런데 용 중에는 심통 맞은 용도 있다. 『삼국유사』〈탑상〉 '어산의 부처영상'에 나오는 용이 바로 그런 예다.

옛날 하늘에서 알이 바닷가로 내려와서 사람이 되어 나라를 다스렸으니 이가 바로 수로왕首露王이다. 이때 국경 안에 옥지玉池가 있었고 못 속에는 독룡毒龍이 살고 있었다. 만어산萬魚山에 나찰녀羅刹女 다섯이 있어서 독룡과 왕래하면서 사귀었다. 그런 때문에 때때로 번개가 치고 비가 내려 4년 동안 오곡이 익지 못했다. 왕은 주문을 외워 이것을 금하려 했으나 금하지 못하고 머리를 숙이고 부처를 청하여 설법說法한 뒤에 나찰녀는 오계五戒를 받아 그 후로는 재앙이 없어졌다. 때문에 동해의 물고기와 용이 마침내 화化하여 골짜기 속에 가득 찬 돌이 되어서 각각 쇠북과 경쇠의 소리가 났다.

『삼국유사』〈신주〉 '용을 항복시킨 혜통'에도 독룡에 대한 이야기가 나오는데 결론은 누구나 알 수 있는 이야기다. 용이 용한 스님의 불력에는 당해낼 수 없다는 것이다.

용은 혜통이 자기를 쫓은 것을 원망하여 신라 문잉림文仍林에 와서 인명을 몹시 해쳤다. 당시 정공鄭恭이 당에 사신으로 갔다가 혜통에게 말했다. "스님이 쫓아낸 독룡毒龍이 본국에 와서 해害가 심하니 빨리 가서 없애 주십시오." 혜통은 이에 정공과 함께 인덕麟德 2년 을축乙丑(665년)에 본국에 돌아와 용을 쫓아버렸다.

현재 우리들이 알고 있는 용은 그 출생지에 따라 다소 다르다. 인도에서 온 불교적인 용, 중국의 도교나 유교에서 온 용, 본래 이 땅에 있던 순수 토종 용 등이 있다. 용의 순수한 우리 이름은 『훈몽자회』에 따르면 '미르'이고 『아언각비』에 의하면 '미리'로 불렸다.[2] 미르는 물의 옛말인 '믈'과 상통하고 동시에 미리의 옛말과도 밀접한 관련이 있다고 추정한다. 그것은 언어학적인 면뿐만 아니라 실제로 용이 등장하는 문헌·설화·민속 등에서 보면 용의 등장은 반드시 어떠한 미래를 예시해 주고 있기 때문이다. 실제로 『문헌비고』에 의하면 신라시조인 박혁거세로부터 조선 숙종 40년(1714년) 사이에 무려 29차례 용의 출현에 관한 기록이 있다.

그런데 용에 대한 기록은 거의 빠짐없이 태평성대, 성인의 탄생, 군주의 승리, 큰 인물의 죽음, 농사의 풍흉, 군사의 동태, 민심의 흉흉 등 거국적인 대사大事와 관련된다. 한마디로 용이야말로 국가를 이끌어 가는 데 가장 중요한 징표다. 『삼국사기』에도 용에 대한 기록은 『삼국유사』에 못지않다. 『삼국사기』〈신라본기 제1〉 '시조 혁거세 거서간 5년' (기원전 53년)부터 용에 대한 이야기가 나온다.

5년 봄 정월 용이 알영 우물에 나타나서 오른쪽 옆구리로 여자아이를 낳았다. 한 노파가 이를 보고 기이하게 여겨 데려다 길렀다. 우물 이름으로 그녀

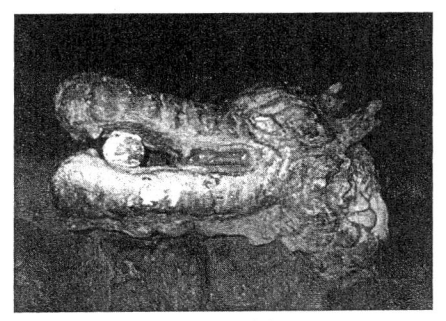

환선굴 용머리

의 이름을 지었다. 그녀는 자라면서 덕스러운 용모를 갖추었다. 시조가 이를 듣고 그녀를 왕비로 받아들였다. 그녀는 행실이 어질고 내조가 훌륭하여 당시 사람들이 두 사람의 성인이라고 불렀다.

용에 관한 『삼국사기』의 기록은 『삼국유사』에 못지않게 많다. 특이한 것은 『삼국사기』에서 신라에 주로 용이 나타나고 백제에도 몇 번 나타나지만 고구려에 대한 기록은 없다는 점이다. 용이 원래 영험한 것을 의미하므로 고구려에 관한 내용을 축소하는데 주저하지 않았던 김부식이 일부러 고구려를 설명할 때 제외했다는 지적이 힘을 얻는 이유다.

## 동양용과 서양용은 달라

용이 한민족에게 절대적인 영향을 미쳤다고 볼 수 있지만, 용에 대한 전설은 역사의 기록과 함께 시작되었을 만큼 오래되었으며 세계 각지에 두루 분포되어 있다. 아시리아나 바빌로니아의 전설은 물론 구약성서, 중국이나 일본의 고문서, 그리스나 로마 심지어는 초기 아메리카의 각종 상징이나 아프리카의 신화에도 용이 등장한다.

중국인들은 용을 중화 문명의 상징이자 중국인 시조의 토템으로 간주한다. 그들은 용의 영상이 기원전 5,000여 년 전의 신석기 시대부터 복잡한 문화 발전 과정을 거쳐 내려왔다고 추정한다. '용'자는 현재 중국에 알려져 있는 가장 오래 된 문자로 상나라 시대의 갑골문과 금문에 처음으로 보이기 때문이다. 갑골문과 금문의 '용' 자는 상형문자로서 용의 형상을 본 따서 만들어진 것으로, 긴 몸체가 굽어 있고 머리와 입이 크며 절대 다수가 뿔이 있고 모양도 다양하다. 또한 다리가 있는 것도 있고 없는 것도 있다. 갑골문에 나타난 용의 정의를 볼 때 상나라 시대의 용은 인류의 생활이나 운명과 관계가 깊은 일종의 신성을 지닌 동물이다.

동양에서 용을 묘사한 기록은 여러 가지지만 가장 정형화된 기록은 명대 이시진의 『본초강목』에서 보이는데 아홉 가지의 동물을 일부분씩 닮은 모습이다. 낙타의 머리, 사슴의 뿔, 토끼의 눈, 소의 귀, 뱀의 목, 이무기의 배, 잉어의 비늘, 매의 발톱, 호랑이의 발바닥으로 이루어져 있다. 어떤 문헌에는 몸에 81개의 비늘이 있고 울음소리는 구리쟁반을 울리는 소리와 같으며, 입 주위에는 수염이 있고 턱밑에 여의주가 있으며 목 아래에는 거꾸로 박힌 비늘(역린逆鱗)이 있으며 머리 위에는 박산(博山, 전설상의 산)이 있다고 했다. 특히 역린은 용의 급소로서 이곳을 건드리면 용이 포악해져 엄청난 재앙을 일으키는 것으로 알려져 있다.[3, 4]

이런 형태를 엄밀히 본다면 용은 각종 동물의 형태를 잡탕으로 뒤섞어 놓은 것으로 현실 세계에서 찾는다는 것은 불가능하다. 동양의 관점에서 용은 '우주 전체를 감싸는 중요하고 심원한 것'을 나타내며 생명의 리듬을 상징한다. 문학이나 예술 작품 속에서 용은 마음대로 모습을 바꿀 수 있는 존재로 묘사되어 있다. 용은 다른 생물의 형태를 취할 수도 있고 바람을 만들고 구름을 움직일 수 있는 힘이 있으며, 해일이나 한발을 일으키기도 하고 가뭄에 단비를 내리게 할 수 있다고 믿었다. 날개가 달린 응룡應龍을 제외하고 모든 종류의 용은 날개 없이도 자유자재로 하늘을 날아다닐 수 있다. 수컷이나 암컷 모두 샘이나 강, 호수, 바다, 구름 속에서 산다. 일반적으로 춘분에는 하늘로 올라가고 추분에는 연못에 잠긴다고 여겨졌다. 동양에서의 용은 선과 악의 힘을 상징하며 행복과 재난을 가져다주는 존재로 여겼다.

영어에서 용을 뜻하는 단어 dragon은 용과 뱀을 동시에 나타내는 라틴어 draco에서 유래했다. 뱀이 인간에게 원죄를 가져다 준 악의 화신이었듯 용도 비슷한 존재였음을 알 수 있다. 특히 서양용과 동양용이 결정적으로 다른 특성을 갖고 있는데, 서양용은 불을 뿜는 능력이 있다는 점이다. 대체로 상서롭고 풍요로움을 뜻하는 동양용과는 달리 서양용은 불과 어둠을 뜻한다. 서양용이 불을 품는 능력을 갖고 있는 것은 기독교 사상에 의해 뱀을 사탄과 동일한 존재로 여겼기 때문이다. 뱀은 죽음을 불러오는 독을 갖고 있는데 이것을 드라마틱하게 표현한 것이 불이므로, 뱀과 유사한 동물로 여겨지는 용이 불을 뿜는 것으로 나타났다. 더구나 서양용은 불사不死의 동물이 아니다. 영웅 전설에서 용은 주로 퇴치해야 하는 괴물이다. 마을이나 공주를 지키기 위해 왕자나 용감한 무사는 용을 처치한다.

## 상상의 동물

유럽에서의 용은 재난을 주는 소재로 자주 나오지만 동양에서의 용은 이와는 정반대다. 평생에 한 번이라도 용꿈을 꾸어보았으면 하는 소망을 누구나 갖고 있을 만큼 용을 보고 싶어 한다. 용이 지구상에 정말로 존재했던 동물이었을까? 용을 다루는 방법부터 동양과 서양은 확연히 구별되므로 우선 중국의 경우를 설명한다. 중국에서 용의 기원은 실존한 동물이 아니라 상상의 동물이 분명하다고 꾸팡古方은 설명했다. 구석기 시대에 수렵은 원시 인류의 생존 유지에 가장 중요한 경저 활동이었다. 중국에서 신석기 시대는 종교 무술巫術이 크게 번성하던 시기로 대량의 동물 형상을 창조했는데, 이들 동물 형상은 동물 자체와 신비한 속성이 결합하여 특수한 무술 능력을 지닌 것으로 여겼다. 즉, 종교적 의미가 충만한 동물 형상 중에서 사람들은 용이라는 특징을 지닌 동물을 창조했다.

중국학자들은 그동안 중국인의 실생활에 큰 영향을 미치고 있는 용의 기원이 어디에 있는가를 추적했다. 고고학적 자료에 의하면 중국 용의 시원은 '중화오천년역사中華五千年歷史'를 주도하고 있는 홍산문화로 거슬러 올라간다. 홍산문화는 동이족으로 알려진 우리와 밀접하게 관련되어 있는데 홍산문화가 발달했던 요하지방은 과거부터 줄기차게 고조선의 터전이라고 주장되었기 때문이다. 중국학자들은 홍산지역에서 발견되는 용과 비슷한 기물 또는 문양이 용의 시원이 되었다고 주장한다. 홍산지역에서 발견되는 옥기의 상당부분은 옥룡玉龍이다. 이들 옥룡은 옥저룡, 대흑룡, 대청룡, 옥조룡, 대홍룡, 소청룡, 황색포장룡黃色包漿龍, 변색룡 등 이십여 종으로 구분된다. 이들이 용과 비슷한 기물 또는 문양이 용의 시원이라고 주장하지만 일반적으로 이들의 모델은 돼지나 곰으로 추정한다.[5]

한편 중국에서 가장 오래된 용의 유적은 홍산문화에 속하는 요령성 서부 의무려산 동쪽의 부신阜新 몽고족 자치현의 사해 유적지에서 발견된 석소룡이다. 이곳에서 발견된 용 형상물은 길이가 19.7m, 넓이가 1~2m에 이르는 엄청난 크기를 자랑하는데 연대는 기원전 5,600년경으로 거슬러 올라간다. 이런 유물들은 중국인들의 생활에 큰 영향을 미치는 용이 홍산에서 출발했다는 것을 의미한다. 중국인들은 홍산인이 중국에서 최초로 용을 신령으로 숭배한 민족이며, 이후 용이 신격화되어 중원지역으로 전파되어 현재 중국인들이 용을 생활화하고 있다.[6]

용은 동이족이 건설한 것으로 알려진 상(은)나라 사람들에게서 크게

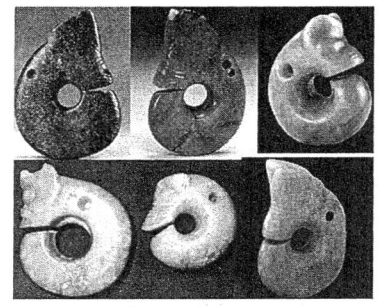

중국 홍산에서 출토된 옥룡             중국 사해 유지의 석소룡

숭배를 받았다. 이 당시 상나라 사람들은 동물 표현에 있어 사실적인 묘사를 기본 요소로 하는 예술 기법을 사용하여 용머리에 뿔을 달아 주었다. 이것은 상나라 사람들이 지닌 뿔 숭배의 원시 종교 개념에서 비롯된 것이다. 원용문에다 뿔을 달아 주어 원용문은 모방된 자연 생물의 울타리에서 뛰쳐나와 환상과 창조의 새로운 세계로 들어갔다. 상나라 사람들은 원래 뿔이 있는 동물은 과대하게 표현하고 뿔이 없는 동물에다는 뿔을 달아 주었는데, 이는 신통한 동물에게 신성을 부가하여 천지를 교류하는 사명을 잘 완수하기를 원했기 때문이다.[7]

반면 서양학자들도 용은 기원전 3,000년경 인류가 역사 시대로 들어설 때부터 등장하기 시작한 상상의 동물이라고 추측한다. 용에 대하여 살로트는 이렇게 적고 있다. 용은 여러 가지 동물의 특징을 한데 모은 가공의 생물이다. 그 중에서도 선사 시대의 인간에게 강렬한 인상을 남겨 주었던 동물인 뱀, 악어, 사자 등 공격적이고 위험한 동물의 이미지가 그 중심을 이루고 있다. 용은 동물적인 것을 나타내는 동시에 인간에게 적대적인 것으로 간주된다. 그 후 용을 악마와 연결시키게 된 것도 이러한 생각에서 나왔다.

또한 천체에 대한 경외심 때문에 용이 만들어졌다는 가설도 있다. 불을 뿜는 용은 인간의 무의식 속에 각인된 무서운 천상의 사건에서 유래한다는 주장이다. 1892년 스위프트 혜성과 홀름츠 혜성이 출현했을 때 '하늘을 나는 뱀'이라고 표현했듯이 혜성을 공포의 대상으로 여겼음을 알 수 있다. 고대인이 밤하늘에 대해 품었던 관념을 현대인으로서 정확히 알기는 어렵다. 당시 사람들은 태양이나 달이나 별을 실제의 살아있는 신으로 받아들였을 것으로 미루어 짐작할 수 있다.

## 용은 토네이도?

중국 한나라 때 철학자인 왕충이 저술한 책 『논형』에 적힌 용은 다음과 같다.

> 용은 지상의 나무나 집에 숨어 있는데, 하늘이 용을 승천시키고자 벼락을 쳐서 나무를 꺾고 집을 부수는 것으로 사람들은 알고 있다.

이 내용을 보면 용이 승천할 때 나무를 꺾고 집을 부수는데 이는 토네이도와 유사하다. 앞에서 설명했듯이 용은 옛 우리말로 '미르'인데 미르의 어근은 '밀'이며 물과 유사하다. 때문에 용은 예로부터 물과 관계가 깊은 동물로 흔히 큰 호수·강·바다 같은 물 속에 살며, 비와 바람을 몰고 다닌다고 생각했다. 용왕이라는 바다의 신이 우리나라 해안지방에서 숭배되는 이유도 용이 물을 지배한다는 생각 때문이다. 용에 대한 기록들을 보면 용은 대체로 짙은 안개와 비를 동반하면서 구름에 싸여 움직인다. 또한 바다나 연못 등에서 하늘로 오르내릴 때에는 하늘과 땅이 구분되지 않을 정도로 안개와 구름이 자욱하다.[8] 이와 같은 기록은 『삼국사기』에 여러 번 나온다. 『삼국사기』〈신라본기 제1〉'시조 혁거세 거서간 60년(기원 3년)'에도 용의 기록이 나온다.

> 60년 가을 9월 두 마리의 용이 금성 우물에 나타났다. 우레와 비가 심하고 성의 남문에 벼락이 쳤다.

『삼국사기』〈신라본기 제11〉'경문왕 15년(875년)'을 보면 왕궁의 우물에 용이 나타나며, 『삼국사기』〈백제본기 제3〉'비유왕 29년(455년)'에도 용이 한강에 나타나 물과 연계된다. 한편 언론인 이규태는 『삼국사기』〈백제본기 제2〉'고이왕 5년(238년)'에 '벼락이 치더니 관문으로부터 황룡이 날아갔다'와 조선 명종 9년 진부령 근처에서 '황룡이 승천하는데 큰 나무들이 뽑혀 날아갔다'는 기록을 들어 용과 토네이도의 연관성을 주장했다. 용의 승천에 관한 설명에서 대부분 나무가 뽑힌다든지 안개나 벼락 등이 있었다는 것을 보면 토네이도와의 연관성이 분명하다는 주장이다.

용오름 현상

많은 학자들은 용이 뇌우와 비를 동반하는 것을 감안하여 고대인이 태풍이나 소용돌이 현상을 용이 비상하는 것으로 생각했을 것이라고 추정한다. 용이 여의주를 갖고 백성에게 복을 주거나 오랜 가뭄 끝에 폭풍을 동반한 비를 내려주므로, 위대한 힘의 상징과 선의 이미지를 갖고 있다는 것을 단적으로 보여준다. 동양의 용은 재난이 아니라 사람들이 꼭 필요할 때 나타나는 천사와 같은 역할을 한다. 그것은 『삼국사기』〈신라본기 제4〉 '진평왕 50년(628년)'의 기록을 보아도 알 수 있다.

50년 여름 큰 가뭄이 들자 시장을 옮기고 용을 그려 기우제를 지냈다. 가을과 겨울에 백성들이 굶주림에 지쳐 자녀를 파는 일이 있었다.

가뭄이 들자 기우제를 올릴 때 용을 그렸다는 것으로, 이는 용이 물과 관련 있다는 것을 명백하게 보여주는 동시에 재난이 아니라 천사 역할을 한다는 것을 확인해 준다.

## 용은 실존하는 동물이다?

용이 전설과 상상의 동물이 아니라 실제로 존재했을 가능성을 배제할 수 없다고 주장하는 사람들도 있다. 우선 드래곤Dragon이란 이름은 뱀을 뜻하는 산스크리트어의 드리그베샤Drigvesha에서 유래한다. 이것은 그리스어 드라콘의 어의와 같다. 또한 용이라는 낱말은 동물학적인 의미는 전혀 갖고 있지 않지만, 드라코속Draco屬은 인도-말레이시아 지역에서 발견되는 도마뱀 류를 지칭하는 것으로 사용된다. 속명은 일반적으로 인도네시아의 코모도에서 발견된 큰 도마뱀의 일종인 바라누스

코모도 도마뱀(김정부 제공)

코모도인시스Varanus Komodoensis를 지칭한다.

이러한 사실을 기초로 하여 용과 가장 흡사한 동물로 도마뱀을 들 수 있다. 인도나 말레이시아에 살며 거미집 형상의 날개를 사용하여 활공하는 날도마뱀은 그 모습이 용과 비슷하다. 인도네시아의 코모도 도마뱀은 최대 길이가 3m나 된다. 코모도 도마뱀과 같은 종류로 호주에서 멸종된 동물은 그보다 몇 배나 더 크다. 외형적 크기로 인해 선사시대의 인간이 가졌을 공포감과 외경심을 짐작할 수 있다. 1672년부터 1673년에 걸쳐 카르파티아와 트란실바니아 산맥에서 용의 뼈가 발견되었다고 독일의 학회인 레오폴디니세 황제 아카데미에서 발표된 적이 있었다. 하지만 증거로 제시된 그림은 용의 뼈가 아니라 곰의 뼈였다. 오스트리아의 믹스니츠 지방에서는 젊은 영웅이 용을 살해했다는 증거로 17세기에 발견된 뼈를 제시했다. 그러나 그 뼈 역시 곰의 것으로 판명되었다.

용이 고대 공룡을 묘사한 것이라는 주장도 많은 지지를 받았다. 공룡의 모습이 용의 형태와 많이 닮았음은 부정할 수 없다. 그러나 이런 가설도 공룡에 대한 지식이 인간에게 알려지기 시작한 1820년대였음을 감안하면 설득력을 잃는다. 공룡을 본 적이 없는 고대인이 공룡을 용의 모델로 만들 수 없다. 학자들의 살아있는 화석으로 불리는 실러캔스와 마찬가지로 바다에서 살던 용의 조상들이 6,500만 년 전의 격변에도 살아남았다고 추정하는 것은 무리한 생각은 아니다. 당연히 진화론에 따라 그들의 모습도 변형되기 시작했다. 수룡의 경우 그들의 날개는 변형되어 일부는 물뱀 형태가 되었으며 유럽용도 형태가 다소 변했다. 이와 같이 변모한 이들이 다시 육지로 올라오기 시작했다.

그런데 학자들은 동양용과 서양용이 다르게 표현되는 것은 지역에 따라 형태가 다른 용이 상륙했기 때문으로 추정한다. 학자들은 지구상에 전승되어오는 여러 가지 기록과 전설 등을 고려하여 중국의 용은 수천 년 전, 유럽의 용은 적어도 500여 년 전까지 지구상에 살아있었다고 추정한다. 중국 등지에 상륙한 동양용은 날개가 작아진 거대한 물뱀 형태로 변모하여 새처럼 날 수 없었다. 그러므로 그들은 대나무 숲과 같은 곳에서 살았다. 물론 날아야 할 때는 부레에서 나오는 수소 가스를 통제하여 활강으로 해결했다. 그러므로 그들은 육지의 왕이라는 호랑이와도 혈투를 벌여야 했지만 불이라는 무기로 호랑이들을 제압하여 숲 속의 왕자로서 계속 살아남을 수 있었다. 그것은 중국에서 발견되는 수많은 전설과 그림에서 보여주는 용의 형태로도 알 수 있다.

물론 동양용에서 불을 뿜는 설명이 많지 않은 이유로 이들 용이 불을 뿜는 능력이 퇴화되었을지도 모른다는 설명도 있다. 반면 유럽에 상륙한 용들은 서양용으로 날개를 갖고 적극적으로 날아다녔고 불도 뿜을 수 있었다. 그들은 유럽을 자주 덮쳤던 빙하와 같은 혹한기도 이겨냈던 비결도 그들이 과거에 오랫동안 수중에서 단련되었기 때문이라는 설명이다. 바다 속에서 살아오는 동안 혈중 단백질이 높아 추위에 견딜 수 있는 몸으로 변화되었다는 것이다.

영국 요크대학교 헝거스 박사는 지구상에 다양한 용이 살고 있었다고 설명했다. 그렇다면 6,500만 년전까지 지구상에서 멸종하지 않았던 용이 동양에서는 고작 몇 천 년 전, 유럽에서 몇 백 년 전에 왜 사라졌느냐는 의문이 생긴다. 헝거스 박사는 용이 새로운 환경에 적응하지 못해 멸종했다고 단언했다. 새로운 환경이란 지구상에서 태어난 가장 위험한 동물인 인간과의 싸움에서 패배했다는 것을 의미한다. 용은 불과 도구를 사용하기 시작한 호모사피엔스들이 지구상에 태어났을 때부터 점점 서식지를 빼앗기기 시작했고 5만 년 전부터는 빙하와 같은 인간이 살 수

루마니아 카르파티아 산맥

없는 오지로 내몰렸다. 그들은 먹이를 찾을 수 없는 시기에 대비하여 동면하는 슬기도 배웠다.

　루마니아는 '용의 나라'로 알려져 있는데 카르파티아 산맥 인근에는 용의 전설이 많이 남아있다. 루마니아인들은 용이 날고 불을 뿜으며 중세시대까지 자신들이 기르는 가축을 용이 잡아갔다고 믿는다. 사육하는 동물들이 계속 사라지기 시작하자 주민들이 용에 대항하기 시작했고 용

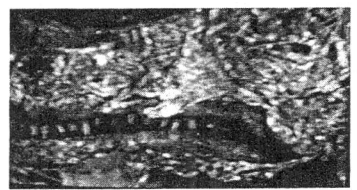

헝거스 박사가 추정한 서양용 모습

감한 기사들이 용을 퇴치하기 위해 나섰다. 처음에는 많은 기사들이 희생되었지만 결국 용을 처치했다는 전설이야말로 실제로 인간들이 용과 싸웠다는 것을 알려준다고 믿는다.

헝거스 박사는 용이 날 수 있었던 것에도 과학적인 논리를 내세웠다. 용은 부레와 같은 내부 구조를 갖고, 그 속에 공기보다 가벼운 수소를 저장하여 하늘을 가볍게 날 수 있었다고 추정했다. 용이 수소를 만들 수 있는 방법으로 용의 몸 속에 살고 있는 박테리아들을 제시했다. 용이 불을 뿜을 수 있는 방법도 제시했다. 지구상에 현존하는 동물 중에서 고열을 뿜어내는 생물로는 폭탄딱정벌레가 있다. 그는 몸속에 액체를 비축했다가 위기가 닥쳐오면 90℃ 이상으로 뿜어대는데 이때 불은 촉매제로 붙인다. 물론 전설 속의 용처럼 거창하게 불을 뿜어대는 것은 아니다.

용이 불을 뿜기 위해서는 삼박자가 맞아야 한다. 공기·연료·발화점 이상의 온도를 갖추어야 한다. 용의 부레에서 공기보다 가벼운 수소나 메탄가스를 저장할 수 있는 구조를 갖고 있다는 것은 앞에서 설명했다. 그러므로 공기는 대기 속에 풍부하게 있으므로 용이 어떻게 몸 속에 있는 수소가스를 발화시킬 수 있느냐가 관건이었다. 예를 들어, 성냥과 같은 것이 필요한데 헝거스 박사는 용의 치아에 백금을 끼어 넣으면 발화가 가능하다고 설명했다. 백금은 불을 일으킬 수 있는 촉매제로 사용된다. 헝거스 박사는 루마니아의 카르파티아 산맥에 유독 용의 전설이 많은 것은 이곳이 백금 산지이기 때문이라고 추정했다. 더욱 놀라운 것은 목에 갑옷 비늘 같은 것이 덮여 있고 목 뒤에 밸브가 있다는 점이다. 이는 용이 불을 뿜을 때 역류하여 목이 화상을 입는 것을 막아준다. 용이 기사들을 향해 불을 뿜었다는 전설이 결코 과장이 아니라는 설명이다. 물론 아직까지 용으로 확정지을 수 있는 화석들이 발견된 것은 아니다.

그러나 용이 실존했다는 증거가 없다고 해서 실체가 없다고는 볼 수 없다는 것이 학계의 꾸준한 의견이다. 이제 용꿈을 꾸고 싶은 사람과 용꿈을 꾸었다는 사람도 꿈을 통해 상상의 동물을 보는 것이 아니라 실제 살았던 용을 꿈꾸었다고 말할 수 있을지 모른다.

## 07  소리개 통신원

아카데미 최연소 여우조연상 수상자 안나 파킨이 주연한 『아름다운 비행』은 교통사고로 한 순간에 엄마를 잃고 10년 동안 떨어져 기억도 없는 아빠와 살게 된 13살 소녀의 이야기다. 영화에서 에이미는 미처 부화하지 못한 기러기를 우연히 발견한다. 조심스럽게 집으로 옮겨진 기러기 알들은 에이미의 따뜻한 손길 속에서 귀여운 새끼 거위들로 태어난다. 세상에서 가장 먼저 본 에이미를 어미새로 알고 있는 기러기들의 '각인 효과' 때문에 새끼 기러기들은 오로지 에이미의 곁에서 쉬거나 그녀의 행동만 따라한다. 기러기들 때문에 에이미는 조금씩 마음의 평안을 되찾지만, 집안에서 야생동물을 키우는 것은 불법이라는 경찰의 주장 때문에 에이미와 그녀의 아빠는 야생동물의 본능대로 그들을 날려 보내는 것에 동의한다. 캐나다 기러기들이 에이미만 따라다닌다는 점을 유심히 관찰한 아빠는 에이미가 울트라 라이트 비행기를 직접 몰고 남쪽으로 기러기들을 이끌고 가는 방법을 착안하게 되었고, 결국 기러기 그림이 그려진 에이미의 비행기가 완성되었다.

또한 아빠의 친구는 철새인 캐나다 기러기들이 추운 겨울을 지낼 적당한 목적지를 찾아내지만, 그 땅은 철새서식지로 지정되었음에도 정해진 날짜까지 철새가 돌아오지 않으면 개발업자들에 의해서 개발이 시작되는 곳이었다. 야생의 어미 대신 기러기들에게 나는 법을 가르친 에이미의 노력 때문에 기러기들은 마침내 나는 법을 터득했고 아빠와 그의 친구들의 도움을 받아 에이미는 16마리의 캐나다 기러기들과 함께 남쪽으로 출발한다. 개발업자가 발표한 날짜에 철새들이 도착하지 않으면 그나마 있던 보금자리까지 잃게 되지만 영화의 속성상 우여곡절을 거쳐 에이미는 꿋꿋하게 자신이 해야 할 임무를 수행하면서 기러기들을 예정된 목적지까지 인도한다. 결론은 해피엔딩이다. 개발계획은 철수되고 환경은 보호되었으며 기러기들은 새로운 보금자리를 찾는데 성공한다.

여기서 각인효과란 1973년 노벨상을 수상한 오스트리아 과학자 로렌츠가 인공부화로 갓 태어난 새끼 오리들이 태어나는 순간에 처음 본 움직이는 대상, 즉 사람인 자신을 어미오리처럼 졸졸 따라다니는 것을 관찰한 데서 유래되었다. 그는 이런 생후 초기에 나타나는 본능적인 행동을 각인imprinting이라고 불렀다. 각인 효과는 새에게 많이 나타나지만, 최근에는 포유류 · 어류 · 곤충에서도 각인효과가 있다는 사실이 알려졌다. 일반적으로 어린 동물들은 처음으로 눈과 귀 그리고 촉각으로 경험하게 된 대상을 부모로 생각하고 따라다닌다. 오리는 생후 17시간까지가 가장 민감한 시기이고, 보통 새들은 생후 50일 동안 경험한 대상을 부모로 알고 쫓아다닌다고 알려졌다.

## 통신원으로 으뜸

철새들의 능력에 대해서는 과거부터 호기심의 대상이었는데 그 중에서도 잘 알려져 있는 능력은 솔개(소리개) 등의 전서傳書, 즉 통신원 역할이다. 일반적으로 통신원 역할로는 철새인 소리개보다는 비둘기가 잘 알려져 있으므로 여기서는 비둘기를 통한 전서 역할을 먼저 설명하고, 많은 사람들이 그 능력을 의아하게 생각하는 철새에 대해 설명한다. 통신원 비둘기의 역사는 오래되었다. 고대 이집트에는 전서 비둘기를 이용한 우편제도가 있었으며 오늘날에도 비둘기는 이집트 우체국의 휘장으로 쓰이고 있다. 유대인들이 로마군과 혈투를 벌여 약 1,000명 모두가 장렬하게 자결한 이스라엘의 마사다에도 둥근 망대에 만든 비둘기장이 남아 있다. 헤로데는 비둘기를 여러 용도로 사용했는데 그 가운데 하나는 비둘기를 성전 희생 제물로 바치고 오물을 비료로 사용하는 것이다. 마사다의 비둘기 전망대는 순전히 장식 목적이지만 학자들은 비둘기를 이용한 통신을 사용했을 것으로 추정한다.

비둘기 통신원은 고대 통신 방법으로 가장 중요하게 사용되었는데 그 능력은 근대전이라고 볼 수 있는 제1, 2차 세계대전 당시 각 군대에서도 발휘되었다. 제1차 세계대전 당시 벨기에, 프랑스, 이탈리아, 영국, 미

이스라엘 마사다 비둘기집

훈장을 받은 비둘기　　　　　　전쟁터에서 사용된 이동식 비둘기 둥지

국, 독일은 모두 비둘기 부대를 갖고 있었다. 이들 부대들은 훈련된 비둘
기를 동원했는데 군대가 진격하거나 후퇴할 때를 대비한 이동 둥지도 갖
추고 있었다. 영국의 비둘기 부대장 오스만 대령은 1918년 전쟁이 끝날
무렵에는 비둘기 부대를 150개 보유하고 있었는데 비둘기들이 둥지가
어디 있든 찾아왔다고 적었다. 비둘기들의 역할이 탁월하여 영국에서는
빅토리아 십자훈장, 프랑스에서는 레지옹 도뇌르 훈장을 받았다. 미국에
서 푸른 얼룩무늬가 있는 암컷 비둘기의 활약은 비둘기 부대가 성공적으
로 임무를 수행했음을 알려준다. 그 암컷 비둘기의 마지막 비행은 프랑
스 아르곤 숲을 빠져나오는 필사적인 것이다. 비둘기는 한쪽 다리가 너
덜거리고 피가 흐르는데도 용감하게 되돌아와서 메시지를 전달했다. 그
메시지는 곤경에 처한 한 소대에서 보낸 것으로 곧바로 지원부대가 소대
를 구했다. 소대원들이 비둘기의 용감한 행동을 칭송한 것은 당연한 일
이었다.

　오늘날 전 세계적으로 거리가 500마일이 넘는 비둘기 경주대회를 정
기적으로 열고 있는데 비둘기 선수들은 평균 시속 60마일로 하루에 700
마일 이상을 날아 둥지를 찾아갈 수 있다. 그런데 삼국시대에도 이와 같
은 통신원에 대한 기록이 나온다. 『삼국유사』〈감통〉 '선도성모수희불

사' 에 철새인 솔개(소리개)에 대한 기사가 있다.

　　신모神母는 본래 중국 제실帝室의 딸이며 이름은 사소姿蘇였다. 일찍이 신선의 술법術法을 배워 해동海東에 와서 머물러 오랫동안 돌아가지 않았다. 이에 부황父皇이 소리개 발에 매달아 그에게 보낸 편지에 말했다. "소리개가 머무는 곳에 집을 지으라." 사소는 편지를 보고 소리개를 놓아 보내니, 이 선도산仙桃山으로 날아와서 멈추므로 드디어 거기에 살아 지선地仙이 되었다. 때문에 산 이름은 서연산西鳶山이라고 했다. 신모는 오랫동안 이 산에서 살면서 나라를 진호鎭護하니 신령스럽고 이상한 일이 매우 많았다. 때문에 나라가 세워진 뒤로 항상 삼사三祀의 하나로 삼았고, 그 차례도 여러 망望의 위에 있었다.

　이 기사의 내용은 소리개를 통해 통신을 했다는 것인데 고대 각국에서 새를 통해 서신 등을 보냈다는 기록이 많이 보이므로 새로울 것이 없다고 생각할지 모른다. 그러나 아무 새나 다리에 편지를 매달아 목적지로 보낸다고 성공하는 것은 아니다. 이는 통신에 이용할 수 있는 특별한 자질을 가진 새가 있다는 것이다. 한편 이 글에 나오는 선도산도 우리 역사에서 큰 역할을 한다. 경주시 서남쪽에 있는 선도산仙桃山은 서산西山, 서술산西述山, 서연산西鳶山, 서형산西兄山 등 많은 이름을 가진 경주의 진산眞山으로 산성이 있는 역사적인 유적지다. 산 정상에서 보면 남쪽과 북쪽에 대천과 평창천이 서에서 동으로 사행하여 서천인 형산강兄山江에 합류하며 동쪽으로 서천 주변에 형성된 평야가 한 눈에 들어온다. 북쪽의 옥녀봉玉女峯, 남쪽의 남산南山, 북동쪽의 소금강산小金剛山 등 주변의 높고 낮은 산들로 둘러싸인 경주 시가지도 멀리 보인다. 산 정상에는 돌로 성벽을 쌓은 산성山城이 있어서 산 이름과 같이 선도, 서형, 서연, 서악산성 등으로 불러왔다. 산성의 초기 축성 기록은 없으나 『삼국사기』 진평왕 13년 남산성南山城 축성에 이어 15년(593년)에는 둘레 3,000보의 명활성 明活城과 2,000보의 서형산성西兄山城을 개축한 기사가 있고, 문무왕 13년 (673년)에도 서형산성을 증축한 기사가 보임을 볼 때 신라가 통일하기 전에 건설된 것으로 추정된다.

## 겨울철새 소리개

정보전달자로 잘 알려진 소리개는 매목 수리과 솔개로 잘 알려져 있다. 몸길이 수컷 58.5cm, 암컷 68.5cm로 암컷이 다소 크고, 얼굴 일부와 멱은 흰색이며 연한 갈색 세로무늬가 있다. 비행할 때 길고 각진 날개와 제비꽁지 모양의 꽁지깃이 특징적으로 다른 매과의 새와 쉽게 구별할 수 있다. 산지·평지·습지·바닷가 등 먹이가 있을 만한 곳이면 어디에나 산다. 한국에서는 예로부터 흔한 겨울 철새인데 최근에는 찾아보기 어려운 새가 되었다. 소리개는 무리 생활을 하는데 겨울을 나기 위해 내려오는 무리는 11월 초가 되면 서울에 도착하여 이듬해 4월 초까지 머물다가 다시 북쪽으로 올라간다. 1969년까지만 해도 서울 종각과 창덕궁의 나무 위에 260~270마리씩 모여들어 잠을 자곤 했고, 제주에서는 흔한 여름새였으나 지금은 겨울에만 볼 수 있다. 먹이는 작은 포유류나 조류·양서류·파충류·곤충 등 주로 동물성 먹이를 먹으며 유럽·아시아·오스트레일리아 등지에 분포한다.

## 보금자리 찾기 선수

철새들의 가장 놀라운 점은 초행길인데도 이주 경험이 있는 새들의 안내도 받지 않고 본능적으로 조상들이 겨울을 나던 둥지를 찾아간다는 점이다. 예를 들어, 유럽 뻐꾸기들은 다른 종의 새에게서 양육을 받기 때문에 친부모를 모른다. 부모 뻐꾸기들은 새로운 세대가 떠날 준비를 마치기 한 달 전부터인 7~8월경에 남아프리카로 떠난다. 때가 되면 새로 태어난 뻐꾸기들은 한데 모여 아프리카로 떼지어 이주하여 부모들과 합류한다. 무선통신기도 없는데 정확하게 자신들의 부모 둥지를 찾아내는 것이다.

철새들에 대해 가장 잘 알려진 가설은 지구 자기장에 민감하다는 것이다. 철새들이 태어날 때부터 이주 경로를 지정해주는 별 지도와 자기장 지도를 완벽하게 머릿속에 인식하고 있다는 것이다. 과학 용어로는 이를 '유전성 시공간 벡터 항법 프로그램' 이라고 한다. 이주 철이 시작될 때 철새들을 별자리 투영기 안의 새장에 놓아두었을 경우 '별들' 의 회전 유형에 맞춰 고유의 이주 방향으로 뛰어오르려 한다는 사실이 별들의 역할에 대한 주요 증거로 제시된다. 그러나 별들이 일종의 나침반 역할을 하더라도 철새들은 대낮이나 하늘이 잔뜩 찌푸렸을 때도 여전히 길을 찾을 수 있다. 비둘기를 이용한 집 찾아오기 실험은 수없이 많이 있다. 그럼에도 불구하고 결론은 비둘기의 귀소 능력에 대해 확실하게 알려진 것이 없다.

찰스 다윈은 열렬한 비둘기 애호가로 많은 종류의 비둘기를 길렀고 1873년 유명한 과학 학술지 『네이처』에 비둘기의 귀소본능에 대한 가설을 발표했다. 그는 비둘기들이 상자 속에 갇혀 있는 동안에도 바깥 여행에서 일어난 모든 우여곡절을 머릿속에 기록함으로써 일종의 '추측 항법' 을 쓸지 모른다고 주장했다. 심지어 J. J. 머피는 열차의 진행 방향과 속도의 변화로 생기는 충격에 따라 반응하는 열차 천장에 매달린 공을 비유로 들어 기계론적인 분석을 시도했다.

그러나 경주용 비둘기들은 바구니에 갇혀 기차·트럭·배·비행기로 수많은 우여곡절을 거쳐 수백 마일 먼 곳으로 보내진 경우에도 항상 컴퓨터처럼 고도의 정확성을 잃지 않고 집 방향을 계산할 수 있다. 현대의 슈퍼컴퓨터로도 이런 일정을 모두 기억하는 것이 간단한 일이 아니다. 심지어는 1893년 C. 엑스너는 비둘기들이 심한 마취 상태 하에서 놓여날 장소로 옮겨졌는데도 변함없이 집을 잘 찾아올 수 있다는 것을 확인했다. 심지어 빛을 차단한 채 이리저리 구르는 커다란 드럼통 속에 넣어 옮겨도 비둘기들은 둥지를 찾아왔다.

독일에서 수행된 실험에서는 비둘기들을 분당 90번에 이르는 빠른 속도로 통을 굴렸다. 변하기 쉬운 자기장 속에서 외부를 볼 수도 없고 지나치는 외부 환경의 어떤 냄새도 맡을 수 없도록 했다. 결론은 이들 비둘기들이 집을 찾는데 문제점이 없었다는 것이다. 학자들은 비둘기의 놀라운 능력을 발휘하는 담당기관이 가속과 회전을 감지하는 중이 부분의 달팽이관으로 추정했다. 그래서 비둘기의 달팽이관을 잘라냈더니 이들 수술 받은 비둘기들도 200마일 떨어진 곳에서 집까지 무사히 도착했다. 더구나 비가 오든 날씨가 맑든 상관없었다. 가장 놀라운 것은 생전에 가본 적이 없는 수백 마일 떨어진 낯선 곳에서도 둥지를 찾아오는데 비둘기들은 대개 놓여난 다음에 하늘을 선회하고 나서 혹은 선회하지도 않고 곧바로 자기 집 방향으로 출발했다. 바로 이 능력이 전서 비둘기가 생긴 이유다.

제2차 세계대전 중 많은 영국 조종사들이 독일로 출격하는 비행기에 비둘기를 실었다. 그들은 비행기가 격추되면 살아남은 승무원들이 비둘기의 다리에 현 위치를 알리는 쪽지를 달아 날린 후 구조를 기다렸다. 수백 번에 이르는 혁혁한 공적이 '영예로운 비둘기 명부'에 적혀있는데 그 중 다음과 같은 기록도 있다. 1942년 2월 23일 노르웨이 해안을 폭격하고 돌아오는 길에 기체에 손상을 입은 보퍼트기는 스코틀랜드 해안에서 120마일 떨어진 바다 위에서 갑자기 추락하여 파손을 당했다. 이 사고로 부서진 짐칸에서 탈출한 비둘기는 미처 정신을 차리기도 전에 기름이 덮인 바다에 빠지고 말았다. 본대까지 거리는 129마일, 가장 가까운 육지까지는 120마일, 일몰 시각은 1시간 반이 남아 있었다. 비둘기는 다음날 아침 동이 튼 직후 지치고 젖은 기름투성이 몸으로 부대에 도착했다. 공군은 그때까지 승무원들을 찾기 위해 전파추적을 했으나 별 성과를 거두지 못했다. 영국 공군 비둘기 담당 데이비슨 하사는 도착한 비둘기의 상태 등을 볼 때 수색 영역이 잘못되었다는 결론을 내렸다. 그의 조언에 따라 재수색을 펼친 지 15분 만에 승무원들의 위치를 확인하고 구조 작전에 착수했다. 구조된 승무원들은 비둘기와 조련사에게 감사의 뜻으로 저녁식사를 대접했다.

비둘기들이 자신의 집을 찾아오는 능력에 놀란 학자들이 계속 비밀을 탐색했다. 많은 학자들은 비둘기들이 주변 표지물을 확인할 수 있을 뿐만 아니라 태양이나 별을 의지할 수 있는 중요한 감각으로 시각을 꼽았다. 그러나 이런 가설에 따른 다음 실험은 그야말로 학자들을 놀라게 했다. 비둘기들에게 반투명 콘택트렌즈를 끼웠다. 불과 6m 밖의 눈에 익은 표지물도 볼 수 없도록 시력을 약화시킨 것이다. 반면 다른 비둘기에겐 투명 콘택트렌즈를 끼웠다. 반투명 렌즈를 낀 비둘기들을 풀어놓자 많은 비둘기들이 날려고 하지 않은 것은 물론 실제 비행한 경우도 인근에 추락했다. 전선과 나무 등 장애물에 부딪히는 비둘기도 있었다. 이런 상황을 볼 때 비둘기들이 최종적으로 둥지에 착륙하기 위해서는 시각이 필요하다고 볼 수 있다. 그런데 시력이 그렇게도 약화되었는데도 결론은 집을 찾아갈 수 있다는 것이다. 독일의 클라우스 슈미트 쾨니히 박사는 다음과 같은 결론을 내렸다.

집 찾기 비행의 항법, 즉 어느 쪽이 집 방향인가를 결정하는 단계에서는 시각적 실마리가 핵심적 요소가 아니라는 것이 밝혀졌다. 학자들이 가장 집착한 것은 자기장 이론이다. 비둘기들이 자기에 대해 민감한 감각을 갖고 있다는 것이다. 자기장이 불규칙한 현상을 보이는 지역에 놓일 경우 때때로 엉뚱한 방향으로 날아가기는 하지만 결국 둥지를 찾아간다. 태양 흑점에 의한 자기 폭풍이 심해질 경우에도 결국 비둘기들이 둥지로 가는 길을 찾았다. 여기에서 자기장이 무엇인지를 이해할 필요가 있다.

이론적으로 지구 자기장은 두 가지로 변화를 파악할 수 있다. 첫째는 자기장의 힘이 자기 극점에서 적도 쪽으로 변화하는 것을 알아낼 수 있다는 것이다. 자기장은 극점에서 가장 강하고 적도 쪽으로 갈수록 약해진다. 둘째는 자기장의 각도가 극점에서 적도로 가면서 변화한다는 것이다. 나침반 바늘은 자기 극점에서 아래로 기울고 적도에서는 수평을 유지한다. 그 중간 지대에서 바늘은 위도에 따라 아래로 기울어지는 각도가 정해진다. 극점으로 갈수록 더 많이 기울고 적도에 가까울수록 더 적게 기운다. 문제는 자기장의 평균 각도와 힘의 변화가 작다는 점이다. 일반적으로 거리 차이가 남북 방향으로 100마일 정도 될 때 자기장 힘의 변화는 1%도 안 되고 자기장의 각도 변화도 1도 이하다. 또한 지구 자기장이 일정한 것이 아니라 지층 암반의 영향으로 지형에 따라 다르다. 더구나 태양 흑점에 의한 자기 폭풍 기간 동안에는 더욱 큰 변화를 보인다.

이러한 설명은 비둘기들이 과연 자기장의 미세한 변화를 항상 느끼면서 둥지를 찾을 수 있다는 것에 의문을 제기했다. 윌리엄 키튼 박사는 자기장 이론에 매료되어 비둘기들의 머리와 등에 작은 막대자석을 부착했다. 그런데 막대자석을 부착한 비둘기의 귀소 능력에는 아무런 영향을 미치지 않았다. 흐린 날씨에 행해진 수십 건의 실험 결과에 의하면 자석이 비둘기들의 귀소 능력에 별다른 영향을 미치지 않았다. 찰스 월콧 박사는 다음과 같은 결론을 내렸다. 긍정적 결과들이 일정하게 나타나지 않고 있는 것과 이 모든 부정적인 결과들을 감안하면, 비둘기들이 자기장을 통해 정보를 얻는다고 볼 수 없다. 자기장 가설이 침몰하자 학자들은 비둘기의 귀소본능을 복잡한 일련의 백업 시스템에 의한 것으로 추정하기도 한다. 이는 비둘기들이 인간이 모르는 방향 감각, 방향 설정 능력, 위치 파악 감각 등은 물론 냄새나 자기장 같은 것들이 미묘하게 뒤섞여 작용하거나 불특정한 한 가지 유형의 정보를 사용하되 그것을 여러 감각 시스템으로 분석한다는 것이다. 다소 과학적으로 설명한 이 말에 대해 루퍼트 셰드레이크 박사는 혹평했다. 이는 한마디로 비둘기가 어떻게 자기 둥지를 찾는지 모르겠다는 뜻과 같다.

결국 궁지에 몰린 학자들은 비둘기들이 초능력을 사용하고 있다고까지 주장했다. 가장 흥미로운 설명은 비둘기와 둥지를 이어주는 어떤 보이지 않는 고무줄 같은 것이 있어 비둘기들을 둥지 쪽으로 끌어당긴다는 것이다. 비둘기들이 어떤 이유로든 둥지를 이탈하면 이 고무줄이 다시 그들을 끌어당겨 준다는 것이다. 심지어 이를 양자역학으로 풀 수 있다고 설명하기도 하는데 이는 결론적으로 비둘기의 귀소 능력을 아직 파악하지 못했다는 것을 의미한다.[1]

그런데 영국 옥스퍼드대학교 팀 길퍼드는 위성위치확인시스템GPS을 이용하여 비둘기들이 어떻게 집을 찾을 수 있는지를 추적했다. 연구팀은 비둘기들이 집에서 10km 이내를 오갈 때 앞에서 설명한 것처럼 태양의 위치나 지구 자기장을 파악해서 길을 찾는 것이 아니라 도로, 강, 철도 등의 지형지물을 따라가는 것을 발견했다. 특히 직선 경로가 아닌 경우에도 습관적으로 돌아갔다고 설명한다. 결국 비둘기는 자신들이 기억해둔 경로에 의존해 집을 찾는다.[2]

또 한 가지 놀라운 사실은 철새들이 날씨를 예지하는 능력이 없다는 점이다. 철새들에게 가장 무서운 것은 여행 도중에 갑자기 불어 닥치는 폭풍이나 안개 같은 기후 변화다. 강풍 때문에 해상 멀리까지 날려가 육지를 찾지 못하는 경우도 있으며, 짙은 안개 때문에 진로가 벗어나 불이 켜진 등대나 고층건물과 충돌하기 일쑤다. 1904년 미네소타주 남서부와 아이오와주 북서부에서는 긴발톱할미새가 큰 눈보라를 만나 무려 75만 마리가 두 호수의 얼음판과 도시에 떨어져 죽었다. 계절적으로 생기는 태풍 피해는 이보다 더욱 클 것으로 학자들은 추측한다.

## 다양한 방법을 사용하는 철새들의 능력

학자들은 철새들이 대체로 다음 3단계로 목적지에 도착한다고 추정한다. 1단계에서는 정해진 시간 동안 목적지를 향해 벡터항법이나 시간과 거리 프로그램에 따라 이동한다. 목적지에서 수백 킬로미터 내에 도착하면 자기장과 냄새의 지표로 만들어진 체내 지도에 따라 목적지 근처까지 가는데 이것이 2단계다. 마지막 3단계는 지형의 특징을 탐지해 번식지나 월동지가 될 목적지에 도착한다. 이 시스템은 철새가 이동을 한 번 완수하고 나서 여행의 출발지와 목적지를 알아야만 작동하기 시작한다. 경험을 바탕으로 앞으로의 이동을 능숙하게 해내는 원리다. 그 해에 태어나 경험이 전혀 없는데도 목적지를 잘 찾아가는 어린 새의 놀라운 능력은 벡터항법설로 설명될 수 있다. 물론 오래 전부터 무리 지어 이동하는 코

영화 〈아름다운 비행〉

스가 있는 새들은 이미 이동을 완수한 경험이 있는 어른 새로부터 어린 새들이 이동의 지식을 얻는다. 항해 지도가 하나의 문화로서 전달된다는 뜻으로 이런 철새들은 항상 무리 지어 이동한다.

최근 학자들은 새들이 방향을 정하는 정보원을 하나로 국한하지 않는다는 것을 확인했다. 자기장, 화학적인 냄새, 태양, 일몰, 별 등 여러 가지 지표를 이용한다고 설명한다. 이러한 지표를 읽기 위해 철새들은 몸의 각 기관을 수신기로 사용한다. 눈은 태양·별의 위치·편광면을 본다. 콧속의 화학물질을 느끼는 수용기나 그것과 연결된 신경은 냄새 지표를 탐지한다. 두부와 경부에는 자기성을 느끼는 부위가 있다고 알려져 있다. 일부 연구원들은 전서구의 두개골 속에서 발견된 자철광이라는 혼합물에 그 열쇠가 있다고 생각한다. 새들이 소리로 방향을 분간하며 수백 킬로미터 밖에서 들려오는 지극히 낮은 주파수의 소리나 바다의 파도 소리 등을 감지한다는 주장도 있다. 아직까지 철새가 어떤 방법을 사용하여 목적지로 가는가에 대한 결론을 내리지 못하고 있는 이유는 수집되는 수많은 자료가 서로 상충되는 결론을 보여주고 있기 때문이다. 로버트 뉴먼은 '한 개의 그럴듯한 가설이 세워지는 순간 그것을 뒤집어엎는 새로운 사실이 발견된다. 철새의 이동에 대한 수수께끼는 이제부터다' 라고 말한다. 철새의 이동은 앞으로 많은 학자들이 연구해야 할 중요한 주제다.[3]

1970년대 말 뉴욕주립대학교 켄 에이블 박사는 흥미로운 주장을 내놓았다. 그는 다양한 지표를 사용하는 종들은 그것을 순차적으로 선택하여 이용한다고 주장했다. 그의 주장이 옳다면 별, 태양, 자기장, 바람, 냄새의 지표를 읽어낼 수 있는 새는 여건과 필요에 따라 그때그때 지표를 바꿔서 이용한다. 예를 들어, 흐린 날에는 별이 안 보이고 자기 폭풍이 일거나 자기 이상이 생기면 자기성 표지는 신뢰할 수 없게 된다. 최근의 실험 결과에 의하면 어떤 야행성 철새들에게 야간 비행 직전에 자기장을 걸어 줬더니 대부분 길을 잃어버렸지만 다음날 밤에는 다시 바른 길을 찾아냈는데, 해가 지는 방향을 보고서 자신의 나침반을 보정한 것으로 볼 수 있다. 철새들의 이동 항법 방식에 유연성이 있다는 것은 자연선택이 지나친 관여를 하지 않아도 철새 스스로 의사결정을 할 수 있다는 것을 의미한다. 폴 컬린저 박사는 철새가 그때그때 상황에 맞춰 행동을 변화해 가며 적절한 시기에 효율적이고 안전한 방법으로 이동을 완수한다고 말했다. 물론 학자들은 아직까지 철새가 어떤 방법을 사용하여 목적지로 가는가에 대한 결론을 내리지 못하고 있다.

## 흥덕왕과 앵무새

『삼국유사』에는 호랑이, 사슴, 꿩, 노루 등 동물 이야기가 많이 등장한다. 『삼국사기』도 이에 못지않아 호랑이, 사슴을 비롯하여 일각수에 대한 이야기도 등장한다. 그런데 『삼국유사』 〈기이(2)〉 '흥덕왕 앵무새'에는 특이한 내용이 있다. 바로 슬픈 앵무새의 사랑 이야기다.

제42대 흥덕대왕興德大王은 보력寶曆 2년 병오丙午(826년)에 즉위했다. 얼마되지 않아서 어떤 사람이 당나라에 사신으로 갔다가 앵무새 한 쌍을 가지고왔다. 오래지 않아 암놈이 죽자 홀로 남은 수놈은 슬피 울기를 그치지 않는다. 왕은 사람을 시켜 그 앞에 거울을 걸어 놓게 했더니 새는 거울 속의 그림자를 보고는 제 짝을 얻은 줄 알고 그 거울을 쪼다가 제 그림자인 것을 알고는 슬피 울다 죽었다. 이에 왕이 앵무새를 두고 노래를 지었다고 하나 가사는 알 수 없다.

『삼국사기』 〈흥덕왕〉 53년 7월의 이야기는 약간 다르지만 앵무새의 슬픔을 이야기하는 것은 같다.

가을 7월 당나라에 사신을 보내 미녀 두 명을 바쳤다. 그러나 위징은 이를 받는 것이 옳지 않다고 말했다. 황제가 기뻐하며 "저 임읍에서 바친 앵무새도 추운 고통을 말하며 자기 나라로 돌아가기를 원한다. 황차 가족을 멀리 이별하고 온 두 여자의 처지야 어떻겠는가!"라고 말하고 사신에게 맡겨 돌려보냈다.

『삼국사기』나 『삼국유사』를 보면 앵무새가 사랑의 고통도 느끼는 것은 물론 이별도 슬퍼하는 능력을 갖고 있다고 한다. 앵무새가 자기 짝을 잃자 슬피 울다가 죽었다고 하는데 그것이 사실인지 의문이 든다. 일반적으로 인간만이 슬픔을 느낄 수 있는 존재라고 알려졌기 때문이다. 지구상에서 인간과 가장 유사한 동물은 침팬지 같은 영장류다. 이목구비하며 섬세한 손가락 놀림까지 인간과 유사하다. 하지만 침팬지와 인간과는 건널 수 없는 다리가 있다. 바로 말하는 능력이다.

그런데 새의 능력 중에서 압권은 앵무새의 능력이다. 과거에는 앵무새가 흉내를 잘 낸다는 정도로만 생각했지만, 최근 연구들은 앵무새가 자신이 무슨 말을 하는지 어느 정도 이해하고 있다는 것을 보여준다. 지능 면에서 보면 앵무새는 유인원과 해양 포유류의 경쟁자다. 일부 앵무새는 불빛을 여덟 번 비추는 등 일련의 자극을 주었을 때 진흙덩어리 여덟 개처

앵무새

럼 다른 대상을 같은 숫자만큼 선택한다. 이것은 앵무새들이 숫자만큼 불빛과 진흙덩어리를 연계시킬 수 있다는 것을 의미한다. 앵무새가 정량적인 표현을 이해했다는 것을 보여준다.

지상 최대 앵무새인 블루마코

그러나 앵무새의 지능은 연구자마다 달랐다. 오벌 모우러 박사는 앵무새들에게 지시적 의사소통, 즉 특정한 물체에 단어라는 꼬리표를 붙이는 것을 가르칠 수 없다고 결론지었다. 한 앵무새는 조련사가 나타났을 때 먹이를 보상으로 받기 위해 '안녕'이란 단어를 유효적절하게 구사했다. 그런데 이 앵무새가 그 단어를 적절하지 않은 때에 써서 보상을 받지 못하자 아예 '안녕'이란 말을 중지했다. 앵무새가 의지적으로 '안녕'이란 단어를 사용하지 않았으므로 고도의 지능이 있다는 설명도 있다. 그러나 앵무새들 중 일부는 몇몇 흉내 낸 구절을 말하기도 했지만 대부분은 전혀 아무것도 배우지 못했다는 것이 모우러 박사의 결론이다.

모우러 박사의 부정적인 연구 결과에 자극받은 아이린 페퍼버그 박사는 새에게 지능이 있다는 것을 밝히는데 인생을 걸었다. 당대에 학자들은 영장류가 복잡한 사회집단 속에서 살아가면서 상호작용을 하기 때문에 고도의 의사소통 및 인지 기법을 습득할 수 있었다고 주장했다. 페퍼버그는 앵무새도 이런 이론이 적용될 수 있다고 생각했는데, 그것은 회색앵무새가 아프리카의 울창한 숲과 개간지에서 살면서 음성을 통해 의

사소통이 가능하다고 알려졌기 때문이다. 20여 년간 엘리스라는 앵무새를 집중적으로 훈련시키면서 연구한 페퍼버그 박사는 앵무새가 과거에 인간과 일부 영장류만 지니고 있다고 알려진 능력을 갖고 있다는 것을 발견했다. 엘리스는 50개 이상의 대상들을 지칭하는 말을 만들어내고 이해할 수 있을 뿐 아니라 색깔·재료·모양을 분류할 수도 있었다. 놀라운 것은 이들의 속성들을 결합할 때 약 80%의 정확도로 100가지 이상의 대상들을 식별할 수 있었다는 점이다.

엘리스는 '같다'와 '다르다'라는 추상적 개념도 파악한다. 두 개의 똑같은 대상을 색깔·재료·모양을 바꿔가며 보여주었을 때 엘리스는 어느 속성이 같고 어느 속성이 다른지 구별하여 말했다. 즉, 색깔이나 모양을 말하면서 두 대상 중 어느 것이 큰지 작은지를 명백하게 구별해서 말했다. 두 대상의 크기가 같다면 엘리스는 '전혀'라고 대답했다. 엘리스는 대상의 물리적 속성에 관해 아무렇게나 재잘거리는 것이 아니라 특정한 질문에 반응하는 것이다.

가장 놀라운 것은 엘리스가 자신이 말하고 있는 것을 알고 있다는 증거다. 예를 들어, 요청하지 않은 대상을 바꾼다든지 조련사가 앵무새의 요구에 틀린 대답을 하면 엘리스는 불만에 찬 아이와 같은 반응을 보였다. 엘리스는 '아니야'라고 말하면서 처음 요구를 되풀이했다. 이런 증거들을 근거로 페퍼버그 박사는 엘리스의 이해력이 침팬지나 돌고래의 이해력과 맞먹는다고 주장했다.[1]

## 앵무새의 자아인식

『삼국유사』의 앵무새 이야기로 돌아가자. 위 글을 그대로 믿는다면 앵무새가 거울 속의 그림자를 보고는 제 짝을 얻은 줄 알고 그 거울을 쪼다가 제 그림자인 것을 알고는 슬피 울다 죽었다는데, 이는 앵무새가 정말로 인지능력이 있는지에 대한 질문으로 귀결된다. 이 사건을 두고 학자들의 견해는 둘로 나뉜다. 하나는 동물이 자신을 인식할 수 있다는 것이고 다른 하나는 아니라는 것이다.

전자의 견해를 지지하는 고든 갤럽은 인간을 포함하여 침팬지, 오랑우탄 등이 거울에 비친 영상을 자신의 반영이라는 것을 알아차린다고 주장한다. 이들은 자기 자신을 주목하는 존재이며 자신의 존재를 인식한다는 것이다. 반면 포비넬리 박사는 자아인식과 침팬지의 공감에 반대하면서 침팬지에게서 다른 생물이 보는 것을 참작하는 능력의 증거를 찾지 못했다고 주장했다. 포비넬리는 침팬지가 거울에 비친 자신을 볼 때의 반응이 자아 개념을 지닌다는 점에 동의하지만, 침팬지가 자신의 내면적인 심리 상태를 인식하고 그런 상태를 지닌 다른 침팬지들을 이해할 수 있다는 고차원적인 해석에 반대했다. 포비넬리는 인간과 침팬지가 거울을 보고 자기를 인식하는 듯한 행동을 하는 것은 사실이지만 이러한 행동이 근본적으로 다르다는 것이다.

인간이 무엇을 본다는 단순한 활동을 학자들은 다음과 같이 설명한다. 어떤 사람이 특정한 대상을 향해 시선을 돌린다는 것은 이 행동을 그들의 드러나지 않는 심리 상태에 비추어 자동적으로 해석할 수 있다는 것이다. 침팬지의 경우에도 이런 속성을 보여준다. 프란스 드 발 박사는 침팬지가 서로 시선을 마주치지 않으면, 즉 상대의 눈을 똑바로 쳐다보지 않으면 예전에 적수였던 상대의 안심하라는 몸짓을 믿지 않는 것과 같은 행동이라고 발표했다. 포비넬리 박사도 침팬지가 다른 침팬지와 인간의 시선을 쫓는다고 설명했다. 사람이 침팬지와 얼굴을 마주하고 서 있으면서 뚫어지게 응시하다가 갑자기 다른 곳으로 시선을 돌리면 침팬지도 그런 행동을 따라한다는 것이다. 갤럽 박사는 이 행동을 자아인식의 표현이라고 보는 반면, 포비넬리 박사는 진화의 한 속성으로 영장류들로 하여금 자신들의 눈앞에 보이는 것에 대해 아무 생각도 하지 않은 채 다른 동물들이 보는 것을 보도록 이끄는 맹목적인 메커니즘이라고 설명했다.

특히 포비넬리 박사는 갤럽 박사가 실험 대상인 침팬지의 연령을 문제 삼자 이를 반증하기 위해 4년 이상 침팬지들을 계속 연구했다. 포비넬리의 결론은 단순했다. 침팬지들이 거울에 비친 자신을 인식한다는 증거를 보여주고는 있지만, 침팬지들이 인간의 기본적인 감정의 한 측면을 진정으로 이해했다는 증거를 발견하지 못했다고 주장했다. 즉, 남이 본다는 것에 대한 이해 능력 말이다. 포비넬리 박사는 이런 결론을 내린 이유로 침팬지들이 자신에 대한 심리적 이해 능력을 갖고 있는 것이 아니라, 자기 몸의 위치와 움직임의 외면적 정신 표상을 갖고 있다는 것이라고 주장한다. 이는 심리적 이해 능력이 아니라 운동 감각적 자아 개념을 갖고 있다는 뜻이다. 실제로 18~24개월 된 아기가 거울 실험을 통과하는 능력과 거울 앞에 놓인 대상의 거울상을 이해하는 능력 사이에 아무 관계가 없다는 것도 증거로 제시한다. 아기가 자신의 표상인 거울상을 보지 못한다는 가정에서 아기는 거울상을 자신의 행동과 모습을 공유하는 특수한 실체로 본다는 것이다.

이를 설명하기 위해 다소 난해하지만 2초 동안 지연된 자신의 화상처럼 시각 피드백에 미미한 교란을 가한 것으로 설명한다. 아기가 자신의 얼굴과 신체 특징을 계속 인식하고 있지만, 자신의 행동과 화상의 움직임 사이에 있는 2초의 시간 지연으로 아기는 화상이 자신과 똑같지 않다는 결론을 내린다는 것이다. 이런 행동은 아기가 종종 자아 인식 실험을 통과하지 못한다는 이유를 설명해주는데, 아기나 침팬지가 거울상을 인

식한 뒤에 다른 아이나 유인원이 있는지 찾기 위해 계속 거울 뒤를 살펴본다는 것이 그 증거다.[2]

　이러한 설명은 앵무새가 적어도 침팬지와 돌고래의 지능을 갖고 있더라도 『삼국유사』에 나오는 앵무새의 행동이 정말로 자기 짝을 잃어서 그런지는 모호하다는 것이다. 앵무새가 정말로 거울을 쪼다가 죽었는지는 의심스럽다. 이 역시 선덕여왕의 모란꽃 향기처럼 과학이 접목되면 역사에 적힌 이야기들을 다시 한 번 되새겨 볼 수 있는 기회가 된다. 한마디로 우리의 역사도 과학으로 보면 새로운 각도의 시각을 얻을 수 있다는 뜻이다. 앵무새가 머리 좋다는 것은 잘 알려져 있지만 지구상의 수많은 새들 중 이에 못지않게 머리 좋은 새들은 많이 있다. 머리 좋은 새에 대해 살펴보자.

## 머리 좋은 새

　흔히 조금 모자란 사람을 비유하여 '닭대가리'니 '새대가리'니 하는 말을 농담 삼아 하는 경우가 있지만, 윤무부 교수는 새가 그처럼 둔하거나 모자란 동물이 아니라고 단언한다. 새는 그냥 지저귀지 않는다. 자기 영역을 알리고 적을 경계하기 위한 소리, 새끼에게 먹이를 줄 때 부르는 노래, 이동을 알리는 신호음, 가족을 보호하기 위한 소리 등이 따로 있다. 꾀꼬리는 평상시에 '꾀꼴꾀꼴' 하고 울지만, 사람이 지나갈 때는 '아옹' 하며 고양이 울음소리를 낸다고 설명했다.[3] 더욱 놀라운 것은 새들이 도구를 사용하는 것은 물론 숫자를 세거나 의사소통도 하는데 심지어는 거짓말도 한다는 것이다. 연구결과 까마귀가 도구사용 능력과 학습능력이 있으며 머릿속으로 시공간을 여행할 수 있는 능력이 밝혀졌다. 이솝우화에 항아리 바닥에 있는 물을 마시기 위해 작은 돌멩이를 넣어 물이

위로 올라오도록 하는 기지를 발휘
하는 까마귀가 등장하는데 이 우화
는 사실에 기초한 것임이 최근 밝혀
졌다.

돌 넣는 까마귀

　영국 케임브리지대학교 크리스토
퍼 버드 박사 팀은 까마귀의 일종인
당까마귀rook 4마리 앞에 입구가
좁은 15cm 높이의 플라스틱 물병
을 놓고 실험을 했다. 물론 주위에
크기가 다른 돌들도 갖다 놓았다. 물병의 물은 부리가 닿지 않을 만큼 절
반 이하로 채우고, 물 표면엔 벌레를 띄웠다. 당까마귀들은 벌레를 먹기
위해 곧바로 돌을 부리로 집어 물병 안으로 떨어뜨리기 시작했다. 물병
의 수위는 올라갔고 당까마귀들은 몇 차례 시도 끝에 결국 벌레를 먹을
수 있었다. 놀라운 것은 당까마귀들이 수위를 높이는데 돌이 몇 개나 필
요한지 계산하는 듯한 행동을 보였고 작은 돌보다 큰 돌이 더 쓸모 있다
는 것도 금방 깨우친 것 같았다고 주장했다.[4]

　사실 까마귀의 지능은 오래전부터 알려졌다. 프랑스 일간지 『르몽드』
는 다음과 같이 전했다. 까마귀 중에서도 지능이 높은 것은 칼레도니아
까마귀다. 학명으로 '코르부스 모네둘로이데스corvus moneduloides'로
불리는 이 까마귀는 도구를 사용하는 능력이 있다. 칼레도니아 까마귀는
까칠까칠한 털로 덮여있는 '판다누스'라는 나뭇잎을 쪼아 갈고리 모양
을 만든다. 그런 다음 이를 땅속에 숨어있는 애벌레나 곤충들을 끄집어
내는데 사용한다. 오클랜드대학교 가빈 헌트 교수는 이런 갈고리 도구
유형에는 크게 3가지가 있으며 서식지인 태평양 남서부에 위치한 누벨

칼레도니 섬의 서로 떨어진 세 지역에 분포돼 있다고 발표했다. 헌트 교수에 따르면 칼레도니아 까마귀는 지식과 문화적 행위의 출현을 전수하고 습득할 수 있다.[5]

이와 같은 결론은 새들의 뇌 구조가 생각처럼 원시적이거나 단순하지 않다는 연구 결과로도 증명됐다. 미국 듀크대학교 에릭 자비스 교수가 이끄는 연구팀은 새들이 일부 포유동물보다도 더 복잡한 인식 능력을 갖고 있다며 새대가리(바보, birdbrain)라는 표현은 앞으로 칭찬으로 바뀌어야 한다고 주장했다. 자비스 교수는 새의 뇌가 인간의 뇌와 상당히 유사하며, 대부분 뇌저신경절로 돼있지만 원시적인 구조는 아니라고 설명했다. 연구팀은 조류의 뇌에 있는 원시적인 부위가 사실은 인간의 뇌에 있는 부위와 비슷한 복잡한 정보처리 영역이라고 밝혔다. 그러므로 새들의 행동이 놀라울 정도로 복잡하므로 뇌를 연구함으로써 인간의 뇌 작동 원리에 대해 더 많은 것을 얻을 수 있다는 것이다.

우리나라의 국조는 까치로 전국 어디서나 볼 수 있는 텃새다. 그러나 까치는 우리나라에만 있는 것이 아니라 북반구 거의 전역에 분포한다. 까치는 참새·제비 등과 같이 인가 주변에 살기 때문에 친근감을 준다. 옛날에는 깊은 산길을 가다가 까치소리를 들으면 인가가 가까이 있음을 짐작했다. 그런데 옛날 사람들은 까마귀를 흉조라 여겨 까마귀 둥지가 보이면 허물어버리고 새끼를 죽였다. 하지만 유럽에서는 이와 반대로 까마귀를 보면 재수가 좋다고 말한다. 까치나 까마귀나 같은 까마귀과 새다. 까마귀과 새에는 어치(산까치라고도 하는데 춘천시의 시조市鳥), 까치, 물까치, 까마귀, 떼까마귀, 큰부리까마귀가 있으며 가을과 봄에 우리나라를 지나가는 떼까마귀를 제외하고는 모두 텃새다. 까치나 까마귀나 모두 까마귀과인데도 불구하고 차별대우 받는다고 항의할지 모르겠다.

그런데 까마귀는 지구상의 조류 중 가장 똑똑한 새이며, 사람 말을 따라하는 앵무새나 구관조와 같이 지능이 높은 무리에 속한다는 것은 잘 알려져 있다. 실험에 의하면 까마귀는 침팬지와 같은 지능을 갖고 있는데 일반적으로 4~5살 정도의 어린이와 비슷한 지능을 갖고 있다고 알려져 있다. 예를 들어, 까마귀는 조개의 부드러운 속살을 먹기 위해 30m 높이로 날아올라 조개를 떨어뜨려 딱딱한 껍질을 깬다. 또한 자기 둥지를 사람들에게 절대 알려주지 않는 새가 바로 까마귀와 종다리다.

까치는 한번 짝을 이루면 평생을 함께 한다. 까치는 봄에 5~6개의 알을 낳는다. 까치집의 크기는 그 집에 사는 까치의 나이를 말해준다. 까치가 집을 짓는데는 20일 정도 걸린다. 먼저 나뭇가지로 얼키설키 지어놓고 진흙을 물어다가 나뭇가지가 흐트러지지 않게 찍어 바른 다음 안에 부드러운 풀잎을 깔면 완성된다. 까치집은 나무토막을 교차시킨 것으로 비가 오면 물이 샐 것 같지만 그 속에서 알을 낳아 기르는 동안 비 한 방울 맞지 않는 것으로 조사되었다. 그렇다면 집을 지을 때 나무토막을 교차시키는데 고도의 머리를 썼다는 것이 된다. 까치는 집단성이 강해서 독수리나 매가 와도 겁내지 않는다. 여러 마리가 그들을 공격해서 멀리 내쫓는다. 오히려 먹이를 먹고 있는 독수리를 여러 마리가 공격하여 먹이를 차지하거나 달아나는 매의 머리와 눈을 쪼아 운신하지 못하게도 하는 것이 목격되었다고 한다.

철사로 먹이를 꺼내먹는 까치

까치나 까마귀 같은 일부 새들의 머리가 좋다는 것이 알려졌지만 많은 새들의 머리가 일반인의 생각보다 더 좋다는 연구결과도 발표되었다. 같은 종류의 새들은 사람들에게 거의 똑같이 보이지만, 새들은 사람을 정확히 구분하며 싫어하는 특정인에게는 신속히 반응을 보인다. 흉내지빠귀새는 전에 자신의 둥지를 위협한 사람이 나타날 경우 경보를 울리고 심지어는 공격도 했지만, 위험한 행동을 하지 않았던 사람들은 둥지 근처에 있어도 신경 쓰지 않았다.

플로리다대학교의 더글러스 리비 교수는 새들이 환경을 잘 지각하고 있다고 설명했다. 리비 교수는 나이와 성별, 두발 등 신체적 특징이 다른 10명의 학생들을 동원해서 매일 다른 옷을 입히고 대학 캠퍼스 근처의 흉내지빠귀새 둥지에 접근해 둥지를 만진 후 다른 곳으로 가도록 하는 실험을 실시했다. 이들은 모두 24개의 둥지를 만졌으며 같은 사람이라도 매번 둥지에 접근하는 방향이나 시간을 달리했다. 이들이 모두 4일 간 둥지에 접근해 만지는 행동을 보이는 동안 새들은 3일째부터 반응을 보였다. 새들은 자신의 둥지를 만졌던 사람이 나타나면 미리부터 즉각 알아보고 둥지에서 빠져나오며 경보를 울렸으며 공중에서 급강하해서 공격했다. 그러나 닷새째 되는 날에 그동안 실험에 참가하지 않았던 새로운 학생이 둥지에 접근하자 새들은 사전 경계 움직임을 보이지 않았다. 리비 교수는 새들의 이런 반응은 사람들이 둥지 근처를 지날 때 새들이 면밀히 주시하고 있다는 사실을 보여 준다고 말했다. 더욱 놀라운 것은 새들이 사람을 단 두 번 본 것만으로 확실히 구분한다는 점이다. 이는 자연에서 사는 일반 새들도 머리 좋다는 것을 의미한다.[6]

1989년 제주도로 까치들이 시집갔다. 제주도에는 원래 까치가 없으므로 40마리의 까치를 모셔간 것이다. 까치는 다행히 바람 센 제주도에 잘 적응했다. 그런데 최근 까치의 개체수가 무려 100배 이상 늘어나 생태학

감 먹는 까치(전성군 사진 제공)

자들도 제주도의 본래 생태계 질서가 무너진다고 우려할 정도다. 집단성과 생존력이 강한 까치가 토박이인 멧비둘기의 텃세를 잠재우며 새로운 강자로 등장했기 때문이다. 조류의 눈은 옆에 달려 있어 거의 360도 모든 방향을 볼 수 있다. 사람들은 새에게 들키지 않고 접근하기 위해 새 뒤로 다가가지만 들킬 수밖에 없다. 새는 사람의 8배 내지 40배의 시력을 가지고 있기 때문에 뒤로 다가오는 것뿐만 아니라 아주 멀리서 다가오는 것도 사람보다 훨씬 잘 보고 있다. 360도 각도를 다 볼 수 있는 새들은 머리를 뒤로 돌리지 않아도 이미 다가오는 사람을 보고 있는 것이다. 이런 데도 우리는 과연 새에게 '새대가리'라는 말을 붙일 수 있는 것일까?

최근 알려진 앵무새의 자질에 관한 내용은 앵무새에게도 정신질환이 있다는 점이다. 독일의 수의사 게로르크 후펜 박사는 앵무새를 격리해서 키우면 심한 노이로제 증세를 보여 끊임없이 울고 난폭해지며 자학행위를 한다고 한다. 이는 앵무새가 원래 공동생활을 하는 동물이기 때문이다. 또한 앵무새를 살 때 같이 사는 먹이도 주의를 해야 한다고 한다. 대부분 해바라기씨를 주는데 지방질이 과다한 혼합 먹이를 주면 너무 빨리 소화되기 때문에 일찍 포만감을 느낀다. 따라서 상실감을 갖게 된 앵무새가 자주 노이로제 증세를 보인다는 것이다.

　그러므로 앵무새를 키우려는 사람은 구입할 앵무새의 먹이 주는 법과 습관을 미리 철저하게 알아보아야 한다. 그리고 자유롭게 날 수 있는 큰 새장에서 쌍으로 또는 집단으로 키우는 것이 한 마리만 키우는 것보다 훨씬 낫다고 한다.[8] 앵무새가 자아의식은 없을지 모르지만 앵무새가 사랑과 슬픔을 느낀다고 본 것은 그만큼 앵무새의 능력이 다른 동물에 비해 앞서있기 때문이라 볼 수 있다. 사람들이 자신이 갖지 못한 능력과 자질에 대해 감탄하는 것은 당연한 일이다.

애거서 크리스티의 추리소설을 보면 차를 마시는 장면이 많이 나온다. 영국 귀족들의 생활상을 적나라하게 보여 주었다고 평가되는 그녀의 소설에서 흥미로운 것은 차를 마시는 시간에 방문한 사람이 몰상식하다고 말하는 장면이다. 영국인들이 차를 마시는 시간, 즉 휴식하는 시간에 방문하는 것은 예의를 모르는 행동이다. 유럽인들 중에서 영국인들이 유달리 차를 좋아하여 차로 인한 사건도 많다. 사실상 영국 식민지였던 미국 보스턴에 정박한 영국 선박에 실린 차를 미국인들이 바다에 버렸기 때문에 미국 독립운동의 단초가 되었다는 것은 잘 알려진 사실이다. 영국인들이 차를 마신다고 하지만 이는 중국에서 넘어간 풍습이다. 중국인은 이미 한漢나라 때부터 차를 마셨고 8세기부터 차는 중국인들에게 중요한 관심사였다.

사실 마르코 폴로의 『동방견문록』을 두고 폴로가 정말로 중국을 방문했느냐 아니냐로 설전이 벌어지는 중대한 단초 중에 하나도 중국인들이 차를 마시는 습관을 적지 않았기 때문이다. 마르코 폴로가 자세히 묘사한 항주(송나라의 수도)는 오늘날에도 녹차로 유명한 도시임에도 중국인이 일상적으로 마신 차에 대한 기록이 없다. 마르코 폴로가 그의 말대로

중국을 방문했다면 중국인의 차에 대해서 적지 않았을 리 없다.[1]

중국인들의 차에 대한 예찬은 차에 대한 남다른 애정에서 알 수 있다. 당나라 육우(陸羽, 733~804년)가 편찬한『다경茶經』에 있는 글을 보면 그러하다. 심야산중의 한 칸 집에 앉아서 샘물로 차를 달인다. 불이 물을 데우기 시작하면 송뢰의 소리와 비슷한 소리가 들리기 시작한다. 마침내 찻잔에 차를 따른다. 부드럽게 활활 타오르는 불빛이 사방 일리를 비추어주고 있다. 이러한 한동안의 기쁨은 도저히 속인俗人과 나눌 수 없다.

## 매우 빠른 차의 전래

한국인들도 차에 대한 열기가 높아지고 있지만 일반적으로 동양 삼국 중에서 한국만은 차를 애호하지 않았다고 한다.『삼국사기』〈신라본기 제10〉'흥덕왕 3년(828년)'에 우리나라에 차나무를 처음 심었다는 설명이 있는 것을 볼 때 한국에 차가 도입된 것이 매우 늦기 때문이다.

3년 겨울 12월 당나라에 갔다가 귀국한 사신 대렴이 차나무 종자를 가지고 왔다. 왕은 그것을 지리산에 심게 하였다. 차는 선덕왕 때부터 있었으나 크게 유행한 것은 이 시기부터였다.

이 글의 문맥상 선덕여왕(632~647년) 때는 차나무가 아니라 차가 수입되었을 것으로 추측하기도 하지만, 선덕여왕보다 거의 200년 후에 차나무가 신라에 도입되었다는 것으로 보아 9세기 통일신라 때에도 차가 크게 성행하지 않은 것을 알 수 있다.『삼국유사』〈기이(2)〉'경덕왕, 충담사, 표훈대덕'을 보면 더욱 그러하다.

스님 한 사람이 납의衲衣를 입고 앵통櫻筒을 지고 남쪽에서 오고 있었는데 왕이 보고 기뻐하여 누각 위로 영접했다. 통 속을 보니 다구茶具가 들어 있었다. 왕은 물었다. "그대는 대체 누구요?" "소승小僧은 충담忠談이라고 합니다." "어디서 오는 길이오?" "소승은 3월 3일과 9월 9일에는 차를 달여서 남산南山 삼화령三花嶺의 미륵세존彌勒世尊께 드리는데, 지금도 드리고 돌아오는 길입니다." "나에게도 그 차를 한 잔 나누어 주겠는가요" 스님이 이내 차를 달여 드리니 차 맛이 이상하고 찻잔 속에서 이상한 향기가 났다.

경덕왕(742∼765년)은 흥덕왕보다는 100여 년 빠르지단 선덕여왕보다는 100년 이상 후대의 사람인데도 불구하고 신라의 왕조차 차를 알지 못했다는 것은 차가 신라인들에게 크게 보급되지 않았음을 보여준다. 물론 한국에서 차의 보급은 생각보다 오래되었다는 자료도 있다. 『삼국유사』〈기이(2)〉 '가락국기'를 보자.

신라 제30대 법민왕法敏王 용삭龍朔 원년 신유辛酉(661년) 3월에 왕은 조서를 내렸다. "가야국伽耶國 시조의 9대손 구형왕仇衡王이 이 나라에 항복할 때 데리고 온 아들 세종世宗의 아들인 솔우공率友公의 아들 서운잡간의 딸 문명황후文明皇后께서 나를 낳으셨으니, 시조 수로왕은 어린 나에게 15대조가 된다. 그 나라는 이미 없어졌지만 그를 장사지낸 사당은 지금도 남아 있으니 종묘에 합해서 계속하여 제사를 지내게 하리라." 이에 그 옛 터에 사자使者를 보내 사당에 가까운 상전上田 30경頃을 공영供營의 자資로 하여 왕위전王位田이라 부르고 본토本土에 소속시키니, 수로왕의 17대손 갱세급간이 조정의 뜻을 받들어 그 밭을 주관하여 해마다 명절이면 술과 단술을 마련하고 떡과 밥·차·과실 등 여러 가지를 갖추고, 제사를 지내어 해마다 끊이지 않게 하고, 그 제삿날은 거등왕이 정한 연중年中 5일을 변동하지 않으니, 이에 비로소 그 정성어린 제사는 우리 가락국에 맡겨졌다. 거등왕이 즉위한 기묘己卯(199년)에 편방便房을 설치한 뒤부터 구형왕仇衡王 말년에 이르는 330년 동안에 사당에 지내는 제사는 길이 변함이 없었으나 구형왕이 왕위를 잃고 나라를 떠난 후부터 용삭龍朔 원년 신유辛酉(661년)에 이르는 60년 사이에는 이 사당에 지내는 제사를 가끔 빠뜨리기도 했다. 아름답도다, 문무왕(文武王, 법민왕法敏王의 시호)이여! 먼저 조상을 받들어 끊어졌던 제사를 다시 지냈으니 효성스럽고 또 효성스럽도다.

위 기록에 의하면 거등왕이 즉위한 기묘년(199년)부터 구형왕 말년에 이르는 330년 동안 변함없이 차로 제사지냈음을 알 수 있다. 이 당시 차나무가 재배되었는지는 정확하지 않지만 적어도 차가 우리나라에 전래된 것은 선덕여왕보다도 훨씬 오래 전임을 알 수 있다.

일단 차가 들어오고 신라에서 불교가 성행하자 사찰을 중심으로 차 음용이 늘었고 곧바로 일반인들에게도 전파되었다. 특히 고려시대 불교의 성행에 따라 차가 애용되었는데, 왕조차 불타佛陀의 제자로 인식했으므로 궁정에 차를 다루는 '다방茶房'이라는 관청이 생기고 사찰 인근에는 차를 바치는 다촌茶村이란 부락까지 생길 정도였다. 그러나 차는 기본적으로 승려 같은 특수인들이 애호하는 특수 기호품으로 여겨 오늘날 담배처럼 민중화에는 이르지 못했다.[2] 사실상 한국이 세계로 자랑하는 고려자기 중에 최상품을 다기茶器류로 간주할 정도로 차는 불교계에서 애용했다.

## 최초의 차재배지는?

학자들이 가장 관심을 갖는 것은 첫째 대렴이 갖고 온 차나무의 원산지가 어디인가, 둘째 귀중한 차 씨를 어떤 경로로 가져왔으며, 마지막으로 차 씨를 신라의 어디에 심었느냐다. 첫째와 둘째 질문은 상호 관련되는데 예로부터 중국은 동식물의 종자가 외국으로 유출되는 것을 극히 통제했다. 오죽하면 고려 공민왕 때 문익점(文益漸, 1329~1398년)이 원나라에서 목화 씨를 붓대 속에 넣어가지고 왔을까? 대렴이 당나라 황제로부터 직접 차 씨를 받지 않았을 것이라고 추정할 수 있다.

대렴이 중국 황제로부터 공식적으로 차 씨를 받지 않았다고 하더라도 대렴이 차 씨를 갖고 중국에서 경주에 도착하기까지 약 4~5개월이 걸렸을 것으로 추정한다. 문제는 당나라 수도인 장안에 차나무가 없다는 점이다. 그러므로 대렴이 갖고 온 차 씨는 장안의 것이 아님이 틀림없다. 대렴이 어느 곳에서 자라는 차 씨를 갖고 귀국했는가는 신라 때 장안에서 경주로 돌아오는 견당회사遣糖廻使 루트를 이용했을 것으로 보면 쉽게 풀린다. 당대의 항해 루트는 장안 – 낙양 – 변주 – 서주徐州 – 산동반도 – 황해횡단항로 – 당항성을 통해 신라의 서울인 경주에 도착했을 것으로 추정한다. 그런데 서주와 산동반도 일대에서는 차나무가 자라고 있다. 즉, 대렴이 갖고 온 차 씨는 이들 지역의 것일 가능성이 높다.

그런데 당대에 신라인을 비롯하여 일본인들도 당나라를 오갈 때 들렀으리라고 추정되는 장보고의 적산법화원과 차는 관계가 깊다. 적산법화원은 장보고가 803년에 짓기 시작하여 823년에 완공했다고 알려지는데 이때는 대렴이 차를 갖고 왔다는 828년보다 5년이 앞선다. 장보고가 법화원을 건설한 이유는 당나라에서 성공한 이유가 천태산의 영기를 받았다고 생각했기 때문이다. 적산이라 부르는 것은 법화원 뒤에 층암절벽이

치솟아 있는데 바위가 담홍색을 띠었기 때문이다. 중국 양자梁子가 지은 『중국당송다도』에 다음과 같은 기록이 있다.

많은 신라인이 당나라 문물, 불법을 배우기 위해 입당했으며 또 많은 사람들이 당조唐朝에서 관직에 있었다. (중략) 당시 차 마시는 습관, 차 만들기, 애호가 모임이 있었다. 그때 일본인 엔닌圓人이 당나라에 들어와서 불법을 구할 때 산동 문등현 적산촌의 법화원에 찾아 왔다.

이 글은 장보고가 창건한 적산법화원에서 차 마시는 것이 성행했다는 것을 알려주는데 엔닌의 『입당구법순례행기』에서 이를 확인할 수 있다. 엔닌의 『입당구법순례행기』는 세계 3대 중국 여행기인데 나머지 두 여행기는 이탈리아 마르코 폴로의 『동방견문록』, 1488년에 최부가 저술한 『표해록』이다. 엔닌의 글을 보자.

장보고 추정 영정
(일본 삼우사 선신당 영정)

당시 법화원의 승려 수는 30명이 넘었으며 모두 신라인이다. 매년 8월 15일 추석날 백가지 음식과 각종 악기에 맞추어 노래 부르고 춤도 추며 하룻밤을 보낸다. 이때 백가지 음식 중에 차茶가 반드시 포함된다. (중략) 내가 귀국하려 하자 신라인 이원좌 등이 일본에 갈 수 있도록 서류, 수속 등을 대행해 주어 많은 신세를 졌다. 그리고 여러 가지 선물을 받았는데 그 중에는 몽정차 2근과 단차團茶 한 꽂이도 들어있었으며 차

모임에도 초대하고 문밖까지 나와 전송해 주었다.

이러한 사실을 미루어 볼 때 신라인과 구법승 그리고 일본인들도 당나라 차 문화에 많은 영향을 받았다고 할 수 있다. 또한 쌍계사의 창시자인 진감국사(755~850년)의 비문에도 "중국차를 받으면 차를 다관에 넣고 불로 물을 끓여서 차를 마신다"라고 했다. 엔닌은 장보고 선단을 통해 일본에 귀국했는데 이때의 해상 역학관계를 볼 때 대렴 역시 장보고 선단의 배려를 받았다는 것이 학자들의 견해다. 대렴과 장보고, 차와는 불가분의 관계가 있다는 것을 감안하면 대렴이 갖고 온 차 씨는 서주나 적산법화원이 있는 산동반도의 것일 가능성이 높은데 법화원 남서쪽에 위치한 차산木差山 차엽정茶葉頂에 야생하는 차나무일 가능성도 있다.

다음으로 첨예한 문제는 대렴이 처음 차를 심은 곳이 어디냐에 대한 것이다. 한국에서 처음으로 차를 심었다는 시배지는 그 지역에 역사적으로나 관광 등을 고려할 때 중요하기 때문이다. 대렴이 차 씨를 갖고 어느 곳에 심을까는 차나무가 잘 자랄 수 있는 곳에 심었을 것이라는데는 이론의 여지가 없다. 『삼국유사』에 의하면 차 씨를 심은 시기가 12월(양력 1~2월)이므로 따뜻한 지리산 남쪽으로 사람의 손길이 항상 닿을 수 있는 곳이 적격지였음이 틀림없다. 특히 『삼국유사』와 『삼국사기』에는 나타나지 않지만 당나라 문종 때 '신라 사신 대렴이 당나라에서 차 종자를 가져와 지리산 밑 화엄사 주변에 심었다'는 기록을 근거로 학자들은 현재까지 지리산 화개골 쌍계사와 화엄사 부근으로 추정한다. 쌍계사 입구에 시배지비始培地碑가 설치되어 있는 이유다. 화엄사 구층암 천불전 뒤 대밭 주변과 장죽전 일대의 산비탈에 차나무가 자생하고 있으며 시배지라는 기념비가 세워져 있다.

쌍계사에는 모두 3개의 차 시배지 기념비가 있다. 쌍계사 입구에 있는 '김대렴 추원비'에는 "『삼국사기』 흥덕왕 3년(828년)에 김대렴이 차 종자를 가져와 왕명으로 이곳에 심었다"고 기록되어 있다. 최근에 건립된 '진감선사 차시배지 추앙비명'에도 유사한 내용이 기록되어 있다. 그런데 요즈음 학자들은 날카롭다. 대렴의 성이 김씨라는 증거가 없다는 것이다. 사실 『삼국사기』 〈신라본기 제10〉 '흥덕왕 3년(828년)'에는 "당나라에 갔다가 귀국한 사신 대렴이 차나무 종자를 가지고 왔다. 왕은 그것을 지리산에 심게 했다"고 분명히 적혀있다. 김대렴이 아니라 대렴이 옳다는 설명이다. 반면 하동군의 차 관련 자료에는 '대렴'으로 바르게 적혀있다.[3]

## 허왕후가 차를 갖고 왔다

차 전래와 관련하여 학자들이 주목하는 것은 가야 김수로의 왕비인 허씨에 관한 내용이다. 조선 후기의 민속학자인 이능화(李能和, 1869~1943년)는 『조선불교통사』에서 "김해 백월산白月山에 죽로차가 있는데 알려지기를 수로왕비 허씨가 인도에서 가져 온 차 씨라고 한다"고 적었다. 김종국은 백월산을 백운산白雲山 또는 명월산明月山의 오기誤記로 적었다.[4]

김해시와 김해군 녹산면의 구전에 의하면 '허왕후가 인도 아유타국에서 시집올 때 옥합玉盒에 차 종자를 넣어 와서 명월산에 심게 했으며 이에 명월사를 건립하여 차 재배 전담 스님을 두었다. 이곳의 차가 고구려, 백제, 신라는 물론 왜에도 알려져 왜가 차 씨를 구해 갔다'는 것이다. 해발 428m의 백월산은 신라 때부터 명산으로 알려졌으며 가락국시대에는 금관가야에 속했다. 그러나 현재까지 백월산에서는 차나무가 발견되지 않았으나 인근 약 7.2km 떨어진 창원시 신라 구산선문 중에 하나인 봉

허왕후 묘

림사지鳳林寺址에서 18cm의 대엽종 차나무가 발견되었으겨, 백월산 줄기 아래 주남저수지 주변에 위치한 다호리茶戶里에서는 차茶 지명과 2,000년 전으로 거슬러 올라가는 다기茶器를 비롯한 제기 · 칠기 · 붓 등이 발굴된

봉림사

봉림사지 차잎

바 있어 이능화의 기록에 힘을 실어주기도 한다.

필자는 고 이형석 박사와 함께 허왕후의 차 전래설을 확인하기 위해 백월산을 찾았다. 백월산 근처의 창원 봉림사지와 함안의 여항산 등에서 발견되는 차나무가 중국산인가 또는 남방형인가를 확인하기 위해서였다. 차나무는 아열대성 식물로 원산지는 중국 남서부의 사천성, 운남성의 산간지역이라는 주장과 인도 북부 아삼 지역이라는 주장이 있다. 일본의 하라다는 중국의 동부와 동남부지역에서 자라는 차나무는 잎이 작고, 인도 지방에서 자란 차나무는 잎이 대엽종이라고 말했다. 그런데 봉림사지에서 발견되는 차 잎의 크기는 16~18cm, 엽맥이 12개 내외로 중국의 대엽종 12~14cm, 소엽종 4~6cm와 차이가 났다. 위의 기준에 의하면 창원 봉림사지의 차나무는 중국종이 아니라 인도종일 가능성이 더 높다.

김해를 비롯한 주변지역에서 차에 관련된 이름들이 많이 발견된다. 백월산 남동쪽의 다호리, 진례면의 찻골茶洞, 상동면의 여다리余茶里, 다시곡茶蒔谷, 다곡茶谷 등은 모두 차라는 이름을 갖고 있다. 김해의 동쪽 계곡인 금강지金崗趾의 옛 지명이 다전리茶田里로 현재도 오래된 차나무가 많이 있다. 옛 금강곡 일대인 송악단 주변과 장유면 무계리에도 야생 차나무가 대량으로 자라고 있다.

김수로왕과 관련되는 차는 지리산 반야봉 남쪽 해발 약 800m 지점에 있는 칠불사와도 관련된다. 칠불사는 김수로왕의 일곱 왕자가 이곳에 와서 수도를 한 후 모두 성불했다는 사찰이다. 김수로왕은 허왕옥을 왕비로 맞아들여 10남 2녀를 두었는데 큰 아들 거등은 왕위를 계승했고, 차남과 삼남은 모후의 성씨를 따라 김해 허許씨의 시조가 되었으며 나머지 일곱 왕자는 모두 출가했다. 이들 모두 출가하자 수로왕이 크게 기뻐하며 국력을 기울여 큰 절을 짓고 칠불사로 명했는데 이는 우리나라에 불교가 처음 전해졌다는 고구려 소수림왕 2년(372년)보다 약 270여 년이 앞선다. 이 내용을 근거로 학자들은 불교가 북방에서만 내려온 것이 아니라 바다를 통해 인도로부터 직접 받아들였다는 남방 전래설을 제기하기도 한다.

칠불사는 아자방亞字房을 떠올릴 만큼 아자방이 유명한데 알려지기는 신라 효공왕(897~911년) 때 김해에서 온 담공 선사가 선방인 벽안당碧眼堂을 아자형으로 구들을 놓았다고 한다. 아자방은 처음 한 번 불을 때면 석 달 이상 따뜻하다고 하여 중국 당나라까지 알려졌으며 1979년 세계건축협회에서 발간한 『세계건축사전』에도 수록되어 있다. 칠불사가 차와 관련 있을지 모른다는 것은 허왕후가 아들을 보러 이곳을 자주 방문했다는 전설과도 관련이 있다.

칠불사에서 일곱 왕자가 수도할 때 허왕후가 이들을 보려고 자주 절을 방문했지만 오빠인 장유화상이 아들의 불심을 어지럽힌다고 항상 되돌려 보냈다. 허왕후는 아들을 만나겠다는 생각을 단념하지 않고, 범왕凡王 인근에 임시 궁궐을 짓고 이곳에 머물면서 계속 아들을 찾았으나 그때마다 오빠에게 쫓겨났다. 그런데 하루는 장유화상이 기다리면서 "네 아들들이 모두 성불했으니 만나 보라"고 하므로 왕후가 머뭇거리자 하늘에서 "연못을 보면 만날 수 있다"라는 소리가 들렸다. 왕후가 연못을 들여다보니 황금빛 가사를 걸친 일곱 아들이 공중으로 올라가는 모습이 보였다. 이 연못이 칠불사 앞에 있는 영지影地이며 칠불사는 초의선사艸衣禪師가 한국의 다도茶道를 중흥코자 『다신전茶神傳』을 초록한 곳이기도 하다. 초의선사는 조선시대 말 선교율禪敎律의 대종사大宗師로 다산 정약용과 추사 김정희와도 교유를 가진 석학이며, 『다신전』에는 차에 관한 거의 모든 것을 일목요연하게 서술하여 차인들의 지침서로 꼽힌다. 칠불사 입구인 화개곡 일대는 우리나라 최대의 야생차 밭이 있다.[5] 한편 최근 학자들은 『삼국유사』 〈의해〉 '자장정률' 을 주목한다.

자장(慈藏, 590~658년)이 이와 같은 좋은 기회를 만나 용감히 나가서 불교를 널리 퍼뜨렸다. 그는 승니僧尼의 5부部에 각각 구학舊學을 더 증가시키고 15일마다 계율을 설명했으며 겨울과 봄에는 시험해서 지범持犯을 알게 하고 관원을 두어서 이를 유지해 나가게 했다. (중략) 머리를 깎고 중이 되기를 청하는 이가 세월이 갈수록 더욱 많아지니 이에 통도사通度寺를 새로 세우고 계단戒壇을 쌓아 사방에서 오는 사람들을 제도濟度했다. 또 자기가 난 집을 원녕사元寧寺로 고치고 낙성회落成會를 열어 잡화雜花 1만 게偈를 강의하니 오이녀五二女가 감동하여 현신現身해서 강의를 들었다. 문인門人들에게 그들의 수대로 나무를 심어 이상스러운 일들을 표하게 하고 그 나무를 지식수知識樹

라고 이름 지었다.

　　위에서 언급한 지식수가 과연 무엇이냐가 관건인데 많은 학자들이 지식수야말로 차나무일 것이라고 추정한다. 불교에서 문수보살은 지혜와 지식을 상징하는데, 700년경 조성된 경주 석굴암 문수보살상에 찻잔을 만들어 놓은 것도 이런 맥락에 있다. 문수보살과 인연이 깊은 자장율사는 귀한 차나무의 씨나 나무를 구하여 금강계단을 조성하면서 그 경내에 심고 이름 없는 이 나무를 '지식수'로 명명했을 것으로 추정된다. 물론 어떤 자료에는 지식수를 '매화'로 기록하고 있다.

　　그러므로 일부 학자들은 선덕여왕 때 차가 있었다는 『삼국사기』의 기록은 금강계단의 지식수인 차나무라고 주장한다. 더구나 최근까지 통도사 금강계단 내에 몇 그루의 고차수古茶樹가 자라고 있었다는 점도 이를 뒷받침한다는 이야기다. 그런데 3.4m에 달하는 차나무가 갑자기 자취를 감추자 이를 두고 차나무가 죽었다는 소문도 있었으나 사찰 측에서 금강계단 서쪽 담 너머로 옮겨 심은 것이 확인되었다. 또한 『통도사가사리사적약록』에 '북쪽 동을산 다촌은 차를 만들어 절에 바치는 곳이다. 절에 바치던 차 부뚜막과 차샘이 지금도 없어지지 않고 남아있다'라고 했다. 여기서 차 부뚜막은 제다용 솥을 거는 곳이거나 배로焙爐이며, 차샘을 중시한 것은 차를 끓여서 절에 바치기도 했음을 보여준다.

　　일연은 스님이었던 만큼 『삼국유사』에 불교에 관한 이야기가 많이 있는데 그 중에서 사리에 대한 내용도 적지 않다. 『삼국유사』에 의하면 우리나라에 최초로 사리가 전달된 것은 신라 진흥왕 10년(549년)이다. 『삼국유사』〈탑상〉 '전후로 가지고 온 사리'에 그 내역이 적혀있다.

　　『국사國史』에 이렇게 말했다. '진흥왕眞興王 때인 태청太淸 3년 기사己巳(549년)에 양梁나라에서 심호沈湖를 시켜 사리 몇 알을 보내왔다. 선덕왕善德王 때인 정관貞觀 17년 계묘癸卯(643년)에 자장법사慈藏法師가 당唐나라에서 부처의 머리뼈와 어금니와 부처의 사리 100알과 부처가 입던 붉은 비단에 금색 점이 있는 가사袈裟 한 벌을 가지고 왔는데, 그 사리를 셋으로 나누어 하나는 황룡사皇龍寺 탑에 두고, 하나는 대화사大和寺 탑에 두고, 하나는 가사와 함께 통도사通度寺 계단戒壇에 두었으나, 그 나머지는 어디에 있는지 자세히 알 수 없다. 통도사 계단에는 두 층이 있는데 위층 가운데에는 돌 뚜껑을 덮어서 마치 가마솥을 엎어놓은 것과 같았다.' (중략) 『고기古記』에는 이렇게 말했다. '사리 100개를 세 곳에 나누어 두었더니 이제는 오직 네 개뿐이다. 그것은 숨겨지기도 하고 나타나기도 하여 보는 사람에 따라 다른 것이니 수효가

많고 적은 것이 괴이할 것이 없다.'

　사리에 대한 이야기는 계속해서 나온다. 『삼국유사』〈탑상〉 '백엄사의 석탑과 사리'에도 새로 5층 석탑을 세우고 진신眞身 불사리佛舍利 42과를 가져다 모셨다는 기록이 있다. 『삼국유사』〈의해〉 '갖가지 모습을 나타낸 혜숙과 혜공'에도 혜공이 죽을 때 공중에 떠서 세상을 마쳤는데 사리는 그 수를 셀 수 없을 만큼 많았다고 기록되어 있다.

　『삼국사기』에도 진흥왕 때의 사리에 대한 이야기가 나온다. 진흥왕 10년 봄 양나라가 사신과 유학승 각덕 편에 부처의 사리를 보내왔다. 왕이 백관들로 하여금 흥륜사 앞길에서 그들을 맞이하게 했다는 기록이 있다. 또한 진흥왕 37년에도 '안홍 법사가 수나라에 들어가 불교를 공부하고, 서역의 중 비마라 등 두 명의 중과 함께 돌아와 『능가승만경』과 부처의

건봉사 석가모니 치아 사리

사리를 바쳤다' 라는 기록도 나온다.

자장법사는 부처님의 진신 사리를 황룡사 탑과 태화사 탑, 그리고 통도사 불단에 나누어 봉안했으며 추후에 양산 통도사, 설악산 봉정암, 정선 정암사, 영월 법흥사, 오대산 월정사(5대 적멸보궁) 등에 나누어 봉안했다고 한다. 그런데 임진왜란 때 왜군이 통도사의 금강계단에 모셔진 사리를 탈취해가자 선조 38년(1605년) 사명대사가 강화사로 일본에서 이를 되찾아와서 한국 4대 사찰 중에 하나인 금강산 건봉사에 봉안했다. 또한 경종 4년(1724년)에 구층사리탑을 세워 다시 봉안하고 영조 2년(1726년)에 석가여래치상탑비를 세웠다.

현재 국내에 부처님의 진신사리가 있는 사찰들이 있다. 금강산 건봉사는 민통선 안에 위치했기 때문에 일반인들의 출입이 어려워 관리가 소홀한 틈을 타 전문도굴꾼이 절취해갔다. 알려진 이야기로는 사리를 훔쳐간 일당들이 절취 후 꿈에서 절에 사리를 돌려보내라는 부처님의 소리를 며칠 동안이나 들은 후 사리를 돌려보냈다고 한다. 그러나 총 12과 중 8과만 회수되고 4과는 행방이 알려지지 않았다.

2005년 4월 산불로 소실된 원통보전 등 전각은 물론 신라나 고려시대

정암사 적멸보궁

월정사 적멸보궁

의 양식을 따르지 않고 조선시대 특유의 범종 양식을 보이던 동종(1469년에 주조됨)이 파괴되었던 낙산사에서도 진신사리로 추정되는 사리 1과가 발견되었다고 발표했다. 해수관음보살상 앞에서 홍련암(관음굴이라고도 함)으로 가는 도중에 있는 8각 원당형을 기본으로 하는 공중사리탑(도유형문화재 75호)을 2006년에 해체 작업 중 부처님의 진신사리라고 적혀있는 진언문 · 사리 1과 · 사리장엄이 함께 발견되었다. 참고로 석가모니의 진신사리는 불상과 마찬가지로 부처님을 상징하기 때문에 이를 봉안한 사찰에서는 따로 불상을 모시지 않는다.

## 사리의 기원

사리의 정체에 대해 많은 사람들이 의문을 제기한다. 특히 불교계에서 발표하는 사리에 대한 내역을 보면 현재 알려진 사리가 진짜인지 아닌지 모르겠다는 지적이다. 그만큼 부처님의 진신사리라고 알려진 것의 양이 너무 많다는 말도 있고 사리를 불교계에서 신앙심 고취를 위해 어떤 방법을 사용했는지는 모르지만 비밀리에 만든 것이 아니냐는 의문도 있다. 이에 대한 의구심을 풀어가기 전에 사리에 대해 먼저 설명한다.

우선 불교에서 왜 사리를 중시하게 됐을까? 이 의문은 사리의 기원에 대해 알아보면 쉽게 풀린다. 사리는 본래 '신체'를 의미하는 산스크리트어 'Sarira'에서 유래했는데, 이를 소리 나는 대로 표기하여 사리라舍利羅라고 하였다가 줄여서 사리라 부르는 것이다. 사리라는 본래 몸을 의미하는데 이것이 복수형으로 되면 신골 · 유골이라는 뜻을 가진다. 그러므로 일반적으로 말하는 사리는 본래 몸 그 자체를 의미한다고 할 수 있으므로, 인체를 화장하고 난 뒤에 남겨진 뼈 전체 또는 가루가 된 뼛조각까지 폭넓게 포괄하기도 한다. 그런데 사리는 단순히 죽은 자의 몸을 가리키거나 그 뼈를 부순 것만을 의미하지 않는다. 부처를 향한 믿음이 충만한 불자들의 몸에서만 나온다는 사리의 의미를 좀 더 높은 차원으로 승화시켜 그 의미를 엄격하게 축소시켰다.

석가모니가 40여 년간 거리에서 가르침을 전하고 여든 살에 인도의 쿠쉬나가라에서 생을 마쳤을 때, 석가모니의 시신은 인도 장례풍습에 따라 화장했고 화장 후에 얻은 유골로 탑을 세우려 했다고 한다. 석가모니의 화장 소식은 이웃 부족들에게 전해져 여덟 개의 부족이 석가모니의 유골을 나누어 달라고 요청하자 석가모니의 유골은 여덟 부분으로 나눠진다. 이 유골을 가지고 각 부족이 각각 탑을 세웠는데 이를 근본팔탑根本八塔이라 한다. 인도를 최초로 통일한 마우리아 왕조의 아소카왕(기원전 273~232년)은 석가모니의 무덤 여덟 기를 발굴하고 그 안에 있던 석가모니의 유골을 나누어 통일 왕조 영토 곳곳에 무려 84,000기의 탑을 세웠다. 이후 탑은 석가모니의 유골인 사리를 봉안하는 구조물에서 나아가 석가모니의 실재로 인식되었다. 사리는 탑을 세우는데 있어서 가장 중요한 요건이며 사리 봉안은 탑의 존재 이유다. 불교가 중국에 전래된 이후 많은 승려들이 앞다투어 사리를 구하기 위해 인도로 간 이유이기도 하다.[1]

이런 전통에 연유하여 사리를 숭배하고 공양하는 사리신앙, 즉 탑 신앙이 생겨났으며 부처의 진신사리를 보는 것은 부처를 친견하는 것과 같은 의미로 자리 잡았다. 그러므로 엄밀한 의미에서 탑이란 그 형태와 관련 없이 부처님의 사리를 모셔 둔 것을 의미한다. 전남 화순군 이양면 증리 쌍봉사 대웅전의 경우 목조 건축물이지만 이 건물은 내부에 부처님의 사리를 모셔 두었기 때문에 탑에 속한다. 충남 공주시 계룡면 중장리 갑사 신흥암 천진보탑은 천연 바위인데도 이 바위를 탑으로 부르기도 한다. 전설에 의하면 석가모니가 열반한 후 400년 뒤 아소카왕이 시방(十方,

모든 방향) 세계에 나누어줄 때 계룡산에 있는 이 천연의 석굴 속에 사리를 봉안하게 했다고 한다. 그 후 600여 년 뒤 백제의 구이신왕 때 아도화상이 이 사리를 발견하여 이름을 천진보탑으로 불렀다. 바위 아래 정말로 사리가 안치되어 있는지는 정확하지 않은 전설이기는 하지만 부처님의 진신사리를 모셨기 때문에 천연의 바위인데도 탑이라 부른다.[2] 그러나 부처님의 진신사리는 한정되었으므로 나중에 부처님을 상징하는 물건, 불경과 불구, 고승의 사리를 모신 것도 불탑이라고 부르기 시작한다. 이때부터 부처님의 사리가 아니더라도 사리를 부처님의 단순한 몸 또는 뼈를 의미하는 차원에서 벗어나 소중하게 모시게 된 이유다.[3]

반면 부처님의 진신사리를 모셨음에도 불구하고 탑이라고 부르지 않는 곳이 있다. 경남 양산 통도사 대웅전 뒤에 위치한 2층의 석조 구조물로 이를 금강계단으로 부른다. 일반적으로 계단은 스님들이 지켜야 하는 계戒를 받는 의식을 집행하는 장소를 말하며 금강은 불교에서 굳고 단단한 것을 비유할 때 자주 사용하는 말로 금강계단이란 '금강과 같이 견고하게 계를 받는 자리'라는 뜻이다. 이런 계단은 인도에서 유래하여 중국을 거쳐 우리나라에 들어와 최초로 통도사에 세워졌으므로 진신사리를 안치한 탑으로 불러도 무방하지만 금강계단으로 부르고 있다.[4]

통도사通度寺란 명칭도 이 계단을 통하여 득도한다는 의미에서 '통도'라고 했을 만큼 통도사의 금강계단은 그 의미가 심오하다. 그 형태는 정방형의 기단을 쌓고 그 기단 위에 사리탑을 봉안한 뒤 돌로 난간과 문을 만들어 사방으로 둘렀다. 사리의 수습 절차는 다비茶毘의 마지막 의식에 해당한다. 다비란 불교계의 장례법으로 정착한 화장의 팔리어 '자피타 jhapita'를 소리 나는 대로 옮긴 것이다.[5, 6] 다비에 의한 장례법이 인도 불교 이래 불교적 전통이 된 요인은 다음과 같은 세 가지로 추정한다. 첫

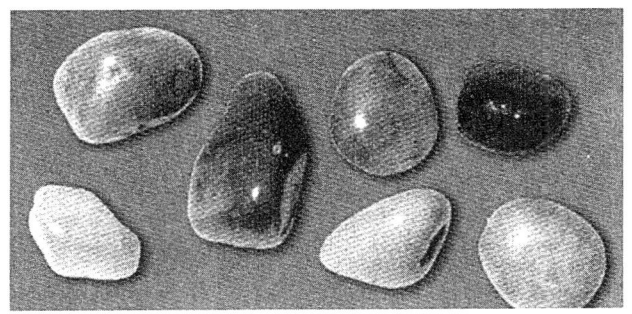
통도사 석가모니 진신사리

째 아열대성 기후라는 인도의 기후적 특성 때문에 시신의 부패로 인한 폐해를 막는데 다비가 적격이다. 둘째 부처님의 장례를 다비로 했기 때문이며, 셋째 부처님의 사상적 의미를 부여하는데 다비가 효과적이라는 것이다. 예를 들어, 다비에는 땅·불·물·바람의 네 가지 요소로 구성된 육신을 다시 원류로 보낸다는 의미가 내포되어 있다.[7]

  신라 하대인 9세기는 당나라에서 선종禪宗이 들어온 때로 구산선문九山禪門을 중심으로 선풍禪風이 활발하게 일어났다. 이들은 선문을 대표하는 조사祖師의 설법이나 교훈을 어록으로 남기고 입적한 뒤엔 장골처藏骨處에 부도를 남겨 추앙했다. 부도는 다른 석조물과는 달리 장비塔碑가 별도로 갖춰져 있기 때문에 주인공의 생애와 행적뿐 아니라 당시의 사회·문화상을 알 수 있어 역사적으로 중요한 가치가 있다. 현재 남아 있는 유물로 가장 오래된 부도는 통일신라시대의 흥법사 염거화상탑(844년)이며 이외에 대안사 적인선사조륜청접탑(861년), 쌍봉사 철감선사탑(868년) 등이 유명하다.

## 사리를 어디에 모실까?

엄밀한 의미에서 탑은 석가모니의 사리를 안전하고 영구적으로 보관하기 위한 구조물이라고 볼 수 있다. 그렇기 때문에 탑의 어느 부분에 사리를 봉안하느냐는 중요한 문제다. 이 부분은 강우방의 글을 인용했다. 인도의 스투파는 안다 내부까지 이어진 야슈티(찰주) 아래에 석가모니의 사리가 봉안된다. 중국에서는 목탑의 경우 심주心柱 아래에 봉안되는데 지표 아래에서 3m가량 깊이에 거대한 심초석을 두고 그 위에 심주를 세우므로 모두 탑의 지하에 봉안하는 지하식이라고 할 수 있다. 그런데 우리나라의 경우엔 목탑·석탑·전탑의 사리 봉안 위치가 모두 다르며 다양하다. 목탑의 경우 심주 아래에 사리를 봉안하는데 심주 바로 밑에 석함石函을 두고 그 아래에 사리를 안치하는 방식, 백제의 제석사지 목탑터의 경우처럼 심초석은 지표로 올라오고 그 위에 심주를 세우는 방식, 마지막으로 심주를 2층 탑신부터 올린 방식으로 쌍봉사 대웅전이 유일한 예다.

석탑의 경우에는 사리의 봉안 장소에 일정한 규칙이 없는 듯 보일 정도로 석탑의 여러 군데에서 사리함이 발견되는데 큰 틀에서의 규칙은 있다. 초기 석탑의 경우 목탑 관습에 따라 찰주가 끝나는 3층 탑신에 사리를 안치했으며, 그 후 시대가 흐르면서 2층 지붕돌과 탑신돌을 거쳐 1층 탑신으로 사리 봉안의 위치가 정착된 것으로 추정한다. 예외적으로 석탑임에도 불구하고 김천 갈항사지 삼층석탑과 울산 청송사지 삼층석탑의 경우에는 기단에 사리를 안치했고, 익산 왕궁리 오층석탑처럼 기단과 탑신부에 사리를 나누어 안치한 경우도 있다.

지표에 설치되는 목탑 심초석의 경우나 탑 안에 사리가 안치되는 석탑은 모두 돌 자체에 사각 혹은 원형의 사리공을 파고 그 내부에 사리를 봉안했다. 목탑의 심초석에 판 사리공은 모두 사각이고 석탑도 초기 석탑은 사각으로 파였지만 9세기 이후의 석탑은 원형이다. 전탑의 경우 안동 임하사 전탑 터에서는 특이하게 심초에 사리를 안치했지만 대부분의 전탑은 별도의 석함을 제작하여 그 안에 사리와 공양물을 넣은 후 다시 그 함을 벽돌로 된 사각의 공간 안에 넣었다. 특이한 것은 벽돌로 탑을 쌓으면서 마련된 사각의 공간 안에 그대로 사리와 공양물들을 넣어도 되는데, 굳이 석함을 만들어 그 내부에 사리를 넣었다는 점이다. 이는 처음 석가모니의 사리를 봉안할 때 '돌 – 동 – 은 – 금 – 수정'의 순서대로 넣어 봉안했던 전통에서 기인한다. 따라서 우리나라 목탑의 심초석과 석탑의 사리공은 외함外函의 기능을 겸하고 있으며, 전탑에서 석함을 따로 만들어 넣은 것은 이러한 방식을 고수했기 때문이다.[8]

## 사리의 정체

사리에 대한 의구심은 사리의 정체가 무엇이냐는 것으로 귀결된다. 사실 이 질문처럼 대답하기 어려운 것도 없다. 사리가 일반적으로 불교라는 종교에 접목되어 있기 때문에 더 설명하기 어렵다. 그러므로 질문에 대한 해답은 현재로는 어느 누구도 알 수 없다는 것이 진실이다. 사리에 대한 본격적인 연구 자료가 많지 않으므로 모르는 것이 당연하다. 그러나 사리에 대한 궁금증을 현대 과학자들이 그대로 둘리 없다. 결론적으로 말해 사리의 정체를 알기 위한 과학자들의 연구 결과는 단편적이지만 알려져 있다. 사리에 대해 다음과 같은 이야기가 전해진다. 태조 이성계가 어느 날 대신들에게 사리가 어떻게 해서 생기는가 하고 묻자 하륜이 대답했다.

정신을 수련하면 정기가 생기고 정기가 쌓이면 사리가 생긴다고 합니다. 하지만 바다의 조개에도 보주가 있고 뱀에게도 명월주가 있으니 조개와 뱀이 무슨 도가 있어 그런 구슬이 생기겠습니까?

당시 불교를 배척하는 국시를 의식하는 대답이었다. 그러나 태조는 신덕왕후의 죽음을 슬퍼하여 왕후의 원찰인 흥천사에 불사리를 모시고 명복을 빌었다는 것은 앞에서 설명했다.

조개의 몸 안에 모래알 · 알 · 기생충 같은 것이 들어가면 진주층과 같은 물질인 진주질眞珠質로 이것을 둘러싼다. 이렇게 해서 생기는 것을 천연 진주라고 한다. 진주가 생기는 상세한 원인은 아직 밝혀져 있지 않으나 진주질을 분비하는 외투막의 세포가 들어온 물질을 싸서 펄색Pearl sac이라는 자루 모양의 조직을 만들어 둘레에 진주질을 분비하는 것으로 추정한다. 그러나 인간의 몸에 생기는 사리를 진주가 생기는 것과 유사하다는 해석은 수많은 사리가 한 사람의 몸에서 생기는 것을 감안할 때 설득력이 떨어진다.

반면 의학계에서는 일반적으로 사리를 몸의 신진대사가 잘 이루어지지 않을 때 생길 수 있는 일종의 담석이나 결석으로 파악하고 있다. 인간의 몸을 이루고 있는 것은 대부분 유기물로 단백질 · 지방 · 탄수화물 등 생명현상과 관여하는 물질이 모두 여기에 속한다. 이들 유기물질은 다비식과 같은 고온의 불길에서는 모두 연소되어 아무것도 남지 않게 된다. 불길 속에서도 남을 수 있는 것은 무기물로 이루어진 뼈와 약간의 칼슘 성분으로 구성된 오색영롱한 사리뿐이다. 연세대학교 이무상 교수는 사리 자체를 분석해 본 적이 없기 때문에 무엇이라고 단정적으로 말하기는 어렵지만, 칼슘을 많이 포함한 신장의 결석이나 담석이 사리가 됐을 가능성을 시사했다.

우리 몸에서 가장 흔한 무기물이 칼슘이고 이 칼슘이 고열 속에서 다른 유기물질과 결합하여 어떤 화학변화를 일으켰을 가능성이 있다. 뼈를 제외하고 우리 몸에 생길 수 있는 무기물로는 콩팥의 결석이나 간 · 쓸개 · 기관지에 생기는 담석 등이 대표적이다. 콩팥 결석이나 담석은 모두 칼슘을 포함하며 나이가 많아질수록 잘 생기며 돌 자체는 우리가 밥 먹고 사는 동안 계속 만들어진다. 우리나라의 경우 유병률이 30%, 증상이 있는 유병률이 8%나 되기 때문에 흔한 것이라 할 수 있다. 의학계에서는 정좌한 채 몇 년씩 움직이지 않고 수행하는 스님들은 영양상태도 좋지 않고 신진대사가 원활할 수 없기 때문에 결석이 생길 수 있는 확률이 더욱 높아지게 된다는 것이다. 성철 스님도 15년간을 앉아서 잠을 잤기 때문에 유례없이 많은 사리가 나왔다고 추측하기도 했다.

그러나 사리가 결석이라는 설명의 문제점은 매우 아프고 고통스럽다는 것이다. 그런데 사리가 나온 스님은 모두 입적하기 전까지 결석으로 고통을 호소한 적이 없었다. 1993년 다비식에서 200여과의 사리가 나와 석가모니 이래 가장 많은 사리가 나왔다고 알려진 조계종 종정 성철 스님의 경우 목 부위에서 나온 수많은 사리가 나왔는데 이들 모두 결석이라면 거동하기 어려웠을 것이라는 반론도 있다.[9] 서울대학교 서정돈 교수도 사리가 결석이라는 의견에 대해 회의적인 시각을 표명하며 다음과 같이 말했다. 담석 또는 결석론도 사리에 대한 과학적 분석이 되지 않은 상황에서 그저 추론에 지나지 않는다. 더구나 담석 등의 칼슘 성분은 뼈보다도 열에 약하기 때문에 이 가설에 문제점이 있다. 그러나 시신을 단시간에 고열에서 처리하는 화장의 경우는 아주 큰 뼈를 제외하고는 모두 타버리지만, 그보다 긴 시간 동안 태우는 다비 의식의 경우 어떤 요인이

해인사 성철스님 사리탑

존재할지도 모른다.

　사리의 양이 법력에 따라 달라진다는 말은 가장 잘 알려져 있는 이야기다. 사리의 양과 수행의 정도를 결부시키는 것은 사리가 한량없는 육바라밀의 공덕에서 생기며 얻기 어렵고 으뜸인 복전이라고 설한 『금광명경金光明經』에서 유래한다. 일부에서는 도의 경지보다 몸을 깨끗이 수행한 자에게서 나온다고 설명하기도 한다. 그러나 사리공양에 의한 공덕의 유무 문제는 초기 불교에서도 논란이 되었다. 속설과는 달리 일부 불교계에서는 수행 정도와 아무 관련이 없다고 말하고 있다. 일반적으로 고승으로 알려진 스님으로부터 사리가 많이 나오기는 하지만 1989년에는 평신도인 85세의 할머니로부터 사리가 77과나 나온 예도 있다.

　1994년에는 교통사고로 숨진 75세의 할머니가 경남 고성 공설화장터에서 화장을 했는데 불자가 아닌 이 할머니의 몸에서 첫색, 황색, 회색, 흑색을 띤 400여 과의 사리가 나오기도 했다(일반 사람들에게도 사리와 유사한 것이 나오는 경우가 있는데 엄밀한 의미에서 사리는 아니라는 설명도 있다). 이와 관련하여 공주 영명사의 정법 스님은 평신도나 일반인에게서 사리가 나오는 것은 전생에 그만큼 공덕을 쌓았기 때문이라고 했다. 사리가 대중의 관심을 많이 끌게 되자 사리에 대한 궁금증은 더욱 커지기 마련이다. 과학자들은 인체에서 추출한 유기물이나 무기물을 고열로 처리해보면 무언가 단서가 잡힐 것이라며 실험을 해 봐야 사리의 진실을 알 수 있다고 역설했다.

종교적인 의미가 있는 사리를 굳이 과학적으로 분석할 이유가 없다는 주장도 적지 않다. 사리에 대한 분석이 사리에 대해 일반인들이 갖고 있는 믿음에 손상을 줄 것이라는 뜻으로도 풀이할 수 있다. 그런데 과학자의 호기심이 이러한 주장에 귀를 기울일 리 없다. 드디어 사리에 대한 과학적 연구가 시도되었고 인하대학교 임형빈 박사가 백금요법연구회로부터 사리 1과顆를 받아 분석하여 결과를 발표했다. 연구회는 1993년 말 입적한 경기도 평택 모 사찰의 한 고승으로부터 수습된 사리 2과를 제공받아 이를 임형빈 박사에게 제공했다. 그 고승은 사후 사리가 나오면 이를 유용한 일에 써달라는 유언을 했다고 한다. 임 박사는 제공받은 2과의 사리 중 1과를 분석했는데 그 결과는 많은 사람들을 늘라게 했다.

지름 0.5cm 정도의 팥알 크기 사리에서 방사성 원소인 프로트악티늄, 리튬을 비롯하여 티타튬, 나트륨, 크롬, 마그네슘, 탈슘, 인산, 산화알루미늄, 불소, 산화규소 등 12종이 검출되었다. 사리의 성분이 일반적으로 뼈 성분과 비슷했으나 프로트악티늄, 리튬, 티타늄 등이 들어있는 것이 큰 특징으로 사리의 굳기는 15,000파운드의 압력에서 부서져 12,000파운드에서 부서지는 강철보다도 단단했다. 특히 결석의 주성분은 칼슘, 망간, 철, 인 등으로 되어 있는데다 고열에 불타 없어지며 경도도 사리처럼 높지 않아 사리는 결석이 아니다.[10, 11]

단 1과顆의 사리를 분석한 것이지만 임 박사는 사리가 결석이라는 주장을 단호히 배제했다. 가장 놀라운 것은 뼈에서 일반적으로 발견되지 않는 프로트악티늄, 리튬, 티타늄 등이 발견되고 사리의 강도가 강철보다도 단단했다는 점이다. 프로트악티늄과 티타늄 이 두 가지 원소는 고온에서 녹는 물질이지만, 리튬(용융점 186℃) 등은 저온에서 녹으므로 발견되지 않는 것이 상식(다른 원소와 결합되면 고온에서 발견될 수도 있다고 알려짐)인데도 발견되었다. 특히 방사성원소인 프로트악티늄 등이 검출되었다는 것은 놀라운 일이다. 일반적으로 방사선원소를 상온에서 만드는 것이 불가능하다고 알려져 있기 때문이다. 적어도 불교계에서 사리라고 발표되는 것에는 그 어떤 신비가 들어있음이 틀림없다는 설명이지만 미래 어느 날 인간의 지혜는 이런 미스터리도 과학적으로 밝힐 수 있을지 모른다.

## 스님들의 부도

부처의 사리를 진신사리, 불경을 법法사리, 고승의 사리를 승사리로 구분하는데, 이 중에서 스님들과 연계되는 탑인 경우 일반적으로 승탑僧塔 · 묘탑墓塔 · 부도浮屠라고 부른다. 이 중에서 부도라는 말을 더 많이 사용하며 일반 불탑과 다른 형태로 제작한다. 우리나라에 불교가 전래된 것은 4세기 후반이지만 부도가 만들어진 것은 신라 하대인 9세기부터다. 사리는 다비전의 전신사리全身舍利와 다비 후의 쇄신사리碎身舍利로 구분되는데, 다비 후 나오는 구슬 모양의 유골은 쇄신사리를 뜻한다. 사리는 크기도 다양하지만 색깔도 황금색·검은색·붉은색·흰색 등이 뒤섞여 영롱한 빛깔을 띤다.

탑과 부도는 배치에도 차이가 난다. 탑은 주로 사찰의 중요 부분에 배치되지만 부도는 보통 사찰의 입구나 외곽 등지에 위치한다. 또한 부도는 여러 개가 한 곳에 모여 있어 부도밭이라고 부른다. 부도는 그 형태에서도 일반 탑과는 다소 다르다. 탑이 주로 3층 이상인 반면에 부도는 단층이다. 대체로 석종石鐘 모양이나 팔각원당형을 이루고 있다. 통일신라의 전남 화순군 이양면 증리 쌍봉사 철감선사탑, 고려 초기 충남 공주시 계룡면 중장리 갑사, 경기 여주군 북내면 상교리 고달사터 원종대사 부도 등은 전형적인 팔각원당형이다. 석종 형태 부도로는 경기 여주군 북내면 천송리 신륵사 보제존자 부도, 충남 공주시 계룡면 중장리 갑사 부도밭의 부도가 유명하다. 보제존자 석종은 통도사 금강계단 사리탑이나 금산사 방등계단 사리탑과 비슷하지만 규모가 작다.

인각사 보각국사탑

진전사지 부도

다소 특이한 부도는 강원 양양군 강현면 둔전리 진전사지 부도다. 통일신라시대 도의선사 부도로 추정하는데 2층으로 된 탑 모양의 기단부 위에 팔각원당형 탑신부가 있다. 전체적으로 탑형 부도에 속하면서도 팔각원당형을 갖추고 있다. 부도 가운데 일반 탑의 형태와 비슷한 것도 있고 다른 것도 있다. 물론 탑과 유사하더라도 그 규모나 형태에서 다르다. 우선 크기가 탑보다 작으며 규모가 크더라도 단층 내지 2층 정도에 불과하다. 또한 특이한 형태의 탑은 흥법사터 염거황상탑, 지광국사 현묘탑, 홍법국사 실상탑, 경북 군위군 고로면 화복동 인각사 보각국사탑 등이다. 현묘탑은 탑과 같은 기본적 구조를 하고 있으며 실상탑은 중앙에 원형의 구를 첨가하여 독특한 형태를 하고 있다. 전체적으로 탑이라 부르는 부도들은 대부분 화려하지만 종 모양의 부도들은 대개 단순하고 소박한 모습을 하고 있다. 또한 석종 부도는 대부분 부도밭에 함께 있어 탑보다는 인간적인 냄새가 많이 풍긴다는 평도 있다. 사찰에서 발견되는 이들 부도야 말로 인간으로 한 번 태어난 후 모든 것을 벗어버린 표상이라고 표현하는 학자들도 있다.[12]

유네스코 세계유산으로 등재된 경주역사지구에서 가장 큰 논란을 일으킨 것은 인왕동 839-1에 있는 안정된 병 모양의 첨성대다. 국보 제31호로 지명되었지만 첨성대가 정말로 천문을 관측한 첨성대인가라는 의문이 제기되었다. 동양 최고最古의 천문대로 알려져 있는 명성에 걸맞지 않게 규모가 작은데다, 하늘을 관측하는 천문대가 도심지인 경주 한복판에 있는 것이 현대인들로서는 납득하기 어렵기 때문이다.

1970년대와 1980년대에 첨성대에 대해 국내 학자들 사이에 열띤 토론이 벌어진 적이 있었다. 당시의 언론은 '첨성대 : 천문대인가, 제단인가?'라는 표제까지 달았다. 해방 이후 첨성대는 줄곧 천문대로 알려졌지만 첨성대의 높이가 약 10m에 지나지 않을 뿐 아니라 상부로 올라가는 계단을 설치하지 않았다는 점을 볼 때 첨성대가 천문대의 역할을 했다고는 믿어지지 않는다는 주장이 제기되었기 때문이다. 첨성대의 내부가 자연석인 상태로 있으며, 한밤중에 천변을 재빨리 보고하기에는 탑 내부가 너무 어둡고 좁으며 발 디디는 곳도 불안하고 위험스러워 관측자에게도 불편하다는 지적도 제기되었다.

김용운 박사는 백제·고구려나 중국·일본에 같은 모양의 천문대가

첨성대

없고 『삼국사기』에 선덕여왕대의 천문관측 기록이 없는 것을 감안할 때 첨성대를 천문대로 볼 수 없다고 했다. 특히 『삼국유사』〈기이(1)〉 '선덕왕이 미리 알아낸 세 가지 일'에 "선덕왕 때에 돌을 다듬어서 첨성대瞻星臺를 쌓았다"라는 글이 유일한 첨성대에 대한 기록이다. 또한 『삼국사기』에 수많은 천문기록이 있음에도 불구하고 막상 첨성대에서 천문을 관측했다는 기록이 없다는 점도 첨성대를 천문 관측기구로 볼 수 없다는 설명이다. 김용운 박사는 첨성대가 신라 과학의 기념비적 상징물로서 돌의 수 366개는 1년의 일수, 28단은 28수宿를 나타내는 등 기하학적 지식을 반영한다는 가설을 내놓았다. 중국의 대표적 수학서 『주비산경』을 토대로 신라 학자들이 그 책에 나타나는 수학적인 비례 등을 적용하여 만들어낸 상징적인 건축물이라는 주장이다.

동양사학자 이용범은 첨성대를 과학보다 신앙 면에서 다루는 것이 합리적이라고 주장했다. 그는 첨성대의 형태가

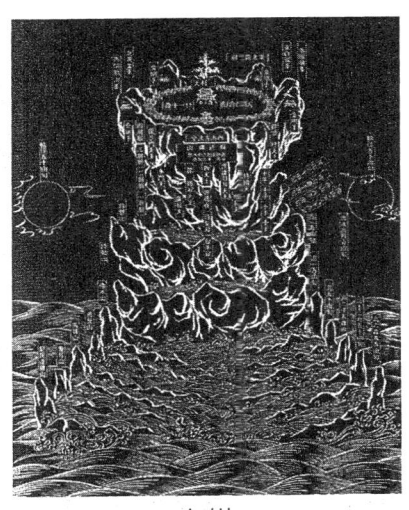

수미산

불교의 우주관인 '수미산설'을 표현한다는 주장을 제기해 논란이 되었다. 수미산須彌山은 불교에서 말하는 상상의 영산으로 석가여래의 이상향인 사바세계의 표상이다. 학자들은 수미산을 지구상에서 가장 높은 에베레스트 산으로 설정했을 것으로 추정한다. 수미산은 부처가 보궁寶宮을 짓고 상주한다고 알려져 있는데 첨성대와 모양이 비슷하다. 수미산은 둘레에 4대주州가 있고 구산팔해九山八海가 펼쳐 있다. 수미산 하계는 지옥이며 수미산 아래 부분에 인간계가 있다. 산의 중턱에는 사방으로 4왕천四王天이 있고 사천왕이 그곳을 지킨다. 수미산설의 요지는 첨성대가 건설된 7세기 초는 신라에서 불교가 크게 융성하던 시기이므로, 첨성대는 불교 영산의 모양을 본떠 만든 불교의 우주관을 상징하는 종교적인 제단이라는 것이다. 수미산의 모습이 첨성대와 비슷한 것도 중요한 증거로 제시되었다.

문중양 교수는 첨성대가 현대의 천문학자들이 천문 현상을 관측하는

방식과 관점에 견준다면 관측하기에 부적합하다고 말하면서, 첨성대에 관해 서술하고 있는『삼국유사』등의 각종 자료에 주목했다. 우선『삼국유사』에서 선덕여왕 때 첨성대를 쌓았다는 서술은 있지만 정작 첨성대가 천문 관측을 하던 구조물이라는 서술은 없다고 지적했다. 또한『세종실록지리지』에도 첨성대에 대해 적었지만 천문 관측을 했다는 자료가 없다는 점도 주목해야 한다고 지적했다. 특히『신증동국여지승람』에『세종실록지리지』의 기록을 인용하면서 마지막에 '천문을 물었다' 는 서술이 있다는 점을 유의해야 한다고 설명했다: 18세기 중엽의『동사강목』에도 '신라의 첨성대에서 천문을 묻고 요사한 기운을 살폈다' 라는 기록이 있다. 문중양 교수는 첨성대가 '천문에 대해 묻던' 구조물로 '천문을 관측' 하던 구조물은 아니라고 주장했다.

건국대학교 김기흥 교수도 첨성대가 하늘을 관측한 천문기구가 아니라 선덕여왕의 불교적인 도리천 신앙을 담은 것이라고 제기했다. 그의 도리천설은 첨성대가 수미산의 형상을 그대로 모형화한 것이 아니라, 수미산 정상에 위치한 도리천의 세계를 형상화했다는 것이다. 불교에서 말하는 삼계 중에 가장 낮은 단계인 욕계의 하늘은 육욕천으로 이루어져 있으며, 온 우주의 중심에 우뚝 솟아 있는 수미산에 위치해 있다고 설명한다. 사천왕과 그 중생들이 살고 있는 사왕천이 수미산 중턱에 걸쳐 있고, 그 위의 수미산 정상에는 중심에 있는 제석천을 비롯해 네 귀퉁이에 각각 8천(하늘)이 있어 도합 33천이 있는데 이를 도리천이라 부른다. 그런데 신라 최초의 여왕이었던 선덕여왕은 바로 33천, 즉 도리천을 지배하는 제석천왕에 대한 신앙심이 독실했다고 한다. 선덕여왕은 신라 왕조에서 특이한 사람이다. 성골이 왕위를 계승하던 신라에서 진평왕을 마지막으로 남자 왕위 계승자가 없어 진평왕의 큰딸인 선덕여왕이 대를 이은 것이다. 그러나 선덕여왕의 왕위 승계는 순조롭지 않았다. 국내에서는 왕위 계승에 따른 반란이 일어났고 외교적으로도 당나라에서 사신을 통해 왕을 남자로 교체하라고 압력을 가할 정도였다. 왕이 되었어도 여러 정치 상황에서 힘의 한계를 절실하게 느끼고 있던 선덕여왕은 도리천에 묻어 달라고 유언했는데, 그녀의 유언은 여자이기 때문에 살아서 제대로 왕 노릇을 하지 못했으므로 환생해서는 도리천의 왕이 되어 남자로서의 삶을 다시 살아 진정한 제왕이 되고자 하는 갈망이었다.

첨성대의 구조는 모두 31단이며 여기에 첨성대를 받치고 있는 땅과 그 위의 하늘을 포함하면 모두 33단이 된다. 첨성대는 33천 즉 도리천을 상징화한 것으로 선덕여왕이 다스리는 인간 세상과 제석천왕이 다스리는 하늘나라를 연결해주는 '우주수목이자 현세와 우주를 연결하는 우물'의 구실을 한다.[1] 과학사학자 박성래 교수도 첨성대가 중국 천문학이 본격적으로 도입되기 전에 건립되었으므로, 구체적 실용을 위한 것이 아니라 상징 또는 기념비적인 것으로 보아야한다고 이용범의 주장에 무게를 실어 주었다. 그 모양은 수미산을 본뜨고 실제적 기능은 토속 신앙에 따라 농업신인 영성靈星 숭배의 뜻을 담은 제단이었을 것이라는 얘기다.

## 첨성대는 천문관측대

첨성대에 대한 학자들의 의문이 제기되자 이에 반박하는 주장이 곧바로 나왔다. 남천우 박사는 첨성대가 천문관측을 위한 목적으로 세워진 것이 확실하다고 강조했다. 남 박사가 강조하는 것은 첨성대가 제단으로 보기에 너무나 불편한 구조를 갖고 있다는 것이다. 또한 건조 양식이 『주비산경』과는 무관하며 도형이나 수치에 대한 임의적인 해석은 위험하다고 반박했다.

문중양 교수는 첨성대가 외형으로만 보면 땅 위에 만든 우물과 같다며, 신라인들에게 우물은 생명의 근원이자 풍요의 상징으로 영성단과 같은 제단의 기능도 함께 가졌을 가능성이 높다고 설명했다. 그러나 문 교수는 고대 사회에서 천문을 묻는 행위와 현대의 천문학에서 천문을 관측하는 활동은 상당한 차이가 있다고 지적했다. 현대 천문학에서 천문 관측은 객관적인 대상물로서 천체의 운행과 변화하는 현상들을 관측해서 관련 데이터를 수집하는 활동이다. 그러나 고대 사회에서 천문을 묻는 행위란 하늘의 뜻을 헤아리는 것을 의미했다. 그런 의미에서 하늘의 뜻을 헤아리는 천문을 묻는 행위는 피상적으로 천문 현상을 관측하는 것으로 나타날 수 있다는 설명이다. 하늘의 뜻을 헤아리기 위해서는 일차적으로 천문 현상을 관찰해야 하기 때문이다.

문중양 교수는 나아가 고대인들에게는 하늘의 뜻을 헤아리는 것이 궁극적으로 농사의 풍년을 기원하고, 천변재이天變災異로부터 무사할 수 있도록 기원하는 것이므로 결국 천문을 묻는 행위는 거시적으로 지상의 모든 일을 주관하는 하늘 신에게 인간들의 바람을 기원하는 제례 행위의 차원에서 이루어졌다고 추정했다. 무언가의 의식을 치르기 위해 제주가 정상으로 올라가 의식을 행했을 것이다. 그러므로 첨성대가 제단의 기능을 지니고, 불교적 토속 신앙의 염원을 담은 조형물이었다고 해서 천문대였다는 사실을 부정하는 것은 아니라는 설명이다.[2]

2009년에는 색다른 주장이 제기됐다. 첨성대가 천문 관측대가 아니라는 것은 동일하지만 첨성대의 목적이 선덕여왕의 권위를 상징하는 건축물이라는 설명이다. 정연식 교수는 첨성대가 천문대나 제단이 아니라 선덕여왕의 즉위를 기념하고 권위를 과시하기 위한 상징물로 첨성대의 우물설을 제기했다. 우물은 일반적으로 풍요, 생명, 다산, 신성을 의미하는

첨성대 올라가는 법

데 첨성대의 우물솥은 성스러운 시조의 탄생을 상징한다. 선덕여왕은 신라사에서 유일하게 즉위와 함께 성조황고聖祖皇姑, 즉 성스러운 조상의 피를 이어받은 여자 황제라는 뜻의 존호가 올려졌음을 강조했다. 신라 역사상 처음으로 여자가 왕위에 올랐다는 것에 대한 귀족세력의 반감과 민심의 이반을 막고 왕권을 안정시키려고 왕을 종교적으로 신성화하는 작업을 한 것의 일환이 바로 첨성대라는 것이다. 정 교수는 신성화 작업의 첫 번째는 여왕에게 '성조황고'란 존호를 올리는 것이고 그 다음으로는 즉위 이듬해인 633년에 첨성대를 건립한 것이라고 설명했다.[3]

첨성대에 대한 논쟁은 계속 이어졌는데 일본 천문학자- 야부우치는 천문대설을 지지했다. 나일성도 첨성대가 충분히 관측할 수 있는 조건을 갖춘 천문대임을 주장했고, 건축사가 신영훈은 점성과 환구의 몫을 한 시설물로 추정했다. 한편 첨성대가 상징적인 기념물일지도 모른다고 설명한 박성래 교수는 1998년에 『한국인의 과학정신』에서 첨성대에 관한 자신의 생각을 정리해서 발표했다. 첨성대는 넓은 뜻에서의 천문대임이 분명하다. 그것을 지금처럼 꼭 관측기구를 올려놓고 사람이 올라가 하늘을 관측하는 그런 천문대였다고는 고집할 필요는 없다. 삼국시대의 천문학은 지금의 그것과는 달리 점성술 부분이 많이 섞여 있었다는 사실을 인정하면 천문대의 범위도 그만큼 포괄적인 것일 수밖에 없다. 첨성대는 세계학자들의 주목을 받았는데 1996년 9월에 열린 제9회 국제 동아시아 과학사 회의에 참석한 학자들은 대체로 첨성대가 훌륭한 고대 천문대라고 의견을 모았다.

　첨성대가 천문대냐 아니냐로 논쟁이 계속되는 와중에 한국천문연구원 김봉규 박사는 첨성대가 천문대임이 분명하다고 주장했다. 우선 그는 첨성대의 모습이 조선시대의 천문대인 관천대와 흡사하다는 점이야말로 첨성대가 천문대였다는 것을 증명한다고 설명했다. 크기도, 높이도 둘 다 비슷하다. 앞에서 설명했지만 첨성대에 대한 기록은 『삼국사기』에는 없지만 『삼국유사』에는 있다. 그런데 중요한 것은 이름이 '첨성대' 라는 점이다. 별을 보는 높은 건물인 천문대이기 때문에 첨성대라고 명명했다는 것이다. 개성에 있는 고려시대의 천문대도 초창기엔 첨성대로 불린

창경궁 관천대

결로 봐서 첨성대가 천문대인 것은 확실하다는 주장이다. 김봉규 박사는 첨성대가 제단이 아니란 것은 『삼국사기』를 보아도 확인할 수 있다고 지적했다. 김 박사는 신라가 해와 달에 대한 제사인 일월제를 본피유촌에서 지냈고, 별에 대한 제사인 영성제를 영조사 남쪽에서 지냈다는 『삼국사기』의 기록을 제시했다. 말하자면 첨성대가 아닌 딴 곳에서 하늘에 대한 제사를 지냈으므로 당연히 첨성대는 제단이 아니라는 것을 증명한다는 것이다.[4] 첨성대를 방문하고 지은 옛 시에서 첨성대의 기능을 알려주는 단서도 발견된다. 조선 전기 조위曹偉는 다음과 같이 적었다.

> 규를 세워 그늘을 재고 해와 달을 관찰한다立圭測影觀日月
> 대 위에 올라가 구름을 보며 별을 가지고 점을 친다燈臺望雲占星辰

조위의 시는 첨성대의 기능이 구름과 별과 달의 변화를 보면서 점을 친다는 내용이다. 여기서 점이란 일기의 변화를 의미한다. 조위는 첨성대에서 규표로 해의 그림자 길이를 재서 1년의 길이를 정하기도 하고, 해와 달을 관찰하여 절기를 구별하는 일과 구름의 모양과 그 움직임을 보고 날씨를 살피고 별을 관찰하여 국가의 운세를 점치는 일들이 이루어졌다고 적었다.[5]

## 첨성대에서의 관측

첨성대에 대한 논란이 계속되었지만 첨성대가 천문대라는 주장은 계속되었다. 『증보문헌비고』 상위고에는 기원전 4년 4월부터 91년 1월까지의 96년 사이에 신라에서 29회의 일식이 일어난 것으로 기록되어 있다. 일식·월식 다음으로 주목했던 것은 오성五星인 수성·금성·화성·

목성·토성의 움직임이다. 혜성과 신성 그리고 유성의 출현도 중요시했다. 객성客星이라는 이름으로도 불린 이들의 출현은 불길한 징조나 심상치 않은 일의 예고라고 여겼고 비상 현상으로 취급되었다. 이들의 움직임과 변화 역시 국가와 왕의 권위와 관련지어 해석되었고, 이 행성들의 변화를 관측하는 것이 신라 천문 관리의 주요 임무의 하나였다.

기상 부분에서도 세밀한 관측이 진행되었는데 태풍·지진·바다 속의 화산에 의해 해류와 조수 또는 강물이 교란되는 현상까지 관측했다. 예를 들어, 699년 9월의 기록에 '동해물이 서로 싸우는 소리가 서울 경주까지 들렸다'고 했으며, 915년 6월의 기록에는 '감포의 물이 동해물과 서로 부딪쳐 물결의 높이가 스무 길에 달했으며 사흘 후에 멎었다'는 기록이 있다. 천문 현상에 대한 신라의 이런 여러 기록들의 신빙성과 관측의 성실성 및 정확성은 여러 가지 점에서 입증되고 있다. 특히 통일신라 이후의 기록에는 중국·일본·유럽의 관측 기록에 있는 것은 하나도 빠짐없이 관측되어 있다. 즉, 신라 천체 관측의 정확성을 입증하는 것이다. 이런 천문 자료는 일정한 장소에서 규칙적으로 천문을 관측했다는 것을 뜻한다.

어디에서 천문을 관측했을까? 다른 곳에서 하늘을 관측했다는 증거가 확실하게 제시되지 않는 한 '별을 쳐다보는 대'라는 뜻의 첨성대가 이름 그대로 천문대의 역할을 했다고 추정하는 것은 무리한 일이 아니다. 그렇다면 올라가기에 불편하므로 첨성대가 아니라고까지 지적 받았던 첨성대에서 어떻게 별을 관측했을까? (주)에이.이.지의 이동우 씨에 의한 첨성대의 구조를 살펴보자.

첨성대는 원통석 362개, 정자석 16개, 남창구문주석 2개, 내부판석 1개, 합계 381개의 화강암을 이용해 세워져 기단부基壇部, 원주부圓柱部,

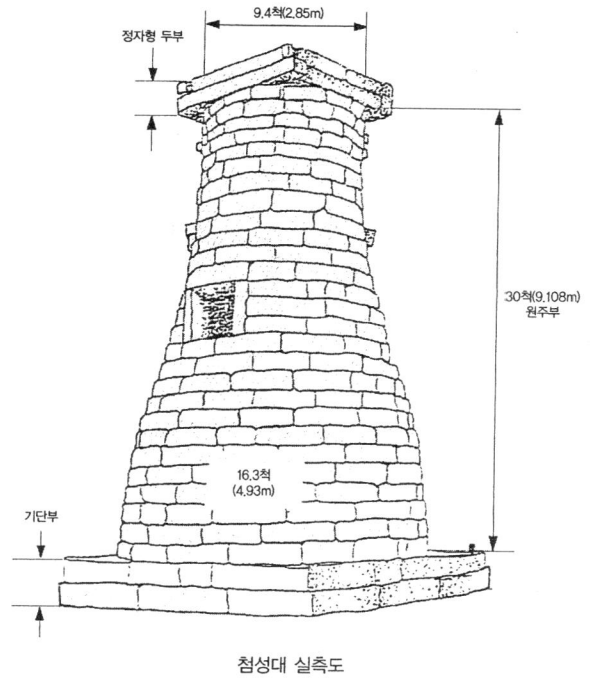

9.4척(2.85m)

정자형 두부

30척(9.108m)
원주부

16.3척
(4.93m)

기단부

첨성대 실측도

정자형 두부井字形頭部의 3부분으로 구성되어 있다. 석재의 무게는 최대 869kg에서 최소 54kg으로 평균 무게는 357kg이며, 첨성대의 자중은 12단까지 채워진 흙의 무게를 포함하여 264,500kg이다. 기단부는 4각형의 상하 2단으로 되어 있고, 한 변이 각각 5.18m, 5.26m이고 전체 높이는 79.0cm, 사용된 석재의 수는 20개다. 기단의 남북 방향은 약 19도 동쪽으로 돌아가 있다. 원주부는 총 27단으로 높이는 8.05m다. 12단까지는 흙이 차 있고 그 위는 비어 있는데 12단은 평판석平板石으로 되어 있다. 그리고 13단에서 27단까지는 내부가 비어있고, 19~20단과 25~26단의 2곳에는 장대석長大石이 정井자 모양으로 걸쳐 있으며, 그 양쪽 끝이 바깥으로 나와 있다. 또한 13단에서 15단에는 한 변이 약 1m인 창이 나 있다. 마지막 27단의 동쪽 반원에는 평판석이 있고 서쪽의 반원은 열려 있어, 그곳을 통해 상부로 올라갈 수 있게 되어 있다. 가장 넓은 아랫단 둘레가 16m이며 제일 좁은 상단은 9.2m다.

정자형 두부는 상하 2단으로 각각의 단은 3.06×0.32×0.32m 크기의 장대석 4개가 서로 물려 정井자를 이루고 있다. 장대석의 방향은 기단 남쪽 방향에서 8도 정도 서쪽으로 돌아가 있다. 장대석이 정자형으로 물려서 만든 꼭대기의 공간은 천문 관측의 활동 공간으로 내부 면적은 약 1.5평이다. 목판을 깔았던 것으로 생각되는 이 공간은 2~3인이 서거나 앉거나 드러누워서 별을 관측하기에 충분하다. 바깥 난간은 64cm로 보통 사람의 허리 높이 정도인데, 첨성대 상단부에서 여러 기기를 이용하여 관측 활동에 지장을 주지 않는 높이인 동시에 안정성을 주고 있다.

첨성대를 건축적으로 보면 유연하고 아름다운 병 모양의 형태를 하고 있는데 세계의 많은 석조 구조물 중에서 이러한 형태를 지닌 구조물은 유례가 없으며, 이것이 심미적으로 아름답고 균형 잡힌 형태를 갖고 있다는 것은 누구도 부정하지 않는다. 구조적으로도 안정감을 줄 수 있는 원통부의 완만한 반半 곡선 형태를 채택했고 여기에 기능에 알맞은 공간이 되도록 설계했다. 1단에서 12단까지는 완만한 곡선, 13에서 20단까지는 비스듬한 직선, 21단에서 23단까지는 직선과 직선을 연결하는 이변곡선移邊曲線 부분이고 24단에서 27단까지는 수직직선垂直直線이다. 이와 같은 내물림 구조 자체는 아치구조법이 사용되기 전에 통용된 구조법이다.

최근 첨단 기술인 지하 투과 레이더 탐사법으로 첨성대의 지층 구조를 조사한 결과에 의하면, 첨성대 지하와 그 주변을 인공적으로 공고하게 기반을 다진 것이 확인되었다. 즉, 건축 당시 1.5m 이상 땅을 파서 큰 돌을 채웠으며, 첨성대 바로 아래 부분에는 더 많은 돌을 채웠다. 첨성대의 창은 13단에서 15단 사이의 한가운데 가로 세로 약 1m 크기로 뚫려 있다. 이것도 구조적 안정성을 고려한 것이다. 일반적인 생각처럼 하단부에 출입구를 설치할 경우 전체 하중을 받치는데 어려움이 있으며 하부에 출입구를 내더라도 어차피 위로 올라가야 하는 것은 마찬가지다. 결국 첨성대 안을 채운 흙과 자갈이 전체 구조를 안정시킬 뿐만 아니라 오르내릴 때의 바닥 역할도 담당한다.[6]

이는 첨성대의 설계자가 내부 정자석의 배치, 원주부 하부에 채운 흙, 창구의 위치 등을 주도면밀하게 고려하여 안정성과 기능적 곡선미에 세심한 배려를 했다는 것을 의미한다. 특히 11단 아래에 채워져 있는 흙은 원형으로 인한 변형에 저항할 수 있는 내력을 만들어 축조 시에 무너지는 위험을 감소시켰고, 완공 후에는 침하 및 지진으로 인한 진동 등에 대비해 첨성대의 원형을 보존하는데 기여했다.

놀라운 것은 첨성대 건설에 잘 알려진 피타고라스의 정리를 적용했다는 점이다. 기원전 500년경 피타고라스는 모든 직각삼각형은 밑변의 길이를 제곱한 것과 높이의 길이를 제곱한 것을 더하면 빗변의 길이의 제곱이 된다는 유명한 피타고라스의 정리를 발표했다. 간단히 말해 $a^2+b^2=c^2$이다. 그런데 피타고라스의 정리가 동양에서 먼저 발견되었다는 것을 알고 있는 사람은 많지 않다. 피타고라스의 정리의 동양판 이름은 '구고현의 정리'다. 구고현의 정리에서 '구勾'는 직각삼각형에서 직각을 낀 두 변 가운데 짧은 변을, '고股'는 긴 변을, '현弦'은 빗변을 가리키는 말이다. 중국의 진자가 구고현의 정리를 발견한 것이 약 3,000년 전인데 피타고라스가 그의 정리를 발견하고 증명해낸 것이 약 2,500년

전이므로 동양 쪽이 약 500년 앞선다. 중요한 것은 구고현의 정리가 인류 문명의 곳곳에서 발견되는데, 이들은 다른 문명으로부터 전파된 것이 아니라 각각 독자적으로 발견한 것으로 보인다는 점이다.

고대인들이 피타고라스의 정리 또는 구고현의 정리를 발견하게 된 이유는 이들이 직각삼각형에 대한 다양한 지식을 함축하고 있는 공식이기 때문이다. 예를 들어, 구고현의 정리를 이용하면 삼각형의 두 변의 길이로 나머지 한 변의 길이를 알 수 있으며, 세 변의 길이를 알면 그 삼각형이 직각삼각형인지의 여부도 따질 수 있다. 따라서 대형공사나 건물을 지을 때 직접 측량하지 못하는 거리를 구할 수도 있고, 큰 구조물들을 수직으로 똑바로 세우는 일도 가능하다. 우리의 선조들도 바로 이러한 구고현의 정리를 유용하게 사용했다. 신라시대부터 천문학의 기본 교재로 삼았던 책이 중국의 『주비산경』으로 이 책의 기본은 구고현의 정리였다. 구를 3, 고를 4라고 할 때 현은 5가 된다. 신라시대의 건축물 첨성대는 천장석의 대각선 길이 : 기단석의 대각선 길이 : 첨성대 높이에서 3 : 4 : 5를 이루고 있다.[7]

## 신라 경주의 밤하늘

첨성대의 꼭대기에서 천문 관리가 바라본 신라의 밤하늘은 어땠을까? 경주에 있는 신라역사과학관에 신라의 밤하늘을 재현한 천문도天文圖와 혼상(천구의)이 전시되어 있다. 천문도와 혼상은 연세대학교 나일성 교수가 컴퓨터를 이용해 신라 제27대 선덕여왕 6년인 서기 637년의 별자리 위치로 계산한 것이다. 혼상이란 하늘의 별들을 보이는 위치에 따라 천구면에 표시한 것으로서, 별의 제작 방법은 천문도와 동일하지만 천장에 평면적으로 그린 천문도와는 달리 일주 운동에 따라 회전하면서 별들이

혼상(천구의)

지평선에 뜨고 지는 것을 볼 수 있다.

　이 천문도와 혼상이 첨성대를 둘러싼 중요한 의문 두 가지를 해결해 주었다. 첫째는 첨성대가 왜 지금의 바로 그 장소에 세워졌는가에 관한 의문이다. 혼상이 놓여 있는 나무판자의 가장자리에 첨성대를 중심으로 첨성대에서 보이는 산들을 배치했는데 그 결과 북쪽 부분에 산이 없이 뚫린 부분이 생겼다. 이것은 첨성대의 자리가 북극성을 중심으로 한 북두칠성의 움직임을 관측하기에 적합한 자리라는 것을 말해준다. 북두칠성은 첨성대에서 바라볼 때 북쪽의 지평면에서 가까운 곳의 밤하늘에 떠올랐다. 북두칠성을 잘 관측할 수 있는 첨성대는 북쪽 부분이 산에 가리지 않고 보이는 지금의 자리에 세워질 수밖에 없었다. 두 번째는 고대 천문도에 표시되어 있는 5등성의 희미한 별에 북극이라고 적혀 있는 이유가 밝혀졌다. 이 별은 현재의 하늘에서는 북극에서 약 6도 이상이나 떨어져 있는 기린자리에 속해 있지만, 지금부터 약 2,000년 전 중국에서 별자리를 정하던 당시에는 북극에 가까이 위치해 있었다. 선덕여왕 시대에는 이 별이 북극에서 불과 1도 떨어져 있었으므로 신라시대 사람들이 그 별을 북극이라고 부른 것이 오류가 아니었음이 증명되었다. 이런 내용을 보면 먼 별까지의 거리를 감안했을때 높은 산에서 보는 것이나 평지에서 보는 것이나 차이도 없고, 오히려 높은 산으로 올라 다니는 불편함을 감안할 때 평지에서 자주 관찰하는 것이 더 효율적일 수도 있다. 평지일지라도 굳이 높은 대를 만들어 놓고 관측할 필요도 없다.

김봉규 박사는 천문대라는 특정 건물이 필요한 이유를 다음과 같이 설명했다. 춥거나 더운 날 혹은 개인적 사정이 있을 때 첨성대와 같은 건물이 없으면 천문관이 관측을 하지 않을 수 있다는 것이다. 그러다 보면 왕은 직속의 천문관 아닌 지방의 관료로부터 천문현상이 있었다는 보고를 받게 된다. 실제『고려사』에 그런 기록이 확인된다. 그러므로 천문관이 매일 빠지지 않고 하늘을 관측할 수밖에 없는 첨성대를 건설했다는 것이다. 첨성대에 문이 없는 이유도 설명했다. 문이 없기 때문에 사다리로 꼭대기까지 올라가야 한다. 거기에는 좁지만 앉을 만한 자리가 있다. 그리고 다음날 아침 누군가가 다시 사다리를 가져올 때까지 천문관은 꼬박 밤을 새워 별을 볼 수밖에 없었을 것으로 추측했다. 현대인의 관점에서 보면 그다지 좋은 방법이 아닌 것 같지만, 이렇게 만든 첨성대는 대단한 효과를 거두었다는 것을 그 증거로 제시했다. 첨성대가 만들어진 이후의 천문기록이 이전의 같은 기간보다 무려 5배나 많아졌으며 천문현상의 기록도 이전보다 구체적이라는 것이다.[8]

천문학에서 수학은 매우 중요하다. 천문이론을 계산하려면 더하기 빼기만으로는 별의 움직임을 알아낼 수 없기 때문이다. 일반인들이 알기 어려운 고급수학이 있어야 별의 운행·절기·시간을 정확하게 알아낼

첨성대에서 별을 관측하는 모습에 대한 상상도

수 있다. 천문학이 발전했다는 이야기는 수학도 그만큼 발전했다는 뜻이다. 삼국시대의 천문학은 신라뿐만 아니라 백제에서도 발달했다. 백제는 천문을 전문으로 연구하는 일관부라는 기관이 있었고, 백제에서 사용한 역歷은 고구려와 같은 것이었다. 6세기부터 새로운 역을 쓰게 되었는데 여기서는 1년의 길이를 365.2467일로, 한 달의 길이를 29.5306일로 썼다. 백제는 일식·월식·행성·유성·지진·우박을 세밀하게 관측했는데, 『삼국사기』에 혜성에 관한 관측 기록만 15건이나 있다. 특히 87년에 있었던 일식에 대한 기사는 일찍부터 천문 관측이 진행되었음을 보여준다. 또한 554년에는 왕보손이, 602년에는 관륵이 천문 관측 방법·역법·지리책 등을 일본에 전했다.

일반적으로 첨성대라면 경주의 첨성대만을 연상하지단 우리나라 여러 곳에 첨성대가 있었다. 신라 외에 고구려와 백제에도 첨성대가 있었다. 고구려의 첨성대에 대하여는 『세종실록』의 지리지에 '평양성 안에 9개의 사당과 9개의 연못이 있는데, 9개의 사당은 바로 9가지의 별이 날아들어간 곳이며 9개의 못 옆에는 첨성대가 있다' 는 기록이 있다.『신증동국여지승람』에도 평양의 첨성대가 평양부 남쪽 3리 밖에 있다고 했다. 고대에 세워진 천문대가 현재까지 보존되어 있는 것은 신라 첨성대를 제외하면 흙 속에서 발견된 것까지 합해 모두 7개(한국 3개, 중국 3개, 우즈베키스탄 1개)에 불과하다. 이들은 신라 첨성대보다 훨씬 후대에 건립되었음에도 불구하고 모두 구체적인 기록이 없다.[9] 현존하는 가장 오래된 천문대로서 첨성대가 얼마나 우리 선조들에게 인상이 깊었는지는『동경잡기』의 글로도 알 수 있다. 포은 정몽주는 첨성대에 대해서 다음과 같이 적었다.

첨성대는 반월성 가운데 우뚝 서 있고
옥피리 소리는 만고의 풍치를 머금었네.
문물은 신라를 따라 다 갔지만
오호라, 산수는 예나 지금이나 똑같네.

매계 조위는 다른 각도에서 첨성대를 노래했다.

벼와 기장 휘청휘청 밭둑길에 그늘지고 그 가운데 첨성대 높이가 백 척이다. 뿌리는 땅속 깊이 뻗쳐 있고 그림자는 청산과 마주 구름 밖에 뾰족하다. 치병(齒餠, 신라 유리이사금과 탈해이사금이 왕위를 서로 양보할 때 떡을 씹어 잇자국이 많은 사람을 왕위에 오르게 한 것을 뜻함)으로 임금을 정하던 당년은 민심이 순후했고, 희화 씨의 역상도 차례로 베풀었다. 규표를 세워 그림자를 재어 해와 달을 관측하고 대에 올라 구름을 바라보고 별을 점쳤다. 천문이 도수에 맞아 태계泰階가 평온하고 낭렵이 나타나지 않아 하늘이 맑다. (중략) 포갠 돌이 우뚝이 풍우에도 까딱없다. 신라 때의 제작 한 번 정말 감탄할 만하다.

조위는 19척 남짓한 첨성대의 높이가 100척이며 그림자를 설명할 때는 구름 밖에 나올 정도로 첨성대의 크기를 과장해 설명했다. 그만큼 첨성대가 고대인들에게 큰 인상을 남겼다는 뜻이다.

# 불국사

'안개와 구름을 삼키고 토한다'는 토함산 동쪽 정상 못 미친 곳에 석굴암이 있고 불국사는 서쪽 중턱에 자리 잡고 있다. 1995년에 석굴암과 함께 유네스코 세계유산에 등재된 불국사는 대한불교조계종 제11교구 본사다. 불국사佛國寺는 이름이 말해 주듯 불국의 사찰을 뜻하므로 흔한 이름의 절이 아니다. 최치원은 불국사가 화엄불국사華嚴佛國寺였다고 기록했고 한때 화엄법류사華嚴法流寺라고도 불렀다. 불국사는 경덕왕 10년 (751년)에 김대성의 발원으로 창건되었다는 것이 통설이지만 이보다 오래 전에 창건되었다는 설도 있다.

첫째는 눌지마립간(417~457년) 시절에 아도화상이 창건했다는 설이 있고 둘째는 『불국사고금창기』에 의하면 이차돈이 순교한 다음해인 법흥왕 15년(528년)에 법흥왕의 어머니 영제부인과 기윤부인이 이 절을 창건하고 비구니가 되었다는 기록도 있다. 셋째는 문무왕 10년(670년)에 불국사에 무설전을 짓고 의상대사와 제자 오진 등 열 사람의 대덕으로 화엄경을 강설했다고 한다. 신문왕 1년(681년) 4월 가섭과 아난 상이 조성되었다는 기록도 『복장기』에 나와 있다고 신영훈은 적었다. 그러나 가장 유력한 것은 『삼국유사』〈효선〉 '두 세상의 부모를 섬긴 대성(신문왕대'에 기록된 것으로 석굴암은 전생의 부모를 위해, 불국사는 현세의 부모를 위해 김대성이 창건했다는 것이다. 그러나 이 사찰은 751년에 공사를 시작했지만 혜공왕 10년(774년)까지 완공되지 못해 그 뒤 국가에서 완성시킨 것으로 정확한 완성의 시기는 알려져 있지 않다.

석굴암이 먼저 준공된 이후 불국사는 더욱 활발하게 건설이 진척되었다. 그럼에도 불구하고 불국사의 석축을 쌓는데 많은 시간이 소요되었는데 일반적으로 총 공사기간이 30년은 넘지 않았을 것으로 추정한다. 불국사를 전면에서 바라볼 때 장대하고 독특한 석조구조는 창건 당시에 건설된 8세기 유물이다. 그 위의 목조건물들은 임진왜란 전까지 9차례의 중창 및 중수를 거쳤으며, 1970년부터 1973년까지 복원 공사가 대대적으로 이루어졌다.

## 절대 진리의 세계인 불국토

불국사를 이해하려면 이 땅이 불국토라고 믿었던 신라의 독특한 불교관을 이해해야 한다. 삼국 가운데 가장 늦게 불교를 공인한 신라는 고구려와 백제처럼 왕실에서 먼저 불교를 받아들인 후 민간신앙으로 이어지는 순서를 밟지 않았다. 불교가 신라에 도입되는 초기에 불교를 수용하는데 저항과 반발이 있었다. 그러므로 신라불교가 당면한 문제는 불교가 외래종교가 아니라 우리의 고유 신앙과 밀접한 관련이 있다는 것을 알리는 일이었다. 이런 내용을 설명하기 위해 필요한 정책은 신라가 불교와 인연이 없는 곳이 아니라 본래부터 불국佛國이었다는 믿음을 갖게 만드는 것이다. 이렇게 성립된 불국토사상은 불교가 우리의 종교라는 주장으로까지 발전한다. 이 부분은 정병조의 글을 주로 참조했다.

신라의 불국토사상은 당대에 전해지던 몇 가지 설화로서도 알 수 있다. 첫째는 전불가람지前佛伽藍地에 대한 것으로 『삼국유사』에 의하면 신라시대에는 전불시대前佛時代의 일곱 개 가람 터가 있었는데 그 중 하나가 가섭불이 설법했다는 황룡사다. 둘째는 진흥왕이 불상 조성에 성공했다는 것이다. 그 배에는 철과 황금이 가득 있었고 서축의 아육왕이 보낸 편지가 있었는데, 그 내용은 석가삼존상을 만들려다 실패했으니 인연 있는 땅에 가서 성공하기를 기원한다는 내용이었다. 진흥왕은 아육왕의 기원대로 동왕 32년(573년)에 아육왕이 보낸 재료로 장륙존상을 만들었다. 셋째는 의상대사의 낙산사 창건으로 의상은 입당구법을 마치고 귀국한 직후 관음보살의 진신을 친견하기 위해 동해변을 참배했다. 그러나 관음을 보지 못하자 바다에 몸을 던졌는데 이때 홍련紅蓮이 바다 속에서 피어나며 의상을 건지고 그 안에 나타난 관음보살이 수정염주를 주면서 의상의 높은 신심을 찬양했다. 의상대사는 낙산사를 창건하고 관음소상을 모셨다. 이들 설화는 불교가 신라 땅에 본격적으로 뿌리를 내리게 되는 전위적 역할을 담당한다. 신라인들에게 신라 땅이 본래 불국토였다는 신념을 불어넣으면서 자부심을 가지고 불교에 귀의하도록 유도했다. 또한 국명도 불교성지의 이름을 써서 실라벌實羅伐이라 표기하면서 서라벌의 어원을 이룬다. 그러므로 불국사는 이 당시 신라가 불국토라는 것을 충실하게 알려주기 위해 건설된 사찰이라 볼 수 있다. 불국사는 신라인이 그린 불국, 이상적인 피안의 세계를 구현한 것이다.

불국사는 언뜻 보면 복잡해 보이지만 자세히 보면 세 구역으로 이루어져 있다. 대웅전을 중심으로 무설전, 자하문, 청운교, 백운교, 범영루, 좌경루, 석가탑과 다보탑 등이 있는 넓은 구역과 그 옆에 극락전을 중심으로 칠보교, 연화교, 안양문 등이 있는 비교적 좁은 구역이 있다. 또한 무설전 뒤로 비로전과 관음전이 있으며 앞의 두 구역과 달리 거대한 석조

안양문

구조물이 없어 구조적으로 차이를 보인다. 세 구역 중 넓은 구역은『법화경』에 근거한 석가모니불의 사바세계이며, 다소 작은 규모의 구역은『무량수경』에 의한 아미타불의 극락세계이며, 무설전 뒤는『화엄경』에 근거한 비로자나불의 연화장 세계다. 결국 불국사는 세 분의 서로 다른 이름을 가진 주인공이 있는 곳이라고도 할 수 있다.

불국사 경내에 들어서면 우선 대석단大石壇과 마주친다. 대석단은 크게 양분되어 아래와 위의 세계가 서로 다르다는 것을 의미한다. 석단 위는 부처님의 전유 공간으로 불국토이고 석단 아래는 범부의 세계다. 동쪽의 석가모니 부처님 세계는 석단에 마련된 청운교와 백운교를 통하지 않고는 오를 수 없으며, 서쪽의 극락전 역시 석단에 마련된 연화교와 칠보교를 통해서 올라갈 수 있다. 비로전이나 관음전 역시 대웅전 및 극락전을 통해서만 다다를 수 있다. 이 부분은 김동현 박사의 글을 참고했다.

대웅전 주변의 회랑

　대웅전 일곽은 석단의 계단을 통해 자하문에 이르며 이 문을 통해 대
웅전 정면 내정에 들어서게 된다. 대웅전과 자하문 사이의 서쪽에 석가
탑, 동쪽에 다보탑이 대칭되게 서있다. 대웅전의 북쪽에는 자하문 및 대
웅전의 남북 중심축 상에 강당인 무설전이 동서로 길게 자리 잡고 있다.
이들 자하문, 대웅전, 무설전은 동서남북으로 둘러싸인 회랑으로 둘러져
석가모니불의 전유 공간임을 나타낸다. 회랑의 동남 및 서남쪽 모서리에
는 동회랑과 서회랑이 연장되어 남회랑보다 남쪽으로 돌출되어 특수하
게 공간을 처리했다. 극락전 일곽은 서쪽의 석단 위에 자리하고 있는데
이 구역에는 안양문과 극락전, 남회랑·서회랑·북회랑이 배치되어 있
다. 비로전 및 관음전 일곽은 사찰 후방 북쪽에 자리 잡고 있는데 동쪽
높은 대지에 관음전이 있고 서쪽에 비로전이 위치하고 있다. 불국사의
중요 부분을 아미타정토와 석가정토, 연화장 세계로 구분하여 설명한다.

## 석가정토

석가가 상주하는 절대 진리의 세계인 불국토는 청운교와 백운교의 돌 계단으로 올라간다. 지상과 천상을 연결하는 다리의 중간 부분에 아치형 터널이 있어 밑에 물이 흐르는 다리임을 상징적으로 표현했다. 계단을 올라가면서 지상에서 천상으로 상승함과 동시에 강 또는 바다를 건너 하늘에 있는 불국토에 도착한다.

① 청운교와 백운교

불국사의 가장 특징적인 조형물 중 하나인 석축(석단)의 위는 부처님의 나라인 불국이고 그 밑은 아직 거기에 이르지 못한 범부의 세계를 뜻한다. 석단은 크고 작은 돌을 함께 섞어 개체의 다양성을 나타내는데, 이

청운교와 백운교

것은 불국세계의 높이를 상징함과 동시에 그 세계의 굳셈을 상징하기도 한다. 두 모퉁이 위에는 경루와 종루가 있다. 석단에는 대웅전을 향하는 청운교·백운교(국보 제23호), 극락전을 행하는 연화교·칠보교(국보 제22호)의 두 쌍의 다리가 놓여 있는데 층층다리가 국보로 지정된 예는 세계에서도 그 유례가 흔치 않아 불국사가 예사롭지 않은 건물임을 알 수 있다.

청운교의 높이는 신라 척도로 12척(3.82m)이고 폭은 16척(5.16m)이다. 백운교의 높이는 10척에 폭은 16척이다. 청운교·백운교는 33계단으로 되어 있는데 이것은 33천天을 상징하는 것으로 욕신의 정화에 뜻을 두고 노력하는 자들이 걸어서 올라가는 다리로 현존하는 유일한 신라의 다리다(신영훈은 원래 36계단이라 설명). 두 개의 돌다리가 45도의 경사로 높다랗게 걸려 있는데 계단을 다리 형식으로 만든 특이한 구조를 하고 있다.

특히 백운교를 옆에서 보면 직각삼각형 모양이다. 백운교의 높이와 폭과 계단의 길이를 간단한 비로 나타내면 약 3 : 4 : 5가 되는 피타고라스 값이 나타난다. 피타고라스의 정리를 동양에서는 '구고현의 정리'라고 한다. 구勾는 넓적다리, 고股는 정강이를 뜻하며, 넓적다리와 정강이를 직각으로 했을때 엉덩이 아래 부분에서 발뒤꿈치까지가 현弦이다. 직각삼각형에서는 밑변이 '구', 높이가 '고', 빗변이 '현'이 된다. 중국의 수학책인 『주비산경』은 서양보다 500년이나 앞서 피타고라스의 정리를 한 장의 그림으로 증명했는데, 이는 피타고라스의 정리에 대한 수많은 증명 중 가장 간결하고 우아한 증명의 하나라고 이경미는 설명했다.[1]

불국사의 석축은 다른 곳에서는 볼 수 없는 특이한 공법이 사용되었다. 고구려에서 많이 사용한 그랭이 공법이다. 그랭이 공법은 기준 돌의 형태에 맞추어 돌을 다듬어 쌓은 것이다. 백운교 좌우의 거대한 바위로 쌓은 부분에서 확연하게 발견할 수 있는데, 여기서는 천연바위를 그대로 둔 채 장대석과 접합시켜 수평을 이루도록 했다. 이러한 작업은 결코 쉬운 일이 아니다. 울퉁불퉁한 바위의 곡선과 장대석의 직선이 맞이음되기가 쉽지 않다. 불국사를 창건하면서 이와 같이 어려운 작업을 채택한 것은 불국사가 상징하는 의미가 그토록 컸기 때문이다.[2] 아치의 구조법은 석빙고의 천장구조와 유사하다. 신영훈은 석빙고형의 아치

석축 그랭이 공법

아치종석

를 '속틀'이라 가칭하고 마구리에 해당하는 또 하나의 홍예석을 '겉틀'이라고 명명한다면, 속틀이 여러 개의 돌을 쌓아 완성시킨 반면 겉틀은 좌우로 한 돌씩 반달같이 다듬어 틀어 올렸다. 이러한 이중 아치는 다른 곳에서는 볼 수 없으므로 '불국사형 아치'로 부를 수 있다고 주장했다. 신라인들은 다리의 아치 축조에 있어도 남다른 창의력을 발휘했다.

또한 석빙고의 아치는 같은 크기의 돌을 아치로 쌓아 올려 무지개 형상을 만들고 마지막으로 정상부에 다른 돌보다 크기가 약간 다른 석재를 꽂아 마감했는데 이를 '아치종석'이라 부른다. 그런데 겉틀의 아치종석은 밑부분이 넓고 위가 좁은 사다리꼴의 모습인 반면에 속틀 아치종석은 반대로 위가 넓고 밑이 좁아 역사다리꼴이다. 보편적으로 아치종석은 어느 나라의 것이든 대부분 속틀의 모습을 하는데 불국사의 겉틀 아치종석

은 반대다. 특히 속틀 골격의 아치종석 위로 겉틀의 아치종석이 놓여있다. 이것은 아치종석의 뒷몸이 안으로 깊숙이 들어가 초장돌의 하나로 구조되어 단단히 결구되었다는 것을 의미하는데 이런 구조는 전 세계에서 유일한 것으로 추정된다.[3]

②자하문과 회랑

청운교와 백운교를 오르면 자하문이 나타나는데 자하문이란 붉은 안개가 서린 문이라는 뜻으로 부처의 몸에서 나온다는 자금색 광채를 말한다. 이 문을 통해서 부처가 있는 대진리의 도장으로 들어가며 동쪽이 경루經樓이고 서쪽이 종루鐘樓다. 종루의 원명은 수미종각須彌鐘閣으로 수미산에 있는 종각이란 뜻이다. 수미산은 석가여래의 이상향인 사바세계의

자하문

표상이다. 신라인들은 부처의 나라佛國를 만들기 위해 토함산 기슭에 수미산을 쌓았는데 그것이 불국사의 자연석 축대로 상징되고 그 위의 건축물들은 부처가 상주하는 보궁寶宮이었다.

동틀돌

그런데 여기에도 대단한 건축 기법이 숨어있다. 돌기둥에 중방을 들이듯이 결구한 부분을 자세히 보면 기둥머리에 네모난 돌이 약간 나와 있다. 이 돌이 바로 '동틀돌'로 안으로 깊숙이 박혀 있는데 석굴암의 궁륭천장도 이런 구조로 되어 있다. 동틀돌은 머리 안쪽으로 홈을 판 후 그 홈에 상하의 돌기둥이 걸리고 좌우의 중방처럼 생긴 수장재도 끼워진다. 그 턱에 걸리게 결구되면서 앞으로 밀려나지 않는다. 토압 때문에 석재대를 형성한 석재들이 밀려나기 쉬운데 동틀돌을 사용하면 이런 위험을 원천부터 봉쇄할 수 있다. 천 년이 훨씬 넘는 석굴암과 불국사가 오늘에 이를 수 있었던 것은 선조들이 이런 과학적인 시공 방법을 사용했기 때문이다. 자하문을 통과하면 세속의 무지와 속박을 떠나서 부처님의 세계가 눈앞에 펼쳐진다. 자하문 좌우에 회랑이 복원되었는데 회랑의 구조는 궁중의 것과 유사하다. 국왕은 세간의 왕이요 불佛은 출세간의 대법왕이라는 뜻에서 대웅전을 중심으로 동서회랑을 건립했다.


③ 다보탑

불국사가 갖고 있는 예술의 정수로 석가탑(국보 제21호)과 다보탑(국보 제20호)을 꼽는 학자들도 있다. 이 두 탑은 대웅전과 자하문 사이의 뜰

다보탑

동서쪽에 마주 보고 서 있는데 동쪽탑이 다보탑이다. 다보탑은 특수형 탑을, 석가탑은 우리나라 일반형 석탑을 대표한다고 할 수 있는데 높이도 10.4m로 같다. 두 탑을 같은 위치에 세운 이유는 '과거의 부처'인 다보불多寶佛이 '현재의 부처'인 석가여래가 설법할 때 옆에서 옳다고 증명한다는 『법화경』의 내용을 눈으로 직접 볼 수 있게 탑으로 구현한 것이다. 그러므로 다보탑은 온 우주의 근본 형상처럼 네모나고 둥글고 뾰족한 원형과 방형과 삼각형이다. 원형은 하늘, 방형은 땅이며 삼각에서 발달한 팔각이 인간이다. 학자들은 다보탑에 우주와 인간이 바르게 걸어야 할 길이 모두 갖추어져 있다고 설명한다.[4]

다보탑은 외형상으로 개석 위의 난순에 둘러싸인 것을 탑의 주체부로 본다면 3층탑으로 볼 수 있다. 그러나 이 주체부가 편평한 개석 위에 있

다보탑 석사자

다는 것을 감안한다면 그 아래에 4개의 기둥으로 개방적인 공간을 구성한 부분을 하나의 층으로 보아 4층으로도 볼 수 있다고 김광현 박사는 적었다. 탑이 건립된 시기는 불국사가 창건된 통일신라 경덕왕 10년(751년)으로 추측된다. 목조건축의 복잡한 구조를 참신한 발상을 통해 산만하지 않게 표현한 뛰어난 작품으로 4각·8각·원을 한 탑에서 짜임새 있게 구성한 점, 각 부분의 길이·너비·두께를 일정하게 통일시킨 점 등은 8세기 통일신라 미술의 정수를 보여주고 있다. 다보탑에는 지금 사자 한 마리가 서있다. 원래는 네 마리였다. 1902년 일본인 세키노 다다스도 다보탑을 조사한 후 사자 네 마리가 있다고 기록을 남겼는데 1909년 다시 왔을 땐 두 마리만 남았다고 했다. 1916년 발간된 『조선고적도보』에 수록된 사진에 두 마리가 보이는 것으로 보아 1902년부터 1909년까지 두 마리가, 1916년 이후 다시 한 마리가 없어진 것으로 보인다.

④ 불국사 삼층석탑(석가탑)

다보탑과 대조되는 것은 대웅전 앞 뜰 서쪽에 있는 석가탑이다. 석가탑의 원래 이름은 '석가여래상주설법탑釋迦如來常住設法塔'으로, 불국사 삼층석탑이라고 부르지만 일반적으로 '석가탑'이라고 줄인 명칭을 더 많이 사용한다. 석가탑은 석가가 보리수 아래에서 크게 깨닫고 항마촉지했을때 모습을 표현한다고 설명된다. 그러므로 석가탑 아래 삐죽삐죽 튀

석가탑

어나온 바위는 보리수 아래 석가가 앉았던 암좌岩座이며, 여덟 개의 둥근 연화석은 팔부금강신장들이 부처님을 모시고 둘러앉았던 자리를 의미한 다.[5] 석가탑은 2층 기단 위에 3층의 탑신을 세우고 그 위에 상륜부를 조 성한 일반형 석탑으로 기단부나 탑신부에 아무런 조각이 없어 간결하고 장중하며 각 부분의 비례가 아름다워 전체의 균형이 알맞은 뛰어난 작품 이다.

　석가탑은 엉뚱한 일로 한국의 문화유산을 세계에 알리는 계기가 된 탑 으로도 유명하다. 석가탑은 창건 이후 원형대로 잘 보존되어 왔으나

「무구정광대다라니경」 복원 전 모습

1966년 9월 도굴범에 의해 석탑훼손사건이 발생했다. 정부는 도굴꾼이
훼손한 탑을 복원하기 위해 탑신부를 해체했는데 해체수리과정에서 2층
지붕돌 중앙에 있는 방형사리공 안에서 사리를 비롯한 사리용기('불국사
삼층석탑 내 발견유물'이란 명칭으로 국보 제126호로 지정)와 각종 장엄구 등을
발견했다.

  이 중에서 가장 중요하게 평가되는 것은 『무구정광대다라니경無垢淨光
大陀羅尼經』이다. 이 경문은 목판인쇄물로 닥나무 종이로 만들어졌는데
690년에서 705년 사이 당나라 측천무후 당시에 공문서에 사용되었던 글
자 중 네 글자가 10여 차례나 등장하고 있어 세계 최초의 목판 인쇄물로
밝혀졌다. 따라서 이 다라니경은 석가탑 건립 이전에 만들어서 불국사
창건 당시에 봉안된 것으로 보이며 현재 국립경주박물관에서 보관하고
있다. 석가탑은 '무영탑'(無影塔, 그림자가 비치지 않는 탑)이라고도 불리는
데, 현진건의 소설로도 유명한 아사녀와 아사달의 애처로운 사랑 이야기
는 불국사를 찾는 사람들의 심금을 울렸고 불국사가 널리 알려지는데 큰
공헌을 했다. 홍사준은 석가탑을 건축한 아사달이 황룡사 9층탑을 지은

아비지와 동족으로 백제 사람일 것으로 추정했다.

울퉁불퉁하게 크고 작은 바위들을 깔고 그 위에 석가탑을 올렸는데 여기에서도 그랭이 공법이 사용되었다. 받침돌을 울퉁불퉁한 바위에 따라 도려내고 수평을 맞추었다. 자연미가 돋보이는 부분으로 다른 나라의 탑에선 찾아볼 수 없다. 그랭이 공법은 불국사 석벽에서도 볼 수 있다고 설명했는데 원래 자연석과 자연석을 접합하는 것이 간단한 일은 아니다. 바위는 울퉁불퉁하게 생겼고 이가 벌어져 있는 것이 보통이므로 고르게 쌓으려면 자연석을 가공해야 한다. 그런데 그랭이 공법은 특정 바위를 생긴대로 놓아둔 채 바위의 형태에 따라 다듬어 가면서 맞추는 것이다. 이 공법은 우리나라 건축의 독특한 특성 중 하나다. 서양의 건물은 주춧돌과 기둥을 서로 견고하게 결색하는 것이지만 우리나라는 주춧돌 위에 기둥을 간단하게 올려놓기만 한다. 그런데도 불구하고 으리나라 건물은 지진과 같은 충격에 큰 영향을 받지 않는다. 우리나라의 경우 화재에 의해 건물이 소실되는 경우는 많지만 지진 등에 의해 피해를 보았다는 경우는 거의 없다는 것으로도 알 수 있다.

한국에 큰 지진이 거의 없기 때문이라는 설명도 가능하지만 한국의 건물들 대부분이 충격에 강한 것은 그랭이 공법을 사용했기 때문이다. 주춧돌을 아무리 유리와 같이 갈아 놓는다하더라도 기둥을 올려놓으면 유격이 생기게 마련이다. 그러므로 한국에서는 기둥과 주춧돌 사이의 간격을 없애고 밀착시키기 위해 그랭이 공법을 사용했다. 주춧돌을 생긴 모습 그대로 두고 나무기둥 밑둥을 도려내어 밀착시킨 것이다. 그레질칼로 기둥을 다듬어 돌에 맞추면 돌의 요철에 따라 기둥이 톱니처럼 서로 맞물린 듯이 된다. 기둥과 주춧돌은 막중한 건물의 하중으로 인해 밀착되기 때문에 지진에 흔들렸다하더라도 기둥의 요철에 따라 다시 제자리로

멕시코시티에 있는 한국정

돌아온다. 신영훈은 1967년에 멕시코의 멕시코시에 전통적인 한국 건축 기법으로 건설한 한국정韓國亭이 멕시코에서 일어난 수많은 지진에도 불구하고 아무 탈 없이 아직까지 견딜 수 있는 것은 그랭이 공법을 사용했기 때문이라고 설명했다.

　석가탑은 정교한 시각 교정을 가하도록 건축된 것으로도 유명하다. 기단 기둥의 수치를 보면 안쪽 기둥에 비해 바깥쪽 모서리 기둥의 높이가 약간 높다. 또한 기단과 탑신의 너비는 아래쪽이 넓고 위로 갈수록 좁다. 이것을 귀솟음과 안쏠림기법이라고 부른다. 귀솟음은 중심 기둥과 모서리 기둥의 높이를 같게 할 경우 양쪽 끝이 중심보다 낮게 보이는 착시 현상을 방지하기 위한 기법이다. 이는 그리스 파르테논 신전에서 볼 수 있듯이 중앙부가 처져 보이는 것을 막기 위해 중앙부의 기둥을 높게 하는 것을 반대로 이용한 기법이다. 안쏠림은 기단과 탑신의 기둥을 수직으로 올리는 것이 아니라 약간 안쪽으로 기울게 만드는 것으르, 역시 수직으로 올렸을 때 착시 현상에 의해 건물의 윗부분이 넓어 보이는 것을 교정하기 위한 기법이라고 강우방은 설명했다.[6]

## 아미타정토와 연화장 세계

칠보교와 연화교를 지나 다다르게 되는 아미타정토는 극락전을 중심으로 이루어졌다. 이 구역은 석가정토보다 면적도 좁고 건물도 낮으며 장식도 간단하다. 8세기에 융성한 아미타 신앙은 모든 중생이 나무아미타불을 단 한 번만 염불하면 속세의 고통에서 즉각 벗어나 다시 태어날 수 있다고 가르쳤는데, 고통이 없는 행복의 땅인 극락세계가 바로 아미타정토다. 아미타 신앙대로라면 불국사에서 아미타정토 구역을 제일 장엄하고 높게 조성하는 것이 이치이지만 규모나 구조면에서 아미타정토는 석가정토의 부속물로 설계되었다. 권지연은 이와 같이 설계된 이유로 아미타 신앙이 신라시대 대중에게 크게 유행했지만 어디까지나 화엄사상 안에서 전개되었기 때문이라고 설명했다.

화엄사상에 의하면 아미타정토는 가장 낮은 단계로 근기가 낮은 중생을 위한 것이고, 연화장 세계는 가장 높은 단계로서 근기가 높은 중생이 도달할 수 있는 경지다. 연화장 세계는 바로 해탈의 경지인데 이곳은 만물이 조화로운 관계 속에서 하나가 되는 이상적인 세계다. 불교 세계에는 아미타여래가 있는 극락정토, 약사여래가 있는 유리광정토 등 수많은 정토가 있지만 불교의 주 관심사는 석가여래가 인간의 몸으로 태어나 중생을 구제하기 위해 나타난 사바 세계에 있다. 그러므로 많은 여래 가운데 가장 중요한 여래는 사바 세계의 석가여래이므로 연화장 세계로 변모한 석가정토가 아미타정토보다 단계가 높다. 그러므로 불국사의 건축은 석가정토를 아미타정토보다 월등히 부각시킴으로써 이러한 화엄사상의 면모를 조형적으로 표현했다. 즉, 우리의 이상은 저 멀리 있는 서방의 극락정토가 아니라 바로 우리가 사는 이 사바 세계를 연화장 세계로 변모시키는데 있다는 것이다. 노력과 실천으로 깨우침에 다다르면 이 사바 세계가 가장 훌륭한 정토가 될 수 있다는 불교의 가르침을 불국사의 건축은 말해주고 있다고 최준식 박사는 적었다.

대웅전으로 가는 청운교와 백운교 서쪽에는 아미타여래의 서방 극락 세계로 가기 위한 칠보교·연화교가 있다. 안양문을 지나면 석등과 극락전(아미타여래가 주존으로 봉안된 사찰 건물을 무량수전이라고 하며 부석사 무량수전이 유명하다)이 나타난다. 안양이란 극락정토의 다른 이름으로 이 문을 지나면 극락정토에 이른다는 의미다. 석가여래의 사바 세계와 아미타불의 극락 세계는 비로자나불이 주석하고 있는 법계가 있지 않으면 존립할 수 없으므로 연화장 세계의 불국인 비로전을 건축했다. 비로전은 대웅전으로부터 직선으로 배치되어 있는데 1970년대의 발굴로 터전이 확인되어 그 자리에 다시 중건했다.

불교 신앙에서 관음 신앙을 무시할 수 없다. 아미타 신앙과 더불어 민중과 가장 가까웠던 신앙이 관음 신앙이었기 때문이다. 비로전보다 높은 곳에 관음전이 있는 것은 보타락가산을 나타낸 것이다. 옛날에는 산 모습으로 되어 있었는데 지금은 계단식으로 되어 산모양이 자연스럽지 않다. 또한 산으로 오르는 계단을 낙가교라고 부른다. 낙가교洛伽橋란 보타락가산으로 오르는 계단이라는 뜻이다. 관음전으로 들어서는 문을 해안문海岸門이라고 하는데 남해바다를 건너왔다는 뜻이다. 관음전 역시 창건 당시부터 있었던 건물로 1973년 중창할 때 정면 3칸, 측면 3칸 규모로 복원된 다포식 건물이다. 『고금창기』에 의하면 관음전 주변에 여러 건물이 일곽을 이루고 있었으며, 922년에 경명왕비가 낙지공에게 명하여 전단향목으로 만든 관세음보살상이 전했다고 하나 그 후 없어졌고 지금 남아 있는 것은 1973년 복원공사 때 새로 조성한 것이다. 이상의 설명으로 불국사를 왜 불국사라 부르는지 이해할 수 있을 것이다. 불교에서 가장 중요한 국토들이 총망라되어 있을 뿐만 아니라 가장 민중적인 신앙인 관음 신앙까지 배려해서 설계했기 때문이다.

불국사의 건축 양식을 보면 당시까지 일반적으로 출현했던 탑 중심형의 사찰에서, 탑의 비중이 약화되고 금당의 비중이 상대적으로 강조된 것을 볼 수 있다. 황룡사처럼 평지에 세운 탑 중심형 사찰은 탑을 기준으로 삼아 사찰의 전체 영역을 조직하지만 불국사에서는 상대적으로 탑과 금당이 병립되어 있다. 이런 탑 – 금당 병립형 사찰들은 탑으로부터 금당으로 신앙의 중심성이 전이되는 일종의 과도기적 현상이라고 권지연 박사는 해석했다. 탑 – 금당 병립형의 출현이야말로 바깥에서 들어온 사찰 배치 형식을 신라의 형식으로 재해석한 것으로 볼 수 있다.

석굴암을 방문한 사람들은 석굴암이 과연 세계유산에 지정될 가치가 있느냐고 의문을 제기하기도 한다. 외국의 문화유산에 비해 볼 것도 많지 않고 규모도 작다고 생각하기 때문이다. 심지어 석굴암이 유네스코 세계유산으로 등재된 것은 우리나라 정부가 심의위원들을 매수해서 억지로 승낙을 받은 것이라는 불신까지 있다. 88올림픽이 끝나자 정부에서 한국 유산을 홍보하기 위해 편법을 썼다는 것이다. 솔직히 말해 석굴암이나 종묘가 유럽에 있었다면 세계유산으로 신청이라도 할 수 있었겠느냐고 반문한다. 그러나 우리 것만이 최고라는 헛된 자부심도 문제가 있지만 세계유산으로 지정된 유적조차 한국에서 심의위원들을 매수하여 지정되었을 것이라는 주장은 터무니없다.

## 석굴암은 세계에서 유일한 종합건축물

석굴암(국보 제24호)은 경주시 진현동 토함산 산자락 해발 565m에 자리 잡고 있는데 신라의 김대성이 전생의 부모를 위해서 735년에 세운 것이다. 석굴암은 원래 석불사라는 이름의 독립된 절이었으나 임진왜란 이후 불국사에 예속되었고 1910년경부터 일본인들에 의해 석불암 대신 석

석굴암 본존불

굴암으로 불렀다. 석굴암에는 본존불을 포함하여 모두 40개의 불상이 놓여 있었는데 제일 앞에 있는 좌우 첫 번째 감실 2개의 불상이 일본인들에 반출되었기 때문에 불상이 놓여 있지 않다. 그러므로 현재 석굴암에 안치되어 있는 불상의 총수는 도합 38구이다. 중앙의 본존불은 높이가 3.4m에 이르며 대좌까지 합쳐 5m나 되는 큰 불상으로 신체의 비례가 알맞고 각 부분이 부드럽고 세련된 솜씨로 조각되어 있음은 잘 알려져 있는 사실이다.

신라의 석굴암이 세계유산으로 등재된 것은 석굴암에 외국의 대형 건축물이나 문화유산들에 비교해 결코 떨어지지 않는 독창적인 요소가 있기 때문이다. 사실 석굴암의 구조는 다른 어떤 나라의 석굴과도 다른 특징을 갖고 있다. 우선 석굴암은 화강석을 다듬어 석굴을 만들고 그 위에 흙을 덮은 인공 석굴인데 이것은 고대 인도나 중국에서 자연석을 뚫고 굴을 만든 것과는 차이가 있다. 중국과 인도의 것은 건축물이라기보다 조각이라고 할 수 있지만 신라의 석굴암은 명백히 건축둘이다.

열대지방인 인도에서는 기원전 100년경부터 예배와 수련을 행할 수 있는 공간적 장치로 암벽을 파고 들어가 그 속에 사람이 기거할 수 있는 내부 공간을 만들기 시작했다. 이것은 서늘한 곳에 부처님을 모시는 뜻으로도 이해되었는데 이 풍습이 간다라미술과 융합되어 고유의 석굴미술을 구비한 채 아프가니스탄의 바미안 석불군, 우즈베키스탄의 테르메스 석굴, 중국 신장의 키질과 쿰투라 석굴, 투르판의 베제클릭 석굴, 돈황과 윈강 석굴로 이어진다.[1] 이러한 석굴 신앙이 7~8세기 초에 우리나라에 전해지면서 단석산 신선사 마애석불(국보 제199호), 군위삼존석굴(국보 제

단석산 신선사 마애석불

군위삼존석굴

109호)과 같은 석굴사원이 만들어졌다. 그러나 경주지역에는 큰 바위산이 없었기 때문에 신라의 예술가들은 새로운 방법을 창안했다. 산을 파내 굴을 만들고 조각된 돌들을 조립한 후 흙을 덮어 중국이나 인도의 석굴사원처럼 보이도록 한 것이다. 세계적으로 인공으로 만들어진 석굴 형태에 예술적으로 조각된 불상들을 배치한 곳은 오직 석굴암뿐이다.

석굴암이 외국의 세계유산들과 당당하게 겨룰 수 있는 것은 석굴암을 만든 재료에 있다. 석굴암은 화강암으로 만들어졌다. 전 세계인들로부터 그 정교함과 화려함 때문에 찬사를 받고 있는 스페인의 알람브라 궁전에 사용된 조각품들의 재료는 석고다. 석고판을 정교하게 찍어내어 천장이나 벽에 붙인 것으로 시공 기간도 고작 3~4년에 지나지 않는다. 이 석고판은 손재주 있는 사람의 디자인에 따라 얼마든지 손쉽게 제작될 수 있다. 영국의 캔터베리 대성당이나 프랑스 파리의 노트르담 성당의 정교한 수많은 조각상들을 보고 많은 사람들이 경탄한다. 그러나 세계인들이 찬탄하는 조각들의 원재료는 석회석이다. 석회석은 경도에 있어 활석 다음으로 무른 돌로 조그마한 조각칼로 비누를 조각하는 것처럼 쉽게 정교한 인물상들을 조각할 수 있다. 이탈리아를 방문한 사람들은 수많은 조각상들의 아름다움과 반들반들한 표면처리를 보고 놀란다. 조각상이 살아서 움직이는 것 같고 옷의 주름이 실제의 옷을 입은 것과 같다고 한다. 그러나 그런 조각상도 재료가 대리석이라는데 비밀이 있다. 대리석이란 석회석과 거의 같은 성분으로 경도가 다소 높은 돌이다. 물른 대리석으로 만들었다고 해서 조각상의 예술적인 가치가 떨어진다는 뜻이 아니라 제작의 난이도에 있어 화강암에 비해 쉽다는 말이다.

동남아시아에 있는 수많은 불상과 불탑에 정교한 인물상들이 조각되어 있고, 앙코르와트가 단일 규모로 세계에서 가장 큰 사원이라는데 놀라는 사람들이 많다. 겉보기에는 단단한 돌처럼 보이므로 그 많은 돌들로 건축하는데 상당한 노력이 들어갔다고 단언하기 십상이다. 밀림지대에서 커다란 석재를 쉽게 발견할 수 없으므로 더욱 의문은 높아진다. 그러나 대형건축물의 대부분은 연와(벽돌) · 라테라이트 · 사암으로 만든 것이다. 라테라이트는 크메르 지역의 특수한 재료로 공기와 만나면 단단해지고 절단하기 쉬운 철분을 함유한 점토다. 주로 건물의 토대 · 평평한 단 · 계단 · 담을 쌓을 때 사용하는데 두께 16인치, 폭 12~20인치, 길이 23~32인치로 제작하며 때로는 7피트의 커다란 형태로도 만든다.

이에 비해 석굴암은 화강암으로 만들어졌다. 화강암은 경도가 높아 섬세한 조각을 하기가 힘든 재질이다. 그럼에도 불구하고 석굴암의 모든 불상은 그야말로 완벽할 정도로 섬세하고 우아하다. 화강암으로 조각할 때의 가장 큰 문제점은 화강암의 재료가 균일하지 않다는 점이다. 화강암은 장석, 운모, 석영 등 서로 다른 재료로 되어 있으므로 예상치 못한 결 때문에 쪼개질 수가 있다. 마무리 단계에서 실수를 하여 조그마한 부분이 떨어져 나가더라도 어김없이 처음부터 다시 시작해야 한다. 자세히 보면 손금과 발바닥 금이 있는 것은 물론 연화문의 꽃무늬가 사실적으로 조각되어 있다. 섬세하게 조각된 연화문 무늬하나만 떨어져도 다시 조각해야 하는 것을 감안할 때 조각가는 고민을 하지 않을 수 없었을 것이다. 다루기 어려운 화강암으로 섬세하고 조심스러운 제작 과정을 거쳐서 완벽한 배율과 아름다움을 갖도록 만들었으므로 석굴암이 작은 규모이지만 세계 어느 문화재에 비해 떨어지지 않는다.

석굴암이 세계유산으로 선정될 당시 심사위원들이 석굴암을 직접 보고 나서 극찬한 것은 결코 과장이 아니다. 1909년경 소네 아라스케 통감의 지시로 석굴암을 탐사한 일본의 미술사학자 세키노 타다시는 다음과 같이 말했다. "석굴암은 동양 최고의 걸작품이다."[2] 석굴암은 5세기 중엽에 건설된 중국의 윈강 석굴, 7세기 초 고구려 승려 담징이 일본에 건너가 호류사法隆寺에 남긴 불화와 더불어 동양 3대 문화재의 하나로 꼽힌다.[3] 그러므로 외국에서 본 거대한 건축물과 정교한 조각품들을 보고 지레 접먹을 필요는 없다.

석굴암은 설계뿐만 아니라 시공 면에서도 탁월한 재능을 보여주었다. 김형자 교수는 석굴암이 1/10 비율로 건축되었다고 설명했다. 이 비율은 기원전 25년 헬레니즘 사상가이자 건축가인 비트루비우스가 주창한 '균제비례symmetry'와 맞아 떨어진다. 비트루비우스는 "건축미는 건물 각 부의 치수관계가 올바른 '균제비례'를 이룰 때 얻어진다"고 했다. 균제비례는 인체에서 얻어진 것이며 인체에서 가장 뛰어난 아름다움과 안정감을 주는 비율이다. 석굴암 본전 불상도 이런 균제비례가 적용되어 빼어난 예술성을 보여주고 있다. 석굴암 본전불은 얼굴 : 가슴 : 어깨 : 무릎의 비율이 1 : 2 : 3 : 4의 비율로 되어 있어 본존불상 자체를 1로 봤을 때 1/10인 균제비례가 적용되었다. 신라인들이 당시 비트루비우스가 주장한 균제비례를 알고 있었을리는 만무하지만, 신라인들도 비트루비우

석굴암 내부 단면(석우일 사진 제공)

스가 발견한 안정감과 아름다움의 비율을 터득하고 있었다. 또한 석굴암 전체의 구조를 기하학적으로 분석해 보면 모든 공간이 가로 : 세로 또는 세로 : 가로의 비율이 1 : 2인 직사각형으로 이뤄져 있다.[4]

　석굴암은 네모꼴의 전실과 둥근 후실로 이루어졌는데 이는 '하늘은 둥글고 땅은 네모' 라는 천원지방天元地方 사상을 반영한 것으로 보인다. 특히 후실의 천정은 돔형으로 돌을 쌓아올려 만든 것으로 당시 발달된 건축 기술을 볼 수 있다. 학자들은 원래 돔은 중근동지대에서 발생하여 로마시대에 이르러 크게 유행했는데 그것이 중앙아시아를 거쳐 동방에까지 알려졌다고 추정한다. 그런데 신라인들은 전래된 돔의 형태를 받아들이면서도 축조법은 신라 특유의 기술을 사용했다.[5] 석굴암의 천장 구조는 일반적으로 나타나는 돔형 구조와는 다른 특이한 형태를 보인다. 석굴암은 일반적으로 보이는 돔형 구조라는 기본 틀에 쐐기돌이라고 하는

특이한 균형장치를 갖고 있다.[6]

반경 12자의 궁륭형 천장은 화강석을 둥근 띠 모양으로 묶어 5개 층으로 구성되어 있다. 띠 둘레는 각각 10개의 2중 곡면 부재로 묶여 있는데, 아래쪽에서부터 위로 올라가면서 점차 띠의 폭이 줄어들며 정점에 연꽃 문양으로 된 125개의 돌을 올려놓았다. 아랫부분의 2개 층을 제외하고는 띠를 묶을 때 돌들이 아래로 떨어지는 것을 막기 위해 연접부에 쐐기돌을 수평으로 박았는데 이를 '멍에돌'이라고 한다. 멍에돌은 운두가 약간 높고 폭이 좁은 단면의 장대석으로 멍에돌을 다듬는데 그 길이가 상당히 길기 때문에, 설치하면 머리 부분만 천장 벽면 밖으로 나오고 나머지는 적심에 넣어 고정시키게 된다. 멍에돌 머리 부분엔 잘록하게 판 홈이 있고 홈에 천장 판석을 끼운다. 멍에돌을 삽입하여 반대 방향 모멘트를 조성시켜 조립식으로 구형 방막을 건설한 것과 각 부재들의 이음줄이 세로 면에서는 궁륭의 원심에 집중되어 있다. 반면 궁륭 표면에서는 정

석굴암 건설 상상도

확하게 자오선을 따라 형성되도록 한 것은 신라의 석공들이 높은 구조역학적 지식을 갖고 석굴암을 축조하였음을 보여준다. 이는 돌 부재가 중심축 방향으로는 주로 압축력만이 작용하게 하고 위로 올라갈수록 부재의 무게를 줄이게 하는 합리적인 구조로 불국사 청운교·백운교 좌우의 석벽 구조에서도 멍에돌 공법이 사용되었다. 천장 덮개들은 손잡이 없는 찻잔을 거꾸로 엎어놓은 형상으로 지름 2.47m, 높이 1m, 바깥쪽 지름 3m, 무게가 20톤이나 된다. 기중기로 들어 올려도 만만치 않은 무게의 커다란 덮개돌이지만 정확하게 반구형 돔을 시공했기 때문에 역학적 균형을 이루어 튼튼하고 안정되어 있다.

　석굴암의 천장구조에 있어서는 아랫돌이 먼저 무너지지 않는 한 위의 돌이 아래로 떨어지지 않는다. 이는 본존불이 이 돔 천장 밑 주실에 위치하고 있는 이유다. 만약 천장을 구성하는 면석들이 중력에 의해 아래로 떨어진다 해도 쐐기돌 머리 부분의 홈이 위아래 돌들을 잡아줌으로써 본존불을 향해서 떨어지는 것을 막으면서 주실의 바깥쪽으로 떨어지도록 했다. 쐐기돌은 만약의 경우라도 본존을 보호한다는 절묘한 고안으로 한편으로는 돔 구조의 최하부로 전달하는 힘을 감소시키면서 한편으로는 본존을 보호하는 장치로서, 이 쐐기돌은 세계에 그 유례를 볼 수 없다.[7]

　석굴암에서 학자들의 주목을 끄는 것은 본존불 이마 한가운데 백호(白虎, 성인의 32가지 상호 중 하나)를 박았는데 이것을 다면치로 깎아 햇빛을 반사하여 후면에 있는 11면 관세음상의 이마에 비추게 했다는 설이다. 이를 위해 제일 앞에 있는 좌우 첫 번째 감실 두 곳에 놓인 불상(일본인이 반출한 것)도 본존불처럼 이마에 백호 구슬을 지니고 있어 동트는 새벽의 첫 번째 빛이 석굴암 입구와 그 위에 달린 광창을 통해 본존불 이마의 백호에 닿고 반사된 빛이 두 보살상의 백호를 통해 다시 한 번 굴절되어 나온 후 11면 관세음상의 이마에 비친다는 것이다. 한 마디로 새벽의 짧은 한 순간에 석굴암 내부의 조명 효과를 극적으로 보여준다. 일본인들이 반출한 감실 내의 두 보살상과 본존불 이마의 백호가 다시 원위치에 선다면 이런 효과를 재현할 수 있을 것으로 보이는데 필자를 포함한 연구팀은 현재 한국과학기술연구원에서 이를 위한 기초연구를 계획 중이다.

## 김대성의 꿈에 나타난 선녀

『삼국유사』〈효선〉 '두 세상의 부모를 섬긴 대성(신문왕대)'에 있는 석굴암과 불국사 건설에 대한 이야기는 다음과 같다.

모량리(牟梁里 혹은 정운촌淨雲村이라고도 쓴다)의 가난한 여인 경조慶祖에게 아이가 있었는데 머리가 크고 정수리가 평평하여 성城과 같았으므로 이름을 대성大城이라 했다. (중략) 장성하자 사냥하기를 좋아하더니 어느 날 토함산에 올라가 곰 한 마리를 잡고 산 밑 마을에서 잤다. 꿈에 곰이 변해서 귀신이 되어 시비를 걸며 말했다. "네 어찌하여 나를 죽였느냐. 내가 환생하여 너를 잡아먹겠다." 대성이 두려워서 용서해 달라고 청하니 귀신은 "네가 나를 위하여 절을 세워 주겠느냐"하고 말했다. 대성은 그러마고 약속했는데 꿈을 깨자 땀이 흘러 자리를 적셨다. 그 후로는 들에서 사냥하는 것을 금하고 곰을 잡은 자리에 곰을 위해서 장수사長壽寺를 세웠다. 그로 인해 마음에 감동되는 바 있어 자비의 원願이 더욱 더해 갔다. 이에 이승의 양친을 위해 불국사를 세우고, 전생의 부모를 위해 석불사石佛寺를 세우고, 신림神琳·표훈表訓 두 성사聖師를 청하여 각각 살게 했다. 아름답고 큰 불상을 설치하여 부모의 양육한 수고를 갚았으니 한 몸으로 전세와 현세의 두 부모에게 효도한 것은 옛적에도 드문 일이었다. 그러니 착한 보시의 영험을 가히 믿지 않겠는가.

장차 석불石佛을 조각하고자 하여 큰 돌 하나를 다듬어 감개龕蓋를 만드는데 돌이 갑자기 세 조각으로 갈라졌다. 대성이 분하게 여기다가 어렴풋이 졸았는데 밤중에 천신天神이 내려와 다 만들어 놓고 돌아갔으므로 대성은 자리에서 일어나 남쪽 고개로 급히 달려가 향나무를 태워 천신을 공양했다. 그래서 그 곳의 이름을 향령香嶺이라고 했다. 불국사의 운제雲梯와 석탑은 돌과 나무에 조각한 기공技工이 동도東都의 여러 절 가운데서도 이보다 나은 것이 없다.

『삼국유사』에 적혀있는 대로 석굴 천장 중앙의 돌 덮개는 세 조각으로 깨져 있다. 이를 두고 유홍준 교수는 김대성이 잠든 틈을 타 석공들이 완성시켜 놓았다고 해석한다. "나는 김대성이 잠든 틈을 타 석공들이 완성시켜놓았다고 해석하고 싶다. 그들은 20개의 쐐기돌을 박아 천장덮개돌을 얹은 것이다. 그것은 지루한 공사를 빨리 마무리하고 싶었던 석공들의 욕망의 표현이었는지도 모른다. 이제 다시 무게 20톤이나 되는 2.5×3×1m의 돌을 채석해서 복판연꽃을 새긴다는 일 자체가 한심스러웠을 것이다. 일이란 마무리단계에 오면 더욱 그런 법이다. 생각해 보라. 25살에 이 공사를 시작한 석공은 이제 50을 바라보는 나이가 되었다. 그것이 겨울날이었다면 또 어떠했을까 미루어 알 만하다. 석공들은 그들의 고집대로 또는 밑져야 본전인 셈으로 후딱 해치웠는데 김대성의 꿈에는 그들이 천신으로 현몽했던 것이리라."

그러나 유홍준 교수의 이와 같은 설명은 신라인들의 종교적 열정과 구원에 대한 믿음, 엄격한 주종 관계라는 사회적 조건을 두시한 '천박하기 짝이 없는 상상력'이라는 비판을 받았다. 우선 고대 사회에 있어서 20톤이라는 돌의 무게는 엄청난 것이다. 요즈음에는 일반 공사 현장에 크레인이 있어서 20톤 정도를 움직이는 것이 대단한 일은 아니지만, 1970년 대 말까지도 10톤 정도의 무게를 현장에서 움직이는데는 상당한 노력을 들여야 했다. 그 정도의 커다란 돌이라면 김대성이 잠자고 있을때, 즉 하룻밤 사이에 얼렁뚱땅 제자리에 올려놓을 수 있는 것이 아니다.

여러 가지 정황을 고려하여 신중하게 선정된 현 석굴암 장소에서 공사하는 도중에 커다란 덮개석이 깨지는 문제가 생긴다. 석굴암을 짓고 있던 김대성으로서는 당혹스러운 일이었음이 틀림없다. 석굴암의 구조로 보아 천장을 덮는다는 것은 시공상 마무리 단계를 의미하므로 준공 날짜도 얼마 남지 않았었을 것이다. 불자인 김대성으로서는 당연히 새로운 돌로 석굴암을 완성해야 하지만 그러려면 적어도 상당 기간 동안 준공 시기를 늦추어야 한다. 아무리 석굴암 현장에서 원석을 채취한다고 해도 덮개석만 한 돌을 새로 준비하는 것은 단순한 작업이 아니다. 그러므로 새로운 돌로 시공할 수 없는 이유를 어떻게 해서든지 만들어서 변명해야 했을 것이다. 김대성이 만든 변명은 간단하다. 자신의 꿈에 천신이 나타나 깨진 덮개석으로 천장을 마무리해 주는 것을 볼 때 새로운 돌로 덮개석을 만들지 않아도 될 것이라고 석공들에게 설명하는 것이다. 김대성이 깨진 돌이지만 석굴암 천장 덮개석을 그대로 쓰자고 오히려 석공들을 다독거렸을 것이라는 뜻이다. 한편 영남대학교 김익수 교수의 정밀 측정에 의하면 본존불 뒤에 있는 공배는 정확한 원이 아니라 좌우 224.3cm, 상하 228.2cm인 타원이다. 이는 참배자가 서서 공배를 보았을 때 원으로 보이도록 설계한 것으로 신라인들의 높은 과학 기술을 말해 준다.[8]

## 석굴암의 수난과 결로문제

석굴암은 여러 차례에 걸쳐 수리와 보수를 했다. 『불국사고금창기佛國

1910년대 석굴암 보수 작업 광경

1910년대 석굴암

『寺古今創記』에 의하면 숙종 29년(1703년)에 종열從悅이, 영조 34년(1758년)
에는 대겸大謙이 석굴암을 중수했다고 한다. 그리고 조선 말기에 울산병
사 조예상趙禮相에 의해 크게 중수되었으나 세인에 잊혔다가 1909년에
우연히 발견된다. 당시 자료에 의하면 "천장 1/3이 이미 추락하여 구멍
이 생겨 그 구멍에서 흙이 들어오고 있어 그대로 방치할 경우 모든 불상
이 파손될 위험이 있다"고 적혀 있을 정도로 보존상태가 극히 불량했다.
특히 본존불의 코는 깨지고 연화대도 심하게 갈라지고 꺼져 있었다.

석굴암이 발견된 이듬해인 1910년 한일합방이 되자마자 석굴암의 조각상들을 일본으로 반출하려고 획책했다. 그러나 이들의 음모를 눈치 챈 현지 관리가 석굴암 반출을 거절하자 총독 데라우치가 현지를 시찰하고 석굴암을 제자리에 두되 현지에서 보수한다는 결정을 내렸다. 그러나 이때부터 석굴암의 수난은 시작된다. 우선 석굴암 보수에 동원된 인력들이 모두 기차철로를 부설하는 토목기술 인력이었다. 당연하게 그들은 기차철로의 터널처럼 석굴을 수리하겠다는 원칙을 세우고 1913년 10월부터 석굴 천장 부분에 목제 가구假構를 설치하여 해체공사의 기초를 마련했으며, 1914년에는 본 공사에 들어가 석굴을 완전히 해체하고 1915년 9월에 공사를 끝냈다.[9] 이때 총독부는 석굴암을 조립하는 과정에서 당시 세계적으로 각광을 받기 시작한 최첨단 건축기법 중의 하나인 콘크리트를 사용했다. 석굴암 외벽을 약 1m 정도 콘크리트를 도포했고 정상부는 그대로 흙을 얹고 다시 잔디를 심었다.

이때 석굴암 바닥으로 흐르던 샘물은 차단되어 석굴 내부를 지나지 못하도록 물길이 돌려졌고 석굴암 둘레도 철저히 시멘트로 막았다. 그런데 준공 후 2년 뒤 석굴 내에 결로와 누수 현상이 발생하자 1917년에 2차 중수에 들어갔다. 이때 콘크리트로 된 돔의 표면에 석회모르타르와 점토층을 마련하고 원형 돔 외부에 방사선 모양의 암하수구暗下水溝를 설치하고 그 위에 흙을 덮고 잔디를 깔았다. 그럼에도 불구하고 석굴암이 계속 손상되자 1920년부터 1923년까지 천장의 방수를 위해 대대적으로 재보수공사를 실시했다. 그럼에도 불구하고 결로와 함께 물기가 마른 후 생기는 하얀 부스러기 등이 계속되었다. 습기 문제가 해결되지 않자 1927년에는 푸른 이끼를 없애기 위해 증기 세척을 했다. 또한 시멘트에서 나오는 탄산가스와 칼슘이 화강석 벽을 손상시키기 시작했다.[10]

해방 후에도 1947년, 1953년, 1957년에 고온 증기를 사용하여 불상을 세척했다. 당시는 불상을 몇 년마다 닦아주는 것을 최상의 보존방법으로 생각했다. 그러나 돌의 가는 입자가 떨어지는 등 훼손이 계속되자 중단되었다. 그 후 1961년 박정희 대통령의 지시로 대대적인 보수공사에 착수했지만 근본적인 처방 없이 일본인들이 만든 콘크리트벽 배후로 약 1m 가량의 공간을 두고 또다시 콘크리트로 된 돔을 씌우고 그 위에 미봉책으로 두터운 봉토封土를 덮었다. 더구나 개방되어야 할 석굴 전면에 목미암자를 설치하면서 광창과 소감실 창구를 모두 없애고 지하수 배수시설을 설치했다. 그러나 학자들의 예상과는 달리 습기 문제가 좀처럼 해결되지 않자 1966년 당국에서는 공기냉각장치를 설치하여 기계적인 방법으로 습기와 온도를 조절하기 시작했다.

## 현대 최첨단 공법으로 시공한 돔

일제가 석굴암을 보수할 때 석굴암을 완전 해체한 후 석벽을 다시 쌓으면서 두께 1m 정도의 콘크리트를 싸서 발랐음은 앞에서 설명했다. 이 대목에서 짚고 넘어가야 할 것이 있다. 현대의 기적을 들라면 여러 가지가 있지만 그 중에서도 고층 건물을 빼놓을 수가 없다. 미국의 시카고나 뉴욕을 가면 고층 빌딩의 숲으로 싸여 있으며 우리나라에서도 대형 고층 건물이 속속 들어서고 있다. 19세기 중순까지 만해도 100m 이상의 건물은 상상할 수 없었는데 갑자기 전 세계는 고층 빌딩들로 뒤덮이기 시작했다. 고층 빌딩을 세울 수 있는 이유는 간단하다. 고층빌딩을 건설할 수 있는 재료인 시멘트와 콘크리트 건축 방법이 개발되었기 때문이다.

시멘트는 기존 건축 재료인 흙벽돌과는 다른 개념의 건축 재료다. 점토가 주성분인 흙벽돌은 물을 섞으면 입자들 속의 빈 공간이 없어지면서

밀도가 높아지고 물이 증발되면서 입자들이 단단해진다. 그러나 시멘트는 수화작용으로 물과 결합하면서 강도를 주는 칼슘실리케이트라는 새로운 물질을 형성한다. 시멘트가 세월이 지날수록 단단해지는 것은 일단 굳어진 시멘트 속에서도 계속 결합작용이 일어나 칼슘실리케이트의 양이 갈수록 늘어나기 때문이다. 그런데 시멘트는 원래 건물을 짓기 위해 발명된 것이 아니

석굴암 콘크리트 격벽
(윤여덕 사진 제공)

다. 시멘트는 1756년 영국의 존 스미턴이 발명했는데, 그는 흙으로 만든 도자기를 불 속에서 구우면 단단해지는 것에 착안하여 점토질이 섞인 석회석을 불에 구워 가루를 낸 후 물에 섰었다. 이 재료는 놀랍게도 일단 물기가 사라진 후 시간이 지날수록 더 단단해지는 특징을 갖고 있었다. 이 재료의 색깔이나 모양이 포틀랜드 섬에 있는 석재와 비슷하여 '포틀랜드 시멘트'라는 이름으로 명명했다.

1867년 프랑스의 모니에는 흙으로 구워서 만든 질그릇 화분이 자주 깨지자 시멘트와 모래를 섞은 후 물을 넣었다. 예상대로 콘크리트 화분은 단단했지만 인장력(끌어당기는 힘)에 약했고 잘 부서지는 단점이 있었다. 이 단점을 보완하기 위해 철사그물을 넣었더니 콘크리트 화분이 견고해졌다. 모니에가 화분을 견고하게 만드는 동안 독일의 바이스는 엉뚱한 생각을 했다. 모니에의 특허 중에서 철사 대신에 철근을 넣는다면 강도가 높을 것이며 이 재료로 토목공사에 이용할 수 있다고 생각했다. 그

는 자신의 생각을 감추고 모니에에게 접근하여 그의 특허를 산 후 철근 콘크리트 공법으로 변형시켰다. 그러나 프랑스의 건축기사인 안느비크는 더욱 대담한 생각을 했다. 철근 콘크리트를 사용하던 고층건물도 지을 수 있다는 것이다. 그는 곧바로 자신의 아이디어를 정리하여 특허로 제출했고 1892년에 특허를 얻었다. 존 스미턴이 시멘트를 발명한지 130년이나 지나서 드디어 시멘트의 대량 사용처를 찾은 것이다.

마침 1871년에 시카고에서 일어난 화재로 시가지의 2/3가 완전히 전소되었는데 19세기 말 미국의 호황에 힘입어 고층 건물을 짓고자하는 건축가들의 모임인 시카고학파가 철근콘크리트를 주목했다. 설리번을 정점으로 하는 시카고학파는 철근콘크리트가 고층 건물을 짓는데 적합하다고 생각하자 그들의 새로운 건축에 철근콘크리트 기법을 사용했다. 20세기를 대표할 수 있는 마천루 시대를 연 것이다. 그러므로 일본 실무자들이 석굴암을 해체 복원하면서 습기로부터 완전하게 차단하고 구조적으로도 안전하게 만들기 위해 가장 안정한 공법을 찾았는데 이때 그들의 주목을 끈 것은 당시 세계적으로 가장 각광받고 있는 최첨단 건축기법 중에 하나인 콘크리트였다. 미국의 시카고에서 시작한 마천루가 철근콘크리트로 만들어지는 등 당시 가장 단단한 구조물이자 방수 등에 적격이라는 평가가 있으므로 일본인들이 재빨리 도입한 것이다. 당시로서는 최첨단기술을 석굴암 복원에 사용했다고 볼 수 있다. 그러나 이때 과학자들은 시멘트에서 나오는 탄산가스와 칼슘이 화강석 벽을 손상시킨다는 것을 몰랐다. 최첨단 공법인 콘크리트는 당장에는 가장 단단하고 시공이 편리한 공법으로 각광을 받았으나 화강석과는 상극이었다. 현재는 시멘트의 단점을 잘 알고 있기 때문에 외국에서 시멘트로 미술관이나 박물관을 건설한 경우 적어도 건물이 준공된 후 2~3년 동안은 작품을 전시하지 않는다.

## 공기정화장치 없이 자연에게 맡겨라

보수공사 때마다 첨단 기술을 사용했어도 습기 문제조차 해결하지 못했기 때문에 석굴암의 훼손 상태가 날로 심화되고 있어서 근본적이 해결책이 필요하다고 전문가들은 지적하고 있다. 학자들은 석굴암의 훼손은 보수할 당시부터 이미 예고된 일이라고 말한다. 그것은 오늘날의 석굴암은 애초 건설되었던 석굴암과 구조가 크게 달라졌기 때문에, 즉 석굴암의 본래 모습대로 만들지 않았기 때문에 생기게 된 필연의 결과다. 석굴암은 원래 일반 건물과 같이 주벽은 이중 돌로 축조되어 있었으며, 그 두께는 1.2m 또는 1.5m 정도였다. 지붕에는 판석을 덮어 빗물을 처리했고 출입구는 개방된 구조였다. 남천우 박사는 출입구 상부에는 아치형의 광창이 있었고, 주벽인 10개의 소감실 배후에도 창구가 있어 광선과 공기가 그곳으로 들어오게 되어 있었다고 주장했다. 그러나 여러 차례의 수리과정에서 이러한 원형이 모두 변형되었다는 것이다.[11]

이태영 교수는 석굴암은 본래 지하에서 용출되는 물이 굴의 바닥에 있는 암석 기초층을 관통하여 흐르도록 만들어져 있었는데, 일제 강점기의 보수공사 때 이 지하수를 다른 곳으로 방출되도록 구조를 변경한 것도 석굴암 훼손에 한몫 했다고 지적했다. 원래 배수방법은 굴 안의 온도를 조절하는 역할을 해서 벽면에 결로 현상이 생기는 것을 막았는데 이를 변경했기 때문에 습기 문제가 생겼다는 것이다. 일제가 1910년대 처음으로 석굴을 보수하기 이전에 했던 기초 조사의 평면도를 보면, 원형 주실의 뒤쪽과 2시 방향의 바로 옆면에 샘이 있었음을 알 수 있다. 이 샘물의 양은 10초에 1L나 되는 많은 양으로 일 년 내내 쏟아져 나왔다. 결로 현상이 집중적으로 일어나는 여름에 차가운 샘물이 석글 밑의 석재 아래로 흐르면 바닥면의 온도가 낮아진다. 벽면이나 석불의 외면에 비해 바닥의 온도가 낮으면 이슬은 바닥에서만 생긴다. 이러한 원리를 석굴암을 만든 신라의 석공들이 터득했기 때문에 일 년 내내 샘물이 쏟아지는 샘물 바로 옆에 석굴을 짓고 밑바닥에 샘물을 흘려보냈던 것이다.[12]

그러므로 석굴암에서 습기가 생기는 가장 근본적인 요인은 석굴 내부가 숨을 쉬지 못하기 때문이라고 전문가들은 지적한다. 자연의 모든 존재는 숨을 쉰다. 건축물의 경우도 그것이 지하능이든 지상건축이든 숨을 쉬어야 한다. 특히 석굴암과 같은 석조물에 있어서는 내부의 온도와 외부의 온도 사이에 차이가 조금만 나도 석상 표면에 결로현상이 생긴다. 때문에 내외의 온도차를 최대한으로 줄임으로서 온도차로 생기는 석상 표면의 결로현상을 막아야 하는데, 석굴암은 자연 통풍 및 온도·습도 조절장치를 통해 이를 이루고 있었다는 것이다.[13]

그런데 신라인들이 석굴암을 건축한 이래 1,000년이 지났음에도 잘 보존되다가 현대과학을 동원하여 보수 및 복원 조치했는데 결로현상이 생겼다. 학자들은 밀폐구조를 강요했기 때문에 생긴 현상이라고 본다. 원형대로라면 완전히 개방된 구조이기 때문에 대기의 온도가 상승하면 내부의 표면 온도도 통풍에 의하여 함께 상승하므로 결로가 생기지 않는데, 광창과 창구를 모두 막고 전면을 목조 암자로 만들었기 때문에 상황을 악화시켰다는 것이다. 석굴암을 1,000년이 넘는 시간동안 살아 숨 쉬게 만든 또 다른 비밀은 원활한 통풍이다. 석굴암에는 수많은 통풍장치가 있다. 우선 석굴암 주실에 있는 10개의 감실과 감실을 받치고 있는 돌 사이에는 작은 틈이 존재해 공기를 순환시킨다. 출입구의 아치형 천장 위에 위치한 광창은 채광과 원활한 통풍을 이루게 만들어졌다.

이밖에도 본실 지붕 외벽엔 직경이 10cm가 넘는 돌들이 1m 가량 쌓여있는데 이 자갈층을 통해서도 공기가 안팎을 넘나든다. 자갈층은 제습 기능도 겸비했다. 외부의 습하고 더운 공기는 자갈층을 지나며 수증기를 자갈층에 남기고 차가워져 내부로 유입된다. 때문에 석굴암은 차고 건조한 공기만 받아들일 수 있었다. 이 자갈층은 낮에는 물을 머금고 있다가 밤이 되면 온도차에 의해 바깥으로 수분을 방출하고 다음날을 준비했다.[14] 그런데 현재의 감실은 일제 강점기 때의 보수 공사로 감실 석재들이 모두 교체되면서 통풍을 할 수 있게 만들었던 환기창들이 모두 사라졌다. 반면 석굴암이 개방구조였다는데 반론도 있다. 특히 광창은 목조 건물을 세웠기 때문에 제거된 구조라는 것이다. 즉, 목조 건물 때문에 광창이 제거되어 주실이 어두워졌다는 것이다. 그러나 법당이 꼭 밝아야 하는 것은 아니라는 반론이 곧바로 제기되었다. 신영훈이 이 문제에 대한 의견을 피력했다.

석굴암은 지금처럼 관람의 대상으로 조영된 것이 아니라 목적을 가진 종교사원으로 건설되었다. 사원 조영은 불법佛法의 규범에 따라 건설된다. 광창이 없어도 좋은 것은 석굴암이 불상의 진열소가 아니고 유현한 정신세계를 탐구하는 법당이기 때문이다. 그래서 그에 알맞은 분위기를 갖춘 공간이 필요하다. 세계 모든 사원이 노천으로 만들어지지 않고 일정한 폐쇄된 공간으로 구성된 것은 그러한 까닭이 있기 때문이다. 토함산 석굴암도 그런 성격을 가진 곳이다. 더구나 비보의 의도가 있으므로 그것이 노천에 드러날 수는 없다.

굴이 어두워지는 것을 방지하기 위해 반드시 광창이 있어야하는 것은 아니라는 설명이다. 특히 석굴암에 광창이 설치될 경우 비바람은 물론 겨울의 몇 달 동안 석굴 내부는 방한防寒 상태가 되는 것도 문제다. 즉, 광창이 갖고 오는 빛의 효과보다 광창으로 인한 피해가 그만큼 많다는 설명으로 적어도 광창은 존재하지 않았다는 것이다.[15]

반론에 대한 반론이 있는 것을 감안하더라도 현재도 석굴암의 훼손은 계속되고 있으므로 석굴암의 문제점을 완벽하게 해결할 수 있는 방법을 찾아야 한다는데는 모든 학자들이 입을 모은다. 이를 위해 수많은 학자들로부터 대안이 제시되었지만 가장 근본적이고 항구적인 방법은 석굴을 원형대로 다시 재축하는 것뿐이라는 주장도 있다. 지금과 같은 인공적인 조절은 어디까지나 임시방편이므로 석굴암을 완전히 해체하고 다시 옛 모습 그대로 재조립하는 방법이 최선이라는 뜻이다.

그러나 석굴암을 완전히 해체하고 원형대로 재축하는 것에도 반론이 없는 것은 아니다. 그들은 석벽을 콘크리트로 싸서 발랐기 때문에 콘크리트를 떼어내는 공사가 어렵다고 주장한다. 일부 전문가들은 본래의 석재에서 콘크리트를 완벽하게 제거할 수 있다고 주장하지만, 세계적인 문화유산을 검증되지 않은 방법을 적용해 복원할 수 없으므로 현재 상태에서 해결책을 찾아야 한다는 것이 그들의 주장이다. 석굴암의 문제를 해결하기 위해서는 그와 관련된 모든 분야에서 주도면밀한 검토가 이루어지고 세계유산으로 지정된 유물답게 국제적 차원에서의 공감대도 형성할 필요가 있다. 한 치의 오차도 없는 과학적인 평가를 기초로 하여야 함은 물론 주위 자연 환경과의 조화도 신중히 검토할 필요가 있음은 물론이다.

석굴암이 세계유산으로 선정될 당시의 심사위원들이 석굴암을 직접 보고 나서 극찬한 것이 결코 과장이 아님을 알아야 한다. 석굴암이야말로 질과 양을 따지는 현대에 있어서 양보다는 질로서 승부를 걸어 세계인들을 놀라게 한 것이다. 시인 고은은 석굴암에 관해 이렇게 썼다.

자연석을 쓰지 않고 석굴암 전체가 화강석으로 된 인조 석굴이다. 돌로 바닥과 벽, 그리고 천공 모양의 둥근 천장을 쌓아 올렸다. (중략) 이 장엄하고 정교를 극한 석굴암은 이 나라가 자랑하는 신라 예술 가운데서도 으뜸이 되는 예술이다. 그 구조와 설계, 전체와 부분의 조화, 율동과 선의 오붓한 아름다움, 풍염한 표현, 그것의 보존 따위는 신라 중기의 예술이 극도로 발달한 나머지의 정화인 것이다. (중략) 석굴암은 하나의 형용사로는 도저히 찬미할 수 없다. 차라리 그렇기 때문에 단 한 마디의 형용사로써 석굴암을 찬미할 수밖에 없다.

신라 혜공왕은 봉덕사의 신종 주조를 위해 스님들로 혀여금 온 나라를 두루 돌아다니며 백성들의 재물을 거둬들이게 했다. 불심어 가득 차 있는 백성들은 나라에서 큰 종을 만든다는 말에 자기의 힘이 닿는 대로 재물을 바쳤다. 그러나 종이 완성되었지만 종소리는 울리지 않았다. 모두들 종이 울리지 않는 이유를 찾아내려고 노력했지만 성과를 거두지 못하던 어느 날 봉덕사의 주지 스님은 이상한 꿈을 꾸었다. 백발노인이 꿈속에 나타나 말했다.

"그대들이 시주 다닐 때 어떤 부인이 '우리 집은 가난히서 아무 것도 바칠 것이 없습니다. 하나밖에 없는 딸이라도 가져가십시오'라고 말했는데 어째서 그 아이를 데려오지 않았느냐?"

"그런 이야기는 못 들었습니다만."

"그 아이는 몸에 화성火姓을 지니고 있으므로 그 아이와 함께 쇠를 녹여서 만들면 좋은 소리를 낼 것이다."

백발노인의 말이 너무나 신기해서 주지 스님이 이튿날 봉덕사 스님들을 모아놓고 꿈 이야기를 했다.

"제가 그런 부인을 만난 적이 있습니다."

한 스님이 마침내 생각이 난 듯 말했다. 주지 스님은 그 아이를 데려오도록

명했다. 명령을 받은 스님은 곧 길을 떠났지만 곤혹스러울 수밖에 없었다. 그가 주지 스님의 명령대로 아이를 데려 간다면 그 아이는 종을 만들기 위해 죽어야 하기 때문이다. 그러나 아름다운 소리를 내는 종을 만들기 위해서는 어린아이를 시주하겠다는 부인을 찾지 않을 수 없었다. 마침내 스님은 다 쓰러져 가는 오두막집에서 어린아이를 안고 있는 부인을 다시 만났다. 백발노인이 말한 아이가 틀림없었다.

"저번 소승이 댁에 찾아왔을 때 부인께서는 바칠 것이 없으니, 이 아이라도 시주하시겠다고 하신 일이 생각나십니까?"

"예. 그런 말을 했었습니다만."

"그때 하신 말씀대로 그 아이를 시주해 주십시오."

"뭐라고요?"

"저번에 말씀하신 대로 그 아이를 시주해 달라는 뜻입니다."

"안 됩니다. 그때는 제가 닿는 대로 빈 소리를 한 것입니다."

부인이 이렇게 딱 잘라 말하는데는 스님도 어쩔 수가 없었다. 그러나 봉덕사의 신종을 반드시 울려야 할 임무를 갖고 있는 스님으로서는 그냥 돌아서서 나올 수도 없었다. 스님은 그 아이만이 종을 울릴 힘을 갖고 있다고 부인을 설득했다. 귀여운 딸이 지금은 죽는다고 하지만 모든 사람들의 마음을 밝게 하는 종소리가 된다면 만백성의 마음속에 영원히 살게 되는 것이라며 간청했다. 부인은 사람의 힘으로서는 어떻게 할 수 없는 큰 힘이 사랑하는 딸을 데리고 가려는 것을 깨닫고 스님에게 눈물을 흘리면서 아이를 내밀었다. 종은 부처님의 큰 뜻에 따르려는 신앙심, 한 어머니의 피눈물, 어린 여자아이의 생명과 쇳물이 함께 녹여져서 다시 만들어졌다. 이번에는 아름다운 소리를 내었다. 종은 넓은 경주 땅은 물론이고 온 나라 구석구석까지 울려 퍼졌다. 종소리를 들은 왕은 매우 흡족했고 지켜보던 많은 백성들도 환성을 질렀다. 그런데 이상하게도 그 종소리는 어린 딸이 어머니를 부르는 듯 '에밀레, 에밀레, 에밀레' 하고 울었다. '에미 때문에, 에미 때문에'라고 운다는 뜻이다. 사람들은 종소리가 울릴 때마다 가엾은 어린이를 동정했다.

이것이 봉덕사 신종이 에밀레종이라는 이름으로 불리는 전설의 내용이다. 종소리는 듣는 사람에 따라 다르게 들릴 수 있다. 웅장한 소리로 들릴 수도 있고 처량한 소리로 들릴 수도 있다. 그렇다던 봉덕사 신종이 '에밀레종'이라는 속명으로 부르게 된 전설의 유래는 어디에 있는가? 그것은 이 종에 새겨 있는 명문 내용으로도 유추할 수 있다.

효성이 지극하신 경덕왕은 부모에 대한 추원追遠의 정이 골수에 사무치심에, 동 12만 근을 희사하여 아버지인 성덕대왕을 위하여 대종大鐘을 만들고자 하였으나 뜻을 이루지 못하고 세상을 떠나셨다. 경덕왕의 아들인 혜공왕은 경덕왕의 유언을 받들어 유사有司에게 분부하여 종을 만들게 하였다.

이 명문에 의할 경우 이 종을 완성하기까지 약 20년이 걸린 셈인데 이것은 종이 만들어질 때까지 여러 차례 실패했다는 것을 뜻한다. 『삼국유사』〈탑상〉 '황룡사의 종, 분황사의 약사여래상, 봉덕사의 종'을 보면 그 내용을 유추할 수 있다.

신라 35대 경덕대왕景德大王이 천보天寶 13년 갑오甲午(754년)에 황룡사의 종을 주조했는데, 길이는 1장丈 3촌寸, 두께는 9촌, 무게는 497,581근이었다. 시주施主는 효정이왕孝貞伊王 삼모부인三毛夫人이요 공장이는 이상택里上宅 하전下典이었다. 숙종肅宗 때에 새 종을 만들었는데 길이가 6척 8촌이었다. (중략) 또 경덕왕은 황동黃銅 12만 근을 내놓아 그 아버지 성덕왕聖德王을 위해 큰 종 하나를 만들려다가 이루지 못하고 죽으니, 그 아들 혜공대왕惠恭大王 건운乾運이 대력大曆 경술庚戌(770년) 12월에 유사有司에게 명하여 공장이들을 모아서 기어이 완성시켜 봉덕사奉德寺에 안치했다. 이 봉덕사는 효성왕孝成王 이 개원開元 26년 무인戊寅(738년)에 그 아버지 성덕대왕의 복을 빌기 위해서 세운 것이다. 그렇기 때문에 그 종의 명銘에 '성덕대왕신종지명聖德大王神鐘之 銘'이라 했다.

에밀레종

이 기록에 의하면 신라에서 12만 근의 에밀레종을 만들기 전에 이미 거의 50만 근, 즉 에밀레종보다 4배가 큰 황룡사 종을 만들었다. 그런데 황룡사 종보다 훨씬 작은 에밀레종을 더 어렵게 만들었다. 이 이유를 뒤에서 다시 설명하겠지만 아름다운 종소리가 나오기 전까지 수많은 실패가 이어졌으며 실패할 때마다 이를 보완하기 위한 방법을 강구하던 중에 어린아이가 희생되었다는 슬픈 전설도 생겼다고 추정할 수 있다.

## 에밀레종의 역사

에밀레종의 명문銘文에는 '성덕대왕신종聖德大王神鐘'이라고 새겨져 있다. 몸체 높이는 2.91m이고 종걸이의 높이는 0.65m이며 전체 높이는 3.7m다. 바닥면의 직경은 2.2m이고 종신鐘身의 두께는 밑쪽이 21.5cm이며 위로 올라감에 따라 10cm 정도로 얇아지며 전체의 부피는 약 3m³ 정도가 된다. 에밀레종은 그동안 구리 12만 근으로 만들어졌다는 『삼국유사』의 기록을 토대로 대략 20톤으로 무게를 추정해왔으나 1997년의 정밀측정에 의해 18.9톤으로 확인되었다.

에밀레종의 역사적인 발자취도 극적이다. 이 종은 서기 771년에 완성된 후 봉덕사에 봉납되었으나 봉덕사 전체가 수해로 유실된다. 그러나 무거운 종만은 떠내려가지 않은 채 땅속에 묻혀서 약 700년 동안이나 방치되어 있었다. 그 후 조선시대 세조 5년(1460년)에 영묘사로 옮겨졌으나 종각이 소실되는 사고가 일어난다. 종각이 소실되어 또 다시 노천에 버려져 있던 것을 중종 초년(1506년)에 경주 성문종城門鐘으로 옮겨 1915년까지 아침, 정오, 저녁과 삼경을 알리는 역할을 했다. 1915년 구 경주박물관으로 옮겨져 보관되다가 1973년에 국립경주박물관 구내로 옮겨져 현재에 이르고 있다.

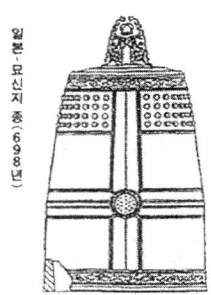
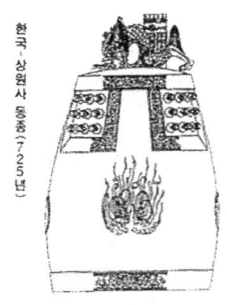
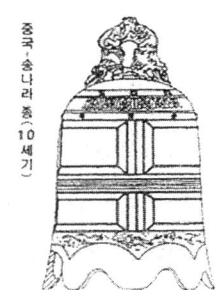

한·중·일 삼국의 종 비교

## 에밀레종의 특이성

동양의 범종은 그 형식과 특징으로 보아 중국 종, 한국 종(주로 신라시대 및 고려시대의 범종 형식), 일본 종으로 구별하는데 한국 범종은 다른 나라의 범종이 갖지 못한 독특한 특성이 있다. 우선 8세기의 한국 범종은 동아시아 어느 나라 종보다 훌륭한데 범종 재료의 배합비가 다르기 때문이다. 일반적으로 청동에 주석이 많이 포함될수록 종소리가 맑고 길어지지만 너무 많으면 종의 강도가 약해진다. 그래서 종을 만들때 구리와 주석을 84 : 14의 비율로 맞추면 종소리가 맑고 길게 나면서도 강도를 유지할 수 있다.

에밀레종의 경우 구리 82%, 주석 13%로 되어 있으며 우리나라에 현존하는 종 가운데 가장 오래된 상원사 종(국보 제36호)도 구리 84%, 주석 13%의 비율을 갖고 있다. 특히 한국의 청동에는 아연의 함량이 많다는 점도 중요하다.[1] 아연이 포함된 청동은 중국에서는 한漢나라 이전에는 없고 송宋나라 때 드물게 나타난다. 아연은 900℃에서 끓기 때문에 아연이 많이 들어 있는 청동을 합금으로 만드는 것은 어려운 일이다. 한국의 청동이 기술적으로 중국이나 일본보다 우수한 것은 자유자재로 우수한

상원사종                          상원사종 문양

합금을 만들 수 있었다는 뜻이다.

　신라의 종에 대한 명성은 세계적으로 높았는데 16세기의 명나라 이시진이 쓴 『본초강목』에 신라 종에 관한 이야기가 있다고 전상운은 적었다. 이 책은 본초학이라고는 하지만 박물학에 가까운 책인데 당시 중국의 박물학을 집대성한 세계적인 명저로 꼽히는 과학의 고전이다. '페르시아동은 거울을 만드는데 좋고, 신라동은 종을 만드는데 좋다.' 그 당시에 세계에서 가장 질이 좋은 동합금들을 소개한 것인데 페르시아의 황금빛 나는 황동과 신라에서 만든 아연-청동이 최고라는 것이다. 성종 19년(1488년)에 우리나라에 사신으로 왔다가 조선의 풍토를 읊어 쓴 명나라 동월의 『조선부』에도 고려동은 질이 우수하다는 글이 있음을 볼 때 신라와 고려의 동이 얼마나 유명했는지를 알 수 있다.

　범종을 청동으로 만드는데는 회전법과 납형법이 있는데 서울대학교 남천우 교수에 의하면 한국의 범종은 최고급 기술인 납형법을 주로 사용했다. 회전법은 만형법挽型法 또는 총형법總型法이라고 부르며 밥솥과 같이 원형의 단면을 가지는 기물을 주조하는 방법이다. 회전법에 따르면 주형의 내형과 외형을 각각 따로 만든다. 내형을 만들때는 내형의 외면과 같은 단면 곡선을 가진 외판을 만들어서 그것을 회전시켜 가며 그 안쪽에 진흙을 쌓아 올려 만들고, 외형을 만들때는 외형의 내면과 같은 단면 곡선을 가진 내판을 만들어서 그것을 회전시켜 가며 진흙을 쌓아올려 외형을 완성시킨다. 그러나 외형은 원형보다 크게 만들어야 하는데다 무겁기 때문에 여러 단으로 나누어 쌓아 올릴 수 있게 만든다. 당연히 종에 주형선鑄型線이 생기게 된다. 또한 문양을 조각하는 것이 쉽지 않은데 외형을 일단 완성한 다음에 그 외형에 또다시 조각을 해야 하기 때문이다. 그러나 납형법은 만들고자 하는 물체의 모양을 밀초로 미리 만들어 놓은 다음에 진흙을 발라 두텁게 씌워서 주형을 만든다. 그 후 밀초에 열을 가하여 모두 녹여 빼낸 다음 주형에 쇳물을 부어 종을 완성하는 방법이다. 이 방법은 밀초로 종을 조각하는 것과 같기 때문에 종의 표면에 부드러우면서도 우아하고 정교한 문양을 표현하는데 적격이다.

그런데 50만 근과 30만 근짜리 거대한 청동 구조물을 거뜬히 만든 신라에서 불과 12만 근의 봉덕사종을 만드는데 많은 실패와 오랜 제조 시간이 걸렸던 이유는 무엇일까? 그것은 황룡사의 종은 주형법으로 만들어졌지만 봉덕사 신종은 납형법으로 제조되었기 때문이다. 더구나 재료의 확보도 수월한 일은 아니다. 일반적으로 벌통 하나에서 1년에 생산되는 밀초의 양은 1~2L밖에 되지 않는다. 봉덕사종의 부피를 약 3m³로 추정할 경우 이 정도의 밀초를 준비하려면 손실량을 감안할 때 적어도 4,000~5,000개의 벌통이 있어야 한다. 이는 당시 여건으로 보아 단기간에 확보할 수 있는 밀초의 양이 아니다. 여기서도 우리는 봉덕사종의 완성을 위한 신라인들의 노력을 인정해야 한다.

## 세계 종소리 콘테스트에서 단연 으뜸

에밀레종이 세계에서 가장 아름다운 소리를 내는 종으로 판명된 것은 우선 한국 종만이 갖고 있는 특수한 구조 때문이다. 서양 종은 대개 400Hz 이상의 소리만 나오는데, 이 주파수는 경박하거나 경고의 의미를 풍기며 소리가 공중으로 전파된다. 이를 서양 사람들의 미래 중시 태도 및 신과 가까이 하려는 생각에서 유래되었다고 설명하기도 하지만, 이는 종 소리를 내는 방식이 구조적으로 다르기 때문이다. 서양의 종은 대부분 안에서 때려 소리를 내는데, 이러한 소리 도구를 탁鐸 또는 방울鈴이라고 한다.[2]

종소리는 근본적으로 반경 방향, 원주 방향, 길이 방향 등 종 몸체의 탄성 변형에 따른 세 가지 진동에서 비롯된다. 그 중 가장 큰 진폭, 즉 소리가 가장 큰 진동은 반경 방향에서, 가장 작은 것은 길이 방향에서 발생한다. 또한 종체의 위치에 따른 진폭은 하부, 중부, 상부의 순으로 감소된다. 따라서 종을 치는 위치가 종구鐘口로 내려올수록 종소리가 커지고 상부로 올라갈수록 작아진다.[3] 그런데 종소리는 크고 오래 지속되어야 하지만 이외에도 울림이 있어야 한다. 종소리의 울림이란 종을 한 번만 쳐도 '웅, 웅, 웅' 하고 종소리가 커졌다 작아졌다 계속 되풀이해서 울리는 현상을 말하며 물리학에서는 '맥놀이beats'라고 부른다. 종소리의 울림, 즉 맥놀이는 진동수가 거의 동일한 두 개의 음파가 동시에 발생될 때 생기는 간섭 현상이다. 일반적으로 종의 음색은 종을 칠 때 생기는 수많은 부분음으로 구성되는 복합음이다.[4]

에밀레종의 맥놀이는 신라인들의 정교한 음향기술을 보여주는 대표적인 예다. 신라인들은 은은한 여음을 만들기 위해 고도의 계산을 통해 맥놀이를 일으키도록 종을 설계했다. 맥놀이 현상은 종을 만들 때 재질이나 종 두께가 균일하지 않고 완전한 대칭을 이루지 않은 결과 진동수가 미세하게 차이나는 소리가 나오기 때문에 발생한다. 타종 순간 50여 가지가 넘는 주파수의 낱소리 음파가 발생하는 것도 같은 이유 때문이다. 서울대학교 나형용 교수는 종의 두께가 일정하면 타격음부터 시작해 끝까지 맥놀이가 없다고 설명했다. 겉보기에 범종은 엄격한 대칭이지만 범종 표면의 문양·조각이 비대칭을 이루고 몸체 곳곳의 물질 밀도나 두께도 미세하게 다르다. 또한 쇳물을 부어 범종을 주조하는 순간에 우연히 섞이는 공기량도 약간씩 다르다.

에밀레종 내부에는 쇠 찌꺼기 같은 것이 덕지덕지 붙어있는데 이를 '덤쇠'라고 한다. 덤쇠는 주조를 잘못한 것처럼 보이기도 하지만 김양한 박사는 쇠 찌꺼기로 종의 비대칭성의 폭을 확대해 맥놀이 현상을 발생시켰을 가능성이 높다고 추정했다. 서양 종은 이같은 비대칭성과 비균일성을 가능한 한 제거하기 때문에 맥놀이 현상이 제대로 발생하지 않는다. 과거에는 주조기술의 한계로 인식됐던 종 내부에 붙어있는 쇠 찌꺼기가 아름다운 소리의 이유였던 것이다. 이를 반증하는 듯 에밀레종보다는 제작 시기가 다소 앞서지만 음질이 다소 뒤처진다는 상원사 동종의 내부를 보면 에밀레종과는 달리 말끔한 것이 특징이다.[5]

한편 배명진 교수는 종의 아래 부위에서 발생하는 둥근 소리의 탄력이 맥놀이 현상의 근원이라고 주장했다. 배 교수는 유리잔이나 크리스털 잔처럼 주둥이가 오목하고 무늬가 없이 대칭을 이루는 용기에서도 맥놀이 현상이 발생하는 것을 볼 때 비대칭에 의해서만 맥놀이가 발생하는 것은 아니라고 지적했다. 에밀레종 아랫부분의 오므라든 부위에서 발생하는 원모양의 종소리가 맥놀이를 일으킨다는 것이다. 에밀레종의 특징은 낮은소리 음파가 1,000Hz 이내에서만 무려 50여 가지나 된다는 점이다. 일반 종소리는 20여개의 낮은소리를 가지고 있어 에밀레종 소리보다 빠르게 소멸된다. 즉, 타종했을 때 부딪히면서 나는 소리가 모두 사라진 후 숨소리 같은 64Hz와 어린아이 울음소리 같은 168Hz의 음파가 어우러져 은은한 울림을 나타낸다는 것이다.

김석현 교수는 에밀레종의 대표음을 168Hz라고 설명했다. 사람의 낭랑한 목소리의 음파가 바로 이 영역이라고 한다. 에밀레종의 대표음은 애초부터 사람 귀에 어울리는 음파를 갖고 태어났다는 것이다. 168Hz 음파는 타종한 후 9초 뒤 '어~엉' 하고 울고는 사라지듯 하다가 다시 한번 9초 뒤에 약하게 울음을 토해낸다. 김 교수는 바로 이런 현상이 문학작품에서 에밀레종 소리가 죽었다가 다시 살아나 '곡을 하는 듯 하는 어린아이의 울음소리'로 표현된다고 설명했다. 타종 후 쳐후까지 남는 에밀레종 소리는 64Hz이다. 3초마다 한 번씩 등장하는 맥놀이를 하는데 매우 낮은 음이어서 '어헉, 허억' 하며 숨을 몰아쉬는 듯 하는 소리로 들리는 것이 바로 이 소리 때문이다.[6]

학자들이 에밀레종에서 특별히 주목하고 있는 것은 에밀레종 상단부를 구성하는 특이한 구조다. 에밀레종 용머리 뒤쪽에는 대통 모양의 관이 솟아 있는데 이 관은 높이 96cm, 안쪽 14.8cm, 위쪽 8.2cm로 속이 빈 나팔형 구조로 되어 있다. 이러한 음관의 모양은 파이프처럼 단면적이 일정한 관에 비해 종을 칠 때 내부에서 형성되는 음향을 효율적으로 밖으로 내보낼 수 있는 구조다. 그리고 실제 음관을 통해 나오는 종소리의 특성을 정밀 측정한 결과, 음관이 종소리의 고유 성분인 낮은 진동수 성분은 내부로 되돌려 보내 종소리의 고유성분을 보호하고, 높은 진동수

성분(300Hz 이상)의 음파는 재빨리 방출해 잡소리를 줄이는 기능을 하고 있다고 분석됐다. 결국 에밀레종의 음관이 종소리의 주 진동수인 64Hz 와 168Hz의 기본 진동은 내부로 되돌려 보내고, 높은 진동수의 잡음은 재빨리 방출해버리는 첨단기능을 담당하도록 정교하게 설계되었다는 것이다.

경희대학교 진용옥 교수는 음관이 충격시에 일어나는 고에너지를 급속히 뽑아내는 역할을 한다고 설명했다. 고주파 성분을 먼저 뽑아내 음을 고르게 하여 좋은 소리가 나도록 하는 조음 기관이라는 설명이다. 서울대학교 엄영하 교수도 종을 칠 때 외부 진동은 멀리 잘 전파되지만, 종 내부에서 일어나는 진동은 안에서 서로 충돌하거나 반사하여 잡음이 나는데, 종상부의 음관이 이러한 잡음을 뽑아내는 음향 필터 역할을 하고 있다고 설명했다. 관통된 음관을 주조하는 것은 대단히 번거롭지만 이 음관은 아름다운 종소리를 내는 한국 종에만 있으며 중국 종과 일본 종에는 없다.[7] 동국대학교 명예교수인 황수영 박사는 이 음관이 신라의 삼보인 만파식적을 형상화한 것이라고 주장했다. 황 박사가 이 대통을 만파식적으로 보는 근거는 다음과 같다. 첫째로 그 기본형이 원형이며, 둘째로 대를 형상화했으므로 마디가 있고, 셋째로 대이기 때문에 내공內空이어서 종신鐘身에 이르기까지 관통되어 있다는 것이다.

또 하나의 구조적인 특징은 명동鳴洞이다. 신라 종은 종각鐘閣에 높이 매달고 치는 것이 아니라 지상보다 조금 위에 종을 달고 치는데, 종구鐘口 바로 밑의 바닥이 우묵하게 패어 있어 공명동共鳴洞의 역할을 하도록 되어 있다. 이 명동 시스템은 다른 나라 종에서는 찾아볼 수 없는 신라 특유의 시스템으로 음관으로는 종 내부의 잡음을 빼아내고 명동은 공명 진동을 일으켜, 종을 쳤을 때 긴 여운이 남게 만든다. 모형실험에 의하면 명동이 좋은 종소리를 내게 할 뿐만 아니라 은은한 여음을 내는데 큰 도움을 준다는 것이 증명되었다. 한국과학기술원 이병호 교수는 이 명동의 적정 깊이는 현재 종구鐘口와 지면 사이의 공간을 45cm라고 했을 때 94cm라고 계산했다. 현재 국립경주박물관에 시공된 명동의 구조보다 더 깊어야 한다는 뜻이다. 김양한 박사도 명동이 완전한 기능을 발휘할 수 있기 위해서는 현재 깊이가 약 30cm인 에밀레종의 명동이 최소한 1m가량 돼야 종소리가 가장 오래 지속되며 긴 여운을 남길 수 있다고 말했다. 신라시대의 우리 조상들이 음향학, 진동학 등의 설계와 주조 및 타종 방식을 최적화하는 시스템을 채택하였다는 것은 참으로 놀랍다. 특히 에밀레종에서는 67Hz가 나오는데 이는 땅속으로 잘 전파되는 성분이다. 중국 종도 이런 주파수가 나오지만 명동 구조가 빈약하고 약간 높이 매달기 때문에 땅속으로 전파되는 세력은 약하다.[8]

종의 타점(당좌)도 중요한 역할을 한다. 이장무 교수는 에밀레종의 타점 위치撞座가 종의 안전이나 수명에도 유리하며, 종소리의 여운도 길어지도록 절묘하게 제작돼 있다고 발표했다. 종의 최적의 타격부위인 당좌 위치에서 종을 치면 종을 치는 사람이나 종 상부의 종걸이에 최소 충격을 준다. 야구로 말하자면 당좌위치는 공이 야구배트의 특정 부위에 맞는 순간 선수의 손목에 충격 없이 공에 모든 힘을 실어 홈런을 치는 지점이다. 이 박사가 상원사 종의 당좌위치를 컴퓨터로 계산한 결과 현재 종의 당좌지점과 거의 일치했고, 에밀레종의 경우 종을 미단 지점에서 당좌 중심까지의 이상적인 거리는 260cm인데 실제 당좌 중심까지의 거리는 238cm로 불과 22cm 차이였다.[9]

이병호 교수는 주파수 스펙트럼 분석기Frequency spectrum analysis를 이용해서 화음상의 평점을 계산하여 종소리를 비교 평가했다. 음질 평가

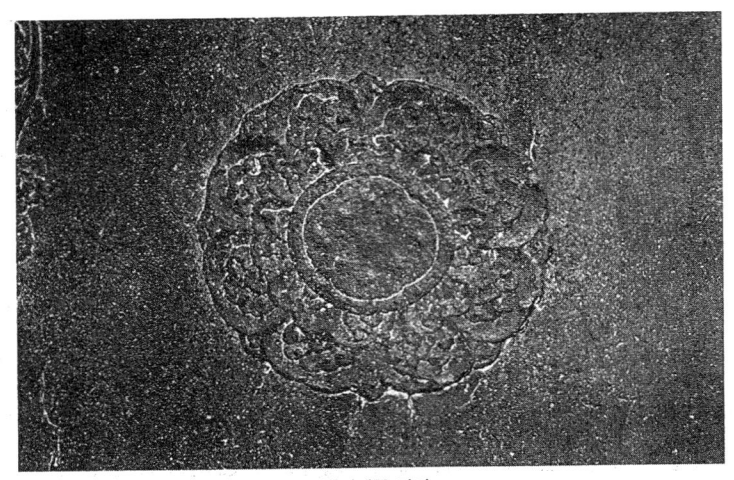

에밀레종 당좌

치를 정의하여 그 수치를 계산했는데 한국의 유명한 종을 100점 만점을 기준으로 평가했을 때 다음과 같았다.

1) 에밀레종 : 86.6

2) 상원사종 : 71.5

3) 보신각종 : 58.2

각 종의 음질 평가치에 의하면 에밀레종이 제일 좋은 종소리를 낸다고 볼 수 있다. 이런 연구 결과가 아니더라도 에밀레종 소리는 명실공히 세계 제일이라고 평가되고 있다. 일본의 범종학자인 쓰보이 료헤이에 의하면 일본 NHK에서 세계적인 명종들의 종소리를 모두 녹음하여 종소리 경연대회를 연 일이 있었는데 에밀레종의 종소리가 단연 으뜸이었다고 한다.

에밀레종에는 주물사의 직함과 이름이 뚜렷이 새겨져 있다. 에밀레종의 명문에는 주종대박사 대나마鑄鐘大博士 大奈麻, 차박사 나마次博士 奈麻의 칭호와 직함도 보이며 4명의 주물사 이름이 나타난다. 이는 주물사가 주종대박사의 칭호와 대나마의 직함을 가질 만큼 사회적 예우를 받았으며 이를 종에 새길 만큼 강한 자부심 갖고 있었다는 것을 의미한다. 그런데 신라 이후의 종에는 종을 만든 사람의 이름은 사라지고 시주한 사람들의 이름만 나온다. 이것이 고려시대 이후 종의 전통이 쇠퇴한 요인의 하나일지 모른다는 설명도 있다.

## 어린아이의 희생

어린아이가 종소리를 좋게 하기 위한 목적으로 쇳물과 함께 녹여졌다는 이야기에 대한 반응은 두 가지로 나뉜다. 첫째는 전설의 내용이 사실이라는 것이다. 아기가 진짜로 희생됐다는 주장은 에밀레종 속에 인 성분이 소량이나마 포함되어 있는 것으로 증명된다. 사람의 뼈나 동물의 뼛속에 있는 인 성분은 물질의 합성이나 합금을 만들 때 신기한 작용을 하는 것으로 알려져 있다. 일반적으로 우리나라의 무쇠와 청동불상에는 인이 소량 들어있으므로 에밀레종 속에서 인이 발견되는 것은 전혀 이상한 일이 아니다. 특히 통일신라시대에 불교가 매우 성했다는 것을 감안하면 봉덕사 신종에 포함된 인은 동물의 뼈라기보다는 인신공양(사람의 몸을 바치는 일)으로 사람의 뼈가 녹아들었을 가능성이 있다는 주장이다. 1970년대 한국과학기술연구소(현 한국과학기술연구원)의 정밀 조사(한국과학기술연구소에서 미국 독립 200주년 기념으로 1970년대 말에 에밀레종을 복제하여 미국에 선물로 보낸 우정의 종은 현재 미국의 로스앤젤레스 산 페드로에 있으며 영화『유주얼 서스펙트』에 배경으로 등장했다)에 의하면 에밀레종에서 한 어

린아이의 유체(시체)에 해당하는 인이 검출되었다고 발표되었다.[10]

두 번째는 어린아이의 희생으로 종을 만들었다는 것은 상식적으로 있을 수 없다는 주장이다. 사람의 목숨은 물론 짐승의 생명조차 존중하여 살생을 금하는 불교에서 인신공양과 같은 전설이 실제로 일어났다고는 믿을 수 없다는 주장이다. 신라의 지증왕이 죽었을 때(502년) 순장을 폐지시켰다. 그런 신라가 거의 300년이 지난 시점에서 종을 잘 만들려고 산 사람을 끓는 구리물에 넣었을 가능성은 희박하다는 설명이다. 문헌상으로도 의문의 여지는 있다. 이화여자대학교 이지영 교수가 조사한 바에 따르면 에밀레종에 대한 가장 오래된 기록은 1935년 간행된 『조광朝光』 1호에 민속학자 송석하 선생이 쓴 것이다. 함경도나 평안도 지방의 무가巫歌에 에밀레종 전설과 비슷한 구절이 있으며, 한말韓末 외국 선교사들이 채집한 설화 채록본에도 에밀레종 전설이 기록돼 있다고 한다. 에밀레종 전설이 사실이라면 1,100여 년 동안 관련 기록이 전혀 보이지 않다가 20세기 초반에 들어서야 설화나 전설의 형태로 기록되었는지 의문이라는 설명이다. 『삼국유사』는 물론 불교 설화가 많이 기록된 『삼국유사』에도 '에밀레종에 여자 아이를 바쳤다' 는 기록은 없다. 물론 이 교수는 '통일신라나 고려 때의 에밀레종 전설 기록을 찾지 못했다고 이 전설을 후대의 창작품으로 단정할 수는 없다' 고 말했다.[11]

그런데 포항산업과학연구원은 국립경주박물관의 의뢰로 1998년 8월에 에밀레종을 분석했더니 뼈의 주성분인 인이 전혀 검출되지 않았다고 발표했다. 에밀레종 12군데서 샘플을 채취하여 분석 시료 안에 1천만 분의 1% 이상 들어가 있는 성분은 모두 검출할 수 있는 극미량원소분석기로 분석한 결과 인이 전혀 검출되지 않았다는 것이다. 똑같은 에밀레종의 검사를 두고 시험 결과가 엇갈리지만, 포항산업과학연구원도 자신들의 분석 때문에 전설이 무조건 근거가 없다는 얘기를 하서는 곤란하다는 단서를 달았다. 사람의 비중이 구리보다 가벼우므로 전설처럼 어린아이를 넣었다면 위로 떠서 타기 때문에 쇠 찌꺼기처럼 남게 된다. 만약에 에밀레종 제작 당시에 이것을 불순물로 생각하여 제거했다면 인이 검출되지 않을 수도 있다는 견해였다.

결국 에밀레종에 대한 전설은 인의 발견과 관계없이 과학으로도 아직까지 설명되지 않는다. 에밀레종의 주조에 신라의 모든 염원이 쏟아졌다

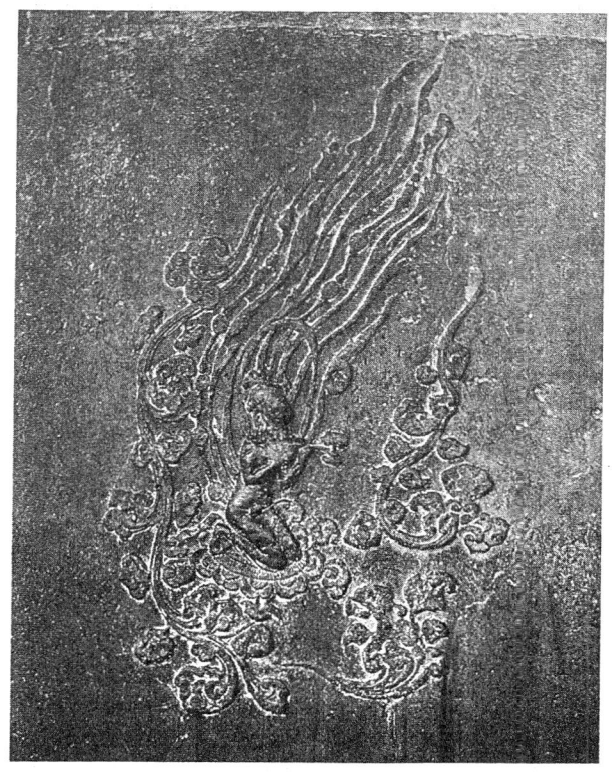

에밀레종 문양

는 것을 생각하면 현대인의 감각만으로 어린아이의 인신공양에 대한 진위 여부를 단정할 수 없다는 뜻으로도 풀이된다. 필자가 잘 알고 있는 외국인에게 에밀레종에 대한 전설을 이야기하자 애절한 이야기지만 그러한 예는 전 세계의 고대 사회에서 자주 있었던 일이라고 긍정적인 의사 표시를 하여 필자를 놀라게 했다. 더욱이 그런 전설이 담겨있는 에밀레종이 현재도 남아있다는 것을 알고는 한국인은 문화유산에 대한 정열이 남다르다는 것을 다시금 느낀다고 부러워했다. 에밀레종의 몸체에 새겨져 있는 1,000여 자의 명문은 이렇게 시작한다. '무릇 심오한 진리는 가시적인 형상 이외의 것도 포함한다. 눈으로 보면서도 알지 못하며 진리의 소리가 천지간에 진동하여도 그 메아리의 근본을 알지 못한다. 부처님께서는 때와 사람에 따라 적절히 비유하여 진리를 알게 하듯이 신종을 달아 진리의 소리를 듣게 하셨다.'[12]

15 석빙고

필자에게 가장 한국적이면서도 과학적인 것을 골라 코라면 석빙고를 들고 싶다. 석빙고는 냉장고 역할을 하는 인공적인 구조물이다. 현대인들이 잘 알고 있는 냉장고는 얼음이나 냉기를 인공적으로 만드는 기계장치지만, 빙고는 자연의 순리에 따라 겨울에 채집해 두었던 얼음을 봄·여름·가을까지 녹지 않게 효과적으로 보관하는 냉동 창고다. 얼음을 보관하는 시설은 돌로 만든 석빙고만이 아니라 목재로 만든 목빙고도 있었지만 여기서는 석빙고에 대해서만 설명한다. 석빙고는 외견상 고분과 같은 형태를 하고 있다. 빙실이라는 공간이 주변 지반과 비교해 절반은 지하에 있고 나머지 절반은 지상에 있는 구조가 대부분이기 때문이다. 이러한 단순한 형태의 석빙고를 보고 여기에 무슨 대단한 과학이 들어있느냐고 반문할지 모른다. 단지 얼음을 저장하기만 하는 단순한 시설로 보이기 때문이다. 더구나 사막 지대인 이집트나 일부 중동 지역에서 한여름에 기계 시설 없이도 얼음을 만들어 먹었다는 사실을 알게 되면 석빙고에 대해 더욱 평가 절하하게 마련이다.

이집트인들이 사막에서 어떻게 얼음을 만들 수 있었는지 알아보자. 이집트인들은 추운 날 밤(그래도 기온은 영상) 흙으로 빚은 용기 안에 물을 넣어두고 바깥 표면을 계속 적셔준다. 그러면 물의 기화 작용으로 용기가 냉각되어 안에 있는 물은 얼음이 된다. 사막은 낮밤의 온도차가 크기 때문이다. 사막 지역에서는 하루에 제곱미터 당 최소 5~6kg의 얼음을 만들 수 있다. 그러나 얼음을 필요에 따라 사용하는 것은 한국의 기술이 더욱 효율적이다. 사막지대에서도 항상 얼음을 만들어 먹을 수 있는 것은 아니다. 얼음을 만들 수 있을 만큼 일사량이 높다고 하더라도 이들 열을 순식간에 증발시킬 수 있을 만한 조건의 기후가 되어야 하기 때문이다. 그러므로 이들 사막지방에서는 그날그날의 기후 조건에 따라 얼음을 만드는 것이 고작이었다.

석빙고의 우수성은 가정의 필수품이라는 냉장고의 예를 보면 알 수 있다. 어린아이들이 많은 집에서 부모가 항상 하는 말은 냉장고를 열면 문을 꼭 닫으라는 것이다. 아무리 냉동고에 아이스크림이나 얼음을 꽉 채워 놓더라도 냉장고문이 조금만 열려 있다면 몇 시간 내에 모두 녹아버린다. 그런데 석빙고는 겨울에 얼음을 캐어 기계적인 장치 없이 다음해 가을까지 얼음을 저장할 수 있다. 상식적으로 생각해도 석빙고가 얼마나 우수한 작품인지를 알 수 있다. 그동안 목빙고는 실물이 없고 구전으로만 전해져 내려왔는데 2005년 3월 충남 홍성읍 오관리 세광아파트 부지에서 국내 최초로 목빙고 유적이 발견되었다. 그곳은 옛날부터 '빙고재'라는 이름으로 불려오고 있었는데, 정말로 목빙고 유적이 발견되었다. 17세기 전반에 축조된 것으로 추정되는 이 목빙고는 바닥의 길이가 23.8m, 너비 5.5m로서 윗면에서 바닥까지 가장 깊은 곳이 1.5m로 추정되는 반 지하구조다. 기와처럼 구워서 만든 원통형 관의 배수시설과 짚·갈대·왕겨 등이 축적된 유기물 층도 발견되었다.[1]

## 삼국시대부터 사용

얼음은 지구상에서 0℃ 이하인 지역에서만 볼 수 있는 특수한 형태의 물질로 대기 중에는 눈과 같은 형태로 존재한다. 특별한 경우를 제외하고는 결정이 모여서 만들어지는데 단결정으로 된 것은 거의 없다. 비중 0.9168(1기압 0℃일 경우 비중은 0.9168)이고 무색투명하며 녹는점은 0.000℃로 온도 정점에 사용한다. 압력이 1기압 상승할 때마다 녹는점은 0.075℃만큼 내려간다. 0℃ 부근에서 선팽창율은 0.00005, 굴절률은 1.31이다. 보통의 얼음 비중은 0.88~0.92로 비중 1의 액체인 물과 비교해 상당히 낮다. 이 특성은 얼음 결정이 상당히 빈틈이 많은 구조이기 때문이다. 보통의 얼음 결정은 육방정계六方晶系에 속하며 물 분자는 수소결합에 의해 무한히 이어진 구조를 취한다. 석영의 변형상태인 인규석이나 보통 유리의 실투(유리에 결정이 석출하는 현상) 등에 의해서 생기는 결정이 눈의 결정과 같은 설화형·육각형 등이 되는 것은 이 때문이다.

얼음이 녹을 때 일부 수소결합이 파괴되어 육각형 터널구조가 없어지므로 액체인 물 쪽으로 물 분자가 채워진다. 이런 이유로 물의 비중이 얼음보다 커지며 빙산의 경우 대부분의 얼음이 물속에 있다. 얼음이 차가운 비밀도 물의 분자구조에 있다. 고체, 액체, 기체 상태에서 각각 다른 상태로 변하는 상전이가 일어나려면 반드시 숨은열이 개입해야 한다. 얼음 1g이 물 1g으로 변할 때, 즉 고체인 얼음에서 액체인 물로 변할 때 용융열이 약 80cal 필요하다. 0℃의 물 1g을 100℃로 만드는데 필요한 열량이 100cal인 것을 감안하면 얼음이 물이 되는데 필요한 열량이 크다는 것을 알 수 있다. 얼음이 녹으면서 시원해지는 것은 바로 얼음이 상전이에 필요한 용융열을 주변 공기로부터 빼앗아야 하기 때문이다.

수소결합이 물 분자들을 서로 끌어당겨 모여 있을 수 있게 해주기 때문에 물은 쉽게 증발하지 않고 액체 상태로 남아 있을 수 있다. 만일 수소결합이 없다면 물 분자 하나하나는 뿔뿔이 흩어져 기체로 날아가고 지구상에는 물이 한 방울도 남지 않았을 것이다. 고체가 액체에 뜨는 유일한 물질은 얼음인데 얼음이 물에 뜨는 것도 수소결합 때문이다. 온도가 낮아져 얼음으로 변할 때 수소결합은 분자들을 잡아 단단한 고체를 형성한다. V자형 꼭짓점에 있는 산소 원자는 원래 2개의 수소결합을 만들 수 있기 때문에 다른 물 분자들의 수소를 끌어당겨 산소 원자 1개에 4개의 수소가 달라붙은 형국이 된다. 물 분자들이 이런 식으로 얽히고설켜 물은 액체로 있을 때보다 얼음이 될 때 공간을 더 많이 차지하게 되어 부피가 커지고 밀도가 낮아진다. 액체보다 고체의 밀도가 낮은 것은 물이 거의 유일하다. 만일 얼음의 밀도가 물보다 컸다면 얼음은 호수 바닥으로 가라앉고 연이어 수면에서 얼음이 얼자마자 바닥으로 가라앉아 호수는 순식간에 전체가 꽁꽁 얼어붙게 된다. 얼음의 특성상 이렇게 되지 않기 때문에 겨울에도 호수의 물고기들이 죽지 않고 살 수 있다.[2]

이러한 얼음을 사용하는 석빙고는 중국의 『시경』에 능음凌陰이라 하여 '음을 저장한다'는 말이 있을 정도로 오래되었고 우리나라의 석빙고도 『삼국유사』, 『삼국사기』에 기술되어 있을 정도로 오래되었다. 『삼국유사』〈기이(1)〉 '제3대 노례왕(弩禮王, 재위 24~57년)'에 석빙고에 대한 간단하지만 다음과 같은 기록이 있다.

이때 비로소 도솔가兜率歌를 지었으니 차사嗟辭와 사뇌격詞腦格이 있었다. 또 비로소 보습과 얼음을 저장하는 창고와 수레를 만들었다.

『삼국사기』〈신라본기〉 '지증왕 6년(505년)'에도 석빙고에 대한 기록이 있다.

　11월에 왕은 유사有司에게 명하여 처음으로 얼음을 저장하여 쓰게 하고 선
　박의 편리를 도모하는 제도를 마련했다.

　얼음의 용도가 반드시 음식 저장 같은 실용적인 측면만을 위한 것은
아니었다. 얼음을 보관했다가 여름에 사용하여 여름철에 극성하는 양기
陽氣를 억제하고 자연의 조화를 회복시켜 보겠다는 동양철학적인 발상도
큰 몫을 했다. 중국의 촉한(蜀漢, 221~263년)과 서진(西晋, 265~316년)시
대 사람인 진수(陳壽, 233~297년)가 편찬한 『삼국지』〈우지동이전〉 '부
여'에 '장사를 치를 때 여름에는 얼음을 쓰고 사람을 죽여 순장하는데,
많게는 몇 백에 이른다'고 기록되어 있다. 석빙고가 한반도 남반부뿐만
아니라 북반부인 만주 지역에서도 사용되어 한민족이 보편적으로 사용
한 저장 시스템 중에 하나임을 알 수 있다.
　고려시대의 경우 『평양속지』에 의하면 평양의 석빙고는 내빙고와 외
빙고로 나뉘어 내빙고는 사간도무사四間都務司의 남쪽 언덕에, 외빙고는
십칠간육로문十七間六路門 밖에 있었다. 문종 3년(1049년)에는 매년 6월부
터 8월 초까지 벼슬에서 물러난 공신들에게 3일에 두 차례씩, 좌복시와
육부상서 등의 고급 관리들에게는 일주일에 한 차례씩 얼음을 나누어주
도록 제도화하였다. 하지만 신라나 고려 때 만든 빙고는 지금 남아 있지
않다. 경주 석빙고, 안동 석빙고, 영산 석빙고, 창녕 석빙고, 청도 석빙
고, 현풍 석빙고도 조선시대 때 만들어진 것들이다. 조선시대에는 태조 5
년(1396년)에 둔지산 밑에 서빙고를 세우고 두모포에 동빙고를 세웠다.
　조선시대에 빙고는 동빙고와 서빙고가 있었는데 예조의 속아문에서

청도 석빙고

관장하였고 광무 2년(1898년)에 양빙고가 폐지될 때까지 500년 가까이 운영되었다. 동빙고에는 얼음 10,244정丁, 서빙고에 134,974정을 보관했으므로 서빙고가 동빙고보다 13배 이상의 얼음을 저장했다. 실제로 동빙고의 창고는 1동이었던 것에 비해 서빙고는 8동이었다. 궁궐 안에는 별도로 내빙고를 두어 궁궐의 얼음 수요를 맡았다. 얼음의 보관과 반출은 종6품인 빙고에서 관장했으며 제향에 올리는 얼음은 봉상시에서 맡았다. 동빙고는 음력 3월 1일부터 가을 상강霜降까지 왕실의 제사에 필요한 얼음을 공급했으며 서빙고의 얼음은 왕실과 고급 관리들에게 나누어 주었다. 한편 18세기 영조·정조 시대 이후에는 물동량의 왕래가 많았던 한강변을 비롯해 전국 각지에 생선 보관용 얼음을 공급하던 사빙고가 한강변에만 30여 개소가 있었다. 이 중 한 곳이 1994년 서울 마포구 현석동의 한 지하실에서 발견되었는데 이 사설 빙고는 영조·정조 시대의 석

빙고였던 것으로 추정된다.[3]

## 석빙고의 구조

빙고의 크기는 대부분 30평이 넘었고 규모가 작은 경우에도 10평이 넘었다. 현존하는 빙고의 빙실은 폭은 대개 4~6m, 길이는 폭의 2~4배 정도다. 빙고에 저장하는 얼음은 가로 70~80cm, 세로 1m, 두께 60cm 정도로 두께는 최소한 12cm 이상이 되어야만 했다. 빙고의 바닥은 흙다짐이나 그 위에 넓은 돌을 깔아 놓았고 바닥을 경사지게 만들어 얼음이 녹아서 생긴 물이 자연적으로 배수되게 했다. 빙고 구조에서 가장 특징적인 요소는 빙실 천장을 아치로 만든 것이다. 골격이 되는 아치의 틀을 먼저 만들고 그 사이를 장대석처럼 다듬는 판석을 치밀하게 축조해 천장을 완성시키는 방식인데, 골격에 의지하고 그 위에 덧쌓아서 골격과 천장돌 사이에 요철이 생겼다. 그러므로 이 형식은 전체를 아치로 만든 구름다리나 성문들과는 달리 일정 간격으로 세우고 이를 구조재로 하여 그 사이를 석재로 쌓거나 판석을 얹은 것으로 생각할 수 있다. 석빙고의 아치는 같은 크기의 돌을 아치로 쌓아 올려 무지개 형상을 만들고 마지막으로 정상부에 다른 돌보다 조금 크기가 다른 석재를 꽂아 마감했는데 아치종석이라 부른다. 석빙고에 사용된 석재는 화강석으로 무게가 0.5톤 정도다. 또한 냉기에 의한 전열 면적과 공기 체적을 가능한 한 많이 확보하기 위해 천장에는 요철이 있었다. 아치 구조로 빙실을 만들면 기둥이 없으므로 얼음을 취급하는데 편리하다.

천장에는 빙실 규모에 따라 환기 구멍을 만들었다. 이런 환기공은 봉토 밖으로 나오게 하여 그 위에 환기공보다 큰 개석을 얹어 빗물이나 직사광선이 들어가지 않도록 했다. 환기공은 대체로 30cm×30cm로 2~3

개가 일반적이다. 출입문은 특정한 규칙이 없이 바깥 지반보다 낮은 위치에 설치했다. 출입문의 크기도 얼음의 출납에 지장이 없을 정도의 크기로 출입구를 통한 열 손실이 최소화되도록 했다. 기록에 의하면 빙고 건축 때 철물과 회를 많이 사용했는데 철물은 석재와 석재 사이가 서로 분리되지 않도록 삽입했고, 회를 많이 사용한 것은 봉토 조성 때 진흙과 함께 혼합하여 외부에서 물이나 습기가 침입할 수 없도록 하기 위한 용도였다. 봉토에는 잔디를 심어 열의 손실을 막고 봉분이 수해에 의해 손상되지 않도록 했다.

마지막으로 조선시대 빙고에는 특별한 냉각 장치가 하나 더 달려 있었다. 보통 추운 겨울철이라 해도 사방이 가로막힌 지하실은 영상 10℃ 이상의 따뜻한 기온을 유지하기 마련이다. 그러나 경주 석빙고의 겨울철 내부 온도는 영하권을 유지한다. 그것은 석빙고 출입문 옆에 세로로 붙어 있는 날개벽 때문이다. 겨울에 부는 찬바람이 이 날개벽에 부딪히면 소용돌이로 변해 빙고 내부까지 더욱 빠르고 힘차게 밀려들어가 안을 꽁꽁 얼어붙게 만드는 것이다.[4] 또한 빙고 외곽으로는 담장을 설치하여 외기를 막았다. 얼음의 채취와 보관이 쉬운 일은 아니었다. 어떤 때는 겨울이 춥지 않아 채취가 불가능하였고 때로는 보관상에 문제가 생기기도 했다. 결국 많은 얼음을 겨울에 채취해서 봄부터 사용하기 위해 수많은 사람들이 겨울에 고생할 수밖에 없었다. 채빙은 고된 일로 겨울철만 되면 한강변의 민가들이 채빙노역을 피해 도망가는 경우가 많았다. 채빙노역을 피해 도망간 남편을 기다리는 어린 부인을 뜻하는 빙고청상氷庫靑孀이란 말은 그래서 나왔다.[5]

## 과학으로 푸는 석빙고

겨울에 채취해서 다음해 가을까지 얼음이 남아돌았다는 석빙고는 얼마나 효율적이었을까? 계명대학교 공성훈 박사는 우선 석빙고의 실내 환경 분포를 측정했다. 현존하는 석빙고는 여러 곳에 있지만 그 중 경주 석빙고의 예를 들었다. 경주시 인왕동 449-1번지에 위치하며 빙실의 규모가 35평 정도로 남한에서 가장 큰 규모다. 석비에는 영조 14년(1738년)에 완성된 것을 3년 후에 옮겨 개축했다고 적혀 있다. 길이 19m, 너비 6m, 높이 5.4m의 규모로 입구가 월성 안쪽으로 나 있고 계단이 있

경주 석빙고

경주 석빙고 환기구

경주 석빙고 내부

다. 천장은 아치형으로 다섯 개의 기둥에 장대석이 걸쳐져 있고, 환기용 구멍 3개가 장대석을 걸친 곳에 있으며 바닥 한가운데가 경사지게 되어 있어 녹은 물이 밖으로 흘러가게 되었다.

경주 석빙고의 여름철 온도 · 상대 습도 · 기류 속도 조건의 분포 등을 측정한 실험이 있었다. 1996년 8월 29일~9월 1일까지의 4일 간에 이루어진 실험 결과 석빙고는 날씨가 따뜻한 경우 실내 온도 조건의 분포 범위는 평균 19.8℃로 온도차 범위는 1.3℃에 지나지 않았다. 그러나 실외의 온도차 범위는 8.2℃였다. 이와 같이 실내 온도차 범위가 낮은 것은 장기적인 얼음 보관을 위한 석빙고 외부 구조체의 축열 성능과 잔디 식재에 의한 복사열의 효율적인 산란 작용 등에 의한다고 추정했다. 석빙고의 부위별 구조는 여름철까지 냉기를 잘 보관할 수 있도록 자연 환기구의 적절한 배치, 유선형의 외부형태, 배수구의 이용, 흙과 돌의 열전도율의 차이를 이용한 축열 구조의 채택 등을 통해 더운 외기의 영향을 최소로 줄일 수 있는 내외부 형태를 유지하고 있다. 물론 석빙고의 위치도 중요하다. 석빙고는 외부 기온에 영향을 적게 받는 절묘한 천연적 지형에 자리 잡았다.

충남대학교 장동순 교수는 석빙고가 반지하 냉동 창고의 역할을 할 수 있었던 메커니즘을 분석했다. 단열재로 사용한 볏짚이나 갈대의 존재 여부 및 얼음의 충진량에 따른 계산 결과를 분석했다. 얼음의 충진량이 50%인 경우 짚이 없을 때는 석 달 후에 얼음량의 감소가 6.4%, 여섯 달 후에는 38.4%가 되는 반면에 짚이 있을 경우 석 달 후의 얼음량 감소는 0.04%, 여섯 달 후에는 0.4%에 불과하였다. 반면 얼음의 충진량이 100%인 경우 짚이 없을 때는 석 달 후에 얼음량의 감소가 9.2%, 여섯 달 후에는 51.8%로 절반 이상이 감소한 반면, 짚이 있을 경우 석 달 후의 얼음량 감소는 2.8%, 여섯 달 후에는 18.4%나 되었다. 얼음의 양과 볏짚의 유무에 따라 얼음의 저장 능력을 조절할 수 있다.

여기에서 볏짚(k=0.04W/m°C)의 역할인 단열재란 열을 전달하지 않는 재료로서 그 원리는 재료가 비어있는 공간을 많이 갖도록 한 것이다. 현대 건축에서 많이 사용하고 있는 스티로폼(k=0.03W/m°C)이나 우레탄은 미세한 공기구멍을 많이 포함하여 열을 차단하고 있다. 석빙고에서 사용한 볏짚도 속이 비어있는데다 재료 자체가 열을 잘 통과하지 않는다. 장교수는 볏짚이 냉장고의 단열재인 폴리우레탄 폼과 같이 복사열 차폐와 유동열 억제로 외기 온도에 의해 얼음이 녹지 않도록 단열재 역할을 했다고 설명했다. 계명대학교 신동수 교수는 볏짚보다는 왕겨나 톱밥(k=0.059W/m°C)을 사용했을 것으로 추측하지만 이들 자료의 단열적인 성격 역시 유사할 것으로 생각된다. 더구나 볏짚은 농사를 짓고 난 뒤 부산물을 이용하므로 일석이조다. 볏짚으로 짠 가마니로 저장한 쌀이 더 맛이 있다는 것도 일리가 있다. 볏짚은 통풍도 잘되고 습기를 조절해주는 역할을 하는 것은 물론 병충해 방제 효과도 있으므로 항상 최적의 보관 상태를 유지할 수 있기 때문이다.

앞에서 설명했지만 이집트나 중동지역에서는 여름에도 얼음을 만들어 사용했는데 겨울에 채취하여 얼음을 저장하는 수동적인 방법이 왜 그렇게 과학적이냐고 물을지 모른다. 우리들도 여름에 얼음을 만들었어야 이들 지역과 비견할 수 있는 기술을 가져야 하는 것 아니냐는 질문이다. 그러나 이 질문은 이들 지역과 한국의 지역적인 기후를 간과한 것이다. 일사량이 많은 지역에서 냉장 기술은 오래전부터 알려졌다. 현재도 수단에서는 두 개의 진흙 항아리를 포개 놓고 그 사이에 모래를 채우는 항아리를 사용한다. 모래에 물을 뿌려 두면 그 물이 증발하면서 안쪽 항아리를 냉각해 상온에서 2일 정도 두면 부패하는 음식을 2주일 정도 저장할 수 있다. 앞에서 얼음을 만드는 것도 이와 유사한 방법이다.[6] 그러나 한국에서는 이집트나 중동 지역과 같은 정도의 낮밤의 온도차가 없어 자연 현상을 이용하여 얼음을 만들 수는 없다. 그러므로 한국의 선조들은 이집트와 같이 얼음을 만드는 대신 겨울에 채취한 얼음을 여름에도 쓸 수 있도록 최적의 기술을 적용했다.

한국에서는 겨울에 채취한 얼음을 봄, 가을은 물론 여름의 삼복더위에도 녹지 않도록 세심한 주의를 기울였다. 여름의 한나절로도 저장된 모든 얼음이 녹을 수 있으므로 계절을 넘기면서 얼음을 보관하는 것이 쉽지 않다는 것은 누구나 이해할 것이다. 석빙고는 그 위치는 물론 조그마한 문이나 계단, 배수로 등을 세밀한 설계에 의해서 건조한 것이다. 더구나 얼음을 채취하여 보관할 때에도 어떤 재료를 사용해야 잘 녹지 않는지를 수많은 재료로 실험했을 것이다. 이러한 모든 점을 감안할 때 단순하게 얼음을 짚으로 덮는 것으로 보이는 석빙고가 어떤 기계적인 장치에 비해도 결코 떨어지지 않는 과학기술이다.

## 풍류의 상징

냉장고가 없던 시절 얼음은 특수층만이 누릴 수 있는 사치였다. 빙고에서 일정량을 지급받은 얼음이기는 하지만, 이들은 얼음으로 봉황새나 상서로운 짐승을 조각한 후 비단 매듭으로 치장하고는 상에 올려놓고 시원함을 즐기며 식사를 하곤 했다. 또 얼음으로 여자 형상을 조각한 뒤 비단옷을 입힌 '빙낭'이라는 물건도 있었다. 세도가들은 외출에서 돌아온 후 빙낭을 껴안고 땀을 식혔다고 한다. 물론 얼음의 양이 풍부할 경우 얼음을 병풍처럼 둘러치는 빙병이 있었는가 하면, 얼음으로 방을 차게 하는 호화 냉방도 있었다. 얼음을 갈아서 화채나 꿀물에 넣어 먹기도 했는데 이를 진주음珍珠飮이라고 불렀다. 얼음 사치를 누린 대표적인 임금으로 연산군을 꼽는다. 연산군 10년(1504년) 6월 25일자의 기록에 의하면 연산군은 대비의 생일을 맞아 잔치를 베푸는 자리에서 사견에 구리놋으로 만든 큰 얼음 쟁반을 설치하고는 승지들이 따서 얼음 쟁반에 받쳐주는 포도를 맛있게 먹었다고 되어 있다. 이 때문에 일부 올곧았던 선비들은 빙고의 얼음을 백성의 눈물이라는 의미에서 '누빙淚氷'이라 부르며 한여름에 얼음 받기를 거부하기도 했다.[7]

서울시사편찬위원회 이상협은 빙고제도에 재미있는 일화가 전해진다고 설명했다. 성종 때 얼음을 대신들에게 나눠주는 빙고제도는 대신들에게 크게 환영을 받았다. 그런데 조선 초기의 양반 관료 중에는 청렴한 사람이 많아 대신이라고 해도 집안이 가난한 경우가 많았다. 그러므로 조정에서 얼음을 나눠주는 것은 좋았지만 서빙고까지 가서 얼음을 집으로 운반하는 것이 큰 문제였다. 이 당시 얼음을 지급할 때는 패牌를 나눠주어 이것을 갖고 서빙고에 가면 얼음을 주었는데 하인이 없는 대신들은 얼음을 수령하는 패를 묵힐 수밖에 없었다. 이때 눈치 빠른 사람들이 가난한 대신들 집에 가서 묵혀둔 얼음 수령패를 얻어다 얼음을 수령 받은 후 도성 내에 비싸게 팔았다는 것이다. 15세기에 이미 얼음장수가 출현했다는 이야기로 경제논리를 아는 사람은 과거나 지금이나 마찬가지였음을 알 수 있다.

『삼국유사』〈효선〉 '효도와 선행이 아름다운 진정법사'에 한 이야기가
있다.

　　법사法師 진정眞定은 신라 사람이다. 속인俗人으로 있을 때 군대에 예속되어
　　있었는데 집이 가난해서 장가를 들지 못했다. 군대 복역의 여가에는 품을 팔
　　아 곡식을 얻어서 홀어머니를 봉양했는데 집안의 재산이라고는 다리 부러
　　진 솥 하나뿐이었다. 어느 날 중이 문간에 와서 절을 지을 쇠붙이를 구하므
　　로 어머니가 솥을 시주했는데 이윽고 진정이 밖에서 돌아오자 어머니는 그
　　사실을 말하고 또한 아들의 생각이 어떤가를 살피니, 진정이 기쁜 안색을 나
　　타내며 말했다. "불사佛事에 시주하는 것이 얼마나 좋은 일입니까. 비록 솥이
　　없더라도 무엇이 걱정이 되겠습니까." 이에 와분瓦盆을 솥으로 삼아 음식을
　　익혀 어머니를 봉양했다.

위의 내용은 솥이 없기 때문에 토기를 솥 삼아 음식을 만들었다는 것
이다. 그런데 이 글의 진정한 뜻은 솥으로 음식을 만드는 것이 당연하다
는 의미가 포함되어 있다. 이는 토기가 아닌 다른 재료로 만든 솥으로 밥

을 만들어야 한다는 뜻이다. 예로부터 선조들은 밥을 단순히 생명유지 수단으로만 여기지 않았다. 최근 '밥이 보약'이란 말이 유행되어 밥 잘 짓는 음식점에 손님들이 몰려들고 있다. 사실상 한국인들처럼 특별히 음식 맛에 민감한 민족은 거의 없을 것이다. 한민족의 미각이 원래부터 뛰어나다는 것은 김치 한 종류만 해도 100여 종에 달한다는 것으로도 알 수 있다. 그러나 우리의 식탁에서 주식은 아무래도 밥이다. 술을 많이 마시는 사람도 밥을 먹지 않으면 식사를 하지 않은 것 같다는 말을 한다. 이는 술을 마셨기 때문에 배가 불러도 밥은 꼭 먹는다는 뜻과 마찬가지이며, 식당을 평가할 때 밥맛을 제일 먼저 고려의 대상으로 삼는 이유이기도 하다.

그렇다면 밥맛을 결정짓는 것은 무엇일까? 밥의 재료인 벼의 품종도 밥맛을 좌우하는 요소이긴 하지만 따뜻한 밥의 참맛을 설명하기엔 뭔가 부족하다. 비밀의 열쇠는 바로 밥솥에 있다. 무쇠솥은 오랫동안 우리 부

가마솥

얼을 지켜온 전통솥이다. 선조들은 밥을 짓거나 국과 물을 끓이는데 솥을 사용했다. 『삼국유사』진정법사의 이야기에 나오는 솥도 무쇠솥임은 확실하다. 그런데 학자들은 밥맛에 관한 한 현대 한국인보다 과거 선조들이 좋은 맛을 보았을 것으로 생각한다. 그것은 선조들이 사용한 무쇠솥의 밥맛을 오늘날의 전기밥솥도 결코 따라하지 못하는 경지에 올라있기 때문이다.

## 이름과 사연도 갖가지

솥의 종류는 다양해서 여러 기준으로 구분된다. 솥은 오래전부터 '정'으로 불려왔다. 때문에 솥을 한자로 표기할 때는 보통 '정鼎'이라고 쓴다. 춘추전국시대 『우공』은 '정'이란 말은 중국 하나라 우왕 때 주조된 9개의 솥을 일컫는데서 왔다고 전한다. 정은 음식을 조리하는 용도뿐 아니라 국가, 왕위, 제업을 상징하는 제기로도 쓰였다. 그러나 솥은 일반적으로 다리가 있는 용기를 말하며 다리가 없는 것은 부(釜, 가마)라고 부른다. 우리가 흔히 접할 수 있는 부뚜막에 걸린 솥이 바로 쿠다. 또한 노구는 자유롭게 옮겨 걸고 사용할 수 있게 만든 작은 솥을 뜻한다. 솥의 재료는 주로 무쇠로 손잡이용 꼭지가 달린 뚜껑이 있다. 한편 『임원경제지』, 『섬용지』, 『취주팽약제기편』 등 옛 농서와 기술서에는 솥에 다리가 있으면 '기鬲' 없으면 '부'라고 불렀다.

최근 출간된 『한국고고학사전』은 무쇠솥을 두 부류로 구분하고 있다. 첫째는 다리 3개에 바닥이 비교적 편평하며 주변이 직선형 모양인 정이다. 정은 주둥이가 약간 넓게 퍼진 형태의 뚜껑이 솥전보다 크게 만들어진 것이 특징이다. 둘째는 다리가 없고, 솥바닥이 둥글며 주둥이가 좁고 솥전이 오므라든 형태의 '복'이다. 종합해보면 '정'과 '기'는 세발을 가

| 호우총 청동합 | 호우총 청동합 바닥 |

진 솥을, '부' 와 '복' 은 다리가 없는 솥을 일컫는데 유명한 북방 기마민족의 전유물이라 할 수 있는 동복도 솥의 일종이다. 한편 '가마솥' 이란 말은 엄밀한 의미에서 다소 어색한 단어라고 볼 수 있다. 앞의 설명처럼 과거에는 부(가마)와 정을 분명히 구분했는데 지금은 이 모두 '솥' 이라고 부르고 '가마' 는 단지 쇠를 녹이거나 도자기를 굽는 장치를 의미한다. 그러므로 '가마솥' 을 한글로 풀어쓰자면 '솥솥' 이 되어 '역전앞' 과 같이 중복된 의미를 갖는다. 엄밀한 의미에서 '가마솥' 이라기보다는 '솥' 이라고 부르는 것이 맞는 말이다.[1]

한반도에서 솥은 청동기시대 후기 세형동검 문화기에 해당되는 고조선 유적에서부터 발견된다. 이어 기원전 108년 고조선이 한나라에 의해 멸망하면서 설치된 한사군 유적에서도 다양한 솥이 출토된다. 특히 낙랑군 유적은 4개 군 가운데 가장 많은 종류의 솥이 나온 곳으로 유명하다. 그 종류만 해도 정·복·부가 확인됐으며, 소재도 구리·철·흙·도제 등으로 다양하다.

가장 유명한 솥으로는 경주 호우총에서 출토된 뚜껑 달린 청동합이다. 고구려 광개토대왕의 공적을 기리기 위한 것인데 경주에서 발견되어 학자들을 놀라게 했다. 1946년 경북 경주시 노서동 호우총에서 발굴된 청동합은 높이 19.4cm, 그릇 깊이 10cm, 몸통 지름 24cm인 구리로 만든 솥이다. 그릇과 뚜껑 표면에는 3가닥씩 덧무늬를 2단으르 두르고, 10장짜리 꽃잎무늬 '유좌'에 구슬모양 손잡이를 달았다. 바닥에는 '을묘년국강상광개토지호태왕호우십'을 돋을새김 한 4행 16자의 명문이 적혀있다. 이 명문을 해석하면 '국강상에서 잠든 광개토대왕을 기리기 위해 죽은 뒤 3년째인 을묘년(415년)에 만든 기념 항아리' 라는 뜻이다. 충북 보은에 있는 법주사 '철확' 처럼 독특한 용도로 쓰인 솥도 있다. 성덕왕 19년(720년)에 제작된 이 철확은 쇠로 만든 대형 철제 솥이다. 높이 1.2m, 직경 2.7m, 둘레 10.8m의 이 철제 솥은 3,000여 명의 승려가 머물던 그 옛날 국을 끓이거나 밥을 짓는데 쓰였다고 알려졌다. 대형 솥인데도 불구하고 흙을 다루듯 정교하게 철솥을 만들었던 당시 장인의 뛰어난 기술을 엿볼 수 있다. 물론 이러한 금속문화는 고려시대에도 계속해서 꽃을 피운다. 어른 10명을 거뜬히 담을 수 있는 개태사 철확이 그 단적인 예다.

법주사 철확

반면 조선시대 솥은 솥과 솥뚜껑이 한 쌍을 이루며 가운데 부분에 전이라는 걸이가 있는 형태를 띤다. 이 같은 형태는 19세기 화가 김준근의 '가마점'이란 풍속도에 현실감 있게 표현돼 있다. 그는 용광로에서 풀무질하는 모습, 용광로에 구멍을 내고 녹은 쇳물을 도가니에 받는 모습, 거푸집에 부어 틀을 짜는 모습 등 주물제작의 전 과정을 그렸다. 기산의 풍속화에 담긴 주물 제작과정은 현재까지도 거의 변함없이 전승되어 내려온다. 우리 겨레가 오래전부터 뛰어난 주조기술과 제작 경험을 축적해왔음은 여러 사료로도 알 수 있다. 그 중에서도 돋보이는 것은 무쇠솥 제작이다. 무쇠솥을 아무나 만들 수 있는 것은 아니다. 무쇠솥은 오랜 경험과 정확한 계산에 의해 제작되어야 하는데, 주재료인 쇠에 대한 이해와 경험이 없고서는 양질의 솥을 만든다는 것이 거의 불가능하다.

　　솥 하나를 완성하기까지 보통 네 단계를 거친다. 거푸집 만들기는 솥 형태를 만드는 과정으로 내면거푸집과 외형거푸집으로 나뉘어 진행된다. 내면거푸집은 솥 안쪽을, 외형거푸집은 바깥모양을 좌우한다. 이를 위해 말과 도래라고 불리는 도구가 고안됐다. 내면거푸집과 외형거푸집 간격이 알맞게 유지되어야 솥 두께를 균일하게 유지할 수 있는데 바로 이 역할을 말과 도래가 하고 있는 것이다. 말과 도래는 내면거푸집·외형거푸집·솥뚜껑거푸집을 한 번에 만들 수 있는 도구다. 주물사는 내면거푸집에 담아 석비레 흙을 사용해 만든다. 밀도를 적당하게 유지하기 위해 다짐이로 다지고, 침을 이용해 주물사 안에 공기통로를 만든다. 쇳물을 부었을 때 높은 열을 바깥으로 빨리 빼내 주기 위해서다.

　　솥을 만들 쇳물은 용광로에 잡쇠, 석회석, 코크스를 순서대로 혼합해서 만든다. 석회석을 넣는 이유는 그 구성성분인 칼슘이 철에 함유된 황을 제거하는데 효과적이기 때문이다. 이때 재료 혼합 비율이 잘 맞아야

질 좋은 쇳물을 얻을 수 있다. 학자들의 연구 결과에 따르면 이상적인 혼합비는 쇠 100kg, 석회석 10kg, 코크스 70kg이다. 용광로 아래 용해로에 고인 쇳물은 바가지로 떠서 거푸집으로 옮긴다. 바가지로 쇳물을 뜰 때는 규소가루를 뿌려 쇳물의 유동성을 좋게 한다. 쇳물 온도가 너무 높아 제대로 성형되지 않을 수도 있기 때문에 쇳조각을 넣어 온도를 낮추기도 한다. 또한 쇳물을 붓기 전 갈라진 곳을 메우고 외형을 매끈하게 하기 위해 거푸집 표면에는 솔로 흑연물을 발라준다. 마지막으로 다듬기는 주물 제작 과정에서 생긴 돌출부를 갈아 표면을 고르게 정리하는 단계다. 이 과정을 거쳐야 비로소 완전한 모양을 갖춘 솥이 탄생한다.

## 균일한 솥 안 온도가 밥맛의 비결

국립중앙과학관 과학기술사연구팀 정동찬은 무쇠솥의 밥맛이 다른 어떤 용기에서 만든 밥보다 좋다는 말을 과학적으로 분석하는데 도전했다. 우선 분석을 위한 사전 단계로 관능검사sensory test를 거쳤다. 사람마다 입맛이 다르므로 입맛을 과학적으로 계측한다는 것은 사실상 불가능하다. 그러므로 관능검사란 과학적 계측이 불가능한 경우 객관적인 결과를 얻기 위해 인간의 오감을 기준으로 품질을 평가하는 것이다. 여기에도 문제가 생긴다. 우선 가장 정확하고 민감한 미각을 가진 사람을 뽑아야 하는데 미각이 좋다는 사람을 선발하는 것이 간단한 일이 아니기 때문이다. 연구팀은 미각의 달인을 선발하기 위해 신맛, 단맛, 쓴맛, 짠맛 등 네 가지 맛을 내는 용액을 3단계의 농도 별로 준비하여 총 16개의 용액을 만들었다. 이를 400명의 사람들에게 용액을 맛보게 한 후 가장 정확하게 용액의 맛과 농도를 알아낸 열 명을 선발했다.

이들 미각의 달인들인 시식단들을 위해 무쇠솥, 돌솥, 냄비, 전기밥솥,

압력밥솥에 각각 쌀 1kg과 물 1500cc로 밥을 지었다. 이를 10명의 시식단에게 맛보게 한 후 밥 색깔, 밥 냄새, 밥 맛, 찰기 등 네 가지 기준으로 점수를 매기게 했다. 평가 결과 색과 윤기는 무쇠솥, 냄새는 무쇠솥과 돌솥밥, 밥맛은 무쇠솥, 찰기는 압력밥솥이 좋은 것으로 나타났다. 이를 종합하면 결과는 무쇠솥 〉 돌솥 〉 압력밥솥 〉 전기밥솥 〉 냄비 순이었다. 무쇠솥의 밥맛은 '오래된 것이 좋다' 또는 '신토불이가 우리에게 가장 잘 맞는다' 는 추상적인 향수에 따른 것이 아니라 실제로 다른 용기로 만든 밥보다 뛰어나다는 것이 증명된 것이다.[2]

연구팀은 곧바로 무쇠솥 밥맛 비밀이 어디에 있는가에 도전했다. 결론을 먼저 말하자면 무쇠솥의 밥맛은 솥의 구조에 숨어있었다. 이는 밥의 질이 솥뚜껑 무게, 바닥 두께와 밀접히 관련되기 때문이다. 솥뚜껑 무게가 솥 무게의 1/3 정도일 때 색깔 · 윤기 · 밥 냄새 · 밥맛 · 찰기에서 가장 좋다는 것이다. 연구팀은 무쇠솥 뚜껑이 다른 재질에 비해 상대적으로 무겁다는데서 그 원인을 찾아냈다. 보통 조건에서 물은 1기압에서 100℃가 되면 끓기 때문에 그 이상 온도가 올라가지 않는다. 그러나 무거운 솥뚜껑을 올려놓으면 뚜껑의 무게 때문에 솥 안의 수증기가 밖으로 쉽게 빠져나가지 못한다. 솥 안에 갇힌 수증기가 솥 안의 기압을 1기압 이상으로 올려주어 물의 온도를 100℃ 이상 올라갈 수 있게 해주므로 밥이 잘 익게 된다. 뜸 들이는 동안에도 고온 상태가 오래 유지되기 때문에 맛을 내는데에도 제격이다.

불이 직접 닿는 바닥면 두께도 밥맛에 영향을 미친다. 솥바닥을 각각 11등분해 각각의 두께를 잰 결과 대부분의 무쇠솥에서 바닥은 두껍고 가장자리로 가면서 얇아진다. 일반적으로 바닥이 가장자리 부분보다 2배 가량 두껍다. 바닥 중앙이 두껍고 가장자리가 얇다는 것은 열전도와 관련이 있다. 불에 먼저 닿는 부분을 두껍게 하고 먼 부분을 얇게 만들었기 때문에 열이 솥 안에 고르게 전달된다. 이처럼 무쇠솥은 내부 온도가 일정하게 유지되면서 바닥 전체에 고르게 열이 전달되는 구조를 갖고 있다. 그 결과 선조들은 수분 함량이 높고 알이 단단하며 찰기 있는 밥을 먹을 수 있었다.

솥 안의 균일한 온도가 맛있는 밥의 핵심이라는 것은 야외에서 밥을 지을 때 쉽게 알 수 있다. 야외에서 밥을 지으면 위에서부터 설익은 밥, 잘 익은 밥, 타버린 밥인 '공포의 3층밥'이 되기 십상이다. 이러한 결과는 냄비에 쌀을 가득 넣어 밥을 짓기 때문에 생긴다. 더구나 냄비의 구조상 냄비에 가해지는 열은 바닥 중앙에만 집중되고 가득 찬 쌀 때문에 바닥의 열이 위쪽으로 잘 전달되지 못한다. 반면 솥은 바닥의 모든 부분에 균일하게 열이 전달되므로 공포의 3층밥이 만들어지지 않는 것이다. 문제는 공포의 3층밥을 면하기 위해 무거운 무쇠솥을 들고 갈 수는 없는 일이다. 이 원리를 응용한 것이 요즘 유행하는 통가열식 전기압력밥솥이다. 통가열식 압력밥솥은 전기코일을 솥 주위에 감아 열을 고르게 전달하는 원리를 이용한다. 보통 전기밥솥은 열판이 있는 밑부분만 가열되는 데 비해 통가열식 밥솥은 솥 전체에 열이 가해진다. 바닥 전체가 골고루 열을 받는 무쇠솥과 비슷한 이치인 셈이다.

특히 가마솥으로 지은 밥에는 헤모글로빈을 구성하는 철분이 많이 들어있는 것으로 알려져 있다. 밥을 지을 때 무쇠솥 재료에 들어있는 철분이 떨어져 나와 자연스럽게 섞이기 때문이다. 철분이 부족하면 빈혈에 걸린다는 사실을 우리 선조들이 과학적으로 이해하지는 못했겠지만 무쇠솥으로 밥을 지은 경우 밥맛뿐만 아니라 건강에도 좋다는 것을 경험으로 잘 알고 있었다. 무쇠솥의 명성이 결코 지어낸 이야기가 아니다.[3]

17 김치

외국에서 살아본 경험이 있는 한국인들은 김치에 얽힌 에피소드를 한둘 정도는 갖고 있을 것이다. 김치 냄새 때문에 아파트에서 쫓겨난 것은 기본이고 경찰서에 불려가 독극물을 주변 사람에게 퍼뜨린다는 의심을 받았다는 사람도 있다. 그들도 한국인이 독극물을 먹는다고는 생각하지 않겠지만 그만큼 김치 냄새는 외국인들에게는 참기 힘든 냄새다. 외국인이건 한국인이건 사람이 냄새에 대해 느끼는 것은 대체로 일치한다. 김치가 익어가는 과정에서 인체에 이로운 젖산균이 늘어나고 병원성 미생물은 거의 사라진다. 그런데 김치가 시어지면서 해로운 균이 다시 번식하고 영양분도 떨어진다. 김치가 익고 난 뒤 젖산균도 스스로 생산한 유기산에 견디지 못해 사멸하기 시작한다. 이렇게 되면 김치 속의 효모나 곰팡이가 다시 자라기 시작해 김치의 맛이 변한다. 이때 김치에서 군내가 나고 갈색으로 변하게 된다. 이런 모든 과정에 있는 김치는 발효, 즉 썩는 과정을 거친 것이므로 냄새로만 따지면 좋지 않은 것이 틀림없다. 다만 우리나라 사람들은 특유의 식생활 때문에 이를 의식적으로 좋은 냄새로 분류하여 구수하다고 표현하는 것이다.[1]

여러 종류의 김치

    그러나 외국인들에게 거부감을 주는 음식이라 하여 무조건 그들의 취향에 맞추어야 할 필요는 없다. 프랑스가 자랑하는 후로마즈(치즈)도 발효 식품이라 냄새가 대단한데 그 중에서도 푸른곰팡이가 들어있는 치즈류는 김치 냄새로 무장된 한국인에게도 보통 고역이 아니다. 위대한 프랑스를 기치로 걸었던 드골 대통령이 프랑스를 통치하는 것이 얼마나 어려운가 하는 것은 400가지가 넘는 치즈를 만드는 다양한 국민성을 들었다. 치즈가 400개나 될 정도로 다양하므로 프랑스인들의 입맛을 맞추기가 어렵다는 뜻이기도 하지만, 이들 치즈 중 발효된 치즈의 냄새가 만만치 않은 것은 틀림없다.

    한국에서 진한 냄새가 난다는 김치가 태어난 것은 우리나라의 특수한 기후와 관련이 있다. 세계적으로 보아 저장 음식에는 두 가지가 있다. 한 가지는 발효식품이고 다른 하나는 건조식품이다. 사계절이 뚜렷한 우리나라는 일찍이 농업사회로 정착했다. 반면 목축지대에 사는 사람들은 물과 풀을 찾아 부지런히 옮겨 다녀야 했다. 이들 생활 방식이 음식 문화에 큰 영향을 미쳤음은 자명한 일이다. 농경민족은 물을 충분히 공급할 수 있으므로 벼 생산이 가능하고, 음식도 물을 이용한 국과 찌개가 발달했다. 그러나 목축지대에서는 먹을거리를 둘러싸고 전쟁과 약탈이 끊이지 않았고 자연적으로 고기를 주식으로 했으며 이로 인해 전투적인 성격이 강했다. 또한 물을 아껴야 하는 풍토상 빵이나 훈제 식품이 발달했다. 이러한 음식 문화 차이를 문명의 잣대로 보는 학자들도 있다. 프랑스 인류학자 레비 스트로스는 음식을 구워 먹는 요리법보다 발효시켜 먹는 요리법이 훨씬 진보한 문명을 나타낸다고 말했다. 발효식품은 불어 단순히 굽는 것보다 훨씬 복잡하고 시간이 많이 걸리는 것으로도 알 수 있다.[2]

우리 민족은 쌀 위주의 식생활에 채소를 즐겨 먹었다. 그러나 삼한사온으로 대표되는 우리나라 기후는 계절 변화가 뚜렷하여 겨울에는 채소들이 생산되지 않고 저장 또한 어려웠다. 따라서 건조 처리나 소금 절임에 남다른 슬기를 동원할 수밖에 없었는데, 이것이 바로 김치가 등장하게 된 이유다. 채소를 장기간 저장하는 방법은 건조시키거나 절이는 것이다. 그러나 건조시킨 채소를 조리했을 때 채소의 원래 갓을 잃고 영양소가 손실된다. 반면 소금에 절이면 채소가 연해지고 오래 저장할 수 있다. 소금의 삼투압 작용으로 채소의 수분을 빼앗아 미생물이 자라지 못하기 때문이다. 그러나 소금 절임 역시 맛이 문제다. 이때 채소와 어패류를 묽은 농도의 소금에 절이면 자가효소自家酵素 작용과 호염성세균好鹽性細菌의 발효작용으로 인해 아미노산과 젖산을 생산하는 숙성 현상이 일어나고 맛이 좋은 발효식품을 만들 수 있다. 이런 원리로 태어난 것이 김치와 젓갈이다.

소금 절임은 우리 조상들만 생각해냈던 것이 아니라 세계적으로 각 지역 민족들이 고대부터 사용하던 방법이다. 유럽지역의 사우어크라우트 sauerkraut나 오이피클, 올리브 피클, 중국의 파오차이泡菜, 네팔의 군드록 등도 같은 원리로 만들어 진 것이다. 절임 · 된장 · 간장과 같은 침장원에 저장하는 장아찌류는 여러 국가에서도 발견되지만 고추 같은 향신료를 이용한 양념 김치는 외국에서 예를 볼 수 없는 우리만이 가진 특징이다.[3] 김치가 다른 나라의 저장 식품과 다른 것은 채소를 절인 후에 갖가지 향신료 · 양념 · 젓갈을 혼합하고 고추 등으로 색깔과 맛을 가미하기 때문이다. 김치는 소금의 역할과 발효 작용이 함께 작용하는 복합체계를 형성한다.

## 김치의 역사

불행하게도 엄밀한 의미에서 『삼국유사』와 『삼국사기』에 명확하게 김치라고 똑 부러지게 적힌 기록은 없다. 『과학 삼국유사』는 『삼국유사』를 근본으로 하므로 우리 사서에 김치라는 내용이 없다면 제외되어야 한다고 지적할지 모른다. 그러나 이들 사서에 김치를 뜻하는 명백한 단어가 발견되지 않았다고 해서 삼국시대 사람들이 김치를 먹지 않았다고 단정할 수 있는 것은 아니다. 학자들은 단호히 대답한다. 중국과 일본의 기록을 토대로 한국의 김치 역사를 추정할 때 삼국시대 사람들은 분명히 김치를 먹었다. 그것은 다음과 같은 사실로도 유추할 수 있다. 중국의 『시경』에 다음과 같은 글이 있다.

밭 속에 작은 원두막이 있고 외가 열려 있다. 이것으로 저菹를 담가 조상께 바치면 천수를 누리고 하늘의 복을 받는다.

이 '저菹'가 바로 김치다. 진나라 때 편찬된 『여씨춘추』에도 공자가 '처음에 콧등을 찌푸려가면서 저를 먹었는데 그 후 맛을 즐겼다'라는 구절이 있다. 뿐만 아니라 한나라 때의 『주례周禮』에도 순무, 순채, 아욱, 미나리, 죽순 등 일곱 가지 저를 만들고 관리하는 관청에 관한 기록이 있다. 우리 선조들도 당시에 김치를 즐겼다고 유추할 수 있는 대목이다. 한국인이 삼국시대에 김치를 먹었다는 명백한 기록은 중국의 정사인 진수(陳壽, 233~297년)의 『삼국지』〈위지동이전〉 '고구려'의 자의선장양自意善藏醸이란 글로 나타난다. 학자들은 이 글이야말로 술빚기·장담기·젓갈과 같은 발효식품 기술의 총칭으로 채소발효도 함께 포함된다고 인식한다. 이 글에서 채소 발효식품을 먹었다는 것은 김치를 먹었다는 것과 같다. 삼국시대에 재배되고 있던 채소로는 순무·가지·상추·박·토란 등이 있으며, 그 외에 생강·아욱·파·부추·겨자·숭(배추 종류) 등이 재배되었으며, 이외에 죽순·고비·고사리·도라지·더덕과 같은 많은 종류의 산나물과 들나물 등을 채집하여 식용했다. 그러므로 삼국시대 사람들이 재배채소·채집채소 중 염장에 견딜 만한 것을 짠지류와 같은 채소 소금절임으로 만들었을 것으로 추정한다.[4] 물론 『삼국사기』에 김치를 유추할 수 있는 글은 있다. 『삼국사기』〈신라본기 제8〉 신문왕 3년(683년)'에 왕비를 맞는 기록이 있다.

일길찬 김흠운金欽運의 작은 딸을 맞아 부인을 삼기로 하고 먼저 이찬 문영文穎과 파진찬(4등관명) 삼광三光으로 하여금 납채納采를 보냈는데 폐백幣帛이 15차이고 미주米酒·유밀油蜜·장시醬豉·포해脯醢가 135차이고 조곡組穀이 150차였다.

여기에서 장시는 간장과 된장을 의미하고, 해는 어해魚醢, 저해菹醢 등의 뜻이 있어 젓갈·김치의 총칭으로 해석한다. 채소 발효식품인 김치가 쌀·술·장·어패류 등과 함께 상용 기본 식품이었음을 알 수 있다. 삼국시대에 김치를 먹었음을 확인해주는 유물도 발견되어 학자들을 고무시켰다. 600년경에 창건된 전라북도 익산의 미륵사지에서 100cm 이상 되는 대형 토기들을 땅에 묻었다는 것이 발견되었다. 학자들은 이들 대형 토기들의 배치나 파묻힌 형태가 겨우살이에 대비하여 김장독과 같은 용도로 사용되었을 것으로 추정한다.

　또한 속리산 법주사 경내에는 돌로 만든 독이 남아 있는데 이것은 신라 33대 성덕왕 19년(720년)에 설치된 김칫독으로 계속 사용되어 왔다.[5] 김칫독을 찾아보기 위해 법주사를 여러 번 방문하여 경내에 있는 사람들에게 김칫독에 대해 질문했지만 정확하게 아는 사람이 없어 번번이 실패했다. 2010년 5월 법주사의 만성 스님이 그 이유를 알려주었다. 거대한

법주사 김칫독

김칫독이 일반인들은 물론 경내에서 활동하는 사람들에게조차 출입이 금지되어 있는 법주사의 선원禪院 안에 있고 현재 사용하지 않고 있는데 다 팻말조차 없기 때문에 김칫독을 기억하고 있는 사람이 거의 없을 것이라고 한다. 만성 스님의 안내로 선원을 방문할 기회를 얻어 전설처럼 알려진 김칫독을 볼 수 있었는데 생각보다 규모가 컸다. 법주사는 고려 숙종(12세기) 당시 30,000여 명의 승려들이 기거할 정도도 거대한 사찰이므로 김칫독도 그에 걸맞을 정도로 거대해야 했을 것이라고 만성 스님이 설명했다. 이들 자료와 법주사의 김칫독 등 실물을 볼 때 단편적이지만 우리나라에서 고대부터 겨울에 대비해서 갖가지 저장기술이 발달했다는 것을 엿볼 수 있다.

김치에 대한 기록은 고려에 와서 본격화된다. 고려시다 이규보의 『동국이상국집』에서 김치무리 담그기를 염지鹽漬라고 했고, 1518년의 『벽온방』에는 "무딤채국을 집안사람이 다 먹어라"라는 말이 나온다. 그런데 최근 발견된 전순의全循義가 저술한 『산가요록』에 김치의 종류가 무려 38가지나 기록되어 있다. 『산가요록』은 세종 때인 1450년경에 편찬된 것으로 추정하는데 이 책에는 배추김치, 금방 먹는 김치, 송이김치, 생강김치, 동아김치, 토란김치, 동침, 나박김치 등 이름을 일일이 나열했다. 1600년대 말엽의 요리서인 『주방문酒方文』에서는 김치를 '지히沈菜'라 했다. 지히가 조선 초기에 '팀채'가 되고 다시 '딤채'로 변한 후 구개음화하여 '짐채'가 되었으며 다시 구개음화의 역현상이 일어나 '긴채'로 변하였다가 후에 오늘날의 '김치'가 된 것이다.

1715년 홍만선의 『산림경제』에서는 지히와 저菹를 합하여 침저沈菹라 했고 지금도 일부 전라도 지방에서는 김치를 지漬라고 한다. 무와 배추를 양념하지 않고 통으로 소금에 절여 묵혀두고 먹는 김치를 '짠지'라고 하는데 황해도와 함남 지방에서는 김치 자체를 '짠지'라고 한다. 장아찌류는 염장 중에 채소의 수분이 빠지면 당분이나 비타민 등이 함께 빠지는데 비해 나박김치류는 채소의 영양분이 김칫국물로 옮겨진 채 먹을 수있다. 나박김치나 동치미는 채소 가공 저장법의 획기적인 발전이라고 볼수 있다.

## 김치 과학

김치의 과학성은 복잡한 발효과정으로 만들어지는 식품이라는데서 증명된다. 현재까지 알려진 김치의 원리는 양념류가 삼투압에 의해 수분이교환되고 배출되는 것이다. 이러한 작용을 통해 채소의 풋내도 없어지며미생물과 효소가 작용하여 김치가 숙성된다. 발효과정에서 가장 중요한것은 미생물의 작용이다. 저염으로 담근 김치의 경우 발효되면서 김치에나쁜 영향을 끼치는 곰팡이나 효모가 생기는 경우도 있지만, 미생물의발효는 김치의 맛을 좌우하는 가장 중요한 요소다.

김치 숙성에 가장 중요한 젖산균은 공기 중의 산소를 이용하는 호흡능력이 없는 혐기성 세균이다. 젖산균은 일반 세균에 비해 영양이 풍부한환경에서만 번식할 수 있는데, 김치를 항아리에 담을 때 내부에 공기가남지 않도록 하는 이유는 산소를 이용하는 미생물이 번식하지 못하도록하기 위해서다. 김치 발효에 작용하는 젖산균의 종류는 다양하다. 초기발효에 관여하는 젖산균은 주로 류코스노토 메산트로이드(유산균)와 락토바실러스 사케이(항암 효과 및 유해 미생물 증식 억제 활성이 뛰어난 미생물)다. 수소이온농도가 낮아지면 젖산만 생산하는 락토바실러스 프란타룸(유산균)이 자라면서 김치가 시어져 맛이 떨어진다. 젖산균은 김치가 완전히 숙성되는 50일까지 계속 증가하다가 그 이후 약간씩 감소하고 일반

미생물은 초기 10일까지는 약간 증가하다가 50일까지 감소한 뒤 그 후 급격히 증가한다. 익은 김치는 대개 산성도가 pH 4.0~4.5 정도이고 클로스트리듐과 살모넬라균 등의 식중독균이 절반 이하로 줄어든다.

실험에 의하면 식중독의 대표 원인균인 살모넬라균 배지에 잘 숙성된 김치즙을 넣었더니 불과 4시간 만에 살모넬라균이 소멸되었다. 장티푸스균, 이질균, 리스테리아균, 마이크로코커스균 같은 식중독 균의 생육도 억제되었다. 김치는 충치 예방에도 효과적이다. 침은 점액과 장액으로 구성되어 있다. 점액은 끈적거리는 침으로 치아 사이의 음식물을 씻어 내지 못하기 때문에 충치를 유발할 수 있다. 하지만 김치를 먹으면 침샘을 자극해 물 같은 장액을 분비시켜 치아 사이의 음식물을 씻어낸다. 또한 김치는 다량의 섬유질을 포함하고 있는데 이 섬유질이 치아를 청소해 충치 예방에 도움을 준다.[6]

소금의 역할도 중요하다. 소금은 삼투압에 의해 절임과정을 유도하고 김치의 맛과 질감을 좌우하며 장기 보존에 크게 기여한다. 채소를 소금에 절이면 삼투작용에 의해 채소의 수분이 빠져 나오는 탈수가 일어난다. 채소에 들어 있던 미생물도 소금의 삼투작용으로 활동을 정지한다. 일반적으로 10%의 소금물이 되면 미생물이 죽거나 효소 작용이 둔해진다. 그러나 소금에 의해 생성된 산酸뿐만 아니라 양념류도 미생물의 살균 활동을 저지시키는데 커다란 역할을 하기 때문에 식염 농도는 낮아도 염과 산의 상승효과에 의해 방부력이 강해진다. 산이 많은 경우 소금을 적게 사용해도 김치가 잘 숙성되는 경우가 이 때문이다.

김치는 저열량 식품인데다 식이성 섬유소가 많이 포함되어 있으므로 장에서 음식과 소화 효소가 잘 섞이도록 도와주며 특히 아세틸콜린은 장내 청소 작용을 하므로 변비 예방에도 좋다. 뿐만 아니라 김치에는 펙틴질을 비롯하여 고분자의 복합 다당류들이 친수성 콜로이드를 형성한다. 또한 채소에 들어 있는 포도당이 젖산균에 의해 포도당이 중합된 덱스트린을 형성하는 작용을 한다. 이 때문에 우리나라 사람들이 외국에 비해 장암 환자가 적은 이유로 김치를 꼽는다. 김치의 주원료라고 볼 수 있는 배추는 비타민이나 미네랄이 많다는 것 외에도 다양한 약리작용을 하는 여러 가지 성분을 갖고 있다. 배추에 존재하는 메틸메티오닌은 메티오닌의 생물학적 활성형으로 동맥경화증 치료에 효과가 있으며, 메틸시스테인설폭사이드는 콜레스테롤 강하 효과가 있다고 발표되었다. 무에는 디아스타아제라는 소화효소가 들어 있어 밥에 김치를 곁들이면 소화를 도와준다. 이외에도 김치에 들어가는 매운 맛은 입맛을 돋우고 소화효소의 분비를 촉진한다.

김치의 특징 가운데 하나가 마늘을 양념으로 사용하는 것이다. 마늘에는 탄수화물(스크로토스)과 아미노산의 일종인 알리닌이라는 물질이 들어 있다. 알리닌을 다지거나 조직을 파괴하면 마늘 특유의 냄새가 나는 알리신이라는 물질로 바뀌는데 이것이 몸 안에서 힘을 만드는 비타민 $B_1$과 결합하여 몸 밖으로 배설되는 것을 막아주기 때문에 강장 효과를 나타내며 신경안정 작용도 있어 피로회복에도 도움이 된다. 또한 마늘은 일찍부터 혈액 중의 피브리노겐 수준을 낮추고 혈액응고 시간을 길게 하며, 피가 엉겨 있는 혈전血栓을 용해시킨다는 것이 알려져 동맥경화증이나 순환기 계통 질병 예방에 도움이 된다고 알려져 있다. 파 역시 마늘과 같은 자극성을 갖고 있는데 파의 녹색 부분에는 비타민 A와 C가 많이 들어 있다. 오이에 들어 있는 엘라테린은 소화를 돕고 칼륨 성분은 이뇨작용을 돕는다. 김치를 만들 때 필수적으로 들어가는 새우젓이나 멸치젓은 야채류에 부족하기 쉬운 단백질·아미노산·지방질의 좋은 공급원이며 김치 고유의 독특한 맛을 형성하는데 중요하다. 또한 해산물로 넣는 굴은 칼슘, 철분, 글리코겐과 비타민 $B_1$, $B_2$, $B_{12}$ 등이 포함되어 있으며, 아미노산 · 글루탐산 · 글리신 등이 맛을 낸다.

## 김치는 훌륭한 발효식품

불가리아가 장수국으로 유명한 것은 발효식품인 요구르트를 많이 먹기 때문인 것으로 알려져 있다. 요구르트는 우유를 유산균에 의해 발효시킨 것인데 영양소가 풍부할 뿐 아니라 정장작용과 항암 효과가 있으므로 장수에 결정적인 역할을 한다. 그러나 김치는 이보다 더 훌륭한 발효식품이다. 김치의 발효과정 중 유기산이 생성될 때 항암 및 정장작용을 나타내는 유산균이 김치에 많다는 것에서 알 수 있다. 김치 특유의 상큼한 맛을 내는 주된 요인은 '류코노스톡 시트리움'이란 유산균인데 갓 담

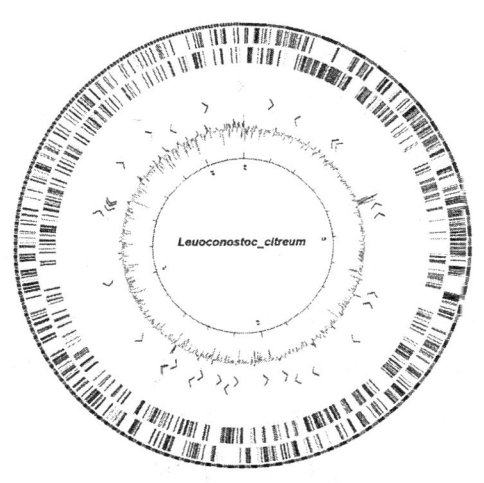

김치 유산균인 류코노스톡 시트리움의 유전체 지도

근 김치에서는 1㎖ 당 10,000개체 안팎이 존재하지만, 김치를 저온숙성으로 발효시킨 후 영하 1℃에서 보관하면 6,300만 개체로 6,000배 이상 증식한다. '류코노스톡'은 장내 산도를 낮춰 유해균의 증식을 억제하며 장운동 촉진과 면역력을 증진시켜 주며 항암작용까지 하는 것으로 알려졌다.

2003년 7월 '21세기 프런티어 연구개발사업'의 일환으로 추진하고 있는 미생물유전체활용기술개발사업단은 김치에 포함된 3,000종의 미생물 가운데 가장 우수한 종들로 밝혀진 류코노스톡 시트리움과 페디오코커스 펜토사세우스에 대해 이들의 전체 염기서열과 중요한 유전자를 해독하는데 성공했다고 발표했다. 서울대학교 강사욱 교수는 약 180만 염기쌍으로 구성돼 있는 페디오코커스 펜토사세우스의 전체 염기서열을 분석하고 1,400개의 유전자를 밝혀냈다. 특히 이 유전자들 중 항균물질을 만들어내는 유전자도 찾아냈다. 이 항균물질은 위염과 위궤양을 일으키는 헬리코박터 파이로리균과 식중독을 일으키는 리스테리아균 등 몸속 유해세균의 생장을 억제하는 능력이 우수한 것으로 밝혀졌다. 또한 한국생명공학연구원 김지현 박사는 200만 쌍의 염기로 이루어진 류코노스톡 시트리움에서 김치 고유의 시원하고 상큼한 맛을 내는 성분인 젖산을 생산하는 효소 유전자를 찾아냈다. 서울대학교 정가진 교수는 '류코노스톡 시트리움을 넣었을 때 김치 고유의 시원하고 상큼한 맛이 가장 잘 나므로 이 박테리아가 바로 맛있는 김치의 비결'이라고 설명했다.[7]

2005년 전주대학교 진효상 교수는 류코노스톡 메센테로이데스와 락토바실러스 사케이 등으로 맛과 향을 조절하는 맞춤 김치, 즉 김치를 규격화해 담을 수 있는 길이 열렸다고 발표했다. 김치의 좋은 맛을 결정하는 미생물을 가려 뽑은 뒤 이를 대량으로 배양해 건조하고 분말 제품화하여 김치를 대량 생산할 수 있는 길이 열렸다는 것이다. 한국의 대표적인 김치는 담는 사람에 따라 맛이 다르다는 것이 지적받았는데, 이들 미생물을 김치 담을 때 넣으면 김치 내부의 100여 종이 넘는 미생물의 지배균주 역할을 해 같은 맛을 내는 김치를 만들 수 있다는 설명이다. 물론 모든 김치의 맛이 반드시 동일해야 하는 것은 아니지만 적어도 맛없는 김치는 추방할 수 있다는데 동의할 것이다.[8] 이들 연구의 중요성은 김치의 대표적 미생물에 대한 유전체 정보를 확보함으로써 김치 종주국으로서의 위상을 높이는 것은 물론 천연 항생물질들을 생산할 수 있는 길이 열렸다.

일반적으로 항생제는 독성이 강해 향장료·식품·사료 등의 첨가물로 심각한 우려를 낳고 있으며, 항생제 내성으로 인한 슈퍼박테리아도 출현하여 학자들을 머리 아프게 만들고 있었다. 그러므로 항생제를 가능한 한 천연의 물질로 만들어 인체에 해가 없도록 연구하고 있다. 그런데 학자들은 그 길이 발효식품에 있다고 추정한다. 발효과정을 보면 초기에는 수많은 미생물이 공존하고 있지만 자연적으로 몇 종류의 특수한 미생물 종만이 우점종으로 생장하기 때문에 잘 알려진 발효식품인 김치, 장, 각종 젓갈, 치즈, 요구르트가 만들어진다. 학자들은 특수한 미생물 종만이 우점종으로 생장하는 것은 발효 미생물들이 다른 미생물들의 생장을 억제하는 물질을 만들어내기 때문으로 추정한다. 따라서 모든 발효 식품 속에는 천연의 항생물질이 다량 존재할 가능성이 높다그 강사욱 교수는 설명한다.[9] 한마디로 김치는 채소 발효식품으로서의 영양성과 기호성은 물론 장수성까지 보장하는 뛰어난 건강식품이라는 것이 속속 밝혀지고 있다.

## 국제공인어 김치

특별히 향긋하지도 않은데 오늘날에는 피자나 햄버거에까지 김치가 가미될 정도로 세계인의 입맛에 맞는 음식으로 변하고 있다. 또한『개정판 옥스퍼드 영어사전』에는 온돌Ondol과 함께 김치Kimchi가 실릴 정도로 국제적으로 인정받았다. 김치가 국제공인어로 인정받고 있다는 것은 그만큼 김치에 장점이 있음을 단적으로 보여준다. 김치 냄새를 처음 맡아본 외국인들이 질겁하다가도 한 번 먹어본 후에는 김치 없이는 살 수 없다는 말을 많이 하는 것도 지나가는 소리는 아닐 것이다.

일제 강점기에 일본 사람들이 조선 사람들을 깔볼 때 쓰는 말은 '김치 냄새 나는' 이라는 단어였다. 야만인의 냄새가 난다는 것이었다. 이렇게 김치에 대해 거부감을 느끼던 일본이 이제는 본격적으로 김치 시장에 뛰어들었다. 일본이 김치를 '기무치' 라는 상품으로 만들어 세계 시장을 누비고 있다는 것은 그만큼 김치가 세계인의 입맛에 적용될 수 있음을 증명한다. 일본인들이 이제 우리를 김치 냄새 나는 사람이라고 비꼬지 않는 것은 당연한 일이다. 김치와 같은 종합식품이 우리 곁에 항상 있다는 것은 한국인으로서 자부심을 느낄 만한 일이다. 김치의 종주국으로서 김치가 세계의 건강식품으로 자리를 잡는다면 김치 냄새마저 세계인의 향기로 부각될 것으로 생각된다.

## 고추의 등장

뭐니 뭐니 해도 김치의 맛을 특징짓는 것은 고추다. 대부분의 사람들이 김치를 생각하면 제일 먼저 빨간 고추를 연상하는데 놀랍게도 김치에 고추가 들어가게 된 것은 근래의 일이다. 고추는 1600년대 초에 전래된 식품이기 때문이다. 16세기에 중국에서 발간된『본초강목』에도 고추에 관한 언급은 없고, 다만 일본의 『초목육부경종법』에 1542년 포르투갈 사람이 고추를 전했다는 기록이 보인다. 한국에서는 이보다 약간 늦게 도입되어 1614년 이수광이 작성한 『지봉유설』에는 고추를 '남만후추'라고 쓰고 있다.

남만후추는 큰 독毒을 가지고 있다. 처음에는 왜국倭國에서 들어왔기 때문에 '왜개자'라고 했다. 지금은 이것을 심는 일이 종종 있는데 술집에서는 그것의 매운 맛을 이용한다.

이와 같은 기록을 볼 때 고추는 일본을 통해 우리나라에 전해진 것으로 추측된다. 그런데 최홍식 박사는 고추가 명나라를 통해서 우리나라에 전해졌을지도 모른다고 추정했다. 일본 사람들이 고추를 '고려후추'라고 불렀다는 기록이 있고 우리나라에서 고추를 '당초唐椒'라고 불렀다는 것을 볼 때 고추가 일본이 아닌 중국에서 직접 들어왔을 가능성이 높다는 설명이다.[10] 조선시대에는 고추를 '고초苦草'라 하여 맵다는 뜻으로 쓰였다. 고추가 매운맛을 내는 것은 캡사이신이라는 성분 때문인데, 캡사이신은 기름의 산패를 막아주고 젖산균의 발육을 도우며 비린내가 나는 것을 막아준다. 캡사이신의 함유량은 산지에 따라 다른데 보통 0.01~0.02%로서 외국산이 국내산보다 2~3배 많다. 외국을 여행할 때 외국의 고추가 매우 맵게 느껴지는 이유도 이 때문이다. 고추에 많이 함유되어 있는 비타민 E는 비타민 C의 산화를 막아주는 작용을 한다. 고추에는 특히 비타민 C가 많은데, 같은 양의 감귤류에 비해서는 2배, 사과에 비해서는 50배나 많다. 특히 국산 고추는 아미노산과 당분의 함량이 많아 감칠맛과 단맛이 있으며 카로틴 함량이 높기 때문에 비타민 A가 많은 것도 장점이다.

고추가 조선 초기에도 있었다는 주장이 제기되었다. 임진왜란이 발발하기 105년 전 의서에 한글로 '고쵸'라는 기록이 발견되었다는 설명이다. 이는 고추가 임진왜란 때 일본을 통해 들어왔다는 통설과는 달리 훨씬 이전인 조선 초기에도 한반도에 있었다는 주장이다. 한국식품연구원 권대영 박사와 한국학중앙연구원 정경란 박사는 고추의 일본 전래설을 고문헌 분석을 통해 부인했다. 고추의 '일본 전래설'은 이성우의 『고려 이전의 한국식생활사 연구』(1978년 출간)에서 소개된 이후 통설로 받아들여져 왔고, 임진왜란 이전에 김치는 고추가 들어가지 않은 백김치밖에 없었던 것으로 알려졌다.

세종 15년(1433년)의 문헌인 『향약집성방鄕藥集成方』, 세조 6년(1460년)에 발간된 『식료찬요食療纂要』에 고추장을 뜻하는 '초장椒醬'이라는 단어가 나온다. 물론 초椒가 현대의 고추를 뜻하는 것인지가 핵심인데, 이를 입증하는 기록이 고문헌에 다수 나타나 있다는 것이 연구팀의 분석이다. 임진왜란 발발 100여 년 전인 성종 18년(1487년)에 발간된 『구급간이방救急簡易方』에는 '몸이 안 좋을 때 고쵸를 고아 먹으라'라는 설명이 있는데 이곳에서 한자 椒椒를 한글로 '고쵸'라고 적었다. 중종 22년(1527년)의 『훈몽자회』에서도 '고쵸 椒椒'가 명시돼 있다. '순창초장淳昌椒醬이 전국에 유명하다'는 표현이 이미 1670년대 이후 문헌에서 나오므로 '초장=고추장'이라는데 이의가 없다고 연구팀은 주장했다. 특히 권 박사는 이에 대해 콜럼버스가 가져갔다는 아히aji라는 고추는 우리나라 고유 고추가 될 수 없다는 것을 생물학적·농경사학적 이유를 들어 설명했다. 그는 고추와 고추장이 중앙아메리카가 아닌 중국에 오래전부터 존재했다는 근거로 중국 고문헌의 기록을 제시했다. 중국 당나라 선종(850년) 때 발간된 『식의심감食醫心鑑』은 닭 관련 음식을 설명하며 '초장'이라는 표현을 쓰고 있으며 일본 문헌에는 고추가 한국에서 전래 했다는 기록이 있다고 주장했다. 이 문제는 앞으로 많은 연구에 의해 명쾌한 결론이 날 것으로 생각한다.[11]

고추가 우리나라에 도입되자마자 김치에 사용된 것은 아니다. 실제로 김치에 고추가 사용되었다는 기록은 고추가 도입된 지 100여 년이 지난 1715년경의 『산림경제』에서 처음 보인다. 1600년대 말엽까지만 해도 고추를 쓰지 않고 무, 배추, 고사리, 청대콩 등으로 담근 김치와 소금에 절인 무뿌리를 묽은 소금물에 담근 동치미 등이 식단에 올랐을 것으로 여겨진다. 그러나 고추가 김치에 사용된 기록이 나온 지 50년 후인 1766년경에 발간된 『증보산림경제』에는 무려 41종의 김치무리가 다양한 형태로 수록되어 있으며, 1800년대에 김치 담금법에는 고추를 썰어 다른 양념과 함께 켜켜이 넣었다고 기록되어 있다. 1827년에 발간된 『임원십육지』에도 많은 종류의 김치가 수록되어 있는데 그 중 특이한 것은 고추 사용을 적극 권장했다는 것이다.

마지막으로 배추에 관한 이야기를 해보자. 지금과 같은 통배추 김치가 생긴 것은 배추가 개량된 근대에 이르러서이며 그 이전에는 배추김치가 없었다고 한다. 19세기 말에 발간된 『시의전서』에 처음으로 통배추에 대한 기록이 나왔을 정도로 우리에게 소개된 것은 매우 늦다. 그것은 19세기 초에도 재배가 쉽고 수량이 많은 반결구종 배추 재배가 이루어지지 않았기 때문이다.

우리나라 식단의 3대 양념인 간장, 된장, 고추장은 우리나라 음식의 특징 중 하나인 국물 음식을 만드는데 절대적인 재료다. 이러한 장을 만드는데 가장 필요한 것이 콩이다. 콩이야말로 장의 원료이기 때문이다. 콩의 주성분은 단백질·탄수화물·지질이며 그 외에 각종 비타민과 칼슘·인·철·칼륨 등의 무기성분을 지니고 있는데, 이들 영양 성분이 쇠고기 등심보다 월등히 높다는 사실은 잘 알려져 있다. 콩을 '땅에서 나는 쇠고기'로 부르는 이유도 이 때문이다. 더구나 일반 조리법으로는 소화율이 50%에 지나지 않지만 발효된 간장이나 된장은 85%, 두부는 95%로 소화율이 높다. 콩은 예로부터 인체에 유용한 식물로 알려져 있으며 지금도 집중적으로 많은 연구가 이루어지고 있다.

## 콩 = 땅에서 나는 쇠고기

냄새에 관한 한 김치와 쌍벽을 이루는 한국의 음식은 한국의 식단을 화려하게 장식하는 장이다. 그런데 장은 김치와는 달리 『삼국유사』와 『삼국사기』에 명백하게 기록되어 있다. 『삼국유사』〈신주〉 '용을 항복시킨 혜통'에 다음과 같은 글이 있다.

당나라 황실에서는 공주가 병이 있어 고종高宗이 삼장에게 치료해 달라고 청하자 삼장은 자기 대신 혜통을 천거했다. 혜통이 가르침을 받고 딴 곳에 거처하면서 흰 콩 한 말을 은그릇 속에 넣고 주문을 외니, 그 콩이 변해서 흰 갑옷을 입은 신병新兵이 되어 병마病魔들을 쫓았으나 이기지 못했다. 이에 다시 검은 콩 한 말을 금그릇에 넣고 주문을 외니 콩이 변해서 검은 갑옷 입은 신병新兵이 되었다. 두 빛의 신병이 함께 병마를 쫓으니 갑자기 교룡蛟龍이 나와 달아나고 공주의 병이 나았다.

콩이 변해 신병이 될 수 있다는 아이디어야말로 SF에 관한 한 선조들의 상상력이 무한대였으며, 장의 원료인 콩이 한국인에게 잘 알려져 있다는 것을 알 수 있다. 〈김치〉 장에서 설명한 것과 같이 진수의 『삼국지』 〈위지동이전〉 및 『삼국사기』 〈신문왕〉의 기록을 보아 이미 삼국시대 초기에 메주를 쑤어 장을 담갔을 것으로 추정한다. 그런데 장에 대한 기록이 남포시 강서구역에 있는 덕흥리 고구려벽화무덤의 묘지명에서 보인다는 것이 발표되었다. 408년 완성된 이 무덤의 묘지명에 다음과 같은 글이 있다.

무덤을 만드는데 만 명의 공력이 들었다. 날마다 소와 양을 잡고 술 · 고기 · 흰쌀밥을 먹었으며 소금과 장을 한 창고분이나 먹었다.

여기서 한 창고분에 해당하는 많은 양의 장을 먹었다는 것은 장이 4세기 말에서 5세기 초에 고구려 사람들이 일상적으로 먹는 중요 부식물이었다는 것을 알려준다.[1]

# 콩, 장

장은 식생활 문화에 있어 한 집안의 흥망성쇠를 가늠할 정도로 중요시 여기는 음식이다. 우리 음식 중에서 장이 들어가지 않는 음식이 없기 때문이다. 세 가지 장이 들어가지 않는 음식이 없다는 것은 이들이 입맛은 물론 건강과도 밀접한 관련이 있다는 뜻이다. 장의 기본 원료는 콩이다. 그리고 콩의 원산지가 원래 우리나라라는 것이 최근 연구에 의해 밝혀졌다. 그러므로 장은 원천 재료부터 우리나라 고유의 음식이다.

콩의 원산지는 야생콩의 자생지역이면서 야생콩, 중간콩, 재배종 등 콩이 가장 많은 곳으로 추정할 수 있는데, 이런 조건에 가장 잘 부합하는 곳이 만주 남부다. 만주 남부는 본래 맥족의 발생지이며 고조선의 옛 영토다. 평양시 삼석구역 남경 유적 36호 집터에서 발굴된 유물에는 벼, 조, 기장, 콩, 옥수수 등의 곡식들이 탄화된 채 발견되었는데 이것의 연대는 기원전 4000년 후기로 거슬러 올라간다. 1997년에 발견된 대동강 유역의 삼석구역 표대 유적에서도 벼와 콩이 발견되었는데, 이 곡식들은 단군조선 초기인 기원전 3000년경으로 거슬러 올라간다. 따라서 벼와 콩이 한반도에서 일찍부터 재배되었음을 알 수 있는데, 1904년 말에 대한제국을 취재했던 스웨덴의 기자 아손 그랩스트는 '코레아 사람들은 쌀 농사 다음으로 주로 채소류를 가꾸는데 정성을 쏟아 콩 종류만 해도 20가지가 넘으며 잠두콩을 가장 많이 재배했다'고 적었다.[2] 우리나라에서 재배된 콩은 기원전 7세기에 중국에 전해졌다고 추정된다. 『시경』에 "제나라의 환공이 산융에서 비로소 콩을 중국에 갖고 왔다"라는 기록이 있기 때문이다.

## 콩의 효능

콩의 효능 중 가장 주목을 받는 것은 항암 효과다. 항암작용은 대부분 이소플리본 안에 있는 제니스타인 때문이다. 제니스타인은 암세포의 증식을 저해하며 에스트로겐 리셉터와 결합해 암세포의 증식을 감소시키고 정상세포의 분열을 촉진한다. 또한 고령자들의 가장 큰 사망 요인 중 하나인 동맥경화를 예방하는데도 탁월한 효과를 나타낸다. 뇌졸중이나 혈압이 오르는 요인은 대부분 혈관 속의 콜레스테롤 과다로 인해 혈관이 축소되기 때문이다. 이를 위해서는 충분한 단백질 섭취가 중요한데 콩의 지방 함량은 15%인데다가 대부분 불포화지방산으로 이루어져 있다. 대표적인 리놀산과 리놀렌산은 인지질인 레시틴과 함께 혈관벽에 콜레스테롤이 쌓이는 것을 막을뿐만 아니라 쌓인 콜레스테롤을 녹이는 작용을 한다. 최근에 들어서는 노인들에게 치명적인 질병인 치매의 예방 효과도 있는 것으로 보고되었다. 뇌세포의 시멸속도가 갑자기 빨라져 뇌가 위축되는 알츠하이머병(치매)의 원인은 아직도 완전하게 밝혀지지는 않았지만, 뇌에서 아세틸콜린이란 물질이 감소하기 때문이라는 것이 학계의 의견이다. 세포막의 주성분인 레시틴은 뇌 속의 아세틸콜린의 감소를 막는데 효과적이다. 콩은 뇌의 활성화에 더없이 좋은 식품이다.

콩은 양질의 단백질이면서 비타민 E가 풍부해 피부의 기미를 방지할 뿐만 아니라 혈액 순환을 원활히 해준다. 특히 비타민 E는 혈액 중의 악성 콜레스테롤과 중성 지방을 감소시키고 혈액의 점도를 낮춰 중 · 고령기 얼굴에 생기는 갈색 기미(일명 노인반점) 방지에 탁월한 효과가 있는 등 노화 방지에 기여한다. 『동의보감』에는 콩大豆이 '오장을 보호하고 위장을 따뜻하게 한다' 고 적혀 있으며, 검은콩은 '중풍이나 열독에 의한 부종을 치료하며 부인병에도 효과가 있다' 고 한다. 『본초강목』에는 콩을 오래 먹으면 안색이 좋아지며 늙지 않고 흰 머리칼을 검게 해주며 피를 맑게 하고 모든 독을 풀어준다고 적혀있는데 학자들은 콩에 들어 있는 콩사포닌 때문으로 추정한다. 이는 오래 전부터 콩이 불로장수의 건강식품이었음을 잘 알고 있었다는 것을 뜻한다.

콩은 미국의 시사주간지 『뉴스위크』 특별호에서 〈건강과 장수를 위한〉 이란 제목으로 다루었다는 점에서도 그 효능을 인정받고 있다. 『뉴스위크』에서 콩은 식물 중 유일하게 인체가 필요로 하는 모든 아미노산을 공급할 뿐만 아니라 붉은 고기에 함유된 다량의 포화지방이 없는 단백질을 제공한다. 특히 콩은 여성의 폐경기 증상을 완화시키는데 화끈거림 같은 증상을 15~45% 줄일 수 있으며 골다공증에 걸릴 위험을 현저하게 낮춘다고 설명했다. 또한 콩을 많이 먹는 일본 여성들이 유방암에 잘 걸리지 않는다고 지적했으며, 2001년에 미국에서만 무려 30억 달러에 달하는

동의보감

콩 제품을 소비했다고 적었다.[3]

물론 콩이 만병통치약은 아니다. 이덕환 교수는 건강에 좋고 암 예방에 특효가 있다던 콩이 오히려 암 환자들에게 좋지 않다는 설이 있음을 지적했다. 콩의 효과는 콩을 많이 먹는 동양의 일부 지역에서 일반적으로 유방암과 전립선암의 발병률이 낮다는 사실로도 잘 알려졌다. 그러나 콩을 많이 먹는 지역의 사람들은 대부분 채소와 생선도 먹는 것으로 알려져 있다. 낮은 암 발생률이 반드시 콩 때문인지에 대해서는 아직도 과학적으로 분명하게 밝혀진 것은 아니다. 콩에 다양한 단백질이 풍부하게 들어있는 것은 사실이지만 콩만으로 모든 아미노산을 충당할 수 있는 것은 아니다. 콩에는 메티오닌이라는 필수아미노산이 들어있지 않다. 콩이 뛰어난 먹을거리이기는 하지만 완전한 것은 아니라는 뜻이다.

콩의 의학적 효능은 '이소플라본'이라는 성분 때문이다. 이소플라본은 생체 내에서 비교적 강한 항산화 효과를 나타내기 때문에 식물의 입장에서는 미생물이나 해충을 물리치는 훌륭한 화학무기가 된다. 그런 이소플라본이 우리에게 도움이 된다고 알려져 있다. 특히 이소플라본은 여성 호르몬인 에스트로겐과 비슷한 효과를 나타내는 것으로 알려져 있어서 '식물성 에스트로겐'이라고 부르기도 한다. 과일, 채소, 차, 적포도주의 효능도 대부분 이와 비슷한 성분 때문으로 알려져 있다. 그런데 그동안 우리 사회에는 이소플라본의 효과에 대한 긍정적인 주장만 지나치게 과장돼서 알려져 있었다는 지적도 있다. 특히 식물성 에스트로겐을 너무 많이 섭취하면 오히려 암 발생을 촉진시킬 수 있다는 의학적 경고도 있었고, 갑상선 이상과도 관련이 있다는 주장도 있다.[4]

## 생명 유지의 필수품 메주

메주로 만드는 장이라는 개념은 원래 고대 중국에서 온 것이다. 우리나라에서 전해진 콩으로 장을 최초로 만든 것은 중국인들이다. 그러나 『주례』의 기록에 의하면 중국의 장은 현재 콩으로 메주를 쑤어 담그는 장과는 근본적으로 다르다. 장에는 해醢와 혜醯가 있는데, 해는 새고기·짐승고기·물고기 등 어떤 고기라도 햇볕에 말려서 고운 가루로 만들어 술에 담그고 여기에 조로 만든 누룩과 소금을 잘 섞어 항아리에 넣고 밀폐하여 100일간 어두운 곳에서 숙성시켜 만든다. 혜는 재료가 해와 같으나 청매즙을 넣어서 신맛이 나게 만들었다.

기록에 의하면 중국의 장은 식해食醢의 일종으로 육장이다. 그러나 우리의 장은 콩장이므로 선조들이 중국으로부터 식해를 만드는 가공기술을 도입하여 새로운 형태로 창조한 것으로 볼 수 있다. 고려 현종 9년(1018년)에는 거란의 침입으로 백성들이 추위와 굶주림으로 고생하자 소금과 장을 나누어주었다는 기록이 있고, 문종 6년(1052년)에도 개경의 굶주린 백성 3만 명에게 메주를 내렸다는 글이 있다. 과거의 메주는 지금의 메주나 장을 함께 일컫는 말이었다. 그러다가 한문이 많이 사용되면서 메주즙만을 '장'이라고 부른다.

메주는 입동을 전후해 김장을 끝내고 만든다. 콩을 충분히 불린 다음 무쇠솥에 끓여 삶은 것을 절구에 찧어 으깬다. 이것을 둥글거나 네모나게 빚어 단단하게 만든 다음 더운 뜰아랫방에 짚을 깔고 드문드문 포개어 약 27℃의 온도와 습도를 맞추어 숙성시키거나 1개씩 짚으로 엮어 매달아 띄우기도 한다. 겨울을 나는 동안 곰팡이와 세균이 번식하면서 표면이 누르스름한 갈색으로 변하는데 봄이 되면 잘 뜬 메주를 꺼내 햇볕에 바짝 말린다. 시골집에 주렁주렁 매달려 있는 메주야말로 집 안에서

식구들의 식생활을 책임지는 가장 큰 재산이었다. 그러나 1960년대 이후부터 삶은 콩에 밀가루와 종곡을 첨가하여 발효시키는 개량식 메주가 보급되고 있다. 재래식 메주는 콩만으로 만들고 간장과 된장 겸용으로 쓰이지만 개량식 메주는 간장용과 된장용으로 구분하여 별도로 만든다.

재래식 메주는 야생 잡균이 많이 번식하여 특유의 향을 내며 숙성 관리가 미비하여 발효 숙성이 불완전할 수 있다. 그러나 개량식 메주는 아스퍼질러스 오리재라는 곰팡이를 접종해서 배양시킨 종국을 이용하기 때문에 품질이 균일하며 불쾌한 냄새가 적은 장점이 있다. 반면 과거에 집집마다 전통으로 삼던 독특한 장맛을 내지 못하는 단점도 있다. 때문에 일부 지역에서 전통 메주를 고집하기도 한다.

## 메주의 과학성

콩의 단백질이나 곡류의 전분은 메주를 띄우는 과정에서 미생물의 번식에 의해 단백질은 구수한 맛을 갖는 아미노산으로, 전분은 단맛을 갖는 엿 성분으로 분해된다. 단백질과 전분을 분해하는 미생물이 번식해서 메주에 아미노산과 저분자 당류가 축적되면, 이들을 이용하여 번식하는

메주

주렁주렁 매달려 있는 메주

다른 종류의 미생물이 번식하면서 메주 고유의 맛과 향을 낸다. 메주는 세균이 겉과 속에 골고루 분포하는데 수분 함량이 낮은 메주의 바깥쪽에는 곰팡이류인 아스퍼질러스 오리재가 자라지만, 축축현 내부에는 청국장을 만드는 세균인 바실러스 서브틸리스가 주로 자란다. 바실러스 서브틸리스는 메주에 번식하는 중요한 세균으로 단백질과 전분을 분해하는 강력한 효소를 분비한다. 우리나라 간장이 일본 간장보다 톡 쏘는 맛을 내는 것은 이 때문이다.

메주는 학자들을 곤혹스럽게 만든 장본인이기도 하다. 메주를 띄울 때 번식하는 아스퍼질러스 오리재와 유사한 아스퍼질러스 플라부스가 암을 유발하는 곰팡이 독인 아플라톡신Aflatoxin을 생산하기 때문이다. 문제는 아플라톡신이 지금까지 알려진 천연 발암 물질 중에서 발암성이 가장 강한 물질이라는 것이다. 1960년대에 전통적인 방법으로 메주를 띄울 때 이 곰팡이가 번식한다는 보고와 함께 우리나라 간장과 된장에 발암성 물질이 있다는 논문이 발표되면서 미국의 시사주간지 『타임』에서도 기사화되어 한국을 발칵 뒤집어놓았다. 한국인 모두가 발암 물질에 노출되어 있다는 것도 충격적이었지만 우리나라가 자랑하는 '장' 문화가 한마디로 사망 선고를 받은 것이나 마찬가지였기 때문이다. 그러나 일부 학자들은 이런 보고에 의구심을 표명하고, 한국인의 기본 음식인 장을 먹었기 때문에 우리나라에 암환자가 많거나 증가했다는 증거가 없다는 사실을 들어 반대 의견을 내놓았다. 일각에서는 아플라톡신이 생성되는 것이 분명함에도 불구하고 암환자가 증가하지 않는다는 것은 메주에 이를 억제하는 요소가 틀림없이 있을 것이라고 주장했다.

이러한 상반된 의견이 논란을 불러일으키자 학자들은 메주에 대한 본격적인 연구에 착수했는데 연구 결과는 충격적인 것이었다. 발암 물질로 알려진 메주가 오히려 항암 성분을 지닌 건강식품이라는 것이었다. 아플라톡신을 생산하는 아스퍼질러스 플라부스라는 곰팡이가 전통적인 메주에서 번식하더라도 바실러스 서브틸리스와 아스퍼질러스 오리재 등 정상적인 메주 미생물과 혼합된 상태에서는 아플라톡신을 생산하지 못한다는 것이다. 특히 메주에 아플라톡신을 넣는다 해도 장을 담그는 과정에서 발생하는 암모니아와 미생물 작용으로 완전히 분해된다는 것도 발견되었다. 이는 메주로 만든 장은 발암성이 없을 뿐만 아니라 오히려 발암성을 상쇄하는 항암작용이 있다는 의미다. 메주로 만든 장이 우수한 건강식품이라는 것이 과학적으로 증명되었다.

## 간장

『증보산림경제』는 간장의 중요성을 다음과 같이 적고 있다. 장은 모든 맛의 으뜸이다. 장맛이 좋지 않으면 좋은 채소나 맛있는 고기가 있어도 좋은 요리를 만들 수 없다. 고기를 쉽게 얻을 수 없는 지역에 사는 사람들도 맛좋은 장이 있다면 반찬 걱정을 할 필요가 없다. 간장은 단백질과 아미노산이 풍부한 콩으로 만들어지는 발효식품으로 불교의 보급과 더불어 육류의 사용이 적어지면서 필요에 따라 생겨난 것으로 추정한다.

전통 간장은 크게 즙장과 청장 두 가지로 나뉜다. 즙장은 콩에 밀기울을 섞어 만든 즙장 메주를 가루로 빻아 소금과 물을 섞어 봉하여 말똥 속에 묻었다가, 1주일가량 지난 뒤 다시 곁불 속에 2주일가량 묻는다. 즙장은 말똥 속에 묻는다고 하여 '말똥즙장'이라고도 한다. 청장은 거르지 않은 메주 발효액에서 액체만 따로 분리하여 얻는 장이다. 장독을 햇빛이 잘 드는 곳에 두고 매일 뚜껑을 열어 햇볕을 쪼이면서 일정 기간 발효를 촉진시키는 것도 중요하다. 이때 단백질 등 주요 성분이 가수분해되

발효중인 장

면서 맛과 향이 우러나오고 동시에 숙성된다.

간장은 주로 메주 내부에 있는 세균의 단백질 분해효소로 분해되어 수용성 질소물로 전환된 아미노산과 저급화 분해산물이 가용화되어 소금물에 용출되고 내염성 세균, 효모 등에 의해 숙성된 것이다. 장을 담글 때 장독에 금줄을 치고 고추와 숯을 장 위에 띄우는 것은 부정을 막아준다는 주술적인 의미도 있지만 살균과 흡착 효과도 있다 간장의 성분은 0.6%의 질소, 20% 내외의 염분, 1% 내외의 당분과 10% 가량의 고형분을 함유하고 있다. 아미노산의 분해산물인 멜라닌과 멜라노이딘 성분에 의해 갈색을 띠며 β메틸메르캅토프로켈 알코올에 의해 고유한 맛이 생긴다. 또한 간장의 특유한 냄새는 알코올, 알데히드, 케톤, 페놀, 에스테르 등이 혼합하여 생긴다. 오래된 간장이 얼마나 좋은가는 과학적인 실험에서도 증명된다. 한국식품개발연구원의 시험 분석에 의하면 1년 묵은 간장은 100g당 아미노태질소(단백질이 아미노산으로 분해되는 과정의 중간물질)의 함량이 43mg이었는데 2년 된 간장에서는 680mg이나 되어 16배나 증가했다. 우리나라 사람들은 서양 사람보다 육류 소비량이 적어 아미노태질소가 부족하기 쉬운데 오래 묵은 간장이 바로 이 부족한 영양소를 보충하고 있다. 그러나 공장에서 생산하는 화학간장에는 이런 영양소가 없다. 화학간장이란 콩을 염산으로 가수분해하여 아미노산으로 만든 후 간장 맛을 내기 위해 맛·향·색깔을 합성시킨 것이다. 아미노태질소가 재래식 메주나 개량 메주로 만드는 양조간장에서만 찾아볼 수 있는 것이 당연하다는 말이다.

## 된장

된장은 간장을 담아 장물을 떠내고 남은 건더기로 음식의 간을 맞추고 맛을 내는 기본 식품이다. 우리나라에서는 고대로부터 된장과 유사한 장을 담갔을 것으로 추측된다. 조선시대 문헌인 『구황촬요』, 『증보산림경제』에 된장 제조법이 상세하게 기록되어 있다. 된장은 주로 메주 표면 부분이 아스퍼질러스속, 리조푸스속, 바실러스속 균주의 효소에 의해 분해되고 내염성 세균과 효모 등에 의한 숙성으로 만들어진 것이다. 이렇게 만들어진 된장은 최근 들어 과학적 연구 결과가 속속 발표되면서 다양한 효능이 입증되고 있다. 우선 된장은 과거에 치료제로 사용됐다. 『향약구급방』에는 된장으로 안질과 입질을 다스리는 내용이 있으며, 허준의 『동의보감』에 '된장은 두통과 한열을 다스리고 감기를 떼며, 식체도 뚫어주고 천식에도 잘 듣는다'며 약용된장 담그는 법까지 적었다.

된장은 영양이 풍부하여 100g당 열량은 128kcal이며 단백질 12g, 지방 4.1g, 탄수화물 14.5g, 회분, 칼슘, 인, 철분, 비타민 $B_1$, $B_2$도 포함되어 있다. 된장의 여러 가지 약효는 최근 과학적인 연구 결과에 의해서도 입증되고 있다. 콩이 항암 효과에 탁월하다는 것은 이미 설명했지만 된장은 한국의 발효 식품 가운데 항암 효과가 가장 탁월할 뿐 아니라 간기능 회복과 간 해독에도 효과가 큰 것으로 알려졌다. 된장 속에 키토올리고당이 포함되어 있기 때문이다. 된장을 끓인 경우에도 항암 효과는 유지되는데 쥐를 암에 걸리게 한 후 된장을 먹인 결과 된장을 먹지 않은 쥐보다 암조직의 무게가 80%나 감소했다는 보고도 있다. 한국암예방협회에서 1994년 11월 '암예방 수칙'을 발표했는데 그 중 한 항목이 '매일 된장국을 상식' 하라는 조항이 있다.

된장에 함유되어 있는 다이드제인과 다이드진류는 두통을 경감시켜주고 고혈압을 예방한다. 또한 된장은 지혈작용뿐 아니라 혈액 응고를 방지하는 역할까지 한다. 혈관 내에 혈전이 형성되면 영양소와 산소의 공급을 방해해 뇌혈전증이나 뇌출혈 등의 질병을 일으키는데 된장 속의 바실러스균이 특수한 단백질을 분비해 혈전 덩어리를 잘게 부순다는 것이다. 이는 된장을 많이 먹으면 뇌졸중이나 뇌출혈 등 혈액 순환 장애로 인한 질병을 예방할 수 있다는 뜻이다. 그러나 바실러스균은 열을 가하면 파괴되기 때문에 된장은 날로 먹는 것이 좋다. 따라서 된장찌개를 끓일 때 5분을 넘기면 효능이 없어진다고 한다. 한방에서도 해독작용, 소화불량, 부종과 어혈, 임신하혈, 빈혈, 식중독과 설사, 초기 감기, 가벼운 상처, 두드러기, 벌레물린 데, 염증 등 많은 부분에 된장 사용을 추천한다. 과거에 가장 흔한 된장이 가장 요긴한 가정상비약이었던 셈이다.

한편 KBS에서 숯을 넣은 재래식 된장이 암세포를 죽이는 효과가 강하다는 실험 결과를 방영했다. 된장은 메주, 물, 소금이 주원료인데 여기에다 숯을 약 300g 정도 넣는다. 된장에 숯을 넣는 이유는 된장이 발효식품이므로 발효를 돕는 미생물이 잘 살아야하는데 신기한 것은 곰팡이같이 덩치가 큰 미생물은 숯에 기생하지 못하고, 우리에게 유익한 미생물은 1/1,000mm밖에 되지 않는 숯의 구멍에서 살 수 있다는 것이다. 숯이 유익한 미생물의 서식지를 제공하는 것이다. 또한 숯은 탄소가 85%, 미네랄이 10% 이상 차지하고 있다. 탄소는 환원작용을 하므로 된장의 부패를 막는다. 미네랄은 체내 신진대사를 도와주는 미량물질인데 숯에는 나무가 빨아올린 미네랄이 그대로 농축돼 녹아 있으므로 숯을 넣은 된장이나 간장에는 자연히 미네랄이 풍부하게 된다. 간장의 맛은 이 미네랄이 좌우한다고 볼 수 있다.

100살 이상 살려면 매일 한 끼 이상 된장국을 즐기라는 말도 있다. 한국의 100살 이상 장수자 거의 모두가 소식小食하며, 하루 한 끼 이상 된장국을 먹고 있는 것으로 조사됐다. 원광대학교 김종인 교수는 장수자 가운데 일주일에 1차례 이상 육류를 섭취하는 이는 4명 중 1명꼴이었고, 체중이 60kg을 넘는 장수자는 10%도 못 미쳤다고 발표했다. 김 교수는 1998년 3월부터 지난 9월까지 전국의 100살 이상 장수자 1,284명(1998년 5월 기준) 가운데 487명의 보호자에게 전화를 걸어 장수자에 대한 설문조사했다. 이 조사에서 '한 끼에 밥을 한 공기 이상' 식사하는 장수자는 12.53%였고, 하루 한 끼 이상 된장국을 먹는 장수자는 94.9%로 나타났다. 야채와 생선을 즐긴다는 노인은 73.1%였고, 육류를 주 1회 이상 섭취하는 노인은 26.5%에 그쳤다. 장수자의 95%는 걸레질을 하고 마당을 쓰는 등 몸과 손발을 부지런히 움직이고 있다고 보호자들이 응답했다고 밝혔다.[5]

## 고추장

고추장은 매운맛, 단맛, 짠맛이 조화를 이룬 우리의 독특한 음식이지만 간장이나 된장보다는 늦게 개발되었다. 고추가 도입된 이후에 개발되었기 때문이다. 특히 된장과 간장은 중국과 일본에도 있지만 고추장은 우리나라에서만 생산되는 순수한 우리의 전통 식품이다. 고추장은 고추에서 나오는 매운맛과 함께 전분의 분해에서 발생하는 당류의 단맛, 콩 단백질의 분해로 생산되는 아미노산의 구수한 맛이 조화를 이루는 복합 향신료로서 세계적으로 그 유래를 찾을 수 없는 발효식품이다. 고추장 제조법이 기록된 최초의 문헌은 1760년경에 발행된 『증보산림경제』다. 고추장의 종류는 재료에 따라 여러 가지가 있다. 메주가루와 고춧가루라는 기본적인 재료에 찹쌀가루를 섞어 만든 찹쌀고추장, 멥쌀을 섞어 만든 멥쌀고추장은 물론 수수, 보리, 밀, 팥을 섞어 만들기도 한다. 메주가루를 만들고 남은 메주무거리에 굵은 고춧가루를 넣어 만드는 무거리고추장, 누룽지로 만든 누룽지고추장도 있다.

대표적인 고추장 제조법은 다음과 같다. 대체로 정월(1월)에 찹쌀 한 말에 고춧가루 넉 되, 메주가루 두 되에서 넉 되를 준비한다. 이것들을 끓여 식힌 물에 메주가루를 버무리고 하룻밤을 재운다. 그리고 찹쌀을 물에 불려 시루에 찐 뒤 절구에 넣고 메로 칠 때 메주가루를 부어 골고루 배합되도록 한다. 다음에 큰 그릇으로 옮긴 후 밥그릇 하나 정도의 간장을 넣고 삭힌 후 체로 걸러서 찌꺼기는 버리고 고춧가루를 넣는다. 버무린 고추장을 독에 담아 햇볕에 내놓은 뒤 한 달 동안 틈틈이 나무주걱으로 저으면 색깔 고운 고추장이 된다. 고추장을 자주 저어주는 것은 발효 중에 공기가 많이 들어갈수록 고추장에 윤기가 나며 빛이 좋아지기 때문이다. 숙성 기간 중에 원료에 없던 당류, 구연산, 젖산, 아세트산 등 유기산과 알코올이 생산되는 것도 특징이다. 이것은 찹쌀의 전분이 메주 또는 엿기름에 있는 전분 분해효소의 작용으로 단맛의 당류가 생산될 뿐만 아니라 젖산균 등 여러 종류의 미생물이 생장하며 이것이 고추장의 고유한 맛을 낸다.

고추장은 찌개, 매운탕, 생채, 조림의 양념이나 생선회의 양념 등으로 우리 식단에서 빼놓을 수 없는 식품이다. 특히 생선의 비린내를 없애주므로 생선조림이나 찌개에서는 필수적인 양념이다. 낚시를 좋아하는 사람들 대부분이 생선매운탕을 잘 끓인다고 자랑한다. 그러나 이것은 생선매운탕을 끓일때 고추장을 조금 풀고 끓이면 다른 부재료가 없어도 맛이 좋아지기 때문이다. 고추장 없이 매운탕을 끓여보면 곧바로 차이를 느낄 수 있다. 그런데 고추장을 만들때 재래식 메주가루를 사용하는 경우에는 당화나 단백질 분해가 잘 이뤄지지 않아 맛이 조화되지 않는 결점이 있다. 따라서 당화력과 단백질 분해력이 강한 고오지균을 인공적으로 접종 배양한 개량메주를 사용하면 더욱 맛이 좋은 고추장이 된다. 이것이 개량고추장의 원리다.

우리나라 식단의 3대 양념인 간장, 된장, 고추장은 우리나라 음식의 특징 중 하나인 국물 음식을 만드는데 핵심 재료다. 우리나라 식단에서 이 세 가지 장이 없었다면 결코 국물 음식은 발달하지 않았을 것이다. 발효식품과 이를 저장하는 우리 문화의 특징 중 하나인 장 문화를 만들었다는 것은 아무리 칭찬해도 부족할 지경이다. 장 문화 역시 김치와 마찬가지로 세계화될 날도 머지않았다고 생각한다. 그러나 된장찌개의 향기를 아무리 한국인들이 구수하게 느낀다하더라도 '된장 맛 향수'는 당분간 시도하지 않는 것이 좋을 듯하다. 토종연구가로 알려진 홍석화는 '된장 냄새나면 장사가 안 된다'라는 말을 듣고 된장 맛을 알리려는 원대한

계획을 포기했다고 한다. 그의 결단을 탓하는 사람은 거의 없을 것으로 생각한다.[6]

## 기후에 알맞게 만든 옹기

경상도나 전라도에 살면서 장 담그는데 남다른 비법을 갖고 있는 할머니가 서울에 시집간 딸의 집에서 장을 담가 주었는데 원래의 맛이 나지 않는다고 투덜거리는 것을 자주 듣는다. 반대로 경기도에서 할머니로부터 장 담그는 방법을 익혀서 전라도나 경상도로 시집을 갔는데 장맛이 나쁘다고 시어머니로부터 핀잔을 들었다는 이야기도 적지 않다. 이유는 간단하다. 발효 및 저장시설로 안성맞춤인 옹기가 지역에 따라 모양이 다르게 제작되었다는 것을 간과했기 때문이다. 우리나라의 옹기는 각 지역에 따라 다소 다르게 제작되었는데 국립중앙과학관 연구팀은 한국 옹기를 세 지역으로 나누어 구분했다.

중부 이북에서 주로 사용되는 북부지방 옹기는 전반적으로 입口徑이 크고, 배 부분이 부르지 않으며, 키가 크다. 중부지방 옹기는 밑과 입 지름의 크기가 비슷하며 항아리의 생김새도 맵시 있다. 남부지방 옹기는

옹기

장독대

타지방에 비해 배가 부른 편이지만 전라도 지방과 경상도 지방의 옹기가 다소 다르다. 경상도 지역의 항아리 몸통의 지름에 대한 입의 지름보다 전라도 지역의 항아리 입이 훨씬 더 넓다. 특히 경상도 지역 옹기의 경우 입은 호남지역과 마찬가지로 좁지만 어깨부터 배까지 점차적으로 팽창돼 수박동이 모습을 취한 것이 특징이다. 옹기의 모양이 다른 것은 그 지역의 환경과 기후조건에 따라 다르게 제작됐기 때문이다. 중부지역은 일조량과 기온이 높지 않으므로 장을 담글 때 자외선을 충분히 쪼이게 하기 위해 입이 벌어지게 만들었다. 반면 영호남지역은 중부지역에 비해 기온이 높고 일조량이 많으므로 옹기 입이 넓으면 수분 증발이 많아진다. 그래서 이를 방지하기 위해 입을 좁게 만들고 대신 어깨를 넓게 함으로써 옹기 표면으로 복사열을 많이 받아들이도록 했다. 그러므로 영호남지역 방식으로 중부지역에서 장을 담그면 장맛도 다르고 신선도도 낮아지는 것은 당연하다. 이는 우리 선조들이 과학적인 지식을 갖고 음식문화를 개발했다는 것을 뜻한다.

# <sup>19</sup> 사발의 기원과 방짜의 진수 징

농악을 신명나게 만드는 사물(징, 꽹과리, 장구, 북) 중에서 놋쇠로 만든 징과 꽹과리가 두드러진다. 분주한 농사철, 들판에 흐르는 신명나는 악樂의 소리가 고된 노동의 피로를 풀어 힘을 북돋우는 장면이야말로 농악의 참맛이다. 그런데 일·삶·놀이를 하나로 동화시키는 농악에서 인간과 악기들이 각각 독특한 음을 발휘하여 경쾌한 조화를 이루어 내는데 이 중에서 징과 꽹과리는 중요한 역할을 한다. 징은 웅장하면서 은은한 음색이고 꽹과리는 날카로우면서도 도전적인 음색을 갖고 있다. 여기에서는 징을 대표로 설명한다.

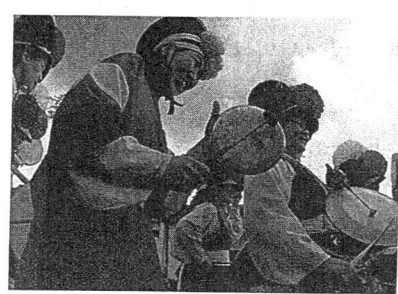
농악

신명나게 꽹과리를 치는 사람

징은 튀지 않는 소리로 가락의 중간에 울려 은근한 흥을 돋우고 악樂의 질서를 세운다. 징은 예로부터 하늘에 비유되어 '하늘의 소리'로 일컬어져왔다. 마을의 안녕과 풍요를 천신天神에게 기원할 때는 물론이고, 무악巫樂에서 징은 인간의 소리를 하늘에 전하는 중요한 구실을 했다. 징의 쓰임새는 다채롭다. 궁정의 제례, 연례악, 농악, 무악, 고취악 등에서 사용되었으며 이름도 정鉦, 금정金鉦, 금금, 금라金鑼, 나鑼, 동고銅鼓, 큰매구, 대금大金, 명금鳴金 등으로 불렸다. 대금은 종묘제례악에서 사용될 때 불렸으며 무악, 농악, 군례악軍禮樂인 대취타 등에 쓰일 때는 징으로 불렸다.

우리나라 징에 대한 기원은 정확하게 알려지지 않았지만 학자들은 징의 기원을 삼국시대 또는 그 이전으로 추정한다. 4세기경으로 추정되는 고구려 안악 제3호분의 '대행렬도'에도 현재의 징과 유사한 악기가 등장한다. 이 벽화를 보면 행렬의 전열前列과 후열後列에 악대가 따르고 있는데, 이 중 후열에 세 사람이 한 조가 되어 종모양의 타악기와 소고小鼓, 대고大鼓를 연주하면서 걸어간다. 이 그림의 악기 중 원반형의 악기가 현재 징의 모습과 유사하다. 이 원반형의 악기를 두 사람에 메고 갈 정도로 무거운 것임을 짐작할 수 있으며 채의 모양이나 연주하는 형태 등이 지금의 징과 거의 같다. 또한 5세기경의 덕흥리 벽화고분의 행렬도, 수산리 벽화고분 등에서도 안악 제3호분의 그림에서와 같이 징과 유사한 악기를 발견할 수 있으므로 적어도 삼국시대 초기에 징이 사용되었다는 것에는 이론의 여지가 없다. 『삼국사기』에도 징이 사용되었다는 것을 암시하는 글이 있다. 『삼국사기』〈열전 제3〉 '김유신(하)'에 김유신이 사망할 당시의 기록이 있다.

문무대왕 13년 가을 7월 1일 유신이 자기 집의 침실에서 죽으니 향년 79세였다. 대왕이 부음을 듣고 매우 애통하게 생각해서 채색 비단 1천 필과 벼 2천 석을 부의로 보내 상사에 쓰게 하고 군악의 고취수 1백 명을 보내 주었다. 금산원에 장사하고 유사에게 명해 비를 세워서 그의 공명을 기록하게 했으며 민호를 지정하여 무덤을 지키게 하였다.

이 기록에 따르면 김유신의 장례의식에 군악이 사용되었는데, 군악은 그 악기 편성에 있어 입으로 불어 연주하는 취악기와 쳐서 소리를 내는 타악기가 사용된다. 여기서 고취수가 100명이면 대취타이며 취고수가 담당하는 징이 반드시 포함되었다. 이와 같이 우리 생활에 큰 역할을 담당했지만 징은 모양새부터 투박하여 사람의 눈길을 끌지 못한다. 그러나 투박하고 단조로운 모양 속에 세심한 소리의 길이 새겨져 있다. 징 바닥은 겉으로 보기에 평편한 듯이 보이지만 실은 바닥의 두께가 같지 않다. 징 바닥의 중간 부분에서부터 바깥쪽으로 갈수록 두께가 점점 얇아진다. 징채가 닿는 부분, 즉 봉뎅이 부분의 두께는 약 6mm이며 바깥쪽으로 갈수록 점차 얇아져 가장자리 부분의 두께는 약 2mm다. 세계 여러 나라에 우리의 징과 닮은 악기들인 공gong, 탐탐tamtam 등이 있다. 외형이나 연주방법을 보면 우리의 징과 비슷한데 소리에 있어서는 징과 다른 음색을 나타낸다. 공이나 탐탐의 소리는 땅땅거리고 가벼워 우리나라의 징처럼 넓고 깊은 폭의 울림을 전하지 못한다.[1] 이는 징이 특수한 청동 기술인 방짜로 만들었기 때문이다.

## 방짜의 진수

넓은 의미의 놋쇠를 다루는 방법에는 크게 두 가지가 있다. 하나는 혼합한 쇳물을 녹여 틀에다 부어 기물을 만드는 주물기법이고, 다른 하나는 쇳물을 녹여 굳힌 쇳덩이(비디기)를 불에 달구어 가며 망치로 두들겨서 만드는 방짜기법이다. 놋쇠는 구리를 주재료로 해서 아연을 섞거나(황동), 주석을 섞거나(청동), 니켈을 섞어(백동) 만든다. 그런데 이 중 징의 재료는 청동이다. 주물기법은 녹인 쇳물을 틀에 부어 만들기 때문에 쉽게 제작할 수 있는데 주로 아연합금의 황동을 사용한다. 그러나 주물기법에는 동이나 주석 외에 다른 잡쇠들을 사용하는데 주로 매끈한 외형을 필요로 하는 생활용품인 촛대, 향로, 화로, 놋그릇 등을 만든다.

방짜로 징과 꽹과리를 만드는 것이 왜 특이한가를 설명하기 전에 우선 방짜 그릇에 대해 설명한다. 학자들은 방짜에 동과 주석 이외의 다른 잡쇠가 섞이지 않는데 방짜의 합금비율이 구리 78%, 주석 22%라는 실험

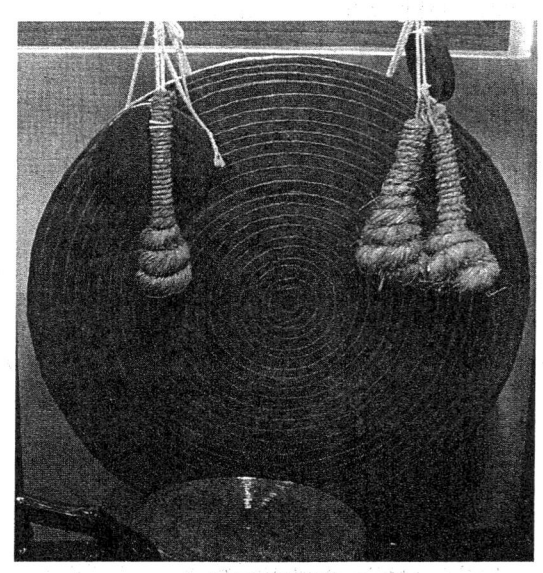

방짜 징과 꽹과리

결과에 놀랐다. 현대재료공학 지침서에 의하면 실용 용기를 만들 경우 주석의 양은 10% 이내여야 한다. 주석은 손목 힘만으로도 움직일 정도로 무르고 쉽게 깨진다. 그런데 실험에 의하면 방짜 그릇은 꺼지지 않는데 현대공학 추천서로 만든 그릇은 깨졌다. 방짜 제조에 현대 과학이 예상치 못하는 남다른 기술이 배어 있는 것이다.

방짜 만들기의 방식은 다음과 같다. 본격적인 방짜를 만들기 위해 우선 1,200℃가 넘는 고온에서 주석과 구리를 섞은 후 합쳐진 쇳물로 판을 만든다. 이를 '바둑 만들기(바디기)'라고 한다. 다음은 '네핌질'이라 하여 바둑을 망치질로 두드려서 얇게 펴는데 식으면 다시 달구 망치질을 거듭한다. 이를 메질이라고도 하는데 판이 얇아지면 덧 개씩 덧대놓고 가공한다.[2] 얇아진 판들을 서너 장씩 덧대 오목하게 만드는 것이 '구김질' 과정이며 '냄질'은 오목해진 판들을 빼내는 과정이다. 이후 원하는 그릇의 깊이대로 잘라내 그릇형태를 만들며 마지막으로 한 번 더 달군 후 염분이 섞인 물에 다시 담금질한다. 이렇게 만든 완성품이라야 두드려도 잘 깨지지 않는다. 이것이 징과 꽹과리를 그렇게 두드려도 계속 전통의 소리를 내는 이유다.

학자들은 거듭되는 망치질과 반복적인 열처리가 방짜가 까지지 않는 비밀이라고 말한다. 주석은 무르지만 열에 강한 물질이다. 가열되어 있는 한 아무리 두드려도 깨지지 않는다. 그러므로 주석의 취약한 성질을 지속적인 열처리로 극복한 후 망치질로 주석의 원자들을 잘게 부숴 흐트러 놓았다. 제조 공정에 남다른 비밀도 있다. 과거에는 놋쇠를 두드려 징이나 그릇을 만드는 방짜 일을 주로 밤에 했다. 다른 빛이 없는 밤이라야 불의 빛깔과 강도를 제대로 조절할 수 있었기 때문이다. 이런 기법으로 만들어진 방짜유기는 휘거나 잘 깨지지 않으며 변색되지 않을 뿐 아니라

쓸수록 윤이 난다. 특히 성형할 때 두드린 메자국(울퉁불퉁한 자국)은 수공예품으로의 멋과 품위를 풍겨 그 격을 한층 더한다.

방짜의 가치는 신라의 주력 수출품 중에 하나였다는 것으로도 알 수 있다. 일본 황실의 저장고로 볼 수 있는 도다이지東大寺 안의 쇼소인正倉院에 진귀한 보물들이 많이 보관되어 있는 것으로 알려져 있는데 이곳에 통일신라시대의 놋그릇인 방짜가 있다. 그런데 이들 그릇은 일반 그릇과 다른데, 그릇 하나에 뚜껑 하나씩 짝을 이루고 있는 것이 아니라 그릇 안에 겹겹이 그릇들이 안을 채우고 있어서 러시아 인형 마트로쉬카를 닮았다. 부경대학교 이근우 박사는 신라인들이 이런 형태로 놋그릇을 만든 것은 물품의 부피를 줄일 수도 있지만 한 그릇 속에 여러 개의 그릇을 넣어 세트로 판매했기 때문이라고 설명했다. 방짜가 어느 제품보다 탁월했기 때문에 낱개로 팔지 않고 세트로 팔아도 구입하지 않을 수 없었다는 설명이다. 이 놋그릇을 일본에서는 사파리佐波理라고 하는데 현재 한국인들이 '사발'이라고 하는 말의 어원으로 추정한다. 아마도 신라인들이 방

도다이지 안의 쇼소인(김태식 사진 제공)

짜 그릇을 '사발' 또는 '사팔'이라고 불렀고 이를 일본인들이 '사파리'라고 한자를 쓴 것으로 보인다. '사발'의 어원은 놋그릇에 대한 신라어로 당시 방짜 기술이 탁월했음을 보여준다.[3]

방짜가 강한 이유는 전자현미경 분석으로도 확인되었다. 각 공정에서 얻어진 조각을 분석한 결과 초기 단계에서는 구리와 주석이 따로 놀았다. 그러나 따로 놀던 두 물질이 가공을 거듭하면서 서로 얽혀 갔다. 반복되는 열처리와 망치질이 없다면 쇠가 깨졌을 것이다. 오늘날에도 종가에서는 방짜가 가보처럼 여겨진다. 일제 강점기에 일본군이 유기그릇을 모두 거둬갈 때에도 종갓집들은 자루에 그릇을 담아 뒷동산에 구덩이를 파고 묻었다. 그런데 방짜가 장점만 있는 것은 아니다. 방짜의 문제점은 관리가 어렵다는 점이다. 방짜는 주기적으로 닦아 줘야 황금빛을 내기 때문에 관리에 부단한 공을 들여야 한다. 그러나 방짜의 장점은 단점을 상회한다. 우선 방짜에 밥을 담아 놓으면 식지 않는다. 또한 미나리 같은 야채를 양은그릇에 넣고 씻으면 거머리가 그릇에 달라붙는다. 그런데 방짜 그릇에 물을 담아 미나리를 씻으면 거머리가 달라붙지 않는다.

현대인들을 놀라게 하는 것은 농산물을 재배할 때 무분별하게 사용된 농약도 족집게처럼 검출한다는 점이다. 산지에서 농약 성분이 덜 세척된 재료를 사용한 음식물을 방짜 그릇에 담을 경우 얼룩이 생긴다. 무분별하게 사용된 농약은 방짜 그릇이 간단하게 식별해 준다. 당연히 독극물을 가려내는 효과도 있다. 사극에서 왕의 수라상에 올라가는 음식물을 놋수저로 독이 있는지 여부를 검사하는 장면이 종종 등장하는데 방짜 그릇도 같은 효과를 나타낸다. KBS가 주도한 실험에서 사람의 생명까지 위협한다는 O157 균이 사용되었다. 스테인리스 용기, 사기 그릇, 방짜 그릇에 일정량의 균을 증류수에 섞어 넣은 후 16시간 후에 검사했다. 세

그릇에서 추출한 물을 배양했더니 스테인리스 용기와 사기그릇의 균은 살아났다. 반면 방짜 추출물에서는 단 한 마리의 균도 발견되지 않았다. 모두 박멸된 것이다. 경원대학교 박종현 교수는 방짜 그릇이 항균이 아니라 살균 효과가 있다고 설명했다. 그릇은 표면이 부식될 정도로 균에 민감했는데 결론적으로 방짜는 살아 있는 그릇이었다는 설명이다.

구리와 주석의 합금인 청동에서 주석이 살균 효과가 있다고 알려졌다. 허준의 『동의보감』에도 주석은 자체로 상당한 살균 효과가 있다고 적혀 있다. O157 균이 박멸된 것은 바로 청동에 들어 있는 주석 성분이다. 우리 민족은 이 주석을 22%까지 끌어 올렸다. 현대공학에서도 10% 이내로 제한해 사용하는 주석을 독특한 합금술을 통해 방짜를 만들었다. 그런데 과욕을 부려 주석을 30%로 더 올렸더니 그릇이 깨졌다. 결국 22%는 인간의 기술로 주석의 양을 올릴 수 있는 최대치로, 원소 개념도 모르던 그 옛날 우리 조상들이 현대 과학으로도 풀지 못한 독특한 합금 기술을 개발했다.

## 연탄가스 속에서도 살아나다

현재까지 알려진 바에 의하면 방짜로 식기를 만들어 쓴 민족은 한민족밖에 없다. 같은 문화권인 중국에서는 주로 자기를 사용했고 일본은 나무 제품이 주종을 이룬다. 로마 제국도 금속 그릇을 선호했다. 그런데 로마에서는 합금 속에 납을 넣어 실용기기들을 만들었다. 로마의 멸망 요인이 납중독이라고 할 정도로 납은 인체에 큰 피해를 입힌다. 납을 넣으면 합금으로 만들기가 쉬워진다. 그러나 음식물을 담는 그릇을 만들기 위해 중금속인 납을 사용했다는 것은 로마인의 기술이 제조만 생각했지 인체에 미치는 영향은 고려하지 않았다는 것이다.

방짜식기

사기 그릇, 스테인리스 그릇, 방짜 등 3개 용기를 대상으로 미네랄 성분을 검사했다. 여기에서도 놀라운 결과가 도출됐다. 경희대학교 지구환경연구소는 방짜에서만 나트륨·구리·아연 성분이 소량 검출되었다고 발표했다. 이것은 방짜의 또 다른 성분을 입증하는 사례로 이 성분들은 우리가 필수적으로 섭취해야 하는 물질이다. 우리 몸 안에서는 생성이 안 되는 물질이므로 외부에서 섭취해야 하는데, 우리 조상은 놋그릇을 통해 이 물질들을 자연적으로 섭취한 것이다. 그러나 방짜는 연탄이 등장하면서 한순간에 사라지는 비운도 맛보았다. 일산화탄소와 방짜는 천적이기 때문이다. 이것이 그동안 줄기차게 명맥을 유지하던 방짜가 사라지고 설 자리를 잃어버리게 된 이유다. 그럼에도 방짜가 과거부터 계속 면면히 맥을 내려올 수 있었던 것은 사물놀이에 쓰이는 4개의 타악기 중에 징과 꽹과리가 방짜였기 때문이다. 식기류가 사라지던 시대에도 방짜는 악기 속에서 끈질기게 살아남았다.

그렇다면 징과 꽹과리를 방짜로 고집스럽게 만든 이유는 무엇일까? 이 역시 선조들의 과학에 감탄할 수 밖에 없다. 주물로 찍어 낸 징은 음의 파장이 직선으로 곧게 뻗어 나가지만 방짜 징의 경우 맥놀이 현상이 나타난다.[4] 맥놀이란 두 음파가 서로 간섭을 일으켜 진폭이 커졌다 작아졌다 하는 현상을 말한다. 방짜만의 독특한 이 음파 때문에 오늘날도 방짜 악기가 명맥을 유지하고 있다. 에밀레종과 같이 주물식으로 만든 청동 합금에서도 맥놀이 현상이 생긴다. 서양 종은 같은 주물식이지만 맥놀이가 없다. 그러므로 은은하게 울리지 않고 학교종이 '땡땡땡'이란 다소 경박한 소리가 난다.

대형 종의 성분 역시 구리와 주석으로 비율은 에밀레종의 경우 구리 82%, 주석 13%로 되어 있으며 상원사 종도 구리 84%, 주석 13%의 비율로 되어 있다.[5] 주석의 양이 13%라면 현대 재료공학상 권장 비율을 넘긴다. 에밀레종이 세계에서 가장 아름다운 소리를 낼 수 있는 것도 맥놀이 현상 때문이다. 우리 민족은 가히 합금술의 귀재였다. 청동의 소리, 우리는 그것을 놋쇠 소리라고 한다. 이 놋쇠 소리야말로 한민족의 소리라는 것을 이제야 이해했을 것이다.[6]

과학자들은 징의 특성에 대해 집중적으로 연구했다. 부산수산대학교 음향측정실은 현대공정의 반방짜(공정의 일부는 주물기법으로 틀을 만들고 그것을 메질하여 만드는데 방짜징보다 메질의 수가 적음) 징과 정통 방짜징으로 구분하여 주파수를 측정했는데 반방짜징은 112Hz, 방짜징은 107Hz였다. 이는 메질의 수가 많은 방짜징이 약간 저음이라는 것을 의미한다. 특이한 것은 반방짜 징은 맥놀이가 나타나지 않는다는 점이다. 이와 같은 결과는 일반적으로 금속의 합금물에는 기공이 생기기 마련인데, 그 기공을 방짜기법으로 줄여주었기 때문으로 추정한다. 징과 꽹과리의 음향특성 중 또 하나의 특이한 사실은 음이 시작된 후 음높이가 점차 올라가는 현상이 생긴다는 점이다. 이것은 이들의 판이 평면판이 아닌 약간 볼록한 곡면판인데다 진동진폭이 커서 비선형으로 진동하기 때문에 발생하는 현상으로, 이것이야말로 단조롭지 않고 긴장을 주는 음이 되게 만드는 요인이다.[7]

2000년 한국갤럽에서 조사한 한국의 바둑 인구는 유단자 0.3%(14만 명), 1~3급 1.0%(48만 명), 4~10급 12%(576만 명), 11~15급 3.3%(158만 명). 16급 이하 15.5%(744만 명)로 집계되었다. 바둑을 둔다는 한국인이 무려 1540만 명이나 되는데 이는 총 인구의 32%나 된다. 즉, 우리나라 인구의 1/3이 바둑을 둔다는 뜻이다. 한편 일반적으로 10급 이상을 유효 바둑 인구라 본다면 우리나라의 바둑 인구는 약 638만 명으로 총 인구의 13.2%나 된다. 이와 같이 많은 한국인들이 바둑의 높낮이에 관계없이 즐기면서 한국이 세계적인 바둑 강국이 되자, 바둑이 신토불이라는 설명도 있고 바둑을 스포츠로만 국한시킬 것이 아니라 과학이라는 점을 부각시켜야 한다는 설명도 있다. 바둑이 우리나라에서 최초로 발명된 것은 아니지만 『삼국유사』, 『삼국사기』에 바둑은 중요한 비기로 알려졌다. 『삼국유사』〈피은〉 '벼슬을 버린 신충'에 바둑과 관련이 있는 효성왕에 대한 이야기가 있다.

효성왕이 왕이 되기 전에 신충이 어질고 현명한데 마음이 끌려 '후일에 내가 만일 그대를 잊으면 저 잣나무가 증언해 줄 것이다'라고 말했다. 그 후

성덕왕 36년에 부왕이 승하하자 효성왕이 왕위에 올랐고 많은 인재를 등용했는데 신충이 빠져 있었다. 이에 신충은 못내 섭섭함을 이기지 못하고 잣나무에 글귀를 써서 붙였다. 그러자 잣나무가 말라죽고 말았다. 효성왕은 이상하게 여겨 잣나무를 살펴보게 했더니 거기에서 신충의 글이 발견되었다. 효성왕은 놀라 '내가 국사에 골몰하다가 그만 그대와의 언약을 잊을 뻔했구나' 하면서 신충을 불러 작록을 내리고 그에게 국사를 맡겼더니 잣나무가 되살아났다.

효성왕의 바둑 이야기는 『삼국사기』에 나온다. 효성왕 2년(738년)에는 당나라와 신라의 고수 간에 벌어진 바둑에 대한 이야기가 있다.

효성왕 2년 봄 2월 당 현종은 성덕왕이 별세했다는 소식을 듣고 오랫동안 슬퍼하다가, 좌찬선대부 형도를 홍려소경의 자격으로 파견하여 조문케 하고, 태자태보의 관작을 추증하였으며, 새 왕을 '개부의동삼사신라왕'으로 책봉하였다. 형도가 당나라를 출발하려 할 때 황제가 시의 서문을 짓고 태자 이하 백관들이 모두 시를 지어 보냈다. 황제가 형도에게 말하기를 "신라는 '군자의 나라'라고 불리기도 하므로 책과 글에 조예가 상당히 깊어서 우리 중국과 비슷하다. 그대는 돈유한 선비이므로 나의 신임표를 가지고 가게 하는 것이니 마땅히 경서의 뜻을 강의하여, 대국에 유교가 성한 것을 알게 하라"고 하였다. 황제는 또한 우리 백성들이 바둑을 잘 둔다고 하여, 솔부병조참군 양계응에게 조칙을 내려 부관으로 동행케 하였는데, 우리나라의 바둑 고수들이 모두 그를 따를 수 없었다.

효성왕 스스로 바둑을 잘 두거나 바둑에 대한 이해가 깊은 것을 알 수 있는데, 바둑이 국가의 운명을 좌우하는 도구로도 이용된다. 『삼국사기』〈백제본기〉 '개로왕'에 나오는 승려 도림道琳의 이야기가 유명하다.

고구려 장수왕이 남쪽으로 뻗어 내려가려고 했지만 막강한 백제가 버티고 있으므로, 고구려에서 바둑을 잘 두기로 이름난 도림이 백제의 개로왕이 바둑을 좋아한다는 사실을 알고서, 장수왕에게 첩자가 되기를 자청하여 백제에 거짓으로 망명했다. 도림은 백제에 와서 개로왕과 바둑을 두면서 친하게 되자 도림은 개로왕에게 진언하여 왕릉·성곽을 개수하도록 하고, 그 결과 국고를 탕진시켜 백성들의 민심을 잃게 만들었다. 이 보고를 들은 고구려는 대군을 동원하여 백제를 치자, 패배한 개로왕은 피살되고 태자 문주文周는 몇 사람의 심복과 웅진熊津으로 도망가 임시 도읍으로 정했다.

한 치도 앞을 볼 수 없는 격동의 삼국시대에 바둑이 역사의 중심 현장에 있었다. 또한 도림의 이야기는 삼국시대에 바둑을 잘 두는 사람이 얼마나 큰 평가를 받고 있었는지 알 수 있다. 도림이 자신의 바둑 실력을 이용해 왕에게 접근하여 자신의 이야기를 곧이곧대로 듣도록 설득하는

고려시대 연꽃무늬 바둑판

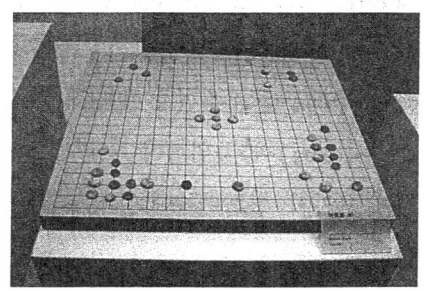

고려시대 바둑알

데 성공했다는 것은 그만큼 바둑의 고수가 중요하게 등용될 수 있었다는 것을 의미한다.

## 바둑의 탄생

바둑을 누가 언제 만들었는지 확실하게 전하는 문헌은 없다. 바둑의 기원이 대부분 고대의 전설에 의존하고 있기 때문이다. 중국 진대(晉代, 265~420년) 장화張華가 저술한 『박물지博物志』에 '요조위기단주선지堯造圍碁丹朱善之'라고 적혀 있다. 또한 『중흥서中興書』에는 '요순이교우자야堯舜以敎愚子也'라는 글이 있다. 우자愚子는 요제(堯帝, 기원전 2333~2234년)의 아들 단주丹朱와 순제(舜帝, 기원전 2234~2184년)의 아들 상균商均을 가리키는 말로 이 글귀는 '요나라 임금이 바둑을 만들어 아들 단주를 가르쳤다'와 '순나라 임금이 아들 상균의 어리석음을 깨치기 위해 바둑을 가르쳤다'라는 뜻이다.

요·순이라면 누구나 잘 아는 고대 중국의 전설상의 황제다. 그런데 황제가 된 요임금은 자신의 자식인 단주에게 제위帝位를 계승시키기에는 부적당하다고 생각했다. 그래서 요임금은 신하 중에서 동서남북 사제후四諸侯의 장長인 사악四嶽이 천거한 순을 만났다. 요임금은 순이 자신의 제왕위帝王位를 물려받기에 충분한 사람이라고 판단하고 양위의 뜻을 굳혔다. 처음에 간곡히 사양하던 순은 요임금이 죽은 뒤 왕자 단주를 내세웠지만, 제후들의 소망을 물리치지 못하고 천명으로 받아들여 61세 되던 해에 천자天子에 즉위했다. 그런데 중국의 유명한 오청원 기성은 요임금에게 선인이 아들 단주에게 바둑을 가르치라고 한 이유가 다음과 같다고 적었다.

만물의 수는 하나로부터 시작된다. 반면 361로의 눈과 일이라는 수의 근원은 천원으로부터 시발하여 사방을 제한한다. 360이라는 수는 하늘이 일회전하는 일수를 표현하며, 네 귀로 나누어지는 것은 춘하추동 사계절을 의미한다. 외주의 합계가 72로인 것은 1년을 72절후로 구분하는 것과 같으며, 360개의 기석이 흑백 반반인 것은 음과 양을 표시하는 것이다. 기반의 선을 평이라 하고, 선과 선 사이를 괘라고 한다. 바둑판은 네모지고 정적이지만 바둑돌은 원형으로 동적이다. 예로부터 현재에 이르기까지 무수한 바둑이 두어졌지만 동일한 국면의 바둑은 한 판도 재현되지 않았다. 이것이야말로 일일신의 의미를 함축하는 것이다. 특히 선인이 부연하기를 바둑은 발흥존망發興存亡의 기예이므로 단주의 성품 기질로 보아 바둑에 몰두한다면, 차츰 바둑 두는데 흥미를 붙여 세상에서 만용을 부리지 않을 것이라고 말했다.

바둑의 기원으로 많은 지지를 받고 있는 것은 천체관측설이다. 농경사회였던 고대에는 별들의 움직임을 관측하는 일이 중요했다. 고대문명의 발상지이기도 한 황하유역에는 해마다 홍수가 범람하여 선사시대 때부터 자연스럽게 천문학이 발달할 수밖에 없었는데, 당시 하늘의 별자리를 표시하던 도구가 발전되어 오늘날의 바둑이 되었다는 것이다. 이와 같은 천체관측설에 오청원 기성도 다음과 같이 동조했다.

바둑은 애초부터 천문학을 연구하는 도구로 태어났고 요임금도 이 사실을 알고 있었다. 그러므로 요임금이 부족한 아들 단주에게 바둑을 가르친 것은 바둑을 공부하면 천문학을 연구하는 역易이나 제례에 관한 교양을 터득할 수 있다는 의미였다. 간단하게 말하여 아들에게 제정祭政 중에서 제祭 쪽을 맡아 일하고 정치에는 손을 떼라는 뜻을 함축한다.

바둑을 한자로 기棋 또는 혁奕이라고 쓰는데 혁奕 · 역易 · 의醫는 중국 발음으로 '이'라고 읽으며 력曆은 '리'라고 발음하니 비슷하게 닮았다는 점도 이 가설에 무게를 실어준다. 먼 옛날 중국의 통치 개념이 제정일치가 기본이었기 때문에 역이나 천문이나 천명, 즉 신의 명령이나 암시와 깊은 관계가 있을 것이라고 오청원 기성은 말했다. 공자가 바둑을 거론했다는 것도 중요하다. 『논어』에 다음과 같은 글이 있다.

포식하고 날을 보내며 마음을 쓰는 데가 없다면 그것은 견디기 어려운 일이다. 장기나 바둑이라는 것이 있지 않은가? 이것이라도 하는 편이 아무것도 하지 않는 것보다 낫다.[1]

이 구절은 춘추전국시대에 공자가 바둑에 대해 이야기할 정도로 바둑이 많이 보급되었음을 뜻한다.

## 19줄 바둑 탄생

오청원 기성의 설명에 의하면 바둑이 처음부터 19줄로 탄생했다는 것인데, 학자들은 처음부터 요즘처럼 19줄로 된 바둑판을 사용한 것이 아니라 9줄 정도에서 17줄, 19줄로 발전된 것으로 추측한다. 이것은 과거의 바둑이 현재보다 훨씬 단순한 게임이었다는 것을 의미한다. 바둑이 17줄로 변경된 과정에는 다음 세 가지 설이 있다. 첫째는 처음에 9줄에서 11줄로 늘려 게임을 복잡하게 하여 흥미진진하게 만들었고 계속하여 13줄, 17줄로 서서히 확대되어 나갔다는 것이다. 둘째는 9줄 4개를 합쳐 17줄이 되었다는 것으로 일본의 야스나가가 주장한 설이다. 그러나 다니오카 이치로는 앞의 두 가지 설보다는 9줄에서 중앙에 한 줄씩 삽입하여

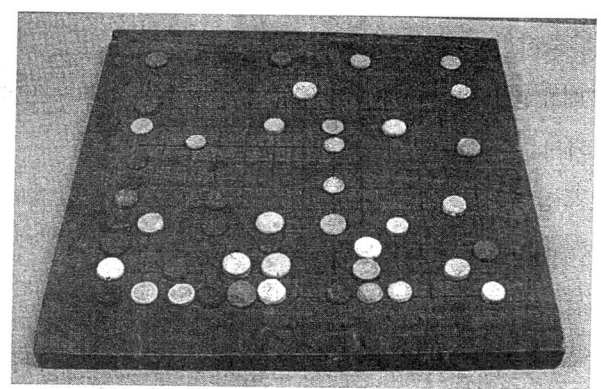

중국의 13줄 바둑판

17줄이 되었다고 주장했다. 결국 지면·돌·나무로 9줄의 바둑판을 만들었는데 그 중간마다 한 줄을 더 삽입하여 17줄로 변경되었다는 것이다. 이것은 과거에 사용되었던 바둑판이 현재보다 상당히 컸다는 것으로도 충분히 이해된다는 설명이다.[2]

19줄의 바둑이 당나라 초에 이미 행해졌다는 것은 일본 쇼소인에 보관되어 있는 바둑판이 19줄인 사실에 비추어 명확하다고 생각하지만, 19줄 바둑이 언제부터 시작되었는지는 확실하지 않다. 위魏나라 한단순邯鄲淳의 『예교』, 오吳나라 위소韋昭의 『박혁론』, 송末나라의 『오잡조』에는 한위漢魏 이전의 바둑판은 17×17줄이었다고 적혀 있다. 이 기록내용은 1953년 중국 한漢나라의 망도(望都, 하북성)에 있는 고분을 발굴한 결과, 그 안에서 17×17로 된 돌로 만든 바둑판이 출토됨으로써 사실임이 밝혀졌다. 학자들은 후한 말부터 삼국시대에 행해졌던 바둑이 17줄이었다는 것은 확실하므로 6세기 전반 양무제(502~549년)가 19줄을 사용했다는 점을 들어 6세기 전반에 19줄이 도입된 것으로 추정한다.[3]

그런데 17줄에서 19줄로 변경된 이유에 대해서는 아직 명확한 설이 제시되지 않고 있다. 그것은 게임이 복잡해지면 재미가 증대하는 경향이 있다고 설명된다. 그러나 복잡함이 지나쳐서 불필요한 시간이 걸리거나 게임 룰이 복잡하면 흥미를 잃는 경향이 있는데 17줄과 19줄 사이의 차이가 그다지 크지 않다. 우선 19줄이

당나라시대 바둑 두는 여인

17줄보다 반드시 더 재미있는 것은 아니다. 아직 결론이 난 것은 아니지만 바둑, 장기 등 여러 게임에 관한 인공지능프로그램을 개발하고 있는 시즈오카대학교 이이다 교수는 19줄보다 17줄이 더 재미있을 수 있다고 설명했다.

이것은 19줄의 경우 발생할 수 있는 경우의 수가 대략 $361!/4$(패, 후절수 등과 같이 이미 둔 곳에 돌을 들어내고 다시 둘 수 있는 경우는 제외) 정도로 본다. 이것을 계산하면 10의 700승이라는 어마어마한 숫자가 된다. 17줄의 경우도 $289!/4$가 되는데 이것도 만만한 숫자가 아니다. 4로 나누는 이유는 바둑판은 상하좌우 대칭의 구조로 되어 있어 4면으로 나뉘며 각 면의 착점이 동일한 경우를 의미하기 때문이다.[4] 이러한 엄청난 경우의 수 때문에 인간에 필적할 수 있는 컴퓨터 대국 프로그램의 개발은 거의 불가능한 것으로 알려져 있다. 현재까지 개발된 대국 프로그램 중 가장 강한 것이 10급 정도의 기력을 갖고 있다고 최일호 교수는 설명했다.

한편 체스는 경우의 수가 적어서 컴퓨터 딥 블루 Ⅱ가 1997년 1500년

체스 역사상 최고의 선수로 평가받고 있던 러시아의 게리 카스파로프를 6전 2승 3무 1패로 물리쳤다. 공식 경기에서 로봇이 인간을 처음으로 패배시켰는데 그 대상이 세계 체스챔피언이라는 점에서 세계가 경악했다. 물론 딥 블루 Ⅱ의 승리는 딥 블루 Ⅱ의 프로그램을 설계한 프로그래머에게 공이 돌아가야 한다는 것이 정확한 지적이다. 딥 블루 Ⅱ가 카스파로프보다 순간적으로 경우의 수를 더 많이 계산할 수 있지만, 그것을 계산할 수 있도록 알고리즘을 만들어 준 것은 체스에 대해 이해가 높은 프로그래머다. 즉, 프로그래머는 카스파로프와 직접 대결하여 체스 경기를 이길 수는 없지만 프로그래머가 입력시킨 수많은 경우의 수를 딥 블루 Ⅱ가 저장된 정보에서 사용할 수 있도록 만들었기 때문에 카스파로프가 패배했다는 것이다.

바둑판이 17줄에서 19줄로 발전했다는 가설의 또 다른 문제점은 17줄보다 19줄을 그리는 것이 어렵다는 점이다. 앞에서 이야기한 것처럼 9줄에서 17줄을 만드는 것은 비교적 단순한데 비해 19줄을 만들려면 적어도 17줄 바둑판을 먼저 그리고 그것을 크게 하는 방법이 최선이다. 이는 재미 면이나 제작 면에서 힘든 19줄로 변형될 이유가 크지 않다는 지적으로, 19줄이 17줄보다 더 재미있기 때문에 자동적으로 규모가 크게 되었다는 설명이 궁색해진다. 그러므로 학자들은 17줄에서 19줄로 변경된 이유는 다른 곳에 있다고 믿는다. 일본의 안도 교수는 17줄에서 19줄로 변한 것은 중국 당나라의 달력개정에 의한 것으로 설명했다. 또한 다니오카 이치로는 원칙적으로 수나라에 이미 19줄이 출토되었기 때문에 당나라에서 19줄이 처음 나타났다는 설 자체는 부정되지만 당나라와 수나라의 개국 연대 상 차이가 크지 않다는 점에 주목했다.

바둑판이 점이나 달력으로 사용되었다는 설명에는 많은 학자들이 동

의한다. 중국의 고전인 『현현기경』에 1년은 360일(바둑판은 19×19에서 천원을 빼면 360이 됨)이고 바둑판의 9개의 성星로는 구요九曜, 4개의 방향은 동서남북을 나타내고 4개의 귀는 사계절을 표현한다고 설명된다. 이런 설명은 바둑판을 점으로 사용했다는 것과도 연결되어 기원전 11세기 주나라 시대의 음양오행설로 거슬러 올라가기도 한다. 즉, 수나라 또는 당나라로 확정짓는 것은 의미가 없다는 뜻이다. 물론 17줄과 19줄이 수나라와 당나라 때 동시에 발전되었을 가능성도 있다는 설명도 있다. 다니오카 이치로는 대략 춘추전국시대가 끝나는 수나라 시대에 점을 담당하는 관리가 바둑판은 17줄보다 19줄이 더 합리적이라고 설명하여 19줄로 변경되었다고 주장했다.

한편 7세기경 한국에서 전해졌다고 알려진 일본의 도다이지 쇼소인에 보관된 19줄의 바둑판에는 테두리가 없다. 선이 그려져 있기는 하지만 이 선 위에 무리를 해도 돌을 올려놓는 것이 어렵다. 이는 17줄로 바둑이 두어졌다는 것을 의미한다. 즉, 달력이나 점의 목적으로 테두리 부분을 포함하니까 자동적으로 19줄이 되었다. 바둑이 오래전에 생겼다는 것은 현존하는 세계 최고의 돌바둑판의 연대가 약 3,000년 전으로 올라가는 것으로도 알 수 있다. 20세기 말 티베트 왕의 유적지에서 발견된 것으로 왕족과 승려들이 주로 두었는데 이것은 17줄이다. 1952년 중국 하북성 망도에서 출토된 17줄 돌바둑판은 서기 182년인 후한시대로 거의 2,000년이나 된다.

도다이지 쇼소인에 보관된 바둑판

한국인들은 바둑을 두는 데도 다소 달랐다. 계곡이나 산중의 경치 좋은 암석 위에 바둑판을 그려놓고 풍류를 즐기기도 했는데 이러한 돌바둑판을 석국石局이라고 한다. 석국은 다른 나라에서는 발견되지 않는 희귀한 유적으로 일본과 중국에 기록과 그림이 남아 있지만 아직 발견되지 않았다. 한국의 경우 여러 곳에 석국 유적이 있는데 지금까지 알려진 석국은 다음과 같다.

① 충북 단양면 사인암 아래 바둑판

박제가(朴齊家, 1750~1815년)의 '사인암'이라는 시에 석국 이야기가 나오는 것으로 보아 최소한 18세기 후반 이전에 만들어졌을 것으로 추정한다.

② 충북 충주시 살미면 공이동 계곡

계곡 안에는 암수바위가 있는데 숫바위에 음각되어 있그 순장점이 있다. 『연이문고』에는 1853년 형제가 바둑판을 새겼다는 기록이 있다.

③ 서울 도봉산 방학동 주석계

조선시대 세조가 바둑을 두었다는 전설이 있는데 좌우어 바둑통도 있다.

④ 전북 장수군 덕산계곡의 용소바둑판

황희 정승이 바둑을 두었다는 전설이 있다.

⑤ 소백산 신선봉 석국

신선봉 아래 바둑판이 있지만 바위의 위치를 보아 바둑을 두기 위한 것이라기보다는 다른 목적으로 그렸을 것으로 추정한다.

⑥ 강원도 서원면 압곡리 취석정

취석 최문발(崔文潑, 1607~1673년)이 효종 5년(1654년)에 경관이 좋은 계곡 중앙에 있는 큰 바위 위에 바둑판을 그렸다고 알려진다.

취석정 바둑판

⑦ 충북 괴산 갈은 계곡의 선국암

　신선이 바둑을 두었다는 전설이 있으며 17개의 화점이 그려져 있고 바둑판 옆에 다음과 같은 시가 적혀있다.


　옥녀봉 산마루에 해가 저물어

　바둑을 끝내지 못하고 집으로 돌아갔다.

　다음날 다시 찾아보니

　바둑알 알알이 꽃이 되어

　바위 위에 피어 있다.

## 바둑과 현대과학

바둑이 다른 스포츠에 비해 교육적 가치가 많다는 것은 바둑의 자정능력 때문이다. 바둑의 덕목으로 잘 알려져 있는 이야기는 바둑을 두면서 인생을 터득할 수 있다는 점이다. 바둑을 커다란 전쟁터로 생각하고 처음 착점부터 전쟁을 어떻게 운용할 것인가를 생각하면서 상대방의 착점에 따라 자신의 작전을 변경시키는 등 효율적인 전략을 구사한다. 상황에 따라 자신이 애지중지하던 군사들을 포기하면서 상대방의 약점을 집요하게 추궁하기도 하며 격렬한 전투를 하면서도 타협안을 제시하면서 휴전을 꾀하기도 한다. 자신에게 주어진 180여 수를 두는 동안 공격과 수비, 타협과 휴전을 통해 인생에서 벌어질 수 있는 모든 면을 느끼고 배워나갈 수 있다는 것이다.

바둑을 두면서 정서적 가치를 얻을 수 있다는 것은 서로 말을 하지 않는데도 불구하고 바둑 자체로 대화를 한다는 점이다. 바둑돌을 손으로만 두는데도 서로 교감을 갖고 대화에 응하는 자체가 도道를 이해하는데 첩경이다. 바둑을 두면서 나름대로 미래를 점쳐볼 수 있게 만든다는 것도 큰 장점이 된다. 자신의 과욕이나 욕심이 화를 불러온다는 점에서 인생을 적절하게 운용하여야 한다는 것을 알려준다. 바로 이러한 점을 서양인들이 간파하고 동양에서 도입해야 할 문화로 인식하며 바둑 붐을 일으키고 있다고 유건재 7단은 말한다.

러시아의 수학교수 라자레프는 지난 2001년 발표한 〈고대 바둑이 현대과학과 경제학에 미친 영향〉이라는 논문에서 바둑의 운명과 관련해 정곡을 찌르는 문제를 제기했다. 그는 바둑이 인류사회의 진보에 공헌할 것인가, 아니면 그대로 단순한 놀이로 남아 있을 것인가라는 질문에 '솔직히 말해서 바둑을 과학으로 취급할 수 없다'고 말했다. 무엇보다 과학은 일반적으로 자연 연구에 도움을 주거나 인간의 일상생활에 이용할 수 있는데 비해, '바둑을 둘 때 최적의 연속수를 두었다고 할지라도 바둑판 이외에는 어디서도 그 수가 쓰이지 않는다'는 것이다. 바로 이 점이 앞으로 바둑이 나아가야 할 지향점을 내포하고 있을지도 모른다고 오귀환은 적었다. 적어도 바둑이 '새로운 수학적 도구와 방법을 연구개발하기 위한 시험대'가 되든지, 다른 방식으로 돌파구를 열어 '인류사회의 진보에 공헌하는' 그 무엇을 보여 주어야 하는 단계로 접어들고 있다는 것이다. 바둑이 바둑 두는 사람 외에는 도움이 되지 않으므로 단순한 놀이에 지나지 않는다고 라자레프 교수는 지적했지만 이 말은 역으로 바둑의 효용성을 높여준다는 의미도 된다. 바둑을 두는 사람의 경우 바둑의 효용성은 놀이의 차원이 아니라 바둑을 둠으로써 당사자의 건강에도 도움을 준다는 것이다.

고령사회가 되면서 치매에 관심이 높아지고 있다. 치매가 유전적 원인에 의해 발병될 가능성이 높기는 하지만 궁극적으로는 치매의 발현이 장수의 결과라고 보고 있다. 과거에는 이 유전자를 가진 사람이 많았어도 크게 주목하지 않았다. 지금보다 인간의 수명이 짧았기 때문이다. 치매는 사람의 평균수명이 길어진 후 인간에게 나타난 특수한 질병인데 로널드 레이건 전 미국대통령은 자신이 대통령이었다는 사실조차 모를 정도로 심한 치매를 앓았다. 그런데 치매는 초기 진단이 어렵고 발병 원인이 불분명해서 예방이 어렵다. 그러나 두뇌를 쓰지 않기 때문에 치매 증상이 나타나는 폐용성廢用性 치매는 뇌세포를 자극하는 것으로서 어느 정도 예방이 가능하다는 것이 전문가들의 설명이다.

가장 잘 알려져 있는 것은 기억력 훈련의 중요성이다. 미국 캘리포니아대학교 노화연구소장 게리 스몰 박사는 건강한 생활습관, 낱말 맞추

기, 퍼즐 같은 간단한 두뇌운동으로도 치매의 위험을 줄일 수 있다고 발
표했다. 건강한 생활습관이란 활발한 신체활동을 계속하고 저지방 음식
을 먹으며 과일과 야채 같은 항산화성분 식품을 많이 섭취하고 만성적인
스트레스를 피하는 것을 말하지만, 스몰 박사는 특히 '두뇌 에어로빅'의
효과를 강조했다. 낱말 맞추기 퍼즐, 새로운 언어 배우기, 오른손잡이의
경우 왼손으로 글씨 쓰기 등이 훌륭한 두뇌 에어로빅이 될 수 있다는 것
이다.[6]

바둑과 같은 고난도 두뇌 게임이 두뇌 활성화에 큰 도움이 된다는 것,
즉 뇌의 생리적 노화와 폐용성 치매를 예방하는데 효과적이라는 연구 결
과로서도 증빙된다. 뇌의 노화가 어떠한 상태인 것인가를 컴퓨터 단층촬
영사진으로 조사해 본 결과 45세 전후부터 뇌의 용적이 점차 줄어든다는
사실이 발견되었다. 이것을 뇌의 위축이라고 하는데 그 주된 원인은 뇌
의 신경세포가 점점 감소되기 때문이다. 신경세포는 분열이나 증식이 되
지 않으므로 사람이 나이를 먹어감에 따라 감소하기 마련이다.

보고에 의하면 갓난아기 때 대뇌의 신경세포 수는 145억 개로서 스무
살이 될 때까지는 변화가 없지만 그 이후는 매일 10만 개씩 감소된다고
한다. 하루에 10만 개씩 감소하면 1년에 3,650만 개가 되며 100살까지
산다고 하면 29억 2천만 개가 감소한다. 145억 개 중에서 무려 20%나
줄어든 숫자다. 그런데 뇌의 신경세포수가 이와 같이 줄어들면 두뇌가
퇴화할 것이라고 생각하는 사람이 많겠지만, 이상하게도 뇌의 위축현상
과 치매의 사이에는 상관관계가 없다는 것은 100살이 넘어도 치매증상
이 없는 사람이 얼마든지 있다는 것으로도 알 수 있다. 혹자들은 이러한
이유로 사람의 뇌 속에 신경세포가 감소하면 나머지 세포가 더 활발히
움직이는 대상기능 때문이라고 설명한다.

쥐를 이용한 실험에서 뇌에 자극을 주면 뇌신경 세포의 회로가 증가한다는 사실이 밝혀졌다. 쥐 한 마리를 격리해서 사육한 경우와 네 마리를 함께 사육한 경우, 3개월 후 뇌를 해부해 조사해 본 결과 뇌 신경세포의 회로수가 네 마리를 함께 사육한 쪽이 훨씬 많았으며 그 가운데에서도 뇌 신경세포의 회로수가 노쇠한 쥐에게서 좀 더 많이 나타났다. 한 마리만을 사육한 경우에는 자극이 거의 없었으나 네 마리를 함께 기른 쪽에서는 매일 먹이 다툼을 벌이는 자극 속에서 생활했기 때문에 이러한 결과가 나왔던 것이다.

이 실험은 노령이 되어 아무런 자극 없이 살아가면 신경이 둔화되고 뇌가 감퇴한다는 것을 보여준다. 역으로 말하면 노령이 되어도 적당한 자극이 가해지면 뇌의 활동기능이 퇴화되지 않는다는 것을 입증해 준다. 일본에서는 70세에 바둑을 배우기 시작해 82세에 아마 3단이 된 경우도 있었으며 102세 된 노인이 아마 5단이 된 일도 있었다. 이는 인간의 뇌 기능이 70세가 넘어서도 얼마든지 발달할 수 있는 잠재력을 가지고 있음을 보여주는 것이다. 일반적으로 사람의 능력에는 유동성 능력과 결정성 능력 두 가지가 있는데, 전자는 기억력·계산력 같은 타고난 능력이고 후자는 종합력·판단력 같은 경험이나 학습에 의해 향상되는 능력이다. 나이를 먹어감에 따라서 유동성 능력은 떨어지지만 결정성 능력은 높아진다. 따라서 뇌의 기능이라는 것은 나이를 먹을수록 저하되는 것이 아니라 기능이 변해간다는 것을 의미한다.

고스톱과 장기가 노인들의 치매 예방에 도움이 된다는 얘기가 돌아 경로당마다 화투와 장기를 돌린 적이 있다. 카드나 화투 놀이가 치매 예방에 도움이 된다는 근거는 발견되지 않았지만 컴퓨터 자판을 두드리는 것과 같이 손 자극운동을 꾸준히 하는 것이 치매 예방에 도움이 된다는데는 많은 의학자들이 동조하고 있다. 최근 전자계산기와 컴퓨터의 등장으로 잊혀 가던 주산이 다시 관심을 끌고 있다는 것도 주목거리다. 1980년대만 해도 동네마다 자리 잡았던 주산학원은 컴퓨터와 전자계산기에 밀려 1990년대에 들면서 하나둘씩 문을 닫았는데, 최근 주산이 어린이 수리능력 향상에 효과가 있는 것으로 알려지면서 인기가 되살아날 기미를 보이고 있다.[6]

이 점을 바둑과 관련시켜 보면 상당히 의미가 있다. 바둑에서 가장 중요한 것은 구상력·판단력이다. 바둑은 실시간 시뮬레이션이 아닌 고전 게임이다. 바둑을 두다보면 수많은 전쟁과 평화를 경험하게 된다. 죽느냐 사느냐 전투 후에 평화협정이라도 맺은 듯 서로 대치하며 영역을 넓히고, 집을 정돈하고 그러다 또 다시 특공대를 파견하는 전투를 하다가 마지막으로는 하나하나 집짓기를 마무리하는 심정으로 자기 집을 정돈한다.[7]

한 곳에서 손해를 보더라도 다른 곳에서 회복하면 된다는 대국관이 바둑을 두면서 가장 중요한 관건으로 대두된다. 인간의 뇌에는 좌뇌와 우뇌라는 상이한 두 가지 작용이 있다. 계산력·암기력 같은 것은 좌뇌의 기능에 속하는 반면, 종합력·판단력은 우뇌의 기능에 속한다. 우뇌의 장애가 있는 사람은 포석이 잘 짜여 지지 않으며 정석의 모양인식도 어려워서 대국도중에 중단하는 경우가 많다. 한편 좌뇌에 장애가 있는 사람은 중반의 공방이 허약해 수 싸움은 잘 못하지만 포석이나 정석의 감각은 좋은 편이다. 따라서 바둑과 같이 두뇌를 활용할 수 있는 방법을 꾸준히 계속한다면 노후까지 삶을 보장받을 수 있다는 설명이다. 결국 바둑의 효용성을 걱정할 필요는 없을 것이다.[8]

# 주

## 01 선덕여왕의 총기

1. 정창훈, "나비는 향기로 꽃을 찾지 않는다? 선덕여왕의 화접도", 사이언스타임즈, 2004년 3월 24일.
2. 이남식, "레몬향은 심장박동수를 증가시킨다", 『과학동아』 1995년 11월.
3. 임소형, "친구의 애인에게서 내 남자의 향기가", 동아사이언스, 2006년 5월 19일.

## 02 막걸리

1. 박경준, "술", 『과학동아』 1995년 10월.
2. 박경준, "술", 『과학동아』 1995년 10월.
3. 박경준, "술", 『과학동아』 1995년 10월.
4. 꿈꾸는과학, 『뒷간에서 주웠어, 뭘?』, 열린과학, 2007.
5. 이성주, "술, 肝에만 치명타? 온몸을 갉는다", 동아일보, 2002년 11월 17일.
6. "한국인 유대인이 알코올 중독에 빠지지 않는 이유는?", 연합뉴스, 2006년 9월 7일.
7. "술 마시고 얼굴 빨개지면", 『한겨레 21』 제317호, 2000년 7월.
8. 김대진, "알코올 의존증은 식욕촉진 호르몬 분비 이상", 『과학과 기술』 2005년 2월.
9. 민태원, "술 마신 후 2~3일은 쉬자", 『과학과 기술』 2003년 12월.

## 03 포석정

1. 두산동아 편집부, 『상식 속의 놀라운 세계』, 두산동아, 1996.
2. 강버들, "액체 로켓 독자기술 개발", 문화일보, 2010년 6월 11일.
3. 오혜영, "카오스를 담은 포석정", 사이언스타임즈, 2006년 5월 1일.
4. Jong Ho Lee, *Contribution a L'etude de la Convection naturelle thermique en regime Laminaire transitoire dans un recipient cylindrique vertical partiellement rempli d'un fluide Newtonien* (Universite de Perpignan, 1984); Lee JongHo, "Theoretical study of the natural conventions flows in a partially filled Vertical cylinder subjected to a constant wall temperature", *2nd ASME-JSME Thermal Engineering joint conference*(Honolulu Hawaii), March 22~27, 1987.
5. 오혜영, "카오스를 담은 포석정", 사이언스타임즈, 2006년 5월 1일.

## 04 로봇 이야기

1. 배일한, 『인터넷 다음은 로봇이다』, 동아시아, 2003.
2. 박상준, "한국의 과학소설 약사", 사이언스타임즈, 2004년 12월 3일.
3. 박종오, "서비스로봇 빅4", 『과학동아』 1997년 1월.
4. 김문상, 『로봇 이야기』, 살림, 2005.

5. 로드니 A. 브룩스, 『로드니 브룩스의 로봇 만들기』, 박우석 옮김, 바다출판사, 2005.

6. 이인식, 『나는 멋진 로봇친구가 좋다』, 랜덤하우스코리아, 2005.

7. 리더스 다이제스트, 『20세기 대사건들』, 동아출판사, 1985.

8. 김현정, "철학이 있는 SF 블록버스터 『아이, 로봇』의 모든 것", 『씨네 21』 2004년 7월 27일.

9. 리더스 다이제스트, 『20세기 대사건들』, 동아출판사, 1985.

10. 이종호, 『로봇 인간을 꿈꾸다』, 문화유람, 2007.


05   온돌

1. 김광언, 『한국의 집지킴이』, 다락방, 2000.

2. 정순신, "구들", 『과학동아』 2001년 1월호.

3. 유석재, "중, 이젠 '온돌 공정' 인가", 조선일보, 2006년 12월 5일.

4. 꿈꾸는과학, 『뒷간에서 주웠어, 뭘?』, 열린과학, 2007.

5. 정순신, "구들", 『과학동아』 2001년 1월호.

6. 이동식, 『다섯 계절의 노래』, 나눔사, 2008.

7. 최순우, 『무량수전 배흘림기둥에 기대서서』, 학고재, 1994.

8. 최상준 외, 『조선기술발전사 4』, 과학백과사전종합출판사, 1996.

9. 이종호, "과량의 물이 존재하는 용액 내에서의 $CaCl_2 \cdot 6H_2O$ 결정화 특성연구", 『에너지R&D』 9권 3호, 동력자원연구소, 1987; 이종호, "잠열 저장재 개발 연구($CaCl_2 \cdot 6H_2O$)" 공기조화냉동공학회 88년 하계학술대회, 1988.

10. 신형준, "미국 알래스카서 세계서 가장 오래된 온돌 발굴", 조선일보, 2007년 5월 26일.

11. 꿈꾸는과학, 『뒷간에서 주웠어, 뭘?』, 열린과학, 2007.


06   용

1. 전용훈, "용", 『과학동아』 2000년 1월.

2. 김재일, 『우리민속 아흔 아홉마당 1, 2』, 한림미디어, 1997.

3. 전용훈, "용", 『과학동아』 2000년 1월.

4. 왕웨이 외, 『손에 잡히는 중국 역사의 수수께끼』, 박점옥 옮김, 대산, 2001.

5. 翁牛特旗文化館, "內蒙古翁牛特旗三星他拉村發現玉龍", 『文物』 1984년 6월; 孫守道, "三星他拉紅山文化玉龍考", 『文物』 1984년 6월; 劉志雄 · 楊靜榮, 『龍與中國文化』, 인민출판사, 1992; 복기대, "紅山文化와 原始龍에 대한 재검토", 『백산학보』 제77호, 2007.

6. 이기환, "코리안루트를 찾아서 : (4) 동이의 본향 차하이", 경향신문, 2007년 10월 26일.

7. 왕웨이 외, 『손에 잡히는 중국 역사의 수수께끼』, 박점옥 옮김, 대산, 2001.

8. 전용훈, "용", 『과학동아』 2000년 1월.


07   소리개 통신원

1. 루퍼트 셸드레이크, 『세상을 바꿀 일곱가지 실험들』, 박준원 옮김, 양문, 1999.

2. "비둘기는 어떻게 집으로 돌아오나", 『내셔널지오그래픽』, 2004년 9월.

3. 최성우, "GPS만큼이나 정확한 철새의 비행", 사이언스타임즈, 2004년 12월 17일.

08  앵무새의 사랑

1. 아이린 페퍼버그, "말하는 앵무새, 흉내일까 생각일까", 『타고난 지능 만들어지는 지능』, 이한음 외 옮김, 궁리, 2001.
2. 고든 갤럽, 대니얼 포비넬리, "동물도 자신을 인식할 수 있는가", 『타고난 지능 만들어지는 지능』, 이한음 외 옮김, 궁리, 2001.
3. 윤무부, "누가 새를 '새대가리'라고 놀리나, 조개껍질을 깰 줄 아는 까마귀", 사이언스타임즈, 2004년 5월 12일.
4. 권경복, "이솝우화 영리한 까마귀는 사실", 조선일보, 2009년 8월 8일.
5. 이지혜, "침팬지만큼이나 영리한 칼레도니아 까마귀", 내일신문, 2005년 2월 18일.
6. "새들의 환경 지각 능력 탁월", 연합뉴스, 2009년 5월 20일.
7. 윤무부, "누가 새를 '새대가리'라고 놀리나", 사이언스타임즈, 2004년 5월 1일.
8. "화려한 외모가 죽음을 부른다", 『지오』 1994년 7월.

09  차

1. 이종호, 『세계를 속인 거짓말』, 뜨인돌, 2010.
2. 이어령 편저, 『세계문장대백과사전』, 삼중당, 1971.
3. 이형석, "제주 법화사의 역사와 문화연구", 제3회 법화사연꽃축제 학술발표, 2007; 이형석, 『이형석의 문화유산 답사기 2』, 홍익재, 2006.
4. 김종국, "다시 태어나는 가야차(장군차)의 고찰", 제1회 가야차문화한마당, 가야차문화한마당축제 추진위원회, 2005년 10월 3일~10월 4일.
5. 이형석, "가락차의 전래와 시배지 연구", 제1회 가야차문화한마당, 가야차문화한마당축제 추진위원회, 2005년 10월 3일~10월 4일.

10  사리 이야기

1. 강우방, 『탑』, 솔, 2003.
2. 전병철, 『팔만대장경도 모르면 빨래판이다』, 내일을여는책, 1997.
3. 박경준, 『다비와 사리』, 대원사, 2001.
4. 전병철, 『팔만대장경도 모르면 빨래판이다』, 내일을여는책, 1997.
5. 김재철, "사리신앙에 관한 연구", 원광대학교 동양학대학원 석사학위 논문, 2002.
6. 김진환, "불교의 사리에 대한 고찰", 한국불교학, 1986.
7. 박경준, 『다비와 사리』, 대원사, 2001.
8. 강우방, 『탑』, 솔, 2003.
9. 김한수, "벽암 스님 '연꽃 사리' 화제", 조선일보, 2005년 8월 13일.
10. 박경준, 『다비와 사리』, 대원사, 2001.
11. 이기준, "舍利서 방사성원소도 검출—인하대서 첫 성분검사", 중앙일보, 1995년 10월 21일.

12. 전병철, 『팔만대장경도 모르면 빨래판이다』, 내일을여는책, 1997.

## 11 첨성대

1. 문중양, "첨성대, 1500년 전에 세워진 신라 천문대의 실체", 『뉴턴』 2004년 6월.
2. 문중양, "천문대이자 제단인 첨성대", 경향신문, 2004년 6월 7일.
3. 안길수, "첨성대, 천문대 아닌 선덕여왕 권위 상징물", 서울경제, 2009년 9월 20일.
4. 김봉규, "첨성대, 천문대냐 제단이냐", 중앙일보, 2004년 9월 28일.
5. 김경주 외, 『테마로 읽는 우리 역사』, 동방미디어, 2004.
6. 남문현, 손욱, 『전통 속의 첨단 공학기술』, 김영사, 2002.
7. 오혜영, "동양의 피타고라스 정리 '구고현의 정리'", 사이언스타임즈, 2006년 11월 9일.
8. 김봉규, "첨성대, 천문대냐 제단이냐", 중앙일보, 2004년 9월 28일.
9. 김경주 외, 『테마로 읽는 우리 역사』, 동방미디어, 2004.

## 12 불국사

1. 이경미, "건축과 조형물에 담긴 수학", 사이언스타임즈, 2005년 1월 27일.
2. 신영훈, 『석불사, 불국사』, 조선일보사, 1998.
3. 신영훈, 『석불사, 불국사』, 조선일보사, 1998.
4. 신영훈, 『진천 보탑사와 목탑』, 조선일보사, 1999.
5. 신영훈, 『진천 보탑사와 목탑』, 조선일보사, 1999.
6. 강우방, 『탑』, 솔, 2003.

## 13 석굴암 제대로 보기

1. 정수일, 『한국 속의 세계』, 창비, 2005.
2. 국립문화재연구소, 『문화유산에 숨겨진 과학의 비밀』, 고래실, 2007.
3. 정수일, 『한국 속의 세계』, 창비, 2005.
4. 김형자, "비트루비우스의 균제비례를 가진 석굴암", 과학향기 퓨전, 2004년 10월 20일.
5. 정수일, 『한국 속의 세계』, 창비, 2005.
6. 국립문화재연구소, 『문화유산에 숨겨진 과학의 비밀』, 고래실, 2007.
7. 국립문화재연구소, 『문화유산에 숨겨진 과학의 비밀』, 고래실, 2007.
8. 김익수, "고도의 기하학과 역학적 균형의 결정체", 부산대학교, 2003년 3월 31일.
9. 신영훈, 『석불사, 불국사』, 조선일보사, 1998.
10. 국립문화재연구소, 『문화유산에 숨겨진 과학의 비밀』, 고래실, 2007.
11. 최준식 외, 『유네스코가 보호하는 우리 문화유산 열두 가지』, 시공사, 2002.
12. 이재원, "석굴암 1천년 신비 수리 과학의 산물", 파이낸셜뉴스, 2007년 12월 23일; 고래실, 『문화유산에 숨겨진 과학의 비밀』, 국립문화재연구소, 2007.
13. 고래실, 『문화유산에 숨겨진 과학의 비밀』, 국립문화재연구소, 2007.
14. 문중양, "신라 석불사의 석굴", 『뉴턴』 2004년 8월.

15. 성낙주, "석굴암을 위한 변명", 『인물과 사상』, 개마고원, 1998년 제7권.


14 에밀레종

1. 서현교, "과학과 예술의 절묘한 결합 '에밀레종'", 사이언스타임즈, 2003년 5월 19일.
2. 진용옥, "종소리는 천·지·인(天地人)의 음이다", 『지오』 1995년 1월.
3. 이지현, "성덕대왕 신종의 비밀", 사이언스타임즈, 2007년 2월 11일.
4. 권영일, "에밀레종의 신비를 푼 맥놀이 지도", 『과학과 기술』 2005년 4월.
5. 박철웅, "전통에 담긴 과학, 생활 속의 과학", 사이언스타임즈, 2005년 3월 25일.
6. 권영일, "에밀레종의 신비를 푼 맥놀이 지도", 『과학과 기술』 2005년 4월.
7. 전용훈, "에밀레종 비밀은 맥놀이", 『과학동아』 1998년 9월
8. 진용옥, "종소리는 천·지·인(天地人)의 음이다", 『지오』 1995년 1월.
9. 서현교, "과학과 예술의 절묘한 결합 '에밀레종'", 사이언스타임즈, 2003년 5월 19일.
10. 박상준, "에밀레~ 에밀레~ 진짜 우는 아이 소리?", 과학향기, 2004년 12월 29일.
11. 신형준, "에밀레종, 여자애 끓는 구리물에 넣었을 가능성은", 조선일보, 2007년 11월 5일.
12. 네이버 emille2000, "에밀레종의 신비", 2004년 7월 18일; 네이버 raifen, "종의 용뉴", 2004년 2월 4일.


15 석빙고

1. 이성규, "한여름의 얼음 사치와 빙고청상 (하)", 사이언스타임즈, 2009년 2월 20일.
2. 국립문화재연구소, 『문화유산에 숨겨진 과학의 비밀』, 고래실, 2007.
3. 이성규, "한여름의 얼음 사치와 빙고청상 (하)", 사이언스타임즈, 2009년 2월 20일.
4. 이성규, "한여름의 얼음 사치와 빙고청상 (하)", 사이언스타임즈, 2009년 2월 20일.
5. 국립문화재연구소, 『문화유산에 숨겨진 과학의 비밀』, 고래실, 2007.
6. 조울 아킨박, "어떻게 차게 할까?", 『내셔널지오그래픽』, 2005년 10월.
7. 이성규, "한여름의 얼음 사치와 빙고청상 (하)", 사이언스타임즈, 2009년 2월 20일.


16 가마솥

1. 꿈꾸는과학, 『뒷간에서 주웠어, 뭘?』, 열린과학, 2007.
2. 꿈꾸는과학, 『뒷간에서 주웠어, 뭘?』, 열린과학, 2007.
3. 정동찬, "무쇠솥으로 지은 밥은 왜 맛있을까", 『과학동아』 2004년 4월.


17 김치

1. KBS 과학카페 제작팀, 『과학 카페 VOL. 1: 인체와 건강』, 예담, 2008.
2. 남경태, 『상식 밖의 한국사』, 새길, 1995.
3. 이철호 외, "김치에 관한 문헌적 고찰", 『한국식생활문화학회지』 Vol.10, No.4, 1995.
4. 이철호 외, "김치에 관한 문헌적 고찰", 『한국식생활문화학회지』 Vol.10, No.4, 1995.

5. 최홍식, 『한국인의 생명 김치』, 밀알, 1995.

6. KBS 과학카페 제작팀, 『과학 카페 VOL. 1: 인체와 건강』, 예담, 2008.

7. "김치 고유의 유산균 확인!", 『과학동아』, 2003년 8월.

8. KBS 과학카페 제작팀, 『과학 카페 VOL. 1: 인체와 건강』, 예담, 2008.

9. 강사욱, "김치에서 천연항생물질 만든다", 『과학과 기술』, 2004년 11월.

10. 최홍식, 『한국인의 생명 김치』, 밀알, 1995.

11. 박방주, "고추 조선초기에도 있었다", 중앙일보, 2009년 2월 19일; 배성규, "고추, 임진왜란 이전부터 국내에 있었다", 조선일보, 2009년 2월 19일.

## 18 국물 문화의 주인공 장

1. 김지원, "민족발효음식-장의 발생에 대한 고찰", 『조선고고연구』, 2000년 3호.

2. 아손 그렙스트, 『스웨덴기자 아손 100년전 한국을 걷다』, 김상열 옮김, 책과함께, 2005.

3. "폐경기 여성에게 좋은 콩", 『뉴스위크 특별호 6』, 2001.

4. 이덕환, "콩의 정체는", 디지털타임스, 2007년 2월 6일.

5. 김종인, "소식과 된장국이 장수 비결", 조선일보, 2006년 4월 23일.

6. 홍석화, 『토종문화와 모듬살이』, 학민사, 1997.

## 19 사발의 기원과 방짜의 진수 징

1. 이용구, 『바람의 소리 하늘의 소리 징』, 유진퍼스콤, 1994.

2. "놋쇠로 만든 징", 『내셔널지오그래픽』, 2002년 3월.

3. 이근우, 『고대 왕국의 풍경, 그리고 새로운 시선』, 인물과사상사, 2006·

4. 황규호, "탈춤이 그리는 신들과 인간의 세계", 『내셔널지오그래픽』 2003년 8월.

5. 서현교, "과학과 예술의 절묘한 결합 '에밀레종'", 사이언스타임즈, 2003년 5월 19일.

6. 황규호, "탈춤이 그리는 신들과 인간의 세계", 『내셔널지오그래픽』 2003년 8월.

7. 이용구, 『바람의 소리 하늘의 소리 징』, 유진퍼스콤, 1994.

## 20 바둑

1. 飽食終日 無所用心 不有博弈者乎.

2. 다니오카 이치로, "바둑판은 왜 19로인가", 바둑학회 주최 제1회 바둑학술대회, 2004.

3. 김달수, "중국 위기의 기원과 발달", 바둑학회 주최 제3회 바둑학술대회, 2005.

4. 최일호, "인간의 사고과정을 들여다 볼 수 있는가", 바둑학회주최 제1회 바둑학술대회, 2004.

5. 한철균, "바둑환경과 전략경영", 바둑학회 주최 제1회 바둑학술대회, 2004.

6. 정양환, "추억의 주산 돌아왔다", 동아일보, 2005년 7월 7일.

7. 윤숙이의 바둑블로그, "바둑예찬", 2004년 4월 26일.

8. 윤숙이의 바둑블로그, "바둑과 정신건강", 2004년 4월 26일.